Günter Kießling
Versäumter Widerspruch

Günter Kießling

VERSÄUMTER WIDERSPRUCH

v. Hase & Koehler Verlag

Bildnachweis: Rudolf Alert, Bild am Sonntag 43; Bundespräsidialamt 41; BPA 29; Michael Ebner 38; Heeresamt 21; Informations- und Pressestab BMVg 22, 24, 25 26, 28, 34, 35, 39, 40; Foto Keiner 31; Privatarchiv Kießling 1, 2, 3, 4, 5, 6, 7, 8, 9, 10, 11, 12, 13, 14, 17, 19, 20, 23, 30, 32, 33, 36, 37, 42; Foto Loyk 15; Pressestelle 2. JgDiv 16; Pressestelle 2. PzGrenDiv 18; Pressestelle 6. PzGrenDiv 27; K. H. Suchefort 44.

Die Deutsche Bibliothek − CIP-Einheitsaufnahme

Kießling, Günter:
Versäumter Widerspruch / Günter Kießling. − Mainz : v. Hase und Koehler, 1993
   ISBN 3-7758-1294-6

Inhalt

I. KRIEGSZEIT

II. NACHKRIEGSZEIT

III. WIEDER IN UNIFORM

VIII

I. Kriegszeit

1. Von der Pike auf

Es begann in Dresden

Es war ein warmer Maiensonntag, der 5. Mai 1940. Am späten Nachmittag stieg ich in der Dresdner Neustadt, an der Haltestelle Marienallee, aus der Straßenbahn der Linie 9. Mit einem kleinen Köfferchen in der Hand — das zu den wenigen Stücken gehört, die ich über Krieg und Nachkriegszeit hinweggerettet habe und seitdem wie ein Kleinod hüte — machte ich mich auf den Weg zum Tor der Dresdner Kriegsschule. Auf der rechten Seite sah ich die langgestreckten Kasernenbauten des Infanterie-Regiments Nr. 10. Erst viel später, nach dem Kriege, las ich bei Ludwig Renn, daß dies bis 1918 die Unterkünfte der sächsischen Infanterie-Regimenter Nr.100 (des Leib-Regiments) und Nr.101 waren und was es mit diesen Truppenteilen auf sich hatte.[1]

Noch heute ist es für mich schwer vorstellbar, daß zwischen der von Renn so eindrucksvoll beschriebenen Zeit ständischen Denkens und unbestreitbaren Auswüchsen einer Klassengesellschaft einerseits und der nicht nur von mir als so fortschrittlich empfundenen Wehrmacht lediglich ein Vierteljahrhundert lag.

Nur ein paar hundert Meter mußte ich zurücklegen, dann erblickte ich linkerhand das Gebäude der alten sächsischen Kadettenanstalt. In der Reichswehrzeit war dieser Komplex zur Infanterieschule erweitert worden. Jetzt, im Frühjahr 1940, sollte sie die wiederbegründete Heeres-Unteroffiziervorschule aufnehmen.

Ein halbes Jahrhundert später, am 1. November 1990, kehrte ich nach Dresden und in diese einst prachtvolle Anlage zurück, die nun den

Namen »Albertstadt-Kaserne« trägt. Die Bundesdienstflagge wehte über dem Gelände. Das Wiedersehen mit den vertrauten Stätten war für mich bewegend; doch war ich entsetzt über deren Verwahrlosung. Zusammen mit meinem Freund Wolfgang Klaunig stand ich nun vor dem verfallenden Kasernenblock, den wir beide vor fünfzig Jahren am 5. Mai 1940 bezogen hatten. Wehmütig gedachten wir unserer gefallenen Kameraden, mit denen wir einst hier die Grundlagen militärischer Ausbildung erfahren hatten. In der alten Turnhalle suchten wir nach den Gedenktafeln mit den Namen der Ritter des Militär-St.Heinrich-Ordens, die damals deren Wände zierten. Sie hatten uns seinerzeit einen Hauch sächsischer Militärgeschichte vermittelt. Ein ehemaliger Offizier der NVA konnte uns beruhigen: Man hatte die Inschriften nur mit Farbe übertüncht.

Im Gespräch mit einigen Offizieren, die aus der NVA stammten, versuchte ich herauszufinden, ob sie überhaupt ein inneres Verhältnis zur deutschen Militärgeschichte hatten. Damit wollen wir nichts zu tun haben, die Wehrmacht habe einem verbrecherischen System gedient, scholl es mir entgegen. »Mit solch pauschalen Verurteilungen sollten gerade Sie vorsichtig sein« erwiderte ich, »Ihre bisherigen sowjetischen Waffenbrüder, die da drüben jenseits der Straße liegen, urteilen über die deutsche Wehrmacht sicher positiver. Vor allem aber sollten Sie sich bewußt machen, daß es bei der Tradition dieser Kaserne nicht nur um die Wehrmacht geht, sondern vielmehr um die frühere königlich sächsische Armee«. Aber davon wußten sie nun überhaupt nichts, keiner hatte es ihnen je gesagt.

Als ich am Abend des 1. November 1990 in Marienberg im Erzgebirge aus Anlaß des Treffens der ehemaligen Unteroffiziervorschüler einen Vortrag hielt, zu dem auch aktive Soldaten geladen waren, auch solche aus der ehemaligen NVA, kam ich auf dieses Erlebnis des Vormittags zu sprechen. Ich verwies darauf, daß es zwischen Wehrmacht und NVA sicher manche Parallele gäbe; vor allem in bezug auf das bittere Ende beider Streitkräfte. So stünden heute wie damals ihre Soldaten vor einem schmerzlichen Umbruch. Da allerdings hört die Gleichheit schon auf: Für die Wehrmachtsoldaten war das Ende von 1945 mit Blut, Schweiß und Tränen verbunden. Für die Angehörigen der bisherigen NVA dagegen vollzieht sich diese tiefgreifendc Veränderung unter rechtsstaatlichen Bedingungen, so schmerzhaft sie auch für den einen oder anderen sein mag. Niemand von ihnen sei in seiner Existenz oder gar an seinem Leben bedroht. Der wesentliche Unterschied zwischen Wehrmacht und NVA bestünde jedoch darin, daß die Wehrmachtsoldaten bis zum bitteren Ende darauf vertrauen durften, das deutsche Volk hinter sich zu wissen – mag das deutsche Volk auch in der Rechtfertigung dieses Krieges geirrt haben. Hinter jener deutschen Armee, die sich so anspruchsvoll »Volksarmee« nannte, stand kein deutsches Volk, auch nicht das der viel beschworenen »sozialistischen deutschen Nation«. Die spukte ja auch nur in den Hirnen der SED-Machthaber.

Ich muß gestehen, daß ich während meiner Dienstzeit in der Bundeswehr sehr wenig über die NVA wußte. Natürlich kannten wir uns aus in deren Gliederung, in der Disloszierung und Bewaffnung. Aber ihr inneres Gefüge war für uns ein Buch mit sieben Siegeln. Wie oft hatte ich an der Zonengrenze gestanden und nach drüben geschaut oder bei Flügen nach Berlin auf die unter uns liegenden Kasernen und Übungsplätze geblickt, wenn die Sicht es zuließ. Dann kamen in mir die Fragen hoch: Wie mag es in deren Kasernen zugehen? Was herrscht dort für ein Umgangston? Sicher schimpfen die auch auf ihre Führungsspitze, aber wahrscheinlich nicht so offen. Wie mögen sie untereinander reden, wenn sie in Stimmung sind, gar ein Glas zu viel getrunken haben? Vor allem aber: Fühlen sie sich als Deutsche, wollen sie noch mit uns ein Volk sein? Auf unserer Seite wußte niemand darauf eine verläßliche Antwort zu geben. Da stieß ich auf die Rezension über einen drüben erschienenen Roman unter dem Titel »Der Regimentskommandeur«.[2] Es gelang mir, ein Exemplar zu beschaffen. Ich las es mit innerer Anteilnahme. Zwei Dinge wurden mir auf diese Weise klar: Wie anders sich das innere Gefüge dieser NVA entwickelt hatte. Aber auch: Sieht man von der (geradezu unerträglichen) Verherrlichung der Partei ab, so entdeckte man doch typisch deutsche Gemeinsamkeiten. Insbesondere der Dienstantritt dieses Regimentskommandeurs erinnerte mich an manche eigene Erfahrung.

3

Doch zurück in den Mai 1940. Am Haupteingangstor angekommen, wies mir der Pförtner den Weg zu der gegenüberliegenden Friedrich-August-Kaserne. Dort lag die 6. Kompanie, zu der ich einberufen war; natürlich aufgrund meiner freiwilligen Meldung, denn ich war damals erst 14 Jahre alt und unterlag deshalb noch nicht der Wehrpflicht. Gleich mir traten in diesen Tagen ein paar Tausend Jungens gleichen Alters den Weg zu den vier wiedergegründeten Unteroffiziervorschulen des Heeres an: in Dresden, Hannover, München und Wiener-Neustadt. Noch war ich also nur ein Bewerber. Ob man mich einstellen würde, das hing vom Ergebnis der Aufnahmeprüfung ab, die ich zu absolvieren hatte.

Zum Soldatenberuf bestimmt?

Soldat zu werden, das war für mich sehnlichster Wunsch seit frühester Kindheit. Sicher war dafür auch das Vorbild des Vaters bestimmend, der 1926 nach zwölfjähriger Dienstzeit als Feldwebel ausgeschieden war. Ich selbst hatte ihn als Soldaten nie erlebt, aber seine Erzählungen haben mich beeindruckt, wahrscheinlich für meine eigene Entscheidung ausschlaggebend. Bei dem, was er mir auf diese Weise aus seinem Soldatenleben vermittelte, standen nicht »Krieg und Kriegsgeschrei« im Vordergrund, sondern das Erleben der Gemeinschaft, der Kameradschaft, der militärischen Führung auf dieser unteren Ebene, der Kompanie. Das war es, was ich ersehnte. Und sicher spielte da auch das Ansehen hinein, das der junge Mann im feldgrauen Rock genoß. Gleich vielen meiner Altersgenossen konnte ich es nicht erwarten, in den Krieg zu ziehen. Aber dazu war ich noch viel zu jung. Doch nun, mit der Wiederbegründung der Unteroffiziervorschulen bot sich plötzlich auch für mich, den erst 14jährigen, die Chance, in die ersehnte graue Uniform zu schlüpfen, statt bis zur Vollendung des 17. Lebensjahres zu warten — wie das Gesetz es befahl.

Mein Vater war sichtlich erfreut, daß ich in seine Fußstapfen treten wollte; gedrängt hatte er mich nie. Er begleitete mich auf der Bahnfahrt von Berlin nach Dresden. Ich las in dem Buch, das er mir zum

4

Abschied geschenkt hatte: »Marschallstab und Kesselpauke«.[3] Meinen Hang zur Unordnung kennend, hatte mein Vater unter der Widmung vermerkt: »Halte dieses Buch in Ehren!« Das ist mir wirklich gelungen. Von diesem Buch habe ich mich nie getrennt und es über alle Wirren des Krieges und der Nachkriegszeit hinweggerettet. Es liegt auf meinem Tisch, während ich diese Erinnerungen niederschreibe. Das zweite Kapitel des Buches, das ich so oft gelesen habe, trägt die Überschrift »Vom Rekruten zum Generalfeldmarschall«. Da werden Entstehen und Wandel der militärischen Dienstgrade geschildert. Konnte ich damals zu hoffen wagen, alle diese Ränge zu durchlaufen, gar den in Friedenszeiten höchsten Rang zu erklimmen?

War ich auch damals erst vierzehn Jahre alt, meine nun zu Ende gehende Kindheit war schon recht inhaltsreich; sie hatte mich geprägt. Vor allem war es das Spannungsverhältnis zwischen meinem sozialdemokratischen Großvater, in dessen Haus ich während der ersten sechs Jahre aufwuchs, und meinem Vater, der schon lange vor 1933 Nationalsozialist wurde, was mich nicht unberührt ließ. Als Berliner Junge war ich dann oft Zaungast weltgeschichtlicher Ereignisse. Es würde den Rahmen dieses auf meine Militärzeit begrenzten Buchs sprengen, wollte ich das alles hier schildern. Wenn es mir vergönnt ist, so möchte ich diese »Kindheit unter dem Hakenkreuz« noch in einem gesonderten Buch niederschreiben.

Als ich mich 1940 nach Dresden aufmachte, war ich wohl wie jeder Junge meines Alters voller Hoffnungen und Illusionen. Aber in der Unteroffizierlaufbahn, die ich mit diesem Tage einschlug, konnte ich es allenfalls bis zum Stabsfeldwebel bringen. Doch schon in den ersten Tagen begegnete ich vielen Vorgesetzten, die vom Unteroffizier zum Offizier aufgestiegen waren. Eine weise Personalführung hatte sie als Ausbilder an die neu aufzustellenden Unteroffiziervorschulen kommandiert. Ihr Beispiel hat uns stärker motiviert als alles andere.

Der erste Eindruck war der beste.

So komme ich noch einmal zurück zu jenem Sonntagnachmittag in der Dresdner Neustadt. Da hastete ich dem Kompaniegebäude entgegen, als könnte ich zu spät kommen. Ein Schild wies mir den Weg zur Schreibstube. Der »Hauptfeldwebel« – so hieß der »Spieß« damals und niemand hätte gewagt, ihn anders anzusprechen – begrüßte mich freundlich. »Warten Sie«, sagte er, »der Herr Hauptmann will Sie gleich sehen!« Ich fühlte mich plötzlich gereift, mit »Sie« angeredet zu werden. Und gar der Hauptmann wollte mich sprechen! Die Tür ging auf, da stand er: ein schon etwas älterer, gütig wirkender Herr, an dessen Uniform das Eiserne Kreuz I. Klasse des Ersten Weltkrieges prangte: Hauptmann d.R. Karl Wilke, 50 Jahre alt, im Zivilberuf Volksschulrektor in Landsberg an der Warthe. Aber das erfuhr ich erst viel später.

Der Hauptmann gab mir die Hand und fordert mich auf, in sein Zimmer zu kommen und Platz zu nehmen. Dann erkundigt er sich nach allen Einzelheiten meiner Herkunft, bisheriger Schulbildung und vor allem nach den Motiven für meine Bewerbung. Während er mit mir sprach, trat ein jugendlich wirkender Oberleutnant ins Zimmer und meldete sich korrekt bei dem Hauptmann, der ihn zum Bleiben aufforderte. Beide sprachen mir Mut zu für die morgen beginnende Aufnahmeprüfung, vor der wir Jungens alle etwas Bange hatten. Heinz Schmidt, so hieß der Oberleutnant, wurde dann mein Zugführer. In ihm hatte ich ein Vorbild gefunden, dem ich nacheiferte. Als sogenannter Zwölfender (d. h. ein zwölf Jahre dienender Unteroffizier) hatte er sich schon während seiner Dienstzeit zum Heeresfachschullehrer qualifiziert, war dann aber noch vor dem Kriege in die Offizierlaufbahn übernommen worden. Er fiel am 20. Oktober 1942 als Führer einer Grenadierkompanie an der Ostfront. Noch im Januar 1945 besuchte ich seine in Cottbus lebende Witwe, die mir seinen Degen vermachte, der mir aber in den Wirren des Kriegsendes verlorenging. Ihn, meinen ersten militärischen Lehrer, habe ich nie vergessen. Oft habe ich mich gefragt, was er wohl sagen würde, hätte er noch erlebt, wie ich »von der Pike« aufgestiegen bin. Als »Pike« wurde früher die

6

Stoßwaffe des gemeinen Soldaten bezeichnet, er deshalb auch als »Pikenier«. Wer da ganz unten begann und dann in höhere Ränge aufstieg, den umschrieb die Militärsprache als einen Soldaten »von der Pike auf«.

Ich schildere diesen meinen ersten Tag beim Militär so ausführlich, weil er für meine positive Einstellung zum Soldatenberuf derart bestimmend war und es bis auf den heutigen Tag geblieben ist. Dabei bin ich mir bewußt, daß dieser »Empfang« eines Rekruten damals sicher nicht die Regel war, aber bestimmt war er auch kein Einzelfall. Dort, wo sich Vorgesetzte derartige Mühe gegeben haben, einen Neuling Herzenswärme spüren zu lassen, haben sie immer auch den Grundstein für ein gutes inneres Gefüge ihrer Truppe gelegt. Heutzutage wird das Eintreffen der Wehrpflichtigen − wie fast alles − von oben angeordnet. Ob es immer auch den gewünschten Erfolg erzielt, wage ich zu bezweifeln.

Nach zwei Tagen war die Ungewißheit vorbei: Ich hatte die Aufnahmeprüfung bestanden! Noch am Nachmittag des letzten Prüfungstages wurde uns das Ergebnis eröffnet. So schnell ging das damals − auch ohne Computer − mit der Auswertung! Wir wurden in die schmucke feldgraue Uniform eingekleidet, die sich nur ein wenig von der des Soldaten unterschied: die Kragenspiegel bestanden nur aus einer einfachen Litze (im Gegensatz zu der üblichen doppelten), die Knöpfe waren blank und den linken Ärmel zierte ein grünes Band mit der silbernen Aufschrift »Unteroffiziervorschule«. Dieses habe ich über alle Wirren des Krieges hinweg gerettet, und es ziert noch heute eine Vitrine in meinem Wohnzimmer.

»Unteroffiziervorschulen − was war das?«

Unteroffizierschulen und- vorschulen sind Institutionen, die aus der deutschen Militärgeschichte nicht wegzudenken sind. Doch selbst unter den Fachhistorikern findet man nur wenige, die sich darin auskennen. Die erste Unteroffizierschule wurde bereits 1824 in Potsdam aufgestellt. Eine Vor-Schule folgte erst 1877, und zwar in Weilburg. Dort und in den weiteren Neugründungen (hier sei nur an Marienberg, Annaburg, Jülich, Frankenstein/Schlesien, Fürstenfeldbruck und Biebrich erinnert) wurde bis zum Ende des Ersten Weltkrieges die Elite der deutschen Unteroffiziere herangebildet. So blieb es nicht aus, daß die Siegermächte mit dem Vertrag von Versailles die Auflösung der Unteroffizierschulen und -vorschulen erzwangen. Die letzten dieser Schulen schlossen 1920 ihre Tore.

Nach der Wiedereinführung der allgemeinen Wehrpflicht und den damit verbundenen vielfältigen Aufrüstungsmaßnahmen im Jahre 1935 konnte und wollte auch die Wehrmacht auf diese bewährte Einrichtung für die Ausbildung von Unteroffizieren nicht verzichten. Schon 1936 wurde in Potsdam die erste Unteroffizierschule wiederbegründet. Mit der Restauration der Vorschulen begann man erst im Frühjahr 1940. Die meisten fanden ihren Standort an der Stätte der alten 1920 zwangsweise geschlossenen Unteroffiziervorschulen, so Marienberg, Jülich, Wetzlar, Frankenstein/Schlesien und Biebrich. Damals hatte man eben einen ausgeprägten Sinn für Traditionspflege − und dazu gehört auch die Wahl der Standorte! Der Bundeswehr ist die Bedeutung von Standortfragen wohl erst so recht bewußt geworden, als sie 1992 damit beginnen mußte, im Zuge ihrer Reduzierung auch altbekannte Garnisonen aufzugeben.

Die Heeres-Unteroffizierschulen und -vorschulen unterstanden der Inspektion des Erziehungs- und Bildungswesens. Deren Inspekteur, der damalige Generalmajor Frießner, kann zu Recht als der »Vater der Unteroffiziervorschulen« bezeichnet werden.

Wie schon der Name besagt, dienten die Unteroffiziervorschulen der Vorbereitung ihrer Schüler auf die spätere Ausbildung an den Unteroffizierschulen. Das waren 14 bis 17jährige Jungens, die sich für eine anschließende 12jährige Dienstzeit verpflichten mußten. Waren auch die Vorschüler schon uniformiert und militärisch organisiert (in Kompanien, Zügen und Gruppen), Soldaten waren sie bis zum 17. Lebensjahr noch nicht. Auch in ihren Ausbildungszielen unterschieden sich die Vorschulen von der rein militärisch bestimmten Ausbildung der Unteroffizierschulen. Trotz militärischer Grundausbildung überwog auf den Vorschulen der von Heeresfachschullehrern erteilte allgemeinbildende Unterricht. Daneben kam der sportlichen Ausbildung große Bedeutung zu.

Wie erfolgreich die Unteroffiziervorschulen in ihrer im allgemeinen drei Jahre währenden Ausbildung waren, läßt sich auch daran ablesen, daß mindestens zehn Prozent der Jungschützen − wie die Vorschüler genannt wurden − als Bewerber für die aktive Offizierlaufbahn übernommen wurden.

Dennoch war den Unteroffiziervorschulen der Wehrmacht (neben den etwa 20 Vorschulen des Heeres gab es auch zwei der Luftwaffe und eine der Kriegsmarine) nur ein kurzes Dasein vergönnt. Schon bald nach ihrer Aufstellung kam es zu einem Kompetenzstreit zwischen der »Inspektion des Erziehungs- und Bildungswesens des Heeres« und der »Reichsjugendführung« über die Zuständigkeiten für die Jugenderziehung.[4] Wie bei den damaligen innerpolitischen Machtverhältnissen kaum anders zu erwarten, obsiegte die Partei. Für die Wehrmacht war es schon ein Erfolg, daß die eingestellten Unteroffiziervorschüler ihre begonnene Ausbildung noch beenden durften. Dann wurden die Vorschulen wieder aufgelöst, teilweise in Unteroffizierschulen umgewandelt. Das Jahr 1944 brachte das endgültige Aus. Aber der Geist der Unteroffiziervorschulen wird weiterleben. So versammelten sich am 1. November 1990 die Überlebenden der ehemaligen Unteroffiziervorschule Marienberg in Sachsen in ihrer alten Garnison, um des 50. Jahrestages ihres Dienstbeginns zu gedenken. Eine aus diesem Anlaß herausgegebene Festschrift, an der ich mitwirken durfte, stellt einen bemerkenswerten Beitrag zum Verständnis dieser Institution dar.[5] Eine faszinierende Parallele zur Auflösung der Unteroffiziervorschulen der Wehrmacht lieferte zwanzig Jahre später die Geschichte der NVA mit ihrer Abkehr von einer 1956 begründeten Kadettenanstalt in Naumburg.[6]

Um 05.45 Uhr pfiff der Jungschütze vom Dienst zum Wecken. Meist war dann auch schon einer der Kompanie-Offiziere anwesend, um das zu beaufsichtigen. Anfangs wurde noch Frühsport getrieben. Natürlich waren wir froh, als der dann wegfiel. Erst zwanzig Jahre später habe ich erfahren, daß Frühsport in der Wehrmacht heiß umstritten war. Manche hatten diese Frage gar zu einer Art Glaubensbekenntnis hochstilisiert. Umfangreiche Truppenversuche hatten dann zu dem überraschenden Ergebnis geführt, daß Einheiten mit Frühsport eine eher geringere körperliche Leistungsfähigkeit aufwiesen als solche, die darauf verzichteten. So rückte man davon ab.

Der Verzicht auf den Frühsport bedeutete aber keineswegs eine Absage an den Sport schlechthin. Im Gegenteil, die Sportausbildung wurde groß geschrieben. Hervorragende Sportlehrer von der wohl in dieser Zeit anderweitig nicht frequentierten Heeressportschule waren nach Dresden kommandiert und vermittelten uns eine Breitenausbildung, wie ich sie nie wieder erlebt habe: von der Leichtathletik über das Geräteturnen bis zum Schwimmen. War ich bis dahin ein mäßiger Sportler, hier fand ich den Durchbruch, legte die Angst ab, gewann Freude am Leistungssport und erzielte auch einige Erfolge. Noch 23 Jahre später, während der Generalstabsausbildung in Hamburg, errang ich die Akademiemeisterschaft im 5000m-Lauf.

Wie berichtet, war meine Kompanie anfangs in der dem Kriegsschulgelände gegenüberliegenden alten Friedrich-August-Kaserne untergebracht. Später zogen wir in den alten Block, der noch aus der Kadettenzeit stammte. Dort gab es eine Stube, an deren Tür eine Gedenktafel prangte: Hier lag als Kadett der später berühmt gewordene Jagdflieger Max Immelmann. Schnell erfuhren wir die Betriebsamkeit beim Militär: immer wurde umgezogen. So gelangten wir schließlich in die geradezu luxuriösen Blocks der früheren Infanterieschule am Prießnitzgrund, wo wir zu je vier Mann über ein Wohn- und ein Schlafzimmer verfügten. Schöner habe ich es in meiner ganzen Dienstzeit nicht mehr gehabt. Als ich 1990 dorthin zurückkehrte, fand ich auch diese einst prächtige Anlage völlig heruntergekommen vor. Die NVA hatte die so fortschrittlich konstruierte Unterkunft in typische Mannschaftsstuben umgebaut. Solche Schildbürgerstreiche scheinen mir dem Militär eigentümlich zu sein.

Um 6.30 Uhr rückten wir zum Frühstück in den Speisesaal. Es gab Suppe, meiste eine salzige, Brot und Marmelade. Mittags erhielten wir eine reichhaltige warme Mahlzeit – und abends wieder Brot und Aufschnitt. In diesem ersten Jahr wurden wir immer noch satt, obwohl wir unserem jugendlichen Alter entsprechend kräftig zulangten. Überdies gab es in dem ausgedehnten Kasernengelände mehrere Kantinen, in den man neben Getränken (nicht-alkoholischen versteht sich, denn es herrschte ein striktes Alkohol- und Nikotinverbot) auch noch Kuchen kaufen konnte, selbst Coca Cola! Das waren noch Zeiten, an die wir uns in den folgenden Jahren wehmütig erinnerten. Unsere tägliche Löhnung war mit 20 Pfennigen knapp bemessen, aber fast jeder bekam noch ein paar Mark von zu Hause. Und manche haben davon noch gespart! Dazu hatten sich die meisten von uns ein Postsparbuch zugelegt, etwas Neues in dieser Zeit.

Wenn dann um 7.30 Uhr der Dienst begann, trat die Kompanie erst einmal an. Zumeist erschien dann auch schon der Kompaniechef und ließ sich melden. Alle Zugführer, also die bereits über dreißig Jahre alten Offiziere, standen dazu in Reih und Glied eingetreten. Das hat uns imponiert – und auch motiviert. In der Bundeswehr dagegen ist es eingerissen, daß Zwischenvorgesetzte beiseite stehen; eine Unsitte, die sich auf das innere Gefüge einer Kompanie viel nachteiliger auswirkt als truppenfremde Militärs es wahrhaben wollen. Wo ich auf solche Mißstände stieß, habe ich sie stets scharf kritisiert. Als ich mich im September 1977 als Divisionskommandeur von der mir unterstellten Panzerbrigade 29 verabschiedete, war diese in einem Stadion in Stetten am Kalten Markt zum Feierlichen Gelöbnis angetreten. Selbstverständlich hatte ich erwartet, alle anwesenden Offiziere würden eingetreten sein. Weit gefehlt! Man hatte nur die Rekruten und eine Ehrenformation aufgestellt. Die anderen Offiziere saßen auf den Rängen des Stadions und schauten sich das Spektakel von dort aus interessiert an.

Noch verbreiteter ist die Unsitte, daß die Offiziere und auch Unteroffiziere bei einer marschierenden Kolonne nebenherlaufen – so, als gehörten sie gar nicht dazu. Auch dieses Verhalten ist Ausdruck des leider verlorengegangenen Gefühls für die Zusammengehörigkeit einer Truppe. An der Unteroffiziervorschule war es selbstverständlich, daß jeder Exerzierdienst mit dem Vorbeimarsch der Kompanie endete; der dienstälteste Oberleutnant führte sie an dem Kompaniechef vorbei, und alle Offiziere und Feldwebel waren eingetreten.

Im Ausbildungsdienst wechselten Formal- und Schießausbildung, Geländedienst und Dienstunterricht. Da erwiesen sich unsere Ausbildungsoffiziere als wahrhafte Meister. Ohne irgendeinen Gehilfen standen sie da, ihre Jungschützen um sich geschart oder im offenen Viereck angetreten. Sogleich teilten sie den einen oder anderen von uns als Hilfsausbilder ein und brachten uns Kniffe der Ausbildung bei: Ich habe davon bis zum Ende meiner Dienstzeit gezehrt, anfangs als Kompaniechef und Bataillonskommandeur unmittelbar, dann als Dienstaufsichtführender oder Besichtigender. Herumstehende Offiziere, die sich an der Ausbildung selbst gar nicht beteiligten, haben mich stets erzürnt. Wo immer ich konnte, habe ich selbst eingegriffen und ihnen dabei etwas von jenen Kniffen vermittelt, die ich aus meiner Dresdner Zeit beherrschte. Manchen habe ich damit tief getroffen, aber – wie mir später immer zu Ohren kam – auch viel Sympathien bei denen gewonnen, die Ausbildung so ernst genommen haben wie ich.
Der Vormittag galt überwiegend dem Schulunterricht. Etwa 16 Wochenstunden waren den Fächern Deutsch, Geschichte, Rechnen, Erdkunde und Naturlehre gewidmet. Später habe ich erfahren müssen, wie manche unsere Ausbildung allein wegen dieser bescheidenen Bezeichnungen herabstuften. Dabei brauchten wir uns inhaltlich wahrhaftig nicht zu verstecken. Haben doch nicht wenige der damaligen Jungschützen auf dieser Grundlage später in den verschiedensten Berufen Karriere gemacht! Heutzutage wählt man für solche Fächer zwar hochtrabende Begriffe, aber oft steckt nicht viel dahinter.
Bis zum Abendessen um 18.30 Uhr waren wir voll ausgelastet. Danach hatten wir bis zum Zapfenstreich um 21.00 Uhr frei. Im Sommer gingen dann manche noch auf den Sportplatz, andere saßen auf den

Stuben zusammen. Auch in den Stubengemeinschaften bildete sich ein Zusammenhalt, der bei einigen Überlebenden noch bis auf den heutigen Tag währt. Ausgang gab es nur sonnabends und sonntags, auch dann nur am Nachmittag. Da hasteten wir zur Straßenbahnhaltestelle der Linie 9, um in die Innenstadt zu fahren, in der das Leben dieser sächsischen Metropole pulsierte. Wie stolz waren wir, diese feldgraue Uniform tragen zu dürfen – mit dem Ärmelstreifen »Unteroffiziervorschule«. Große Sprünge konnten wir in Dresden nicht wagen; hatten wir doch immer nur ein paar Pfennige in der Tasche. Aber es reichte, um in eines der zahlreichen Kinos zu gehen. Doch habe ich bald auch einen Blick für die baulichen Schönheiten dieser Stadt bekommen. Wiederholt stand ich vor der alten Semper-Oper und besuchte den Zwinger.

Als ich fünf Jahre später, im März 1945, in einem Fronturlauberzug durch das total zerstörte Dresden fuhr, blutete mir das Herz. Dann vergingen 44 Jahre, bis mein Weg mich wieder dorthin führte: Ende September 1989, wenige Tage vor der Wende, besuchte ich mit meinem Freund Horst Hennig, auch er ehemaliger Unteroffiziervorschüler und dann Generalarzt in der Bundeswehr, die Semper-Oper. Dabei bummelten wir durch die trostlose Dredner Neustadt. In der Marienallee standen wir vor den verschlossenen Toren der alten sächsischen Kadettenanstalt. Durch ein Loch im Zaun hindurch konnten wir erkennen, daß über der uns vertrauten Inschrift über dem Portal des Hauptgebäudes (»Kgl. sächsische Kadettenanstalt«) nun ein rotes Spruchband hing: Von der Sowjetunion lernen – heißt siegen lernen!

Die Welt vor dem Kasernentor

Waren wir auch in dieses Kasernengelände »eingesperrt« und ganz auf den alltäglichen Dienst konzentriert, an dem, was draußen vor sich ging, nahmen wir schon Anteil. Es war die Zeit des Frankreichfeldzuges. Wie konnte es anders sein, daß wir den Siegeszug der Wehrmacht heißen Herzens verfolgten. Auf mancher Stube gab es Volks- oder Kleinempfänger, die wir umlagerten, wenn die Sondermeldungen ausgestrahlt wurden. Im Dienstunterricht kommentierte unser Zugführer, der schon am Polenfeldzug teilgenommen hatte, die Ereignisse. Aber er lenkte unseren Blick auch auf das mit jedem Krieg unvermeidbar verbundene Leiden der Menschen, der Soldaten wie der Zivilbevölkerung, das in den offiziellen Berichten so gern verdrängt wurde. In der Nacht zum 25. Juni wurde die ganze Schule alarmiert und trat auf dem Sportplatz an. Der Kommandeur verkündete den eingetretenen Waffenstillstand − und ein Hornist blies »Das Ganze halt«. Es war eine bewegende Stunde − und wir waren dabei! Wer konnte schon ahnen, was uns noch bevorstand − und wie vernichtend geschlagen dieses Deutschland fünf Jahre später darniederliegen würde, aus allen Wunden blutend! Eines kam uns damals überhaupt nicht in den Sinn: daß wir im Unrecht sein könnten. Niemals habe ich zu dieser Zeit auch nur die leiseste Andeutung in solcher Hinsicht vernommen. Um so mehr hat mich nach dem Kriege erbost, wie sich so viele als Regimegegner ausgaben, zumindest als Zweifler von Anfang an. In den folgenden Jahren, als sich das Kriegsglück wendete, sah das schon ein wenig anders aus. Aber hier ist die Rede von 1940!

Kommiß zwischen Fluch und seliger Erinnerung

Doch selbst in der Dresdner Unteroffiziervorschule war in jenen Tagen nicht alles Gold, was glänzte. wie oft und in welch unterschiedlicher Bedeutung wird dieses Wort doch gebraucht! Mal gilt es schlechthin als Inbegriff des Militärs (man mußte zum »Kommiß« − heute sagen sie dafür »zum Bund«), manchmal soll es etwas spezifisch Militärisches beschreiben (wie das »Kommißbrot«), dann den organisatorischen Ablauf des täglichen Dienstes (»Kommißbetrieb«), bis hin zur Verdammung des als unmenschlich empfundenen Militarismus.

Die Unteroffiziervorschüler haben den Kommiß vom Kindesalter an erlebt, seine Licht- und Schattenseiten erfahren, sind durch ihn geprägt worden. Soweit sie in dem einmal gewählten Soldatenberuf geblieben sind, werden die einstigen Jungschützen wegen dieser in schon früher Jugend begonnenen Laufbahn mitunter zu »Kommißköppen« gestem-

14

pelt. Da ist es schon geboten, auch darüber nachzudenken, wie wir den Kommiß erlebt haben und was er für uns bedeutete. Hier geht es also um den Alltag in unserem Jungschützenleben. Bei dieser Betrachtung wird deutlich werden, daß unser Erleben sich nur um Nuancen von dem Kommiß unterschied, den die Soldatengeneration des Zweiten Weltkriegs erfahren hat. Kommiß schlechthin bestand sicher in der strikten Disziplin, in den vielfältigen Maßnahmen zur Disziplinierung (die nicht selten zu Schikanen ausarteten), in der Überbetonung des Formalen und in harten Forderungen an die psychische und physische Leistungsfähigkeit des einzelnen. Die besondere Lage an den Unteroffiziervorschulen war dadurch gekennzeichnet, daß die noch minderjährigen Jungschützen im rechtlichen Sinne keine Soldaten waren, daß sie sich freiwillig für diesen Soldatenberuf entschieden hatten und nach Bewährung drängten. Die so begründete Begeisterung mochte sie anfangs dazu bestimmt haben, all das, was ihnen auferlegt wurde, zumeist unkritisch hinzunehmen. Doch lange hielt das nicht an. Denn schnell entwickelten die Jungschützen eine ausgeprägtes Gefühl für Recht und Unrecht, vermochten sie sinnvolle Forderungen von schikanöser Behandlung zu unterscheiden, lernten sie schließlich ihre Vorgesetzten recht zutreffend zu beurteilen, wahrscheinlich besser, als es in deren Personalakten stand.

Vieles von dem, was damals mit uns geschah, würde man heute als Schikane einstufen, manches davon wäre sogar strafrechtlich relevant, wie ein häufig beleidigender Sprachgebrauch der Vorgesetzten, bei dem »Flasche«, »Mißgeburt« und »Blödmann«, sicher noch gar nicht ausfallend waren. Wohl jeder von uns hat Stubenappelle erlebt, bei denen Unteroffiziere mit hellen Handschuhen nach Staubresten tasteten. Da gab es Übungen zum schnellen Wechsel der Bekleidung, als »Maskenbälle« verharmlost. Bekleidungsappelle, deren eigentlicher Zweck sein sollte, eine sorgfältige Pflege des staatlichen Eigentums zu gewährleisten, arteten in schikanöse Spitzfindigkeiten aus. Obwohl uns der Mißbrauch militärischer Befehlsgewalt offenkundig wurde, hat das unsere Liebe zum selbstgewählten Soldatenberuf kaum beeinträchtigt. Mit solchen Auswüchsen nicht zu verwechseln waren Forderungen bis an die Grenze der körperlichen Leistungsfähigkeit – und mitunter

15

darüber hinaus. Diese wurden geradezu bereitwillig akzeptiert, denn sie erschienen uns sinnvoll; sei es beim Sport, im Gelände, bei Märschen oder in der Nachtausbildung.

Auch gab es Schikanen, die wir zwar ertragen mußten, die wir aber schon damals in unserem Innern nicht mehr akzeptierten. So z. B. dann, wenn wir mit dem Kommando »Hinlegen« und »Auf, marsch, marsch« bis zur Erschöpfung über den Kasernenhof gejagt wurden. Womöglich bedienten sich dann Vorgesetzte, um ihre Stimme zu schonen, nur noch der Trillerpfeife. Manchmal zielten sie darauf ab, daß wir uns ständig in den Dreck werfen mußten, damit das anschließende Reinigen der Uniformen besonders mühevoll wurde. Nicht selten wurden dabei Uniformen zerrissen, gar unbrauchbar. Also verstießen gerade solche »Übungen« gegen den Grundsatz preußischer Sparsamkeit; unter dem Mangel der Kriegszeit waren diese Schleifereien eigentlich Sabotage. Jedoch wäre es falsch und ungerecht, solche Übergriffe immer nur den Unteroffizieren anzulasten. Auch Offiziere gaben sich gelegentlich dazu her. In Dresden habe ich das zwar nicht erlebt, später um so mehr. Ob nun Offiziere oder Unteroffiziere – diese Entgleisungen bildeten die Ausnahme, nicht etwa die Regel. Das ändert nichts an den verheerenden Auswirkungen – und an den Nachwirkungen bis auf den heutigen Tag. Zu den Ausnahmen gehörte es auch, wenn Vorgesetzte Dienstleistungen zu ihrem persönlichen Vorteil erzwangen. Bei manchem von uns hat das schon damals Wunden geschlagen. Nicht selten erwuchs daraus eine Einstellung: Die nach uns kommen, sollen es auch nicht besser haben! Ich wußte mich mit denjenigen einig, die entschlossen waren, es einmal anders zu machen. Nur wenige von uns erhielten die Chance dazu.

Werden die hier skizzierten Auswüchse des Kommiß nun verdammt oder liebevoll verharmlost, die Lehren daraus sollten nicht verloren gehen: Immer waren sie die Folge fehlender Dienstaufsicht. Nur da konnten unbeherrschte, böswillige und machthungrige Vorgesetzte sich austoben, wo die allein zuständigen Kompanieführer sich nicht darum kümmerten; womöglich sie stillschweigend dazu ermunterten. Solche Übergriffe, wenn auch Ausnahmen, reichten aus, um das deutsche Militär in Verruf zu bringen. Auf diese Weise ist vieles von dem zunichte gemacht worden, was die überwiegende Mehrheit gutwilliger Offiziere und Unteroffiziere mühselig aufgebaut hatten. Ganz konkret: Das gute innere Gefüge der Wehrmacht ist dadurch nachteilig beeinträchtigt worden, das wohl noch bessere Gefüge der Unteroffiziervorschulen blieb von diesen negativen Einflüssen nicht unberührt. Und mancher von uns mußte sich später dem Vorwurf stellen, zu diesem üblen Kommiß gehört zu haben – und das noch dazu freiwillig. Diese Betrachtung bliebe unvollständig, würde sie das Formale unberücksichtigt lassen, das für viele Inbegriff des Kommiß ist. Es reicht von der Anzugsordnung über die Anrede bis hin zum Exerzieren. Auch das hatte seinen Sinn, aber es wurde zumeist übertrieben, mitunter maßlos. Wurde das Formale gar zum Wesentlichen erhoben, so verstieß dies gegen Sinn und Zweck der militärischen Ausbildung. Die zielte auf einen frontverwendungsfähigen Soldaten ab, nicht auf einen Paradesoldaten. Natürlich war es für Ausbilder viel leichter und bequemer, sich auf das Formale zu konzentrieren. Dieser Versuchung erlagen dann auch vornehmlich solche Vorgesetzten, die nichts anderes zu bieten hatten.

Blieb nach dem Kriege die Verdammung des Kommiß nicht aus, noch mehr konzentrierte sie sich auf die Ablehnung des Formalen. Dabei wurde verkannt, daß Inhalt und Form nicht voneinander zu trennen sind. Nicht nur liegt in der Form auch etwas Edles, sie ist auch unverzichtbar für eine Gemeinschaft. Wohl alle Unteroffiziervorschüler, aber nicht etwa nur sie, haben das beglückende Gefühl erfahren, das von der Form ausgehen kann. Sei es nun, in Reih und Glied stehend mit den eingetretenen (nicht mit den danebenstehenden!) Offizieren eine Gemeinschaft zu bilden; sei es die Perfektion des Gewehrgriffs einer Kompanie; sei es das gemeinsame Singen (was eben voraussetzt, daß man zuvor den Text lernt) – das sind Beispiele für ein Zusammengehörigkeitsgefühl, das nicht etwa allein aus dem Formalen entsteht, aber dadurch gestärkt wird. So etwas kann man nicht aus der Theorie erlernen, man muß es in der Praxis erfahren.

Wenn ich hier auf Mängel und Mißstände der Wehrmacht im allgemeinen und in der Ausbildung an den Unteroffiziervorschulen im besonderen hinweise, so tue ich das auch, um damit jedem Vorwurf einseitiger

Verherrlichung des Militärs entgegenzuwirken. Wie ich wissen viele es aus eigener Erfahrung und wir sollten es auch an unserem Lebensabend der Nachwelt weitergeben: Diese Mißstände bildeten zwar nicht die Regel, aber leider waren sie auch nicht nur Ausnahmen. Ob das eine oder das andere, stets fällt es auf die zuständigen Kommandeure und Kompaniechefs zurück.

Vielleicht haben wir Jungschützen die unverrückbaren Lehren militärischer Erziehung und Ausbildung besonders eindrucksvoll und nachhaltig erfahren. Zusammenfassend könnte man diese so formulieren: Nur in Charakter und Können vorbildliche Ausbilder können so hohe Anforderungen an die körperliche und geistige Leistungsfähigkeit stellen, die für den militärischen Führernachwuchs unverzichtbar sind. Der Erfolg dieser Ausbildung wird aber letztlich davon abhängen, daß Form und Inhalt zu einem Ganzen verschmelzen und das bewirken, was man seit Clausewitz den »Geist der Armee« nennt.

Die Besichtigung

So ist es nun mal beim Militär: Höhepunkt und Abschluß der Ausbildung bildet die Besichtigung. Was es damit auf sich hat, wurde in den »Militärischen vier Jahreszeiten« unnachahmlich beschrieben.[7] Im allgemeinen ist es der nächsthöhere Vorgesetzte, der sich von dem Ausbildungsstand überzeugt. So besichtigt der Bataillonskommandeur die Kompanien. Natürlich kann es sich dabei nur um Stichproben handeln. Es gehört schon eine gründliche Erfahrung dazu, um in der kurzen Besichtigungszeit einen zutreffenden Eindruck zu gewinnen und ihn dann auch noch treffend zu formulieren. Nur wenige beherrschen diese Kunst. Die meisten Besichtigungen werden zu einer Farce, zu einem Show Business, wie die Soldaten heutzutage sagen. Aber der zu besichtigende Vorgesetzte – in unserem Beispiel also der Kompaniechef – sieht diesem Ereignis schon mit Spannung und mit einem gewissen Unbehagen entgegen. So versucht er herauszufinden, was der besichtigende Kommandeur fragen und prüfen könnte. Dessen Steckenpferd spricht sich ohnehin schnell herum. Und darauf versucht man sich zu konzentrieren. Dem Leser wird sicher schon aufgefallen sein, daß diese Methode keineswegs dem Militär eigentümlich ist. Selbst an den Universitäten hat sie sich eingenistet – wie ich in meinem späteren Leben noch erfahren sollte. Das beste Beispiel dafür liefert die Institution des Repetitors. Ist dessen Aufgabe doch darauf gerichtet, die zu erwartenden Prüfungsfragen und -schwerpunkte herauszufinden und seine Klienten darauf zu trimmen.

In meinem langen Soldatenleben habe ich viele solcher Besichtigungen erlebt. Anfangs in Reih und Glied stehend, später als Führer einer übenden Truppe im Gefecht, schließlich auch als derjenige, der selbst zu besichtigen und zu urteilen hatte. Nachfolgend will ich die Erinnerung an die erste Besichtigung meines Lebens wachrufen. Das war am 5. September 1940 in Dresden. Da stand die ganze Unteroffiziervorschule mit ihren sechs Kompanien im offenen Viereck angetreten. Alles war bis auf das Kleinste vorbereitet: Die Uniformen gebügelt, die Schuhe auf Hochglanz geputzt, jeder einzelne von uns mit dem kritischen Blick unseres Zugführers überprüft, die Kompanien mit Hilfe einer Schnur ausgerichtet.

Offensichtlich nahm die höhere Führung diese Besichtigung so ernst, daß dazu der für uns zuständige Generalmajor Frießner aus Berlin angereist kam. Da fuhr er vor und nahm die Meldung des Oberstleutnants und Schulkommandeurs entgegen. Frießner machte sich später als Oberbefehlshaber der Heeresgruppe Südukraine einen Namen. Nach dem Kriege hat er seine Erfahrungen als Führer einer Koalitionsarmee – nämlich der ihm unterstellten rumänischen und ungarischen Divisionen – in einem mit »Verratene Schlachten« betitelten Buch niedergeschrieben.[8] Es ist noch heute lesenswert. Der General schritt die Front ab. Jeder von uns hatte das Gefühl, sein durchdringender Blick treffe ihn. Wie konnte ich ahnen, daß dreißig Jahre später ausgerechnet ich dieses Amt – inzwischen umbenannt in das eines »Generals für die Offizier- und Unteroffizierausbildung im Heer« – innehaben würde.

Für die bevorstehende Besichtigung im September 1940 hatte unser Schulkommandeur jeder seiner sechs Kompanien ein bestimmtes Ausbildungsgebiet zugewiesen, von dem er annahm, daß sich die jeweilige Kompanie darin am besten präsentieren würde. Meine Kompanie, die sechste, wurde im Schulunterricht besichtigt. Das mag auf den ersten

Blick als ein »Türke« erscheinen, wie die Soldaten das nennen. Aber ganz so war und ist es doch nicht. Denn allein schon die Vorbereitung darauf kam unserer Ausbildung zugute. Vor allem kommt es bei einer Besichtigung darauf an, daß der Besichtigende sich nicht an der Nase herumführen läßt und auch zu erkennen gibt, daß er die Situation beherrscht.

An dieser Stelle mag es geboten sein, einen Blick auf Besichtigungen in unserer Zeit zu werfen; und da auf ein spezifisches Gebiet, nämlich auf die großen NATO-Übungen. Letzlich handelt es sich da um »Besichtigungen«, ohne daß man sie als solche deklariert. Denn der obersten Führung muß es darum gehen, ein Urteil über den Ausbildungsstand der NATO-Truppen zu gewinnen; mag auch der Hauptzweck solcher Übungen in der politischen Demonstration der Verteidigungsfähigkeit des Bündnisses liegen. Der Begriff der »Übung« sollte eigentlich besagen, daß Führung und Truppe vor überraschende Aufgaben gestellt werden und sich bewähren müssen. Darin sind die deutschen Militärs Meister. Oder müßte ich sagen: Sie waren es? Bei deutschen Übungen wird der »Gedachte Verlauf« für die übende Truppe strikt geheim gehalten; sie darf und soll nicht wissen, was da auf sie zukommt. In der Leitung solcher Übungen erfahrene Offiziere verstehen es meisterhaft, auch überraschende »Einlagen« zu geben, um sich einen möglichst zutreffenden Eindruck von der übenden Truppe zu verschaffen. Ganz anders läuft das bei NATO-Übungen. Da wird dieser »gedachte Verlauf« wie ein Drehbuch angelegt und auch noch kundgetan.

Die Amerikaner beteiligen sich an keiner von den Deutschen geleiteten Übung, wenn nicht zuvor das »Drehbuch« in allen Einzelheiten mit ihnen abgestimmt und es ihnen ausgehändigt wird. Überraschungen soll und darf es da nicht geben! Von solchen Einschränkungen ist natürlich in den euphorisch klingenden Verlautbarungen über NATO-Manöver nicht die Rede. So werden diese Übungen auf das »Abfahren« eines bekannten Drehbuches reduziert. Ihr Wert steht in keinem Verhältnis zum Aufwand. Als ich mich im Herbst 1986 im Zusammenhang mit der NATO-Übung BOLD GUARD in einem Zeitungsartikel kritisch äußerte[9], stieß ich beim militärischen Establishment auf energischen Widerspruch.[9] In der dadurch ausgelösten Diskussion verstärkte sich mein Eindruck, daß viele unserer höheren Militärs sich nicht mehr in der bewährten deutschen Übungspraxis auskennen.

Das Problem internationaler Übungen ist nur ein Teil der übergeordneten Frage des Vergleichs in einem Bündnis. Alle Erfahrungen − nicht nur die der NATO − lehren, daß Nationen eitler sind als Primadonnen. Sie dulden keinen Vergleich, bei dem sie den kürzeren ziehen könnten. Dies verführt zwangläufig dazu, in allen internationalen Bewertungen in geradezu unverantwortlicher Weise zu beschönigen. Solche Unwahrhaftigkeit mag erträglich sein − solange alle Mitspieler sich bewußt sind, daß dies nicht der Wirklichkeit entspricht. Gefährlich wird es dann, wenn man sich einzubilden beginnt, man sei wirklich so gut, wie man scheine. Natürlich gibt es einige wenige Vergleiche, die auf unverrückbare Fakten reduziert werden, wie z. B. der Wettbewerb um die Canadian Army Trophy, ein bekanntes Panzer-Vergleichsschießen. Da werden dann die nationalen Mannschaften mit einem derart großen Aufwand vorbereitet, daß man starke Zweifel anmelden muß, ob solcher Aufwand sich lohnt.

Doch wenden wir unseren Blick nochmals zurück in den Herbst 1940. Da betrat der Generalmajor Frießner unsere Schulklasse, um sich von unserem Bildungsstand im Fach »Geschichte« zu überzeugen. Unser Klassenlehrer war ein Leutnant der Reserve Gröner. Er stammte aus Ulm und war im Zivilberuf Lehrer. Wir mochten ihn; denn er verstand es meisterhaft, uns die deutsche Geschichte nahezubringen. Für diese Besichtigung hatte er uns auf den Ersten Weltkrieg vorbereitet. Da waren wir alle bei der Sache. Denn angesichts des gerade siegreich beendeten Frankreichfeldzuges gewannen wir ein unmittelbares Verhältnis zu den Schlachten, die unsere Väter ein Vierteljahrhundert zuvor auf diesem Boden geschlagen hatten; auch zu ihren Leiden und zu ihrer schließlichen Niederlage. Der General hörte nur wenige Minuten schweigend zu. Dann ging er nach vorn und trat an die Stelle des Lehrers, um persönlich mit uns zu sprechen. Er wählte ein aktuelles Thema: den Wiener Schiedsspruch, der wenige Tage zuvor in bezug auf den ungarisch-rumänischen Konflikt erfolgt war. Sollte der General vermutet haben, er würde hier ins Leere stoßen, dann hatte er sich gründlich geirrt. Unser Lehrer hatte – unabhängig von dem im Lehrplan festgelegten Unterrichtsstoff – mit uns immer auch über die aktuellen Ereignisse gesprochen. So wußten wir Bescheid – und ernteten höchstes Lob. Der General ging. Er ließ uns sagen, daß wir den Nachmittag dienstfrei hätten. Da zogen wir nach Dresden und genossen den herrlichen Spätsommertag in diesem Elb-Florenz, das am 14. Februar 1945 in Trümmer versinken sollte.

Vier Jahre später, bei den schweren Kämpfen in den Karpaten, sah ich plötzlich auf dem Kompanie-Gefechtsstand einen hektographierten Befehl. Er enthielt aufmunternde Worte des Oberfehlshabers unserer Heeresgruppe. Mit einem Blick erkannte ich die markante Unterschrift Frießners, jetzt Generaloberst. Wiedergesehen habe ich diesen General nicht. Aber ich habe ihm stets ein ehrendes Andenken bewahrt. Aus Anlaß der 100. Wiederkehr seines Geburtstages – am 22. März 1992 – habe ich in Potsdam, wo Frießner einst als Lehrgruppenkommandeur wirkte – seiner im kleinen Kreise gedacht.

Es mag der Eindruck entstehen, daß in meinen Erinnerungen an diese Zeit nur die Offiziere gut wegkommen, ich aber von Unteroffizieren kaum etwas Positives zu berichten weiß. Das liegt sicher daran, daß man die wenigen hervorragenden Unteroffiziere, die an der Front entbehrt werden konnten oder aber wegen erlittener Verwundungen nicht frontverwendungsfähig waren, in wichtigeren Ausbildungseinrichtungen benötigte als bei den Unteroffiziervorschulen. Überdies gab es auch schon deshalb weniger qualifizierte Unteroffiziere, weil viele von ihnen in die Offizierlaufbahn übernommen wurden.

In Frankenstein war alles ganz anders

Im Frühjahr 1941, schon ein Jahr nach ihrer Wiederbegründung, wurden die Heeres-Unteroffiziervorschulen neu organisiert. Ein neuer Jahrgang von Jungschützen (1926/27) trat ein; er sollte der letzte sein. Im Zuge dieser Reorganisation mußten wir Dresdner Jungschützen unser Domizil räumen. Zu Recht! Nicht nur, weil dieses wieder für die Offizier-Ausbildung benötigt wurde. Auch erzieherische Gründe sprachen dafür. Denn die Infrastruktur war für uns Jugendliche viel zu

22

üppig. Ich habe daraus für meine militärische Laufbahn die Lehre gezogen, daß man Anfänger nicht verwöhnen darf. Die spätere Umstellung zum Schlechteren verkraften sie dann nur schwer. Natürlich müssen Menschen im allgemeinen und Soldaten im besonderen auch auf einen Wechsel zum Schlechteren eingestellt sein, aber in der Erziehung und Ausbildung soll man tunlichst nicht mit dieser Ausnahme beginnen. Auch beim Aufbau der Bundeswehr-Hochschulen ist man in diesen Fehler verfallen! Sie befinden sich in attraktiven Großstädten und sind komfortabel ausgestattet. Für nicht wenige Studenten folgt nach dem Examen die Versetzung in abgelegene Garnisonen.

Wir Unteroffiziervorschüler, damals von Dresden nach Frankenstein in Schlesien verlegt, mußten uns gewaltig umstellen. Das kleine Städtchen mit dem »schiefen Turm«, am Ostrand des Eulengebirges gelegen, zählte etwa 10.000 Einwohner, überwiegend katholischen Glaubens. Es lag unweit der Festung Silberberg, die – wie ich erst später lernte – für Clausewitz, der 1811 diese Stätten besuchte, eine Vision war: die ideale Basis für eine Verteidigung! Erst 1742 war Frankenstein zu Preußen gekommen. Schon im Ersten Weltkrieg wurde es Standort einer Unteroffiziervorschule. In das 1914 (die Jahreszahl prangte oben am Giebel) für sie errichtete Schulgebäude zog in der Weimarer Zeit die Polizeischule ein – bis es Mitte der 30er Jahre zunächst wieder als Unteroffizier –, und dann vom Sommer 1940 an als Vorschule genutzt wurde. Die knapp bemessene Infrastruktur reichte für unsere vier Kompanien bei weitem nicht aus. Nur die beiden jüngeren Kompanien fanden im alten Schulgebäude Platz. Die beiden älteren Jahrgänge wurden deshalb in den gegenüberliegenden Baracken untergebracht. Welch ein Kontrast zu der luxuriösen Unterbringung in Dresden! Aber nicht nur das war es, was uns die Umstellung so schwer machte. Mehr noch war es die neue, uns ungewohnte Ausbildungsorganisation; einer – wie ich rückblickend mit inzwischen gewonnener Erfahrung sagen darf – törichten Organisation.
Genügten in Dresden für unsere militärische Ausbildung die drei Zugführer, hochqualifizierte Offiziere, so waren die Frankensteiner Kompanien zusätzlich mit 12 bis 15 Unteroffizieren vollgepumpt. Zwischen Zugführern und die Schüler trat nun die uns bisher unbe-

kannte Instanz der Gruppenführer. Sie waren es, die uns von jetzt an ausbildeten. Da fragte man damals schon, wie sich die Wehrmacht in fortschreitender Kriegszeit eine derartige Vergeudung von Personal leisten konnte. Aber schlimmer wog die überwiegend mangelhafte Qualität dieser Unteroffiziere. Die Zugführer waren jüngere Reserveoffiziere, meist Studenten, die wiederholt zur Fortsetzung ihres Studiums beurlaubt wurden. Sie selbst bestritten nur wenige Stunden des Dienstes, z. B. den Dienstunterricht, aber auch den Sport. In den anderen Dienststunden, insbesondere bei der Formal- und Schießausbildung, hatten sie lediglich die »Leitung«. Da standen sie abseits und ließen die Unteroffiziere gewähren. Man könnte auch sagen: nicht selten sahen sie zu, wie die Unteroffiziere sich austobten. Rückblickend räume ich ein , daß es für meine militärische Laufbahn sicher auch ein Gewinn war, mit derartigen Mißständen unmittelbar konfrontiert zu werden, aber das kann und darf natürlich keine Rechtfertigung für ein derart mangelhaftes Ausbildungssystem sein. Ich habe erfahren, daß Vorgesetzte um so gefährlicher sein können, je weniger sie zu bieten haben. Das trifft aber nicht nur für Unteroffiziere zu. Jahrzehnte später, in der Bundeswehr, mußte ich erleben, daß es auch weniger qualifizierte Generale gibt; mitunter versuchten die, ihre − wohl selbst erkannten − Mängel durch parteipolitische Beziehungen zu kompensieren.

Frankenstein in Schlesien 1941! Der Kompanieführer, ein Hauptmann der Reserve Heidorn, im Zivilberuf Volksschullehrer, kümmerte sich buchstäblich um nichts. Wir bekamen ihn nur selten zu Gesicht; allenfalls bei der monatlichen Kompaniebelehrung. Dazu rückten wir mit unseren Schemeln in die Exerzierhalle. Dort wurde dem Hauptmann gemeldet, der von einem provisorischen Pult aus unbeholfen und teilnahmslos irgendwelche Verordnungen verlas. In den zwei Jahren, die ich diesem Offizier unterstand, habe ich auch nicht eine einzige Anregung von ihm erfahren. Hat er mich jemals angesprochen? Wahrscheinlich kannte er mich gar nicht. Er wurde für mich − und nicht nur für mich, sondern für die meisten von uns − zu einer Negativ-Figur. Niemals hat er sich um die unsinnigen Appelle und Schikanen seines Kompaniefeldwebels geschert. Wäre er doch nur ein einziges Mal nach

24

Dienst unverhofft im Kompanieblock erschienen. Noch heute frage ich mich, wer eine derartige Personalauswahl getroffen hat. Mit Sicherheit wurde sie niemals überprüft. Von einer Dienstaufsicht höherer Vorgesetzter keine Spur, nicht einmal von dem in einer Dienstvilla im Kasernengelände wohnenden Schulkommandeur, einem Major von Puttkamer. Wieviel guter Wille ist auf diese Weise zerstört worden. Und das bei recht unkritischen Jungens, die sich begeistert für den Soldatenberuf entschieden hatten. Oft habe ich bei mir gedacht, wie so etwas auf bereits im Leben erfahrene Männer wirken müßte, die dem Soldatsein distanziert gegenüber standen.

Mir erscheint es als geradezu tragisch, daß die in vielen wesentlichen Fragen der Ausbildung und Erziehung so fortschrittliche und dafür von aller Welt bewunderte deutsche Wehrmacht sich durch törichtes Unterlassen selbst um die Früchte ihrer Arbeit gebracht hat. Sie hat Rückfälle in Zustände geduldet, wie sie von Ludwig Renn in seinem Buch »Adel im Untergang« so zutreffend beschrieben sind.
Mochte die zu Ludwig Renns Zeiten noch vorherrschende ständische Auffassung in der Wehrmacht nur noch in Ausnahmefällen anzutreffen sein, um so häufiger aber hörte man den törichten Spruch: Man müsse den Rekruten erst einmal das Rückgrat brechen, um dann einen Menschen aus ihm zu machen! Sicher haben die meisten Offiziere und Unteroffiziere das nicht so böse gemeint wie es klang. Aber weil es so böse klang, hätten verantwortungsbewußte Offiziere dem entgegentreten müssen! Die meisten wollten mit diesem Ausspruch nur umschreiben, daß die jungen Soldaten auf die Härte des Soldatseins vorbereitet werden mußten. Aber der unbedachte Gebrauch solcher Worte hat dazu verleitet, die Ausbildung vornehmlich auf dem Kasernenhof zu betreiben, der dazu wirklich nicht geeignet war. Die allein richtige Ausbildung im Gelände, die haben vor allem träge Offiziere und Unteroffiziere gescheut; mußten sie doch befürchten, da draußen selbst als Führer »einzutreten«, ausgebildet und gefordert zu werden. Es ist erschreckend, wie wenig Verbandsausbildung die Wehrmacht betrieben hat – und das hat sich leider auch in der Bundeswehr fortgesetzt. Immer wieder nimmt man Zuflucht zur »Einzelausbildung«, bei der die Vorgesetzten nur als Ausbilder gefordert sind und

nicht als Führer. Da dürfen sie sich schon in der Uniform von der Truppe unterscheiden, nämlich im »leichten Bieranzug« dastehen – wie solche Bequemlichkeit im Soldatenjargon umschrieben wird –, wenn nicht gar herumstehen.

In den Frankensteiner Baracken waren wir auf Stuben zu sechs bis acht Mann untergebracht. Daß wir die Kanonenöfen selbst heizen mußten, tat uns gut. Mancher hat von den auf diese Weise erlernten Fertigkeiten später profitiert, als es ums Überleben ging. Dem Frankensteiner Kommiß-Klüngel schienen jedoch Öfen weniger der Heizung zu dienen, vielmehr als willkommenes Instrument für Schikanen beim abendlichen Stubendurchgang. Dazu mußte nicht nur das Feuer gelöscht und die Asche entleert sein, sondern der Ofen auch geputzt werden. Kein Stäubchen durfte der UvD dort finden. Wieviel Zeit und Kraft wurde vergeudet, um die Öfen appellfähig zu machen. Schon damals habe ich mich gefragt, warum weder der Kompanieführer noch der Kommandeur in den zwei Jahren auch nur ein einziges Mal einen Stubendurchgang kontrolliert haben. Aber schließlich hatten wir ja auch noch Zugführer, die Offiziere und zugleich angehende Akademiker waren. Leider bin ich keinem von ihnen in der Bundeswehr begegnet. Ich wünschte, daß einer von denen meine Aufzeichnungen noch zu lesen bekäme. Haben sich doch aus diesen Kreisen der Reserve-Offiziere nach 1945 scharfe Kritiker des »Militarismus« rekrutiert, den sie zuvor selbst praktiziert und auf die Spitze getrieben hatten.

Auch wäre ich nicht überrascht, wenn meine Äußerungen auch heute noch von vielen höheren Militärs als »kleinkariert« abgetan werden. Aber gerade das ist es, was unseren hohen militärischen Führer immer gefehlt hat – und weiterhin fehlt: viele wissen nicht, wie es da unten aussieht. Und zumeist wollen sie es auch gar nicht wissen. Denn das alles ist ihnen so unbequem – und man schwebt so schön über den Wolken. Zur Tragik der Bundeswehr gehört, daß sie überwiegend durch hochqualifizierte, aber weitgehend truppenfremde Generalstabsoffiziere aufgebaut und geprägt wurde. Die hatten zwar das Zeug für die militärpolitisch und organisatorische Seite dieser Aufgabe – und die haben sie auch meisterhaft gelöst. Aber von der soldatischen

Menschenführung verstanden die meisten nur wenig. Auch von dem tiefgreifenden Wandel, den die deutsche Wehrmacht im Krieg, vor allem durch den Rußlandfeldzug, erfuhr, hatten sie kaum etwas mitbekommen.

Ich selbst habe mir damals geschworen: Sollte ich selbst einmal eine hohe Position erlangen, so würde ich immer und überall überraschend auftauchen, um der Gefahr entgegenzuwirken, daß mir etwas vorgemacht wird. So habe ich es dann auch gehalten. Noch als Divisionskommandeur war keine Kaserne und keine Kompanie vor mir sicher. So suchte ich am Ostersonntag 1976 das Sonderwaffenlager meiner Division in Motschieß auf. Dort lagerten die uns für den Kriegsfall zugeteilten Atomsprengkörper; zwar in US-Gewahrsam, aber von einem 30 Mann starken deutschen Wachkommando gesichert. Eine solche Aufgabe war nun wirklich ernstzunehmen; noch dazu in dieser Zeit terroristischer Anschläge! An einem Feiertag hatte mich in Motschieß natürlich niemand erwartet. Und so sah es denn auch aus. Entgegen striktem Verbot standen auf der Innenseite des Zaunes mehrere Soldaten und unterhielten sich mit Mädchen und anderen Besuchern, die sich ebenfalls verbotswidrig dem Zaun genähert hatten. Da ich im Kampfanzug erschien, hatte wohl keiner in mir einen General erkannt. Der herbeigeholte Wachhabende erschien verschlafen – und in Hausschuhen! Mein Donnerwetter hatte sich in wenigen Tagen in der ganzen Division herumgesprochen. Das bewirkte Wunder! Man wußte, mit mir war nicht zu spaßen. Natürlich hat mir das einen schlechten Ruf eingetragen. In seiner Biographien-Sammlung über die Viersterne-Generale der Bundeswehr berichtet Clemens Range, ich wäre als »UvD der Division« verspottet worden.[10] Für diese Verächtlichmachung meiner Dienstaufsicht sorgten schon einige der mir unterstellten Kommandeure, die sich ertappt fühlten, weil sie selbst nicht kontrollierten, wenigstens nicht zu ihnen unbequemen Zeiten. Auch unter meinen Generalskameraden haben sich nicht wenige darüber mokiert. Doch habe ich unbeirrt an meinem Führungsstil festgehalten. Kannte ich doch den Kommiß von der Pike auf! Aber ich darf hinzufügen, daß ich dieses abseits gelegene Sonderwaffenlager dann auch in der Nacht des Heiligen Abends aufgesucht und dort mit den zur Wache eingesetzten Soldaten das Weihnachtsfest gefeiert habe.

Davon haben meine Kritiker keine Notiz genommen.

Lehr- und Lernjahre waren es dennoch.

Meine Schilderungen könnten den Eindruck erwecken, in dem Frankenstein sei nun wirklich alles mies gewesen. Nein, so war es nicht! Zu den positiven Erinnerungen gehört vor allem die schulische Ausbildung, ganz zu schweigen von dem schlesischen Land und seinen Menschen. Wie schon in Dresden, so hatten wir auch in Frankenstein hervorragende Lehrer in den allgemeinbildenden Unterrichtsfächern. Sie rekrutierten sich überwiegend aus ehemaligen Berufsunteroffizieren (natürlich aus den besten), die am Ende ihrer 12jährigen Dienstzeit eine Umschulung zum Heeresfachschullehrer durchliefen, inzwischen auch zum Offizier (zumeist zum Oberleutnant) aufgestiegen waren und nun den Lehrerberuf ausübten. Aber auch einige Unteroffiziere, im Zivilberuf Lehrer, unterrichteten uns. Fast alle waren sie hervorragende Methodiker. Oft habe ich mir in meiner späteren schulischen und wissenschaftlichen Ausbildung derart qualifizierte Lehrkräfte gewünscht!

Als ich Anfang 1943 diese Schulausbildung abschloß, entsprach sie der Heeresfachschulprüfung II für die Berufsunteroffiziere, Voraussetzung für die gehobene Beamtenlaufbahn. Darauf aufbauend habe ich nach kurzem Besuch einer Abendschule 1947 als Externer die Reifeprüfung abgelegt. Dankbar gedenke ich meiner Lehrer in Uniform, die mir die Grundlage dafür vermittelt haben, allen voran dem Feldwebel Martin Härtel, der an der Ostfront gefallen ist.

Eine willkommene Unterbrechung unserer militärischen Ausbildung boten die alljährlichen Ernteeinsätze. Mal wurden wir im Sommer zum Rübenverziehen, immer aber im Herbst zur Kartoffelernte in die benachbarten Dörfer geschickt; zuerst im Oktober 1940 von Dresden aus nach Rathewalde in die sächsische Schweiz. Wer von uns da gehofft hatte, aus der Kasernenverpflegung an üppige Fleischtöpfe zu geraten, der sah sich bitter enttäuscht. Die bescheidenen Verhältnisse der dortigen Landbevölkerung erschienen uns selbst für damalige Verhältnisse armselig. Für die heutige Generation sind sie kaum vorstellbar. Mit meinem Freund Horst Koall wurde ich einem kleinen Landwirt zugeteilt. Wir trafen gerade zum Mittagessen dort ein. Die sechsköpfige Familie saß um einen mit einem Wachstuch bezogenen Holztisch in der Küche, auf den die Hausfrau eine große Blechschüssel Kartoffelbrei stellte. Alle lehnten sich vor und löffelten daraus. Sonst gab es für jeden nur noch einen Pott mit Buttermilch. Das war das Standard-Mittagessen, manchmal mit etwas gebratenem Speck gewürzt. Abends gab es Bratkartoffeln – dazu wieder Buttermilch. Das Frühstück bestand aus Pellkartoffeln und Schmalz. Schnell hatten wir uns daran gewöhnt, vor allem aber an die Herzlichkeit der Menschen. Abends trafen wir uns mit den Mädchen des Dorfes im Saal das Gasthauses zum Volkstanz. Manche zarte junge Liebe erblühte in diesen Tagen. Auch mich hatte es erwischt. Ursel Ebert hieß sie – und der Abschied von ihr fiel mir schwer. Wir schrieben uns – bis einige Wochen darauf ihr Vater diesen Kontakt verbot. Über vier Jahrzehnte später, im Januar 1984, fand ich unter der vielen Post, die mich in diesen Tagen des Skandals erreichte, auch eine Zuschrift von dieser Jugendliebe. Sie schickte mir die Kopie eines Liebesbriefes, den ich ihr damals geschrieben hatte und fügte hinzu, sie hätte ihn über all die Jahrzehnte hinweggerettet, weil sie ihn so schön fand.

Mit Horst Koall, der aus Freienhufen/Niederlausitz stammte, blieb ich auch in den folgenden Frankensteiner Jahren zusammen. Dann trennten sich unsere Wege; er ging an die Unteroffizierschule Potsdam und kam von dort bald an die Front. Ende der vierziger Jahre erfuhr ich von seinen Eltern das traurige Geschick dieses Jungen. Er war in sowjetische Gefangenschaft geraten und wurde in die Tiefe dieses Landes verschleppt. Die spärlichen Nachrichten über sein Ende waren widersprüchlich.
Nach dem Kriege stand ich mit seinen Eltern im Briefwechsel, den ich Mitte der 50er Jahre abbrechen mußte, um sie nicht zu gefährden; denn ich war in den Bundesgrenzschutz eingetreten. Nach der Wiedervereinigung bin ich nach Freienhufen gefahren. In dieser vom Kohlen-

bergbau gezeichneten kleinen Stadt konnten sich nur noch ein paar ganz alte Leute an die Familie Koall erinnern. Schließlich machte ich die inzwischen nach Potsdam übersiedelte Schwester ausfindig und suchte sie auf. In und mit ihrer Familie konnte ich des gefallenen Freundes gedenken. Der Kreis hatte sich geschlossen.

Die Ernteeinsätze in Schlesien eröffneten mir den Blick für dieses schöne Land und für seine Menschen. In Lauenbrunn arbeitete ich bei einem Bauern Heinrich Gröger, der – wie die meisten im Dorf – auch einen polnischen Knecht hatte. Das war ein ehemaliger Kriegsgefangener, in ein ziviles Arbeitsverhältnis überführt, zwangsweise natürlich. Zu unserer Überraschung saß er mit der Familie am Tisch, was damals durchaus nicht üblich, wohl sogar verboten war. (Ich habe auch einmal auf einem Hof gearbeitet, wo auch wir Jungschützen nicht mit am Tisch des Bauern sitzen durften.) Mit dem Polen kamen wir schnell ins Gespräch. Wir spürten, daß er für diese menschliche Anerkennung dankbar war. Auch unser Bauer atmete offensichtlich auf. Später gestand er uns, daß er besorgt war, wir könnten ihn als »polenfreundlich« anzeigen. Für mich war diese erste Begegnung mit einem Polen nicht unbedeutend. Lehrte sie mich doch, zwischen politischen Systemen und den Menschen zu unterscheiden. Die Mehrheit der Polen, die 1945 in dieses schlesische Land einfielen und dort eine Schreckensherrschaft übten, haben offenbar nicht unterschieden.

Nachdenklicher wurde ich, als im Winter 1941/42 in einem an unsere Baracken angelehnten Lager erstmals sowjetische Gefangene zu Gesicht bekam. Diese armseligen Gestalten, die manchmal an uns vorbeizogen, erregten unser Mitgefühl. Untermenschen? Nein, eher sahen wir in ihnen Opfer des bolschewistischen Systems. Von dem Leidensweg dieser armen Menschen hatten wir keine Vorstellungen. Niemals habe ich auch nur ein böses Wort über sie gehört. Wenn wir auf unserer Stube darüber sprachen, dann kam schon die Frage auf: Wie mochte es uns ergehen, würden wir einmal in sowjetische Gefangenschaft geraten? Aber wir verdrängten solche Gedanken – wie es die meisten Deutschen taten.
Ein paar Wochen später besichtigten wir eine Papierfabrik, in der

britische Gefangene arbeiteten. Welch eine andere Welt der Kriegsgefangenen uns da begegnete! Die Briten waren wohlbekleidet und
gutgenährt. Einige wollten uns sogar Schokolade anbieten, die wir aber
ablehnten. Als ein Trupp von ihnen marschierend an uns vorbeizog,
kommandierte der sie führende Sergeant vor unserem Hauptmann eine
Ehrenbezeigung, die auf jedem preußischen Kasernenhof bestanden
hätte. Mir ging die so unterschiedliche Behandlung von Kriegsgefangenen nicht aus dem Sinn.

Wie es in diesem jugendlichen Alter wohl gar nicht anders sein kann,
erschien uns die Zeit in Frankenstein endlos. Wir träumten davon,
endlich an die Unteroffizierschule nach Potsdam zu kommen. Einige
von uns hatten Glück, diejenigen, die vor dem 1. Oktober 1942 das 17.
Lebensjahr vollendet hatten. Sie kamen schon mit diesem Stichtag nach
Potsdam, wir anderen blieben grollend zurück. Dieses Erlebnis soll dem
Leser verdeutlichen, wie strikt damals die Bestimmungen des Wehrge-
setzes eingehalten wurden, die für Soldaten ein Mindestalter von 17
Jahren voraussetzen. Oft habe ich später alle zurechtgewiesen, die
vorgaben, schon vor dieser Altersgrenze Soldat gewesen zu sein. Auch
die Luftwaffenhelfer waren rechtlich keine Soldaten, mag mancher von
ihnen auch mehr Fronterfahrung aufweisen als viele Etappen-Soldaten.
In den Wirren der letzten Kriegszeit hat es, was den Status des Soldaten
betraf, Ausnahmen gegeben; bis zum Herbst 1944 mit Sicherheit nicht.

Nachdem im Herbst 1942 die Offizierlaufbahn auch für Bewerber ohne
Abitur geöffnet wurde[11], bot sich auch für uns Unteroffiziervorschüler
diese Chance. Jeder konnte sich bewerben. Das taten bei uns etwa ein
Drittel aller Jungschützen, von denen dann die Hälfte angenommen
wurde. Die Schulen konnten von sich aus besonders geeignete Jungschützen vorschlagen. Ich hatte das Glück zu den sechs Ausgewählten
meiner Kompanie zu gehören. Zusammen mit meinem aus Neustettin
stammenden Freund Siegfried Schweinert.
Er war der unbestritten anerkannte Erste unserer Kompanie – auf
allen Ausbildungsgebieten. 1945 geriet er in Posen in sowjetische
Gefangenschaft. Nach der Heimkehr fand er in Schleswig eine neue
Heimat. Es gelang mir nicht, ihn zum Eintritt in die Bundeswehr zu
bewegen. 1984 ereilte ihn ein plötzlicher Tod.

Wir brauchten keine Aufnahmeprüfung zu absolvieren, sondern wurden nach einem Vorstellungsgespräch, am 12. Februar 1943 in Breslau sogleich angenommen; aber wirksam wurde das erst zum 1. April, also nach Ablauf der dreijährigen Vorschulzeit. Somit gehöre ich zu den wenigen Jungschützen mit einer vollen Ausbildungszeit von drei Jahren. Aber zu meiner großen Enttäuschung mußte ich erst einmal aus der Wehrmacht ausscheiden, um die für den Jahrgang 1925 generell vorgeschriebene Arbeitsdienstpflicht zu erfüllen. Dazu wurde ich in die RAD-Abteilung 8/115 nach Freiburg in Schlesien einberufen.

Der Abschied von Frankenstein fiel mir wirklich nicht schwer. Dennoch war ich mir schon damals bewußt, daß ich vieles gelernt hatte und für meine weitere militärische Laufbahn gut vorbereitet war. Aber es gab nichts, was mich an diese Schule band. Mit keinem einzigen Vorgesetzten blieb ich in Verbindung. Wohl waren mir dieses Städtchen und die schlesische Landschaft ans Herz gewachsen. Von diesem Reduit der preußischen Landesverteidigung ging 1813 die Befreiung aus. Wenn mich heute der Verlust der deutschen Ostgebiete schmerzt, dann verbinde ich damit vornehmlich die Erinnerung an Schlesien, für dessen Freiheit mein Vater in der Zeit unmittelbar nach dem Ersten Weltkrieg gekämpft hatte. Mit Stolz trug er neben dem Eisernen Kreuz auch den Schlesischen Adler.

2. Der Weg zum Offizier

War das nötig — Arbeitsdienstpflicht im Kriege?

So begann für mich ein dreimonatiges Intermezzo im Reichsarbeitsdienst. War mir das damals auch zuwider, rückblickend möchte ich auch diese Zeit nicht missen. Hat sie mir doch einen persönlichen Einblick in die Realisierung einer Idee und deren Organisation vermittelt, die — jenseits der allgemeinen Wehrpflicht — immer wieder als die Lösung gepriesen wurde, eine Klassen- und Standesgesellschaft zu überwinden, junge Menschen sinnvoll für eine soziale Aufgabe zu begeistern. Der damalige Reichsarbeitsführer Konstantin Hierl, eine der wenigen integren Persönlichkeiten unter den NS-Größen, hat über die Idee des Arbeitsdienstes, die zuvor schon in Palästina und ansatzweise in den 30er Jahren in den USA verwirklicht worden war, und seine Erfahrungen mit der deutschen Variante nach dem Kriege geschrieben.[12]

Schließlich hatte man auch in Deutschland schon lange vor der nationalsozialistischen Machtergreifung an der Errichtung eines Freiwilligen Arbeitsdienstes gearbeitet. Kein Geringerer als Carlo Schmid[13] hat seine Begeisterung für diese Idee bekundet.

Aus damaliger Sicht sah ich den Vorzug des RAD darin, daß jeder junge Mann unbeschadet seiner Herkunft und seiner beruflichen Zukunft mit dem Spaten in der Hand zu arbeiten hatte. Man könnte einwenden: Auch beim Militär begann er ja ganz unten. Aber eben nicht mit dem Spaten — und als Fahnenjunker doch mehr oder weniger herausgehoben, häufig noch unter der Obhut seiner Standesgenossen. Beurteilte ich auch die Institution des RAD durchaus positiv, die Durchführung — wenigstens wie ich sie mitten im Kriege erlebte — erschien mir höchst mangelhaft. Das war insbesondere auf die geringe Qualität der Führer und Unterführer zurückzuführen. Wie konnte dies auch anders sein, hatte man doch nach 1933 den RAD parallel zur Wehrmacht aufgebaut, die ohnehin fast jeden nur zum

Offizier oder Unteroffizier Geeigneten benötigte. So fanden sich im RAD neben wenigen Idealisten auch verkrachte Existenzen ein, die in der Wehrmacht keine Chance hatten. Dazu kam, daß der RAD im Kriege die meisten seiner jungen Führer und Unterführer an die Wehrmacht abgeben mußte und sich mit Hilfsausbildern über die Runden rettete. Warum also, fragt man sich, wurde krampfhaft eine solche Organisation erhalten, die ihrem eigenen Anspruch nicht mehr gerecht werden konnte – und sich folglich mehr negativ als positiv auf die junge Mannschaft auswirkte? Ein Mann wie Hierl hätte das eigentlich erkennen müssen. Sicher war es auch hier der Apparat, der seine Existenz bewahren wollte. Das war ja das Dilemma vieler Organisationen, nicht nur der Partei, die gar keine Aufgabe mehr hatten, aber für ihr unnötiges Fortbestehen Ressourcen beanspruchten, die der Kriegführung entzogen wurden.

Den Aufgaben, die dem Selbstverständnis des RAD entsprachen, also der Arbeit mit dem Spaten, waren in meiner Arbeitsdienstzeit nur wenige Tage gewidmet. Die meiste Zeit galt der vormilitärischen Ausbildung, und derer bedurfte ich nun wirklich nicht. Es wäre interessant, wenn die Forschung einmal feststellen könnte, wie es zu dieser unsinnigen Entscheidung gekommen ist, junge Männer auf diese Weise der Fronttruppe zu entziehen. Überdies bestand auch die vormilitärische Ausbildung wiederum überwiegend im Formaldienst. Kein Wunder, waren doch die verfügbaren Ausbilder nur dafür zu gebrauchen, und auch das mehr schlecht als recht. Zwar muß ich einräumen, daß mir das Exerzieren mit dem (Parade-) Spaten Spaß gemacht hat, aber dafür hätte man im Kriege keine Zeit vergeuden dürfen. Die äußerst mangelhafte Qualität der Ausbilder verführte diese dann auch die ihnen verfügbare Zeit mehr mit unsinnigen Stuben- und Spindappellen auszufüllen als mit sinnvoller Ausbildung. Erst später las ich, wie sehr der »Reichsarbeitsführer« darauf bedacht war, solche Mißstände des Militärs, die er als ehemaliger Oberst nur zu gut kannte, in seiner Organisation auszumerzen. Noch zu Kriegsbeginn hat er eine diesbezügliche Weisung erlassen.[14]

Die knappen drei Monate meiner Arbeitsdienstzeit bei der Abteilung 8/115 in Freiburg/Schlesien sind mit der Erinnerung an zwei Ereignisse verbunden, die auch einen Eindruck von Auswüchsen vermitteln mögen, wie sie aber − das möchte ich hervorheben − nicht etwa nur dem RAD anzulasten sind. Wohlgemerkt, auch im RAD bildeten die nachfolgend geschilderten Mißstände die Ausnahme, sie waren keineswegs die Regel. Aber es gab sie − und ich will darüber nicht hinweggehen.

Eines Tages wurde beim Morgenappell bekanntgegeben, daß die Abteilung 20 stimmbegabte und sangesfreudige Arbeitsmänner zu melden habe. Natürlich witterte jeder sofort die Chance für eine abwechslungsreiche und angenehme Aufgabe. Mehr als die Hälfte der etwa 200 Mann starken Abteilung meldete sich; ich gehörte zu den Ausgewählten. Um was ging es da? In dem etwa dreißig Kilometer entfernt liegenden Städtchen Jauer sollte die Hochzeit eines Unterfeldmeisters (der dem Rang eines Stabsfeldwebels entsprach) gefeiert werden. Der gehörte zwar nicht zu unserer Abteilung, war aber unserem Abteilungsführer wohl aus früherer Zeit bekannt. Diese Hochzeit sollte demonstrativ im Stil der neuen Zeit gehalten sein, also auf eine kirchliche Trauung verzichten. Zur Umrahmung der Feier wurde ein Chor von je 20 Arbeitsmaiden und Arbeitsmännern aufgeboten. In der Vorbereitung darauf fuhren wir zweimal − mit der Bahn − zu einem nicht sehr weit entfernt gelegenen Lager der Arbeitsmaiden in Göhlenau. Dort fanden die Proben statt. Danach tanzten und scherzten wir mit den Mädchen, um abends wieder in unser Lager zurückzukehren. Das dauerte jeweils einen Tag. Als der Hochzeitstag kam, fuhren wir nach Jauer und stellten uns im Rathaussaal auf.
Außer uns bildeten etwa 40 Arbeitsmänner ein Spalier. Eine große Hochzeitsgesellschaft fand sich ein. Wir sangen unsere modernen Lieder, der Kreisleiter nahm die Trauung vor. An der sich anschließenden großen Hochzeitsfeier konnten wir zwar nicht teilnehmen, aber in einem nahegelegenen Restaurant feierten wir mit den Arbeitsmaiden − bis zum späten Abend. Wir hatten also einen schönen Tag erlebt. Ein Unbehagen beschlich einige von uns dennoch. War es richtig, mitten im Kriege einen solchen Aufwand zu betreiben? Da wurde jeder Mann an der Front gebraucht. Dennoch steckte man uns noch drei Monate in den Arbeitsdienst, um einer ideologisch bestimmten Planung unserer Ausbildung zum Offizier Genüge zu tun. Und dann

hatte man noch Zeit für die Hochzeitsfeier eines Unterfeldmeisters, die in einem Rahmen gestaltet wurde, als handle es sich um den Reichsarbeitsführer selbst. Dazu noch der krampfhafte Versuch, die Kirche zu ersetzen. Vielleicht auch noch Gott? Das wollte ich nicht wahrhaben. Wie so oft beschwichtigte ich meine eigenen Zweifel mit dem bekannten Satz: Wenn das der Führer wüßte!

Was heute oft so dahingesagt wird — von der nachfolgenden Generation allenfalls mit Kopfschütteln quittiert — war damals unsere Überzeugung. Wir waren ganz sicher, daß dieser Führer solche Mängel nicht dulden würde. Leider gab es ungleich schlimmere Mißstände, von denen wir noch nichts ahnten — und die er zu verantworten hatte.

Wenige Tage später wurde aus 30 Arbeitsmännern ein sogenannter »Bauzug« für eine besondere Aufgabe in Breslau zusammengestellt. Unter Führung eines Unterfeldmeisters fuhren wir in die schlesische Hauptstadt. In einem Barackenlager am Stadtrand untergebracht, standen wir drei Wochen lang zur Verfügung des dort stationierten Kommandos des weiblichen Arbeitsdienstes. Neben dem Wachdienst waren es überwiegend persönliche Dienstleistungen, die wir da für die höheren Arbeitsdienstführer zu erbringen hatten: Kartoffelschälen, Putzen, Besorgungen in der Stadt. Ein Gutes hatte diese Zeit für mich: Ich lernte Breslau kennen und lieben. Dadurch wurde meine innere Bindung an Schlesien noch fester. Ich wäre nicht im entferntesten auf den Gedanken gekommen, daß diese deutsche Stadt uns einmal entrissen werden könnte. Schon bald erreichte mich der nächste Einberufungsbefehl: zum Füsilier-Ersatz-Bataillon 27 nach Rostock.

Mitten im Kriege: Der Kommiß feiert Urständ!

Nun mußte ich zum dritten Mal von vorn anfangen: Wieder mit der Grundausbildung. Über den Ersatztruppenteil des Füsilier-Regiments 27, das in dem bereits durch Luftangriffe zerstörten Rostock lag, kam ich zum Grenadier-Ausbildungs-Bataillon 222 in Wreschen. Dieses kleine Städtchen, das etwa 10.000 Einwohner zählte, lag ostwärts von Posen, an der Eisenbahnlinie nach Warschau. Die Kaserne am Rande der Stadt, um die Jahrhundertwende erbaut, beherbergte einst das III.

Bataillon des Infanterie-Regiments Graf Kirchbach, das 1. (Niederschlesische) Nr. 46. Die Kasernenanlage machte einen freundlichen Eindruck: von Bäumen umgeben, die Kompanieblöcke aufgelockert um den Exerzierplatz angelegt. Drinnen war es gar nicht so einladend. Dort herrschte der Kommiß in seiner übelsten Form. Wir 30 Offizierbewerber (OB) wurden als ein Zug an die 2. Kompanie angehängt. Schikanierende Unteroffiziere tobten von früh bis spät, der Kompaniechef, ein Hauptmann Mania, heizte sie noch an. Major Burmeister, der Bataillonskommandeur, im Zivilberuf Volksschulrektor, war ein freundlicher älterer Herr. Aber wir erlebten ihn nur auf seinem Pferd sitzend und über das Geschehen hinwegschauend. Da gab es kein Wort der Ermutigung, keine Erklärung für die uns zumindest als unsinnig erscheinenden Forderungen. Statt dessen nur der stupide Schrei des Kompaniechefs: Und Ihr wollt Offiziere werden?

Einen »Fähnrichsvater« hatten wir auch. Das war ein Leutnant gleichfalls des Namens Burmeister, Reserveoffizier, etwa Mitte Dreißig. Welch ein Hohn, daß ihm eine »Vater«-Rolle übertragen war; denn er entpuppte sich gar bald als ein Schinder übelster Art. Mich trieb er an den Rand der Verzweiflung. Beim Schul-Schießen kam es zum Knall. Ich weiß nicht mehr, welche Übung da geschossen wurde. Aber die Bedingung lautete: Drei Schuß − kein Schuß unter 8 − oder 27 Ringe. Der Leutnant verkündete, daß wir ihm für jeden fehlenden Ring eine Zigarette zu geben hätten. In mir empörte sich alles; denn so etwas hatte ich in den drei Jahren Unteroffiziervorschule nicht erlebt − trotz aller Mängel, die mir auch dort schon bewußt wurden.

Innerlich erregt legte ich mich auf die Pritsche. Zwar gab ich mir beim Zielen alle Mühe, aber ich erreichte nur 25 Ringe. Her mit den Zigaretten, keifte der Leutnant, als ich mich anschließend bei ihm melden mußte. Noch heute weiß ich nicht, woher ich die Kraft nahm, ihm zu entgegnen: »Nein, Herr Leutnant!« Das verschlug ihm wohl den Atem; er lief rot an: »Was soll das heißen, haben Sie keine Zigaretten?« »Doch, Herr Leutnant, aber das können Sie mir nicht befehlen«, gab ich zur Antwort, betont ruhig. »Ich werde Ihnen schon zeigen, was ich kann!« Er schrie: »Kehrt marsch marsch − Hinlegen − Sprung auf marsch marsch − Hinlegen.« Nach etwa fünf Minuten war es ihm wohl zu viel. Er rief einen Unteroffizier herbei und befahl ihm: »Bringen sie dem Kießling mal bei, was es heißt, Soldat zu sein«. Der Unteroffizier hatte wohl erkannt, daß der Leutnant den Rubicon überschritten hatte. So jagte er mich immer weiter in den Wald hinein, bis wir außer Ruf- und Sichtweite waren. Dann rief er: »Kommen Sie her!« Ich baute mich vor ihm auf. »Kießling, was haben Sie sich da nur eingebrockt, Sie bringen sich um Ihre Karriere!« Ich sagte nichts, schaute ihn nur an. Aber ich spürte, er war auf meiner Seite. »Ruhen Sie sich etwas aus, dann müssen wir weitermachen«, sagte er in ruhigem Ton. »Aber wenn wir wieder zum Schießstand kommen, geht es lang!« Meine Hose war ohnehin zerrissen, ich blutete an der Hand. Die letzten dreihundert Meter führten wir dem Leutnant eine Schau vor. Der war zufrieden. Aber nun begann für mich eine Leidenszeit. Zu allem und jedem Extradienst wurde ich eingeteilt. Der Spieß, der eine Schwäche für uns Unteroffiziervorschüler hatte, milderte es ein wenig – solange der Leutnant außer Sichtweite war. Aber mein Abschuß stand so gut wie fest. Da kam die Rettung! Das Bataillon rückte zu einer mehrtägigen Übung aus. Dazu erschien selbst der Regimentskommandeur und stürzte sich auf uns OBs. Wir sollten als Feldwache aufziehen. Der Oberstleutnant prüfte zunächst unsere Vorschriftenkenntnisse. Ich kannte die AVI (Ausbildungsvorschrift für die Infanterie) 130/2a fast auswendig, zumindest besser als die meisten Unteroffiziere. Daraufhin teilte mich der Regimentskommandeur als Gruppenführer ein – und es klappte. In seiner Schlußbesprechung erwähnte er mich lobend. Der Bataillonskommandeur und der Kompaniechef fühlten sich geschmeichelt, erblickten sie doch darin eine Anerkennung für ihr Wirken. So war ich den Fängen des »Fähnrichsvaters« entronnen; der strafte mich nur noch mit Verachtung.

Warum erzähle ich diese Geschichte so ausgiebig? Nicht nur, weil sie demonstriert, wie schnell man fallen, aber auch wiederaufsteigen kann. Vielmehr noch, weil dieser Fähnrichsvater eben keiner der verteufelten Kommißköppe von Berufswegen war, sondern: ein evangelischer Pastor! Mich hat dieses Negativerlebnis nicht dazu verleitet, der Kirche den Rücken zu kehren. Wieviele dagegen lasten es dem Militär insgesamt an, daß sie einmal zufällig an einen schlechten Vorgesetzten geraten sind!

Daß es miese Typen überall gibt, keineswegs nur beim Militär, das habe ich später einmal eindrucksvoll erfahren müssen; nämlich, als ich mich im Mai 1952, von Berlin kommend, an der Bonner Universität bei den vier Ordinarien meines Faches vorstellte, was damals üblich war, wenn man an den Seminaren für Fortgeschrittene teilnehmen wollte. Während mich drei von ihnen freundlich empfingen, fragte der vierte mürrisch: »Warum sind Sie nicht in Berlin geblieben?« Meine Antwort: »Ich hielt es für richtig, mal eine andere Universität aufzusuchen, zumal mein Berliner Lehrer, Professor Bülow, mir das dringend geraten hat.« »Was ist denn Ihr Vater?«, fragte er weiter. »Arbeiter!« − Er traute wohl seinen Ohren nicht; dann schlug er zu: »Warum wollen Sie überhaupt studieren? Lernen Sie doch lieber ein Handwerk!« Ich war wie vor den Kopf geschlagen und zutiefst verletzt. So etwas hatte es in der Wehrmacht nicht gegeben! Ich verabschiedete mich von diesem »ordentlichen« Professor, sein Seminar habe ich nicht besucht. Um so bitterer empfand ich dieses Erlebnis, als ich dann erfuhr, daß dieser Professor im Kriege Major der Reserve war. Auch solche gab es! Am Ende des Semesters verließ ich Bonn wieder und ging nach Hamburg, um dort das Examen zu machen. Auch diese Enttäuschung habe ich nicht etwa der Bonner Universität zur Last gelegt. Im Gegenteil, ich bin später nach Bonn zurückgekehrt und wurde dort promoviert. Ludwig Curtius, der große Archäologe, hat in seinen Lebenserinnerungen das klassische Urteil gesprochen: »Die deutschen Universitäten leisteten Ausgezeichnetes in der Ausbildung von Gelehrten, sie versagten aber in ihrer Aufgabe der geistigen Erziehung der Nation.«[15]

Meine Rekrutenausbildung in Wreschen bestätigte also erneut das, was ich zuvor in Frankenstein erfahren hatte: In der Ausbildung gab es kaum noch gute Unteroffiziere. Gab es mehr gute Offiziere? Ja, aber auch die wurden immer wenigere. Leider beherrschen die schlechten, wie Mania und Burmeister, meine Erinnerung an diese Zeit. Aber ich erinnere mich auch, daß der Chef der 1. Kompanie ein feiner Kerl war. Zweimal in der Woche aßen wir mittags mit den Offizieren im Kasino. Da erkundigte er sich stets nach unseren Sorgen, flachste über den Kommißbetrieb in unserer 2. Kompanie und machte uns Mut. Wenn wir ihn auf dem Kasernenhof, in der anderen Ecke, mit seiner Kompanie sahen, so schauten wir neidisch hierüber. Da herrschte zwar ein straffer, aber korrekter Ton. Marschierte die Erste an uns vorbei, blickte man in freudige Gesichter.

Mancher Leser mag sich fragen: Wie konnte der Kießling nach all dem Erlebten weiterhin Gefallen am Soldatsein finden? Zumindest nach dem Krieg hätte er doch daraus die Lehre ziehen und in einem Zivilberuf bleiben müssen. Meine Antwort: Zum einen habe ich die Wehrmacht auch von ihrer besseren Seite erlebt, nämlich an der Front. Da traf ich auf überwiegend gute, nicht selten hervorragende Offiziere und Unteroffiziere. Aber ich brauchte noch nicht einmal so lange zu warten, um das zu erfahren. Schon in der nächsten Station meiner Ausbildung, an der Unteroffizierschule in Hohensalza, überwogen wieder die positiven Eindrücke. Zum anderen habe ich ja bei der Schilderung negativer Erlebnisse versucht, sogleich die Brücke zu ähnlichen Erfahrungen zu schlagen, die ich später sammelte. Von daher habe ich die Einsicht gewonnen: Nicht das Militär ist schlecht, zumindest nicht schlechter als andere Lebensbereiche.

Es kommt vielmehr darauf an, die dem Militär eigentümlichen Macht-verhältnisse zu erkennen und ihnen Grenzen zu setzen, um einen Machtmißbrauch zu verhindern. Es hat mich gereizt, die Chance zu nutzen, beim Aufbau einer neuen und besseren deutschen Armee mitzuwirken. Das machte mich in der Bundeswehr zu einem überzeugten Anhänger der Inneren Führung — soweit es den Bereich der soldatischen Ordnung betraf. Umso stärker habe ich aufbegehrt, wenn deren richtige Grundgedanken zerredet wurden und in schwülstige Phrasen ausuferten. Unter der Überschrift »Wider die leeren Schlagworte« hat Knut Teske über ein Gespräch mit mir berichtet.[16]

Was meine innere Bindung an die gar nicht so schöne Dienstzeit in der Wehrmacht betrifft, so könnte ich diese nicht besser beschreiben, als Clausewitz sich zum Soldatsein bekannte. In einem Brief an seine Frau schrieb er 1814: »Ich bin ein sonderbarer Mensch in Beziehung auf die Vergangenheit. Ich hänge mit Liebe an ihr, selbst wenn sie nicht viel taugte.«[17]

Hart, aber gerecht: Unteroffizierschule (OB) Hohensalza

Im Herbst 1943 war es endlich so weit: Ich kam zur weiteren Ausbildung auf eine Unteroffizierschule, also zu dem eigentlichen Unteroffizierlehrgang. Aktive Offizieranwärter absolvierten diese Ausbildung an eigens dafür eingerichteten Unteroffizierschulen, die den Zusatz (OB) führten. Eine solche Schule war die in Hohensalza. Wir waren in einer alten, aus roten Backsteinen erbauten Kaserne untergebracht; aus heutiger Sicht unter derart primitiven Verhältnissen, die den Wehrbeauftragten alarmieren müßten. Jeweils 20 Mann, die eine »Abteilung« bildeten, verfügten über zwei Stuben; die eine zum Schlafen, die andere zum »Wohnen«, worunter man sich aber nicht das vorstellen darf, was man heutzutage mit diesem Begriff verbindet. Da standen unsere Spinde, ein paar Tische, vor allem aber ein riesiger Kanonenofen, den zu heizen und jeden Abend wieder sauberzumachen uns einige Mühe bereitete. Dennoch wurde dieser Ofen nicht etwa als Objekt für unsinnige Stubenappelle mißbraucht, wie ich das in Frankenstein erlebt hatte.

Mit meinem früh ausgeprägten Sinn für Militärgeschichte spürte ich nach: Was lag hier früher einmal, vor dem Ersten Weltkrieg? Ein alter Lagerarbeiter, der die wechselvolle Geschichte dieser Kaserne kannte und zum Teil miterlebt hatte, berichtete mir: Hier lagen einst die 140er! Genauer war es das 4. Westpreußische Infanterie-Regiment Nr. 140. In dieser Kaserne erfuhr ich die Perfektion militärischer Ausbildung, mit einer heute kaum vorstellbaren Härte, aber (fast) ohne jede Schikane. Das lag − wie immer − an den Ausbildern. Und hier in Hohensalza waren es ausgewählte Offiziere und Unteroffiziere von hoher Qualität. Jeder »Abteilung« von zwanzig OBs stand ein Offizier vor, der über zwei bis drei Unteroffiziere als Gehilfen verfügte. Jeweils fünf Abteilungen, also etwa 100 Offizieranwärter, waren zu einer Kompanie zusammengefaßt. Die Schule umfaßte vier Kompanien; der Schulkommandeur war ein Oberst Otto, gefürchtet und unbeliebt. Aber er verstand sein Geschäft. Mir ist er in besonders unangenehmer Erinnerung, weil er mich in den Arrest geschickt hatte. Doch hatte ich diese Strafe verdient.

Das kam so. Reihum mußten die Abteilungen für jeweils 24 Stunden die Kasernenwache stellen. Bevor die Wache um 18.00 Uhr »aufzog«, galt der Nachmittag der Vorbereitung, dem Putzen und dem Wachexerzieren. Wenn wir dann um 17.45 Uhr zur »Vergatterung« durch den Offizier vom Dienst antraten, begannen Stunden höchster Anspannung. Wurde der Wachdienst in der gesamten Wehrmacht sehr ernst genommen, an einer Unteroffizierschule glich er einem Ritual. Alles lief genau nach Vorschrift, jede Handlung, jede Meldung. Im zweistündigen Wechsel zogen wir auf Posten: einer vor Gewehr, der andere als Kontrollposten. Oblagen dem einen die Ehrenbezeugungen (kam der Schulkommandeur, so trat die ganze Wache heraus, präsentierte, der Wachhabende meldete – und der Oberst musterte kritisch jeden einzelnen), so hatte der andere den gesamten Personenverkehr zu kontrollieren. Dabei handelte es sich vorwiegend um Soldaten, und die hatten ihr Soldbuch vorzuweisen. Dieses enthielt damals auf Seite 15 einen Sichtvermerk, und auf den kam es an. Kaum hatte ich meinen ersten, zweistündigen Dienst als Posten beendet, tauchte ein Offizier des Stabes in der Wache auf, gefolgt von einem älteren Unteroffizier von den Landesschützen. Bei letzterem hatte man das Fehlen des vorgeschriebenen Sichtvermerkes im Soldbuch festgestellt. Er gab an, während meiner Postenzeit in die Kaserne gekommen zu sein. Also war ich dran. Die Strafe folgte auf dem Fuße. Am folgenden Tage mußte ich mich, begleitet von meinem Kompaniechef, beim Schulkommandeur melden (im Dienstanzug mit Stahlhelm, versteht sich), der mich mit »drei Tagen geschärftem Arrest« bestrafte. Einen Tag darauf »zog ich ein«, natürlich erst abends nach Dienstschluß. Wie beim Militär üblich, lagen die Arrestzellen hinter der Wache. Der UvD meiner Kompanie brachte mich dorthin und übergab mich an den Wachhabenden. Der kontrollierte mich von Kopf bis Fuß: Hosenträger abgeben, Schnürsenkel aus den Schuhen ziehen, leere Hosentaschen vorweisen. Dann schloß sich die Tür der Zelle hinter mir. In dem etwa sechs Quadratmeter großen Raum stand nichts als eine Holzpritsche. Aber nur nachts durfte man sich da drauflegen. Zu essen gab es täglich 500 g Brot – dazu den bekannten Muckefuck, sonst nichts. Als Lektüre waren nur die Bibel und »Mein Kampf« zugelassen. Man durfte wählen. Etwas aufmüpfig sagte ich: »Die Bibel kenne ich schon!«

»Dann lesen Sie endlich mal ›Mein Kampf‹«, erwiderte der Wachhabende. Das tat ich dann auch. Nach Kriegsende entdeckte ich zu meiner Überraschung, daß – wo immer die Rede darauf kam – ich so ziemlich der einzige war, der zugab, dieses Buch gelesen zu haben. Verstanden hatte ich das meiste nicht.

Jeden Tag einmal inspizierte der für die Wache zuständige Kompaniechef die Arrestzellen, einmal gar der Schulkommandeur selbst. Da hörte man schon von weitem das Rasseln der Türschlösser. Die Tür wurde aufgerissen, ich stand in Grundstellung und meldete: »Grenadier Kießling, bestraft mit drei Tagen geschärftem Arrest«. Lassen Sie sich das eine Lehre sein, scholl es mir entgegen.

Als ich nach drei Tagen zu meiner Kompanie zurückkehrte, bekam ich zu spüren, daß ich als »vorbestraft« galt. Fast alle Einteilungen zu unangenehmen Diensten trafen mich. In den folgenden zwei Monaten wurde ich von der jeweils zum Monatsersten fälligen Beförderung zum Gefreiten zurückgestellt. Aber ich hatte Glück. Mein Abteilungsführer, also der für uns 20 OBs zuständige Offizier, ein Oberleutnant Girke, trug es mir nicht nach. Im Gegenteil, er gab mir eine Chance, und bald spürte ich, daß er mich mochte. Mir gefiel er ja von Anfang an, aber nicht nur mir. Girke galt als ein Pfundskerl. Alle anderen Abteilungen beneideten uns um ihn. Mit seinen 29 Jahren war er schon etwas älter als die anderen Abteilungsführer, von großer, stattlicher Erscheinung, im Zivilberuf Lehrer in Eutin. Erfahren als Frontoffizier wie als Ausbilder, schüttelte er alles nur so aus dem Ärmel. So jedenfalls erschien es uns. Er war streng, aber nicht gefürchtet; wir wurden hart gefordert, aber niemals schikaniert.

War das Ausbildungsziel zunächst auch nur »Führer einer Infanterie-Gruppe« (also von zehn Mann), bald übten wir im Zug- und Kompanierahmen; Girke sorgte dafür, daß ich wiederholt als Führer eingeteilt wurde. Bei der Besichtigung auf dem Truppenübungsplatz Warthelager führte ich (beim Sturm auf das vielen alten Soldaten bekannte Übungsdorf »Schweinsschädel«) einen Stoßtrupp und fand die Anerkennung des Schulkommandeurs. Sofort wurde ich zum Gefreiten befördert, vier Wochen später zum Unteroffizier.

Meinen Abteilungsführer Girke habe ich nie vergessen. Von der Front schrieb ich ihm, und er antwortete mir auch sehr freundlich. Mit Kriegsende riß die Verbindung ab. Meine Nachforschungen ergaben, daß er in seiner Heimatstadt Eutin als Lehrer wirkte. Aber ich bekam niemals eine Antwort auf meine Briefe. Als ich dann 1979 NATO-Befehlshaber in Schleswig-Holstein wurde, ging ich der Sache nach. So stieß ich auf die bittere Wahrheit, daß Girke 1967 seinem Leben ein Ende gesetzt hatte. Wiederholt habe ich seitdem sein Grab auf dem Eutiner Friedhof aufgesucht. Für mich war er ein vorbildlicher Offizier und Lehrmeister, dem ich ein ehrendes Gedenken bewahre.

Fünf Monate dauerte die Ausbildung an der Unteroffizierschule. Von früh bis spät waren wir auf den Beinen. Allenfalls am Samstagabend kamen wir mal in die Stadt. Dann ging man ins Kino – nur der Film »Der weiße Traum« ist mir aus dieser Zeit noch in Erinnerung) – oder in eines der wenigen Restaurants, die gelegentlich Geflügel- oder Wildgerichte »markenfrei« anboten. Das war eine begehrte Ergänzung zu der damals schon recht kargen Verpflegung. Täglich bekamen wir 500g Brot, 20g Butter und 50g Wurst, manchmal auch etwas Käse oder Fischkonserven. Diese Rationen wurden abends ausgegeben, manche aßen gleich alles auf und standen dann am nächsten Morgen ohne einen Bissen da. Nur mittags gab es eine warme Mahlzeit. Dazu mußten wir kompanieweise in einen schmucklosen Speisesaal einrük-ken, in dem Tische und Bänke lang aufgereiht standen. Ein eingeteilter »Tischdienst« hatte vor jeden Platz einen gefüllten Teller gestellt. Selten gab es etwas anderes als Eintopf: Kartoffelsuppe, Bohnen, Erbsen. Dennoch mußten wir uns zu diesem Essen unseren Ausgeh-rock anziehen, den wir spöttisch »Kaiser-Wilhelm-Gedächtnis-Rock« nannten.

Doch hinderte uns diese festliche Bekleidung nicht daran, das Essen notgedrungen zu einem knallharten Wettbewerb zu gestalten. Sobald wir uns setzen durften, begannen wir, den uns vorgesetzten Teller mit größter Hast auszulöffeln. Danach stellten wir uns zu dem zweiten Schlag an, der jedem zustand. Die ganze Kunst bestand darin, bei der Austeilung des Nachschlages ganz vorn zu stehen, um auch diese zweite Portion so schnell zu verschlingen, daß man sich – unentdeckt – noch zeitgerecht zu einem dritten Schlag einreihen konnte. Nicht immer klappte das; mitunter zählten die austeilenden Köche die Portionen und schoben unseren unlauteren Absichten einen Riegel vor.

Stand auch die Gefechtsausbildung unbestritten im Vordergrund und trat alles andere dahinter zurück, so wurden wir doch in wenigen Stunden des Exerzierens in eine »Form« gebracht, mit der wir jede Paradetruppe in den Schatten gestellt hätten. Das Geheimnis dieses Erfolges bestand allein darin, daß unsere Ausbilder es verstanden, uns auch für diese – als unbequem und im Kriege auch als unnütz empfundene – Ausbildung zu motivieren. Dazu gehörte, daß, wenn der Kompaniechef das Exerzieren leitete – auch die Offiziere eintraten. Damit wurde demonstriert, daß dies keine minderwertige Ausbildung war. Nie wieder habe ich in Reih und Glied einer Kompanie gestanden, die einen so perfekten Gewehrgriff »hinlegte« (wie man das nannte). Ich habe damit eines der Probleme berührt, mit denen die Bundeswehr niemals fertiggeworden ist. Wahrscheinlich lag der wesentliche Grund für dieses Versagen darin, daß ihre führenden Offiziere den wirklichen Wert der Formalausbildung nicht erkannt haben; zumeist hatten sie wohl selbst schlechte Ausbilder gehabt. Vor allem aber haben sie nicht begriffen, daß Inhalt und Form einander bedingen.

Auch allgemeinbildender Unterricht stand auf dem Ausbildungsplan der Unteroffizierschule, wenn auch nur fünf Stunden pro Woche. Im Vergleich zur Vorschule handelte es sich hier vorwiegend um Abiturienten, wenn auch jahrgangsbedingt um solche, die lediglich den »Reifevermerk« vorweisen konnten. Mich, der ich von diesem formalen Abschluß noch weit entfernt war, hat es sehr ermutigt, mit den anderen durchaus mithalten zu können. Unvergeßlich ist mir ein aus Nürnberg stammender Heeresfachschullehrer im Range eines Studienrats, der den Deutschunterricht erteilte. Er hatte den liebenswerten »Tick«, damals von uns belächelt, jeden seiner Schüler ein Heft als »Vademecum« anlegen zu lassen.. Darin ließ er uns markante Sprüche eintragen, die wir später fortschreiben sollten. Den ersten Spruch diktierte er uns selbst. Der stammte aus der Bayerischen Felddienstordnung von 1909 und lautete: »Der Mann ist zu dem Grad der

Selbständigkeit zu erziehen, daß er auch dann seine Schuldigkeit tut, wenn das Auge des Vorgesetzten nicht über ihn wacht.« Was würde dieser alte Lehrer, der damals schon über 60 Jahre zählte, wohl sagen, wüßte er, daß einer seiner Schüler, der es noch dazu zum General brachte, dieses Heft bis heute bewahrt hat und gelegentlich hineinschaut?

Nach Abschluß des Lehrgangs zerstoben wir in alle Winde. Das bedeutete auch Abschiednehmen von vertrauten Kameraden — einigen von ihnen war ich schon seit der Dresdner Zeit verbunden. Dazu gehörte auch mein damals bester Freund, *Herbert Lehmann*. Mit ihm hatte ich schon seit 1937 die Schulbank gedrückt, gemeinsam waren wir 1940 nach Dresden auf die Unteroffiziervorschule gegangen; auch die Frankensteiner Jahre und den RAD absolvierten wir Seite an Seite. Nun mußten wir uns trennen. Ich sollte ihn nie wiedersehen; schon am 12. Juli fiel er bei den schweren Kämpfen im Mittelabschnitt der Ostfront. Der Brief seines Vaters mit dieser traurigen Mitteilung erreichte mich im September an der Ostfront, als ich selbst dem Tode jeden Tag ins Angesicht schauen mußte. Nach Kriegsende suchte ich im Herbst 1945 seine Eltern auf, die eine kleine armselige Landwirtschaft in Köthen im Spreewald betrieben. Ihr Anwesen lag in jenem Raum um Halbe, wo im April 1945 die letzte große Schlacht zwischen Deutschen und Sowjets tobte. Gleich nach Kriegsende hatte eine auf dem Feld verborgene Mine dem Vater Lehmann ein Bein weggerissen; mühselig versuchte er, — des einzigen Pferdes beraubt — seinen Acker zu bestellen. Als ich ein paar Wochen später wieder nach Köthen kam, bestimmten mich seine völlig verängstigte Frau und seine Tochter zur sofortigen Umkehr. Der Vater war denunziert und abgeholt worden; sie fürchteten, auch mir könnte das widerfahren. Erst nach der Wende kehrte ich in diesen idyllisch gelegenen Ort zurück. In dem verfallenen Haus traf ich noch die inzwischen über siebzig Jahre alte Schwester meines gefallenen Freundes an.

Auch von meinem Freund *Günter Pauli* mußte ich Abschied nehmen; mit ihm hatte ich die letzten vier Jahre zusammen verbracht. Wie ich kam er mit dem Leben davon. Gleich nach dem Kriege fanden wir uns wieder und blieben in enger Freundschaft verbunden, bis ihn 1989 ein früher Tod ereilte. Bei seiner Hochzeit 1952 fungierte ich als sein Trauzeuge und wurde dann auch Pate seiner jüngsten Tochter. Aus seinem Nachlaß erhielt ich zu meiner Überraschung einige Aufzeichnungen über die Jahre unseres gemeinsamen Dienstes in der Wehrmacht. Mit tiefer Genugtuung entdeckte ich, daß sein Urteil mit dem meinen völlig übereinstimmte.

Einem anderen Kameraden aus Hohensalza begegnete ich erst Mitte der 60er Jahre wieder: *Martin Holzfuß*. Da war er schon Generalstabsoffizier im Stab der 2. Division in Marburg. Als einer der Bataillonskommandeure in dieser Division hatte ich mit dem G 3 Holzfuß manchen Strauß auszufechten. Aber wir verstanden uns dennoch recht gut – bis auf sein parteipolitisches Engagement, das mir aus Prinzip zuwider war, nicht etwa seine spezielle Gebundenheit an die FDP. Jedoch hat er diese Bindung mit Konsequenz durchgestanden und ist 1989 als Abgeordneter in das Europa-Parlament eingerückt. In die Schlagzeilen gelangte er schon 1984, als er, damals Generalmajor und Befehlshaber im Wehrbereich IV, sich öffentlich zu mir bekannte[18], was ihm die Kritik seiner Vorgesetzten eingebracht hat. Seine kameradschaftliche Haltung werde ich ihm nicht vergessen.

Als Unteroffizier verließ ich Hohensalza und kehrte noch einmal zu dem Ausbildungs-Bataillon nach Wreschen zurück. Dort herrschte nach wie vor der nicht nur von mir so gehaßte Hauptmann Mania. Der muß offenbar von einem unbändigen Willen beherrscht gewesen sein, möglicherweise immer noch vorhandene Begeisterung neu ankommender Rekruten im Keime zu ersticken. Wie oft habe ich mich gefragt: Wo blieb auch in diesem Falle die Dienstaufsicht, zu der höhere Vorgesetzte nicht nur berechtigt, sondern auch verpflichtet waren? Ich war froh, daß mich sogleich die Versetzung zur 8. Jäger-Division an die Ostfront erreichte. Nur eine schöne Erinnerung habe ich an Wreschen: Bei einem Tanzfest an der dortigen Heimschule lernte ich die damals siebzehn Jahre alte Barbara von Rennenkampff kennen. Ihre Briefe, die sie mir dann an die Front schickte, waren für mich ein Lichtblick in schwerer Zeit. Noch einmal sah ich sie wieder: Im März 1945 in Potsdam, für wenige Stunden; dann verloren wir uns aus den Augen.

3. An der Ostfront

Ein fast ausgeblutetes Infanterie-Regiment

Als ich im Frühjahr 1944 zur Feldtruppe kam, für mich die Erfüllung eines langgehegten Wunsches, da hatte sich die Waage des Kriegsglücks längst zu unseren Ungunsten geneigt. Mit der Invasion im Westen wurde schließlich die Endphase dieses gewaltigen Völkerringens eingeleitet. Längst war Deutschland in die Defensive gedrängt worden. Für uns junge Soldaten erschien die Lage dennoch nicht hoffnungslos. Wir vertrauten auf die oberste Führung, die politische wie die militärische. Und die verkündete unverdrossen: Wir werden siegen – wenn wir es nur wollen! Und wir Jungen wollten es!
Mit drei meiner Kameraden gelangte ich über Troppau – der Heimatgarnison des Jägerregiments 28 – und weiter über Wien und Budapest, zur 8. Jägerdivision, die in den nördlichen Karpaten lag. Diese als »schlesisch- sudetendeutsche« bezeichnete Division galt als eine gute, eine von den Sowjets gefürchtete. An ihrer – wie man es ausdrückte – niedrigen »Hausnummer« konnte man unschwer erkennen, daß sie schon in Friedenszeiten bestanden hat, also über einen guten Kern an Personal verfügte. Als ich dort eintraf, bekam ich sehr schnell einen Eindruck davon, wie die zurückliegenden Kriegsjahre an dieser Truppe gezehrt hatten. Tausende von Soldaten waren in den vergangenen Jahren neu zu dieser Division gestoßen – und hatten sie auch wieder verlassen: gefallen, verwundet, versetzt zu Neuaufstellungen. Die wenigen, die noch von Kriegsbeginn dabei waren, hatten zumeist ungleich höhere Dienststellungen inne. Die Leutnante von damals führten jetzt die Bataillone, der einstige Spieß unserer Kompanie von 1939 war gar zum Major aufgerückt. Die mangelnde Qualität mancher Kompanie- und Zugführer war unverkennbar; nicht wenige waren aus der Luftwaffe zuversetzt worden. Dennoch wurden die offenkundigen Mängel durch ein eigenartiges Selbstbewußtsein kompensiert, das diese Division beherrschte. Dieses hatte sie in jahrelangen Kämpfen gegen einen zahlenmäßig weit überlegenen Gegner und unter schwer-

sten Bedingungen gewonnen. Hier erlebte ich das, was man nach Clausewitz den »Geist der Armee« nennt. Er steht für mehr als nur für Stimmung. Welch geistige Armseligkeit, sich heute mit einem »Betriebsklima« begnügen zu wollen!

Jahrzehnte später habe ich die Erlebnisse eines jungen Offiziers gelesen, der die Jahre bis 1943 beschreibt, die er als Zug- und Kompanieführer in diesem Jägerregiment 28 verbrachte.[19] Da erfuhr ich, um wieviel höher der Kampfwert dieser Truppe, der ich jetzt angehörte, noch vor einem Jahr war. Solche Gedanken mögen dem Leser, der diese Zeit und der die Front nicht miterlebt hat, schwer verständlich sein. Aber sie sind auch für unsere Zeit, für unser Leben, von Bedeutung. Auch heute und in Zukunft kommt es häufig um das Zusammengehörigkeitsgefühl der Menschen an, wenn schwierige Aufgaben zu erfüllen sind. Das ist es ja, was unsere verantwortlichen Politiker nicht begriffen haben. Vor der Wende sind sie vor der großen Aufgabe der deutschen Wiedervereinigung zurückgeschreckt — immer mehr von ihnen wollten sie gar nicht mehr. Und nun werden sie mit der deutschen Einheit nicht fertig, weil sie diese Aufgabe vornehmlich als eine finanzpolitische verstehen. Aber auch im Wirtschaftsleben geht es um mehr als nur ums Geld. Ich möchte nur daran erinnern, welcher Wert etwa einem Firmennamen beigemessen wird. Bekanntlich werden dafür hohe Summen gezahlt, um ihn zu übernehmen — vorausgesetzt, daß dieser Namen einen edlen Klang erworben hat. In klarer Erkenntnis der Bedeutung dieses Gefühls der Zusammengehörigkeit von bestimmten Truppenteilen war die Personalführung der Wehrmacht darauf bedacht, nicht nur genesene Verwundete in den alten Truppenteil zurückzuführen, sondern auch vollständig aufgeriebene Divisionen — wie z. B. nach Stalingrad — aus den Überlebenden wieder aufzustellen.

Ich möchte hier schon einmal die Frage der Zusammengehörigkeit einer Truppe in bezug auf die Bundeswehr stellen. Die wollte sich die fundierten Erfahrungen der Wehrmacht partout nicht zu eigen machen. Darin wird eine ihrer Schwächen offenkundig, die darin bestand, daß ungezügelte Organisationsfanatiker ihr unheilvolles Wirken treiben konnten und immer noch dürfen. Sicher in guter Absicht, aber doch mit verhängnisvollen Folgen. Durch permanente Neugliederungen wurden gerade entstandene Bindungen zerschlagen. Truppenfremde Stabsoffiziere haben selten ein Gefühl dafür, wieviel dem Soldaten selbst die nüchterne Nummer seines Bataillons bedeuten kann; nach irgendeinem Schema oktroyieren sie der Truppe neue Bezeichnungen auf. Diese törichten Umorganisationen sind nicht militärfremden Politikern anzulasten, sondern diesen Militärbürokraten. Leider waren sie es, die die Bundeswehr entscheidend geprägt haben, nicht die Frontoffiziere des Zweiten Weltkrieges. Von daher hat sich die verhängnisvolle Tendenz durchgesetzt, daß die Bundeswehr überwiegend durch den Typ eines intellektuellen, in der Menschenführung kaum erfahrenen, aber daran zumeist auch wenig intereressierten Generalstabsoffiziers repräsentiert wird.

In der Karpatenstellung

Als Gruppenführer in der 1. Kompanie des Jägerregiments 28 hatte ich einen guten Start. Zwölf Soldaten umfaßte meine Gruppe, alle älter als ich, manche schon über die Dreißig; sie stammten überwiegend aus Oberschlesien. Natürlich traten sie dem 18jährigen, damals noch frontunerfahrenen Oberjäger — das war der Rang eines Unteroffiziers in der Jägertruppe — mit abwartender Distanz entgegen. Aber ich hatte keine Schwierigkeiten; denn bald merkten sie, daß ich mein militärisches Handwerk beherrschte. Und darauf kommt es an der Front an, wo es um Tod und Leben geht.

Mein Kompanieführer, ein aus der Luftwaffe zuversetzter älterer Oberleutnant, machte keine gute Figur. Offensichtlich war er seiner Aufgabe nicht gewachsen. Als er dann leicht verwundet ausfiel, trat der blutjunge Leutnant Jassinsky an seine Stelle, der es viel besser machte. Rückwirkend will ich einräumen, wie schwer es die aus der Luftwaffe kommenden Offiziere und Unteroffiziere bei uns Infanteristen hatten. Dennoch war ihre Integration in bewährte Fronttruppenteile die richtige Lösung, um das brachliegende personelle Potential sinnvoll zu nutzen. Die geradezu unverantwortliche Alternative dazu boten die sogenannten Luftwaffen-Felddivisionen. Dieses so wenig bekannte Problem hat Reinhard Stumpf ins Bewußtsein der Öffentlichkeit gerückt.[20]

Bei uns konnten die infanteristisch mangelhaft ausgebildeten und unerfahrenen Luftwaffensoldaten kaum Schaden anrichten; denn über allem schwebte der Bataillonskommandeur, Hauptmann Joachim Ott, ein in langen Jahren fronterfahrener Offizier. Ich war dabei, als er im November 1944 an der Theiß das Ritterkreuz erhielt. Noch vor Kriegsende erfuhr ich dann, daß Ott zu den Sowjets übergelaufen und dem Nationalkomitee Freies Deutschland beigetreten war. Unfaßbar – damals und noch heute! Dennoch sage ich: Nur, wer wie er jahrelang als Infanterist an der Ostfront gestanden und die Leiden dieses Krieges erfahren hat, der mag den Stab über ihn brechen.

Wir lagen in Stellungen auf dem Kamm der Karpaten. Da wurden mit Zwischenräumen von 300 bis 500 Metern Stützpunkte angelegt, in denen sich jeweils ein Zug – also etwa 40 Mann – zur Verteidigung einrichtete. Zwischen diesen Stützpunkten war nichts als dichter Wald, der die Sicht zu den Nachbarstützpunkten verwehrte. Die Verbindung zu den Nachbarn und die Überwachung des dazwischen liegenden Geländes wurde durch Pendel-Spähtrupps – zumeist ein Oberjäger und zwei Mann - aufrechterhalten. Langeweile hatten wir weiß Gott nicht. Unaufhörlich wurde an der Verstärkung der Stellungen gearbeitet: Um günstigeres Schußfeld zu erhalten, wurden Bäume gefällt, die Deckungslöcher ständig verbessert; und jeder Mann mußte fortlaufend mit dem Gelände ringsherum vertraut gemacht werden. Die Trosse, die der Spieß führte, lagen weit zurück in einem Dorf. Dort stand auch die Feldküche – und es war ein zeitraubender und beschwerlicher Weg, jeden Tag einmal die Verpflegung in die Stützpunkte zu bringen. Zumeist abends erhielten wir die warme Mahlzeit und die Kaltverpflegung für den kommenden Tag. Wichtig war auch, uns den Weg zur nächsten Wasserquelle offenzuhalten.

Diese Schilderung mag ein wenig nach einem Camping-Aufenthalt klingen. Sicher galten im Sommer 1944, während im Mittelabschnitt eine Vernichtungsschlacht größten Ausmaßes tobte, die Karpaten als ein verhältnismäßig ruhiger Frontabschnitt. Aber der Feind war da

– und er ließ es uns spüren. In dem vor unserer Front liegenden Bessarabien herrschte rege Betriebsamkeit. Dort stellten sich die Sowjets zu ihrer großen Offensive auf Rumänien und Ungarn bereit, die dann am 23. August losbrach. Eine solche Phase der Ruhe vor dem Sturm ist militärisch immer durch eine lebhafte Aufklärungstätigkeit gekennzeichnet. Um uns herum bewegten sich sowjetische Spähtrupps, die es meisterhaft verstanden, sich geschickt dem Gelände anzupassen, so daß wir sie, wenn überhaupt, nur mit größter Aufmerksamkeit ausmachen konnten. Wie oft mögen da Rotarmisten nicht weit von unserem Stützpunkt gelegen und uns scharf beobachtet haben, ohne daß wir sie erkannt hatten! Mitunter stießen unsere Essenholer oder Melder, die auf dem Weg von oder zu den Trossen waren, auf Sowjets. Dann ging es ums Überleben. Aber der Grundsatz auf beiden Seiten war: viel sehen und nicht gesehen werden, sich nicht zu erkennen geben, deshalb nur im Notfall zu schießen! Wir selbst schickten jede Woche einen Fernspähtrupp weit nach vorn, der die sowjetischen Stellungen und den Fortgang der Bereitstellungen zu erkunden hatte. So ein Spähtrupp bestand aus etwa 20 Mann, immer unter der Führung eines Offiziers. Drei bis vier Tage dauerte ein solches Unternehmen. Ich war fast immer dabei. Bei einem dieser Einsätze, als wir schon weit hinter die sowjetischen Linien vorgedrungen waren, wurde ich zur Beobachtung auf eine Höhe vorgeschickt, die etwa zwei Kilometer weg von der Basis des Spähtrupps lag. Von dort konnte ich Bewegungen der Sowjets erkennen. Diese erschienen mir bedeutsam genug, den mich begleitenden Soldaten mit dieser Meldung zurückzuschicken. Stunde um Stunde verging – er kam nicht zurück. Ein wolkenbruchartiger Regen gestaltete die Szene gespenstisch, der Tag neigte sich. Da stand plötzlich ein rumänischer Bauer neben mir: barfuß, eine Art Zeltplane umgehängt, außer Atem. Er gab mir das abgerissene Stück einer Zigarettenschachtel, auf dem ein paar Worte gekritzelt waren, die ich nur mühselig entziffern konnte: »Sie sind vom Iwan umzingelt, folgen Sie diesem Mann! Z . . . ., Lt.«) Zum Glück erkannte ich die Schrift unseres Leutnants, sonst hätte ich das Ganze wohl für eine Falle gehalten. Der Rumäne nahm mein Fernglas, blickte ins Gelände und zeigte mir dann einige Rotarmisten, die 300 bis 500 Meter entfernt vor uns lagen. Wir schlichen aus meinem Beobachtungsstand Meter für

Meter zurück, erreichten einen Waldrand und konnten dann aufrecht weitergehen. Noch einmal mußten wir einen Haken schlagen, weil mein Rumäne sowjetische Soldaten erkannte, die uns den Weg versperrten. Erst nach drei Stunden erreichten wir endlich unseren Spähtrupp, der abmarschbereit stand. Wie ich dann erfuhr, bestanden dort schon große Zweifel, ob ich überhaupt noch kommen würde oder aber von den Sowjets geschnappt war. Fast wären sie schon ohne mich abgerückt. Erleichtert machten wir uns auf den Marsch: Erschöpft, hungrig, durchnäßt, aber doch zuversichtlich stießen wir am nächsten Morgen auf die eigenen Gefechtsvorposten. Wir hatten es geschafft!

Der 20. Juli 1944 an der Front

In diese Zeit fiel auch der 20. Juli 1944. Über mein Erleben an diesen Tag möchte ich vor allem deshalb berichten, um dem Leser einen Eindruck zu vermitteln, wie die Fronttruppe dieses Ereignis aufnahm. Dabei bin ich sicher, daß die überwiegende Mehrheit der deutschen Soldaten ähnlich dachten und reagierten.

Gerade an dieser Stelle halte ich es für geboten, etwas über das Problem der Wahrhaftigkeit zu sagen. Dieses halte ich für ein Kernproblem unserer Zeit. Wir haben uns offensichtlich zu sehr daran gewöhnt, daß man mit mangelnder Wahrhaftigkeit davonkommt; die Menschen seien gar zu vergeßlich, hoffen viele. So hat die wachsende Politikverdrossenheit ihre Ursache vornehmlich in der schwindenden Glaubwürdigkeit der Politiker. Auch das ungesunde Spannungsverhältnis zwischen den Generationen ist nicht zuletzt darauf zurückzuführen, daß die Kriegsgeneration in bezug auf ihre Zeit erst geschwiegen und dann − wenn zur Rede gestellt − nicht nur nicht die Wahrheit gesagt, sondern häufig schlicht gelogen hat. Sicher wurde sie zum Lügen verführt, weil es so schwer war, sich den Nachfolgenden gegenüber zu bekennen. Im Verlauf der Zeit haben viele der Älteren auch ihre inzwischen gewonnenen Erkenntnisse in ihre eigenen Erinnerungen hineininterpretiert, so daß sie subjektiv sicher gar nicht mehr lügen. Wenige historische Ereignisse werden so sehr zum Maßstab damaligen Denkens und Handelns wie der Aufstand vom 20. Juli 1944. Hier stehen die Jüngeren oft fassungslos vor dem Standardbekenntnis der Kriegsgeneration, daß sie den Umsturz ersehnt habe. Dann, so folgern viele zu Recht, hätte es nach dem Scheitern keine Fortsetzung des als unsinnig erkannten Krieges geben können, schon gar nicht über einen so langen Zeitraum von fast zehn Monaten.

So will ich mich bemühen, auch diesen 20. Juli 1944 so darzustellen, wie ich ihn damals erlebt und empfunden habe – und all das verdrängen, was ich erst hinterher erfahren und erkennen konnte. Das habe ich schon oft praktiziert. Vor allem dann, wenn ich während meiner Dienstzeit in der Bundeswehr gefordert war, dieses Tages zu gedenken; sei es als Unterrichtender oder im Rahmen meiner Dienstaufsicht. Dabei habe ich die Erfahrung gemacht, wie aufgeschlossen junge Menschen sind, wenn sie nur spüren, daß ihnen da nicht Pflichtübungen vorgeführt oder Lippenbekenntnisse aufgetischt werden.

So habe ich, wann immer ich zu einer Stellungnahme gefordert war, vorausgeschickt – und tue das auch an dieser Stelle –: Ich war kein Widerstandskämpfer! Ja, ich bin nicht einmal auf die Idee gekommen, mich von dem geleisteten Eid loszusagen. Und in meinem Kameradenkreis habe ich keinen gekannt, der es anders hielt. Waren wir deshalb blinde Gefolgsleute des NS-Regimes, sahen wir keine Mißstände, hießen wir alles und jedes gut? Keineswegs! Da gab es manches, was uns nicht paßte. Und darüber sprach man ziemlich offen. Aber unsere Kritik richtete sich vornehmlich gegen ganz andere Dinge, als es die vielen Nachzügler unter den vermeintlichen Regimegegner heute vorgeben – und die Jüngeren es zu Recht argwöhnisch bezweifeln. Wir kritisierten die Maßnahmen der Führung, die uns wenig geeignet erschienen, diesen Krieg zu gewinnen, ihn zumindest ohne eine katastrophale Niederlage zu beschließen. Die wollten wir verhindern! Das war es, wofür wir in den letzten Kriegsmonaten kämpften.

Viele Leser werden es mir kaum glauben, wenn ich berichte, wie offen und freimütig in der Wehrmacht gesprochen, wie unbefangen die politische Führung kritisiert werden konnte. Aber so war es; denn wir durften gewiß sein, daß derartige Äußerungen in unserem Kreise blieben. Wir fühlten uns absolut sicher vor jedweder Denunzation.

Unser Unmut entzündete sich an Parteibonzen und Drückebergern; aber auch – wie stets beim Militär – an den rückwärtigen Stäben und am mangelnden Durchgreifen der Führung gegen solche Mißstände. Kritik an Hitler habe ich nie vernommen. Oft erklang der heute so viel belächelte Ausspruch: Wenn das der Führer wüßte! Aber die Partei wurde kritisiert; zumeist etwas versteckt, mitunter aber auch ganz offen. Und der Grundtenor war stets der: Wenn wir erst einmal den Krieg gewonnen haben, dann werden wir aufräumen! Dabei machten wir es uns mit der Formel »Wehrmacht gut – Partei schlecht« sicher zu leicht. Denn nicht alle in der braunen Uniform waren Bonzen und Drückeberger; von der Hitler-Jugend wußten wir aus eigener Erfahrung, daß viele ihrer Führer sich als tapfere Soldaten bewährt hatten. Schon gar nicht waren alle, die die feldgraue Uniform trugen, auch Ehrenmänner; das hatten wir zur Genüge erfahren. Eigenartigerweise spielte eine Frage, die heute in bezug auf die NS-Zeit dominierend scheint, in unseren Gesprächen damals eine geringe Rolle: die Juden. Die meisten hatten in ihrem Leben mit Juden überhaupt noch nichts zu tun gehabt. Von Lagern hatten manche irgendwann und irgendwie schon gehört. Aber man sah darin eine Maßnahme gegen Regimegegner schlechthin, Saboteure und Schwarzhändler. Wohl kannte jeder den Begriff des »KZ«. Doch den verband man nicht mit Terror und Grausamkeiten, von Vernichtungslagern ganz zu schweigen. Wie die Mehrzahl der Deutschen habe ich davon erst nach Kriegsende erfahren. Aber das alles ändert nichts an unserer Schuld, den Kopf in den Sand gesteckt zu haben: Wir wollten von all dem nichts wissen, wir wollten den Krieg gewinnen und dann weitersehen! Das mag heute recht furchtbar klingen, aber so war es. In der Roten Armee sah das sicher nicht viel anders aus.

Und machen wir uns nichts vor: Auch heute neigen die Menschen dazu, Unbequemes zu verdrängen. Später bin ich wiederholt, vor allem im Gespräch mit Alliierten, danach gefragt worden. Dann habe ich stets die »Flucht nach vorn« angetreten, indem ich meinen Standpunkt so darlegte: Ich habe von den Verbrechen des NS-Regimes nichts gewußt. Für das, was ich wie alle anderen wußte, nämlich die Unterdrückung der Juden und Andersdenkender, fehlte es mir an Unrechtsbewußtsein. Wäre ich dessen bewußt geworden, so hätte das kaum etwas geändert. Ich wäre sicher nicht zum Widerstandskämpfer geworden. Aber ich bin sicher, daß solche Erkenntnis mein bis dahin überzeugtes Engagement für diesen Staat stark beeinträchtigt, wenn nicht gar erschüttert hätte. Die Verfolgung und Bestrafung von Saboteuren, Drückebergern und Kriegsgewinnlern hielt ich für rechtens und geboten.

Natürlich wuchsen unsere Zweifel am weiterhin propagierten Endsieg. Erlebten wir doch, wie uns die Sowjets mit ihrer gewaltigen Übermacht immer weiter zurückdrängten. Noch mehr bedrückte uns die Sorge um die Heimat, die unter den Terrorangriffen der Angloamerikaner in Schutt und Asche versank. Seit der Invasion stießen − wie es schien unaufhaltsam − die Westalliierten zum Rhein vor. Wie sollte es nur weitergehen? Wir vertrauten darauf, daß die Führung schon eine Lösung finden würde. Wir müßten nur durchhalten und dürften nicht − wie unsere Väter 1918 − vorzeitig die Waffen strecken. Die nachlassende Siegeszuversicht fand Ausdruck in dem makabren Landser-Spruch: Genießen wir den Krieg − der Frieden wird fürchterlich! Das mag in heutigen Ohren gar zu schrecklich klingen und bedarf wohl einer Interpretation. Niemand wollte damit die Schrecken und Leiden des Krieges verharmlosen. Die erfuhren wir am eigenen Leibe. Vielmehr und richtigerweise wurde damit die ungewisse und düstere Zukunft umschrieben. Kaum einer von uns zweifelte daran, daß die Sowjets im Falle ihres Sieges fürchterlich hausen und uns ihr kommunistisches System oktroyieren würden. Erwarteten wir auch von den Briten und Amerikanern ein humaneres Verhalten, so ließ ihr zunehmender Luftterror gegenüber der deutschen Zivilbevölkerung immer stärkere Zweifel aufkommen. Eines kam uns nicht in den Sinn: der Opportunismus, die Unterwürfigkeit und die Schäbigkeit vieler unserer eigenen Landsleute, die wir nach Kriegsende erfahren haben. Oder verdrängten wir auch diese Möglichkeit nur? War es dann auch nur eine zahlenmäßige Minderheit, die sich nach dem Zusammenbruch derart erniedrigte, für uns Frontsoldaten war es die wohl schmerzlichste Erfahrung. Sie wird nur noch von der Schändung der Kriegerdenkmale übertroffen, die erst Jahrzehnte später begann.

In den Nord-Karpaten war der 20. Juli ein strahlender Sommertag. Ich war mit einem Spähtrupp unterwegs: Wir stießen auf sowjetische Truppen und hatten ein stundenlanges Feuergefecht zu bestehen. Als wir am frühen Abend wieder unseren Stützpunkt erreichten, schallte es uns entgegen: Anschlag auf den Führer! Einen Rundfunkempfänger gab es nur auf dem Kompaniegefechtsstand. Nur wenige konnten und durften dorthin, um die Nachrichten direkt zu hören. Wir anderen lagen in unseren Hütten und diskutierten aufgeregt. Da gab es nur einen Grundtenor: Diese Verräter! Während wir hier kämpfen, putschen die hinter unserem Rücken! Keiner nahm für die Attentäter Partei. Als wir in den folgenden Tagen etwas mehr Klarheit über die Vorgänge in Berlin gewannen, natürlich in der einseitigen Darstellung des Regimes, verstärkte sich unsere Abneigung gegen die Verschwörer noch mehr. Erkannten wir doch, in welcher Gefahr wir uns befunden hatten. Denn für uns bestand kein Zweifel: Wäre der Putsch gelungen, so hätte dies den Zusammenbruch der Ostfront zur Folge gehabt – und wir wären verloren gewesen. Daß wir auf einen solchen Umsturz geistig überhaupt nicht vorbereitet waren, das hat ein großer Historiker klarer erkannt als die Verschwörer. Erst lange nach dem Kriege las ich, was Friedrich Meinecke im Jahre 1946 zu dieser Frage schrieb:«.. und es kam nicht nur auf die Generäle, sondern auch auf die jungen Leutnants an, ob sie die wahre Lage Deutschlands erkennen und der neuen Regierung Gehorsam leisten würden«.[21]
Aber nach dem 20. Juli war uns stärker bewußt als zuvor: Dieser Krieg ging seinem Ende entgegen – und er war nicht mehr zu gewinnen. Dennoch erschien uns eine Kapitulation unvorstellbar. Um so mehr hofften wir auf eine politische Lösung, für die wir durch unser Weiterkämpfen der Führung den Rücken freihalten wollten. Die wirklichen Zusammenhänge der Verschwörung habe ich erst lange nach dem Kriege erfahren und mein damaliges Urteil korrigiert.

Rückzug aus der Karpaten-Stellung

Mit dem am 23. August beginnenden Großangriff der Sowjets im Raum Jassy gerieten wir in eine fast hoffnungslose Lage. Die Rumänen, die rechts und links von uns eingesetzt waren, rannten über Nacht davon, d. h. sie liefen zum »Iwan« über. Mühsam versuchten wir, die so entstandenen Lücken zu schließen. Waren doch die deutschen Regimenter und Bataillone wie Korsettstangen zwischen ungarischen und rumänischen Truppen eingezogen worden. Mit Verbindungsspähtrupps war ich einige Male zu rumänischen Stellungen gelaufen. Bis dahin völlig unkundig, was das für Verbündete waren, erkannte ich schnell den gravierenden Unterschied zu uns. Die Rumänen erschienen mir auf den ersten Blick als eine korrupte Armee. Der Anblick ihrer Offiziere, in geschniegelten Uniformen, mitunter mit Reitpeitschen in der Hand, widerte mich an. Am negativsten beeindruckte mich, daß selbst an der Front Offiziere, Unteroffiziere und Mannschaften verschiedene Verpflegung bekamen. Natürlich war auch diese Armee ein Spiegelbild ihrer Gesellschaft. Und da konnte es nicht wunder nehmen, daß der rumänische Staat und seine verrottete Streitmacht unter den Schlägen der Roten Armee wie ein Kartenhaus zusammenbrachen. In den 80er Jahren lernte ich in Marburg Friedrich Reck kennen, der den Zusammenbruch der rumänischen Front als Oberleutnant in einem Artillerieregiment erlebt hatte. Dabei gehörte er zu der etwas weiter südlich von uns dislozierten 6. deutschen Armee, die, von den Rumänen verraten, ein Opfer des sowjetischen Angriffs wurde. Reck zählt zu den wenigen deutschen Soldaten, die dieser Hölle entronnen sind.[22]

Wie schon gesagt, ich war in dieser schwierigen Zeit besser dran, weil meine 8. Jägerdivision in den Nordkarpaten eingesetzt war und uns so der Rückzug nach Ungarn gelang. Aber bis dahin lag noch ein langer, mühsamer und dornenvoller Weg vor uns, den wir in den folgenden zwei Monaten bewältigen mußten. Erst einmal galt es, die Karpaten-Stellung zu halten. Schon wenige Tage, nachdem die Rumänen zu den Sowjets übergelaufen waren, sollten wir sie wiedersehen. Nicht freiwillig kamen sie zurück, sondern von den Sowjets zum Angriff gegen den früheren Verbündeten getrieben. Da gab es auf unserer Seite keinen Pardon, den konnte es auch nicht geben. Sie hatten uns verraten, sie griffen uns nun an − und sie endeten im Feuer unserer Waffen. Man darf sich zwar von einem Gefährten trennen, aber man darf ihm nicht in den Rücken fallen! Die tiefe Verachtung gegenüber dem Verrat und dem Verräter hat mich seitdem nie mehr verlassen. Als ich in den 70er Jahren in höhere Ränge der militärischen Hierarchie einrückte und zunehmend Kontakte zu unseren westlichen Verbündeten gewann, da erfuhr ich, wie unbefangen, aber auch wie rigoros diese es mit dem Verrat halten: man liebt ihn um des eigenen Vorteils willen, um so mehr verachtet man den Verräter. Nur wir Deutschen tun uns offenbar schwer, das zu begreifen.

Lange konnten wir die Stellungen in den Karpaten nicht halten. Dazu waren wir viel zu schwach; es fehlte uns fast an allem: Waffen, Munition, Verpflegung, vor allem an Soldaten. Also mußten wir zurück, um der drohenden Einschließung durch die Sowjets zu entgehen. Die große Absetzbewegung begann. Sich absetzen, das ist kein Davonlaufen, wie mancher der Kriegführung Unkundige es verstehen mag. Vielmehr ist Absetzen eine Kampfart zwischen Angriff und Verteidigung. Erst die Bundeswehr hat dafür den Begriff der »Verzögerung« eingeführt und ihn zutreffend als einen »Kampf um Zeit« definiert.[23] Dabei geht es darum, den vordringenden Feind so lange wie möglich aufzuhalten, die eigenen Kräfte zu schonen, um sich − insgesamt zwar nach rückwärts ausweichend − immer wieder zur zeitlich begrenzten Verteidigung zu stellen. Für uns sah das so aus, daß wir mit der Masse unseres Bataillons die Sowjets aufhielten, während unsere Vorkommandos bereits zehn bis zwanzig Kilometer weiter zurück neue Stellungen erkundeten. Dann kam es für die kämpfende Truppe darauf an, unter dem Schutz der Dunkelheit auszuweichen, bevor die Sowjets dessen gewahr wurden. Natürlich zu Fuß. Zwar hatten wir nur unser Sturmgepäck und die Waffen zu tragen, aber das war schon schwer genug. Und nach einem solchen Kampftag waren wir körperlich und seelisch erschöpft. Nur ganz selten erlebten wir es, daß uns Lkws aufnahmen und eine kurze Strecke transportierten. Dann hieß es, sich in den neuen Stellungen schnell einzurichten. Meist hatten wir nur wenige Stunden Zeit, schon waren uns die Sowjets wieder auf den Fersen. Nicht immer ging das so glatt wie hier geschildert. Mitunter gelang es den Sowjets, in einen unserer Stützpunkte einzubrechen, die von etwa 20 Soldaten gebildet wurden. Dann mußten wir aus einem zurückliegenden Stützpunkt durch das dichte Waldgelände zum Gegenstoß antreten, um uns wieder Luft zu verschaffen. Mit dem Gewehr in der Hand, griffbereit die Handgranaten und auch den Spaten. Letzterer war nämlich eine Waffe im Nahkampf. Das erscheint heute vielen so grausam, daß man es lieber gar nicht erwähnt. Solche Gegenstöße wurden zumeist vom Kompaniechef angeführt, der uns mit seiner Maschinenpistole voranstürmte. Ich erinnere mich deutlich an den regnerisch-trüben 11. September 1944. Da brachen die Sowjets in unseren zentralen Stützpunkt ein. Unser Gegenstoß wurde abgeschmettert, und wir mußten in unsere Ausgangsstellung zurückkehren. Da lagen wir nun, abgekämpft und voller Zweifel, wie wir das für die folgende Nacht erwartete Herauslösen aus dieser Stellung bewerkstelligen könnten – ohne die beherrschende Stellung des uns entrissenen Stützpunktes in unserem Besitz zu wissen. Da kam der Bataillonskommandeur zu uns nach vorn. Wenn ich sage, nach »vorn«, dann heißt das nicht etwa, der habe sich bis dahin irgendwo weit hinten in Sicherheit befunden. Er mußte mit seinem Gefechtsstand und der Bataillonsreserve etwas weiter zurück gelegen sein, um aus der Tiefe das in ganzer Breite eingesetzte Bataillon führen und auf alle vorn eingesetzten Kompanien einwirken zu können. Wenn ich dagegen die Memoiren mancher Generale der Bundeswehr lese, die von ihrem vordersten Fronteinsatz in einem Divisionsstab berichten, dann wird mir der ganze Abstand zwischen uns bewußt. Für uns lag ein Divisionsstab so weit hinten, daß es fast der Heimat gleichkam! Wohlgemerkt, keinem von denen, die da in hohen Stäben eingesetzt waren, unterstelle ich nur im entferntesten Feigheit. Aber eines ist mir in den langen Jahren meiner Dienstzeit in der Bundeswehr immer mehr bewußt geworden, wie wenig diese Generalstabsoffiziere mit dem Leben des Frontsoldaten vertraut waren.

Zurück in die rauhe Karpatenwelt des Herbstes 1944. Unser Bataillonskommandeur machte uns klar, daß wir den verlorenen Stützpunkt zurückgewinnen mußten. Nach einem Feuerschlag unserer Granatwerfer stürmte er uns voran. Wir folgten ihm mit letzter Kraft und einem schon mehr verzweifelten »Hurra«. Die Sowjets wichen – und wir drangen in die verlorene Stellung ein. Dort fanden wir noch zwei unserer dort vor Stunden gefallenen Kameraden – und mehr als zehn tote Rotarmisten.

Mit der Schilderung eines solchen Kampftages möchte ich klarmachen, welche Bedeutung in Krisenlagen dem persönlichen Einsatz eines höheren Führers zukommt. Der Preis für unseren Erfolg war ein hoher. Er hat fünf oder sechs unserer Kameraden das Leben gekostet. Darunter war mein Zugführer Feldwebel Ludwig Mohr aus Gießen. Heute mögen viele einen solchen Einsatz als unverantwortlich verurteilen. Damals ging es um mehr. Hätten wir uns mit dem Verlust des zentralen Stützpunktes abgefunden, so wären uns bei dem Herauslösen in der folgenden Nacht noch viel größere Opfer auferlegt worden. Überdies hätten wir von den inzwischen mehr als zehn Verwundeten wohl keinen zurückbringen können. Dieses Abwägen für die eng begrenzte Lage einer Kompanie trifft ebenso für den größeren Rahmen zu – bis hin zur Frage, ob man aus Stalingrad hätte ausbrechen sollen. Die meisten, die heute so daherreden, haben offenbar nicht die geringste Vorstellung davon, wie ein solcher Ausbruch aussieht und welche organisatorischen Voraussetzungen er bedingt.

In diesen Monaten habe ich eines schnell begriffen: Die Rotarmisten, das waren keine Untermenschen, die allenfalls kämpften, wenn sie von ihren Kommissaren angetrieben wurden. Die kämpften vielmehr mit der gleichen Überzeugung wie wir – und ihr soldatisches Handwerk, das beherrschten sie auch. Ganz offensichtlich verfügten auch sie über gute Offiziere. Daß sie uns in der Ausnutzung des Geländes und in ihrer Leidensfähigkeit weit überlegen waren, das änderte dennoch nichts an unserer Überzeugung: Wir sind die besseren! Wären sie uns nicht zahlenmäßig so haushoch überlegen, dann hätten wir sie längst geschlagen! Aber dem nationalsozialistischen Lügengebäude von der Rassenlehre, dem glaubte ich nun nicht mehr. Ganz abgesehen davon, daß ich immer Zweifel hatte, wie die offiziell verordnete schäbige Behandlung sowjetischer Kriegsgefangener mit dem Selbstverständnis preußisch-deutschen Soldatentums zu vereinbaren war. »Keine Kameraden!«[24] lautete die Parole der NS-Führung, der zum Glück ein durchgreifender Erfolg versagt blieb, weil die Truppe sich überwiegend anständig verhielt. Wie dem auch sei, das Wüten der Roten

Armee bei ihrem Vordringen in die deutschen Ostgebiete kann nicht als Reaktion auf die deutschen Übergriffe in der Sowjetunion entschuldigt werden.

Ich empfand es als eine innere Genugtuung, daß ich Jahrzehnte später in einer Gemeinschaftsausgabe deutscher und sowjetischer Publizisten, meine Gedanken zu diesem Thema veröffentlichen konnte.[25] In einem Vorwort, das ich zu einem 1991 erschienenen Dialog über deutsch-sowjetische Annäherung verfaßt habe, steht der Satz: »Waren auch die uns beherrschenden Regime darauf aus, Todfeindschaft zwischen unseren Völkern zu schüren, haben die Soldaten auf beiden Seiten auch leidenschaftlich gegeneinander gekämpft, niemals ist das die Frontkämpfer umschlingende Band der menschlichen Verbundenheit ganz durchschnitten worden.«[26]

Große Schwierigkeiten bereitete damals die Versorgung der weitab von der nächsten Straße (wenn man diese befestigten Wege so nennen durfte) gelegenen Stützpunkte. Selbst für eine Jägerkompanie ging es da um mehr als nur um die tägliche Verpflegung. Aber die war dem Soldaten zunächst einmal das wichtigste. Verhältnismäßig einfach gestaltete sich die Versorgung noch, wenn die Stützpunkte so günstig lagen, daß der Kompaniefeldwebel das warme Essen und die Getränke in Kanistern bis in die Nähe der Stellung bringen lassen und wir es dort abholen konnten. Zumeist hatten unsere Essenholer − Abholung, nicht Zuführung war das Prinzip! − einen weiten und beschwerlichen Weg zurückzulegen. Oft gingen sie mit einem der Mulis los und hängten unsere Kochgeschirre dran. Nicht immer ging das gut. Ich entsinne mich, wie wir einmal − sehnsüchtig wie an jedem Tag − auf die Rückkehr der Essenholer warteten; deren Weg erforderte damals vier bis fünf Stunden. Doch an diesem Abend kamen sie ohne Muli zurück − und ohne Verpflegung. Unterwegs waren die Essenholer von einem sowjetischen Spähtrupp überrascht worden. Als die ersten Schüsse fielen, war der verschreckte Muli auf und davon. Wir hatten nichts zu essen − noch schlimmer: unsere Kochgeschirre und Feldflaschen waren dahin, für einen ganzen Zug von etwa 30 Mann. Das war schon eine schwierige Aufgabe für die Kompanie, den beiden anderen

Zügen zu befehlen, vorübergehend je zehn Kochgeschirre und Feldflaschen abzugeben, um uns über die Runden zu bringen. Es dauerte etwa eine Woche, bis wir von hinten eine neue Ausstattung erhielten. Von diesem Malheur schrieb ich in diesen Tagen meinem Vater, der an der Kurlandfront kämpfte. Nach einem Monat schon erhielt ich seine Antwort. Als alter Soldat mit der Erfahrung des Ersten Weltkrieges wußte er, was ein solcher Verlust für einen Infanteristen im Einsatz bedeutete. Noch heute berühren mich seine Zeilen, mit denen er mir beschrieb, er habe geträumt, daß er mich gefunden habe und mir sein eigenes Kochgeschirr überlassen konnte.

So sehr das Essen in solchen Situationen das »Thema Nummer Eins« für den Soldaten ist – nicht die Frauen, wie Etappenhasen es glauben machen wollen; denn an so etwas haben wir in dieser Lage gewiß nicht gedacht! –, im Kampf in diesem gebirgigen Waldgelände hatten wir noch andere Sorgen, vor allem den Abtransport der Verwundeten. Der gelang nur unter größten Anstrengungen. Jeder dafür eingesetzte Soldat fehlte dann zur Verteidigung, wo es angesichts der erdrückenden Übermacht der gegen uns anstürmenden Sowjets auf jeden Mann und jedes Gewehr ankam. Wo immer nur möglich, haben wir die Verwundeten geborgen. Da hat sich keiner gedrückt; schon deshalb nicht, weil jeder darauf vertraute, in ähnlicher Lage selbst gerettet zu werden. Aber es gab schon ein paar bedrückende Situationen, wo wir in hochgelegenen Stützpunkten die Verwundeten zurücklassen mußten, weil wir uns selbst nur noch in einer Art Sturmlauf durch die uns umzingelnden Sowjets nach hinten durchschlagen konnten. Wenn gefordert, so fand sich immer ein Freiwilliger, der dann mit den Verwundeten zurückblieb. Meist waren es Ungarn, wenn wir mit denen zusammen kämpften. Ob dieses Opfer etwas genutzt hat, werden wir kaum mehr erfahren. Um so größer sollte unser Respekt vor denen sein, die sich geopfert haben.

Mit der Verpflegung kam zumeist auch die Post – so es überhaupt welche gab. Wer kann es heute noch ermessen, was es für einen Soldaten bedeutet, in solcher Lage, einen Gruß von den Lieben daheim in der Hand zu halten. Zumindest genau so aufmunternd wirkte der Besuch eines höheren Vorgesetzten. Ich entsinne mich noch genau, wie eines Tages ganz überraschend unser Divisionskommandeur, Generalleutnant von Volckamer[27], in der Stellung auftauchte, nur von einem Adjutanten und zwei Sicherungsposten begleitet. Es war das einzige Mal, daß ich ihn persönlich zu Gesicht bekam. Aber er erschien mir wie ein alter Bekannter. Denn sein guter Ruf schwebte über der gesamten Division.

Einen Vorteil hatten wir in diesem gebirgigen und waldreichen Gelände schon: Von sowjetischen Panzern blieben wir weitgehend verschont. Eigene sahen wir ohnehin nicht. Dennoch empfanden wir es wie eine Befreiung, als wir auf dem Rückzug schließlich die ungarische Tiefebene erreichten und das bedrückende Waldgelände hinter uns lag. Aber nun kamen die sowjetischen Panzer. Da wünschten wir uns manchmal in das Gebirge zurück. In den vielen Jahren meiner militärischen Ausbildung hatte ich den Kernsatz der Vorschrift über »Führung und Kampf der Infanterie« (HDv 130/9) auswendig gelernt: »Die Infanterie trägt die Hauptlast des Kampfes und bringt die größten Opfer. Dafür winkt ihr auch der höchste Ruhm.« Der klang mir schon damals etwas zu pathetisch — wie es auch der Leser von heute empfinden mag. In diesen Monaten an der Ostfront habe ich seine wahre Bedeutung erfahren. So bin ich überzeugt, daß dieser Satz richtig war und daß er nach wie vor Geltung hat.

Mein Bataillon, das I./28, unterstand in diesen Kämpfen der 3. (steirischen) Gebirgsdivision. Da fühlten wir uns gut aufgehoben. Auch deren Kommandeur, Generalleutnant Klatt, erschien mitten während der schwersten Kämpfe bei uns ganz vorn in den Stellungen. Wiederholt wurden wir auch ungarischen Regimentern zugeordnet. In diesen Verzögerungsgefechten änderten sich die Unterstellungsverhältnisse fast täglich. Mit den Ungarn gab es keine Schwierigkeiten, nicht einmal nach jener schicksalhaften Nacht des 15. Oktober, als wir im Radio die Nachricht von der ungarischen Kapitulation erfuhren. Danach wurden die ungarischen Truppen herausgelöst. Sie demobilisierten sich, so gut sie es unter diesen Bedingungen vermochten. Eines kam ihnen wohl nicht in den Sinn: uns in den Rücken zu fallen. Dies hat in mir eine aufrichtige Verbundenheit zu Ungarn und zu diesem Volk begründet. Zweimal kam das bei mir später gefühlsmäßig zum Ausbruch. Zuerst im November 1956, als ich mit innerer Anteilnahme die Aktivitäten der Freiheitskämpfer in Budapest verfolgte und schließlich im Spätsommer 1989, als Ungarn den Weg für die deutschen Flüchtlinge freigab. Da war ich gerade, erstmals seit 1944, wieder in Budapest. Das Wiedersehen mit dieser Stadt hat mich tief beeindruckt. Mit einem zweifachen Antlitz hatte ich sie in Erinnerung. Einmal als strahlende Donaumetropole im Frühsommer 1944, dann im November 1944, als ein sich zum Sterben vorbereitendes, düsteres Häusermeer. Fast ein halbes Jahrhundert später erlebte ich Budapest als das die kommunistischen und sowjetischen Fesseln abstreifende Herz Ungarns. Dankbar vermerkte ich den gepflegten Zustand des deutschen Soldatenfriedhofs im Zentrum der Stadt. Doch mit Erschütterung stand ich vor dem verwahrlosten Hügel eines Massengrabes auf einem kleinen Friedhof 20 Kilometer westlich von Budapest. Hier waren die Überreste von Soldaten der Division »Feldherrnhalle« verscharrt (anders konnte man das wohl kaum nennen), die beim Ausbruch aus der Festung Budapest den Sowjets in die Hände fielen und – wegen ihres Ärmelstreifens an der Uniform fälschlicherweise als SS-Leute eingestuft – auf der Stelle niedergemacht wurden. Aber ich möchte keinen Zweifel an meiner Einstellung aufkommen lassen: auch dann, wenn sie der Waffen-SS angehört hätten, durfte man sie nicht einfach erschießen. Und schon gar nicht wäre das eine Entschuldigung für dieses ungepflegte Massengrab.

In diesen Wochen und Monaten beschäftigte mich mit jedem Tag drängender die Frage: Wie mag es nur auf der anderen Seite aussehen, bei den »Iwans«? Mitunter waren sie nur hundert Meter weg von uns – und doch trennten uns Welten. Nichts wußten wir darüber, wie eine uns gegenüberliegende Kompanie aussah, was das für Menschen waren, wie sie dachten, was sie beseelte, wie sie geführt wurden. Nur das Ergebnis spürten wir: das war eine Armee, die uns zu schaffen machte, die uns tödlich bedrohte. Erst lange nach dem Kriege gelang es mir, ein Bild von dem damaligen Gegner zu gewinnen. Am meisten beeindruckt hat mich die Roman-Triologie von Konstantin Simonow »Die Lebenden und die Toten«.[28] Da spürte man sofort: Der Autor kannte das harte Dasein des Soldaten im Osten. Dennoch war unverkennbar, daß er im Dienst der kommunistischen Propaganda schrieb. Die Bestätigung dafür liefert sein 1988 veröffentlichter Versuch der Rechtfertigung.[29]

Jeden Tag auf das äußerste bedrängt, oft zu Tode erschöpft und doch wieder neue Kraft schöpfend, schwankend zwischen Hoffnung und Verzweiflung, mal abgeschnitten von der eigenen Truppe, dann wieder Anschluß findend und schließlich die Theiß erreichend, so ist mir der Spätherbst 1944 in Erinnerung. Und doch hatte ich mir den Blick für die Schönheit der Landschaft bewahrt: die waldreichen Karpaten, die großangelegten Dörfer Siebenbürgens, die trächtigen Weinberge. Wenn wir eine Siedlung erreichten, waren die Menschen längst weg, auf der Flucht. Wir waren immer die letzten, uns folgten die Sowjets auf dem Fuß, manchmal mit einem Abstand von nur wenigen Minuten. Dann wieder mußten wir ihren Angriff auffangen, uns verbissen verteidigen, damit eigene Truppen noch ausweichen konnten. War das gelungen, so begann für uns die schwierige Aufgabe des Lösens vom nachdrängenden Feind. Bald waren wir darin gut geübt. Doch immer hat es einigen von uns das Leben gekostet. Ich denke oft daran, wie wir in der Nacht zum 10. Oktober durch Bistritz zogen, einer Stadt von etwa zehntausend Einwohnern. Diese überwiegend deutsche Ansiedlung war total verlassen. In den Geschäften lagen noch die Waren aus (für damalige Zeiten noch recht gut bestückt). Aber wir wagten nicht, uns davon etwas zu nehmen. So wenig glaubhaft es für manchen Leser heutzutage auch klingen mag: Für die deutsche Fronttruppe galt so etwas als Plünderei − und darauf standen hohe Strafen. Wie viele Frontsoldaten sind hart bestraft worden, weil sie sich auch nur ein Huhn »organisiert« haben (wie man das damals im Landserjargon nannte)! Hinter Bistritz gingen wir in den Weinbergen in Stellung. Da brauchte man nur hinzugreifen, um die prächtigsten Trauben zu pflükken. Das hatte ich mir als Kind immer gewünscht. Nun, da dieser Traum Wirklichkeit wurde, erschien mir die Wirklichkeit gar nicht mehr so schön. Schließlich hatten wir ja andere Sorgen: Die Sowjets saßen uns auf den Fersen!

In diesem Zusammenhang verdient auch Erwähnung, wie knapp wir mit rumänischem und ungarischen Geld bestückt waren. Nur ein Teil unseres Wehrsolds wurde uns umgetauscht. Und wir brauchten das Geld, um gelegentlich ein Stück Vieh, zumeist ein Schaf, zur Aufbesserung unserer Truppenverpflegung kaufen zu können. Es war eben nicht so, wie heute überwiegend dargestellt, daß wir dieses Land ausgeraubt hätten. Ich bin sicher, daß das nicht nur in der 8. Jägerdivision so gehandhabt wurde. Doch leugne ich nicht, nach allem, was ich seitdem gehört und erfahren habe, daß auch von Truppenteilen der deutschen Wehrmacht manches Unrecht geschehen ist. Um so mehr klage ich die Führung an, die zwar gegenüber der Fronttruppe hart durchgriff, die Etappe aber um so mehr gewähren ließ. Dennoch wollen wir, die wir davon betroffen waren, dankbar sein, daß wir – obwohl die meisten Medien kein gutes Haar an uns lassen – in dieser Frage reinen Gewissens vor unseren Herrgott treten können, wenn unsere Stunde schlagen sollte. Damit berühre ich die Kernfrage menschlichen Daseins, das Verhältnis zu Gott.

Christ und Soldat

Wenn ich mich als Christ bekenne und auch einige Begebenheiten schildere, durch welche mein Glauben gefestigt wurde, so mag dies manchen Leser befremden. Ich teile die Auffassung, daß man mit seinem Glauben nicht hausieren gehen soll, schon gar nicht darf man damit kokettieren. Nicht wenige betonen, dies sei reine Privatsache und berühre die Intimsphäre. Einmal abgesehen davon, daß wir ja ansonsten kaum noch einen persönlichen Freiraum respektieren, sondern alles und jedes an die Öffentlichkeit zerren, meine ich, daß eine Lebensgeschichte, wie ich sie hier niederzuschreiben versuche, ohne einen Hinweis auf die Glaubenshaltung zumindest unvollständig, wahrscheinlich auch gar nicht zu verstehen wäre. Überdies ist ein offenes Bekenntnis zum christlichen Glauben heutzutage kaum noch opportun, eher verlangt es schon ein wenig Mut. Wenn ich mich aber schon bekenne, und ich will es, dann wäre keine der Phasen meines Lebens dafür besser geeignet als dieses Kapitel über meine Zeit als Soldat an der Ostfront.

Wie die meisten Jungens meines Alters bin ich getauft und im christlichen Glauben erzogen worden, ich in einem evangelischen Elternhaus. In der Schule habe ich am Religionsunterricht teilgenommen, sogar sehr gern, aber zum Kirchgang wurde ich nicht angehalten. Schon die wenigen Jahre der Zugehörigkeit zur Hitler-Jugend hatten mich der

Kirche eher entfremdet. Aber auch in meiner langen Ausbildungszeit in der Wehrmacht habe ich nicht einen einzigen Militärgeistlichen zu Gesicht bekommen, niemals habe ich einen Militärgottesdienst erlebt. Dabei will ich einräumen, daß die ohnehin knapp bemessene Zahl von Wehrmachtpfarrern sicher bei den Divisionen im Feld besser am Platz war als in der Heimat. Auch ohne Pfarrer hatte ich das Beten nicht verlernt, schon gar nicht dem christlichen Glauben abgeschworen. Doch erst an der Front erfuhr ich die Begegnung mit Jesus Christus. Sicher hatte ich in den über vier Jahren militärischer Ausbildung einen recht realistischen Eindruck von der Waffenwirkung gewonnen, manche Übung im scharfen Schuß erlebt. Ich wußte also um die Gefahren im Gefecht. Aber als ich dann − wie man so sagt − die Feuertaufe erhielt, da war dies doch ganz anders; da übertraf die Realität des Kriegsgeschehens alle meine bisherigen Vorstellungen bei weitem. Als die feindlichen Geschosse nun wirklich an mir vorbeipfiffen, Granaten ringsherum einschlugen, die Schreie der Verwundeten mir durch Mark und Glieder gingen, Kameraden an meiner Seite tot zusammenbrachen oder gar zerfetzt wurden, da wurde mir so recht bewußt, daß wir alle in Gottes Hand standen. Jede Minute konnte meine letzte sein. Wie oft hörte und zählte ich in meinem Deckungsloch die Abschüsse der sowjetischen Mörser, wartete dann bangend auf die Einschläge, betete, sie mögen mich nicht treffen. Dann waren da die langen, manchmal qualvollen Nächte. Wie endlos erschien mir eine Stunde, wenn ich wachen mußte und mit dem inneren Schweinehund rang, der mich zum süßen Schlaf verführen wollte. Zum Glück obsiegte die Stimme des Gewissens, die mich mahnte, daß Nachgeben den Tod bringen könnte; nicht nur für mich, sondern für diejenigen, die mir anvertraut waren. Wachsamkeit war der Preis für das Leben. In den vielen Stunden des »Grabendienstes« − man könnte sagen: des UvD in der Stellung − , da ich als Oberjäger die Posten kontrollieren mußte, hielt ich manches Zwiegespräch mit Gott. Immer lautete mein Gebet: Lasse mich gesund in meine geliebte Heimat zurückkehren − und schenke uns den Sieg! Je unwahrscheinlicher dieser Sieg wurde, um so intensiver wurde mein Flehen: Herr, schütze unser deutsches Volk und Vaterland! Da ahnte ich noch nicht, wie tief wir noch fallen würden, wie groß das Leid sein würde, das uns der Herr auferlegt hatte. Auch

68

hatte ich noch keine Vorstellung von der Schuld, die wir Deutschen auf uns geladen hatten. Und doch hat Gott der Herr uns nicht verlassen, sondern uns – wieder einmal – gerettet!

Rückblickend frage ich mich häufig: Hatte ich damals überhaupt Skrupel, einen Rotarmisten zu töten? Ich denke schon; denn wiederholt kam mir in den Sinn, daß auch um ihn zu Hause eine Mutter bangte. Das änderte nichts an meiner Überzeugung, daß wir der Roten Armee den Weg nach Mitteleuropa verwehren mußten. Ihnen durfte Deutschland, durften unsere Frauen und Kinder nicht in die Hände fallen. Deshalb mußte ich schießen – und auch töten. Niemals kamen mir Bedenken, was das fünfte Gebot betraf. Ich war überzeugt, der Waffengang des Soldaten würde nicht darunter fallen. Und ich glaubte, Gott wäre mit uns, wie es auf unserem Koppelschloß stand. Erst viele Jahre später habe ich mich mit diesen Fragen gründlicher auseinandergesetzt und erkannt, daß es so einfach, wie ich es mir früher vorstellte, nun doch nicht ist. Schon in der Kriegszeit erschien mir – weiß Gott – nicht alles einfach! Wiederholt dachte ich daran, daß wir es doch waren, die die Sowjetunion angegriffen hatten – angegriffen sage ich, nicht »überfallen« wie man heute daherredet! –, nicht umgekehrt. Ich beruhigte mich damit, daß dies ein Präventivschlag war, mit dem wir einem sowjetischen Großangriff auf Europa zuvorkommen mußten. Daß ich mit solchem Denken nicht etwa ein Opfer plumper NS-Propaganda war, das beweist die neuerdings wiederauflebende Diskussion um den deutschen Angriff von 1941, nachdem sich den Historikern neue Quellen erschlossen haben. Wie diese Diskussion auch ausgehen mag, sie ändert nichts daran, daß wir Deutschen uns mit diesem Angriff völkerrechtlich ins Unrecht gesetzt haben.[30] Im Frühjahr 1993 entbrannte in Deutschland die Diskussion um diese Frage erneut aufgrund interessanter Dokumente.[31]

Stets habe ich mich geweigert, das nachzuschwatzen, was heute zur sprachlichen Unsitte geworden ist: Hitler oder die Nazis seien über andere Länder hergefallen. Wird doch auf diese Weise dem irrigen Glauben Vorschub geleistet, als hätte es da neben der Wehrmacht noch eine andere deutsche Armee gegeben, nämlich eine Art »Nazi-Armee«. Was immer auch damals geschah, es waren die Deutschen.

Daß sie es unter der Führung und Verführung Hitlers taten, auch das haben sie zu verantworten. Für andere, die uns dafür anklagen, gab es da niemals einen Zweifel. Wie auch nicht darüber, daß Deutschland ihr Gegner war, gegen den sie kämpften, den sie besiegen – und nicht etwa befreien wollten!

Es mag der Eindruck aufkommen, ich sei mit diesen Bemerkungen zu weit von dem Thema »Christ und Soldat« abgerückt. Doch bin ich überzeugt, gerade in der Frage unserer Kriegführung gegen die Sowjets muß der Christ mit sich ins Reine kommen. Die Umarmungen mit Amerikanern und Briten, die einst gegen uns kämpften und sich dabei auch nicht immer gerade »ritterlich« verhielten, die fallen vielen gar zu leicht. Das ändert aber nichts an der Tatsache: Damals waren auch die Angloamerikaner unsere Feinde – und sie haben mit ihrem brutalen Luftterror nicht den geringsten Zweifel daran aufkommen lassen. Umgekehrt haben wir uns versündigt, den Rotarmisten zum Untermenschen gestempelt und ihm verweigert, als Kamerad gesehen und behandelt zu werden.

An der Front bin ich dann endlich auch Militärpfarrern begegnet, meist dem katholischen, aber das machte für mich kaum einen Unterschied. Die beiden Divisionspfarrer – der evangelische wie der katholische – hatten die Soldaten über einen so weiten Raum zu betreuen, daß sie sich nicht auf die eigene Konfession beschränken konnten, und uns war es recht so. Unserem so beliebten katholischen Divisionspfarrer Joseph Graf hat mein Kamerad Hubert Walitschek, Generalmajor a. D. der Bundeswehr, in einer 1990 veröffentlichten Schrift mit Beiträgen ehemaliger Angehöriger der 8. Jäger-Division ein Denkmal gesetzt. Für mich bedeutete dies auch die erste Begegnung mit der katholischen Kirche. Zum Glück bin ich nicht mit dem leider weit verbreiteten Vorurteil erzogen worden, die Katholiken seien falsch (auch umgekehrt gab es solch törichte Verketzerungen). Niemals habe ich unter den Soldaten in meiner konfessionell gemischten Division irgendein Spannungsverhältnis bemerkt, das auf die Religionszugehörigkeit zurückzuführen war. Zumeist wußte man auch gar nicht, was der andere war. Die meisten beteten und zwar zu ein und demselben Gott. In den Panzerdeckungslöchern gab es wohl kaum einen Atheisten, in der Etappe schon eher.[32]

Später, in der Bundeswehr, habe ich mit katholischen Militärpfarrern die besten Erfahrungen gemacht. Als General für die Offizier- und Unteroffizierausbildung nahm ich auch an ihren Jahrestagungen teil. Dabei begegnete ich dem damaligen katholischen Militärbischof (später Kardinal) Dr. Franz Hengsbach, den ich als großartigen Menschen und Seelsorger, als eine moralische und geistige Autorität schätzen gelernt habe. Dagegen war mein Verhältnis zu der eigenen Kirche, zu der evangelischen, nicht immer spannungsfrei. Als ich 1984 in große Not geriet, war meine Kirche nicht da, obwohl ich sie um Hilfe angerufen hatte. Es ehrt den damaligen evangelischen Militärbischof, daß er sich später dafür bei mir entschuldigt hat.

Gerade im Zusammenhang mit der Strategiedebatte, die Anfang der 80er Jahre die Öffentlichkeit bewegte, habe ich mich intensiver mit dem Problem »Christ und Soldat« auseinandergesetzt. Sowohl im Rahmen der IVCG (Internationale Vereinigung Christlicher Geschäftsleute) als auch im ACP (Arbeitskreis Christlicher Publizisten) habe ich zu diesem Thema wiederholt Vorträge gehalten, mich aber auch in mehreren Aufsätzen dazu geäußert.[33]

Ausgerechnet am 17. September 1983, das war zwei Tage, nachdem der Verteidigungsminister Wörner mir das Vertrauen aufgekündigt hatte, sprach ich auf einer großen Veranstaltung der IVCG in Zürich. Da fiel das Bekenntnis: »Auch der Rotarmist ist mein Bruder«. Dem bekannten Fernsehpublizisten Franz Alt, der später darauf stieß, erschien dieser Satz als der Schlüssel zu meinem Sturz. In seinem Buch über die Bergpredigt im Atomzeitalter hat er einem Kapitel die Überschrift »General Kießling und die Feindesliebe« gegeben.[34] Nach meiner Ansicht aber gibt es für Alts Vermutung keine Anhaltspunkte. Träfe diese zu, so wäre das ungeheuerlich. Denn für einen Christen darf es überhaupt keine Zweifel geben, daß der andere immer auch sein Bruder ist, also auch der Rotarmist. Jedoch füge ich hinzu: Das entbindet den Soldaten nicht von seiner Pflicht, treu und tapfer zu kämpfen, also auch auf diesen Bruder zu schießen. Denn als Soldat steht und streitet dieser Bruder für die andere Seite, ob nun freiwillig oder gezwungen, ob überzeugt oder zweifelnd. In diesem Konflikt offenbart sich das ganze Dilemma unseres Daseins als Christen in dieser Welt des Schwertes und der Sünde. Mögen wir uns noch so bemühen, den Forderungen der Bergpredigt gerecht zu werden, es wird uns niemals ganz gelingen. Dennoch dürfen wir in diesem Bemühen nicht nachlassen, dürfen den Mut nicht sinken lassen. Wir dürfen und brauchen es nicht; denn eines ist uns gewiß: Wenn wir vor den Richterstuhl Gottes treten, dann werden wir einen gnädigen Richter finden.

Zum Offizierlehrgang nach Milowitz

Anfang November erhielt ich den Auftrag, mich beim Regimentskommandeur zu melden — zurück in die Heimat! Ausgerechnet in Tokay, dem berühmten ungarischen Weinort, lag der Stab des Jägerregiments 28. Oberst Berner verabschiedete uns Fahnenjunker, die wir nach der Frontbewährung nun in Marsch Richtung Heimat gesetzt wurden. Die schweren Kämpfe hatten Opfer gefordert. Einigen, die noch vor ein paar Monaten mit uns zum Regiment gekommen waren, hatte es das Leben gekostet. Andere waren mehr oder weniger schwer verwundet worden. Nur die vier Oberjäger, die hier angetreten waren, hatten es überstanden. Doch wir waren andere geworden, und man sah es uns auch an: wir wirkten viel älter, reifer, selbstbewußter. Mit unseren Auszeichnungen glichen wir fast alten Haudegen. Der Regimentskommandeur sagte uns Dank für unseren Einsatz in den letzten Monaten. Wir sollten möglichst bald als Leutnante wieder zum Regiment zurückkommen. Das schafften wir dann nicht mehr. Ihn, den Oberst Berner, hätten wir auch nicht mehr angetroffen. Denn kurz darauf übernahm er die Führung der 76. Infanteriedivision, mit deren Resten er im Mai 1945 in die bittere sowjetische Gefangenschaft ging. Ich sah ihn erst 1955 bei einem Treffen der 8. Jägerdivision in Brühl wieder. Sein Sohn dient als Oberst in der Bundeswehr.

Wir glücklichen Oberjäger machten uns auf den Weg in unsere Heimatgarnison Troppau. Unser Weg führte über Wien. Der Fronturlauberzug strahlte Geborgenheit aus. Wir standen noch ganz im Bann der hinter uns liegenden Strapazen. Einer meiner Kameraden, mit dem ich an der Front eine feste Freundschaft begründete, war Erich Mayer. Wenige Wochen zuvor, bei den schweren Abwehrkämpfen in den Karpaten, war ich ihm begegnet. Genau so alt wie ich und ebenfalls Offizieranwärter, gehörte er zu unserer Nachbarkompanie. Aber welch räumliche Entfernung lag damals zwischen zwei Kompanien! Es war schon dunkel an diesem Tag unseres ersten Zusammentreffens. Und der Regen schien kein Ende zu nehmen, als Erich Mayer mit seinem Verbindungs-Spähtrupp auf unserem Kompaniegefechtsstand eintraf. Ich war gerade dorthin befohlen, als Erich in unseren Erdbunker trat und sich meldete. In seinen Augen erkannte ich die Erleichterung, heil bei uns angelangt zu sein. Von einem der uns vorgelagerten Stützpunkte schallte seit ein paar Stunden unentwegt Gefechtslärm herüber. Die Sowjets griffen hartnäckig an, wir gerieten zunehmend in Bedrängnis. So waren wir froh, daß unsere Nachbarkompanie ihre Stellungen hielt. Während unser Kompanieführer mit dem Bataillon telefonierte, hockten Erich und ich uns in eine Ecke und tranken heißen Kaffee – natürlich Muckefuck. Wußte ich schon, daß er Österreicher war, so erfuhr ich nun mehr über ihn. Er kam aus einer streng katholischen Lehrerfamilie in Vorarlberg und war der älteste von sechs Geschwistern. Und er schwärmte von seiner an der Schweizer Grenze gelegenen Heimat. Als wir uns nach einer Stunde trennten, weil er sich mit seinen Jägern wieder auf den Weg machen mußte, da hatten wir beide – wie er mir dann bestätigte – das Gefühl einer für das ganze Leben begründeten Freundschaft. Die haben wir in vollen Zügen ausgekostet, als wir dann auf der Rückfahrt von der Front die wenigen Stunden eines Aufenthaltes in Wien genossen. In unserer Heimatgarnison Troppau schienen wir unzertrennlich – bis wir bald darauf in verschiedene Richtungen auf Urlaub fuhren: Er nach Vorarlberg, ich nach Berlin. Wir sollten uns nicht wiedersehen. Mit einem Tag Verspätung kehrte er aus dem Urlaub zurück, als ich schon zum Offizierlehrgang in Marsch gesetzt war. Erich Mayer wurde in eine Alarmeinheit gesteckt und zur Verteidigung Breslaus eingesetzt. Noch vor Kriegsende erreichte mich die traurige Nachricht, daß er am 1. Februar gefallen war.

Erst Anfang der 50er Jahre besuchte ich in Götzis die Familie Mayer, die mich mit offenen Armen aufnahm. Da erzählte mir der Vater von dem tragischen Konflikt, in den er seinen gefallenen Sohn gestellt hatte. Der Vater Mayer, praktizierender Katholik und erklärter Gegner des Nationalsozialismus, wollte Erich vor den Gefahren des drohenden Chaos retten. Am letzten Urlaubsabend sagte er ihm, der Krieg sei verloren, jedes weitere Opfer sinnlos. Alles sei vorbereitet, ihn über die Schweizer Grenze in Sicherheit zu bringen. Die hell erleuchtete Schweiz konnte man von seinem Elternhaus aus mit bloßem Auge sehen, die Grenze war für die Einheimischen ohne großes Risiko passierbar. Erich schwankte. Was der Vater sagte, schien ihn zu überzeugen. Die Alternative dazu war völlige Ungewißheit: Gefangenschaft, Verwundung oder gar Tod. Doch er konnte sich nicht dazu entschließen. Laß mich nochmal darüber nachdenken, bat er den Vater. Darüber verpaßte er den für seine Rückkehr vorgesehenen Zug.

Dann plötzlich sagte er: Nein, das könne er nicht. Schließlich würde auch der Günter Kießling auf ihn warten, erklärte er seinen Eltern. Wie solle er dem später in die Augen sehen, wenn er jetzt feige desertierte? In Tränen nahm er dann Abschied von den Eltern und Geschwistern – und kehrte nie mehr zurück. Ein schlichtes Holzkreuz auf dem Grabe der Eltern in Götzis erinnert noch an den gefallenen Sohn. Heute wird es wohl nur noch wenige geben, die solche Haltung zu würdigen wissen. Aber diese macht gerade das aus, was zumindest unsere einstigen Gegner immer noch an der deutschen Wehrmacht bewundern. An Erich Mayer – nicht nur an ihn, aber an ihn besonders – denke ich, wenn alljährich am Volkstrauertag das Lied vom guten Kameraden erklingt: einen Bessren findst du nicht! Könnten wir nur jene überzeugen, die sich nun anschicken, auch dieses Lied zu schmähen.

Mitte November 1944 waren Erich Mayer und ich in unsere Garnisonstadt Troppau zurückgekehrt. Nicht nur wir hatten uns in diesem letzten halben Jahr verändert, sondern auch die Heimat war vom Krieg gezeichnet. Das Leben auf den Straßen wirkte ernster, karger, fast trostlos. Dabei war unsere Garnisonstadt Troppau noch von Zerstörungen verschont. Aber die Front rückte von Tag zu Tag näher. Noch

einmal erhielt ich einen vierzehntägigen Urlaub, den ich bei Verwandten in Schierke im Harz verbrachte. Was für ein Kontrast! Friedlich schlummerte der Kurort am Fuße des Brocken in seiner Abgeschiedenheit. Hätte man nicht die vielen Verwundeten gesehen, die in den zahlreichen, zu Reservelazaretten umgewandelten Hotels untergebracht waren, man hätte den Krieg vergessen können. Fast jeden Tag bestieg ich mit meinen Skiern den Brocken und genoß die herrliche Abfahrt. Die Zeit verging gar zu schnell. Über Berlin und Dresden gelangte ich wieder nach Troppau, wo sich alles zum Kampfe rüstete. Ich wurde nach Crossen an der Oder geschickt, wo man die noch zum Offizierlehrgang kommandierten Fahnenjunker versammelte. In den Kasernen des Grenadierregiments 29 herrschte Hochbetrieb. Schon zogen die Stäbe der zurückflutenden Front dort unter. In kleinen Gruppen wurden wir zur Fahnenjunkerschule nach Milowitz bei Prag in Marsch gesetzt. Wir waren unser vier, alle Berliner, geführt von einem Oberfeldwebel. Der entschied, daß wir über Berlin fahren. Das war uns nur recht. Am Montagfrüh, es war der 29. Januar, kamen wir auf dem Görlitzer Bahnhof an. Unser Oberfeldwebel sagte: »Wir brauchen erst am Sonnabend in Milowitz zu sein. Das schaffen wir spielend, wenn wir am Freitagabend losfahren. Bis dahin verkrümelt euch! Wir haben leider nur einen Marschbefehl, also müßt Ihr ohne Papiere auskommen. Seht Euch vor den Feldjägern vor! Für den schlimmsten Fall gebe ich Euch meine Telefonnummer!«
Damals habe ich nicht erkannt − oder wollte ich es nicht wahrhaben? −, in welche Gefahr ich mich da begab. Zu dieser Zeit als Soldat ohne gültige Papiere in Berlin herumzuirren, glich einem Spiel mit dem Tod. Denn ich blieb natürlich nicht zu Hause sitzen. Was sollte ich auch allein in der Wohnung meiner Eltern. Mein Vater war in Kurland an der Front, meine Mutter bei Telefunken dienstverpflichtet und in das Westhavelland »verlagert«. So suchte ich meine Cousine Gisela auf und feierte ihren Geburtstag mit. Am folgenden Tag wurde in Berlin der Film »Kolberg« uraufgeführt. Dafür bekam ich eine Karte, und ich war begeistert. Die gewollte Parallele zum Aufbruch des Volkes 1813 war natürlich etwas an den Haaren herbeigezogen. Damals ging es darum, sich von der Herrschaft des napoleonischen Aggressors zu befreien. Jetzt standen die anderen gegen die deutsche Vorherrschaft

auf, mochten sie auch nur unter eine andere Besatzung geraten, die sowjetische.

Am Abend des 30. Januar bummelte ich, vom Zoo kommend, den verdunkelten Kurfürstendamm herauf zum Bahnhof Halensee. Als ich am Lehniner Platz ankam, entdeckte ich am Cabaret der Komiker ein Plakat, das auf eine Kundgebung der NSDAP zum Jahrestag der Machtergreifung aufrief. Ich ging hinein. Ohnehin wußte ich nicht, was ich an diesem Abend tun sollte; und es interessierte mich, was die wohl zur Lage sagen würden. Vielleicht würde ich auch irgendeinen alten Bekannten treffen. Denn mein Vater war das, was man einen »alten Kämpfer« nannte, also schon lange vor 1933 Parteimitglied. Vorteile hatte er deshalb niemals gehabt. Er hatte solche auch gar nicht gesucht. Vielmehr war er ein geradezu unbelehrbarer Idealist. Mit dieser Einstellung hatte er sich 1943 noch freiwillig zum Wehrdienst gemeldet. Jetzt stand er mit seinen 53 Jahren an der von den Sowjets hart bedrängten Kurlandfront. Als er dort im Mai 1945 in Gefangenschaft geriet, hat er sogleich gestanden, Parteimitglied gewesen zu sein. Seine sowjetischen Vernehmer wollten es kaum glauben. Dann höhnten sie: Dies ist der erste Nazi, den wir geschnappt haben! Unberechenbar wie die Sowjets nun einmal sind, steckten sie meinen Vater zwar in ein Arbeitslager bei Murmansk, ließen ihn aber im Sommer 1946 frei; er war ohnehin nur noch ein Wrack.

Doch lag dies alles noch im Dunkel der Zukunft, als ich am 30. Januar 1945 die Versammlung der Ortsgruppe Halensee aufsuchte. In dem großen Saal waren nur etwa 30 Personen versammelt: Frauen und alte Männer. Ich war der einzige Soldat und fühlte mich wie ein wenig fremd in diesem Kreis. Der Generaloberarbeitsführer (also der höchste Dienstgrad im RAD) Dr. Decker[35] hielt eine Rede. Mir blieb nur der eine makabre Satz in Erinnerung: »Jetzt sind wir alten Nazis wieder unter uns!« Das hatte er wohl richtig erkannt.

Sicher war es an diesem Abend müßig, der Frage nachzugehen, warum ihre Anhängerschaft derart zusammengeschmolzen war. Wie es weitergehen sollte, darüber wußte auch dieser prominente Redner nichts zu sagen. Die sind ja total verrückt, dachte ich. Dennoch empfand ich eine Mischung von Mitleid und Bewunderung für dieses kleine Häuflein Aufrechter, die sich jetzt noch zu dem bekannten, dem sie sich einst verschworen hatten. Sie waren mir viel lieber als jene Heerschar von Opportunisten, die jahrelang »Heil« geschrien hatten und nun schon auf ein Alibi bedacht waren. Das ändert nichts an der schweren Last der Verantwortung, die alle diejenigen auf sich geladen haben, die wider besseres Wissen ein ganzes Volk in tiefes Unglück geführt haben. Wohl kein anderer hat den Opportunismus schärfer gegeißelt als Hans Habe: »Die Opportunisten haben mehr Unheil über die Welt gebracht als Mörder, Diebe, Atheisten und Ehebrecher. Sie sind die Mächtigsten dieser Erde. Man schenkt ihnen wenig Beachtung, weil man sie für Verführte hält; man blickt hypnotisiert nach den Verführern, die indes ohne die Opportunisten Generale ohne Soldaten wären.«[36]

4. Bis zum bitteren Ende

Ausbildung zum Offizier

Während die Sowjets bis zur Oder vorstießen und die Angloamerikaner bereits am Rhein standen, gewaltige Flüchtlingsströme aus dem Osten in das Innere unseres Vaterlandes zogen, immer mehr deutsche Städte unter den angelsächsischen Luftangriffen in Schutt und Asche versanken, lief auf dem Truppenübungsplatz in Milowitz unweit von Prag die Ausbildung fast ungestört weiter. Unser Offizierlehrgang war, was Herkunft und Werdegang der Fahnenjunker betraf, bunt zusammengewürfelt. Da stand der 18jährige Unteroffizier in Reih und Glied neben dem 35jährigen Stabsfeldwebel, der Ritterkreuzträger neben einem kaum fronterfahrenen Soldaten. Die meisten Lehrgangsteilnehmer kamen von der Ostfront, nur wenige aus Italien, Frankreich oder Norwegen. Die Ausbildung war hart, die Verpflegung kärglich, die Zeit knapp. Alles stand unter dem Zeichen der Vorbereitung für einen großen Gegenangriff im Frühsommer, so sagte man uns. Aber selbst wir wenig erfahrenen jungen Soldaten verstanden inzwischen von Politik und Kriegführung doch schon so viel, daß wir uns fragten, wie die Wehrmacht gegenüber der erdrückenden feindlichen Übermacht noch einmal die Kraft zu einer Offensive aufbringen sollte. Andererseits konnten wir uns nicht vorstellen, betrogen zu werden. So klammerten wir uns an die eine Hoffnung: die Führung würde einen Trumpf in der Hand haben – sei es eine überwältigende neue Waffe, sei es eine politische Initiative.

Doch der 14-Stunden-Tag dieses Lehrgangs ließ uns nicht viel Zeit zum Grübeln. Unsere Ausbilder, alles fronterfahrene, zumeist auch hochausgezeichnete Offiziere, schenkten uns nichts. Aber wir waren auch nicht mehr grün hinter den Ohren. So kam es bei der Ausbildung, sei es im Hörsaal, sei es im Gelände, zu mancher sachlich harten Diskussion. Der Stil in der Wehrmacht hatte sich unter dem Eindruck der Kriegsjahre völlig verändert. Da gab es keine »school-solution«, die uns die Amerikaner später beim Aufbau der Bundeswehr bescherten, also keine unantastbare Verkündung von Musterlösungen. Hier in Milowitz galt die Fronterfahrung; vorausgesetzt, sie wurde überzeugend vorgetragen.

Milowitz als Truppenübungsplatz bestand vornehmlich aus Baracken-Unterkünften, aber unsere V. Inspektion lag in festen Bauten, allerdings immer 15–20 Mann auf einer Stube. Für den Kanonenofen gab es kaum etwas Heizbares; wir beschafften uns Holz, wenn wir im Gelände übten. Hunger plagte uns fast die ganze Zeit. Die karge Brotration, die wir am frühen Abend, bemessen für den ganzen Tag, zugeteilt erhielten, wurde meist gleich verschlungen. Zum Frühstück am folgenden Morgen mußten wir uns dann mit dem Heißgetränk begnügen, das es zum Glück immer noch gab, wenn es auch schwer definierbar war. So freuten wir uns den ganzen Morgen über auf das Mittagessen, die eine warme Mahlzeit am Tag. Sie bestand vornehmlich aus Pellkartoffeln, abgezählt pro Kopf. Leider war ein Teil davon zumeist schon verfault oder angefroren. Dazu gab es eine Tunke, in der man mit Mühe ein paar Fleischreste ausmachen konnte. Dennoch waren wir nicht unzufrieden. Jeder von uns dachte daran, wie gut wir es im Vergleich zu den Fronttruppen hatten, die in geradezu hoffnungsloser Situation Tag und Nacht am Feind standen.

Post kam nur noch selten. Auch Zeitungen gab es nicht mehr regelmäßig. Aber der Nachrichtenfluß über den Rundfunk funktionierte. Frei bekamen wir nur am Sonntagnachmittag, die übrige Woche lief der Dienstbetrieb ohne jede Unterbrechung.. Die einzige Zerstreuung bot das Lagerkino. Aber dessen Plätze entsprachen bei weitem nicht dem Bedarf. Also wurden die Karten täglich über die Inspektionen verteilt. Da hatte jeder Lehrgangsteilnehmer Aussicht, einmal pro Woche einen Kinoplatz zu erlangen. Die einzige Chance darüber hinaus, wohl auf 1 : 100 bemessen, bestand darin, sich abends an der Seitentür des Kinos anzustellen und darauf zu hoffen, daß noch einige Plätze frei waren, die dann in der Reihenfolge des Anstehens zugeteilt wurden. Mir ist noch in Erinnerung, daß der Film »Die Familie Buchholz« lief, der vom Berlin der Jahrhundertwende handelte. Mich hat diese Geschichte so begeistert, daß ich unbedingt den zweiten Teil sehen wollte, für diesen Abend aber keine Karte bekam. So stellte ich mich an, eine Stunde vor Beginn, bei strömendem Regen, etwa als Zehnter in der Schlange. Die Tür ging auf, einige konnten noch eingelassen werden; doch mein Vordermann war der letzte, der noch zum Zuge kam. Ich fluchte in meinem Berliner Dialekt. Das vernahm der Pförtner, der sich als alter Berliner entpuppte. Er hatte ein Herz – und überließ mir seinem Notsitz. Selten habe ich eine Filmvorführung so genossen wie diese. Sie hat mir die Liebe zum alten Berlin erneut ins Herz gepflanzt. Wäre die Frage gestellt worden, ich hätte mich sofort zur Verteidigung dieser Stadt gemeldet. Aber ich sollte sie erst wiedersehen, als die Rote Fahne über dem Brandenburger Tor und die Trikolore auf der Siegessäule wehten.

Intermezzo: Nach Potsdam und Prag

Eine unvergeßliche Unterbrechung dieser tristen Milowitzer Zeit erlebte ich durch eine attraktive Dienstreise. Ein Kurier zu der nach Potsdam ausgelagerten Inspektion des Erziehungs- und Bildungswesens wurde gesucht. Wer wäre da nicht gern hingefahren!
Am Tag zuvor war ich bei der Ausbildung im Gelände als Zugführer eingeteilt. Das Thema war: Waldkampf! Den hatte ich an der Front gelernt. Der Inspektionschef stellte mir verschiedene Aufgaben und war erstaunt, wie eigenwillig ich sie löste. Er wußte ja nichts von meinen Erfahrungen. Also erntete ich Lob und den Auftrag für die Fahrt nach Potsdam. Es war Montagabend, der 12. März, als ich zunächst nach Prag fuhr, um dort den Nachtzug nach Berlin zu erreichen. Aber der brauchte ein paar Stunden mehr als vorgesehen. Am nächsten Mittag hielt er irgendwo auf freier Strecke. So schien es. Wir schauten hinaus und erschraken: es war der Dresdner Hauptbahnhof! Auf diese Weise hatten wir die Wirkung des furchtbaren Luftangriffs vor Augen, der vier Wochen zuvor die Elb-Metropole zerstört hatte. Erst in der folgenden Nacht kam ich in Berlin an. Zuvor, es war wohl in Zossen, mußten alle aussteigen und eine strenge Kontrolle passieren. Kein Soldat sollte unberechtigt nach Berlin hineingelangen. Gegen 03.00 Uhr früh fuhr der Zug in den Anhalter Bahnhof ein. S-Bahn-Verbindungen gab es zu dieser frühen Morgenstunde noch nicht.

So bummelte ich durch die Innenstadt. Natürlich war Berlin verdunkelt, jetzt noch strikter als in früheren Jahren, aber man hatte sich im Laufe der Kriegszeit an diese Dunkelheit gewöhnt. Ich erkannte die Reichskanzlei und ging durch das Brandenburger Tor zum Bahnhof Friedrichstraße. Unheimlich wirkte um diese Zeit die alte Reichshauptstadt. Doch als der Morgen graute, pulsierte das Leben wieder. Es wurde ein herrlicher Frühlingstag, dieser 14. März. Am nächsten Morgen fuhr ich mit der S-Bahn nach Potsdam. In Bornstedt erledigte ich meinen Kurierauftrag, dann bummelte ich durch den fast leeren Park von Sanssouci. Nie war mir Preußen so nahe wie an diesem strahlenden Frühlingstag, in der Ruhe vor dem letzten großen Sturm. Noch war Potsdam unzerstört. Ich ahnte nicht, daß gerade in diesen Tagen die Särge der beiden Könige aus der Stadt fortgeschafft und in Sicherheit gebracht wurden; erst 1991 kehrten sie in die preußische Residenzstadt heim. Am Abend dieses Tages fuhr ich wieder nach Berlin zurück, um Bekannte zu besuchen. Es ist kaum möglich, die Stimmung wiederzugeben, die in diesen März-Tagen in Berlin herrschte. Nun war die Lage wirklich ernst. Weniger als hundert Kilometer entfernt standen die Sowjets bei Frankfurt an der Oder zum Sturm auf das Herz des Deutschen Reiches bereit. Dennoch verlief der Berliner Alltag in Ruhe und Ordnung. Von einer Weltuntergangsstimmung habe ich nichts verspürt. Immer noch herrschte Hoffnung: Irgendetwas würde schon passieren. Ich habe keinen getroffen, der unsere Gegner als Befreier herbeisehnte, wohl aber das Ende dieses sinnlos gewordenen Krieges. Waren die Sowjets wegen ihrer überall bekannten Greueltaten, die sie in den deutschen Ostgebieten verübten, zutiefst gefürchtet, so verhaßt waren Briten und Amerikaner wegen des immer noch fortdauernden Luftterrors. Aber ich war mir schon damals bewußt, daß mein Eindruck von dem Leben und Denken der Berliner ein recht oberflächlicher war. Wer konnte schon wissen, was in dieser immer noch Millionenstadt tatsächlich vorging.[37]

Kaum nach Milowitz zurückgekehrt, wurde ich mit einem anderen dienstlichen Auftrag bedacht, diesmal nach Prag. Nur für einen Tag, aber auch der ist mir unvergeßlich. Die Stadt an der Moldau gab sich, als wäre tiefster Frieden. Die Sonne schien, die Menschen flanierten über den Wenzelsplatz; in den Geschäften konnte man sogar noch etwas kaufen. Welch ein Kontrast zu dem zerstörten Berlin, das ich vor wenigen Tagen schon im Schatten des bevorstehenden Ringens erlebte hatte! Und wie sollte es in diesem sich so friedlich gebenden Prag in wenigen Wochen aussehen, als der Sturm gegen die Deutschen losbrach.

Fahnenjunker-Brigade Brummund

Anfang April wurde die Milowitzer Schule geschlossen eingesetzt, als »Fahnenjunker-Brigade Brummund«. In Stellungen am Kamm des Erzgebirges sollten wir ein Vordringen der Amerikaner nach Böhmen verhindern. Über Saaz, Kaaden erreichten wir den Raum Klösterle – Kuperberg – Oberhals, wo unsere Kompanie sich zur Verteidigung einrichtete. Doch mit jedem Tag wurde die Gefahr größer, daß uns die von Osten vorstoßenden Sowjets einschließen könnten. Wir wurden in den Raum um Marienbad zurückgezogen. Dort erreichte uns die Beförderung zum Leutnant. Sogleich wurden einzelne von uns wegversetzt, um Lücken in der Offizierstellenbesetzung der in unmittelbarer Nähe liegenden Truppenteile zu füllen. Ich wurde mit einigen Kameraden auf den Weg zu einem Armeestab geschickt.
Zu Fuß machten wir uns auf den Weg. In der Nacht zum 2. Mai erreichten wir das kleine Städtchen Luditz. Dort wurden wir von den Bewohnern überaus freundlich aufgenommen und umsorgt. Da machte die Nachricht die Runde: Der Führer ist gefallen! So lautete die Meldung und so wurde damals gesprochen. Ihn zu verfluchen, dazu hatten wir zunächst gar keine Zeit. Uns beschäftigte nur die eine Frage: Wie wird es weitergehen? Aber in den folgenden Tagen drehte sich unser Gespräch dann doch um die Frage: Was war dieser Hitler für ein Mensch? Die meisten tendierten mehr zu einem Urteil, wie ich es später einmal von Jodl las. Vielleicht ist es in diesem Zusammenhang hilfreich, darauf zu verweisen, daß selbst ein so gebildeter Soldat wie der Generaloberst Jodl, der einen tieferen Einblick in die Zusammenhänge hatte als jeder andere, der aber auch um die Schuld Adolf Hitlers wußte und dafür schließlich den schweren Weg zum Galgen

antreten mußte, noch 1946 an seine Frau schrieb: »Hitler war eine Führerpersönlichkeit von ungewöhnlichem Maße. Sein Leben war nichts als Pflicht und Arbeit, die Bescheidenheit seiner Lebensführung imponierend.«[38] Doch kann eine solche Lobpreisung der »Pflichterfüllung« Adolf Hitlers nicht ohne Widerspruch hingenommen werden. Seine vornehmste Pflicht wäre doch gewesen, dem deutschen Volk dieses schreckliche Ende zu ersparen. Dafür gab es zumindest bis 1943 noch gute Chancen. Über eines bestand für uns junge Soldaten auch schon damals kein Zweifel: Adolf Hitler trug die allumfassende Verantwortung.

Alle fühlten wir: Nun kommt das Ende dieses Krieges − und wir sind die Besiegten. Es gab keine Hoffnung mehr, diesem bitteren Schicksal zu entrinnen. Um so mehr waren wir darauf bedacht, nicht den Sowjets in die Hände zu fallen. Wäre es da nicht die logische Konsequenz gewesen, auf der Stelle kehrtzumachen und sich nach Westen durchzuschlagen? Keiner von uns ist dieser Versuchung erlegen; vielmehr hielten wir uns an den Auftrag, den Armeestab zu erreichen. Dorthin wollten wir, um mitzuhelfen, das Vordringen der Sowjets noch zu verzögern.

In kleinen Gruppen von drei bis fünf Mann marschierten wir nach Osten, unserem Ziel entgegen. In der Nacht zum 5. Mai erreichten wir Schlan, ein Städtchen etwa 25 Kilometer nordwestlich von Prag. Wir trauten unseren Augen nicht, dort früh um 6.00 Uhr fröhliches Treiben auf den Straßen anzutreffen. Bald bekamen wir spitz, worum es da ging: Die Tschechen hatten zur Revolution aufgerufen! Deutsche Embleme wurden zerstört oder verbrannt, statt dessen tschechische Fahnen gehißt. Noch begnügte sich die Menge damit, uns deutsche Soldaten zu verhöhnen. Als wir zum Bahnhof flüchteten, drängte der Mob uns in eine Ecke und forderte unsere Pistolen. Wir luden durch und ließen keinen Zweifel, daß wir bis zur letzten Patrone kämpfen würden. Diese Entschlossenheit rettete uns wahrscheinlich das Leben, denn die Tschechen waren (verständlicherweise, angesichts ihrer absehbaren nationalen Befreiung) nicht bereit, ihr Leben zu riskieren. So begnügten sie sich zunächst damit, den Fahnenmast zum Galgen vorzubereiten und uns mit der Hinrichtung zu drohen.

Im Sommer 1991 kam ich wieder dorthin. An dem Bahnhof war alles unverändert, wenn man von dem in vier Jahrzehnten fortschreitenden Verfall absieht. Ich stand an derselben Stelle wie damals und erinnerte mich: Ein Personenzug nach Laun — an der Protektoratsgrenze gelegen — fuhr ein. Der war unsere Rettung! Kurioserweise gehörte zu diesem Zug ein Fla-Begleitschutz-Wagen. Dessen Kommandant nahm uns auf. So gelangten wir heil nach Laun, wo wir uns bei dem dort stationierten Ausbildungs-Bataillon meldeten. Dessen Kaserne glich Wallensteins Lager: Flüchtlinge, Greise, Frauen und Kinder, Soldaten aller Couleur — und das noch recht intakte Bataillon. Ich wurde sogleich als Führer eines Wachkommandos für das nahegelegene Wehrmachtdepot eingeteilt. Dort traf ich auf einen Oberzahlmeister, der mit seinen Lagerverwaltern auf Bergen von Bekleidung und Ausrüstung hockte. Es bedurfte langatmiger Überredungskünste, damit er wenigstens die zehn Soldaten unserer Wache neu einkleidete. Offenbar war er von der Wahnidee beseelt, dieses Lager möglichst intakt an die heranrückende Sowjetarmee zu übergeben.

Im Chaos dieser letzten Kriegstage stieß ich auf *Theo Brock*. Auch er, ehemals Unteroffiziervorschüler wie ich, war seit kurzem Leutnant. Aus Euenheim bei Euskirchen stammend, war er in vielem eine Art Kontrastprogramm zu mir. Nicht zuletzt seine ungebrochene rheinische Fröhlichkeit hat mich in diesen bitteren Stunden davor bewahrt, der Resignation zu verfallen. Als wir 1980 in Rendsburg mein 40jähriges Dienstjubiläum feierten, habe ich in meiner Dankesrede daran erinnert. Wenige Jahre nach Kriegsende besuchte ich ihn in seiner Heimat. Auch Theo Brock holte das Abitur nach, hatte dann aber im Medizinstudium kein Glück. Ich konnte ihm den Weg in den Bundesgrenzschutz ebnen, in dem er dann bis zu seiner Pensionierung als Erster Polizeihauptkommissar diente. Auch als Waffenstudent, er gehörte dem Kölner Corps Franco-Guestphalia an, war ich ihm verbunden. Auf seine Initiative hin sprach ich im November 1988 auf dem Haus seiner Verbindung zur deutschen Frage. Als Pensionär machte Theo Brock sich noch einen Namen weit über seine Heimatgemeinde hinaus, indem er zu Fuß nach Rom, nach Paris und — nach dem Fall der Mauer — auch nach Berlin wanderte. Er war auch dabei, als ich am letzten Tag meines aktiven Dienstes, am 31. März 1984, meine engsten

Freunde in Rendsburg versammelt hatte. Im Februar 1991 gab ich diesem guten Kameraden nach seinem plötzlichen Tod das Geleit zur letzten Ruhestätte in seiner geliebten Heimat am Rande der Eifel.

Damals, am 8. Mai 1945 brachen wir mit dem Bataillon — alle Zivilisten in unserer Mitte — aus Laun in Richtung Postelberg aus, um das Reichsgebiet zu erreichen. Dann löste sich die Gruppe auf. Jetzt hieß es: Rette sich, wer kann!

Oft bin ich später, vor allem im Ausland, mit der Frage konfrontiert worden, wie unterschiedlich die Deutschen diesen letzten Kriegstag erlebt und erlitten haben. Ein Tag wie jeder andere konnte es für kaum jemanden gewesen sein, nicht einmal für einen Bauern in Schleswig-Holstein. War dieses nördliche Land auch von der Furie des Krieges weitgehend verschont geblieben, jetzt wurde es von einem Flüchtlingsstrom ohnegleichen überschwemmt. Aber über alle Deutschen, ob sie nun an diesem 8. Mai um ihr Leben liefen oder gemächlich abwarten konnten, hing die Schicksalsfrage: Was werden die Sieger mit uns machen? Als einen »Tag der Befreiung«, zu dem er später hochstilisiert wurde, haben ihn wohl nur ganz wenige empfunden. Damals habe ich keinen Menschen getroffen, der so dachte — später um so mehr, die das vorgaben, es inzwischen womöglich selbst glaubten.
Da verdient schon der letzte Wehrmachtbericht vom 9. Mai in Erinnerung gebracht zu werden, in dem es heißt: »Seit Mitternacht schweigen nun an allen Fronten die Waffen. Auf Befehl des Großadmirals hat die Wehrmacht den aussichtslos gewordenen Kampf eingestellt. Damit ist das fast sechsjährige ehrenhafte Ringen zu Ende. Es hat uns große Siege, aber auch schwere Niederlagen gebracht. Die deutsche Wehrmacht ist am Ende einer gewaltigen Übermacht ehrenvoll unterlegen. Die einmalige Leistung von Front und Heimat wird in einem späteren Urteil der Geschichte ihre endgültige Würdigung finden.«

Am Abend dieses letzten Kriegstages standen wir mitten in Saaz, diesem kleinem sudetendeutschen Städtchen. Da wurde uns vollends der Zusammenbruch bewußt. Es herrschte ein Chaos: Verstopfte Straßen, Flüchtlinge und versprengte Soldaten, umherirrende Kinder. Theo Brock organisierte uns einen Platz auf einem LKW, der nach Westen fuhr. Über den Rundfunk erfuhren wir: Heute nacht tritt der Waffenstillstand in Kraft! Am Morgen passierten wir bei Karlsbad die amerikanischen Linien. Wir wurden in ein großes Lager weitergeleitet. Da sahen wir zum ersten Male Schilder mit der Aufschrift: Concentration Camp! Dieses erwies sich als ein Sammlungsraum für deutsche Soldaten – alle Zivilisten hatte man abgesondert – ohne jegliche Organisation. Tausende waren da auf freiem Feld zusammengepfercht. Erst am nächsten Morgen verkündete ein amerikanischer Lautsprecherwagen, wir würden in ein anderes Lager weitergeleitet. Schon warnten uns Ärzte vor einer Seuchengefahr. Wasser war allein aus einem naheliegenden Bach erhältlich. Für Verpflegung mußte jeder selbst sorgen. Aber wie? Wir hatten nichts – und mußten bei Kameraden betteln. Die Kameradschaft funktionierte noch.

Schließlich erreichten wir ein Lager, das die Amerikaner auf dem Flugplatz von Eger eingerichtet hatten. Dort waren etwa fünzigtausend deutsche Soldaten versammelt, von Stacheldraht umzäunt und durch Amerikaner bewacht. Man formierte uns in Hundert- und Tausendschaften. Verpflegung gab es in den ersten Tage nicht, danach Hungerrationen. Wir hausten in Fahrzeugen oder in Erdlöchern. So viel wußten auch wir vom Kriegsvölkerrecht, daß die Amerikaner uns nach dem Waffenstillstand gar nicht festhalten durften. Die scherten sich nicht darum. Mit meiner Kritik an diesem Verhalten der Amerikaner habe ich später nie zurückgehalten, wenn ich mit führenden amerikanischen Soldaten zusammentraf. Aber ich will anerkennen, daß sie uns in Eger nicht so grausam behandelten, wie das im Sommer 1945 Zehntausenden von deutschen Kriegsgefangenen am Rhein geschah.

Mein Hundertschaftsführer war ein Oberleutnant Dr. Paul Römhild; etwa zehn Jahre älter als ich, aus Halle stammend, im Zivilberuf Studienassessor. In den langen Tagen und Stunden des Wartens öff-

Der Vater Kießlings als Sergeant im Ersten Weltkrieg.

Vater und Sohn im Jahr 1940.

Hauptmann der Reserve Karl Wilke,
Kompaniechef der Unteroffiziervorschule
in Dresden.

Als Jungschütze der Heeresunteroffiziervorschule Frankenstein/Schlesien, 1942.

Oberleutnant Erhard Girke als Ausbilder in
Hohensalza, 1943.

nete er mir den Blick für eine mir bisher fremde Welt: das akademische Studium. Diese Begegnung hat meine dann folgenden persönlichen Entscheidungen ganz wesentlich beeinflußt. Mit Römhild blieb ich auch nach unserer Entlassung in Verbindung. Als ich ihn am Tag vor Weihnachten 1945 in Halle aufsuchte, bedeutete er mir, daß die Russen ihn beobachten ließen. Später überbrachte mir seine Schwester die schon gefürchtete Nachricht: abgeholt und verschwunden. So sollen diese wenigen Zeilen ein dankbares Gedenken auch an diesen Kameraden sein!

Schon wenige Tage nach unserer Gefangennahme machte ich Bekanntschaft mit einer unerbittlichen US-Militärbürokratie. Fragebogen wurden ausgegeben, die auf Feinheiten des NS-Staates abzielten, von denen wir nie zuvor gehört hatten. Ich schrieb wahrheitsgemäß, daß ich Mitglied des Deutschen Jungvolks mit dem Rang eines Jungenschaftsführers war. Etwa nach einer Woche wurden wir hundertschaftsweise zur Vernehmung geführt. Da saßen auf freiem Feld amerikanische Offiziere hinter einer Reihe von Tischen, an die wir auf Zeichen herantreten mußten. Der Offizier, ein junger Leutnant, las meinen Fragebogen. Dann schaute er auf und fragte in fließendem Deutsch: »Wieviel Mann haben Sie als Jungenschaftsführer kommandiert?« Zehn, antwortete ich. Darauf er: »Mach, daß Du wegkommst, Du Banditenhäuptling!« An meinem Blick erkannte er wohl, was ich von ihm hielt. Mir wurde unsere ganze Hilflosigkeit bewußt. Dennoch erschien mir mein persönliches Schicksal gar nicht beklagenswert, wenn ich sah, wie einige von uns ausgesondert und abseits geführt wurden. Es waren vorwiegend Angehörige der Waffen-SS. Wie ein Todeskommando standen sie da, ihre Gesichter von Angst und Ungewißheit gezeichnet. Dann wurden sie abgeführt. Unser zum Glück zeitlich begrenztes Dasein in diesem Lager war von der einen Frage beherrscht: Wann kommen wir frei? Dabei spürten wir einen gewissen Zeitdruck. Denn schnell hatte es sich herumgesprochen, daß die Siegermächte den Tschechen das Sudetenland zugestanden hatten. Wir befanden uns also auf tschechischem Territorium und mußten befürchten, man würde uns an die Tschechen übergeben. Auch durch unseren Stacheldraht war die Kunde gedrungen, wie der tschechische Mob wütete.[39] Das hatten wir nicht erwartet. Wußten wir doch aus dem

Vergleich mit anderen Ländern und Nationen, daß von allen besetzten Ländern, vor allem verglichen mit Polen und der Sowjetunion, wohl die Tschechei am besten durch den Zweiten Weltkrieg gekommen war. Ich erinnerte mich daran, wie wir noch im Februar bei dem Lehrgang in Milowitz ständig durch unseren Inspektionschef belehrt wurden zu bedenken, daß wir uns nicht in einem besetzten Land befänden, sondern im »Protektorat«. Dem folgte dann auch noch die Ermahnung, ja die Offiziere der (tschechischen) Protektorats-Armee korrekt zu grüßen! Später habe ich viel darüber nachgedacht, wie es denn dazu kommen konnte, daß uns ausgerechnet seitens der Tschechen so viel Haß entgegengeschlagen ist. Ich bin zu dem Schluß gelangt, daß sich Nationen mitunter genau so schäbig verhalten wie Individuen. Und für die gibt es kein stärkeres Motiv als das schlechte Gewissen. Schlechtes Gewissen war es wohl auch, das die Tschechen in jenen ersten Maitagen 1945 plagte, wenn sie etwa an die Russen und Polen dachten. Da meinte man, diesen versäumten Widerstand um so drastischer nachholen zu müssen. Wie deutsche Soldaten das empfunden haben, läßt sich kaum eindrucksvoller demonstrieren als an einem Beispiel, das mir Mitte der 50er Jahre bekannt wurde. Da traf ich einen gleichaltrigen Kameraden, der sich in diesen Maitagen im Raum nördlich von Prag mit einer kleinen Gruppe auf sich selbst gestellt sah. Sie schafften den Durchbruch nach Westen nicht. Von tschechischem Mob gejagt, erschien ihnen die sowjetische Gefangenschaft als die einzige Chance zum Überleben. Dort, so hofften sie, würden sie wenigstens als gefangene Soldaten behandelt werden. So schlugen sie sich zu den herannahenden Sowjets durch. Dieser Entschluß erwies sich als der richtige. Zwar mußten sie den bitteren Kelch einer acht- bis zehnjährigen Gefangenschaft bis zur Neige trinken, aber sie sind dem weitaus schlimmeren Schicksal entgangen, in die Hände aufgeputschter und erbarmungsloser tschechischer Terroristen zu fallen.

Uns »Egerländern« war ein gütiges Geschick beschieden: nach wenigen Wochen wurden wir über die deutsche Grenze geschafft und entlassen. Ich befand mich in einem Transport nach Magdeburg. Die Stadt war damals noch britisch besetzt. Auf der Fahrt dorthin hielten wir an einem Sonntagmorgen in Bernburg. Wir glaubten zu träumen: Eine Menschenmenge umringte und begrüßte uns so freudig, als hätten wir den Krieg gewonnen. »Willkommen in der Heimat!« riefen sie; Brote und Getränke wurden gereicht. Wir waren zutiefst gerührt. Dieser kleinen Stadt, die kurz darauf für 45 Jahre das kommunistische Joch auf sich nehmen mußte, werde ich bis an mein Lebensende eine dankbare Erinnerung bewahren. Sie hat mich in dieser schwersten Zeit in meiner Überzeugung bestärkt, meinem Vaterland treu zu bleiben. Erst während meines Studiums stieß ich später auf ein Bekenntnis des großen Max Weber, der beim Zusammenbruch von 1918 das zum Ausdruck brachte, was ich im Sommer 1945 fühlte: »Denn ich glaube an die Unverwüstlichkeit dieses Deutschland, und niemals habe ich es so sehr als ein Geschenk des Himmels empfunden, ein Deutscher zu sein, als in diesen düsteren Tagen seiner Schande.[40]

II. Teil Nachkriegszeit

1. Berlin bleibt doch Berlin

Vorbemerkung

Natürlich konzentriere ich mich auf die Erinnerungen aus meinem Soldatenleben. Das kann und darf nicht heißen, andere Begebenheiten völlig auszuschließen, schon gar nicht, die zehn Jahre von 1945 bis 1955 zu übergehen. Diese erste Dekade der Nachkriegszeit ist weder aus meinem Leben wegzudenken noch aus der deutschen Militärgeschichte. Vielmehr sind die Soldaten, die danach die Bundeswehr aufgebaut haben, durch diese Zeit entscheidend geprägt worden, so verschieden ihr Leben in diesen ersten Nachkriegsjahren auch verlaufen sein mag.

Heimkehr von Westen

Für ein Paar Wochen fand ich Unterschlupf bei meinen Verwandten in Schierke. Dort traf ich auf einen Offizier meines Regiments, der als Verwundeter dort im Lazarett lag, Oberleutnant Wolfgang Nauck. Ich war glücklich, mich mit einem Gleichgesinnten austauschen zu können. Nauck hat über dieses Zusammentreffen in seinen Erinnerungen berichtet.[41] Bald trennten sich unsere Wege, aber die Verbindung blieb erhalten — bis auf den heutigen Tag.

Als im Juli 1945 die Besatzungsmächte ihre zuvor vereinbarten Zonen einnahmen, fiel Schierke den Sowjets zu. Ich machte mich auf den weiten und nicht ganz ungefährlichen Weg nach Berlin. Denn in der sowjetischen Zone herrschte totale Rechtlosigkeit. Nicht nur Frauen aller Altersgruppen waren für die Rotarmisten Freiwild, auch als junger Mann mußte man gefaßt sein, von ihnen gegriffen und verschleppt zu werden. Über Magdeburg, Biederitz, Brandenburg arbeitete ich mich in Richtung Berlin vor, streckenweise zu Fuß, dann wieder ein Stück mit der Bahn. Leere und geplünderte Höfe säumten den Weg. Man sah kaum Menschen, allenfalls ganz alte Leute. Die jüngeren Leute hielten sich tagsüber versteckt. Aber man stieß fast überall auf Hilfsbereitschaft. Immer gab es ein Stück Brot, vielleicht auch einen Becher Milch. Ab und zu hatte auch jemand gebuttert und gab davon ab. So gelangte ich zunächst nach Kriele im Westhavelland, wo ich meine Mutter vermutete. Ihre alten Wirtsleute namens Wiese gehörten zu den wenigen Menschen, die noch im Dorf zurückgeblieben waren. Sie berichteten, meine Mutter sei geflohen, dann aber wohl nach Berlin zurückgekehrt. Wenigstens gewann ich nun Hoffnung, sie sei am Leben. Immer, wenn ich nach meiner Pensionierung mit der Bahn von Hamburg nach Berlin gefahren bin und dabei in diese märkische Landschaft blickte, kam in mir wieder der Schmerz hoch, den ich im Sommer 1945 verspürte, als ich durch dieses blutende Land hetzte.

Es war ein warmer, sonniger Juli-Sonntag, der 29. Juli 1945, als ich den Sprung nach Berlin wagte. Von Kriele aus passierte ich auf dem uralten, mit Holzgas angetriebenen LKW eines Gemüse-Händlers, versteckt unter Bergen von Gemüse, unentdeckt die sowjetischen Kontrollposten am Stadtrand Berlins. Über Spandau fuhren wir die Reichsstraße hoch zum Reichskanzler-Platz (jetzt: Theodor-Heuß-Platz). Mein erster, mich erleichternder Eindruck war: Berlin steht noch! Aber je näher wir dem Zoo kamen, um so grausamer zeigte sich das Bild der Zerstörungen. In der Kaiser-Friedrich-Straße erreichte der LKW sein Ziel. Ich griff nach meinem Rucksack und machte mich auf den Weg. Weit kam ich nicht, denn um 22.00 Uhr begann die Sperrstunde. Danach durfte man sich auf der Straße nicht mehr sehen lassen. So suchte ich in den Büschen des Steinplatzes Unterschlupf, vor der Technischen Universität und schlief dort einige Stunden, bis der Morgen graute. Als ich dann die Unterführung am Bahnhof Zoo passierte, standen dort noch sowjetische Posten – obwohl dieser Sektor inzwischen von den Briten übernommen war. Die Sowjets waren weiterhin für das Bahngelände zuständig. An diesen, ihnen törichterweise zugestandenen Rechten hielten sie verbissen fest und übertrugen sie später auf die DDR.

Natürlich war meine Mutter überglücklich, mich in die Arme zu schließen. Nun blieb ihr noch die drückende Sorge um meinen Vater, der in Kurland in sowjetische Gefangenschaft geraten war und von dem seither jede Spur fehlte. Ein halbes Jahr später erhielten wir auch von ihm ein Lebenszeichen aus Murmansk. Im Jahre darauf kehrte er, wenn auch körperlich und seelisch gebrochen, nach Berlin zurück.

Es ging ums Überleben

Die Wohnung meiner Eltern in Halensee war den letzten Kriegstagen zum Opfer gefallen, nichts von dem war uns geblieben. Meiner Mutter war in einem alten Berliner Haus in der Nollendorfstraße ein Zimmer zugewiesen worden, in das ich nun mit einzog. Wir hatten fast keine Möbel. Ein Onkel, der am Alexanderplatz wohnte, überließ uns zwei Luftschutzbetten, einen Tisch und zwei Stühle. Mit einem etwas größeren Handwagen zog ich die Ost-West-Achse entlang durch das Brandenburger Tor, um das kostbare Mobiliar abzuholen. An diese Fuhre dachte ich, als ich am 22. Dezember 1989 zur feierlichen Öffnung dieses Übergangs dort stand und als einer der ersten dieses Wahrzeichen der alten Reichshauptstadt passieren durfte.

Es war der amerikanische Sektor, wo meine Mutter und ich wohnten. Den Sowjetsektor betrat man in jener Zeit noch ziemlich unbefangen, wenn auch mit gebotener Vorsicht. Das Leben in Berlin pulsierte schon wieder. Auf einigen Linien verkehrten S- und U-Bahn, auch einige Straßenbahnen fuhren schon wieder, aber die meisten Wege mußte man zu Fuß zurücklegen. Bei den Scharen von Menschen, die da ständig unterwegs waren, fiel auf, wie wenige junge Männer sich darunter befanden. Der Alltag wurde vornehmlich um das Sorgen für Unterkunft und Verpflegung bestimmt; es ging ums Überleben. Als sich der Winter näherte, stand die Sorge um einen Mantel und um etwas Heizbares im Vordergrund. Der Tiergarten war abgeholzt, der restliche Grunewald wurde − zu Recht − streng bewacht, um ihn zu erhalten.
Jedes zweite Wochenende machte ich mich auf, um etwas zu »ham-

stern«. Mit einem der wenigen Züge, die damals verkehrten, fuhr ich vom Lehrter Bahnhof aus in Richtung Rathenow. Mal in einem Bremserhäuschen sitzend, mal auch auf dem Trittbrett. In Nennhausen stieg ich aus und wanderte durch die märkische Landschaft nach Kriele. Bei der Bauernfamilie, die meine Mutter kannte, konnte ich immer ein paar Pfund Kartoffeln, etwas Gemüse und mal auch ein Stück Butter bekommen. Dann begann der beschwerliche Rückweg, stets in der Gefahr, von Volkspolizisten gestellt und der mühsam erworbenen Lebensmittel beraubt zu werden. Aber ich bin immer durchgekommen.

Meine Mutter war – wie so viele Berliner Frauen in diesen Tagen – zur Arbeit als »Trümmerfrau« verpflichtet. Sie arbeitete auf dem Winterfeldtplatz. Jetzt konnte ich sie stunden- oder auch tageweise ablösen. Doch mußte ich mir schnell eine – für die Zuteilung von Lebensmittelkarten notwendig – anerkannte Arbeit suchen. Andernfalls erhielt man nur eine Karte der Stufe V, die zutreffend als »Hungerkarte« bezeichnet wurde. Das Leben drehte sich fast nur um das Existenzielle. Und doch streifte ich ab und zu durch die zerstörten Viertel der alten Reichshauptstadt, sei es, um nach Freunden und Bekannten zu forschen, sei es einfach, um zu erkunden, was noch stand. Das mir aus meiner Kindheit so vertraute Halensee gab es noch, wenn auch schwer mitgenommen. Das Haus, in dem meine Eltern bis Kriegsende wohnten, Georg-Wilhelm-Straße 2, war abgebrannt. Aber das rote Backsteingebäude meiner alten Schule in der Joachim-Friedrich-Straße hatte den Krieg unversehrt überstanden. Auch unsere evangelische Hochmeister-Kirche stand noch, umgeben von Ruinen.
In der Sigmaringer Straße entdeckte ich das zerstörte Haus, in dem früher ein Studienrat Jaedicke wohnte. Sein Sohn Wolfgang war mein Jungzugführer, ein feinsinniger, stets freundlicher Junge, gefallen im Januar 1942 bei Rschew. Auch seine beiden Brüder blieben im Kriege – Opfergang einer deutschen Familie.
Berlin war schwer angeschlagen, aber sein Herz schlug noch. Schon erwachte das Kunst- und Theaterleben wieder. Das lag sicher auch daran, daß viele Künstler in Berlin geblieben waren. Die Staatsoper gastierte im Admiralspalast, die Deutsche Oper im Theater des

Westens. Soweit ihre Behausungen zerstört waren, hatten die Bühnen irgendwo Zuflucht gefunden, zumeist in Schulen.

Das kulturelle Angebot war also beachtlich. Nur Karten bekam man schwer, und der Andrang danach war groß. Da gab es nur einen sicheren Weg zum Erfolg: sich am Sonntagmorgen anzustellen, wenn der Vorverkauf für die folgende Woche begann. Das bedingte, auf die einzige Gelegenheit zum Ausschlafen zu verzichten. Dennoch stand ich fast jeden Sonntagmorgen in der Reihe.

Wiedersehen mit Potsdam

Eines Tages im August machte ich mich früh auf den Weg nach Potsdam, um nach meinen Freund Wolfgang Klaunig zu suchen, mit dem ich 1940 meine Dienstzeit in Dresden begonnen hatte. Bis Wannsee verkehrte die S-Bahn, von dort lief ich über die Glienicker Brücke immer geradeaus nach Potsdam hinein. Beim Anblick dieser zerstörten, mit roten Fahnen der Besatzer übersäten Stadt krampfte sich mir das Herz zusammen. Denn unsinnigerweise war sie ja noch Mitte April durch einen Terrorangriff in Schutt und Asche gelegt worden. Daß die Garnisonkirche noch stand, wenn auch ausgebrannt, erschien mir als ein Zeichen der Hoffnung. Wie strahlend hatte ich diese preußische Residenz noch vor wenigen Monaten erlebt. Potsdam – das war für mich mehr als eine der Reichshauptstadt vorgelagerte idyllische preußische Residenz. Als Kind war ich oft genug mit der S-Bahn dorthin gefahren, sei es mal sonntags mit den Eltern, oder aber bei Schulausflügen. Recht schnell gewann ich eine innere Beziehung zu den historischen Stätten, hatten mich doch Eltern und Lehrer frühzeitig an die preußische Geschichte herangeführt. Schon als Zehnjähriger las ich historische Literatur, die eigentlich für Erwachsene bestimmt war. Als ich dann vierzehnjährig in die Wehrmacht eintrat, kannte ich mich zumindest in der preußischen Geschichte gut aus. Auch fühlte ich mich dem Preußentum zutiefst verbunden. Daran hat sich bis heute nichts geändert. Keineswegs ist mir dadurch der Blick für die Vorzüge und Besonderheiten der anderen deutschen Stämme verstellt worden. Im Gegenteil! Meine Begegnungen mit Sachsen, Württembergern, Hessen und Schleswig-Holsteinern möchte ich nicht missen. Eines allerdings wurde mir zuwider: westdeutsche Rheinbund-Mentalität, die bei der hitzigen Diskussion um die Hauptstadtfrage im Frühjahr 1990 fröhliche Urständ feierte.

In Potsdam traf ich die Eltern meines Freundes in ihrem unversehrten Haus an. Von ihnen erfuhr ich, daß Wolfgang Klaunig den Krieg überlebt hatte, wenn auch schwer verwundet, nun in einem süddeutschen Lazarett liegend. Erst 1947 kehrte er nach Potsdam zurück. Unsere 1940 begründete Freundschaft wurde neu geknüpft und hat bis auf den heutigen Tag gehalten. Ich sah Potsdam dann erst am 16. April 1991 wieder. Da war ich anläßlich der Übergabe des Heeres-Kommandos Ost an Generalmajor von Scheven zu Gast in der Wildpark-Kaserne. Ihn kannte ich seit zwanzig Jahren. Während des Skandals, als er die Panzerbrigade 15 in Koblenz kommandierte, ist er mutig für mich eingetreten. Ich habe mich gefreut, daß gerade ihm die ehrenvolle Aufgabe zuteil wurde, erster Kommandierender General der Bundeswehr in Potsdam zu sein.

Vorboten des Kalten Krieges

Tief hat sich in meine Erinnerung eingeprägt, daß in diesen Wochen auch in West-Berlin noch überall Plakate aus der Zeit der Sowjetbesatzung mit der Aufschrift hingen:« Die Hitler kommen und gehen, das deutsche Volk aber, der deutsche Staat bleibt!» Diese berühmt gewordene Parole Stalins aus seinem Tagesbefehl an die Rote Armee von 1942 hat mich nachdenklich gestimmt. Sollte es für uns eine Chance der Zusammenarbeit mit den Sowjets geben, zumal die Amerikaner noch vom Morgenthau-Plan befangen waren – und die Franzosen, von Rachsucht beherrscht, in ihrer Zone ein schreckliches Regiment führten? Dagegen standen die Grausamkeiten der Roten Armee bei ihrem Einmarsch in Deutschland, vor allem aber die Willkür, mit der sie – für uns offenkundig – in den Randgebieten Berlins und in ihrer Zone herrschten.

Die Potsdamer Konferenz gab uns eine erste hoffnungsvolle Perspektive; so armselig sie aus heutiger Sicht auch erscheinen mag. Setzte dieses Abkommen doch für die Deutschen einen durchschnittlichen Lebensstandard zum Ziel, der unter dem der Sowjetunion liegen sollte. Wichtiger war für uns: Deutschland sollte eins bleiben! – Zumindest für einen Berliner war das auch gar nicht anders denkbar.

So sehr der Alltag von Sorgen um das Überleben jedes einzelnen bestimmt war, die große Politik war immer präsent. Der Rundfunk sendete, die Zeitungen erschienen. Waren anfangs alle Medien kommunistisch ausgerichtet, so setzte sich in den Westsektoren recht bald eine freie Presse durch: Telegraf, Kurier, Tagessspiegel. Nur erschienen diese Zeitungen in einer recht begrenzten Auflage, die der Nachfrage bei weitem nicht gerecht wurde; also mußte man auch nach Zeitungen anstehen. Doch der Hunger nach Informationen war groß. Über uns schwebte ständig die Frage: Was wird aus Berlin? Werden die Westmächte bleiben? Gerüchte über ihren bevorstehenden Abzug bestimmten diese erste Nachkriegszeit bis zur Blockade.

Unmittelbar nach der Potsdamer Konferenz erschütterte uns die Meldung vom Abwurf der ersten Atombombe über Hiroshima. Unsere Reaktion war eine zweifache. Wir dankten Gott, daß uns dieses Schicksal erspart geblieben war. Aber wir erkannten auch die Skrupellosigkeit amerikanischer Kriegführung, die vor dem Einsatz solcher Mittel nicht einmal dann zurückschreckte, wenn ihnen der Sieg ohnehin sicher war. Später habe ich in dieser unseligen Entscheidung auch einen Vorteil gesehen: Die grausamen Erfahrungen dieses ersten Einsatzes einer Atombombe haben uns vielleicht davor bewahrt, mit dem Korea-Krieg in einen dritten Weltkrieg hineinzuschlittern, der mit Sicherheit ein atomarer gewesen wäre und mit großer Wahrscheinlichkeit den Untergang Deutschlands bewirkt hätte.

An meinem Geburtstag 1946: Freie Wahlen in Berlin

Bis in das Jahr 1946 hinein hatte Berlin noch einen einheitlichen Magistrat. Zwar stand dem ein parteiloser Oberbürgermeister vor – Dr. Werner –, aber die Kommunisten hatten alle Schlüsselpositionen besetzt, darunter das Bildungswesen. Auch in den Bezirksverwaltungen der Westsektoren waren sie noch präsent, wenn auch ihr

Einfluß schrittweise zurückgedrängt wurde. Erst mit den Auseinandersetzungen um den von den Kommunisten erzwungenen Zusammenschluß von KPD und SPD formierte sich in den westlichen Sektoren eine Front gegen die Bolschewisierung, angeführt durch die ihre Selbständigkeit behauptende Berliner SPD. Die für den Herbst 1946 angekündigten freien Wahlen warfen ihre Schatten voraus.

Das war schon ein eigenartiger Wahlkampf, der da im Sommer 1946 vor unseren Augen ablief. Eine Fülle von Gerüchten beherrschten die Stadt: Die Sowjets würden im Falle einer Niederlage ihrer SED grausam Rache nehmen, die Westmächte könnten sich ohnehin nicht in Berlin halten. Im Sowjetsektor gab es Sonderzuteilungen, vornehmlich an Schnaps, um Stimmung bei der Bevölkerung zu machen. Dann kam der Wahltag, Sonntag, der 20. Oktober 1946. Ich wurde an diesem Tag 21 Jahre alt – und war somit der jüngste Wähler. Aber davon nahm in dieser Zeit kein Mensch Notiz. Als ich zur Wahl ging, blieb mein Vater draußen stehen; denn als ehemaliges Mitglied der NSDAP war ihm das Wahlrecht entzogen worden. Ich wählte, wie so viele Berliner, die SPD. Galt sie doch als die Partei, die am entschiedensten Front gegen den Bolschewismus machte.

Die Wahl wurde von interalliierten Kommissionen kontrolliert. Auch Kurt Schumacher befand sich an diesem Tag in Berlin, um sich vom ordnungsgemäßen Verlauf der Wahl zu überzeugen. Ich sah ihn am Alex. Er verkörperte für mich – wie für viele Deutsche in jenen Tagen – die Hoffnung auf eine eigenständige deutsche Politik. Auch in den folgenden Jahren beugte er sich nicht vor den Königsthronen der alliierten Statthalter. Anders als Ernst Reuter und Willy Brandt folgte er nicht widerspruchslos dem Westkurs der Bonner Politik. Einer Zusammenarbeit mit den Sowjets hat diesen Mann wohl keiner je verdächtigt.

Als sich gegen Mitternacht des 20. Oktober 1946 das Wahlergebnis abzeichnete – in Berlin ging das auch damals, auch ohne Hochrechnungen, schon recht schnell – da war ein überwältigender Sieg der SPD gewiß. Wir jubelten. Aber wir hatten wohl verkannt, welch tiefen Schock diese Enttäuschung bei den Sowjets hinterlassen mußte. Sie gaben nicht auf, sie zogen die Daumenschrauben enger. Noch lag das

Stadtparlament im Roten Rathaus im Sowjetsektor – bis am 1. Dezember 1948 die Spaltung Berlins administrativ besiegelt wurde und sich im Schöneberger Rathaus ein neuer Magistrat etablierte, dessen Zuständigkeit auf die Westsektoren beschränkt blieb. Mit innerer Anteilnahme habe ich verfolgt, wie der Berliner Senat im September 1991 wieder in das Rote Rathaus umzog.

Zwar lag schon im Frühjahr 1946 das Schlimmste hinter uns, aber noch herrschten Hunger und die Sorge um Wohnung und Bekleidung. Der ungewöhnlich kalte Winter 1946/47 forderte seine Opfer; nicht wenige Menschen starben an Erfrierungen. Denn zu heizen gab es kaum etwas. In sogenannten »Wärmestuben« suchten diejenigen Zuflucht, deren Wohnungen oder Behausungen nach der Temperatur eher Kühlschränken glichen.

Wieder auf der Schulbank

Für mich stellte sich nun die Frage nach meiner beruflichen Zukunft. Gab es für einen gelernten Soldaten überhaupt noch eine Perspektive? Mich berührte, daß selbst Eisenhower in diesen Tagen erklärte, mit dem Soldatsein habe es ein Ende. Dagegen war ich fest davon überzeugt, daß man uns wieder brauchen würde. Das mag viele Leser befremden. Doch war es nicht etwa so, daß ich von kriegerischem Ruhm träumte. Nein, in dieser Zeit, wo alle sich absagten, fühlte ich mich berufen, die große Tradition deutschen Soldatentums weiterzutragen. Wie, das wußte ich noch nicht. Ich schätzte, es würde künftig eine kleine Berufsarmee geben ähnlich der Reichswehr. Jedoch war mir klar, daß es bis dahin noch Jahre dauern würde, die ich erst einmal zu überbrücken hatte. Also wollte ich diese Zeit nutzen und etwas für meine Bildung tun. Mit dem Reiferwerden in den letzten Jahren war mir zunehmend bewußt geworden, was mir alles fehlte. Diese Erkenntnis hatte sich zu einem regelrechten Bildungshunger gesteigert. Zunächst wollte ich mein Abitur machen. Das war leichter gesagt als getan. Ich konnte nicht einfach eine Schule besuchen, obwohl das mit meinen damals zwanzig Jahren durchaus nicht ungewöhnlich gewesen wäre. Denn wer sollte in dieser Schulzeit für mich sorgen? Meiner ohnehin gesundheitlich schwer angeschlagenen Mutter konnte ich das nicht zumuten. Für meinen Unterhalt mußte ich selbst aufkommen. Ich fand eine Stelle als Bauhilfsarbeiter bei einer kleinen Baufirma — E.M. Freisel in Dahlem. Da hatte ich nicht nur Handlangerdienste zu leisten, sondern konnte bei einem alten Polier das Maurerhandwerk lernen — ohne Lehrling zu sein. Anfangs brachte das 72 Pfennige die Stunde, nach ein paar Wochen wurde mein Lohn auf 96 Pfennige erhöht. Acht Stunden betrug der Arbeitstag; dazu kamen noch zwei Stunden für den Hin- und Rückweg.

Wenn ich gegen 16.00 Uhr mit der Maurerarbeit fertig war, dann begann der andere Teil meines Lebens, der für mich wichtigere: Ich ging zu einer der zahlreichen Abendschulen, die es damals in Berlin gab, um ältere Schüler oder Berufstätige auf das Abitur vorzubereiten. Die Schule hieß nach ihrem Leiter Dr. Krabbe. Sie war ein kleines Unternehmen. Die etwa 60 Schüler teilten sich in drei Klassen, meine sollte in anderthalb Jahren das Ziel erreichen. Fünf Lehrer, alles hervorragende Lehrkräfte, bereiteten uns in vier Stunden pro Abend — außer mittwochs, aber auch sonnabends — darauf vor. Den Unterricht hielt man in den Räumen einer öffentlichen Schule in der Weimarer Straße. Der Kursus begann am 1. Oktober 1945. Nie zuvor und nie danach in meinem Leben bin ich so gefordert worden. Ausgehungert und verfroren, von der Maurerarbeit stark verschmutzt, so eilte ich jeden Abend in die Schule. Aber ich klagte nicht. Denn ich brauchte nur an meine in sowjetischer Gefangenschaft schmachtenden Kameraden zu denken — und das tat ich fast immer —, um zu ermessen, welch unverdientes Glück mir beschert war.
So konzentrierte ich mich auf die Arbeit. Was mußte ich nicht alles nachholen, um überhaupt mithalten zu können. Alle meine Mitschüler hatten zumindest die Obersekunda abgeschlossen, ich dagegen nur eine Heeresfachschule, Sprachkenntnisse fehlten mir völlig. Am leichtesten fiel mir noch die Mathematik, denn dafür hatte ich eine Begabung. Doch am stärksten motiviert hat mich mein Englischlehrer, Dr. Willy Meyer-Honrath, der uns über sein Fachgebiet hinaus geistiger Betreuer wurde.
Wenn dann gegen 21.00 Uhr der Unterricht endete, lief ich mit Werner

Dobrinsky, einem Mitschüler, zum U-Bahnhof Schmargendorf. Von dort fuhren wir gemeinsam bis zum Wittenbergplatz, zumeist heftig diskutierend. Dobrinsky hat sich später zu dem entwickelt, was man einen Nationalbolschewisten nennen könnte. Sein großes Vorbild wurde Ernst Niekisch. Bei aller Verschiedenheit unserer Standpunkte hat sich zwischen uns eine freundschaftliche Verbundenheit entwickelt. Zehn Jahre später verloren wir uns aus den Augen.

Die wenigen Freundschaften, die ich in meinem Leben geschlossen habe, sind fast alle in dieser Zeit begründet. Dazu gehört auch die mit Gerhart Herbst. Er war ein Jahr älter als ich und als Kavallerieleutnant aus dem Kriege zurückgekehrt. Er war der Typ eines Aristokraten vom Scheitel bis zur Sohle, dazu ein Philosoph und Lebenskünstler. Die Herzen der Mädchen flogen ihm nur so zu − er verstand es, sie alle hinzuhalten. Und doch blieb er dann bei einer hängen. Damals beeindruckte er uns durch die beneidenswerte Lebenseinstellung, sich überhaupt nicht um das Morgen zu sorgen. Als ich ihn Anfang der 50er Jahre in Hamburg aufsuchte, wohin er von Berlin abgewandert war, sagte er mir: Ich stehe morgens auf, gehe auf die Straße und lasse alles andere auf mich zukommen. So etwas hätte ich nie fertiggebracht, sondern stets erst einen Plan gemacht. Um 1960 herum kappte die Verbindung zwischen uns. Als er 1984 meinen Namen in den Schlagzeilen entdeckte, telegrafierte er: Auf mich kannst Du zählen! Als einen wohlsituierten Syndicus und glücklichen Großvater traf ich ihn dann wieder.
Wenn ich damals gegen 10.00 Uhr abends endlich nach Hause kam, so hatte meine Mutter das Essen bereit. Wie sie bei dieser Knappheit immer wieder etwas auf den Tisch zauberte, und dazu so schmackhaftes, das ist mir heute noch ein Rätsel. Nach dem Essen ging ich an meine Schularbeiten. Da mußte sie mahnen, mit dem Strom zu sparen. Wehe dem, der davon zu viel verbraucht hatte! Dem wurde der Anschluß gesperrt.
Die Schlafenszeit auf meinem Luftschutzbett war bemessen. Um 5.00 Uhr früh mußte ich aufstehen. Nach einem kärglichen Frühstück, aber doch wenigstens heißem Malzkaffee und zwei Scheiben Brot, machte ich mich auf den Weg zur U-Bahn. Auf der Fahrt lernte ich für die

Abendschule. Aber auch während der Arbeit nutzte ich jede Gelegenheit, um Vokabeln vor mir her aufzusagen. Fünf Scheiben Brot steckte meine Mutter mir morgens in den Rucksack (das war ein ganz einfacher Sack, an den ich provisorische Tragegurte befestigt hatte); natürlich hatte sie dafür ihre eigene Ration beschnitten. An manchen Tagen gab sie mir in einem Marmeladenglas etwas Kartoffelsalat mit. Da konnte ich die Mittagspause kaum erwarten. Mit meinem Polier saß ich dann in irgendeinem demolierten Haus, das wir gerade wieder herrichteten. Zumeist hatten wir Decken zu putzen. Das lernte ich sehr schnell − und der Polier meinte, aus mir könne doch noch etwas werden, wenn ich nur im Maurerberuf bliebe, der habe eine Zukunft, nicht das unsinnige Soldatspielen. Aber er vermochte mich nicht zu überzeugen!

Ich hielt durch und meldete mich − welch tollkühnes Unterfangen! − zu der für Frühjahr 1947 anberaumten Reifeprüfung als Externer. Das hieß: Das Schulamt teilte uns einer normalen Schulklasse zu, mit der wir zunächst die schriftlichen Prüfungsarbeiten zu absolvieren hatten. Im Gegensatz zu uns hatten deren Kandidaten eine gewisse Ahnung von den zu erwartenden Aufgaben. Aber ich konnte mithalten und wurde zur mündlichen Prüfung zugelassen. Am 25. März war es so weit. Den Vorsitz in der Prüfungskommission führte ein Vertreter des damals noch gesamt-berliner Magistrats.
Dessen Schulpolitik war kommunistisch ausgerichtet. Externe als Abiturienten paßten nicht in dieses Konzept; solche Außenseiter wollte man in die Arbeiter- und Bauernfakultäten drängen, um sie politisch gefügig zu machen. Diese Erklärung der Situation allein soll das mäßige Ergebnis meiner Reifeprüfung nicht entschuldigen. Als Externer anzutreten, und noch dazu mit einer so unzureichenden Vorbildung wie ich, war ohnehin mehr als ein Wagnis. Doch ich hatte mehr Glück als Verstand. Die schwerste Hürde in meinem Leben, das mich immer wieder in Prüfungssituationen stellte, war genommen. Dabei kam mir zugute, daß ich in dem Hauptfach Deutsch auf einem Gebiet geprüft wurde, mit dem ich mich gründlich befaßt hatte, mit Gerhart Hauptmann und seinem Werk. Aber erst nach dieser Prüfung bin ich immer mehr zu einem Anhänger dieses großen deutschen

Dichters geworden und habe keine Aufführung seiner Werke versäumt – so weit mir das möglich war. Um so mehr bedauere ich es, daß es kaum noch möglich sein wird, seine auf die schlesische Mundart abgestellten Stücke in jener Urform aufzuführen.

Erstes Nachdenken über die jüngste Vergangenheit: War alles falsch?

Not und Elend um uns herum – und keine Zukunftsperspektive. Schon deshalb war das Gespräch im Freundeskreis von der Frage bestimmt: Sind wir bis 1945 hinter der falschen Fahne hermarschiert? So einfach wie das heute dargestellt wird, haben wir uns das nicht gemacht. Möglicherweise wird mancher daraus folgern, wir seien eben derart verblendet gewesen, daß wir uns immer noch nicht von der unseligen Vergangenheit lossagen wollten. Zwar leugnete niemand von uns, daß er dem NS-System vertraut hatte. Keiner sparte mit dem Vorwurf, daß dieses Regime unser Vertrauen mißbraucht hatte. Doch gab es aus unserer Sicht wenig Zweifel, daß Hitler 1933 den Karren aus dem Dreck gezogen hatte, der Nation wieder Selbstbewußtsein und Ansehen verschafft, aber dieses auch wieder verspielt hatte. Auch hielten wir ihm zugute, daß er das Soziale wie nie zuvor gefördert und dem Volk ein Gemeinschaftsbewußtsein vermittelt hatte. In der Beurteilung des Nationalsozialismus fehlten uns sicher zweierlei: einmal das rechte Verständnis für die Bedeutung von Freiheit, zum anderen fundierte Kenntnisse über die politischen Geschehnisse in der zurückliegenden Zeit. Aber die fehlten nicht nur uns damals Zwanzigjährigen, sondern den meisten Deutschen. Was die großen Zusammenhänge betraf, so habe ich sie später nirgendwo so kurz und klar zusammengefaßt nachgelesen wie in der kleinen Abhandlung des großen Historikers Friedrich Meinecke in seiner Schrift »Über die deutsche Katastrophe«. Daraus hat mich vor allem der Satz beeindruckt, »daß alle Geschichte zugleich Tragödie ist. Das Wesen des Tragischen besteht eben voran in der unauslöslichen Verkettung des Göttlichen mit dem Dämonischen im Menschen.«[42]

Viel direkter als irgendwo in Deutschland standen wir Berliner vor der

Entscheidung zwischen Ost und West. Waren für die Berliner auch schon im Sommer 1945 die westlichen Truppen mehr Befreier (von der sowjetischen Herrschaft) als Besatzer, so einfach fiel uns die Entscheidung für den Westen auch wieder nicht. Standen uns die Ergebnisse des angloamerikanischen Luftterrors gerade hier in dieser Stadt so deutlich vor unseren Augen, daß wir auch Amerikanern und Briten keine uneingeschränkte Sympathie entgegenbringen konnten.

Erst mit den aufkommenden Ost-West-Spannungen und der demonstrativen Behauptung der USA in Berlin wandten sich unsere Sympathien den Amerikanern zu. Um so mehr verachteten wir die deutschen Wendehälse – war auch dieser Begriff damals noch nicht geläufig. Als Berliner kannte ich selbst nur zu viele, die noch 1944 nicht laut genug »Heil Hitler« schreien konnten und mir als jungem Mann Ermahnungen erteilten, für die Zukunft eines NS-Deutschlands zu kämpfen. Nun gaben sie sich als während der NS-Zeit unterdrückte Demokraten aus und verspotteten uns als verblendete Hitlerjungen. Was habe ich für Beschimpfungen über mich ergehen lassen müssen, wenn ich in meiner feldgrauen aller Abzeichen entledigten Uniform herumlief. Dabei hatte ich gar nichts anderes anzuziehen. Doch ich gestehe: Ich trug das Feldgrau immer noch mit Stolz.

Was meine persönliche Entwicklung in der Suche nach einem politischen Standort betraf, so kann ich guten Gewissens sagen: Bei mir gab es nach 1945 keine Wende um 180 Grad! Eher schon war ich von einer gewissen Trotzreaktion bestimmt. Dennoch konnte ich mich zunehmender Einsichten nicht verschließen. Es wäre unredlich zu verschweigen, daß auch das Allzumenschliche dabei ins Gewicht fiel. Bei mir war es die Begegnung mit einem Mädchen, das Halbjüdin war. Aus einer Hugenottenfamilie stammend, hatte sie in der NS-Zeit das schwere Schicksal des Hin- und Hergerissenseins zwischen der jüdischen Mutter und der mehr deutsch-national eingestellten Verwandtschaft väterlicherseits erfahren. Mit 16 Jahren mußte sie die Oberschule verlassen und in Berlin die Straßen kehren. Ein Vetter, in den sie verliebt war, kämpfte als Oberleutnant an der Ostfront. Seinetwegen wünschte sie den deutschen Sieg, aber aufgrund ihres persönlichen Schicksals die Niederlage des NS-Regimes. So wurde mir in krasser Weise ein Aspekt des NS-Unrechtsstaates bewußt, den ich bis dahin nicht erkannte oder nicht sehen wollte. Als wir uns nach einigen Jahren in aller Freundschaft trennten, war dafür allein unsere ganz unterschiedliche Lebenseinstellung maßgebend, nicht etwa ein politischer Dissens. Mehr und mehr trat sie in die Fußtapfen ihrer künstlerisch bestimmten Mutter, der Tochter eines bekannten Berliner Malers. Ich dagegen wollte wieder Soldat werden, wofür sie nun gar kein Verständnis hatte.

Die Berliner Blockade

Es lag schon in der Luft: So konnte es in Berlin nicht weitergehen! Trotz gleicher wirtschaftlicher Not − es fehlte an allem: an Wohnungen, an Lebensmitteln, an Kleidung − entstand ein zunehmendes Gefälle in der Lebensqualität zwischen West-Berlin und seiner Umgebung. Letztlich wurde dieser Qualitätsunterschied aber durch das wachsende Gefühl der Freiheit in den Westsektoren bestimmt. Das löste auch manche Initiative aus, die zur Verbesserung der kargen materiellen Lebensbedingungen beitrug. Die Menschen drängten nach West-Berlin, wenn sie nur eine Unterkunft fanden. Aber der Zuzug war im allgemeinen von einem Wohnungstausch abhängig. War überhaupt jemand bereit, nach dem Osten zu übersiedeln? Ja, da gab es wenige Fälle der Familienzusammenführung, Erbschaftsfälle, wohl kaum einen Gesinnungswandel. Meine Cousine, Gisela Vespermann, gehörte zu den Glücklichen, die einen Tauschpartner fanden; sie zog aus dem Ostsektor zu uns herüber. In den letzten Tagen der Schlacht um Berlin hatte sie als Sekretärin im Reichsluftfahrtministerium gearbeitet, war im dortigen Bunker am 21. April getraut worden und hatte dann mit ihrem Mann den Ausbruch durch die U-Bahn-Schächte versucht. Am U-Bahnhof Seestraße waren sie von den Sowjets aufgegriffen und auf dem dortigen Friedhof zur Erschießung aufgereiht worden. Schließlich trieb man sie doch weiter in eine ungewisse Gefangenschaft. Meine Cousine kehrte bald zurück, ihr Mann erst viele Jahre später.

Anfang 1948 zeichnet sich der Bruch zwischen den vier Siegermächten zusehends ab. Der Auszug des sowjetischen Militärgouverneurs, Marschall Sokolowski, aus dem Alliierten Kontrollrat am 20. März löste die Krise aus. Ich war in diesen Tagen erstmals nach Westdeutschland gereist. Mit Glück und Geschick hatte ich mir eine Travel Order verschafft, mit der ich einen Platz in dem täglich nach Hannover verkehrenden Autobus erlangte. Am 18. März fuhr ich los, es war ein Donnerstag; in Berlin und in der Ostzone ein Feiertag — wegen der 100jährigen Wiederkehr der März-Revolution von 1848. Das hinderte die an der Zonengrenze vor Helmstedt postierte kommunistische Grenzpolizei nicht, uns in schikanöser Weise zu filzen. Aber da gab es wohl nichts zu finden! Nach etwa zwölfstündiger Fahrt erreichte der Bus Hannover. Für die Nacht fand ich einen Unterschlupf im Bunker unter dem Hauptbahnhof.

Am nächsten Morgen ging die Fahrt mit der Bahn weiter. Erst nach Bad Salzuflen, wo sich die Zentrale der britischen YMCA befand, die mich zu ihrer Filiale nach Iserlohn weiterschickte. Dort sollte ich eine Anstellung finden. Aber dieses kleine Städtchen schien mir im Vergleich zu Berlin so kläglich und abgeschieden, daß ich lieber in Berlin blieb — mit allen Risiken. Diese Entscheidung war objektiv betrachtet sicher unvernünftig. Aber sie mag ein Beispiel dafür sein, wie persönliche Bindungen — ob nun an Menschen, Heimat oder an Gewohnheiten — stärker sein können als die Angst vor damit verbundenen Gefahren. Immer mehr zeichnete sich die bevorstehende Währungsreform in Westdeutschland ab. Uns Berlinern war klar, daß wir damit in eine schwierige politische Lage geraten mußten. Ende Juni verkündeten dann die Sowjets, daß die Zufahrtswege von und nach dem Westen aus »technischen Gründen« gesperrt würden. In West-Berlin breitete sich eine nur schwer zu beschreibende Krisenstimmung aus. Wir ahnten, daß unser Schicksal am seidenen Faden hing. Würden die Westmächte Berlin aufgeben? Sollte es gar zum Kriege kommen? Unterschwellig herrschte wohl die Meinung vor, Ost und West würden schließlich einen faulen Kompromiß finden und wir dann doch der sowjetischen Herrschaft ausgeliefert sein. Inzwischen wissen wir, daß Briten und Franzosen sehr wohl dazu neigten. Letztlich ist es wohl dem amerikanischen Militärgouverneur, General Lucius D. Clay, zu verdanken, daß Berlin nicht preisgegeben wurde.

Wir Berliner saßen in der Falle, und wir bekamen es zu spüren. Zu

kaufen gab es ohnehin nichts – abgesehen von den zugeteilten Lebensmittelrationen. In die ländliche Umgebung Berlins konnte man wegen der scharfen Kontrollen kaum noch gelangen. Nur noch wenige Stunden am Tage gab es Strom. Um die Bevölkerung mit neuesten Nachrichten zu versorgen, fuhren mobile Sendewagen des RIAS durch die Stadt, die – wo immer sie hielten und sendeten – von Menschen umlagert waren. Die Berliner setzten auf die Amerikaner und deren Luftbrücke. Die ersten »Rosinenbomber« – wie die Versorgungsflugzeuge liebvoll genannt wurden – brummten über unseren Köpfen. Anfangs landeten sie nur in Tempelhof und Gatow, dann auch auf dem neu erbauten Flugplatz Tegel. Wer kann heute noch diesen Stimmungswandel der Berliner begreifen, die vier Jahre zuvor noch von den Terrorangriffen der amerikanischen Luftwaffe heimgesucht wurden, die Tod und Zerstörung über die alte Reichshauptstadt brachten? Nun wurden uns die damaligen Bomber-Piloten zu Rettern. Darauf gründete sich eine deutsch-amerikanische Verbundenheit, die trotz vielfacher Belastungen bis zum heutigen Tage andauert. Wer diese Stimmung in Berlin zur Zeit der Blockade erlebt hat, der konnte den anti-amerikanischen Demonstrationen Ende der 60er Jahre nur fassungslos gegenüberstehen. Waren es doch ausgerechnet Westberliner Studenten, die sich nun anti-amerikanisch gaben. Hatten sie nie davon gehört, daß es die Amerikaner waren, die die Gründung der Freien Universität in West-Berlin ermöglicht hatten und damit in düsteren Tagen Berlins der akademischen Freiheit den Weg bahnten?
Wohl kaum jemand fühlte sich damals durch den Tag und Nacht währenden Fluglärm gestört. Ganz im Gegenteil, der wirkte eher beruhigend. Denn solange die Flugzeuge brummten, fühlten sich die Berliner versorgt und sicher. Setzte aber bei Nebel der Flugverkehr aus, dann breitete sich eine gefährliche Stille über diese Stadt aus, die jedermann mit Unbehagen erfüllte. Wie lange konnten wir noch aushalten? So ging stets ein Aufatmen durch Berlin, wenn die Maschinen wieder flogen.

Der Winter wurde hart. Nur wenige Stunden gab es Strom, häufig zur Nachtzeit. Es fehlte vor allem an Heizmaterial, obwohl selbst Kohlen nach Berlin eingeflogen wurden. Aber die reichten allenfalls für wenige Bedarfsträger. Schließlich ging auch das Wirtschaftsleben trotz Blockade weiter. Die Fabriken arbeiteten, und deren Produkte wurden mit den nach Westen zurückfliegenden Maschinen exportiert.

Zu hungern brauchten wir nicht. Sicher waren die Zuteilungen kärglich, aber es reichte zum Leben. Doch gab es nur Trockenverpflegung: Trockengemüse, Büchsenfleisch, Eipulver. Nur zweimal während der Blockade bekamen wir frisches Fleisch, zu Weihnachten und zu Ostern; natürlich nur wenig und das streng zugeteilt.

Auch in den Ostsektor konnte man nach wie vor ungehindert fahren. Da gab es zwar ohnehin nichts zu kaufen. Wenn man jedoch Bekannte hatte, so ließ sich gelegentlich etwas tauschen: Trocken-Eipulver gegen frisches Fleisch.

Schließlich boten die Ost-Berliner Behörden den West-Berlinern an, sich im Ostsektor, den sie gar zum »Demokratischen Sektor« umtauften, zum Bezug von Lebensmittelkarten eintragen zu lassen. Auf diese Weise hätte man der leidigen Trockenverpflegung entgehen können. Nur ganz wenige machten davon Gebrauch. Damals gab es noch so etwas wie Solidarität, die heute allein in Sonntagsreden beschworen wird. Die Berliner der Blockadezeit haben sich nicht mit Worten begnügt, sie haben den Verlockungen der Sowjets und ihrer deutschen Genossen widerstanden.

In jener Zeit gab es in West-Berlin zwei Währungen: Ost- und Westmark. Löhne und Gehälter wurden zumeist teilweise in Ost-, teilweise in West-Mark bezahlt. Für Mieten und Tarife galten Ost-Mark. Begehrte Waren erlangte man ohnehin nur für Westgeld. Diese Phase der Doppelwährung dauerte jedoch nur wenige Monate.

Am 1. Dezember 1948 wurde die Berliner Verwaltung auch formal getrennt. Im Rathaus Schöneberg etablierte sich der Magistrat für die Westsektoren. Der frei gewählte, aber von den Sowjets nicht anerkannte Oberbürgermeister Ernst Reuter übernahm nun die Verantwortung für die Geschicke der Stadt. Wohl selten hat ein deutscher Politiker der Nachkriegszeit so viel Zustimmung gefunden wie dieser unermüdliche Streiter für die Freiheit Berlins. Seinen wohl größten Triumph erfuhr Reuter mit der Massenkundgebung der Berliner vor dem Reichstagsgebäude am 9. September 1948. Damals stand das Schicksal Berlins auf dem Spiel: würden die Amerikaner durchhalten

oder Berlin aufgeben? Ernst Reuter appellierte: »Ihr Völker der Welt
— Schaut auf diese Stadt!« Das wird noch heute oft und gern zitiert.
Aber man unterschlägt, was er in derselben Rede auch noch gesagt hat,
nämlich: »Wenn dieser Tag zu uns kommen wird, der Tag des Sieges,
der Tag der Freiheit . . . dann werden unsere Züge wieder fahren;
nicht nur nach Helmstedt, . . . sie werden fahren nach Breslau und
Stettin«.[43]

Und ich war dabei! Nicht nur am 9. September 1948, auch am 3.
Oktober 1990, dem Tag der deutschen Einheit. Nun wehten zwar die
Fahnen der fünf neuen Bundesländer vor dem Reichstag, nicht aber
die der ostdeutschen Länder; denn die hatten wir — entgegen allen
Treueschwüren — preisgegeben. Zwar habe ich niemals zu hoffen
gewagt, wir würden die Grenzen von 1937 wiedergewinnen — wie
unsere Politiker es uns doch Jahrzehnte hindurch verheißen hatten.
Um so mehr habe ich eine Kompromißlösung erwartet, etwa der
Grenze an der Oder. Aber wir haben nicht einmal die Rückgabe des
uns widerrechtlich entrissenen Stettin erwirkt, auch nicht die Zusam-
menführung der geteilten Städte Görlitz und Frankfurt an der Oder.
Schlimmer noch: Wir haben es nicht einmal versucht! Auch die Polen
wären gut beraten gewesen, zumindest durch eine Geste den Weg zu
der von beiden Völkern gewollten Versöhnung zu ebnen.
Um die Jahreswende 1948/49 obsiegte unter den Berlinern die Zuversicht; denn die Luftbrücke funktionierte. Das schien die Sowjets und
ihre deutschen Statthalter zur Einsicht zu bringen, daß sie Berlin auf
diese Weise nicht in die Knie zwingen konnten. Erst waren es nur
Gerüchte; dann fanden sie Bestätigung: Die Verhandlungen zwischen
den Siegermächten zur Aufhebung der Blockade waren in vollem
Gange. Am 12. Mai 1949 wurden die Schranken geöffnet. Der Verkehr
auf dem Landwege rollte wieder. Die Stromsperre wurde aufgehoben:
Berlin strahlte im (wenn auch noch nicht vollen) Lichterglanz. Dieser
Glanz überschattete für einen Augenblick die inzwischen verfestigte
deutsche Teilung: Am 8. Mai hatte der Parlamentarische Rat in Bonn
das Grundgesetz verabschiedet und damit das Fundament für einen
westdeutschen Teilstaat »Bundesrepublik« gelegt. Wenige Monate
später verkündeten die SED-Machthaber in Ost-Berlin die Gründung

der sogenannten »DDR«. Kaum einer von uns hätte es damals für möglich gehalten, daß dieser Unrechtsstaat vier Jahrzehnte lang bestehen würde — und damit die deutsche Teilung. Dieses allein den Sowjets anzulasten, wird sich als eine Fälschung der Geschichte herausstellen. Auch die Westmächte haben ein geteiltes Deutschland vorgezogen. Das stand zwar im Widerspruch zu ihren Bekenntnissen zum Selbstbestimmungsrecht, könnte jedoch mit ihrer machtpolitischen Interessenlage gerechtfertigt werden. Keine Entschuldigung wird die Geschichte dagegen den Deutschen selbst gewähren, die in ihrem Willen zur Einheit gar zu schnell erlahmten und schließlich gar die Teilung ihres Vaterlandes als ihren Beitrag zum Frieden priesen. Mit den Exponenten solcher Politik habe ich in meinem Buch zur deutschen Frage abgerechnet.[44]

2. Neubeginn: Studium ohne Burschenherrlichkeit

Freie Universität Berlin

Nachdem ich im Frühjahr 1947 die Reifeprüfung bestanden hatte, hielt ich Ausschau nach einem Studienplatz. Ich hatte mich entschlossen, Wirtschaftswissenschaften zu studieren. Obwohl mir eine fundierte Beratung fehlte, hat sich dieser Entschluß als richtig erwiesen. Nicht nur entsprach dieses Fach meinen intellektuellen Ansprüchen und Erwartungen, sondern ebenso meiner Neigung zu politischen und historischen Fragen. Was ich nicht ahnte, war, daß dieses Studium auch meine künftige militärische Laufbahn beeinflussen würde. Wirtschaftliches Denken und Handeln hat mich geprägt, ist für mich zu einem Lebensprinzip geworden. Nicht in dem Sinne eines Strebens nach materiellen Gütern, sondern im Haushalten mit den Kräften. Aber wo sollte, wo konnte ich studieren? Die alte Berliner Universität lag im Ostsektor und stand unter kommunistischer Verwaltung. Für einen ehemaligen Offizier gab es da nicht die geringsten Chancen; es sei denn, er hätte sich mit der FDJ arrangiert. Ich war dazu nicht bereit. Vierzig Jahre später traf ich einen ehemaligen Unteroffiziervorschüler, der drüben seinen Weg gemacht hatte. Auch er hatte studiert, promoviert und ist in eine leitende Stellung des Bildungswesens eingerückt, natürlich zum Preis der SED-Mitgliedschaft. Gutheißen kann ich das nicht, aber ich verurteile ihn auch nicht − wie so viele das heute tun, die sich damals im Westen in Sicherheit befanden, oder die so jung sind, daß sie sich überhaupt nicht in die Lage derer versetzen können, deren Schicksal es war, im geknechteten Mitteldeutschland leben zu müssen, weil es für sei keine Alternative gab.

Ich hatte das Glück, im Berliner Westen zu wohnen und damit außerhalb des sowjetischen Machtbereichs, wenn das auch zu jener Zeit bei weitem kein so sicheres Dasein garantierte wie später.

Im Westen Berlins gab es nur die Technische Universität. Sie war dabei, ihr Studienangebot auszudehnen. Also wartete ich ab, zumal immer stärker die Frage einer von der kommunistischen Vorherrschaft freien Universität in den Westsektoren diskutiert wurde. Mit der Berliner Blockade im Sommer 1948 wurde diese Universitätsgründung akut und ihre Realisierung tatkräftig in Angriff genommen. Schon mit dem Wintersemester sollte die Freie Universität (FU) ihren Lehrbetrieb aufnehmen. Und das gelang trotz aller Widrigkeiten. Damals waren eben alle von dem Ziel beseelt, vor aller Welt den Beginn eines freien akademischen Wirkens in Berlin zu demonstrieren. Das Revolutionäre der damaligen Universitätsgründung fand seinen symbolischen Ausdruck in der Entscheidung, den in dieser Zeit alle Lebensbereiche beherrschenden Fragebogen abzuschaffen.

Ernst von Salomon hat dem Fragebogen mit seinem gleichnamigen Roman, der bei seinem Erscheinen 1951 die Gemüter bewegte, ein Denkmal gesetzt.[45] Bei der Bewerbung an der FU wurden nur noch Angaben zur Person verlangt. Die Aufnahmeprüfung bestand lediglich in einem Vorstellungsgespräch. Dabei begegnete ich zum ersten Male dem Mann, der meine wissenschaftliche Ausbildung und mehr noch entscheidend bestimmt hat, Professor Dr. Friedrich Bülow. Zwar zählt er nicht zu den bekannten Großen seines Faches, aber für mich wurde er der Nationalökonom schlechthin. Zwei Eigenschaften zeichneten ihn aus, die ich bei anderen Professoren häufig vermißte: Eine ausgeprägte pädagogische Begabung und eine breite, vorwiegend historisch-philosophische Bildung weit über sein Fach hinaus, die er meisterhaft in die Vermittlung des mitunter trockenen wirtschaftlichen Lehrstoffs einbrachte. Nicht nur hat er eine Übersetzung des berühmten Werkes von Adam Smith herausgegeben, auch als Hegelianer hat er sich einen Namen gemacht.[46] Als Volkswirt, Soziologe und Philosoph wurde er aus Anlaß seines 70. Geburtstages von Kollegen und Schülern gewürdigt.[47] Bülow hat mir den Blick für die ganze Breite der Wirtschaftswissenschaften eröffnet. Stets verwies er auf die Kollegen seines Faches, indem er auch deren Hintergrund skizzierte. Schon von daher drängte es mich, andere Universitäten kennenzulernen, sei es zur Fortsetzung meines Studiums, zu Ferienkursen oder nur zu Besuchen. Ich suchte und fand die Begegnung mit Erwin von Beckerath in Bonn, mit dessen Vetter Herbert, der nur zu Gastvorlesungen aus den USA nach Bonn zurückkam, mit Hans Ritschl (»Gemeinwirtschaft und kapitalistische

Marktwirtschaft« 1931) in Hamburg, mit Theodor Pütz (»Theorie der Wirtschaftspolitik«) in Innsbruck, mit Alfred Ammon (»Objekt und Grundbegriffe der theoretischen Nationalökonomie«, 1927) in Bern. Doch erst 1952 schaffte ich den Absprung nach dem Westen. Das Lehrbuch Bülows[48], das ich − was für ein Glücksfall in jener Zeit! − im Herbst 1948 im Antiquariat von Struppe & Winckler in der Potsdamer Straße entdeckte, ziert noch heute meinen Bücherschrank.

Es war ein schwieriger Anfang für die FU. Sie fand ihre erste Zuflucht in den Räumen des früheren Kaiser-Wilhelm-Instituts in Dahlem. Die Wirtschafts- und Sozialwissenschaftliche Fakultät siedelte sich in der Ihne-Straße 22 an. Hier machte ich meine ersten Schritte auf dem Parkett der für mich noch so fremden Wissenschaft. Erst später entdeckte ich, daß dieses Haus vor dem Zweiten Weltkrieg der Wohnsitz des berühmten Anatomen Eugen Fischer war; hier tagte einst die berühmte Mittwochs-Gesellschaft.[49] In einer gegenüberliegenden Reithalle fanden die großen Vorlesungen statt. Zu kleineren Lehrveranstaltungen wanderten wir − immer einen Schemel mit uns schleppend − im Hause umher. Dabei war das erste Semester überdies durch die Berliner Blockade stark beeinträchtigt. Die Heizung, soweit überhaupt noch intakt, war stark gedrosselt. Stromsperren zwangen dazu, die Abendveranstaltungen bei Kerzenlicht abzuhalten.

Wie es bei diesem überhasteten Aufbau gar nicht anders sein konnte, wiesen die Bibliotheken vornehmlich Lücken auf. Anfangs durfte man Bücher nur für 24 Stunden ausleihen. Man war aber darauf angewiesen, denn in den Buchhandlungen wurde bis zur Währungsreform nur wenig angeboten; danach war es für uns eine Frage des Geldes. Kopieren − so etwas kannte man noch nicht. Da blieb nichts anders übrig, als sich handschriftliche Auszüge anzufertigen, zumeist während der Nacht. Dieser beschwerliche Weg hatte aber auch sein Gutes. Schon in meiner militärischen Ausbildungszeit hatte ich gelernt, wie wenig ergiebig es war, die allzu trockenen Vorschriften nur zu lesen. Ein guter Ausbildungsoffizier hatte mir den Lehrsatz eingehämmert: Sie werden das alles nur dann begreifen, wenn sie sich Ihre eigene Vorschrift schreiben, mit ihren eigenen Worten! An dieser Methode habe ich dann mein ganzes Leben lang festgehalten.

So mühsam diese ersten Schritte der Freien Universität auch waren, sie waren voller Hoffnung und getragen von Zuversicht. Professoren und Studenten waren von der Idee beseelt, etwas Neues aufzubauen. Fast schienen sie dem Ziel nahe, da setzte Ende der 60er Jahre die Gegenbewegung ein, nämlich das Chaos. »Abschied von der Freien Universität« überschrieb Hermann Kunisch einen Artikel, der mit den Worten endete: »Das Mittelmaß hat gesiegt. Das heißt Abschied von der Humanität . . . Die Universität ist nicht mehr frei, und sie ist keine Universität mehr!«[50] Möge sie in ihrem Jubiläumsjahr 1998 wieder im alten Glanz erstrahlen.

Mein Schicksal: Diener zweier Herren

Mein offenkundiges Schicksal, fast immer zwei Herren dienen zu müssen, verfolgte mich auch in der Zeit des Studiums. Niemals konnte ich mich voll und ganz einer Aufgabe widmen. Jetzt, mit Beginn des Wintersemesters 1948/49, ging ich morgens in die Universität. Schon vor 7.00 Uhr fuhr ich mit der U-Bahn vom Reichskanzlerplatz ab, stieg auf dem Wittenbergplatz um und erreichte den Thielplatz kurz vor 7.30 Uhr. Die 45 Minuten Fahrtzeit nutzte ich natürlich zum Lernen. Das hatte ich auch bitter nötig; denn am Vorabend war dazu kein Zeit. Nachmittags bis in den späten Abend hatte ich inzwischen einen Job als Lagerverwalter bei der britischen YMCA (Christlicher Verein Junger Männer). Diese Stellung war für mich insofern optimal, als sie mir nicht nur ein monatliches Einkommen von etwa 300 DM sicherte, sondern ich meine Arbeitszeit werktags von 14.00 bis 22.00 Uhr, und am Wochenende ableisten konnte. Einen Tag in der Woche hatte ich frei. Natürlich war ich dadurch in meinem Studium sehr eingeengt. An manchen Seminaren konnte ich nicht teilnehmen; ich war ständig überfordert. Für Privates hatte ich kaum Zeit. Doch wichtiger war: Ich konnte wenigstens vormittags in die Universität gehen und kam mit dem Studium voran. Überdies gelang es mir, ein kleines Startkapital anzusparen, das mir später den Wechsel nach Bonn und die Vorbereitung auf das Examen ermöglichte.
Meine doppelte Belastung als Werkstudent brachte es mit sich, daß ich

in dieser Zeit kaum Kontakt zu anderen Studenten fand. Zu den wenigen gehörten Horst Wagner und der bekannte Historiker und Autor Wolfgang Venohr. In Wagner traf ich auf einen gleichaltrigen Kameraden, der als Leutnant an dem Endkampf um Posen beteiligt und dabei in sowjetische Gefangenschaft geraten war. Sein Erlebnisbericht berührte mich vor allem deshalb, weil auch ich Ende 1944 um ein Haar in Posen gelandet wäre. Später bin ich den Posenkämpfern, zu denen auch Martin Holzfuchs gehört, bei ihren großen Treffen begegnet, die sie in der Immendinger Kaserne abhielten, als ich der für diese Kaserne zuständige Divisionskommandeur war.

Mit Wolfgang Venohr fand ich schnell zueinander, weil wir in unserer nationalen Grundeinstellung übereinstimmten. Doch wie so häufig wird gerade unter Gleichgesinnten das Trennende deutlich. Während ich, weil ich machtpolitisch keinen anderen Weg sah, die Westbindung der Bundesrepublik bejahte, wenn auch nur als Mittel zum Zweck und nicht etwa als Staatsräson, focht Venohr konsequent für die schnelle Herstellung der deutschen Einheit. Mit seinem Buchtitel »Die deutsche Einheit kommt bestimmt«[51] hat er sich ein Denkmal als unermüdlicher Streiter für die Wiedervereinigung gesetzt. Über Jahrzehnte hatten wir den Kontakt verloren und fanden uns erst als Autoren mit Aufsätzen zum 200. Todestag Friedrichs des Großen wieder.[52] Gemeinsam kämpften wir in den folgenden Jahren für die deutsche Einheit. Als diese dann Wirklichkeit wurde, verbrachte ich die historische Nacht am 3. Oktober 1990 mit anderen Gleichgesinnten bei Venohr in dessen Berliner Wohnung.

Der Zeitdruck, unter dem ich während meines Studiums stand, hinderte mich nicht daran, immer wieder über den Zaun des eigenen Faches zu blicken. Rückwirkend hat sich das als recht fruchtbar erwiesen. Dabei dominierte mein Interesse für das Staatsrecht. In dem Berliner Staatsrechtslehrer Professor Drath, später Richter am Bundesverfassungsgericht, fand ich einen wohlwollenden Lehrer, der mir nachsah, daß ich vom Fach her kein Jurist war. Das Studium des Staatsrechts im »Nebenfach« setzte ich dann in Bonn fort, wo ich allerdings bei Friesenhahn gar kein Entgegenkommen fand. Mein Leid über das gestörte Verhältnis zu Friesenhahn klagte ich einmal dem großen Nestor der deutschen Staatsrechtslehrer Professor Richard

Thoma, dem ich bei der Auflösung seiner Bibliothek zur Hand ging. Friesenhahn war früher einmal dessen Assistent. So wollte Thoma gar nicht glauben, daß sein liebenswürdiger Schüler sich so gewandelt haben sollte. Ganz anders war es dann in Hamburg, wo ich den berühmten Staatsrechtslehrer Rudolf Laun, einen österreichischen Aristokraten, kennenlernte, einem wirklichen Grandseigneur. Der gab mir Auftrieb! Doch die Krönung meiner wissenschaftlichen »Umwege« bildete die Begegnung mit Heinrich Brüning, dem Alt-Reichskanzler. Im Sommersemester 1954 nahm ich an einem von ihm geleiteten Seminar an der Universität Köln teil. Diesen großen Mann zu erleben, aus seinem umfangreichen Erfahrungsschatz zu hören, mit ihm gar diskutieren zu dürfen, empfand ich als einen großes Gewinn. Dabei standen die Zusammenhänge seiner Entlassung im Mai 1932 im Vordergrund. Erst langsam begriff ich, was uns wohl erspart geblieben wäre, hätte die Regierung Brüning durchgehalten. Den bei ihm erworbenen Seminarschein hüte ich noch heute als einen Schatz.

Eine neue Liebe: Die Wissenschaft

Hatte ich durch meinen Lehrmeister Friedrich Bülow die denkbar beste Einführung in die Zusammenhänge der Wirtschaftswissenschaften erfahren, mit dem Problem der Wirtschaftsordnung – der Entscheidung zwischen Marktwirtschaft und Planwirtschaft – mußte ich mich ganz persönlich auseinandersetzen. Jedoch habe ich dabei niemals den von Max Weber verkündeten Grundsatz vergessen, den Bülow mir eingebleut hatte: Der praktische Politiker muß Kompromisse machen, aber der Gelehrte darf sie nicht decken! Unter dem Einfluß meines Hamburger Lehrers Hans Ritschl wandte ich mich stärker gemeinwirtschaftlichen Gedanken zu, von denen mich dann in Bonn Erwin von Beckerath wieder befreite. Erst mein Doktorvater Oswald Schneider eröffnete mir den klaren Blick und machte mich reif für eine fundierte Entscheidung, die ich in der Formel zusammenfassen möchte: So viel Freiheit wie möglich, so viel Ordnung wie notwendig! Das kommt einem Bekenntnis zur sozialen Marktwirtschaft gleich, wenn auch mit der Einschränkung: Sie darf nur als Mittel zum Zweck verstanden, nicht zum Selbstzweck erhoben werden. Denn – und das habe ich in den ersten Tagen bei Friedrich Bülow gelernt und seither befolgt – : Wir leben nicht, um zu wirtschaften, sondern wir wirtschaften, um zu leben. Damit stellt sich die Frage nach dem Sinn des Lebens. Anders ausgedrückt: nach den Werten »Jenseits von Angebot und Nachfrage« – wie Wilhelm Röpke sein Alterwerk betitelt hat. Bülow hat mich in wiederholten Gesprächen, die ich mit ihm führen durfte, immer wieder darauf hingewiesen, daß viele der großen Nationalökonomen sich nicht von ungefähr auf dem Höhepunkt ihrer wissenschaftlichen Laufbahn soziologischen Fragen zugewendet haben, wie Vilfredo Pareto und Alfred Weber.

Absprung nach Westen: Studium in Bonn und Hamburg

Mein Herz schlug für Berlin – damals wie heute. Doch ich wollte raus, Berlin erschien mir in jenen Jahren zu eng. Da bot sich die Chance, im Rahmen eines befristeten Studentenaustausches für zwei Semester nach Bonn zu gehen. Ich griff zu, zumal es da einen monatlichen Zuschuß von 100 DM gab. Für mich war dieser Betrag allerdings meine Existenzgrundlage.

Am 5. Mai 1952 frühmorgens traf ich, mit dem Zug aus Berlin kommend, in Bonn ein. Mit mir brachte ich nur eine alte Offizierkiste, die alle meine Habseligkeiten enthielt, mein Fahrrad – und einen unbeugsamen Willen, das mir selbst gesetzte Ziel zu erreichen. Der erste Eindruck, den die rheinische Universitätsstadt auf mich machte, erinnerte mich mehr an eine Etappe aus der Kriegszeit. Überall prangten hölzerne Hinweisschilder, die den Weg zu den verschiedenen Ministerien und Dienststellen anzeigten. Diese waren zumeist in den Kasernen am Stadtrand untergebracht, aber auch in einzelnen Häusern, über die ganze Stadt verteilt.

Der Wiederaufbau des zerstörten Universitätsgebäudes im Stadtzentrum war gerade abgeschlossen. Im Vergleich zu der provisorischen Unterbringung der Freien Universität in Berlin-Dahlem bot die Rheinische Friedrich-Wilhelms-Universität einen geradezu luxuriösen Standard, nicht nur im äußeren Anblick des prachtvollen kurfürstlichen Schlosses, sondern auch in der Ausgestaltung der Hörsäle, Institute und Mensen. Was letztere betraf, so kostete das Standardessen damals 70 Pfennige; aber man erhielt auch einen reichhaltigen Eintopf für 25 Pfennig. Im ersten Stock des Mensagebäudes in der Nassestraße wurde ein ganzes Menu für 1,20 DM einschließlich Bedienung angeboten. Ich wählte zumeist den Eintopf, mehr konnte ich mir nicht leisten.

Das größte Problem stellte damals die Unterkunft dar. Die sprunghaft wachsende Zahl der zahlungskräftigen Beamten und Angestellten der Bundesregierung verdrängte die Studenten aus ihren »Buden«. Nur wenige waren finanziell so gestellt, daß sie dagegen anhalten konnten. Anfangs fand ich Zuflucht in einem kleinen Bauernhaus in Friesdorf. Das war noch ein recht schäbiges Vorstadtdorf; heute findet man dort komfortable Wohnhäuser. Der Kleinbauer hatte gleich drei Studenten einquartiert, für je 40 DM monatlich. Aber dafür erhielt ich nur eine durch einen Vorhang vom Flur abgeteilte Schlafstelle auf einem Sofa. Waschen konnte man sich nur auf dem Hof. Mit meinem Fahrrad bewältigte ich alle Wege im Raum Bonn; das Fahrgeld für die Straßenbahn war für meinen beschränkten Etat weitaus zu hoch.

Doch die Wohnverhältnisse in Friesdorf erschienen mir derart unbefriedigend, daß ich es vorzog, in einen der Studentenbunker zu übersiedeln, umfunktionierte Luftschutzbunker. Ich erhielt eine etwa zehn Quadratmeter große Zelle in dem in der Trierer Straße in Poppelsdorf gelegenen Monstrum. Die kostete nur 18 DM monatlich. Darin stand ein zweistöckiges Holzbett mit Strohsäcken; außerdem gab es nur noch einen Hocker. Waschräume und Toiletten waren auf jedem Flur installiert. Diese spartanischen Gegebenheiten wurden durch mehrere Vorzüge aufgewogen: man war völlig frei. Man konnte Licht brennen, solange man wollte, Schlafengehen und Aufstehen, wann es beliebte. Ein alter Invalide, als Bunkerwart angestellt, sorgte sich um uns. Bei ihm konnten wir für ein paar Pfennige Mineralwasser erwerben, auf Bestellung brachte sogar der Bäcker morgens Brötchen; auch Milch wurde angeliefert. Zwar fehlte das Tageslicht, aber es war ja nur eine Schlafstelle; tagsüber war ich ohnehin in der Universität. Und bei schönem Wetter konnte man es sich auf dem Dach des Bunkers bequem machen. Aber nicht etwa zum Sonnen oder zum Faulenzen,

Kießling mit seinem Freund Erwin Syfuhs in Berlin, 1950.

Einstellungsjahrgang an der Grenzschutz-schule Lübeck 1954.

Sicherheitsoffizier im Palais Schaumburg.

Truppenübungsplatz Senne. Hier zusammen mit seinem Brigadekommandeur Graf Baudissin.

das gab es nicht. Zeit war Geld! So schnell wie möglich mußte ich das Examen ablegen, und das bedeutete Lernen.

Alles in allem bot dieser Bunker eine höhere »Lebensqualität« – wie man heute sagen würde –, als mein bisheriges Dasein im Friesdorfer Kleinbauernhaus. Den Pferdefuß bekam ich erst später zu spüren. Der in einen Hang hineingetriebene Bunker war immer feucht. Zog man sich morgens an, so war die Kleidung klamm. Ich hatte andere Sorgen – und verdrängte diese Mängel. Doch sie verließen mich nicht. Noch zwei Jahre lang plagte mich ein Nierenleiden. Daraus habe ich die Lehre gezogen: Nicht mehr am Wohnen zu sparen! Bis heute einem guten Essen und einem guten Tropfen nicht abgeneigt, schon gar nicht in angenehmer Gesellschaft, gebe ich nach wie vor dem Wohnen den Vorzug. Denn ich verbringe die meiste Zeit zu Hause – beim Lesen und Schreiben.

Bonn war eine heile Stadt, kaum von der Furie des Krieges heimgesucht. Dies und eine idyllische Lage am Rhein und mit dem Blick auf das Siebengebirge mag mit dazu beigetragen haben, daß viele Politiker die rauhe Wirklichkeit des deutschen Schicksals, insbesondere der Teilung unseres Vaterlandes verdrängten. Vom ersten Tage an wuchs in mir eine tiefe Abneigung gegen die Bonner Atmosphäre, die durch protzende Neureiche und wichtigtuerische Bundesbedienstete geprägt wurde. Ganz schnell gewann ich ein Gespür für jenen rheinischen Klüngel, der vorwiegend anti-preußisch bestimmt, gegen Berlin gerichtet und auf einen deutschen »Weststaat« aus war.

Eine unerwartete Chance tat sich mir im Sommer 1952 auf. Ein gutsituierter und mir gewogener Alter Herr meiner Verbindung bot mir in Hamburg, in schönster Lage an der Außenalster, für das nächste Semester ein Ein-Zimmer-Appartment an. Freudig griff ich zu. So konnte ich nicht nur meine Lebensbedingungen für die Dauer der schwierigen Examenszeit verbessern, sondern auch dem mir damals widerwärtigen Bonn entfliehen. Was für ein Kontrast! Gestern noch in dem kleinkarierten Bonner Provisorium, nun in der weltoffenen, großstädtischen Hansestadt. Hier fühlte ich mich frei und zugleich geborgen. Die Universität am Dammtor wurde mir schnell vertraut. Sicher war das nicht eine so altehrwürdige Alma Mater wie Bonn (und auch die galt ja, erst 1816 begründet, noch als Neuling unter den alten Universitäten). Doch hatte sich die Hamburger Universität in den wenigen Jahrzehnten ihres Bestehens einen guten Ruf erworben.

Und hier wurde gearbeitet. Für mich bedeutete dieser Wechsel ein nicht geringes Wagnis. Mußte ich doch das Examen nun innerhalb eines Semester ablegen; länger wurde mir das monatliche 100-Mark-Stipendium nicht gewährt. Da schon die Prüfungsordnung eine Mindestzeit von zwei Semestern an dieser Universität vorschrieb, mußte ich erst einmal eine Ausnahmegenehmigung erlangen. Hier fand ich – im Gegensatz zu Bonn – auch rasch persönlichen Zugang zu den Professoren, vor allem zu Hans Ritschl. Er war ein Verfechter der Gemeinwirtschaft, vor allem aber ein weit über sein ökonomisches Fachgebiet hinaus orientierter großer Geist. Bei ihm schrieb ich dann auch meine Diplomarbeit. Die innerhalb von sechs Wochen zu bearbeitenden Themen wurden verlost. Ich zog das Los: »Die Verwendung der Gegenwertmittel aus dem Marshall-Plan.« Zunächst wußte ich überhaupt nicht, um was es dabei ging. Aber es half alles nichts, ich mußte damit fertigwerden. So kniete ich hinein, lernte das Problem verstehen und fand schließlich Gefallen an diesem Thema. Meine Arbeit wurde gut bewertet. Rückwirkend kann ich sagen: In meinem Leben wurde fast immer das ein Erfolg, was mir aufgezwungen wurde und was ich unter Zeitdruck bewältigen mußte.

Dann galt es, sich auf die schriftliche und mündliche Prüfung vorzubereiten. Dank eines vorzüglichen Repetitors, Dr. Walter Lippens, bei dem man das Honorar nach dem Examen abstottern durfte, ging ich gut gerüstet in das Examen. Am 8. Mai 1953 absolvierte ich die mündliche Prüfung. Ich war fit dafür – so wurde dieser Tag fast ein Genuß, vor allem das letzte Prüfungsfach, Staatsrecht, als ich des Erfolges schon gewiß war. Hier prüfte mich der bereits erwähnte Rudolf Laun. Aus seinen Fragen entwickelte sich eine – wie ich empfand – glanzvolle Unterhaltung mit diesem großen Geist. Am Abend wurde das Ergebnis der Prüfung verkündet: ich hatte bestanden.

Was nun? Ich wollte promovieren. Aber in Hamburg konnte ich nicht bleiben; denn die mir bis dahin gewährte Gastfreundschaft durfte ich nicht länger strapazieren. Überdies fühlte ich mich noch frei und jung genug, um mir einen alten Traum zu erfüllen: ich wollte ganz weit nach Süden. Mit meinem Studienkameraden Ernst Wittenberg machte ich mich auf nach Innsbruck. Doch es sollte kein Feriensemester werden, das konnte ich mir auch gar nicht leisten. Denn von nun an gab es auch kein Stipendium mehr, ich lebte auf Pump. Mein Freund Erwin Syfuhs, der in Berlin bereits als Diplomingenieur bei Siemens arbeitete, streckte mir von seinem recht bescheidenen Einkommen monatlich 100 Mark vor. Natürlich habe ich dies Geld später zurückgezahlt. Gemahnt oder gegängelt hat er mich nie. Mir zu helfen, war für ihn selbstverständliches Gebot der Freundschaft. Diese hatten wir im Berliner Nachkriegswinter 1946 begründet. Durch ihn habe ich später noch einen weiteren Freund gewonnen, der auch aus dem südlichen Ostpreußen und dort als Siebzehnjähriger in sowjetische Gefangenschaft geraten war: Artur Bohn. Auch er hat ich in der für mich nicht leichten Zeit meines Studiums unterstützt. In der oberfränkischen Heimat seiner Frau begegnete ich dem Schriftsteller Theo Schübel, mit dem ich viele fruchtbare Gepräche über das Selbstverständnis unserer Zeit führte. Vor allem aber habe ich von ihm zahlreiche Anregungen für meine publizistische Tätigkeit empfangen.

Was mich nach Innsbruck zog, war vor allem meine ausgeprägte Liebe zu Österreich. Die ging auf den heute so oft verdammten »Anschluß« von 1938 zurück. Kaum ein politisches Ereignis dieser Zeit hatte mich so aufgewühlt. Ich bin auch heute noch davon überzeugt, daß die meisten Reichsdeutschen, die Österreicher noch mehr, damals diese Vereinigung mit dem Deutschen Reich wollten. Zu vielen Torheiten der NS-Machthaber zählt auch, daß sie diesen Volksentscheid nicht durch ein internationales Gremium haben überwachen lassen. Sicher wären dann nicht die verkündeten 99 Prozent herausgekommen, aber eine stattliche Mehrheit allemal. Schon im Sommer 1938 reiste ich mit meinem Vater in die Steiermark. Überall trafen wir auf Begeisterung für den Anschluß. Im Krieg kam ich dann zeitweise in die 3. Gebirgsdivision, deren Friedens-garnisonen in der Steiermark und Kärnten lagen. Da hörte ich erstmals auch kritische Stimmen. Doch waren diese niemals gegen Deutschland gerichtet, sondern immer nur gegen das NS-Regime, vor allem gegen dessen kirchenfeindliche Politik. Das änderte nichts an dem tapferen und aufopferungsvollen Einsatz dieser steirischen Gebirgsjäger.

Nach dem Krieg war ich häufig in Österreich – und in fast allen seinen Ländern. So traue ich mir schon ein Urteil zu, was die Haltung der Österreicher zur deutschen Frage betrifft. Sicher würde heute nur noch eine Minderheit für einen Zusammenschluß sein; dennoch wären es mehr, als offiziell zugegeben wird. Umgekehrt gibt es aber auch keine Mehrheit für die »österreichische Nation«, wie sie die Repräsentanten der beiden sogenannten großen Volksparteien fordern – zumindest noch nicht. Opportunisten, die dort wie überall das Feld beherrschen, werden sich von diesem aufoktroyierten Nationalbewußtsein schnell absagen, sollte sich eine andere Tendenz durchsetzen. Für mich besteht kein Zweifel, daß nur die Österreicher über ihr Geschick bestimmen dürfen. Und sie müssen frei sein, das zu tun! Sicher wird es keinen gesamtdeutschen Einheitstaat mehr geben. Wer will den schon? Aber ich bin sicher, daß wir eines Tages wieder in einer föderativen Ordnung – ob nun eine mittel- oder eine gesamteuropäische – vereint sein werden! Und ich bleibe dabei: Wir sind ein Volk!

Zurück in den Sommer 1953. Von dem, was mich in Innsbruck in wissenschaftlicher Hinsicht erwarten würde, hatte ich nur vage Vorstellungen. Dort lehrte Theodor Pütz, der sich mit seiner «Theorie der Wirtschaftspolitik« einen Namen gemacht hatte. Bei ihm hätte ich gern promoviert. Aber das erwies sich als nicht so einfach, wie ich mir das gedacht hatte. Bei Pütz war das in so kurzer Zeit nicht zu machen. Ich suchte nach einem Ausweg. Da erinnerte ich mich an Oswald Schneider, den ich in Bonn kennengelernt hatte. Damals schon ein ziemlich alter Herr, früher Ordinarius in Königsberg, nach dem Krieg kurz an der Berliner Humboldt-Universität, hatte Schneider in Bonn Zuflucht als Gastprofessor gefunden. Seit ich dort ein von ihm geleitetes Seminar besuchte, fühlte ich mich diesem großen Mann zunehmend verbunden. Er hatte mich schon 1952 in Bonn zum Verbleiben ermuntert; doch mich zog es nach Hamburg. Nun schrieb ich ihm von meinen Sorgen. Zu meiner großen Überraschung antwortete er mir postwendend: Kommen Sie nach Bonn und promovieren Sie bei mir!

So zog ich zum Wintersemester 1953/54 wieder nach Bonn. Und wieder ging es zunächst einmal darum, die – wenn auch karge – Existenz zu sichern. Ich fand eine befristete Anstellung im Bundesjustizministerium, das in jenen Tagen sein Domizil in der Rosenburg hatte. Ich gehörte zu einer kleinen Gruppe von zehn wissenschaftlichen »Hilfsarbeitern« (so nannten wir uns damals sogar mit einem gewissen Stolz!), deren Aufgabe die »Sichtung des Reichsrechts« war. Das erwies sich als eine für mich sehr lehrreiche Arbeit. Doch sie ließ mir nur wenig Zeit für die Dissertation. Und dann lief auch dieses Projekt aus.

Wieder schlug ich einen Umweg ein, diesmal einen recht zeitraubenden, der schließlich die Richtung meines künftiges Lebens bestimmte: Ich trat in den Bundesgrenzschutz ein – ohne das Ziel der Promotion aus den Augen zu verlieren. Meine Verwendung in der Bonner Grenzschutzabteilung stellte mich wieder in eine Lage, gleichzeitig zwei Herren dienen zu müssen. Der Dienst ließ mir immer noch genügend Zeit für meine Studien; vorausgesetzt, daß ich Wochenenden und Urlaubszeiten dafür nutzte. Oswald Schneider hatte mich gedrängt, das mir eigentlich recht fremde Thema »Der Bundesfinanzausgleich in der Schweiz (als Modell für eine europäische Lösung)« zu übernehmen. Zunächst innerlich auf Distanz, fand ich immer mehr Gefallen daran. Bald hatte ich mir das notwendige Grundlagenwissen über das schweizerische Finanzsystem angeeignet. Nun ging ich daran, mich über spezielle Fragen kundig zu machen. Den mir zustehenden Jahresurlaub nutzte ich zu wiederholten Reisen nach Bern, um in den dortigen Archiven zu forschen. Von größter Bedeutung waren für mich die hilfreichen Hinweise, die mir der Leiter des schweizerischen Finanzdepartments erteilte, Professor Dr. Camille Higy. Doch zwangen mich meine dienstlichen Aufgaben wiederholt, die Studien für längere Zeiten zu unterbrechen. Danach kostete es manche Überwindung, die Arbeit wieder aufzunehmen. Aber schließlich schaffte ich es: Im Herbst 1957 konnte ich die Arbeit vorlegen. Sie wurde angenommen, und das Rigorosum auf den 20. Dezember festgesetzt.

Die zwei Wochen davor konnte ich Urlaub nehmen, um mich unbelastet von der Alltagsarbeit im Verteidigungsministerium, wo ich zu dieser Zeit als Hauptmann Dienst tat, auf die mündliche Prüfung vorzubereiten. Dennoch machte ich mich an diesem Tag nicht ohne

Bangen auf den Weg zur Universität. Zwei Fächer hatte ich bereits in den Tagen zuvor absolviert; nun ging es um die entscheidenden Prüfungen bei M. E. Kamp (Finanzwissenschaft), Fritz W. Meyer (Wirtschaftspolitik) und Erwin von Beckerath (Wirtschaftstheorie). Letztere hatte mehr den Charakter eines Gedankenaustausches zwischen dem Meister und einem jüngeren Kollegen. Schon im Doktorandenseminar hatte ich wiederholt Gelegenheit zum Gespräch mit diesem Grandseigneur der Wirtschaftswissenschaften gefunden. Nun fragte er mich nach meinen Erfahrungen im Studium und ermunterte mich zu einem Vergleich zwischen meinen früheren Lehrern Friedrich Bülow und Hans Ritschl.

Das Rennen war gelaufen, ich hatte das Ziel erreicht. Fast zehn Jahre hatte es mich gekostet, aber es war trotz vieler Entbehrungen und mancher Rückschläge doch eine glückliche Studienzeit. Nun eilte ich zum Bonner Haupt-Postamt, um meinen in Berlin immer noch bangenden Eltern telefonisch die frohe Kunde zu übermitteln. Ich spürte deren Freude und Erleichterung. Meine Mutter erinnerte mich daran, daß dies der Tag war, an dem ich 1925 in der Garnisonkirche von Frankfurt an der Oder getauft wurde. Eine Examensfeier hielt ich nicht, in meiner Studentenbude lauschte ich den Klängen einer Schallplatte mit der Akademischen Festouvertüre von Johannes Brahms.

Manches Mal habe ich es später bedauert, den wissenschaftlichen Weg nicht weitergegangen zu sein. Sollte ich je den »Fragebogen« nach Marcel Proust auszufüllen, so würde ich auf die Frage »Was möchten Sie sein?« antworten: »Professor für Nationalökonomie an der Berliner Friedrich-Wilhelms-Universität − aber vor 1914!«. Der Kenner weiß, daß die Berliner Universität diesen Namen nach dem Zweiten Weltkrieg aufgegeben hat. Wenn ich ihm nachhänge, dann nicht zur Glorifizierung dieses wenig bedeutenden Königs, sondern als Bekenntnis zu den preußischen Universitätsgründungen in der Zeit der Stein-Hardenbergschen Reformen: Berlin, Bonn und Breslau.

Aber stärker war damals in mir der Wunsch, wieder Soldat zu werden. Rückblickend erkenne ich heute deutlicher: Es war der unbändige Drang, das nachzuholen, was mir durch den abrupten Bruch von 1945 verwehrt wurde. Wie damals schwebte mir das Ziel vor: Hauptmann und Kompaniechef zu sein, um junge Soldaten erziehen und ausbilden zu können. Als ich dann 1959 endlich dieses Ziel erreicht hatte, da fand ich es gar nicht mehr so schön. Das war nicht mehr das Leben eines Kompaniechefs, wie ich es von früher kannte und wie ich es ersehnte. Durch eine unselige Administration, die vornehmlich mit Rechtsstaatlichkeit begründet, aber ins Uferlose getrieben wurde, hatte man die einst allumfassenden Zuständigkeiten eines Kompaniechefs aufs äußerste beschränkt. Damit war ihm aber auch die Initiative genommen.

Wieder Offizier geworden, wurde mir zunehmend bewußt, wie sehr mich das lange währende Studium geprägt hatte. Vor allem in meiner später folgenden Generalstabsausbildung erfuhr ich den Zusammenhang von Wirtschaftswissenschaften und militärischer Führungslehre. Erst nach meiner Pensionierung konnte ich mich wieder voll der Wissenschaft zuwenden. In Professor Dr. Oswald Hahn, Ordinarius für Betriebswirtschaftslehre an der Universität Nürnberg und Oberst der Reserve, begegnete ich einem Mann, der sich wie ich gleichermaßen dem Militär wie der Wirtschaftswissenschaft verschrieben hatte. Dank seiner Initiative erhielt ich einen Lehrauftrag an der Friedrich-Alexander-Universität Erlangen-Nürnberg.

Aus voller Überzeugung: Burschenschafter

War meine zehnjährige Studienzeit auch eine ohne (Burschen-) Herrlichkeit − Burschenschafter wurde ich doch. Schon etwas älter als normalerweise ein Studienanfänger, trat ich in in die Burschenschaft Sugambria ein. Somit kann ich mich wohl nicht herausreden, ich sei in einer Bierlaune gekeilt worden. Aber es liegt mir auch fern, mich herausreden zu wollen. Mein Eintritt in die Burschenschaft war ein bewußter Schritt − und ich habe ihn niemals bereut. Schon damals wußte ich von den weitverbreiteten Vorbehalten − der berechtigten Kritik wie auch der polemischen Herabsetzung bis hin zur haßerfüllten Ablehnung − gegenüber studentischen Korporationen. Erst im Laufe der folgenden Jahre habe ich einen tieferen Einblick in die Geschichte des Korporationswesens gewonnen. Das, was man ihnen früher vorgeworfen hat, eine exklusive Vereinigung opportunistisch eingestellter Akademiker zu sein, die sich in »Seilschaften« berufliche Vorteile verschaffen, hat sich, soweit es überhaupt berechtigt war, heutzutage eher in das Gegenteil verkehrt. Wer allein auf seine künftigen Berufsaussichten bedacht ist, der schließt sich bestimmt nicht solchen Organisationen an, die von den Medien in die (meist rechte) Ecke gestellt und verketzert werden. Heute gehört schon eher etwas Mut dazu, sich in Band und Mütze zu zeigen. Mag sein, daß der eine oder andere Bund ein wenig großsprecherisch auftritt. Das ist dann sicher auch eine verständliche Reaktion auf die vielfältigen, zumeist unberechtigten Angriffe. Seit meiner aktiven Zeit bis zum heutigen Tage bin ich gewohnt, mich kritischen Fragen hinsichtlich des studentischen Korporationswesens stellen zu müssen. Letztlich konzentriert sich die Kritik an den Korporationen immer auf die eine Frage: Paßt das noch in unsere Zeit? Meine Antwort lautet stets: Offensichtlich! Sonst würden sich ja nicht so viele Studenten dafür entscheiden: Niemand wird dazu gezwungen! In einem Staatswesen, das Freiheit erklärtermaßen auch in bezug auf die Organisationsfreiheit versteht, kann und darf deshalb niemand die studentischen Korporationen behindern. Es ist gutes Recht der Akademiker, sich zu einem Lebensbund zusammenschließen, Farben tragen, aber auch zechen und fechten zu wollen. Sie zwingen niemanden, da mitzumachen. Aber die mitmachen, die sehen in dieser Vereinigung bestimmt noch mehr, auch die Chance zur heutzutage so seltenen inter-disziplinären Begegnung, zur unmittelbaren geistigen Verbindung mit den zwei vorangegangenen akademischen Generationen und die Herausforderung zur persönlichen Bewährung.

Ich bin darüberhinaus stolz, einem studentischen Verband anzugehören, mit dessen Geschichte und mit dessen Zielen ich mich voll identifizieren kann: die Deutsche Burschenschaft. So war es für mich einer der glücklichsten Tage in meinem Leben, als ich im Juni 1990 an der Festveranstaltung in der Jenaer Universität zur Erinnerung an die Gründung der Jenaischen Burschenschaft am 12. Juni 1815 teilnehmen durfte.

Unbeirrt haben die Burschenschafter auch nach dem Zweiten Weltkrieg am Ziel der deutschen Einheit festgehalten – und dafür gestritten. Ich selbst konnte deren deutschlandpolitische Bildungsarbeit aktiv unterstützen.[53] Auf zahlreichen Veranstaltungen habe ich zur Frage der deutschen Einheit aus militärpolitischer Sicht Stellung genommen und ermutigende Zustimmung gefunden. Die in vielen Diskussionen gewonnene Erfahrung hat mich dazu bestimmt, meine Auffassungen niederzuschreiben. Noch rechtzeitig vor der Wende im Herbst 1989 erschien mein Buch unter dem Titel »Neutralität ist kein Verrat«.[54] Zwar mußte ich noch manchen Spott über mich ergehen lassen, weil ich für die sofortige Wiedervereinigung plädierte.

Am Vortag der Maueröffnung sprach ich in Heidelberg vor der traditionsreichen Burschenschaft Allemannia, zu deren Mitgliedern einst der berühmte Max Weber zählte. Als am folgenden Abend die Mauer brach, bestand für mich kein Zweifel: Dies war die Stunde der Wiedervereinigung, nicht nur eine des Wiedersehens, zu der sie manche herabstufen wollten. Meine Kritik an die noch lange zögernden westdeutschen Politiker, aber auch an die gegen die deutsche Einheit taktierenden Briten und Franzosen, habe ich in einem Buch veröffentlicht.[55] Die darin unterbreiteten konstruktiven Vorschläge für den sicherheitspolitischen Status des vereinten Deutschlands waren – leider oder sollte ich sagen: Gott sei Dank – durch die rasante politische Entwicklung teilweise überholt, als dieses Buch im Sommer 1990 viel zu spät erschien. So wie die politisch Verantwortlichen versäumten, sich auf den Tag der Wiedervereinigung vorzubereiten, so unfähig haben sie sich erwiesen, mit den Folgen fertig zu werden. Letztlich ist das alles auf ein Versagen zurückzuführen: Diese Generation von Politikern hat nicht erkannt, daß unser Leben nicht mit marktwirtschaftlichen Kategorien zu bewältigen ist.

1990, das für die Deutsche Burschenschaft ein Jahr des Triumphes hätte sein müssen, wurde leider durch deren Zerrissenheit bestimmt. Selbst der Festkommers aus Anlaß ihres 175-jährigen Bestehens im Berliner Kongreßzentrum, war von innerem Zerwürfnis überschattet. Die Festrede spaltete das Auditorium, statt es zusammenzuführen. Dennoch war dieser Kommers ein erhebendes Erlebnis, das ich nicht missen möchte: Der Einzug der Fahnen von über 100 Mitgliedsburschenschaften! Und einträchtig sangen die über 2500 Burschenschafter das Deutschlandlied.

Auch und gerade in dem wiedervereinigten Deutschland sehe ich eine Aufgabe für die Deutsche Burschenschaft, wenn sie sich auf das Vermächtnis der Urburschenschaft von 1815 besinnt. Darauf habe ich in einer Festrede verwiesen, die ich am 10. November beim großen Wiedersehens-Kommers der alten ADB-Burschenschaften (Allgemeiner Deutscher Burschenbund) in Bad Frankenhausen, am Fuße des Kyffhäusers, hielt. Und ich durfte dabei sein, als sich aus Anlaß der 175. Wiederkehr des Wartburgfestes am 17. Oktober 1992 die Vertreter aller studentischen Verbände in Eisenach versammelten und der Urburschenschaft gedachten, die sich mit dem Ruf »Freiheit − Ehre − Vaterland« an die Spitze einer wahrhaft demokratischen Erneuerung Deutschlands gesetzt hatte.

III. Wieder in Uniform

1. Rückkehr in den Soldatenberuf: Offizier im Bundesgrenzschutz

In der Bonner Grenzschutz-Abteilung

Der (alte) BGS, in den ich am 24. März 1954 eintrat, war − entgegen den offiziellen Verlautbarungen − nach seinem Selbstverständnis eine Vorstufe zur Bundeswehr. Es begann mit dem Korea-Krieg. Als Folge dieser Entwicklung gestanden die westlichen Besatzungsmächten der Bundesrepublik Deutschland eine Polizeitruppe zu, die dann − weil die Polizei Sache der Länder war − 1951 als »Bundesgrenzschutz (BGS)« aufgestellt wurde. Für diese Lösung fand man mit den in Art. 87 Grundgesetz verankerten «Bundesgrenzschutzbehörden« eine Rechtsgrundlage. Zunächst wurde der BGS auf einen Umfang von 10.000 Mann beschränkt. Ich verfolgte diese Entwicklung mit großem Interesse. Für mich gab es keinen Zweifel: Dies war die Vorstufe zur Wiederaufrüstung. Und ich wollte wieder Soldat werden. Dennoch bewarb ich mich nicht; einmal, weil der Andrang so groß war, daß ich mir nur geringe Chancen ausrechnete; zum anderen wollte ich zunächst einmal mein Studium abschließen. Das erwies sich später als der richtige Entschluß.

Mit der 1953 einsetzenden Vermehrung des BGS auf 20.000 Mann stellt sich für mich dann erneut die Frage: Eintreten − oder nicht? Ein mir in Bonn bekannter Personalbearbeiter des BGS, der damalige Hauptmann (später Oberst) Moldenhauer, ermunterte mich zur Bewerbung. Als Leutnant eingestellt, absolvierte ich im März 1954 an der BGS-Führerschule in Lübeck einen sechswöchigen Einweisungslehrgang. Im Kreis der etwa 30 ehemaligen Offiziere, vom Hauptmann bis zum Leutnant, war ich so ziemlich der jüngste. Welche menschlichen Schicksale trafen da zusammen! Viele kamen direkt aus der sowjetischen Gefangenschaft, andere hatten in den letzten Jahren schwer um ihre Existenz gerungen, einige gar das schwere Schicksal früherer Zugehörigkeit zur Waffen-SS ertragen müssen. Wir fanden schnell zusammen. Uns einte die kameradschaftliche Verbundenheit und der gemeinsame Wille, beim Aufbau einer neuen Truppe mitzuwirken und dabei die Lehren der Vergangenheit zu berücksichtigen. Es war schon ein erhebendes Gefühl, nach knapp zehn Jahren wieder die (fast gleiche) Uniform mit den vertrauten Schulterstücken zu tragen. Aus dem weit aufgelockerten Kasernengelände klangen die altbekannten Soldatenlieder marschierender Kolonnen zu uns herüber. Denn hier waren alle Lehrgänge des BGS zusammengefaßt, insbesondere die der Führer- und Unterführeranwärter. In den ersten Tage glaubte ich manchmal zu träumen.

Niemand kam auch nur auf den Gedanken, die aus der Waffen-SS stammenden Kameraden als etwas anderes zu betrachten, ihnen besondere Schuld an dem deutschen Verhängnis zuzuweisen, schon gar nicht sie als »Nazis« zu stempeln. Solche Formen der »Vergangenheitsbewältigungen« setzten erst später ein. Dann wurden sie wohl vornehmlich von jenen betrieben, die sich auf diese Weise selbst reinwaschen wollten. Im Jahre 1954 hatte man offenbar noch andere Sorgen. Diese, meine Auffassung ändert nichts daran, daß die SS als Symbol des Unrechtsstaates verstanden wird. Auch besteht kein Zweifel, daß die Waffen-SS, aus der Allgemeinen SS hervorgegangen, im Verlauf des Krieges immer stärker ein Teil der Wehrmacht wurde. Längst hatte das Feldgrau die schwarze SS-Uniform verdrängt, die Rangabzeichen des Heeres dominierten − und wohl auch die militärische Gesinnung. Aber nach dem Zusammenbruch wurde den Soldaten der Waffen-SS die ganze Last der Verantwortung zugeschoben. Ich habe stets die Auffassung vertreten: Wer Schuld auf sich geladen hat, der muß sich dieser Verantwortung stellen − egal, welche Uniform er einst getragen hat, auch dann, wenn er nicht uniformiert war. Es gibt keine Kollektivschuld. Die vielen Fälle mangelnder Wahrhaftigkeit, die ich unseren Politikern vorhalte, besteht eben auch darin, daß sie gegenüber den ehemaligen Angehörigen der Waffen-SS solange Nachsicht übten, sie gar hofierten, wie diese noch als Wähler zählten. Als sie aber zu einer Quantité négligeable zusammenschrumpften, da wurden sie wie Aussätzige behandelt. Mit den Vertriebenen ist man im Prinzip nicht viel anders verfahren.

1954 dachte keiner von uns an solche Entwicklungen. Damals ging es uns allein darum, einen schlagkräftigen BGS aufzustellen. Die meisten Ausbilder, schon seit Aufstellung des BGS im Jahre 1951 dabei, fühlten sich bereits als die Etablierten – und manche zeigten es auch gar zu deutlich. Mein Stolz, wieder die Uniform tragen zu dürfen, wurde bald durch negative Erlebnisse getrübt. Daß aus Freude über das Wiedersehen und das Dabeisein bis tief in die Nacht hinein gezecht wurde, konnte ich verstehen, nur wollte ich nicht dazu gezwungen sein. In einer Diskussion geriet ich mit dem Kommandeur der Führerschule aneinander. Es war Major Werner Haag, später Generalleutnant in der Bundeswehr und Abteilungsleiter Personal. Als er Verhaltensweisen für den »Offizierstand« aufstellen wollte, gab ich zu bedenken, daß man von einem »Stand« doch wohl schon in der Kriegszeit Abschied genommen habe. Haag reagierte verärgert. Er war zu klug, um nicht zu erkennen, daß er mit seinem Wortschatz hinter der Entwicklung herhinkte. Aber er behauptete stramm: es sei immer noch besser zu »stehen«, als zu fallen. Und er ließ es mich fühlen.

Nach der Einweisung in Lübeck wurde ich auf meinen Wunsch hin zur Bonner Grenzschutzabteilung versetzt. Waren die anderen BGS-Abteilungen entlang der Zonengrenze für die Grenzsicherung eingesetzt, so nahm die Bonner Abteilung eine Sonderstellung ein. Ihre wesentliche Aufgabe bestand in der Sicherung des Bundeskanzleramtes und des Bundesinnenministeriums. Wache schieben, nannte man das im Soldatenjargon. Wir fühlten uns als Soldaten, zumindest als Vorläufer wieder aufzustellender deutscher Streitkräfte. Unsere Uniform war damals noch mehr grau als grün. Die Rangabzeichen und Bezeichnungen der Offiziere entsprachen denen der Wehrmacht, allerdings mit dem Zusatz »im BGS«. Also war ich »Leutnant im BGS«. Untergebracht waren wir in der Bonner Gallwitz-Kaserne, genauer: in den ausgebauten Pferdeställen dieser vom Bundeswirtschaftsministerium frequentierten Anlage. Die Verheirateten (es existierte eine strenge Heiratsordnung, derzufolge man frühestens nach Vollendung des 27. Lebensjahres heiraten durfte) wohnten in einem »Ghetto« auf der anderen Straßenseite. Fast alle Offiziere waren verheiratet, denn selbst die Leutnante/Oberleutnante zählten schon dreißig Jahre und mehr. Mit meinen damals 28 Jahren war ich der Benjamin. Als Lediger wohnte ich in einer recht komfortablen Leutnantswohnung in der Kaserne. Rechtlich waren wir Beamte, genauer: Polizeivollzugsbeamte des Bundes. In der damaligen Besoldungsordnung rangierten der Leutnant/Oberleutnant mit A 4f noch unter dem Inspektor. Etwas über 300 Mark machte das pro Monat. Aber als Junggeselle ging es mir im Vergleich zu den verheirateten Kameraden, die vor jeder Ausgabe die Mark buchstäblich zweimal umdrehen mußten, natürlich glänzend – und ich wurde beneidet. Der Neid, den ich bald zu spüren bekam, bezog sich aber weniger auf meine materielle Lage, sondern mehr noch auf meine akademische Ausbildung. Manche befürchteten, ich könnte deshalb bevorzugt befördert werden.

Vielleicht hat bei meinem Entschluß, in dieses militärische Milieu zurückzukehren, wenn ich es mir selbst auch nicht eingestehen wollte, doch ein wenig die Erwartung mitgeschwungen, eine durch den Krieg versäumte unbeschwerte Leutnantszeit nachzuholen. Aber daraus wurde rein gar nichts. Dazu gab es weder die materiellen, noch die gesellschaftlichen Voraussetzungen. Nicht einmal über ein Offizierheim verfügte die Bonner Grenzschutzabteilung. Mit Mühe gelang es, im oberhalb des in einer früheren Reithalle eingerichteten Mannschaftsspeisesaal einen Raum für die Offiziere zu reservieren. In der Bundeswehr wurde das später etwas besser. Wenn nicht zufällig in den dann bezogenen Kasernen Offizierheime verfügbar waren, so dauerte es Jahre bis in Neubauten die Voraussetzungen dafür geschaffen wurden. Allerdings wurden sie dann nur selten von Leben erfüllt. Die gesellschaftlichen Voraussetzungen hatten sich grundlegend geändert. In unserer Zeit konnte man keine Kasino-Gesellschaft nach dem Vorbild von 1938 oder gar von 1913 einführen. Die Auffassung, daß ein Offizierkorps im wesentlichen im Kasino erzogen und geformt werde, war sicher vor dem Ersten Weltkrieg weit verbreitet. Schon in der Wehrmacht galt sie wohl nur noch selten. Den Frontoffizieren beider Weltkriege war solche Vorstellung zutiefst zuwider. Dem typisch deutschen Hang zum Extremen folgend, haben wir jedoch auch hier das Kind mit dem Bade ausgeschüttet.

132

Gerade mit der Abkehr von der ständischen Gesellschaft und der Öffnung des Offizierkorps (das ja eigentlich gar keines mehr ist) für den Nachwuchs aus allen Schichten, ist es vielmehr geboten, ein Gefühl der Zusammengehörigkeit zu schaffen. Aber auch das Vertrautmachen mit gesellschaftlichen Umgangsformen, die heutzutage vielen jungen Offizieren fremd sind, wäre vonnöten. Um ein Offizierkorps zu bilden, bedarf es eben auch der Form. Ich selbst habe dergleichen erst in meinem engen Kontakt zur britischen Armee gelernt – dann aber gründlich. Es hat mir in meiner folgenden militärischen Karriere sehr geholfen.

Zurück in die Bonner Grenzschutzabteilung von 1954. Mein Hundertschaftsführer, ein bereits 38jähriger Oberleutnant, ließ es mich auf seine Art spüren. Rasch hatte er herausgefunden, daß ich ein mäßiger Pistolenschütze war. Als er mich deswegen kritisierte, entgegnete ich: Darauf käme es nun wirklich nicht an. Schon in der Wehrmacht hätten wir viel zu viel Zeit damit vergeudet. In einer modernen Truppe seien die Offiziere zu Recht mit Maschinenpistolen ausgerüstet. Das sei die für sie adäquate Waffe – und nicht die Pistole! Törichterweise bestand der wesentliche Teil unserer wöchentlichen Offizierweiterbildung in Schießübungen. Und das ging zu Lasten der so dringend erforderlichen taktischen Weiterbildung. Dafür hätte sich der Leitende aber schon vorbereiten müssen, beim Schießen konnte er sich mit dem Zuschauen begnügen. Daß die Hundertschaften zu Schießübungen ausrückten, gehörte zu unserer unabdingbaren Ausbildung. An einem solchen Schießtag, unmittelbar nach einer Auseinandersetzung mit meinem Chef, ließ dieser die Hundertschaft auf dem Schießstand antreten und verkündete:« Nun wird uns der Leutnant Kießling mal etwas vorschießen!« Ich trat vor und schoß auf die Scheibe. Einige Schüsse gingen daneben, andere trafen gerade noch, insgesamt aber war es ein recht mäßiges Ergebnis. Der Hundertschaftsführer lachte höhnisch auf, doch keiner stimmte in sein Lachen ein. Man ließ ihn fühlen, daß er zu weit gegangen war. Ich wollte mich beschweren – und dann ausscheiden! Der mir vertraute Hauptmann Moldenhauer redete auf mich ein, es einfach hinzunehmen. Meinem Ansehen in der Hundertschaft habe das Vorkommnis keinen Abbruch getan, eher dem meines Chefs. Ich

blieb. Moldenhauer hatte wohl recht. Mein damaliger Hundertschaftsführer hat es dann auch in der Bundeswehr nicht sehr weit gebracht.
Wenige Wochen später mußten alle Offiziere zum Sportwettkampf
antreten. Ich errang den ersten Platz. Mein Hundertschaftsführer hatte
sich durch den Arzt von der Teilnahme befreien lassen. Die Mannschaften wußten so etwas einzuschätzen, der Abteilungskommandeur
kümmerte sich nicht darum.

In Bonn wurde viel exerziert. Das war schon durch den Wachdienst
bedingt. Aber auch die Unterrichte forderten ihre Zeit; dabei stand
richtigerweise das Polizeirecht im Vordergrund. Nur die Rekruten
zogen morgens auf den Standortübungsplatz. Der lag hinter der
Kaserne auf der Hardthöhe, wo heute das Verteidigungsministerium
residiert. Aber auch nach der Rekrutenausbildung kam es kaum zu
einer Ausbildung im Truppenrahmen. Sicher fehlte es an dafür qualifizierten Offizieren. Unser Abteilungskommandeur, ein aus der Lan-
despolizei in die Wehrmacht übernommener und dort zum Oberst
aufgestiegener Ritterkreuzträger, war zwar ein Experte der Einzelausbildung, und sicher konnte er im Gefecht mit Bravour führen. Aber als
Ausbilder und Erzieher eines Offizierkorps in Friedenszeiten war er
weniger geeignet. Militärisch habe ich in diesen über zwei Jahren
meiner Zugehörigkeit zum BGS so gut wie nichts gelernt und auch
kaum Anregungen zur Weiterbildung empfangen.
Mindestens zwei-, mitunter auch dreimal in der Woche fuhr ich mit der
30 Mann starken Wache für 24 Stunden ins Palais Schaumburg, dem
Sitz des Bundeskanzlers. Dort zogen die Posten auf, Tag und Nacht.
Kam hoher Besuch, dann stellten wir Ehrenposten vor das Portal. So
bekam ich manchen der Großen dieser Zeit zu Gesicht: Eden und John
Foster Dulles, Nehru und den Schah. Und natürlich den Bundeskanzler Adenauer selbst, den ich wiederholt traf, wenn er im Park spazieren
ging. Mittlerweile kannte auch er mich. Mehrmals ging ich mit ihm auf
Reisen, und zwar immer dann, wenn er die Bundesbahn benutzte.
Dann begleitete ich ihn mit einem Kommando von zehn Grenzjägern,
die seinen Sonderzug zu bewachen hatten, wenn dieser nachts auf ein
Abstellgleis rangiert wurde, um dem Kanzler einen ungestörten Schlaf
zu ermöglichen. Während der Kanzler seinen Salonwagen kaum ver-

134

ließ, versammelte sich das Gefolge seiner Beamten in einem der beiden mitgeführten Speisewagen. Bei einem guten Tropfen habe ich manch tiefgehendes Gespräch mit dem persönlichen Referenten Adenauers geführt. Es war der Ministerialrat Kilb, der später wegen einer Leihwagen-Inanspruchnahme in die Schlagzeilen geriet. Kilb war ein erfahrener und im Kriege bewährter Offizier, bei dem ich stets ein offenes Ohr fand. Auch der Kanzler sprach mich gelegentlich an, wenn er mich im Park des Palais Schaumburg traf. Was für ein Kontrast zum späteren Bundeskanzler Kohl, der 1984 auf Befragen eingestehen mußte, daß er den Viersternegeneral Kießling überhaupt nicht kannte. Er hatte auch nichts getan, um diesem Mangel abzuhelfen.

Mir als »Sicherheitsoffizier« – wie dieses Amt bezeichnet wurde –, stand als Aufenthaltsraum ein an der Koblenzer Straße gelegenes Gärtnerhäuschen zur Verfügung. Längst ist es der Verbreiterung zur Adenauer-Allee zum Opfer gefallen. Die Zeit meiner Wachdienste – und mir blieb viel Zeit – nutzte ich zum Studium. Immer nahm ich meine Reiseschreibmaschine und einen Stoß von Büchern mit. Es hat sich gelohnt.

Mittags um 12.30 Uhr wurde die Wache im Palais Schaumburg abgelöst. Dann hatte ich den folgenden Nachmittag frei. Zumeist fuhr ich dann mit dem Autobus von Duisdorf in die Universitätsbibliothek, denn zu einem eigenen Wagen reichte es bei mir noch lange nicht. Ich vermag nicht zu sagen, wie viele Stunden ich in der Bibliothek zubrachte; aber ich genoß diese Stunden intensiven Studiums – trotz der harten Arbeit, die mir nicht erspart blieb. Wie schon in meiner Studentenzeit konnte ich fast nie der Versuchung widerstehen, anschließend durch die anheimelnde Bonner Innenstadt zu bummeln.

Warten auf Blank: Politisches Gezerre um den Bundesgrenzschutz

Der alte BGS, nur fünf Jahre hat er bestanden, war eine Organisation, deren Eigenleben nur wenige durchschauten. Längst ist in Vergessenheit geraten, welch starke Auswirkungen dieser BGS auf das Werden und Wachsen der Bundeswehr ausgeübt hat. Deshalb erscheint es mir geboten, dieses Phänomen ein wenig zu beleuchten. Der Vorzug des

BGS lag in dem starken Zusammenhalt dieser überschaubaren kleinen Truppe. Nachteilig wirkten sich dagegen die starke Überalterung der Offiziere und die fast völlig fehlenden Aufstiegschancen aus, die zu einem unerfreulichen, ja schädlichen Konkurrenzdenken führten. Nur mit der von allen erwarteten und erhofften Wiederaufrüstung konnte dieses Problem gelöst werden. Schon deshalb beherrschte das Thema Wiederaufrüstung auch unseren Alltag. Alles drehte sich um die Frage: Was wird aus uns? Wird der BGS den Stamm der neuen deutschen Streitkräfte bilden oder werden wir nur als eine Ergänzung dafür herangezogen?

Aber auch: mit welchem Dienstgrad werden wir übernommen? Denn die überalterten Oberleutnante und Leutnante erhofften sich natürlich eine baldige Beförderung zum Hauptmann, die ihnen auch ihre kärgliche Besoldung verbessern sollte. Die Offiziere der höheren Ränge, also die Stabsoffiziere, waren zumeist mit einem im Vergleich zur Wehrmachtzeit niederen Rang in den BGS eingestellt worden, unser Abteilungskommandeur gar vom Oberst zum Major heruntergestuft. Mit der Überführung in die Streitkräfte wurde er dann wieder Oberst. Doch automatisch erfolgte solche Rückstufung in den einstigen Rang keineswegs. Für die Obersten und Generale, auch für die aus dem BGS, galt es, zudem noch eine bedeutende Hürde zu nehmen: den Personalgutachterausschuß. Nicht wenige scheiterten daran.[56]

Das Thema BGS und Streitkräfte beschäftigte bald auch die politische Öffentlichkeit. Zum 25. Jahrestag der Überführung des BGS, 1981, habe ich dazu einen Aufsatz veröffentlicht[57], der mir manche Kritik, aber auch viel Zustimmung eingebracht hat. Insbesondere der frühere Personalreferent des BGS, Ludwig Dierske, der den Aufbau des BGS wesentlich mitbestimmt hatte und später als Ministerialdirigent zum Inspekteur des (neuen) BGS aufstieg, hat mit einer Veröffentlichung in diese Debatte eingegriffen.[58] Der erste Inspekteur des BGS, General der Infanterie a. D. und später Generalleutnant der Bundeswehr a. D. Gerhard Matzky schrieb mir in bewegten Worten, wie sehr sein Wirken für die Überführung des BGS von der »Ermekeil-Junta« behindert wurde. Einer der Wortführer gegen den BGS war offensichtlich der spätere General Graf Kielmansegg, der schon 1951 auf seinen

Vorgesetzen Theodor Blank einzuwirken versuchte. In einer Vorlage an seinen damaligen Chef forderte Kielmansegg: »Der Grenzschutz darf nicht, nicht einmal gedanklich, als Kader für ein deutsches Kontingent aufgestellt werden.«[59] Ich unterstelle, daß ihn hier politische Sorgen trieben, eine wie auch immer geartete Anlehnung an den BGS könnte als verdeckte Rüstungsmaßnahme gedeutet werden. Dieses und die folgend erwähnten Dokumente entdeckte ich erst nach meiner Pensionierung im Freiburger Militärarchiv. Ein Briefwechsel zwischen den beiden Ministern Schröder und Blank vermittelt Einblicke in die Machtkämpfe zwischen den hinter ihnen stehenden Gruppen – hier Grenzschutzführung, dort Amt Blank. Unter anderem ging es da um einen Vorstoß Schröders für eine dienstgradgerechte Übernahme namentlich aufgelisteter höherer BGS-Offiziere. In dem Antwortschreiben Blanks werden diese Offiziere dann überwiegend negativ beurteilt und herabgestuft.[60]

Liest man diese Briefwechsel, dann wundert man sich nicht mehr, daß auch noch nach einer Generation die damals geschlagenen Wunden nicht vernarbt waren. Als ich 1981, dann schon einer der ranghöchsten Generale des Heeres, den Vorschlag unterbreitete, in einer Feierstunde an dem einstigen BGS-Standort Hannover dieser für den Aufbau des deutschen Heeres so entscheidenden Überführung zu gedenken und dazu die noch lebenden hohen Offiziere des alten BGS einzuladen, stieß ich beim Führungsstab des Heeres auf eisige Ablehnung. Die mir mitgeteilte Entscheidung lautete: »Die drei Korps erhalten Fernschreiben, . . . der Bedeutung der Übernahme des Stammes aus dem BGS zu gedenken. Darüber hinaus soll der Inspekteur des BGS durch einen persönlichen Brief des Inspekteurs des Heeres auf dieses Jubiläum aufmerksam gemacht werden«.

Fünf Jahre später, zum 30jährigen Jubiläum, reagierte die Heeres-Führung wohlwollender; aber da war es zu spät, um die um den Aufbau des BGS verdienten Kommandeure noch zu versammeln; die meisten waren inzwischen verstorben.

War es für uns Jüngere gar keine Frage, daß wir für die Wiederaufrüstung benötigt wurden, so mußte ich bald erfahren, daß da ganz andere Gesichtspunkte ins Spiel kamen. Dem Bundesinnenminister ging es, wie wir zunehmend erkannten, in erster Linie gar nicht um das politisch übergeordnete Ziel der Wiederaufrüstung, sondern vielmehr um den Erhalt seiner Hausmacht. Deshalb wollten er und eine Gruppe höherer Grenzschutzoffiziere den BGS nicht hergeben, im Gegenteil: Man ersann den Plan eines »großen Grenzschutzes«. Auf 80.000 bis 100.000 Mann erweitert, sollte er die Grenzsicherung übernehmen, in deren Schutz dann das »Amt Blank« seine Streitkräfte aufbauen konnte. Die Auseinandersetzung darüber wurde in unseren Reihen so leidenschaftlich geführt, daß das Innenministerium einen von uns als »Maulkorb-Erlaß« verspottetes Verbot erließ, über die Frage der Überführung zu diskutieren. Auffällig war, daß keiner unserer höheren Vorgesetzten auf die Idee kam, mit uns jüngeren Offizieren darüber zu sprechen. Vielleicht zeigt dieser Mißstand eindrucksvoller als andere, daß der BGS es versäumt hat, eine ganz wesentliche Aufgabe anzupacken, die sich für neue deutsche Streitkräfte unausweichlich stellte: eine Neuordnung des inneren Gefüges. Eine erfolgreiche Bewältigung dieses Problems hätte dem BGS eine führende Rolle beim Aufbau der Bundeswehr gesichert. Das Versäumnis hat ihn zum reinen Personalreservoir für das Amt Blank herabgestuft.

Bald war ich bei den BGS-Planern als Rädelsführer der »Militärs« verschrien. Um der «Militär-Front« entgegenzuwirken, schickten sie dann doch eines Tages eine Gruppe von Stabsoffizieren aus dem Innenministerium zu uns in das Offizierheim der Gallwitz-Kaserne, um mit uns ein Gespräch zu führen. Aber das bestand nur in einer einseitigen Belehrung dahingehend, daß wir Jüngeren die große Lage überhaupt nicht überblicken würden und daß es unsere Pflicht sei, unseren Dienst da zu tun, wo wir hingestellt werden.[61] Solche Reden kannten wir nur zu gut aus der Kriegszeit! Das Innenministerium blieb nicht untätig. Da wurde dann noch im Herbst 1955 ein großes Grenzschutzmanöver anberaumt, um die verantwortlichen Politiker davon zu überzeugen, daß man diesen bewährte Grenzschutz als eine eigenständige Truppe erhalten müsse. Dazu schrieb Adelbert Weinstein einen viel beachteten Leitartikel in der FAZ[62], in dem er ganz im Gegenteil dafür plädierte, den BGS für die politisch dringend gebotene Aufstellung der Streitkräfte heranzuziehen. Ich bin sicher, daß damit der wesentliche Anstoß für die politische Entscheidung gegeben wurde. Anfang November 1955 soll dann der Kanzler im Bundessicherheitsrat das Machtwort gesprochen haben, gestützt auf die Ansicht des damaligen Ministers für Atomfragen, Franz Josef Strauß: Überführung des BGS in die Streitkräfte! Hätte man erwarten dürfen, daß nun alle Kräfte darauf gerichtet würden, möglichst viele und möglichst gut ausgebildete Grenzschutzbeamte in die Streitkräfte einzubringen, in der Praxis geschah das Gegenteil.

Überführung in die Bundeswehr

Die truppenfremde Militärbürokratie des noch jungen Verteidigungsministeriums, die sich schon in den Jahren des Amtes Blank etabliert hatte, scherte sich wenig um das innere Gefüge der künftigen deutschen Streitkräfte, schon gar nicht um den BGS, den sie lediglich als willkommene Personalreserve sah. Die politische Vorgabe war, in kürzester Frist drei Divisionen aufzustellen und diese der NATO zu assignieren. Dazu sollten aus den Grenzschutzkommandos die 1., 2. und 4. Grenadierdivision entstehen. Brachte der Grenzschutz dazu auch nur ein Drittel der vorgesehenen Personalstärken ein, entscheidend war, daß er intakte Verbände stellte. Die BGS-Offiziere waren Praktiker, die man für die Aufstellung der Bundeswehr dringend benötigte. Fast alle Grenzjäger konnten als Unteroffiziere übernommen werden. Doch bedurfte es dazu einer recht komplizierten gesetzlichen Regelung. Diese erfolgte im sogenannten 2. BGS-Gesetz für die Überführung. War es auch der erklärte Wille des Dienstherrn, den Grenzschutz möglichst vollständig in die Streitkräfte zu überführen, aus beamtenrechtlichen Gründen wurde jedem Grenzschutzbeamten die Option eingeräumt, auf seinem Beamtenstatus zu beharren, also die Überführung in die Bundeswehr abzulehnen.

War anfangs daran gedacht, den BGS völlig aufzulösen, so formierten sich im Bundesinnenministerium gar bald Kräfte, deren Ziel es war, der Hausmachtpolitik des Ministers entsprechend, einen neuen BGS aufzubauen. Dafür benötigte man natürlich einen ausreichenden und guten Stamm. Schließlich setzte ein hektisches Werben um die jüngeren Grenzschützer, Offiziere wie Wachtmeister, ein. Man wollte sie zur Option für den BGS gewinnen. Das war ein glatter Verstoß gegen die politische Entscheidung des Bundeskanzlers, der Aufstellung der Streitkräfte Priorität einzuräumen. Statt dessen erteilte der Innenminister den zu einem Verbleiben neigenden Grenzschutzbeamten großzügige Versprechungen hinsichtlich künftiger Beförderungen. Dabei konnte er mit dem weiterhin verfügbaren Stellenplan aus dem Vollen schöpfen.

Nicht wenige der jüngeren Offiziere waren für solche Verlockungen anfällig. Zudem fielen die von der Personal-Bürokratie des inzwischen zum Verteidigungsministerium arrivierten Amtes Blank erlassenen Übergangsbestimmungen für uns Jüngere so ungünstig aus, daß viel mehr Polizeivollzugsbeamte für den BGS optierten als man ursprünglich erwartete. Um dies an einem konkreten Beispiel zu demonstrieren: Voraussetzung für die Übernahme als Hauptmann war die Vollendung des 32. Lebensjahres. Warum eigentlich? Niemand konnte das je erklären! Da fiel also der halbe Jahrgang 1925, dem ich angehörte, durch das Raster. Dabei fehlte es der Bundeswehr gerade an jüngeren Kompaniechefs.

Ich ging dennoch zur Bundeswehr, wenn auch mein Vertrauen in die Personalführung der Bundeswehr angeschlagen war. Meine spätere Verwendung als Stellvertretender Leiter der Personalabteilung hat mich in diesem negativen Urteil noch bestärkt. Nur habe ich dann klarer erkannt, daß die Verantwortung dafür weniger den Politikern, als den führenden Militärs anzulasten ist. Sie haben es unterlassen oder nicht vermocht, die Politiker von den notwendigen Entscheidungen zu überzeugen.

Am 1. Juli 1956 wurde ich also mit dem Dienstgrad eines Oberleutnants überführt, dann jedoch aufgrund einer Ausnahmegenehmigung, die der Bundesverteidigungsminister Franz-Josef Strauß persönlich erteilte, doch noch vorzeitig zum Hauptmann befördert.

Zurück zu der gespannten Atmosphäre im BGS in den Junitagen 1956, als die Optionsfrist lief. Hatte man anfangs nur mit ein paar Nörglern gerechnet, die im BGS verbleiben würden, so schwoll die Anzahl der Optionen von Tag zu Tag an. Als dann bekannt wurde, daß selbst Oberst Heinrich Müller, Stellvertretender Kommandeur des Grenzschutzkommandos Mitte, der wohl fähigste unter den höheren BGS-Offizieren, optieren würde, übte dies eine Sogwirkung aus. Schließlich entschieden sich rund 40 Prozent der Grenzschutzbeamten für ein Verbleiben im BGS.

Heinrich Müller gehörte zu den wenigen geistvollen Persönlichkeiten im BGS. Als ich ihm auf einer Seminartagung an der Evangelischen Akademie in Hofgeismar zum ersten Male begegnet, war mir sofort klar: der ist Spitze! Daß er sich für das Verbleiben im BGS entschied – er wurde später dessen Inspekteur – , ist mir noch heute unverständlich. Aus meiner Sicht wäre er der rechte Mann gewesen, der nach der Grundlegung durch Baudissin mit der Unterabteilung Innere Führung des Verteidigungsministeriums die Konzeption in die Phase der Praxis hätte führen können.

Entschieden möchte ich aber dem Eindruck entgegenwirken, im BGS sei alles Gold gewesen, was glänzte. Bei weitem nicht. Man könnte sogar umgekehrt sagen, der alte BGS sei das Musterbeispiel für das Versäumnis, eine Muster- und Kerntruppe aufzustellen, solange man personell aus dem Vollen schöpfen konnte. Daß man diese Truppe in naher Zukunft für die Wiederaufrüstung dringend benötigen würde, war für jedermann abzusehen. Aber es fehlte an zweierlei: an einer vorausschauenden und auf das Ganze gerichteten politischen Führung und an qualifizierten Grenzschutzoffizieren in den Spitzenstellen. Letzteres erforderte eben mehr als nur die Bewährung als Kommandeur oder Generalstabsoffizier im Kriege. Nur vier Brigadegenerale – die damals »Kommandeure« genannt wurden – gab es im BGS – und etwa 20 Obersten, mehr waren es gar nicht. Für diese wenigen Stellen hatte man wohl nicht immer die besten ausgesucht. Dabei konnte man aus einem erdrückenden Überangebot an qualifizierten Bewerbern auswählen. Offenbar dominierten »Seilschaften«, die sich gegenseitig nach- und hochzogen. Und die maßgebenden Spitzenbeamten im Bundesministerium des Innern wollte wohl gar keine hochqualifizierten Troupiers, sondern möglichst viele mittelmäßige, aber um so gehorsamere Befehlsempfänger. Daß von den wenigen Obersten und Kommandeuren, über die der BGS verfügte, dann noch ein nennenswerter Teil durch den Personalgutachterausschuß von der Überführung in die Bundeswehr ausgeschlossen wurde, ist ein Phänomen, das immer noch seiner Deutung harrt. Dieses recht negative Urteil ändert nichts daran, daß es unter den BGS-Offizieren einige hervorragende Persönlichkeiten gab, die dann in der Bundeswehr glanzvolle Karrieren durchliefen. Darunter gab es auch solche, die das Zeug dazu hatten, schon vor der Überführung weit vorauszudenken, was die operative Rolle der künftigen Bundeswehr betraf. Hier ist vor allem der Oberst Kurt Spitzer zu nennen, der schon damals eine als »Schwert und Schild« bekannt gewordene Studie entwarf.[63]

Eine große Leistung vollbrachte der BGS ohne Zweifel in der Ausbildung seines Offiziernachwuchses. Die leider viel zu wenigen Offizierbewerber, die er eingestellt und zu Offizieren ausgebildet hatte, waren nicht nur für den schnellen Aufbau der Bundeswehr unentbehrlich, die meisten haben im Verlauf ihrer Dienstzeit Spitzenpositionen erreicht. Hatten wir Grenzschutzbeamten die Diskussion um die Wiederaufrüstung nicht zuletzt unter dem Aspekt unserer persönlichen Zukunft geführt, mich – aber nicht nur mich – interessierte sie auch im Hinblick auf die Frage der deutschen Wiedervereinigung. So sehr ich die Sorge derjenigen verstand, die mit der westdeutschen Aufrüstung eine bedrohliche Verschärfung der Teilung befürchteten, so hielt ich sie dennoch für geboten. Ich war überzeugt, die Sowjets würden nur durch eine Politik der Stärke zum Einlenken zu bewegen sein. So hielt ich die Politik der Westbindung für richtig; jedoch nur als Mittel zum Zweck. Allerdings konnte ich mich eines Mißtrauens gegenüber Adenauer nicht erwehren, insbesondere seit der für mich unverständlichen Zurückweisung der Stalin-Note im März 1952. In dieser Auffassung wurde ich später noch bestärkt, als ich den Innsbrucker Historiker Rolf Steininger persönlich kennenlernte, der sich durch seine Arbeiten über diese Frage einen Namen gemacht hat.[64]

Von der Bonner Grenzschutzabteilung, der ich angehörte, traten die meisten in die Bundeswehr über. Darauf nahm unser Abteilungskommandeur – unbeschadet meiner zuvor angebrachten Kritik war er ein überzeugter Soldat – Einfluß so gut er konnte.

Die letzte Nacht vor dem Ablauf der Optionsfrist, die zum 1. Juli 1956, verbrachten wir in großer Spannung, die meisten auch in der Vorfreude über die erwartete Beförderung. Ich blieb, wie schon berichtet, Oberleutnant. Die Planung sah vor, aus unserer Abteilung ein Panzerbataillon aufzustellen. Dazu wurden wir nach Hemer in Westfalen verlegt. So galt es, von Bonn Abschied zu nehmen. Am 9. Juli versammelten sich Abordnungen aus allen BGS-Standorten in Bonn. Die feierliche Übergabe an den Verteidigungsminister erfolgte auf dem Münsterplatz. Scharen von hohen Offizieren aus dem gerade ein Jahr alten Verteidigungsministerium hatten sich dort eingefunden. In ihren nagelneuen Uniformen wirkten sie alle ein wenig unbeholfen, waren sie doch meist erst wenige Wochen wieder im Dienst. Der Bundesinnenminister Schröder (wer hätte geahnt, daß er Jahre später selbst Verteidigungsminister werden würde?) und Bundesverteidigungsminister Blank schritten gemeinsam die Front ab. Dann erklang der Große Zapfenstreich, kommandiert von Hauptmann Wüstenberg, unserem dienstältesten Hundertschaftsführer. Kaum hatte das militärische Zeremoniell begonnen, brach ein furchtbares Gewitter über Bonn herein. Es donnerte und blitzte, wolkenbruchartig stürzte der Regen auf diese Paradeaufstellung. Viele der Zuschauer stoben auseinander. Wir hielten aus.

Aber unsere neuen Uniformen, damals noch von recht geringer Qualität, waren dahin. Für mich bedeutete dieser Abend auch den Abschied von Marlene Spitzer, mit der mich in dieser Bonner Zeit eine herzliche Freundschaft verband. Beide verließen wir Bonn, in ganz verschiedene Richtungen. Sie heiratete später den Adjutanten ihres Vaters. Kurt Spitzer, der u. a. auch Chef des Stabes LANDJUT in Rendsburg war, schied 1962 als Generalmajor aus der Bundeswehr aus. Bis zu seinem Tode 1987 hatte ich Kontakt zu ihm. Er wie seine Tochter Marlene hielten während des Skandals zu mir.
Aus der Bonner Grenzschutzabteilung wurde das Panzerbataillon 2. Zusammen mit dem ebenfalls dem BGS entstammenden neuen Panzeraufklärungsbataillon 5 marschierten wir am 23. Juli in Hemer ein. Als bei dem anschließenden Appell die beiden Bataillone unter dem Kommando unseres nun wieder in den Rang als Oberst eingesetzten

Kommandeurs Otto Fischer das Gewehr präsentierten, konnte einem alten Soldaten das Herz höher schlagen. Hier zeigten sich die Früchte einer gediegenen Formalausbildung.

Nur wenige Tag blieb ich im neuen Standort Hemer. Mir lag daran, meine Promotion in Bonn abzuschließen. Da bot sich die Chance, in die Unterabteilung Innere Führung des Verteidigungsministeriums versetzt zu werden, die einen in der Truppenpraxis des BGS erfahrenen jungen Offizier suchte. Freudig griff ich zu und machte mich auf den Weg nach Bonn.

Das bedeutete aber auch Abschiednehmen aus dem vertrauten Kameradenkreis. Doch der löste sich ohnehin auf; in alle Ecken wurden wir verstreut. Eigentlich war es nur Horst Wenner, dem ich immer wieder begegnete. Fast gleichaltrig nahmen wir einen ähnlichen Weg, er mir anfangs immer einen Dienstgrad voraus. Dann waren wir zu gleicher Zeit Bataillons-, Brigade- und Divisionskommandeure; schließlich wirkten wir in der de-Maizière-Kommission zusammen. In der Hetzjagd Wörners gegen mich wurde er als Zeuge vernommen. Danach traf ich ihn nur noch einmal auf einem Empfang in Bonn, als wir beide schon pensioniert waren. Da sagte er mir noch, daß er sich während des Skandals bewußt habe zurückhalten wollen; deshalb hätte er sich nicht bei mir gemeldet. Ich reagierte damals etwas enttäuscht, weil ich seitens alter Kameraden derartige Entschuldigungen auf Schritt und Tritt erfuhr. Aber ich fürchte, daß ich Wenner Unrecht getan habe. Kurze Zeit darauf ist er leider an einem Herzinfarkt verstorben. Er war ein guter Soldat.

Nach der deutschen Wiedervereinigung erlebte der BGS eine Renaissance. Leider hat man ihn in den vergangenen Jahrzehnten systematisch «ent-militarisiert», so daß man jetzt über einen sicher gut qualifizierten Grenzschutz-Einzeldienst verfügt – wenn auch über viel zu wenig Personal – , aber nicht über einsatzfähige Grenzschutz-Abteilungen. Interessanterweise ist offensichtlich niemand auf die Idee gekommen, eine Gegenbewegung zu der Überführung von 1956 einzuleiten. Aus den überzähligen Bataillonen (vornehmlich aus denen der Infanterie, der Fernmelde- und Pioniertruppe) könnte man durchaus

144

Stämme für Grenzschutzabteilungen gewinnen, derer wir dringend bedürfen. Aus heutiger Sicht gewinnt die alte Idee eines »großen Bundesgrenzschutzes« ungeahnte Aktualität. Genau das brauchten wir heute: mehr Bundesgrenzschutz und weniger Bundeswehr! Doch wer erinnert sich schon noch an in den Akten verstaubte Konzeptionen von 1955?

2. In der Bonner Ermekeil-Kaserne: Anfänge der Inneren Führung

Bis heute umstritten: Innere Führung – Was ist das ?

Am 1. August 1956 trat ich meinen Dienst in der Unterabteilung Fü B I (Innere Führung) des Verteidigungsministeriums an. Sie war in der alten Bonner Ermekeil-Kaserne untergebracht. Dort war es sehr beengt; nicht einmal eine Kantine gab es. Unsere Arbeit war stark behindert. Gerüchte kursierten, oben auf der Hardthöhe (damals in Bonn eine wenig bekannte Ortsbezeichnung, noch lange kein Begriff) solle ein »Penta-Bonn« entstehen. Doch das lag noch in weiter, weiter Ferne.

Innere Führung – was ist das? Das fragen viele – und zu Recht – noch heute. Denn man hat es versäumt, diesen schillernden Begriff zu definieren. Am ehrlichsten war da noch Hans Apel, der selbst als Verteidigungsminister mit der ihm eigenen Unbefangenheit öffentlich bekannte, er wisse nicht so recht, was das eigentlich sei. Erst in den 80er Jahren hat Helmut Preuß, ein ehemals hoher Beamter im Luftwaffenamt, es unternommen, mit seinem Buch über die Innere Führung Licht in das Dunkel zu bringen, das diesen Begriff umgibt.[65] Daß dieses Buch kaum bekannt geworden ist, erscheint mir symptomatisch für das gestörte Verhältnis der Politik, nicht nur das der Bundeswehr, zu diesem Problem zu sein. Wo immer ich in den letzten Jahren in Diskussionen um Innere Führung verwickelt wurde, habe ich auf die Arbeit von Preuß verwiesen und stets dieselbe Reaktion erfahren: man habe noch nie etwas von diesem Buch gehört. Manche wollen es wohl auch gar nicht zur Kenntnis nehmen!

Daß das Problem einer fehlenden, oder einer unzureichenden Begriffsbestimmung der obersten Führung sehr wohl bekannt war, sie sich aber als unfähig zur Lösung des Problems erwies, das läßt sich eindrucksvoll in einer Rede Helmut Schmidts nachlesen. Bei der Amtseinführung

146

des Admirals Zimmermann als Generalinspekteur sagte er am 30. März 1972: »Seit ich in diesem Amt bin, habe ich es abgelehnt, mich an dem Glasperlenspiel zu beteiligen, zu den vielen Definitionen von Innerer Führung eine neue hinzuzuliefern«. Mit dieser Äußerung hat er sich kein gutes Zeugnis ausgestellt. Hatte doch niemand von ihm eine Beteiligung an irgendwelchen Spielen erwartet, um so mehr eine klare Entscheidung. Gerade Schmidt verfügte gleichermaßen über die intellektuellen Fähigkeiten, wie über den praktischen Sinn für Fragen der Menschenführung. Um so bedauerlicher ist, daß er die Chance verpaßt hat, diesen gordischen Knoten zu durchschlagen.

An Versuchen, den komplexen Begriff der Inneren Führung zu definieren, hat es wirklich nicht gefehlt! Diese reichen von der »Integration in die Gesellschaft« bis zum »Betriebsklima«. Viel krasser, aber wohlmeinend und gar nicht so unzutreffend, haben die deutschen Soldaten in der Wehrmacht − ohne den Begriff Innere Führung gekannt zu haben − diesen Bereich des Militärs mit »Fahne, Rotz und Geistlichkeit« umschrieben.

Alle mir bekannten Definitionsversuche wirken geschwollen − und verfehlen schon deshalb ihre Wirkung. Vor allem aber zielen sie zumeist nicht auf das Wesentliche, und das ist − wie Clausewitz gesagt hat − die sittlich-moralische Verfassung der Streitkräfte. In seiner Zeit sprach man vom »Geist der Armee« − und alle verstanden es! Liest man Reden und Verlautbarungen über die Innere Führung in den 90er Jahren, so kann man nur zu dem Schluß gelangen: Wir haben uns von der anzustrebenden Klarheit weiter entfernt denn je. Ich meine, wir sollten das, was Clausewitz einst so prägnant formuliert hat, in die Sprache unserer Zeit übersetzen und uns mit einem Satz begnügen: *Innere Führung ist zeitgemäße Menschenführung in der Bundeswehr!* Das würde sich jedermann einprägen − und damit auch die drei Essentials: »Menschenführung«, »zeitgemäß« und beschränkt auf die deutsche »Bundeswehr«.

Ob nun verbindlich definiert oder nicht, an diesem mit Innerer Führung umschriebenen Problem kommt kein führender Soldat vorbei, wenn auch die meisten Generale der Bundeswehr das immer wieder versuchen. Mich hat dieses Problem von Anbeginn fasziniert. Der

Leser wird sich erinnern, wie scharf ich Mißstände im inneren Gefüge der Wehrmacht kritisiert habe. Im BGS wurde ich erneut mit Fehlentscheidungen konfrontiert. Deshalb stand ich allen Bestrebungen, Grundsätze für die »soldatische Ordnung« zu schaffen, stets aufgeschlossen gegenüber. An dieser Frage schieden und scheiden sich wohl noch immer die Geister. Viele erfahrene Truppenführer halten derartige Regelungen für überflüssig, weil nach ihrer Auffassung in einer gut geführten Truppe das innere Gefüge immer in Ordnung war und sein wird. Mag das auch so gewesen sein; niemand wird bestreiten: Es gab und gibt eben nicht nur gute Truppenteile. Ob »gut« oder nicht – das hing fast immer von dem jeweiligen Vorgesetzten ab. Damit kann und darf man sich aber nicht begnügen. Auch weniger gute Vorgesetzte – immer wird es auch noch schlechtere geben – müssen so eingebunden sein, daß ihre Truppe nicht unversehens zu einer schlechten wird, sondern sich womöglich gar zu einer guten entwickelt.

Doch die Innere Führung der Bundeswehr wollte und will immer noch mehr sein als Richtschnur für die soldatische Ordnung. Sie wollte ein neues Bild vom Soldaten schaffen, das eines »Staatsbürgers in Uniform«. Diesen Ansatz halte ich für richtig. Man konnte und durfte beim Aufbau der Bundeswehr nicht einfach da anknüpfen, wo 1945 aufgehört wurde. Auch die Wehrmacht, hätte sie weiterbestanden, wäre eine ganz andere geworden, allein schon wegen der waffentechnischen Entwicklungen. Ja, was viele der alten Soldaten übersehen haben, die Wehrmacht hatte gerade während des Krieges eine tiefgreifende Veränderung erfahren; nicht nur in ihrer Bewaffnung und Organisation, auch in ihrem inneren Gefüge.[66] Den politischen Veränderungen nach dem verlorenen Krieg hätte sie sich schon gar nicht verschließen können. Von daher hatten die Reformer recht, was ihr Ziel betraf. Ob sie auch den richtigen Weg gewählt haben, das ist bis heute umstritten. Die von der politischen und militärischen Spitze praktizierten und für den nachgeordneten Bereich verordneten Lippenbekenntnisse haben eher das Gegenteil bewirkt. Keiner hat das so klar zum Ausdruck gebracht wie der bekannte Schweizer Militärsoziologe R. Bigler, einst Chefredakteur der »Weltwoche«: »Ein neuer Geist läßt sich nicht auf dem Verordnungswege erwecken.«[67] Diese

148

eindringliche Mahnung haben weder die Politiker noch die Militärs zur Kenntnis genommen. Statt dessen sonnen sie sich in einem vermeintlichen Erfolg und preisen die Innere Führung neuerdings sogar als einen Exportschlager, dies freilich nicht im Sinne der Erfinder. In Deutschland selbst wurde die Kritik an der Inneren Führung wohl am schärfsten durch Hans-Georg von Studnitz geführt. Anders als Bigler richtete Studnitz seinen Angriff auch gegen die Person Baudissin.[68] Da übertraf ihn aber bei weitem noch der pensionierte Bundeswehr-Oberst Friedrich Doepner.[69]

Mit ihrem Leitbild vom »Staatsbürger in Uniform« haben die Bundeswehr-Reformer eine Idealvorstellung konzipiert, dabei aber wohl verkannt, daß der Mensch kein geborener Staatsbürger ist.[70] So ist es nicht verwunderlich, daß in der breiten Öffentlichkeit – die meisten Politiker, gar führende Soldaten stimmen in diesen Chor ein – dieses anspruchsvolle Leitbild unter Verzicht auf den »Staatsbürger« auf das eines »Bürgers in Uniform« reduziert wird. Gerade das wollte Baudissin nicht – und er ist dagegen Sturm gelaufen. Denn aus dieser Fehlfarbe wurde gar zu schnell eine »weiche Welle« in der Ausbildung und Formung der Soldaten abgeleitet, die er entgegen vielfachen Unterstellungen zutiefst abgelehnt hat. Mit dem »Staatsbürger« ist zugleich der Anspruch an die Gesellschaft, insbesondere an die Schule verbunden, der Bundeswehr einen entsprechend vorgebildeten und erzogenen Soldaten zuzuführen.

Denn die Bundeswehr selbst soll ja nicht »Schule der Nation« sein. »Die Schule der Nation ist die Schule« hatte der Bundeskanzler Brandt unter dem Beifall der breiten Öffentlichkeit betont. Aber die Schule ist dieser Verpflichtung niemals gerecht geworden, und die Bundeswehr hat es unterlassen, ihren Anspruch mit dem nötigen Nachdruck anzumahnen. 1969 wagte der damalige Bundesverteidigungsminister Gerhard Schröder den Versuch, den umstrittenen Begriff des »Staatsbürgers in Uniform« durch den eines »Staatsbürgers als Soldat« zu ersetzen.[71] Daß er damit kläglich scheiterte ist wohl dem Unvermögen der Bundeswehr-Führungsspitze zuzuschreiben, für diesen neuen Begriff eine intellektuell überzeugende Begründung zu liefern.

Die Tragik des Konzepts der Inneren Führung besteht – abgesehen von der fehlenden Begriffsbestimmung mit allen daraus folgenden Fehlinterpretationen – darin, daß sie von der breiten Öffentlichkeit ganz anders verstanden wird, nämlich als ein Sichlossagen von der Wehrmacht, Ächtung des Formalen, Abkehr von der Disziplin und Orientierung der Ausbildung am Friedensdienst. Kein Schlagwort hat eine so willige Aufnahme gefunden wie der ungerechtfertigte Vorwurf, Innere Führung sei gleichbedeutend mit »weicher Welle«.

Ob nun das eine oder andere mehr oder weniger gewollt war, dieses durfte nicht das Image der Inneren Führung sein. Die Bundeswehr darf sich nicht von der Wehrmacht lossagen, doch sie sollte sich mit ihr auseinandersetzen. Im Sinne recht verstandener Tradition muß sie das Gute übernehmen und das Schlechte verwerfen. Was das Formale betrifft, so kommt es darauf an, sich auf den Zusammenhang von Form und Inhalt zu besinnen. Auf den Inhalt kommt es an, aber dieser bedarf der Form. Nicht ein Militär, sondern der deutsche Archäologe Ludwig Curtius hat deren Bedeutung so treffend herausgestellt: »Wie in der katholischen Kirche, so lebt auch im Heer eine tausendjährige Erfahrung seit den Römern weiter. Vieles zumeist Unverständliche erweist sich nachher als sinnreiche Tradition.«[72] Mit der Form hängt der Begriff der Disziplin zusammen. Daß Disziplin nicht eine Eigentümlichkeit des Militärs ist, sondern unverzichtbar für das Zusammenleben von Menschen ist, hat Edgar Schumacher, ein bekannter Schweizer Militärschriftsteller, herausgestellt: » Es ist ein Begriff von so eigener Bedeutung, daß er auch auf andere Lebensgebiete herübergeholt wurde, und der Soldat wird am wenigsten erstaunt sein, wenn er bei Immanuel Kant (in den Vorlesungen über Pädagogik) liest: Verabsäumung der Disziplin ist ein größeres Übel als Verabsäumung der Kultur«.[73] Truppenfremde Militärs allerdings meinten, ihre moderne Einstellung damit zu demonstrieren, daß sie zwischen formaler und funktionaler Disziplin unterschieden. Sie selbst erwiesen sich als unfähig diese Grenze zu ziehen und haben nicht mehr erreicht, als die Disziplin schlechthin zu untergraben. Dabei wurde noch in der 1973 erlassenen Führungsvorschrift des Heeres der Grundsatz verankert: »Disziplin ist unerläßlich für die Kampfkraft der Truppe, ihre Aufrechterhaltung für alle von Nutzen.«[74]

Hauptmann Kießling
im Gespräch mit Oberst
Graf Baudissin, seinem
Brigadekommandeur.

Abschied als Kom-
paniechef in Göttin-
gen. Oberst Graf
Baudissin (Mitte).
Hauptmann Baer (3.
von links) als Nach-
folger.

Das Army Staff College in Camberley.

Mit einem indischen Lehrgangskollegen am Army Staff College.

Was nun den Friedensdienst (verstanden im Sinne einer Vernachlässigung der kriegsnahen Ausbildung, nicht etwa der Bezogenheit auf die Erhaltung des Friedens) betrifft, so war dies bestimmt nicht die Absicht der Reformer. Sie wollten im Gegenteil mehr Zeit dafür gewinnen und lieber die Formalausbildung einschränken. Wenn dennoch der Inneren Führung dieses Image anhängt, so ist dies vor allem darauf zurückzuführen, daß sie vornehmlich als »Lehr- und Lernfach«, verstanden und deshalb dem Unterricht zugeordnet wird.

Das Umsetzen des Konzepts der Inneren Führung in die Wirklichkeit der Truppe stand von Anbeginn unter einem ungünstigen Stern: Der Diskrepanz von Auftrag und Mitteln. Da knüpfte man in der Tat an eine Überlieferung der Wehrmacht an, und zwar an eine ganz verhängnisvolle, nämlich die unentwegte Überforderung der Truppe. Dazu kam die mangelnde Wahrhaftigkeit der Politiker in bezug auf dieses Konzept. Denn in Wirklichkeit wollten sie diese Innere Führung gar nicht; die meisten von ihnen hatten noch nicht einmal verstanden, worum es dabei ging. Daran hat sich bis heute wenig geändert. Den Politikern ging es beim Aufbau der Bundeswehr um etwas ganz anderes. Sie wollten die Zustimmung der Wähler für die weithin ungeliebte Re-Militarisierung. Die meinte man am ehesten zu erlangen, indem man der Öffentlichkeit eine »Bürgerarmee der weichen Welle« vorgaukelte. Die Amerikaner als die eigentlich treibende Kraft hinter der westdeutschen Aufrüstung hielten von der Debatte um die Inneren Führung ohnehin nichts. Sie wollten nur eines: militärisches Potential. In bezug auf die Deutschen verstanden sie darunter – auf einen einfachen Nenner gebracht – eine »Wehrmacht ohne Hakenkreuz«, wenn sie das auch aus verständlichen Gründen niemals so formulierten.

Das gestörte Verhältnis der verantwortlichen Politiker zur Inneren Führung läßt sich auch aus den Erinnerungen von Franz Josef Strauß ablesen. Da erwähnt er Baudissin, dem während seiner Amtszeit als Verteidigungsminister bis 1958 die Unterabteilung Innere Führung unterstand, lediglich im Zusammenhang mit der Uniformfrage. Strauß kritisiert, daß Baudissin »die Ideologie verbreitet (hatte), die Uniform nur als Arbeitskleidung anzusehen«.[75] Mehr hat der große Bayer zur Inneren Führung nicht ausgeführt. Die gleiche Abstinenz findet man bei einem großen Politiker der anderen Couleur, bei Carlo Schmid. Zwar erwähnt er in seinen »Erinnerungen«[76] eine Begegnung mit dem Grafen Baudissin, aber von der Inneren Führung ist da nicht die Rede. Auch in den Erinnerungen von Adenauer und Brandt sucht man vergeblich nach einer Äußerung zu dieser Frage.

Auch die mit dem organisatorischen Aufbau der Bundeswehr betrauten führenden Soldaten interessierte die Innere Führung eigentlich herzlich wenig. Sie hatten in der unseligen Kriegszeit gelernt, mit Lippenbekenntnissen zu leben, da würden sie auch mit diesem Papiertiger fertigwerden. Mit dieser Distanzierung haben sie sich aber auch der Möglichkeit begeben, an der Gestaltung der Inneren Führung in der Truppenpraxis mitzuwirken. Das überließen sie − sicher unbedacht − weniger qualifizierten Truppenoffizieren und truppenfremden Pseudo-Wissenschaftlern. Die Implementierung der Inneren Führung hing wesentlich davon ab, ob dafür geeignete Soldaten in die Kernfunktionen der Offizierausbildung eingesetzt würden. Das waren die Lehroffiziere an den Offizier- und Truppenschulen. Doch die Personalführung war daran noch weniger interessiert als die Organisatoren. Schließlich sahen sie in der Inneren Führung eine Art Konkurrenz zu ihrer ureigensten Zuständigkeit. Wurde doch in der Bundeswehr das Führungsgrundgebiet »G1« auf »Personal und Innere Führung« erweitert. In einem 1981 veröffentlichten Aufsatz habe ich mich mit diesem Problem auseinandergesetzt.[77]
Mit Sicherheit war es nicht die erste Garnitur der verfügbaren Offiziere, die für Aufgaben der Inneren Führung eingesetzt wurde. Ein Teufelskreis tat sich auf. Die Besten wollten auch nicht dorthin, sondern drängten in das G3-Gebiet, in die Militärpolitik und in die Operationsführung. Die Politiker taten das ihrige, diesen Trend zu schüren. Die Spitze der Bundeswehrführung rekrutierte sich fast ausschließlich aus den mit der Militärpolitik vertrauten Generalen.

Ein Name steht für das ganze Konzept: Graf Baudissin

Die Seele des Geschäfts in der Unterabteilung Innere Führung war Wolf Graf Baudissin. In der Geschichte der Bundeswehr hat es wohl keine andere Aufgabe gegeben, die so sehr mit einem Namen verknüpft ist, die mit einem Mann stand und fiel. Wer von Innerer Führung redet, der kommt an Baudissin nicht vorbei. Sein Name ist ein Reizwort geworden.[78] Wer gar, wie ich, seiner Unterabteilung angehörte, für den ist Baudissin zu einer unvergeßlichen Begegnung geworden. Gehört hatte ich von diesem Mann schon Anfang der 50er Jahre. Daß ich seinen Ideen gegenüber aufgeschlossen war, darauf habe ich schon wiederholt hingewiesen.

Zum ersten Male erlebte ich Baudissin, als er im Frühjahr 1955 im Haus meiner Bonner Verbindung ein Referat über das innere Gefüge der geplanten neuen deutschen Streitkräfte hielt. Sein Auftritt war eindrucksvoll. Er sprach frei und klar, und er wirkte überzeugend. Baudissin nannte die Dinge nicht nur beim Namen, sondern präsentierte ein Konzept. Manches schien mir, der ich zu dieser Zeit bereits wieder Truppenoffizier im BGS war, ein wenig praxisfremd. Aber mich faszinierte sein Bestreben, diesen unseligen Kommiß in den Griff zu bekommen. Vor allem stimmte ich seiner Grundauffassung zu, daß wir nicht einfach dort fortfahren durften, wo die Wehrmacht aufgehört hatte. In zweifacher Weise hatte sich die Lage grundlegend geändert. Einmal hatten waffentechnische Entwicklungen das Kriegsbild revolutionär umgestaltet. Zum anderen lebten wir nun in einem Rechtsstaat und hatten daraus Folgerungen für die soldatische Ordnung zu ziehen. Immer ging es Baudissin auch darum, an die Zeit der deutschen Erhebung aus der napoleonischen Knechtschaft anzuknüpfen. Hat doch kein Geringerer als Clausewitz den Begriff vom »Geist der Armee« geprägt, mit dem er auf die sittlich-moralische Verfassung des Heeres abzielte.[79]

Nie wieder bin ich nach Baudissin einem Menschen begegnet, der mich so hin und her gerissen hat, zwischen Bewunderung und Kritik. Kaum jemand konnte sich seinem Charme entziehen. Leider wurde seine liebenswürdige Art nicht selten von einem scharfen Sarkasmus überlagert, mit dem er sich ungewollt manchen zum Gegner machte, der seinen Ideen vielleicht gar nicht ablehnend gegenüberstand. Vornehmlich die ihm eigentümliche Ungeduld – vor allem in ihn verzehrenden Diskussionen um die Innere Führung – hat Baudissin mitunter dazu verleitet, andere tief zu verletzen, ohne daß er es wollte. Doch hat meines Erachtens diesen außergewöhnlichen Offizier nichts so bestimmt, wie seine ausgeprägte Fähigkeit zur kritischen Analyse. Kompromißlos verfolgte er dann den einmal gefaßten Entschluß. Dabei verdammte er andere Positionen genau so unnachsichtig, wie er der eigenen anhing.

Schon in seinem Äußeren war dieser Mann eine imponierende Erscheinung: groß, schlank, der Typ des Gardeoffiziers der Jahrhundertwende, dabei hochgebildet und feinfühlig. Aus altem Adel stammend, sein Vater war Landrat, später Regierungspräsident, trat er 1926 in die Reichswehr ein, natürlich in das – im Jargon als »Graf Neun« betitelte – 9. (preußische) Infanterie-Regiment. Ob man Kurt Hesse folgen darf, gleich dieses ganze Regiment zur Geburtsstätte der Inneren Führung zu erklären[80], scheint mir jedoch höchst zweifelhaft. Baudissin wurde Generalstabsoffizier. Als solcher geriet er schon 1941 – noch Hauptmann – auf dem nordafrikanischen Kriegsschauplatz in britische Gefangenschaft. Erst 1946 kehrte er aus Australien zurück. Ihm fehlte also eines, das er niemals wettmachen konnte: Die Erfahrung der Ostfront. Diese Ostfront aber hat das deutsche Heer mehr geprägt als alles andere. Wer da nicht dabei war, der konnte in diesem Heer schwerlich Autorität in Fragen der Menschenführung gewinnen, mochte er intellektuell auch noch so überzeugend sein. Dies nicht erkannt zu haben, ist ein schweres Versäumnis der politischen Führung und der in ihrem Auftrage handelnden Personalführung. Aber den Politikern ging es ja – wie bereits angedeutet – bei der Inneren Führung in Wirklichkeit weniger um ein modernes inneres Gefüge der neuen deutschen Streitkräfte, als Anerkennung im Bündnis und um Wählerstimmen für die Adenauersche Politik der Wiederaufrüstung zum Zwecke der Westbindung.

Den gar zu vielen Kritikern Baudissins muß man entgegenhalten: Sie haben es allesamt nicht fertiggebracht, eine überzeugende Alternative zu seinem Konzept der Inneren Führung anzubieten. Zumeist fehlte es ihnen an intellektuellem Vermögen, ein Manko, das leider viele hochbewährte Truppenkommandeure aufweisen. Von den Generalstabsoffizieren dagegen waren viele einfach zu arrogant, um sich mit den Problemen der soldatischen Menschenführung zu befassen. Die fühlten sich als die großen »Operateure«. Andere wiederum waren schlichtweg zu feige, ihren Kopf dafür hinzuhalten.

Wer da behauptet, die Alternative sei der Brigadegeral Karst gewesen, der muß sich entgegenhalten lassen: Karst stellte in den 50er Jahren – und um diese Zeit geht es hier – aufgrund seines damals noch recht jugendlichen Alters, aber auch seines noch niedrigen Ranges, gerade als Major übernommen, eben keine wirkliche Alternative zu Baudissin dar. Dies ändert nichts daran, daß er die nach Baudissin dominierende (wahrscheinlich sogar die einzige) Persönlichkeit in der Reformer-Gruppe war.[81]

In seiner verständlichen Aversion gegen die regierende CDU, der Baudissin nicht zu Unrecht mangelndes Engagement in der Inneren Führung anlastete, begab er sich zunehmend ins parteipolitische Abseits. Seine Hinwendung zur SPD wurde von dieser keineswegs honoriert. Auch die wollte in Wirklichkeit weder ihn, noch die Innere Führung. Aber sie wollte sich mit seinem Namen und mit seinen Ideen schmücken. Schließlich schickte die Hardthöhe Baudissin in die NATO, und er fühlte sich abgeschoben. Als er 1967 – nach Erreichen der Altersgrenze – in den Ruhestand versetzt wurde, verbat er sich das übliche militärische Zeremoniell mit dem Großen Zapfenstreich. Mag das aus seiner Sicht auch konsequent gewesen sein, so habe ich seine Entscheidung bedauert, weil er damit indirekt alle anderen kritisierte, die diese übliche Ehrung selbstverständlich akzeptiert haben. Das war sein gutes Recht. Die Ablehnung solcher Ehrung bezog sich aber wohl nicht auf den Großen Zapfenstreich schlechthin. Mir ist in deutlicher Erinnerung, daß Baudissin ihn als Brigadekommandeur zelebrieren ließ; und zwar im Herbst 1959. Damals marschierte die Panzergrenadierbrigade 4 vom Sennelager zurück nach Göttingen. Auf halbem Wege rasteten wir in Arolsen. In der von den Belgiern belegten Kaserne wurde der Große Zapfenstreich aufgeführt, den Baudissin abnahm. Dies wurde zu einem glanzvollen Ereignis der einstigen Residenzstadt, unter großer Beteiligung der Bevölkerung.

Zur Verabschiedung Baudissins im Dezember 1967 gab der Generalinspekteur de Maizière in der Koblenzer Schule für Innere Führung einen Empfang und würdigte dessen Verdienste.[82] Dazu war auch ich wie alle engeren Mitarbeiter Baudissins aus der Zeit seines Dienstes in der Bundeswehr geladen. Im Zusammenhang mit Baudissins Einstellung zum militärischen Zeremoniell verdient auch Erwähnung, daß er – sicher nicht gegen seinen zuvor bekundeten Willen – mit militärischen Ehren zu Grabe getragen wurde, am 15. Juni 1993 in Hamburg.

Nach seiner Pensionierung übernahm Baudissin die Leitung des Instituts für Friedensforschung in Hamburg; er wurde zum Professor ernannt. Als solcher lehrte er auch an der Universität Hamburg. Als ich im Herbst 1968 einen mehrwöchigen Lehrgang für Gesamtverteidigung an der Führungsakademie absolvierte, nutzte ich einen freien Nachmittag, um an einem Seminar teilzunehmen, das Baudissin in der Universität hielt. Es war ein Bild des Jammers. Er kam die ganze Zeit über gar nicht zum Thema, sondern mußte sich mit ein paar Störenfrieden auseinandersetzen. Sicher verdient Anerkennung, mit welcher Geduld er diese Provokation hinnahm. Dennoch tat er mir leid. Das war nicht seine Welt, und eine solche Behandlung hatte er nicht verdient.

Ich hielt durch all die Jahre Verbindung zu ihm. Unser stets gutes Verhältnis wurde beeinträchtigt, als ein Brief, den ich an Matthias Walden zur Frage von Begriffen – u. a. auch der Inneren Führung – ohne mein Wollen als Leserbrief in der »Welt am Sonntag« erschien. Baudissin fühlte sich dadurch verletzt. Ich konnte ihn nur um Entschuldigung bitten und darlegen, daß ich – unbeschadet meiner hier geäußerten Meinung, zu der ich stehe – anders formuliert hätte, wäre ich mir der Veröffentlichung bewußt gewesen. Meine Kritik am unklaren Begriff der Inneren Führung hatte nichts an meiner positiven Einstellung zur Notwendigkeit einer zeitgemäßen soldatischen Menschenführung geändert. Als ich wenig später in den Strudel des Skandals geriet, hat Baudissin gleichwohl für mich Partei genommen. Anders hätte ich mir ihn auch gar nicht vorstellen können. Daß er sich dabei stärker zurückgehalten hat als seinem Temperament entsprach, hat er mir gegenüber damit begründet, seine »offene Unterstützung« hätte mich eher belastet, weil meine Freunde ja »rechts saßen«. An meiner Wertschätzung für Baudissin hat das aber nichts geändert.

Vier Jahrzehnte sind vergangen, seit der Name Baudissins einer breiten Öffentlichkeit bekannt wurde. Die Bundeswehr ist eine andere geworden, und auch Baudissin selbst interpretiert manches anders (so sprach er in den letzten Jahren vom »inneren Führer«, während er früher alter deutscher Tradition folgend stets die »Einheit der Führung« betont hat). Geblieben ist eine weit verbreitete Neigung seiner Kritiker, diesen Mann für alle Mißstände in der Bundeswehr verantwortlich zu machen. Dem bin ich stets entgegengetreten. Mag der Einfluß Baudissins auf die Gestaltung der neuen deutschen Streitkräfte noch so stark gewesen sein, er zu Recht als der »Vater der Inneren Führung« gelten, das ist nur die eine Seite der Medaille. Die andere, die für einen Rechtsstaat bedeutendere, ist die politische Verantwortung. Und die tragen allein die jeweiligen Verteidigungsminister. Dabei darf auch nicht unerwähnt bleiben, daß zwischen dem Minister und dem Unterabteilungsleiter Innere Führung zumindest noch ein Generalinspekteur stand, der oberste Soldat der Bundeswehr. Nicht Baudissin konnte der Truppe etwas vorschreiben. Das geschah allein auf dem Wege über Gesetze, Verordnungen und Vorschriften. Zumindest die Minister und Generalinspekteure haben ganz offensichtlich die von Baudissin vertretene Richtung gutgeheißen. Sonst wäre es nicht nur ihr gutes Recht gewesen, ihn durch einen anderen zu ersetzen, sondern ihre verdammte Pflicht. Soweit ich es damals überblicken konnte, waren vor allem die Baudissin übergeordneten Militärs mit manchen seiner Ideen gar nicht, mit anderen weniger einverstanden, aber sie scheuten die Auseinandersetzung und ließen ihn gewähren. Sie selbst nahmen sich für die Fragen der Inneren Führung auch keine Zeit, sondern wandten sich der von ihnen so geliebten Militärpolitik und gewiß nicht unwichtigen Fragen der Organisation zu. Bei öffentlichen Auftritten ließen sie es jedoch an Lippenbekenntnissen zur Inneren Führung nicht fehlen.

Die Mannschaft der ersten Stunde

Meine erste Enttäuschung mit der Institution Innere Führung erlebte ich, als ich die personelle Zusammensetzung der Baudissinschen

Gruppe erkannte. Das waren überwiegend in der Truppenführung wenig erfahrene Offiziere, einmal abgesehen von dem Eichenlaubträger Oberstleutnant Dr. Pollmann und wenigen anderen. Bezeichnend war, daß es in dieser Mannschaft anfangs keinen ausgebildeten Generalstabsoffizier gab. Wäre nicht Baudissin ein Generalstabsoffizier mit Leib und Seele gewesen, so hätte sich womöglich die Unterabteilung Innere Führung zu einer Anti-Generalstabs-Fronde entwickelt. Ein Glück, daß uns dies erspart blieb.

Daß fast keiner der damaligen Mitarbeiter Baudissins später irgendeine nennenswerte Position in der Bundeswehr erlangte, kann angesichts dieser Personalauswahl nicht verwundern. Menschlich verständlich, aber mit Sicherheit nicht gerechtfertigt, ist der von den Betroffenen gar zu oft ins Feld geführte Vorwurf, sie seien nur deshalb nicht mehr geworden, weil sie eben zu dieser Reformer-Gruppe gehörten; und das hätten ihnen die »Traditionalisten« nicht verziehen. Immerhin stieg einer nicht nur auf, sondern wurde auch der breiten Öffentlichkeit bekannt, der bereits erwähnte Major Heinz Karst. Der war zwar in manchem ein Antipode Baudissins geworden, aber unbestritten war und blieb er ein Mann der Inneren Führung. Der wesentliche Unterschied zwischen beiden bestand wohl darin, daß Baudissin ein ebenso engagierter Protestant war wie Karst ein überzeugter Katholik. Die Behauptung (die zuerst über den Personalchef Gumbel in Umlauf war und dann auf Karst übertragen wurde), er sei so schwarz, daß er im Kohlenkeller noch Schatten werfe, war eine der üblichen Übertreibungen. Gerade in religiösen Fragen erwies sich Karst als ein Liberaler. Bald kam es zum Konflikt zwischen Karst und Baudissin. Karst verließ die Unterabteilung. Er wurde zunächst Lehrgruppenkommandeur an der Schule Innere Führung und dann Kommandeur des Panzeraufklärungs-Lehr-Bataillons in Munsterlager. Von dort kehrte er als Referatsleiter in die Unterabteilung zurück und wurde, nach seiner Bewährung als Brigadekommandeur, schließlich General des Erziehungs- und Bildungswesens im Heer. Ich bin überzeugt, Karst und Baudissin waren sich im Ziel ziemlich einig, nur gingen sie unterschiedliche Wege. Für mich war es eine große Genugtuung, beide doch noch einmal an einen Tisch gebracht zu haben, nämlich im November 1982. Damals hatte ich, inzwischen Deputy SACEUR, ein Treffen der alten

Unterabteilung in der Schule Innere Führung in Koblenz organisiert, deren Kommandeur zu dieser Zeit (der spätere Viersterne-) General Dieter Clauß war. Auch er nahm an dieser Runde teil. Erst sträubten sich beide, Baudissin wie Karst, mit dem anderen zusammenzutreffen, dann kamen sie doch. Und es wurde ein harmonisches Zusammensein, das letzte dieser Gruppe der Reformer! Karst hat sich nach seiner Pensionierung als Publizist in Fragen der Militärpolitik einen Namen gemacht; vor allem hat er immer wieder ein realistisches Bild vom Soldaten gezeichnet.[83] Der letzte aus der Anfangszeit, der bis zu seiner Pensionierung am 31. März 1986 in der alten Unterabteilung verblieb, war Martin Koller, der wegen einer schweren Kriegsverletzung nicht als Soldat eingestellt werden konnte, deshalb im Angestelltenverhältnis beschäftigt war. Er, Oberst Karl Bauer und Oberst a.D. Leo Ernesti, der für die CDU in den Bundestag einrückte, hielten mir während des Skandals die Treue, auch der erst später zu dieser Crew gestoßene Ministerialrat Dr. Walter Loch.

Großen Einfluß auf Baudissin hatte der Major Dr. Günter Will, der das Referat Truppeninformation leitete. Dieser intellektuell außerordentlich begabte Offizier hat sich in Fragen der Inneren Führung stets so leidenschaftlich engagiert, daß er anderen mehr als ein Schwarmgeist erschien. Als Oberst wurde er später der erste (und einzige) Kommandeur der Stabsakademie, die bei der Neugliederung 1974 in die erweiterte Führungsakademie aufging. Unglücklicherweise entwikkelte sich Will immer mehr zu einem scharfen Kritiker der Generalstabsausbildung. Unbestritten sind seine Verdienste beim Aufbau der »Information für die Truppe«.[84]
Viele der Offiziere um Baudissin erlebte ich als ziemlich humorlos. Das zeigte sich auch, wenn es um den unglücklichen Begriff der Inneren Führung ging. Waren sie so truppenfremd, daß sie nicht begriffen: Man kann einen solchen Begriff dem Soldaten nicht oktroyieren? Wenn die Truppe vom »inneren Gewürge« sprach, dann war das gar nicht böse gemeint. Wer Grundsätze für die soldatische Menschenführung aufstellen will, der muß zumindest etwas vom Wesen des Soldaten verstehen, von seinen Eigenarten, von seiner Sprache.

Blick über den Zaun

Anders als ich erwartet hatte, wies Baudissin mir das Arbeitsgebiet des Haushalts für diese Unterabteilung zu. So mußte ich unsere finanziellen Forderungen in das dafür zuständige Referat einbringen. Auf diese Weise lernte ich den Haushaltsreferenten des Führungsstabes kennen, einen Kapitän zur See Hermann Lüdke. 1968 setzte er, inzwischen Flottillenadmiral, der Spionage verdächtigt, seinem Leben ein Ende. Meine Aufgabe brachte es mit sich, daß ich mitunter auch an den Sitzungen des Verteidigungsausschusses teilnahm. Einen Hauptmann dorthin zu schicken, das war selbst damals schon ein wenig unter dem Level, heute wäre es undenkbar. Im Ausschuß hatte ich Rede und Antwort zu stehen, wenn es um die Forderungen für die Innere Führung ging. Dabei lernte ich viele der Abgeordneten kennen, u. a. Herbert Wehner, der den Fragen der Inneren Führung gegenüber recht aufgeschlossen war; auch Maria Probst, die liebevoll als »Mariahilf« bezeichnet wurde, aber den damals noch recht jugendlich wirkenden Helmut Schmidt mitunter aufs Korn nahm.

Bedingt durch meine Funktion als Haushaltsfachmann hatte ich unmittelbaren Zugang zu Baudissin. Die vielen Gespräche, die er mit mir führte, gingen weit über das Fachliche hinaus. Auch wurde ich wiederholt in sein bescheidenes Reihenhaus in Römlinghoven eingeladen. Seine Frau, eine geborene Burggräfin Dohna-Schlodien, gelernte und anerkannte Bildhauerin, war nicht nur eine reizende Gastgeberin, sondern eine noch bessere Köchin. Anders als die meisten Damen höherer Offiziere, an denen mich immer störte, wenn sie versuchten, bei dienstlichen Entscheidungen »mitzumischen«, am liebsten bei Personalfragen, verstand die Gräfin Baudissin es meisterhaft, ihr Licht unter den Scheffel zu stellen. Den Einfluß, den sie auf ihren Mann und auf die Entwicklung der Inneren Führung in der Bundeswehr hatte, sollte jedoch niemand unterschätzen.

Die Stäbe waren damals noch recht klein, Aufbruchstimmung herrschte vor. Heusinger als Generalinspekteur suchte noch den persönlichen Kontakt zu allen Offizieren. Zu diesem Zweck arrangierte die Unterabteilung Innere Führung einen Herrenabend in der »Weinkiste« – damals ein recht renommiertes Bonner Restaurant – und lud den Generalinspekteur ein. Im Verlauf des Abends wechselte General Heusinger von Tisch zu Tisch und sprach mit jedem der etwa 30 Offiziere. Im Gespräch mit mir interessierte ihn meine eigenartige Laufbahn. Auch er hatte, fast nur in Generalstabsstellen verwendet und bei seiner auf die Operationsführung konzentrierten Verwendung während der Kriegszeit nicht verwunderlich, nur eine recht undeutliche Vorstellung von den Unteroffiziervorschulen. Aber es interessierte ihn offenbar sehr, was ich davon berichtete. Ich begegnete ihm kurz darauf noch einmal, als er die Brigade in Göttingen besuchte; danach erst wieder, als ich – inzwischen selbst Viersterne-General – ihm im Juli 1982 die Glückwünsche zu seinem 80. Geburtstag überbrachte. Der alte Herr war hellwach. Trotz der schier unübersehbaren Schar der Gäste, erkannte er mich sofort und stellte mich seiner Frau vor: »Das ist der Kießling, der von der Pike auf gedient hat«. Wenige Wochen nach Heusingers Geburtstag stand ich vor seinem Sarg. Aus mir unerklärlichen Gründen waren nur recht wenige Soldaten zu der Trauerfeier gekommen; auch der Generalinspekteur fehlte. Um so größere Beachtung verdient, daß der Bundespräsident Carl Carstens diesem verdienten Soldaten die letzte Ehre gab. Vor der Kirche war das Ehrenbataillon der Bundeswehr aufmarschiert und präsentierte das Gewehr, als der Tote seine letzte Fahrt antrat.

Zu den wichtigsten Vorhaben Baudissins gehörte die Gründung der Schule für Innere Führung. Sie sollte die Brücke von seiner Kernzelle im Verteidigungsministerium zur Truppe bilden; dort sollten die Kommandeure mit dem Konzept der Inneren Führung vertraut gemacht werden. Ein Aufstellungsstab für diese Schule unter dem designierten Kommandeur Artur Weber, damals noch Oberst, der sich sehr viel später mit Baudissin überwarf, wartete nur noch auf die Zuweisung einer diesem kühnen Projekt gemäßen Unterkunft, veranstaltete aber schon erste Lehrgänge. Doch der schwerfällige Apparat des Ministeriums kam in der Liegenschaftsfrage nicht voran. Im nächsten Jahr vielleicht, hieß es. Dann ging es plötzlich über Nacht, weil kein Geringerer als Adenauer selbst ein Machtwort sprach.
Das kam so: Der Bundeskanzler wollte sich einen persönlichen Ein-

druck von der Inneren Führung verschaffen. Dazu besuchte er den ersten Offizierlehrgang, der noch in einem angemieteten Hotel in Bad Honnef versammelt war. Baudissin nahm mich mit – und wir warteten dort auf den Kanzler, der in Begleitung des Brigadegenerals Kusserow, dem Chef des Stabes des Führungsstabes der Bundeswehr, erschien. Der Lehrgang präsentierte dem Kanzler eine »Planübung Innere Führung«, die auf folgender »Lage« beruhte: Auf dem Kasernenhof eines Bataillons wird ausgebildet, während vor der Wache Demonstranten gegen die Wiederbewaffnung protestieren. Über Lautsprecher brandmarken sie den Bundeskanzler als Kriegstreiber und rufen die Soldaten zur Solidarisierung auf. Aufgabe: Was macht der Kommandeur? Die Lösung sah vor, die Soldaten zusammenzunehmen und sie über zweierlei zu belehren: Der Kanzler ist kein Kriegstreiber, die Wiederaufrüstung eine durch die Mehrheit des frei gewählten Bundestages getragene Politik. Aber in einer Demokratie dürfen Demonstrationen nicht verhindert werden; gegen Verleumdungen könne lediglich Strafantrag gestellt werden.

So weit, so gut; nur war Adenauer mit dieser Schul-Lösung gar nicht einverstanden, sondern wandte ein: »Meine Herren, so jeht dat nich! Da müssen Sie doch ein Kommando hinschicken und dat unterbinden!« Damit sprach er zwar vielen Lehrgangsteilnehmern aus dem Herzen, aber nicht dem Leitenden. Dem kostete es schon einige Mühe, den Kanzler davon zu überzeugen, daß der Übungszweck gerade darin bestand, die Offiziere der neuen Bundeswehr mit rechtsstaatlichen Bedingungen vertraut zu machen. Sodann wandte sich die Diskussion dem Auftrag zur Erziehung der Soldaten zu. Da meldete sich ein Außenseiter zu Wort und gab zu bedenken, ob die Bundeswehr dazu legitimiert sei. Für den Kanzler schien das gar kein Problem, verkündete er doch unverblümt: »Natürlich, auch bei mir im Kabinett wird erzogen«. Baudissin fügte dem hinzu: Überall, wo Menschen zusammen sind, wird erzogen. Nicht nur von oben nach unten, auch von unten nach oben, auch nach und von der Seite, das nennen wir Soldaten »Kameradenerziehung«! Mir erschien dieses Baudissinsche Statement als geradezu klassisch, und ich habe es später wiederholt zitiert.

Bevor der Bundeskanzler uns am Mittag dieses Tages verließ, trug

Baudissin ihm das Problem der fehlenden Unterkunft für die zu gründende Schule vor. Noch vor Dienstschluß desselben Tages erreichte uns in Bonn ein Anruf aus dem Ministerbüro: Die Schule könne das von den Franzosen geräumte Hotelgebäude in Koblenz-Pfaffendorf beziehen. Dort befindet sie sich heute noch; wenn auch inzwischen zum »Zentrum Innere Führung« erhoben. Wer will denn heute schon nur noch »Schule« sein!

Inzwischen scheint diese Institution in Koblenz so tiefe Wurzeln geschlagen zu haben, daß sie sich von ihrem Standort nicht mehr zu lösen vermag. Als es im Frühjahr 1991 darum ging, zentrale militärische Dienststellen in die neuen Bundesländer zu bringen, scheiterte das an »fehlender Akzeptanz des Personals«. In einem zu Recht bissigen Kommentar stellte Karl Feldmeyer in der FAZ die Frage, »weshalb das Zentrum für Innere Führung an Koblenz gebunden bleibt, statt dorthin verlegt zu werden, wo Innere Führung auf absehbare Zeit besonders nötig ist«.[85] Ich schrieb dazu in einem Leserbrief, mit ihrer Weigerung nach Potsdam zu gehen, habe das Zentrum Innere Führung seine Autorität eingebüßt.[86] Das Koblenzer Zentrum begnügte sich nicht mit einer scharfen Entgegnung ihres Kommandeurs, sondern bot auch gleich noch einen Leitenden Regierungsdirektor dazu auf.[87] Sollte damit demonstriert werden, daß diese Institution keine Einheit der Führung mehr kennt?

War 1956 das Problem der Unterkunft auf wundersame Weise gelöst, das der Erziehung machte uns noch zu schaffen. Zwar wurden »Leitsätze für die Erziehung des Soldaten« verkündet[88], aber nach der 70er Wende wurden auch die »hinterfragt«. Der Zufall wollte es, daß ich, bereits Brigadegeneral, im Sommer 1972 an einem Lehrgang für Generale an der Schule für Innere Führung teilnahm, bei dem das Thema behandelt wurde: Hat die Bundeswehr ein Recht zur Erziehung? Die Schul-Lösung verneinte das, und die Mehrheit der Teilnehmer interessierte sich dafür recht wenig. Nur mein Stellvertreter, Oberst Dr. Wilhelm Wörmann, und ich stritten leidenschaftlich für den Erziehungsauftrag. Dabei führte ich die Baudissinsche Argumentation ins Feld. Doch es nutzte alles nichts, die Führungsspitze der Bundeswehr wollte sich dafür nicht engagieren und hob die einst von Baudissin entworfenen und als Vorschrift verabschiedeten Leitsätze auf.

Aber damit war die Bundeswehr noch lange nicht von diesem Problem befreit. Wer sich ernsthaft damit auseinandersetzt, stößt zwangsläufig auf die Frage: Was für einen Typ des Soldaten brauchen wir? »Soldat für den Frieden« ist keine hinreichende Antwort. Wer den Frieden in Freiheit erhalten will, der benötigt Soldaten, die zum Kämpfen fähig und bereit sind. Nur mit einer solchen Streitmacht können die verantwortlichen Politiker den Frieden bewahren. Die Ausbildung und Erziehung einsatzbereiter Soldaten kann jener Tugenden nicht entbehren, die heute so gern als »Sekundärtugenden« verächtlich gemacht werden: Pflichterfüllung, Gehorsam, Kameradschaft, Tapferkeit. Die meisten Kritiker sind höchst erstaunt, wenn man sie darauf hinweist, daß diese Tugenden nicht nur für die Bundeswehr gepflegt werden, sondern daß sie im Soldatengesetz verankert sind. Keiner wußte das so gut, wie der ehemalige Generalinspekteur de Maizière. Dennoch veröffentlichte er aus Anlaß der Übernahme der NVA in die Bundeswehr im Herbst 1990 einen Aufsatz mit der Überschrift » Wert militärischer Tugenden entscheidet sich am Wofür«[89] Die schärfste Kritik daran übte einer meiner früheren Lehrer an der Führungsakademie, der Oberst a.D. Pestke, der ihm in einem Leserbrief vorwarf, eine neue Mauer zwischen guten und schlechten Deutschen hochzuziehen. Wer beide Persönlichkeiten kennt und einigermaßen einzuschätzen weiß, für den trafen hier zwei (militärische) Welten aufeinander: Der Generalstabsoffizier par excellence, aber eben der truppenfremde, und der hochbewährte (mit dem Eichenlaub ausgezeichnete) Frontoffizier. Dieser Staat wollte den Typ des ersteren. Die Fachleute wußten, daß sie ohne den anderen nicht auskamen. Aber der Bundeswehr ist es ganz offensichtlich nicht gelungen, eine Brücke zwischen beiden zu schlagen.

Für die Unterabteilung Innere Führung des Verteidigungsministeriums gab es Ende der 50er Jahre eine tiefgreifende Veränderung: Baudissin sollte in die Truppe, sollte das praktizieren, was er in der Theorie so glanzvoll entwickelt hatte. Diese Forderung wurde fast schon zu einem Politikum. Wie sehr ihm im Ministerium der Wind ins Gesicht blies, das war auch daran zu erkennen, daß man ihn — obwohl auf einer Generalsstelle verwendet, die er ohne Zweifel hervorragend ausfüllte — nicht zum Brigadegeneral beförderte. Dagegen wurde der viel jüngere Oberst de Maizière, der eine andere Unterabteilung leitete, schon zu Weihnachten 1956 mit dem Generalsstern geschmückt. Schließlich fiel die Entscheidung dahingehend, daß Baudissin im Sommer 1958 als Kommandeur der neuaufzustellenden Kampfgruppe C 2 nach Göttingen ging. Da auch für mich eine Versetzung in die Truppe heranstand, fragte er mich, ob ich mit ihm kommen wolle. Das tat ich gern. So wurde ich zum 1. Mai 1958 als Führer des Vorkommandos und künftiger S1 in die niedersächsische Universitätsstadt versetzt. Entgegen manchen Vorhersagen, auch entgegen meiner eigenen Erwartung, kehrte ich nie wieder in die Unterabteilung Innere Führung zurück. Die Faszination der Aufgabe hat mich jedoch niemals verlassen, weder als Truppenkommandeur noch als Deputy SACEUR. Immer ging es mir zuallererst um eine klare Begriffsbestimmung.

3. In die Truppe: Kompaniechef in Göttingen

Garnison im Schatten der Universität

Als ich am 2. Mai 1958 in der Göttinger Zieten-Kaserne eintraf, war diese erst kurz zuvor von den Briten geräumt worden. Wo immer man hinblickte, entdeckte man das gräßliche Grün, mit dem die Briten damals alles anstrichen, was ihnen in die Quere kam, ob nun Türen, Zäune oder Hydranten. In die verwohnte Kaserne war gerade das aus Dedelstorf kommende Grenadier-Bataillon 12 eingezogen, das später in 41 und dann in 43 umbenannt wurde. Ich fühlte mich diesem Bataillon bis über das Ende meiner Dienstzeit hinaus besonders verbunden, weil es die Tradition der 3. (brandenburgischen) Infanterie-Division führte, zu der das Infanterie-Regiment Nr. 8 in Frankfurt/ Oder gehörte, das Regiment meines Vaters. Die Initiative zu dieser Traditionspflege hatte ein Göttinger Zahnarzt Dr. Kurt Schaefer ergriffen, Oberstleutnant d.R. und aufrechter Streiter für Bundeswehr und Wehrmacht. Nach dessen Tode 1979 hat sein Sohn, Prof. Dr. Kurt-Peter Schaefer im Sinne des Vaters weitergewirkt. Ihm konnte ich behilflich sein, für den Traditionsverband eine neue militärische Heimat in Berlin zu finden, als Göttingen im Sommer 1992 von der Bundeswehr aufgegeben wurde.

Erst später habe ich nachgelesen, was für ein Leben in dieser auf dem Lohberg landschaftlich so schön gelegenen Kaserne herrschte, als hier vor dem Zweiten Weltkrieg das Kavallerie-Regiment 3 stationiert war. In einem bemerkenswerten Buch über das »ungewöhnliche Leben des Generals E.G. Baade« hat Friedrich Karl von Plehwe die Kasernenanlage so beschrieben: »Die der Hanglage angepaßten und terrassenförmig aufgegliederten Unterkunftsgebäude, gedeckten Reitbahnen, offenen Reitplätze, die Ställe, Exerzierplätze, Fahrzeughallen und Gebäude für Waffen und Geräte fanden den Gefallen und die Bewunderung der einziehenden Soldaten«.[90]
Man kann aus diesem Buch auch etwas über das strenge Regiment

erfahren, das der damalige Göttinger Standortälteste, Oberst Friedrich Hoßbach ausübte (dessen Name im Zusammenhang mit dem »Hoßbach-Protokoll« in die Geschichte eingegangen ist), ganz im Gegensatz zu dem mehr liberalen Kavallerie-Regimentskommandeur in der Zieten-Kaserne, dem Oberstleutnant von Senger und Etterlin.

Als ich im Mai 1958 dort eintraf, fand ich eine recht trostlose Zieten-Kaserne vor. Da fehlte es an allen Ecken und Enden. Und Göttingen, die stolze Universitätsstadt, nahm von seinen Soldaten kaum Notiz, ging eher auf Distanz. Da war Baudissin der rechte Mann am rechten Platz. Er brach das Eis, ihm standen alle Türen offen. In Göttingen lebte auch der inzwischen recht alt gewordene General der Infanterie a.D. Hoßbach. Als Baudissin ihn einmal besuchte, durfte ich ihn begleiten und lernte so diesen bedeutenden Mann kennen. Gleichermaßen in Erinnerung ist mir ein Besuch bei Professor Percy Ernst Schramm, ein berühmter Historiker, der auch durch die Herausgabe der Kriegstagebücher des OKW bekannt geworden ist. Im Zweiten Weltkrieg hatte er als Reserveoffizier im OKW dieses Tagebuch geführt. Es war eindrucksvoll, ihn darüber erzählen zu hören.

Aufstellung der Kampfgruppe

Das Wesen der damaligen, an den Amerikanern orientierten Heeresstruktur bestand in Kampfgruppenstäben, die zur Führung einer je nach einer konkreten Gefechtsaufgabe zu unterstellender Anzahl von Bataillonen befähigt sein sollten. Baudissin war mit der Aufstellung des Kampfgruppenstabes C2 beauftragt. Das war eine mühselige Aufgabe. Denn die beiden benachbarten Kampfgruppenstäbe in Kassel und Marburg hatten, wie es beim Militär nun einmal schlechte Gewohnheit ist, vorwiegend diejenigen Soldaten aller Dienstgrade abgeschoben, die sie loswerden wollten. Aber auch für die Ausbildung wurden den Kampfgruppenstäben mehrere Bataillonen unterstellt. Damit waren sie den späteren Brigaden doch schon recht ähnlich; nur kannten sie kein festes Gliederungsschema. Baudissin war voll und ganz bei der Sache. Sein Kampfgruppenstab unterstand der erst in

Gießen, dann in Marburg stationierten 2. Grenadierdivision unter Generalmajor Alfred Zerbel, dem späteren Inspekteur des Heeres. Die erste Bewährungsprobe mußten wir bei der Divisionsübung im September 1958 bestehen. Zwar nahmen wir daran nicht als übende Truppe teil, sondern als Schiedsrichterstab. Der Kenner weiß, daß solch eine Aufgabe viel schwerer ist als selbst zu üben. Baudissin fungierte als »Oberschiedsrichter« und überzeugte durch sein Können. Er war eben nicht nur ein Mann der Inneren Führung, sondern ein Meister der Taktik und der Truppenführung, wie sich immer mehr herausstellte. Später – in der NATO – glänzte er als strategische und operative Begabung. Aber das nahmen die wenigsten zur Kenntnis, seine Gegner wollten es auch gar nicht wahrhaben.

Die Herbstübung 1958 begann im Raum Koblenz mit einem Rheinübergang. Dort besuchte der Bundespräsident Theodor Heuss zum ersten Male die Truppe. Ich stand dabei, als er den berühmt gewordenen Satz aussprach: »Nun siegt mal schön!«. Das war weder ironisch gemeint, noch wurde es an Ort und Stelle so aufgefaßt. Es war vielmehr der etwas ungeschickt formulierte Wunsch eines wohlwollenden alten Herrn. Blieb ihm auch die Truppenführung und die militärische Sprache fremd, vom Wesen des Soldaten hat dieser philosophisch geprägte Bundespräsident schon etwas verstanden, wie seine zahlreichen Äußerungen beweisen.

Auf der Anreise in das Manövergelände lud Baudissin mich zum Abendessen im Französischen Club in Koblenz ein. Dort kam Stimmung auf. Ich meinte, ihn an den nächsten Tag erinnern zu müssen: »Herr Oberst, Sie sollten sich wohl doch noch etwas vorbereiten!« Denn bisher hatte ich Baudissin noch nie in einer Übung erlebt; und mich plagten Zweifel, ob sein Wissen und Können aus der Vorkriegszeit noch ausreichte, um den Herausforderungen der folgenden Tage gerecht zu werden. Nicht nur seine Kritiker würden mit Argusaugen darauf achten, was er jenseits der Inneren Führung zu bieten hat. Doch Baudissin tat meine Bedenken ab: »Mein Guter, ein gelernter Generalstabsoffizier schüttelt so etwas aus dem Ärmel!« – und ließ noch eine Flasche Wein kommen. Als er dann am folgenden Tag vor die etwa 50 Offiziere des Leitungs- und Schiedsrichterdienstes hintrat, die noch gespannter als ich darauf lauerten, was der Papst der Inneren Führung wohl in taktischer Hinsicht zu bieten habe, konnte sich keiner von ihnen des Eindrucks erwehren: Das war gekonnt! Der anwesende Kommandierende General, Smilo von Lüttwitz, bekannt für seine ruhige und nüchterne Art, schloß die Besprechung mit ein paar Sätzen, die an seiner Anerkennung keinen Zweifel ließen. Erstaunlich ist, daß in der Biographie, die Gerd Kobe – damals als Kommandeur der Kampfgruppe B 2 in Kassel unser Nachbar – über Lüttwitz verfaßt hat, Baudissin überhaupt nicht vorkommt.[91] Seinem Dasein und Wirken konnte sich ein Kommandierender General nicht entziehen – wie immer er auch zur Inneren Führung gestanden haben mag. Und Lüttwitz hatte sicher auch einiges dazu zu sagen.

Mehr noch beeindruckte Baudissin damit, daß er etwas vom Kasernen-Alltag verstand, also von dem, was man so unter dem Kommiß-Betrieb verstand. Da kam die solide Ausbildung der Reichswehr zum Vorschein. Als es darum ging, den Befehl für den Appell der Göttinger Garnison zum Volkstrauertag 1958 herauszugeben, fügte Baudissin in dem ihm zur Unterschrift vorgelegten Entwurf ein: » Die Kompanien treten nicht vor 10.50 Uhr heraus«. Das war für herkömmliche Vorstellungen geradezu revolutionär. Denn für den auf 11.00 Uhr angesetzten Appell wären die Soldaten wohl schon eine halbe Stunde zuvor auf dem Kasernenhof gestanden. Wieviel Zeit und Kraft, vor allem guter Wille, sind in der Militärgeschichte durch derart törichte Reaktion der unteren Führung, letztlich Ausdruck ihrer Unsicherheit, schon vergeudet worden. In den Lebenserinnerungen von Ludwig Curtius kann man nachlesen, wie auch dieser große Gelehrte darunter gelitten hat.[92] Ich habe daraus gelernt und, wenn ich später Meldungen angetretener Einheiten entgegenzunehmen hatte, immer zuvor wissen lassen, daß ich lieber eine kleine Verspätung in Kauf nehmen würde, als eine unangemessen lange Stehzeit vorher für die Truppe.

Dieser ausgeprägte Sinn Baudissins für Fragen des Kasernen-Alltags wurde ergänzt durch seine Bereitschaft, stets mit gutem Beispiel voranzugehen. Das zeigte sich vor allem bei Übungen. Da nahm er bewußt alle Belastungen auf sich, vom vollständigen Kampfanzug bis zur feldmäßigen Unterkunft. Das klingt so selbstverständlich, ist es aber gar nicht, wenn man einmal genauer hinsieht. So ist in der Bundeswehr vor allem unter Vorgesetzen die Unsitte verbreitet, den Stahlhelm nicht zu tragen – obwohl der nun einmal zum Kampfanzug gehört. Aus gutem Grund! Da gibt es dann die tollsten Ausreden: Im Kriege habe man den auch nicht aufgesetzt, oder: der passe nicht zu gepanzerten Truppen. Dabei wurde niemals verlangt, den Stahlhelm im Panzer zu tragen, wohl aber dann, wenn ausgestiegen oder abgesessen wird. Wie schnell würden die nach dem Stahlhelm greifen, wäre die Luft einmal eisenhaltig! Jetzt, in den Übungen der Friedenszeiten, muß man die Soldaten auch an das zunächst etwas unbequeme Tragen dieses Helms gewöhnen. Mitunter ging es auch darum, eine Übungspartei durch das Tragen von Stahlhelmen kenntlich zu machen. Baudissin hielt sich persönlich stets streng an solche Bestimmungen.

Als ich kurz vor Weihnachten 1959 mit meiner Kompanie für eine Woche zum Gefechtsschießen auf den Truppenübungsplatz Wildflekken ging, entschied ich, nicht die festen Unterkünfte im Lager zu beziehen, sondern draußen im Wald zu biwakieren. Da murrten einige der älteren Unteroffiziere und brachten schlechte Stimmung in die Kompanie. Baudissin hörte davon, kam eines Tages spontan zum Gefechtsschießen und blieb die folgende Nacht bei uns draußen – und schlief mit uns im Zelt. Das tat seine Wirkung. Ich habe daraus gelernt. Bei Forderungen, die von den Soldaten zumindest als unbequem empfunden werden, von deren Notwendigkeit sie auch nicht immer überzeugt waren, habe ich schnell erkannt: hier genügt nicht das Prinzip von Befehl und Gehorsam. Vielmehr muß der befehlende Vorgesetzte überzeugen, am besten, indem er mit gutem Beispiel vorangeht. Wo immer möglich, habe ich das auf mich genommen. Eine gute physische Kondition, mehr noch der Wille, haben mir das erlaubt. Aber ich war mir auch bewußt, daß die Durchsetzung solcher Forderungen nicht etwa von einer Art Vorleistung des Vorgesetzten abhängig gemacht werden darf. Nicht nur wären ältere Offiziere und Unteroffiziere auf diese Weise überfordert, auch ihre Zeit und Kraft würden zu Lasten wichtigerer Aufgaben mißbraucht. Ein Bataillonskommandeur braucht nicht der beste Langstreckenläufer zu sein, ein Brigadekommandeur nicht der beste Panzerschütze. Aber sie müssen fähig und bereit sein, sich auch solchen Forderungen zu stellen. Es tut ihrer Autorität überhaupt keinen Abbruch, wenn sie dabei nur mittelmäßige Leistungen erbringen. Hier kommt es allein darauf an, daß die ihnen unterstellten Soldaten erkennen: Der Kommandeur ist einer von uns! Dem kriegserfahrenen Soldaten mag das alles ein wenig banal klingen. Doch gilt es zu bedenken, daß die heutigen Soldaten zwangsläufig andere Orientierungspunkte haben.

So sehr es auf ein beispielhaftes Verhalten des militärischen Führers in diesen kleinen Dingen des Soldaten-Alltags ankommt, wichtiger ist natürlich daß er den sittlichen Forderungen gerecht wird, die er selbst erhebt oder zu denen er sich bekannt hat. Als Brigadekommandeur führte Baudissin ein strenges Regiment. Natürlich war er seinen ihm unterstellten Bataillonskommandeuren weit überlegen. Und doch stieß er immer wieder auf eine Wand, die schicksalhaft durch seinen persönlichen Werdegang bedingt war: Ihm fehlte das Erlebnis der Ostfront. Die Bataillonskommandeure dagegen waren kampferprobte alte Hasen: Curt von Witzendorff (der später als Brigadegeneral Kommandeur der Infanterieschule wurde), Manfred Schulz (der in dem bekannten Buch von Peter Bamm »Die unsichtbare Flagge« als der »Hauptmann schnelle Zunge« vorkommt) und Domaschk, ein hochausgezeichneter Haudegen. In dem Spannungsverhältnis zwischen Baudissin und den ihm unterstellten Kommandeuren offenbarte sich eine uralte militärische Weisheit: Wer sich im Kriege bewährt hat, entspricht nicht immer den Erfordernissen der Ausbildung in Friedenszeiten. Umgekehrt wird die Autorität eines militärischen Führers in Friedenszeiten durch nichts anderes so sehr gestärkt wie durch seine Bewährung im vorausgegangenen Krieg. Heute müssen wir zutiefst dankbar sein, daß wir auf eine über vierzigjährige Friedenszeit zurückblicken können. Längst gibt es in der Bundeswehr keinen Soldaten mehr, der sich im Fronteinsatz bewährt hat.

Im Frühjahr 1959 wurde das Heer in Brigaden umgegliedert, aus der Kampfgruppe C 2 wurde die Panzergrenadierbrigade 4. Damit erhielten die Brigadestäbe Generalstabsoffiziere. Unser G3, also der Erste Generalstabsoffizier, wurde der Major i.G. Helmut Meitzel, mit dem ich auch heute noch kameradschaftlichen Kontakt pflege. Ich wurde Kompaniechef der Stabskompanie. Nach meiner zeitlich begrenzten Erfahrung, die ich im BGS als Hundertschaftsführer sammeln konnte, war dies für mich nicht nur eine herausfordernde organisatorische Aufgabe, sondern auch eine mitunter mühselige, Disziplinarvorgesetzter einer derart personalstarken Kompanie von rund 200 Soldaten zu sein. Vor allem sah ich mich einem Problem gegenüber, das mich nie mehr verlassen hat: das Verhältnis von Truppe und Stäben. Wenigstens einmal in der Woche wollte ich – nicht nur, weil es so vorgeschrieben war – die Kompanie zum Ausbildungsdienst verfügbar haben. Da gab es im Brigadestab immer einige Soldaten, zumeist Unteroffiziere, die sich hinter ihren Fachvorgesetzten verschanzten, weil angeblich ausgerechnet an diesem Tage unaufschiebbare Termine zu erledigen waren. In den meisten Fällen steckte dahinter nichts anderes als das Bestreben, sich vor dem unbequemen Ausbildungsdienst zu drücken. In vielen aufreibenden Gesprächen mit den Abteilungsleitern des Stabes wurde ich immer wieder mit deren Argumentation konfrontiert: Dies sei keine Kampf- sondern eine Stabskompanie; und die sei für den Stab da, nicht etwa umgekehrt. Dagegen beharrte ich auf meinem Standpunkt: Auch die Stäbe bestehen aus Soldaten. Deshalb genügt es nicht, daß sie ihre fachlichen Aufgaben erfüllen. Auch ihre allgemein-militärischen Fähigkeiten müssen gewahrt bleiben: Sie müssen auch Kämpfer sein! Vor allem bei dem Fernmeldeoffizier der Brigade, Hauptmann Winfried Groß, fand ich immer volle Unterstützung. Wo immer ich später Kommandeur war, habe ich darauf geachtet, daß diesen Erfordernissen entsprechend gehandelt wurde.

Die Motivation der Wehrpflichtigen ließ schon damals zu wünschen übrig. Ob wir wollten oder nicht, wenigstens in dieser Hinsicht mußten wir doch die »Schule der Nation« sein. In einem hatte man es allerdings zu jener Zeit noch recht leicht: wenn es darum ging, den Soldaten zu erläutern, was es mit der Freiheit auf sich hat. Ein großer Teil von ihnen kam von »drüben« und hatte die kommunistische Diktatur am eigenen Leibe erfahren.

Das hat sich im Laufe der Zeit grundlegend geändert. Daran sollten all diejenigen denken, die heute − sachlich unbegründet − an der Wehrpflicht festhalten wollen.

In meiner Göttinger Zeit erfuhr ich tagtäglich die Diskrepanz von Auftrag und Mitteln. Die aus politischen Gründen (Adenauer wollte der NATO möglichst schnell eine umfangreiche Bundeswehr vorzeigen) forcierte Aufstellung nahm keine Rücksicht auf die Erfordernisse der Führerausbildung. Zwar hatte das Iller-Unglück vom 3. Juni 1957 den Verantwortlichen einem kurzen Schock versetzt, aber bald ging alles im alten Tempo weiter. Ich wage zu behaupten, daß sich die Bundeswehr von dieser überhasteten Aufstellung niemals erholt hat. Der Wurm war drin! Der dagegen oft erhobene Hinweis, die Aufstellung der Wehrmacht nach 1935 habe in noch schnellerem Tempo zu einer noch viel umfangreicheren Truppe geführt, übersieht eines: Auch die Wehrmacht kam da nicht ungeschoren davon. Wegen dieser überhasteten Aufstellung war sie eben für den großen Krieg nicht hinreichend vorbereitet. Nur viel schlechtere Gegner haben ihr anfangs die großen Erfolge ermöglicht. Als die Wehrmacht dann auf den entschlossenen Widerstand der Sowjets, deren schier unerschöpfliche Ressourcen und ihre für uns nur schwer vorstellbare Leidensfähigkeit traf, da hatte sie ihren Meister gefunden. Aber der wesentliche Unterschied beim Aufbau der Wehrmacht war der, daß diese in der hochqualifizierten Reichswehr einen wirklichen Nukleus vorfand, von dem sie zehren konnte. Allerdings hatte man die Wehrmachtssuppe damals so stark verdünnt, daß von dem guten Kern manchmal nicht viel übrig blieb.

Für die Aufstellung der Bundeswehr fehlte solch ein guter Kern. Der Bundesgrenzschutz durfte es nach dem Willen der hohen Militärs im Amt Blank nicht sein.

Generationen-Problem in der Bundeswehr

Erstmals erlebte ich auch das Generationenproblem in der Bundeswehr. Die letzten Leutnante aus der Wehrmacht, zu denen ich gehörte, waren inzwischen alle zu Hauptleuten aufgestiegen und führten die Kompanien. In die Leutnants-Stellen war die Nachkriegsgeneration eingerückt. Wenige von ihnen kamen aus dem BGS, die meisten waren im Schnellverfahren in der Bundeswehr ausgebildet worden. Viele von ihnen waren mit fast dreißig Lebensjahren für diesen Rang schon ein wenig zu alt. Alle hatten noch bewußt das Kriegsende erlebt und die Leiden erfahren: Bombenterror, Flucht und Vertreibung, Besatzung, Hunger und Elend; manche als Flak-Helfer, im Volkssturm oder auch noch als Soldat. Dennoch gehörten sie eindeutig einer anderen Generation an als wir, die letzten Kriegsoffiziere.

Auf die Kriegsoffiziere schauten sie mit einer Mischung von Bewunderung und Skepsis. Eine Neigung zur Bewunderung ergab sich zwangsläufig daraus, daß die Älteren alles das erfahren hatten, was die Jüngeren mit ihrer Entscheidung für den Offizierberuf anstrebten: Führer von Soldaten zu sein. Da blickten sie häufig auf breite Ordensschnallen und lauschten im Offizierheim den Frontberichten, in die mitunter auch etwas Seemannsgarn eingeflochten war. Nach und nach erkannten sie, daß auch da nicht alles Gold war, was glänzte. Nicht alle Angehörigen der Kriegsgeneration hatten sich an der Front bewährt. Und die Tapferen von einst zeigten nicht immer Zivilcourage, wo sie in der Bundeswehr gefordert war. Die wenigsten waren gute Ausbilder; denn das hatten sie eben im Kriege nicht gelernt. Schon gar nicht hatten sie in ihrer zivilberuflichen Tätigkeit immer geglänzt; denn die Umstände hatten dazu selten eine Chance geboten. So schwand zwar die generelle Bewunderung für die »Krieger«, aber der Respekt blieb. Die Frontoffiziere mußten sich ihre Autorität erneut erwerben, unter anderen, für sie ungewohnte Bedingungen.

Vor allem war da ein Bedürfnis der Jungen, von den Älteren zu erfahren, wie sie zu den grundlegenden Veränderungen in Staat, Streitkräften und Gesellschaft standen, wie sie ganz persönlich diesen gewaltigen Umbruch verarbeitet hatten. Zu diesem Zweck richtete Baudissin eine wöchentliche Arbeitsgemeinschaft aller Leutnante der

Brigade ein, deren Leitung er mir übertrug. Da ging es weniger um militärische Fachfragen, als vielmehr um das Problem »Wehrmacht im NS-Staat«. Ich war herausgefordert, mich gründlich darauf vorzubereiten, um den kritischen Fragen der wenig Jüngeren standzuhalten. Häufig wohnte Baudissin selbst dieser Ausbildung bei, aber auch andere Vorgesetzte kamen dazu nach Göttingen, so verschiedentlich der Divisionskommandeur, Generalmajor Zerbel.

Schon Mitte der 60er Jahre begann sich die Trennungslinie zwischen kriegsgedienten und bundeswehreigenen Offizieren zusehends zu verwischen. Da stammten zwar noch die Bataillonskommandeure aus der Wehrmacht, aber schon hatten die ersten der Nachkriegsgeneration die Generalstabsausbildung absolviert. Immer weiter verschob sich diese Trennungslinie in der militärischen Hierarchie nach oben, bis schließlich 1983 mit Altenburg der erste nicht mehr Kriegsgediente in das Amt des Generalinspekteurs einrückte. Ich veröffentlichte aus diesem Anlaß einen Aufsatz über das Generationenproblem.[93] Ob das Aufrücken der Nachkriegsgeneration in die Bundeswehr-Spitze eine Wende zum Besseren brachte, darüber mag man streiten. Schmückle hat darauf hingewiesen, daß ausgerechnet diese Offiziergeneration versagte, als sie im Falle des Generals Kießling gefordert wurde. 1987 verließ der letzte kriegsgediente Offizier die Bundeswehr.

Im Herbst 1967 veranstaltete die Evangelische Akademie in Tutzing eine Tagung für Offiziere zum Generationenproblem. Brigadegeneral Lemm, damals Kommandeur der Heeresoffizierschule in München, sprach für die ältere Generation, der Leutnant Andreas Wittenberg (später General der Pioniertruppen) für die junge. Mir wurde das Referat für die mittlere Generation übertragen; inzwischen war ich Bataillonskommandeur geworden. Dabei betonte ich, daß der Bundeswehr mit der für eine Streitmacht unerträglichen Institution eines Berufssoldaten (auf Lebenszeit) die Gefahr der Überalterung drohe. Um so mehr gelte es zu bedenken, daß eine Armee keinen Generationenkonflikt schüren dürfe, sondern immer auf die gemeinsame Aufgabe hin orientiert sein müsse.

175

Am Rande bemerkt

Als vertrauter Mitarbeiter Baudissins mußte ich mitunter Aufgaben übernehmen, denen ich damals nach Rang und Erfahrung noch nicht so recht gewachsen war. Das ging nicht immer gut. Gelegentlich einer Informationsveranstaltung im Herbst 1958 in Göttingen mußte ich für den aufgrund eines persönlichen Gespräches verhinderten Brigadekommandeur auf der anberaumten Presse-Konferenz Rede und Antwort stehen. Der Name Baudissin hatte Journalisten weit über den lokalen Rahmen hinaus angelockt. So kam es denn, daß sie mich gleich mit der schwerstwiegenden Frage der Bundeswehr-Gründerzeit aufspießten: Schießen sie auch auf die Deutschen von drüben? Ich parierte: Wenn es zum Kriege kommen sollte, müssen und werden wir auf jeden schießen, der uns angreift. Dann stehen uns zwangläufig Amerikaner und Briten auf unserer Seite näher, als die angreifenden Deutschen! Diese Antwort wurde auch von der überregionalen Presse aufgegriffen[94] und nicht selten als »ungeheuerlich« kommentiert; vor allem in der »DDR«[95]. Jetzt erst wurde mir bewußt, daß sich die breite Öffentlichkeit mit dem Problem des Bruderkrieges überhaupt noch nicht auseinandergesetzt hatte. Der aber war eine unvermeidbare Konsequenz der deutschen Teilung, insbesondere der Einordnung der deutschen Teilstaaten in die antagonistischen Bündnissysteme. Das alles hat die Mehrheit gewollt, zumindest dann gutgeheißen; aber die Folgen wollte man nicht wahrhaben. Ich war der Auffassung, der Soldat dürfe sich da nichts vormachen. So habe ich mich freimütig geäußert − und freiwillig. Nicht etwa wurde ich dazu durch Baudissin bestimmt, mit dem ich darüber zuvor gar nicht gesprochen hatte. Nun war es heraus. Niemals hat mich öffentliche Kritik so geschmerzt wie in jenen Tagen, auch im Januar 1984 nicht. Denn unbeschadet meines Engagements in der Bundeswehr, später in der NATO, war ich immer ein leidenschaftlicher Anhänger der deutschen Einheit geblieben. Sie hatte für mich Vorrang vor der Westbindung. Letztere habe ich immer bejaht, aber sie war und ist für mich Mittel zum Zweck. Meine Position in dieser Frage hat Rainer Zitelmann in dem von ihm jüngst herausgegebenen Werk »Westbindung« dargestellt.[95a]

Vielen Persönlichkeiten begegnete ich in dieser Zeit, die entweder

176

schon einen Namen hatten oder aber später recht bekannt wurden. Dazu gehörte Dr. Günter Wetzel, damals Polizeipräsident in Kassel. Er übte in meiner Kompanie als Fähnrich und wurde danach Leutnant der Reserve. Er brachte es später bis zum Oberst der Reserve. Aber nicht nur beim Militär machte er Karriere, mehr noch als Beamter. Als solcher wurde er Staatssekretär im Bundesministerium der Verteidigung. Als ich ihn 1979 wiedersah, wirkte er als Staatssekretär im Justizministerium von Schleswig-Holstein. In den achtziger Jahren hat er sich einen Namen als unermüdlicher Streiter für die deutsche Einheit erworben. Ein anderer Wehrübender war Ullrich Grahlmann, damals Programmdirektor des ZDF. Von ihm gewann ich erste Eindrücke über das Medium Fernsehen. Er moderierte ein Streitgespräch, das ich im Oktober 1960 mit dem damaligen Pressesprecher des Verteidigungsministeriums, Gerd Schmückle, über die Frage der Wirtschaftlichkeit in der Bundeswehr führte.

Zu meiner Erinnerung an Göttingen zählt nicht zuletzt sein Theater. Manchen glanzvollen Abend habe ich dort erlebt. Unvergessen ist mir eine Aufführung von Gerhart Hauptmanns »Vor Sonnenuntergang« mit Heinz Hilpert, dem Intendanten, in der Hauptrolle. Persönlich war diese Zeit durch meine Freundschaft zu Barbara von Hoff bestimmt. Tochter eines Artillerieoffiziers, was sich in ihrem Vornamen widerspiegelt, war sie mit ihren Eltern aus Mitteldeutschland geflohen und hatte südlich von Hannover eine neue Heimat gefunden. Auch nach ihrer Eheschließung mit einem angesehenen Professor blieb die einmal geschlossene Freundschaft gewahrt. So nahm es mich nicht wunder, daß sie und ihr Mann zu mir hielten, als mit meinem Namen kein Staat mehr zu machen war. Wenn ich nach meiner Pensionierung häufig mit dem Intercity nach Süden gefahren bin, so wurde es für mich eine liebe Gewohnheit, bei der Fahrt durch Göttingen jedesmal auf den Lohberg zu blicken, wo sich die Zieten-Kaserne immer noch stolz erhebt. Die Entschcidung über die neue Struktur der Bundeswehr nach der Wende brachte das Aus für diese Garnison. Zum letzten Appell am 11. Juni 1992 betrat ich noch einmal die Zieten-Kaserne. Mit etwas Wehmut dachte ich an die drei Jahre zurück, die ich in dieser schönen Stadt verbringen durfte. Missen möchte ich auch diese Zeit nicht, aber es waren für mich auch keine glücklichen Jahre.

4. Als »Schlieffen-Pimpf« in Hamburg: Generalstabsausbildung

Ein ungelöstes Problem: Auswahl für die Generalstabsausbildung

Über Glanz und Elend des deutschen Generalstabs ist viel geschrieben worden. Das Urteil über ihn kann man wohl dahingehend zusammenfassen: Fachlich einsame Spitze, politisch mitunter naiv, charakterlich nicht immer fest; von aller Welt geachtet, gar bewundert, mehr noch gefürchtet. Selbst ein so großer Geist wie der berühmte Historiker Friedrich Meinecke ist der Versuchung erlegen, den deutschen Generalstab zum Inbegriff des unseligen Militarismus zu stempeln: »Der Scharfblick der Feinde hat nicht ohne Grund in diesem Generalstab die Quintessenz unseres Militarismus erblickt und sich zur Aufgabe gemacht, ihn nunmehr mit Stumpf und Stiel auszurotten«.[96]

So durfte man sich nicht wundern, daß bei der deutschen Wiederbewaffnung die Forderung erhoben wurde: Kein deutscher Generalstab mehr! Diese Formel war wohl mehr ein politisch-opportunistischer Kunstgriff, um der zu erwartenden Kritik im In- und Ausland entgegenzuwirken. Dazu wurde das Argument bemüht, die strategisch-operative Planung sei Sache der NATO; also brauchten wir gar keinen deutschen Generalstab mehr. Das überzeugte natürlich nicht. Einmal kann und darf auch die NATO-Planung nicht losgelöst von den nationalen Interessen erfolgen, zum anderen steht »Generalstab« für weitaus umfassendere Aufgaben als nur für strategisch-operative Planung. Letzlich verkörpert der Generalstab die militärische Führungsspitze schlechthin. Im Zuge der Neuordnung deutscher Sicherheitspolitik nach der Wende stellt sich auch diese Frage neu.

Sicher ist die Zeit vorbei, da der preußische Generalstab als eine der vier Säulen Europas galt, zusammen mit der römischen Kurie, dem britischen Unterhaus und der französischen Sorbonne. Über eines bestand jedoch selbst bei den entschiedenen Gegnern der Restauration des deutschen Generalstabs kein Zweifel: auf ausgebildete Generalstabsoffiziere (ob man sie nun so nennt oder anders) konnte und wollte man nicht verzichten. Deshalb fiel frühzeitig die Entscheidung, eine Führungsakademie der Bundeswehr zu errichten.[97] Richtigerweise wurde diese als eine Institution der Bundeswehr, also alle drei Teilstreitkräfte umfassend, angelegt. Sie war und ist nicht irgendeine Ausbildungsstätte für Spezialisten, sondern die hohe Schule der Bundeswehr schlechthin. Wer in hohe Positionen aufsteigen soll oder will, der muß die Generalstabsausbildung absolviert haben. Mag es Ausnahmen geben, sie bestätigen nur die Regel. Der Bedarf an ausgebildeten Generalstabsoffizieren ist naturgemäß ein begrenzter. Für die gesamte Bundeswehr waren es bis zur Umstrukturierung pro Offizierjahrgang etwa 100, davon für das Heer allein um die 60 Hauptleute, die um 30 Jahre alt, eine zwei Jahre währende Generalstabsausbildung erfahren. Am Beispiel des Heeres läßt sich das Problem der Auswahl am besten demonstrieren. Aus den etwa 500 Hauptleuten jedes Jahrgangs gilt es die besten auszuwählen. Sie alle bereiten sich langfristig auf diese Auswahl vor. Sie erfolgt in der Form von Kurz-Seminaren, Hausarbeiten, Auswahllehrgängen. Ein ausgeklügeltes Bewertungssystem führt zur Aufstellung einer Wertungsliste. Aber man begnügte sich nicht damit, einfach die 60 Spitzenreiter in die hochqualifizierende Ausbildung zu übernehmen. Vielmehr war eine Auswahlkommission darauf bedacht, auch noch andere Gesichtspunkte zu berücksichtigen, wie z. B. die bisherigen Beurteilungen, und selbst die Beurteilenden wurden dabei betrachtet. Als »General für die Offizier- und Unteroffizierausbildung im Heer« wurde ich 1971 kraft Amtes Mitglied dieser Kommission. Aus eigenem Erleben kann ich bestätigen, mit welcher Gewissenhaftigkeit die Auswahl erfolgte. Vor allem: Es gab keinerlei unerlaubte Einflußnahme! Nichts nutzten da ein klangvoller Name oder irgendwelche Beziehungen. Mancher Generalssohn blieb da zum großen Kummer seines Vaters auf der Strecke. Aber ich will nicht ausschließen, daß einzelne Offiziere in ihrer Laufbahngestaltung vor der Auswahlprüfung begünstigt wurden und auf diese Weise besser vorbereitet waren.

Ging es bei der Auswahl um die ersten zehn oder zwanzig Plätze der vorliegenden Wertungsliste, so herrschte fast immer Einmütigkeit; alle Mitglieder der Kommission stimmten zu. Aber um die Plätze 50 bis 60 wurde jedesmal heiß gerungen. Die unter 61 bis 65 plazierten Hauptleute hatten noch eine Chance nachzurücken, für die anderen vier- bis fünfhundert war das Urteil über ihre künftige Karriere gesprochen. Schon der Weg zum Oberst stand nicht mehr allen offen, Generalsdienstgrade konnten sie nur noch in Ausnahmefällen erreichen. Denn der Abstand zwischen den Ausgewählten und der Mehrheit der Zurückbleibenden vergrößerte sich mit der Zeit zusehends. Zunächst einmal erfuhren die 60 Generalstabsanwärter eine hervorragende Ausbildung, die kaum noch wettzumachen war, auch nicht durch ein akademisches Studium, das damals einigen mehr als »Trostpflaster« gewährt wurde. Stärkere Wirkung noch hatten die folgenden Verwendungen in ausgewählten Dienststellungen, in denen die Generalstabsoffiziere sich qualifizieren konnten. Allerdings war damit auch ein Handicap verbunden. Nur eine begrenzte Zahl der Generalstabsoffiziere, wiederum ausgewählt, konnten als Bataillonskommandeure in die Truppe zurückkehren. Erst danach standen sie für höhere Verwendungen heran, während die anderen zu mehr spezialisierten Generalstabsoffizieren wurden – und damit zumeist leider auch dem Truppendienst entfremdet. Wurden sie dann später doch noch in die Truppe versetzt, zumeist als Stellvertretende Brigadekommandeure, so taten sie sich manchmal schwer, machten nicht immer eine gute Figur und selten Karriere. Denn wer von den Generalstabsoffizieren nicht die erste Hürde zum Bataillonskommandeur schaffte, der konnte kaum Brigadekommandeur werden; und dann schon gar nicht Divisionskommandeur. Die Ausnahmen, die es auch von dieser Regel immer wieder gab, waren entweder (partei-) politisch begründet oder – in seltensten Fällen – durch den spezifischen Werdegang einzelner Offiziere.

Für letzteres ist der spätere Generalleutnant Dr. Franz Uhle-Wettler ein eindrucksvolles Beispiel. Der war als Bataillonskommandeur einfach nicht verfügbar (an seiner Eignung dafür hat wohl niemand gezweifelt). So ist er dennoch über eine Verwendung als Stellvertretender Brigadekommandeur schließlich über den Brigade- und Divisionskommmandeur in die militärische Spitze aufgestiegen. Uhle, wie er vertraulich genannt wird, gehört mit Sicherheit zu den außergewöhnlichen Generalen der Bundeswehr. Zwei Jahre jünger als ich, dem 6. Generalstabslehrgang zugehörig, hat er durch Publikationen schon als Major von sich reden gemacht. Mein Verhältnis zu ihm war nicht immer spannungsfrei. Hielt er mich für einen Jünger der von ihm heftig kritisierten Inneren Führung, so meinte ich, er wolle den Kommiß nachholen, den er in der Wehrmacht nicht mehr erleben durfte. Erst im Zuge der Traditionsdebatte Anfang der 80er Jahre fanden wir zueinander, unser Engagement um die deutsche Einheit führte uns schließlich zusammen.

Schon in der Wehrmacht blieb das Spannungsverhältnis zwischen zum Generalstabsoffizier ausgebildeten und den anderen Offizieren kein Geheimnis; nur wurde es weitgehend verdrängt. In der Bundeswehr verschärfte es sich einmal dadurch, daß vornehmlich truppenfremde Generalstabsoffiziere ihren Aufbau bestimmten; zum anderen bot sie als Armee in Friedenszeiten Truppenoffizieren kaum Gelegenheit, die ihnen fehlende Generalstabsausbildung durch »Frontbewährung« zu kompensieren. Um so mehr war man bemüht, das Spannungsverhältnis von Truppen- und Generalstabsoffizieren in den Griff zu bekommen. Als recht untauglicher Versuch erwies sich jedoch die Weisung des ersten Generalinspekteurs, Heusinger, einfach 20 Prozent der für Generalstabsverwendungen ausgeworfenen Stellen mit Offizieren ohne Generalstabsausbildung zu besetzen. Dabei übersah man offensichtlich den dieser Lösung innewohnenden Widerspruch: Entweder stimmte unsere Forderung nach qualifizierter Ausbildung für die als Generalstabsstellen bezeichneten Verwendungen nicht, oder aber – und so war es dann in der Tat –, man mutete den ohne diese Ausbildung in solche Verwendungen versetzten Offizieren eine Aufgabe zu, der sie nicht gewachsen waren und die sie deshalb in den meisten Fällen nur unvollkommen erfüllen konnten.

Die Konsequenz war, daß nur weniger bedeutende, zumeist stark spezialisierte Dienstposten für diese als »Heusinger-Spende« verspottete Lösung freigegeben wurden. Die so verwendeten Offiziere wurden keineswegs glücklich, das Spannungsverhältnis zwischen den Offizieren im Truppen- und Generalstabsdienst wurde keineswegs ausgeräumt, eher verstärkte es sich noch.[98] War ein mit Generalstabsspiegeln gekennzeichneter Offizier den anderen nicht bekannt, so wurde er nicht selten mit der Frage nach der Zugehörigkeit zu welchem Generalstabslehrgang konfrontiert. So gerieten diejenigen, die bei der Antwort passen mußten, in eine peinliche Verlegenheit, die mehr Schaden anrichtete, als die »Heusinger-Spende« gutmachen konnte. Aber die hat sich dennoch zählebig gehalten. Gerungen wurde immer wieder um die Anzahl der Stellen des »Generalstabsdienstes«. Diese hatte sich bis Mitte der siebziger Jahre auf rund 1.500 für die gesamte Bundeswehr eingependelt.[99]

Unser größter Fehler lag sicher darin, daß wir die Anzahl der auszubildenden Generalstabsoffiziere ganz eng an dem Bedarf orientierten. Wir hätten uns besser einen Überhang von 25 bis 40 Prozent pro Jahrgang leisten sollen. Auf diese Weise hätten wir uns nicht nur eine Personalreserve geschaffen, sondern auch Unzufriedenheit abgebaut. Aber da haben wir gespart und zwar am falschen Ende wie so oft. Das Problem der »Schnittstelle«, also der Entscheidung, wer gerade noch zum Generalstabslehrgang ausgewählt wird und wer außen vorbleibt, hätte natürlich auch solche Lösung nicht aufgehoben.

Diese Betrachtung über Laufbahnperspektiven der Generalstabsoffiziere läßt eine gewisse Peinlichkeit des »Karriere-Denkens« anklingen. Solches ist nicht nur beliebter Aufhänger für die Kritik an den Generalstabsoffizieren, es bestimmt auch weitgehend das Spannungsverhältnis zu den Truppenoffizieren. Deshalb gehe ich hier darauf ein. Töricht erschien mir von Anbeginn die Vorstellung, man könne dieses Problem lösen, indem man − wie Ellwein und seine Anhänger es anstrebten − die Generalstabsausbildung zu einem ganz gewöhnlichen »Verwendungslehrgang« wie jeden anderen herabstuft. Es kann doch nicht angehen, die 10 bis 15 Prozent Besten aus jeden Jahrgang auszuwählen und sie dann gewissermaßen »seitwärts« neben alle anderen zu plazieren. Sie müssen für ihre künftige Laufbahn unvermeidbar den anderen überlegen sein, um so mehr, nachdem sie eine so langdauernde und qualifizierte Ausbildung absolviert haben.

Wie so oft wird auch hier eine sinnvolle Lösung durch falsche und unscharfe Begriffe erschwert. Der Begriff Generalstabsausbildung wird von Unkundigen oder Böswilligen als eine Ausbildung für den »Stabsdienst« reduziert. Auf diese Weise wird der Generalstabsoffizier zum truppenfremden Büro-Offizier gestempelt und ihm die Eignung zur Truppenführung streitig gemacht, die man tunlichst den »Truppen-

Die Operationsabteilung der NORTHAG. Vorne: Lieutenant Colonel Gringell (links) und Brigadegeneral Eberhard Boehm. Dahinter stehend die fünf Majore der vertretenen Nationen.

Ausbildung zum Fallschirmspringer 1966. Vorn Major i. G. Jahnel.

Stadt Allendorf 1970. Übergabe der Panzerbrigade. Von links: Kießling, Naumann, Arnold.

Auf dem Truppenübungsplatz in Mourmelon, 1971.

offizieren« (ein noch unschärferer Begriff, der rein rechtlich nur eine Laufbahn gegenüber dem Sanitäts- Musik- und militärgeographischen Dienst abgrenzt) überlassen sollte. Alle Hauptleute, die für die Generalstabsausbildung ausgewählt werden, müssen sich zuvor als Kompaniechefs bewährt haben. Daß in den dann folgenden Jahren ihrer Ausbildung und ersten Verwendung im Generalstabsdienst die anderen Offiziere im Truppendienst an Erfahrungen gewinnen, ist unvermeidbar. Jedoch hat sich gezeigt, daß die als Bataillonskommandeure in die Truppe zurückkehrenden Generalstäbler diesen Abstand zumeist schnell aufholen. In der nächsten Führungsebene, als Brigadekommandeure, ist es dann umgekehrt. Die in der Führung verbundener Waffen ausgebildeten Generalstabsoffiziere bringen die besseren Voraussetzungen mit. Natürlich gab und gibt es immer wieder auch Offiziere, die ihre Kommandeurverwendung nur als eine − mitunter gar noch unliebsame − Durchgangsstation auf dem Wege ihrer Karriere ansehen. Zumeist werden sie aufgrund sachfremder Personalentscheidungen »auf die Karriere-Schiene« gesetzt. Das ist ein Problem der Personalführung. Es lösen zu wollen, indem man die Generalstabsausbildung abschafft, hieße, das Kind mit dem Bade ausschütten.

Immer wieder konzentriert sich das Problem der Generalstabsausbildung auf die Auswahl. Sie ist unvermeidbar mit einer »Schnittstelle« verbunden: der eine schafft es gerade noch, der andere bleibt unter dem Strich. Die damit verbundene Härte für diejenigen, die das Ziel um Haaresbreite verfehlen, werden wir niemals vermeiden können. Um so mehr sollten wir sie mildern, indem wir solchen Offizieren, die es nicht geschafft haben, sich aber in den folgenden Jahren deutlich qualifizieren, einen späteren Zugang in den Generalstabsdienst ermöglichen, dann aber eine gleichwertige Einreihung vornehmen und keine Trostpflaster im Sinne der erwähnten »Heusinger-Spende« austeilen. Die Latte für Nachzügler sollte hoch liegen, sogar verdammt hoch. Es kommt nur darauf an, daß die Chance geboten wird.

Die sich über Jahre erstreckende Auswahl und Ausbildung der Offiziere eines Generalstabsjahrgangs begründet unvermeidbar einen starken menschlichen Zusammenhalt, der bei den meisten auf Lebenszeit angelegt ist. In der Bundeswehr kommt ihm um so mehr Bedeutung zu, als es eine ähnliche Bindung an Truppenteile − wie zu Zeiten der

Alten Armee und der Wehrmacht – nicht mehr gibt. Der Zusammenhalt der Generalstabsoffiziere erreicht seinen Höhepunkt zumeist am Abschluß der langen Ausbildung, wenn alle mit dem gleichen Dienstgrad, aber schon mit unterschiedlichen Laufbahnerwartungen in die verschiedensten Erstverwendungen gehen. Da weiß man schon ziemlich genau, wer es einmal zum General bringen wird und wer nicht. Natürlich werden in den folgenden Jahren einige Korrekturen sichtbar: mancher schlägt in der Praxis dann doch nicht so ein wie erwartet, andererseits geht der Stern des einen oder anderen Außenseiters auf. Fast jedes Jahr kommen alle einmal zu einem Lehrgangstreffen zusammen, aber auch im Alltag halten die meisten engen Kontakt. Im Laufe der Jahre zieht sich das Feld auseinander. Am Ende der Dienstzeit mag dann der eine Generalinspekteur sein, während es ein anderer nur bis zum Oberstleutnant gebracht hat.

Ich selbst habe zu dem Kreis meines Generalstabslehrgangs keine engen Kontakte gepflegt, nach meiner Pensionierung habe ich mich dann völlig zurückgezogen. Jedoch möchte ich dankbar vermerken, daß der Lehrgangssprecher, Oberst a.D. Lothar Lotholz, und die meisten meiner Kameraden in der Zeit des Skandals zu mir gehalten haben. Um so mehr hat mich das Verhalten einiger weniger enttäuscht, die sich in Schlüsselstellungen befanden und keinen Finger rührten.

War bis hierher – und das ziemlich umfangreich – von der Auslese für den weiteren Aufstieg nach oben die Rede, so soll, wenn es auch nicht zum Problem der Generalstabsausbildung gehört, die Abgrenzung nach unten zumindest erwähnt werden. Die Soldatenlaufbahnverordnung schreibt für den Aufstieg zum Stabsoffizier, also für die Beförderung zum Major, das Bestehen einer Prüfung vor. Dies war für die meisten Hauptleute kein Problem, mehr das Warten auf die Beförderung. Dennoch gab es eine kleine Gruppe, die an dieser Hürde gescheitert ist. Sie blieben Hauptleute – bis zu ihrem Ausscheiden aus dem aktiven Dienst. Nicht immer waren es die schlechtesten. Ein eindrucksvolles Beispiel dafür hat Reinhard Hauschild, Oberst der Bundeswehr und einer der profiliertesten Journalisten in Uniform, in seinem Roman »Beurteilung für Hauptmann Brencken« geschildert.

Ein gar erschütterndes Dokument über das Unvermögen der Bundeswehr, die Trennung ihrer Offiziere in Generale, Stabs- und Subalternoffiziere, in Truppen- und Generalstabsoffiziere durch eine übergreifende Zusammengehörigkeit zu mildern, liefert die Lebensgeschichte des 1986 verstorbenen Obersten Richard Ernst. Im Kriege hochausgezeichneter Kommandeur des Gebirgsjägerregiments 100, in der Bundeswehr zehn Jahre lang in Kommandeurstellungen, dicht vor der Generalsbeförderung, immer wieder vertröstet und dann doch als Oberst ausgeschieden.[100]

Sturm der Ideologen auf die Führungsakademie

Ein radikaler Versuch zur Lösung dieses Problems wurde nach der sozialliberalen Regierungsbildung von 1969 unternommen. Mit der unter Prof. Thomas Ellwein eingesetzten Bildungskommission wollte man die Generalstabsausbildung und den Generalstabsdienst einfach abschaffen, zumindest ihm seine herausragende Bedeutung nehmen. Dafür fanden die reformwütigen Politiker genügend übereifrige Helfershelfer in den Reihen der Militärs. Der Trick, dessen sie sich bedienten, bestand darin, die Generalstabsausbildung zu einem »Verwendungslehrgang« wie jeden anderen einzustufen, nur eben von etwas längerer Dauer. Allein um diesem Gleichheitswahn Geltung zu verschaffen, wurde die Generalstabsausbildung von bis dahin 24 auf 21 Monate reduziert. Ein anderes Ziel dieser »Reformer« bestand darin, die Führungsakademie ihres traditionellen Ranges zu berauben und sie zu einer Art »Gesamthochschule« zu verwässern. Jedwede Weiterbildung der Stabsoffiziere sollte künftig dort angesiedelt sein. Dazu wurde sie zunächst einmal mit der bis dahin selbständigen Stabsakademie verschmolzen. Als es dann darum ging, folgerichtig auch die Schule für Innere Führung zu integrieren, schreckte man zurück; denn die galt als ein »Politikum«. Natürlich versteckten sich dahinter auch beharrende Kräfte, die den Umzug von Koblenz nach Hamburg scheuten – wie dann auch später den nach Potsdam!) Nicht einmal die in Hamburg angesiedelte Logistikschule – die natürlich dem Ellweinschen Konzept entsprechend auch zu integrieren gewesen wäre

– wurde in die Führungsakademie einbezogen. Daran zeigte sich, daß es in Wirklichkeit gar nicht darum ging, eine rationelle Organisation durchzusetzen. Vielmehr war die ganze Reform auf das eine Ziel ausgerichtet, einer Elitebildung entgegenzuwirken. Die treibende Kraft dazu ging neben Ellwein von dem frustrierten Lehrkörper der Stabsakademie aus. Alle mit Vorschußlorbeeren bedachten Reformversuche blieben auf halbem Wege stecken. Es ist erstaunlich, daß ausgerechnet Helmut Schmidt solchen Bestrebungen freien Lauf ließ, wenn er sie nicht gar förderte. Ist ihm das Problem der Elitebildung nicht bewußt gewesen? Zumindest in seinen 1990 veröffentlichten Erinnerungen beklagt er, selbst nur eine durchschnittliche Universität besucht zu haben. Bei seinen Begegnungen mit dem französischen Staatspräsidenten Giscard d'Estaing habe er Bewunderung für die »hohen Schulen« der Franzosen erfahren.

War es den Gegnern schon nicht gelungen, die Generalstabsausbildung zu Fall zu bringen, so wollten sie wenigstens die Kennzeichnung der Generalstabsoffiziere abschaffen. Sind auch die »roten Hosen« – wie man die bis 1945 übliche Kennzeichnung der Generalstabsoffiziere durch rote Streifen bezeichnete – längst Vergangenheit, so zeichnen den heutigen Generalstabsoffizier immer noch die karmesinroten Spiegel aus. Wie sehr gerade diese Farbe zum Symbol des preußischen Generalstabs geworden ist, hat niemand treffender zum Ausdruck gebracht als Theodor Fontane in seinem Roman »L'Adultera«: »Gryczinski war Generalstäbler und hielt, wie jeder dieses Standes, an dem Glauben fest, daß es in der ganzen Welt nicht zwei so grundverschiedene Farben gäbe, wie das allgemeine preußische Militär-Rot und das Generalstabs-Rot.«[101] Als Anfang der 70er Jahre für die Bundeswehr eine neue Gesellschaftsuniform eingeführt wurde, verzichtete man bewußt auf die »Spiegel« – und schaffte so wenigstens für festliche Anlässe das Karmesinrot des Generalstabs ab. Nun sehen alle so schön gleich aus – hätten wir nicht noch an den Rangabzeichen festgehalten. Diese abzuschaffen, hat – wenigstens bisher – niemand ernsthaft im Sinn. Haben doch selbst die Chinesen wieder Ränge eingeführt und sie auch noch erkennbar gemacht.

Niemand soll verkennen, daß herausgehobene Ausbildungen und

Kennzeichnungen stets auch zu arrogantem Verhalten verleiten. So etwas hat es auch auf seiten der Generalstabsoffiziere immer gegeben – aber nicht nur dort.

Wenigstens in der Personalbearbeitung war den Gegnern der Generalstabsoffiziere mehr Erfolg beschieden. Gelang es doch, die bis dahin zusammengefaßte Personalbearbeitung der Generalstabsoffiziere des Heeres in einem Referat (P III 1) zu beenden und sie in Verwendungsgebiete aufzuteilen. Ohne die willfährige Mithilfe opportunistischer Militärs wäre das nicht möglich gewesen. Die Kritiker der Generalstabsausbildung hat es dennoch nicht ruhen lassen.[102]
Bei der Debatte über die Bildungs-Reform sind auch wirtschaftliche Argumente herbeigezogen worden. Es waren vor allem opportunistische Militärs, die lauthals verkündeten, man müsse aus Gründen der Rationalisierung eine zentrale Ausbildungsstätte schaffen. »Eine Fahrbereitschaft, eine Zeichenstelle, eine Bibliothek!«, tönte es da. Von dem Problem optimaler Betriebsgrößen hatten sie offenbar noch nichts gehört, wollten davon wohl auch gar nichts wissen; denn es ging ihnen darum, der neuen politischen Leitung gefällig zu sein oder alte Rechnungen mit den aus ihrer Sicht arroganten Generalstabsoffizieren zu begleichen. In einer Besprechung gab ein hoher General die Parole aus, wir müßten auch berechtigte Einwände gegen die Bildungsreform zurückstellen, um »das Vertrauen der Leitung zu erlangen«. Was die Generalstabsausbildung betraf, scheiterten die vermeintlichen Reformer schließlich doch. Mit einer bewundernswerten Initiative rettete der Generalleutnant Ferber, damals Delegierter des Heeres in der Bildungskommission, die Generalstabsausbildung.

Als ich selbst 1971 General für die Offizier- und Unteroffizierausbildung wurde und damit zuständig für diese Auswahl, wollte ich wenigstens einige Verbesserungen durchsetzen. So schwebte mir vor, die bei einem Jahrgang unter dem »Wertungs-Strich 60« gebliebenen nächsten 40 Offiziere, also die auf den Plätzen 61 bis 100, im folgenden Jahr nochmals mitzuverhandeln, um auf diese Weise auch mögliche Gefälle unter den Jahrgängen auszugleichen. Das scheiterte daran, daß wir mit der uns eigentümlichen Hektik die Bewertungsbestimmungen in jedem

Jahr änderten, und sei es auch nur geringfügig. Damit waren die Wertungslisten verschiedener Jahre nicht mehr vergleichbar.

Dieses Scheitern verstärkte meine tiefe Abneigung gegen die Organisatoren, die immer nur Kästchen malten und kaum noch den Menschen sahen. Wieviel Unheil haben sie mit ihrer Unrast bewirkt, vor allem mit ihren immer neuen Heeresstrukturen. Dennoch wäre es unfair, ihnen die alleinige Verantwortung anzulasten. Verantwortlich ist auch hier die Führung! Und die war nicht zuletzt darauf bedacht, der so lästigen geistigen Auseinandersetzung um die Innere Führung in selbst gewählte organisatorische Aufgaben zu entfliehen. Da verzehrte man sich Jahr und Tag in Fragen, ob der Panzerzug drei, vier oder fünf Panzer haben müßte. Weniger wurde darüber nachgedacht, was für Zugführer und Panzerkommandanten das sein sollten – wie ausgebildet und wie dotiert!

Stand bei der immer wieder aufflammenden Diskussion um die Generalstabsausbildung auch stets das Problem der Auswahl im Vordergrund, bei der »Neuordnung der Ausbildung« von 1971 ging es auch um die Inhalte. Da wollten die Reformer weg vom Militärfachlichen, das sie als »kleinkariert« diskreditierten, und hin zu mehr politisch-strategischer Allgemeinbildung. Nicht wenige Militärs stimmten in diesen Ruf ein; natürlich waren es vornehmlich solche, die selbst militärfachlich wenig zu bieten hatten. Dabei wurde übersehen, daß auch in der akademischen Berufsausbildung nach dem geistigen Höhenflug des Studiums eine mehr handwerklich bestimmte Ausbildungsphase unverzichtbar ist. Auch bei den euphorisch gestimmten Militärs setzte Mitte der 70er Jahre eine heilsame Ernüchterung ein.

Ich schaffte den Sprung nach Hamburg

Doch zurück in das Jahr 1961, da ich den Sprung in die Generalstabsausbildung schaffte – und ich war glücklich darüber. Nicht nur war damit für mich der Weg zu einem weiteren beruflichen Aufstieg frei. Vor allem war ich dankbar dafür, endlich einmal in meinem Leben zwei Jahre Zeit für mich selbst zu bekommen – und das in Hamburg-Blankenese, diesem reizenden Vorort Hamburgs!

188

Wir 60 Teilnehmer am 4. Generalstabslehrgang — die meisten Haupt-leute, einige waren schon Major —, die sich im April 1961 dort versammelten, waren noch Kriegsgediente, und auch schon etwas älter als die heutigen Lehrgangsteilnehmer, so zwischen 35 und 40 Jahren, fast alle erfahrene Kompaniechefs. Die prachtvolle Anlage — sie gehörte, wen wundert es, im Dritten Reich der Luftwaffe — war damals noch durch zahlreiche Baracken ergänzt. In einer solchen wohnten wir (vier) Junggesellen und die etwa zehn Offiziere, die aus irgendwelchen Gründen nicht mit ihren Familien umzogen.

Zu den deutschen Lehrgangsteilnehmern kamen 15 ausländische Offi-ziere hinzu, darunter ein Japaner, zwei Eidgenossen und ein Argenti-nier. Wir wurden in Hörsäle zu je 15 Mann aufgeteilt. In dieser Gruppe spielte sich fortan unser Leben ab. Dabei kam es natürlich entschei-dend auf den jeweiligen Hörsaal-Leiter an. Von ihnen hing im wesent-lichen ab, was wir lernten und was wir dann wurden. Sie waren — besser: sollten sein — im Generalstabsdienst bewährte und zur Lehre befähigte Offiziere, Obersten und Oberstleutnante. Die meisten von ihnen genügten diesen Anforderung nicht so recht. Vor allem verfüg-ten sie über keinerlei Truppenerfahrung in der Bundeswehr, die wir ihnen voraus hatten.

Ein vorbildlicher Lehrer: Jürgen Schröder

Wieder einmal war mir das Glück hold. Wie schon 1943 in Hohensalza, geriet ich an den besten Lehroffizier, den es da gab. Es war der Oberstleutnant i.G. Jürgen Schröder. Er wurde anschließend Brigade-kommandeur und schließlich als Brigadegeneral Kommandeur der Abteilung Heer dieser Akademie — bis diese Stellung im Zuge der Reform von 1974 abgeschafft wurde. Schröder wurde mir zum Lehr-meister im besten Sinne des Wortes. Von bestechender Urteilsfähig-keit, glasklarer Formulierungsgabe und bewundernswerter geistiger Disziplin hat er mich in dieser entscheidenden Phase meines Lebens geprägt. Vor allem das geistige Kernstück militärischer Führung, die Beurteilung der Lage, hat er mir vermittelt. Als ich fast dreißig Jahre später zu einem Vortrag vor dem laufenden Generalstabslehrgang an der Führungsakademie geladen wurde, habe ich diese Gelegenheit genutzt, auch meines alten Hörsaalleiters zu gedenken. Dabei führte ich aus:»Zu den schlechten Gewohnheiten unserer Politiker gehört es, von ihnen vertretene Vorschläge mit dem Zusatz vorzutragen, dazu es gäbe keine Alternativen. Ich will nicht verschweigen, daß diese Unart auch bei uns Militärs um sich greift, z. B. wenn es um neue Heeresstrukturen ging. In diesem Kreis hieße es, Eulen nach Athen zu tragen, wollte ich Sie erst davon überzeugen, daß es immer Alternativen gibt. Daß es gerade darauf ankommt, Alternativen darzulegen, sie zu bewerten, sie gegeneinander abzuwägen, um auf diese Weise die bestmögliche Lösung herauszuarbeiten. Wir alle haben das zur Genüge gelernt, wenn es darum geht, eine Lage zu beurteilen. Wenn ich fast dreißig Jahre nach meiner Generalstabsausbildung hier in diesem Moltke-Saal stehe, dann denke ich mit Dankbarkeit daran zurück, was ich an dieser Akademie gelernt habe. Ich hoffe, daß es Ihnen auch einmal so gehen wird, daß Sie sich später dankbar Ihrer Lehrer erinnern. Bei mir war es der spätere Kommandeur der Abteilung Heer, Brigadegeneral Jürgen Schröder, dessen ich in dieser Stunde mit Hochachtung gedenken möchte.«

Die Verbindung zu meinem alten Hörsaalleiter Schröder blieb auch nach der Akademiezeit erhalten – bis auf den heutigen Tag. Als ich aus dem aktiven Dienst ausschied, gehörte er zu dem Kreis meiner Freunde, den ich am 31. März 1984 nach Rendsburg geladen hatte und 1991 war ich der einzige Gast, der ihn an seinem 75. Geburtstag aufsuchte, den er zurückgezogen auf der Insel Sylt beging.

Bei Schröder ging es hart ran, aber in einem Stil, der unseren Wünschen und Vorstellungen entsprach. Schwitzten die anderen nachmittags über Hausaufgaben, wir nicht; wir waren frei. Uns blieb es überlassen, wie wir uns auf den nächsten Tag vorbereiteten. Und wir wußten, daß wir dafür fit sein mußten. Jeder bereitete sich auf seine Weise vor. Ich nutzte die freien Nachmittage, um nach Hamburg reinzufahren, aber auch zum Tennisspielen. Dabei lernte ich die damals noch 20jährige Tochter eines Obersten aus der Abteilung

Luftwaffe kennen, mit dem ich also dienstlich nichts zu tun hatte. Es war so etwas wie Liebe auf den ersten Blick. Diese Begegnung wurde mir schließlich zum Verhängnis.

Zeit zum Lernen

Unter meinen Hörsaalkameraden ragte der damalige Major Heinz von zur Gathen heraus. Ich fühlte mich zu ihm hingezogen; und daraus erwuchs eine feste Männerfreundschaft. Vielleicht war es nicht zuletzt das Gegensätzliche, das uns anzog. Er: Katholik, Westdeutscher, vornehmer Herkunft, mehr Intellektueller als Troupier. Mich brauche ich nicht zu beschreiben. Wir fanden zu einer seltenen geistigen Gemeinsamkeit. In den folgenden Jahrzehnten beherrschte diese Freundschaft unser Leben. Ich ging in seiner Familie geradezu auf. Wann immer möglich, verbrachten wir gemeinsam Wochenenden, Feiertage, Urlaube. Wohl mit keinem anderen Menschen habe ich so fruchtbare Gespräche geführt. In grundsätzlichen Fragen stimmten wir fast immer überein. Selten gerieten wir aneinander, es sei denn, daß es um die Westbindung oder um die deutsche Einheit ging; aber auch über die Traditionsfrage und insbesondere um unseren Bezug zur Wehrmacht klafften unsere Meinungen auseinander. Dabei räume ich ein, daß er zumeist die besseren Argumente ins Feld führte. Aber da wurde eben das deutlich, das uns unterschied: er war intellektuell bestimmt, ich stärker emotional.

Unsere sechs Hörsäle waren zu einer Lehrgruppe zusammengefaßt; ihr stand der Oberst i.G. Franz vor. Ein von Gestalt kleiner – die Soldaten sind dann immer schnell mit dem (Vor-) Urteil »Giftzwerg« zur Hand –, quicklebendiger Offizier. Den guten Willen konnte man ihm nicht absprechen, aber ihm fehlte nicht nur eine glückliche Hand in der Menschenführung. Er hatte es dann auch nicht weitergebracht. Darüber schwebte – im wahrsten Sinne des Wortes – als Kommandeur der Abteilung Heer der Brigadegeneral Wilhelm Willemer. Er war der Typ des Kavaliers. Eigentlich mochten wir ihn, aber er trat kaum in Erscheinung. Einen bestimmenden Einfluß auf unsere Ausbildung hat er nicht genommen. Auch nicht der ihm vorgesetzte Kommandeur der Führungsakademie, Generalmajor Hellmuth Laegeler, der bald in Pension ging. Beim Aufbau der Bundeswehr war er der amtierende Inspekteur des Heeres. Ihm folgte in Hamburg de Maizière, den wir schon als Kommandeur der Schule Innere Führung kannten, und der danach zum Inspekteur des Heeres und schließlich – im Zuge der Generalskrise von 1966 – zum Generalinspekteur aufstieg.

Diese Hamburger Zeit war die wohl schönste in meinem Leben – bis auf den traurigen Schluß. Unterbrochen wurde das Dasein in Hamburg durch mehrwöchige Lehrgänge an anderen Bundeswehr-Institutionen, wie der Schule Innere Führung in Koblenz, bei der Luftwaffe und Marine.

Einige politische Ereignisse dieser Zeit verdienen Erwähnung, weil sie unser Dasein unmittelbar berührten: die Hamburger Flutkatastrophe, der Staatsbesuch de Gaulles, die Kuba-Krise und die Spiegel-Affäre.

Im Februar 1962 wurde Hamburg von der großen Flutkatastrophe überrascht. Wir in Blankenese waren zwar räumlich von dem Katastrophengebiet weit entfernt, aber doch mittelbar davon betroffen. Der Lehrbetrieb wurde eingeschränkt, einzelne von uns, vor allem die Pioniere, zu den Einsatztruppen kommandiert. Als wir uns nach einer Woche wieder alle im Hörsaal einfanden, zogen wir übereinstimmend zwei Lehren: diese Gesellschaft war kaum zu alarmieren, sie wollte die Realität nicht wahrhaben. Ein klassischer Satz machte die Runde: Die Bevölkerung hatte in der Unglücksnacht zwar die Sirenen vernommen, aber sie fühlte sich nicht angesprochen! Die zweite Lehre war: die Unfähigkeit zu trauern. Man wollte zur Tagesordnung übergehen, und der Amüsierbetrieb auf der Reeperbahn lief weiter. Schließlich hatte dieses Unglück noch eine Konsequenz, die sich für uns erst später auswirken sollte: Der Stern des Hamburger Innensenators Helmut Schmidt ging auf. Als tatkräftiger Organisator der Katastrophenhilfe hatte er sich einen Namen gemacht, der ihm den Weg zum späteren Verteidigungsminister bereitete.

Im Rahmen seines großen Staatsbesuches in der Bundesrepublik im Herbst 1962 kam de Gaulle auch zur Führungsakademie. Nur hier zeigte er sich in Uniform, während er ansonsten in Zivil auftrat. Wir waren im Moltke-Saal versammelt, als er in Begleitung des Verteidigungsministers Strauß eintraf und zu uns – in französisch – sprach. Eine Welle der Begeisterung schlug ihm entgegen. Selbst mein gegenüber de Gaulle mehr als skeptischer britischer Lehrgangskamerad Teddy Turnill wurde davon mitgerissen. Es war erst dieses Ereignis, das die Führungsakademie in das Bewußtsein der Hamburger Öffentlichkeit rückte, bis dahin hatte sie von uns kaum Notiz genommen.

In der Kuba-Krise, die Ende Oktober über die Welt hereinbrach, wurde uns allen deutlich, wie nahe wir daran waren, das täglich im Hörsaal studierte Gefecht unter atomaren Bedingungen in die Praxis umsetzen zu müssen. Immer deutlicher wurde uns, wie wenig die westdeutsche Gesellschaft auf eine solche Entwicklung vorbereitet war. Wir waren eben allenfalls »bedingt abwehrbereit«, wie der Titel jener Spiegel-Ausgabe lautete, die einen innenpolitischen Skandal auslöste, der zum Wechsel des Verteidigungsministers führte: Kai Uwe von Hassel trat an die Stelle von Strauß!

Mein erster Absturz

Zu Ende des Jahres 1962 geriet ich in eine schwierige Lage. Ich mußte die Akademie verlassen. Das kam einer Strafversetzung gleich. Wie schon erwähnt, war ich der Tochter eines Obersten begegnet. Daraus entwickelte sich ein Liebesverhältnis. Ich wollte sie heiraten. Nach einigem Zögern stimmte sie zu: Ich war überglücklich. Meine engsten Kameraden wußten es, die anderen ahnten, daß sich da etwas anbahnte und fanden nichts dabei. Dann zog sie sich ganz plötzlich zurück. Mir gab sie zu verstehen, daß ihr Vater dieser Verbindung nicht zustimmen wolle. Ich bedrängte sie; nicht ahnend, wie sie reagieren würde.

Eines Tages wurde ich zu meinem Lehrgruppenkommandeur Oberst i.G. Franz in das sogenannte »Lagen-Zimmer« befohlen. Dort traf ich auch meinen Hörsaalleiter. Das war nun ein Oberst i.G. Rother, der im zweiten Ausbildungsjahr an die Stelle des von mir so verehrten Jürgen Schröder getreten war. Da saßen sie, diese beiden so unterschiedlichen Offiziere. Franz habe ich weiter oben skizziert. Rother war von großer, stattlicher Erscheinung, truppenfremd, eben ein Stabsoffizier. Ich vermutete, daß ich einen besonderen Auftrag für die anzulegende »Korps-Lage« erhalten würde. Weit gefehlt! Beide Obristen überschütteten mich mit Vorwürfen. Der Vater meiner Freundin habe sich ihnen anvertraut und beklagt, daß ich ein Verhältnis mit seiner Tochter hätte. Ich war wie vor den Kopf geschlagen und kam gar nicht auf Idee, jedes Gespräch darüber abzulehnen. Ich meinte immer noch, es müsse alles ein Mißverständnis sein. Meine Beteuerungen, daß ich sie heiraten wolle – und sie dem zugestimmt hätte, vermochte die Obristen nicht umzustimmen. Sei hielten mir vor: Ein Generalstabsoffizier dürfe keine vorehelichen Beziehungen haben. Das war mir neu. Überdies hätte ich dieses Mädchen wiederholt in meinem Zimmer in der Akademie empfangen. Das konnte und wollte ich nicht leugnen. Oberst Rother ging so weit, seine subjektive Befangenheit einzugestehen: Ich sei so ein Typ wie jener, der vor dreißig Jahren seine unschuldige Schwester verführt habe. Ich konnte es nicht fassen. Aber die Militärbürokratie nahm ihren Lauf. Ein paar Tage später, kurz vor Weihnachten, wurde ich zur Personalabteilung nach Bonn zitiert. Da eröffnete man mir: Ich sei für eine weitere Teilnahme an der Generalstabsausbildung nicht tragbar – und würde als Hauptmann in den Stab der 1. Division nach Hannover versetzt. Bei Bewährung könne man darüber reden, mich später einmal zur weiteren Ausbildung an eine der ausländischen Akademien zu kommandieren.

Meine Kameraden in Hamburg hielten zu mir und begehrten auf. Der Brigadegeneral Willemer mußte vor dem gesamten Lehrgang eine Erklärung abgeben, die natürlich darauf hinauslief, an der Akademie müsse Ordnung herrschen – und schon gar nicht dürfe es hier Verhältnisse zu Töchtern von Lehroffizieren geben! Mein früherer Hörsaalleiter Schröder setzte sich für mich ein. Aber es half alles nichts, ich mußte meine Koffer packen. Im Januar trat ich meinen Dienst in Hannover an. Natürlich hatte sich ein solcher Vorfall schnell herumgesprochen. Selbst in der damaligen Zeit stieß eine solche Entscheidung schon auf Unverständnis. Also mußte etwas dahinterstecken – aber was? Das öffnete Gerüchten Tür und Tor. Einige brachten mich mit der in diese Zeit fallenden Spiegel-Affäre in Verbindung.

Es war ein dornenvoller Weg, der da vor mir lag. Wieder einmal hatte
ich Glück im Unglück. In Hannover stieß ich auf verständnisvolle
Vorgesetzte. Mein Divisionskommandeur, Generalmajor Wilhelm
Meyer-Detring, der natürlich grob vororientiert war, fragte mich erst
einmal, was denn meine Frau zu alledem sage. Ich antwortete ihm, daß
ich nicht verheiratet sei. Er sah mich ziemlich fassungslos an, denn er
hatte angenommen, daß ich verheiratet sei und wegen dieses Verhält-
nisses zu einem Mädchen die Akademie verlassen mußte. So bekundete er mir, daß er diese Entscheidung nicht verstehen könne. Und er
fügte hinzu, er habe selbst eine Tochter in diesem Alter. Demonstrativ
ging er mit mir zum Mittagessen ins Offizierheim, um damit gegenüber
allen versammelten Offizieren des Divisionsstabes zu demonstrieren,
daß ich für ihn kein Ausgestoßener war. Der Fall hatte sich natürlich
schon im Stab herumgesprochen. Meyer-Detring und sein Chef des
Stabes, der Oberstleutnant i.G. Horst Cundius, dem ich unmittelbar
unterstand, machten mir klar, daß sie sich für mich einsetzen würden.
Aber erst einmal müsse ich mich bewähren, müsse zeigen, was ich
kann. Es galt, die für den Herbst angesetzte Divisionsübung anzulegen. Das war eine Aufgabe ganz nach meinem Geschmack; denn das
hatte ich bei Schröder gelernt. Die Übung, die dann im Dezember 1963
auf dem Truppenübungsplatz Bergen unter dem Decknamen »Moor-
bock« (genannt nach einem Heideschnaps) lief, wurde ein Erfolg.
Überdies übertrug man mir die Vorbereitung der Hauptleute der
Division auf die Heeresauswahlprüfung. Das war ein schönes Stück
Arbeit, aber es half mir auch über diese schwere Enttäuschung hinweg.
Nach ein paar Monaten eröffnete mir der General, ich sei wieder in die
Generalstabsausbildung eingereiht, könne aber nicht an die Akademie
nach Hamburg zurückkehren. Die für die Fehlentscheidung verantwortlichen Offiziere dürfe man nicht desavouieren. Statt dessen würde
ich im folgenden Jahr zur britischen oder amerikanischen Generalstabsausbildung kommandiert. Nach dieser Entscheidung, die ich als
eine Erlösung empfand, wurde ich auch zum Major befördert. Ich war
noch einmal davongekommen. In meiner weiteren Laufbahn habe ich
immer ein Herz für Gestrauchelte gehabt und mir viel Zeit genommen,

solche Schicksale wieder ins Reine zu bringen oder zumindest die Folgen zu mildern.

Zu den »Sonderaufträgen« in meiner Bewährungszeit zählte eine divisionsweite Aktion zum 150. Todestag Scharnhorsts. Generalmajor Meyer-Detring wollte, daß sich alle Offiziere seiner in der niedersächsischen Heimat Scharnhorsts stationierten Division mit diesem großen Heeresreformer beschäftigten. Dazu sollte jeder eine schriftliche Arbeit über ein spezifisches Scharnhorst-Thema verfassen. Mir oblagen Vorbereitung und Durchführung. Ich entwarf ungefähr fünfzig Themen zur Auswahl. Kaum war der Befehl ergangen, setzte ein Sturm der Entrüstung ein, wie immer, wenn auch höhere Offiziere − hier sogar bis einschließlich Oberstleutnant − gefordert werden. Die Miesmacher steckten sich hinter den Stellvertretenden Divisionskommandeur, der dann bei Meyer-Detring ins offene Messer lief. Die Argumente reichten von fehlender Literatur bis zur zeitlichen Überforderung; keiner gab zu, geistig überfordert zu sein. Einer der Bataillonskommandeure erlitt darüber sogar einen leichten Herzinfarkt.

Den 150. Todestag Scharnhorsts, den 28. Juni, erlebte ich in dessen Geburtsort Bordenau bei Hannover. Zu seinem Gedenken fand in der alten Dorfkirche ein Gedenkgottesdienst statt, zu dem auch die inzwischen siebzigjährige Kaisertochter Viktoria Luise erschienen war. Gegenüber lag das Gutshaus, in dem Scharnhorst 1755 geboren wurde und das zu einer Art Mittelpunkt in seinem Leben wurde.

Kurze Zeit darauf galt es, eines anderen großen Soldaten zu gedenken; am 18. Oktober jährte sich zum 300. Male der Geburtstag des Prinzen Eugen. Der Divisionskommandeur beauftragte mich, aus diesem Anlaß einen Festvortrag zu halten. Ich unterzog mich dieser Aufgabe um so lieber, als sich mir damit eine Chance eröffnete, dem historisch etwas einseitig preußisch-orientierten Denken in dieser norddeutschen Division entgegenzuwirken. Es war für mich eine Genugtuung, in späteren Jahren immer wieder mal von damaligen Zuhörern auf diesen Vortrag angesprochen zu werden, der ihnen den Blick für diesen Aspekt der deutschen Militärgeschichte geöffnet hatte.

Schon in meiner Göttinger Zeit war ich zu dem Politischen Club der Evangelischen Akademie Tutzing gestoßen. Die Initiative dieser Vereinigung lag ganz bei deren Leiter Roland Friedrich Messner, einem Urbayern vom Jahrgang 1925, Abgeordneter im bayerischen Landtag. Er war in der Tat eine Führerpersönlichkeit; allerdings regierte er mit einer Brachialgewalt, die manchen abschreckte. »Hart, aber ungerecht«, frotzelten einige. Meßner verstand es einzigartig, zu seinen Seminaren prominente Politiker als Referenten zu gewinnen. Das erreichte er mit großer Überzeugungskraft. Daß er dabei auch ein wenig »Hochstapelei« und ein bißchen erpresserischen Druck ins Spiel brachte, räumte Messner mit seinem »bayerischen Charme«, wie er es selbst nannte, bereitwillig ein. So erschienen zu der jährlichen Hauptveranstaltung des Clubs, die jeweils im Juli stattfand und zehn Tage währte, im Laufe der Jahre so ziemlich alles, was Rang und Namen hatte. War der Kreis der Teilnehmer auf rund einhundert begrenzt, so eröffnete das nicht nur die Möglichkeit zu einer fruchtbaren Diskussion, sondern zumeist auch zum persönlichen Gespräch. Einmal saß ich beim Abendessen mit Willy Brandt zusammen, der von seinen Begegnungen mit den Kontrollposten an der Zonengrenze − wie auch er das damals noch nannte − berichtete. Von Franz Josef Strauß, dem ich erst nach seinem Abgang als Verteidigungsminister begegnete, konnte ich seine kritische Einstellung gegenüber der Inneren Führung erfahren. Mit Erich Mende fand ich mich sogleich auf einer »Wellenlänge«; über meinen Freund Hans-Joachim Jung blieb ich mit Mende in Kontakt.

Im Sommer 1963 gelang es Messner, daß selbst der Bundeskanzler Adenauer zur Tutzinger Tagung kam. Der hatte aber wohl nicht ganz mitbekommen − vielleicht wollte er es auch gar nicht mitbekommen −, daß er hier als Referent erwartet wurde, dem anschließend kritische Fragen gestellt wurden. Als er nach einem länger währenden Festessen im Kreise von Ehrengästen endlich im Vortragssaal erschien, wo einige mehr links orientierte Teilnehmer schon darauf lauerten, den alten Herrn mit für ihn unbequemen Fragen zu überfallen, da ließ er sich auf gar nichts ein. Statt des erwarteten Vortrages äußerte er sich wie ein höherer Militär bei einer Besichtigung: Er habe sich gründlich über Sinn und Zweck dieses Politischen Clubs vortragen lassen und sei recht angetan. In diesem Sinne wünsche er allen Teilnehmern, sie mögen die hier gewonnenen Informationen weitergeben zum Wohle einer Stärkung der politischen Bildung in unserer Gesellschaft. Mit guten Wünschen für unser weiteres Wirken verabschiedete sich der Bundeskanzler – und weg war er.

Höhepunkt meines Erlebens in diesem Club war die Rede Egon Bahrs am 15. Juli 1963, die geschichtliche Bedeutung erlangt hat. Ich erinnere mich deutlich, wie da aus heiterem Himmel blitzartig der Satz in das Auditorium einschlug: Wandel durch Annäherung! In der anschließenden Diskussion hatte Bahr schon damals Auffassungen vertreten, die dann später selbst die Politik der CDU-geführten Bundesregierung bestimmten: Es gelte, die »Realitäten« zu erkennen und folglich mit denjenigen zu reden, die drüben die Macht hätten; das sei nun einmal die SED. Schon gegenüber Bahr hatte ich eingewandt – und bin dabei geblieben –, die SED sei nur Handlanger der Sowjets. Wir sollten allein mit den Sowjets reden.

Das Gespräch mit der SED hat uns nichts gebracht. Ganz im Gegenteil, hat es die Deutschen drüben enttäuscht und verunsichert. Schmerzlicher Höhepunkt dieser Entwicklung war der Empfang Honeckers in Bonn im September 1987 mit militärischen Ehren. In einem Leserbrief[103] habe ich dies öffentlich kritisiert. Heute sehe ich mich in meiner damaligen Auffassung bestärkt, weil durch solch demonstrative Anerkennung Honeckers und damit seines verbrecherischen Regimes die Deutschen drüben vollends entmutigt wurden. Bestimmt hat dies manchen dazu bewogen, sich nun doch mit dem verhaßten SED-Staat zu arrangieren.

5. Bei den Tommies: Am Staff College Camberley

Anglophil

Tommies – so heißen bei uns die britischen Soldaten, während sie uns als die »Fritzens« titulierten (böswilliger als die »Krauts«, unsere Bezeichnung bei den »Amis«). Irgendwie hat mich das Britische schon von Kindheit an fasziniert. Das war die unbekannte Insel, auf der alles so anders sein sollte. Auch der Glanz der Monarchie spielte da eine Rolle. Als Kind empfand ich dafür Begeisterung. Ich war erst knapp sieben Jahre alt, als mein Vater mir zum ersten Mal das Berliner Schloß zeigte. Spontan fragte ich: Wo ist denn der König? Die mich enttäuschende Antwort: Der ist nach Holland geflüchtet! hat mich irgendwie tief getroffen und beschäftigt. Wie konnte ein König fliehen? Bei meinem frühzeitig ausgeprägten Interesse für die Geschichte drang ich bald mehr und mehr in die komplizierten Zusammenhänge der Abdankung des letzten Deutschen Kaisers und Königs von Preußen ein. Erst viel später stieß ich auf die mich tief beeinflussende Aussage von Karl Jaspers: Jeder erbliche Monarch sei ein politischer Dilettant, wenn es sich nicht zufällig um einen Friedrich den Großen handle.[104]

Am Ende meiner exilähnlichen Bewährungszeit, die ich 1963 beim Stab der 1. Division in Hannover zu bestehen hatte, stellte sich die Frage, ob ich die amerikanische oder die britische Generalstabsausbildung absolvieren wollte. Für mich war sie schnell entschieden: Ich wollte nach Camberley – auf das Staff College des britischen Heeres.

Wer kannte das schon? Selbst in der Bundeswehr wußten damals nur wenige Experten, was es damit auf sich hat. Camberley liegt etwa 35 Kilometer südwestlich von London auf demselben Gelände, das auch die viel bekanntere RMAS beherbergt – die Royal Military Academy Sandhurst. Da beginnt (fast) jeder britische Armee-Offizier seine Laufbahn; nach Camberley gehen – ähnlich wie bei uns – nur die dafür ausgewählten Offiziere im Hauptmanns-Rang. Doch kommt dem

Staff College des britischen Heeres keineswegs eine Bedeutung zu wie unserer Generalstabsausbildung. Schon deshalb nicht, weil die Briten einen Generalstabsdienst im deutschen Sinne gar nicht kennen. Unter »GS« verstehen sie nur die Aufgabengebiete G2 (Intelligence) und G3 (Operations), schließen also G1 (Personal/Innere Führung) und G4 (Logistik) davon aus. Auch werden die in dem bewußt eng begrenzten »Generalstabsbereich« eingesetzten britischen Offiziere nicht – wie bei uns – besonders gekennzeichnet. Positiv könnte man das so interpretieren: Bei denen hat eben wirklich die Truppe Vorrang. Alles dreht sich um das Regiment.

So wird es immer das vornehmste Ziel eines britischen Offiziers sein, eines Tages Kommandeur seines eigenen Regiments zu werden; nicht etwa, in den Generalstab einzurücken. Ein britischer Lehrgangskamerad erzählte mir einmal, wie ein Offizier seines Regiments die Kommandierung zum Army Staff College abgelehnt habe; und zwar allein deshalb, weil ausgerechnet in jenem Jahr der ersehnte Besuch der Queen bei seinem Regiment angesagt war. Sein Verzicht auf die Ausbildung am Staff College fand allseitige Zustimmung. Der wird bestimmt einmal Regimentskommandeur, hieß es. Was zählt dagegen schon eine mögliche Verwendung im Generalstabsdienst!

Das britische Militär ist nicht denkbar ohne das sogenannte »Regimental System«. Mag es der Bundeswehr recht fremd sein, in der deutschen Militärgeschichte gab es schon recht ähnliche Strukturen. Die britische Armee besteht aus Regimentern und »Corps« (die unserem Truppengattungen entsprechen), die zum Teil auf eine zwei- bis dreihundertjährige Geschichte zurückblicken. Daraus ist eine so starke Bindung, nicht nur der aktiven und ehemaligen Soldaten, sondern auch ihrer Familien an das jeweilige Regiment gewachsen, die zu Recht als »family feeling« bezeichnet wird. Das hatten wir auch in der deutschen Armee – bis wir nach 1945 mit der uns bekannten Gründlichkeit das Kind mit dem Bade ausgeschüttet und auch dieser Tradition abgeschworen haben. Dennoch fühlen sich viele Soldaten des Zweiten Weltkrieges noch heute ihrem damaligen Regiment verbunden, auch solchen Regimentern, die erst im Zuge der Heeresvermehrung entstanden sind. Nur noch wenige Jahre wird es dauern, bis die letzten

Frontsoldaten ihre Erinnerung daran mit ins Grab genommen haben. Die Bundeswehr hat sich beharrlich geweigert, die Tradition von Truppenteilen der Wehrmacht zu übernehmen. Auch in dieser Frage haben sich die Ideologen und truppenfremde Apparatschiks durchgesetzt.

Zu meiner großen Freude las ich 1979 in der Europäischen Wehrkunde eine Veröffentlichung, die auf die Vorzüge des britischen Regimental Systems abhob.[105] Der Verfasser war damals der deutsche Verbindungsoffizier am Staff College in Camberley. Ich war von seinen Ausführungen derart beeindruckt, daß ich mich nach diesem Offizier erkundigte. Es war Oberstleutnant i.G. Klaus-Peter Schötensack. Da er zur Beförderung heranstand, bat ich darum, ihn zu mir als Oberst und G3 in meinen Stab LANDJUT zu versetzen. Danach ist er zum Brigadegeneral aufgestiegen.

Im Zusammenhang mit dem Regimental System steht die Frage nach dem »Offizierkorps«. Wie oft führen wir dieses Wort im Mund, und doch weiß kaum noch jemand, was es damit auf sich hat. In der Zeit des Ständestaates, also bis zum Ende des Ersten Weltkrieges, nachwirkend gar bis 1945, wurde dieser Begriff auch übergreifend für alle Offiziere verwandt. Stärker aber wirkte das Gefühl der Zusammengehörigkeit auch damals in bezug auf den überschaubaren Kreis eines Regiments um so mehr, wenn man sich, durch die Uniform sichtbar herausgehoben, gegenüber anderen Offizieren abgrenzen wollte. Das traf nicht nur für diejenigen zu, die zur Garde gehörten, gar zum 1. Garderegiment zu Fuß. Die einst gesellschaftliche Bedeutung der Rangfolge preußischer Regimenter hat uns Theodor Fontane in einer Szene seines »Stechlin« nahegebracht. Da läßt er die würdige Domina Adelheid recht sachkundig mit ihrem Neffen Woldemar, Rittmeister bei den 1. Garde-Dragonern, über Wert und Unwert der Rangfolge preußischer Regimenter fachsimpeln.

In der Bundeswehr gibt es jetzt mit Sicherheit keine von einem Korpsgeist bestimmte Verbundenheit aller Offiziere. So etwas war nicht gewollt — und wäre angesichts der tiefgreifenden gesellschaftspolitischen Veränderungen schon vor, erst recht nach 1945 auch gar nicht mehr möglich. Jedoch wäre es geboten gewesen, Offizierkorps der überschaubaren Truppenteile wie Regimenter, Bataillone, Geschwader zu formieren. Verhindert worden ist es durch eine truppenfremde Organisation und Personalführung, die einen Zusammenhalt kaum aufkommen läßt, zumindest ihn nicht fördert. Zunächst einmal haben wir eine derart stabslastige Struktur, die mehr Offiziere in Stabsverwendungen erfordert als in der Truppe. Und die wirklichen Truppenoffiziere bleiben zumeist nur wenige Jahre in dem angestammten Truppenteil, sie werden auch noch hin- und herversetzt – bis dann mit ihrem Aufstieg zum Major die meisten endgültig in mehr oder weniger ferne Büros abwandern.

Was könnte, was sollte man tun? Zunächst einmal wäre die Sternstunde der Neu-Strukturierung der Bundeswehr zu nutzen, um sie von der Kopflastigkeit der Stäbe zu befreien. In der Regel sollten die Offiziere zumindest bis zum Ende ihrer Verwendung als Kompaniechefs in dem angestammten Truppenteil verbleiben. Auch die Kommandeure sollten sich möglichst aus diesem Bataillon rekrutieren. Darüber hinaus wären alle aus der Truppe herauszuversetzenden Offiziere ihrem Stamm-Bataillon zuzuordnen. Sie sollten in dessen Rangliste geführt werden und weiterhin das Abzeichen dieses Bataillons tragen. Auf diese Weise würde überdies demonstriert, daß es in der Bundeswehr um die Truppe geht und daß alle anderen für diese Truppe da sind – vom Ministerium bis zu einem Depot.

Camberley

Anfang Januar 1964 fuhr ich mit meinem vollgepackten Opel los. Von Ostende setzte ich über den Kanal. Drüben angekommen mußte ich mich zum ersten Male in meinem Leben in den Linksverkehr einordnen; aber ich gewöhnte mich schnell daran. Nördlich von Dover, in Bletchingly, übernachtete ich in einem alten Inn. Es war kalt, die Zimmer ungeheizt, aber man bot mir eine Wärmflasche an. Ich zog es vor, mich an der Bar mit dem schottischen Whisky vertraut zu machen. Als ich am nächsten Vormittag in Camberley eintraf, war ich sogleich von diesem georgianischen Prachtbau beeindruckt. Später las ich in einer Biographie über Lord Wavell den Eindruck dieses Gebäudes auf einen Neuling so zutreffend beschrieben: »For any officer, there is something about the building, with its passages panelled with the names of hundreds of former graduates, many of whom have since became famous, that is wont to daunt the stoutest heart. The average student, when he first arrives, is apt to be somewhat awestruck.«[106] Ein Hauch britischer Militärgeschichte weht schon durch die große Eingangs-Halle. Dort hatte sich am 3. September 1939 das General Headquarters der Britischen Expeditionsstreitkräfte (BEF) versammelt. Sein Oberbefehlshaber, General Gort, war kurz zuvor noch Kommandant von Camberley.[107] In der Zeit zwischen beiden Weltkriegen bildete dieses Staff College für die Soldaten eine Art rettende Insel, um angesichts drastischer Reduzierungen der Armee wenigstens die so bitter erworbenen Erfahrungen in der Führung von Landstreitkräften zu bewahren und weiterzugeben. Das trug dann nach 1939 seine Früchte.

Camberley – mit der Eule als Wahrzeichen und seinem Wahlspruch TAM MARTE QUAM MINERVA – gilt als das Mutter-Haus für die später gegründeten Staff Colleges in den Commonwealth-Ländern. Seine berühmteste Tochter wurde Quetta, das bis 1947 der Indian Army diente und dann von Pakistan weitergeführt wurde. John Masters, einer der bekanntesten britischen Militärschriftsteller, einst selbst Lehrgangsteilnehmer in Quetta, hat das Leben am Indian Army Staff College eindrucksvoll beschrieben.[108] Was die Ausbildung betrifft, so lief in Quetta alles nach demselben Schema wie in Camberley; nur der das dortige Leben bestimmende orientalische Glanz jener Zeit machte da einen Unterschied. Übrigens war kein Geringerer als Montgomery Instructor am Staff College Quetta.

Mein erster Weg führte mich an die Bar in der Officers Mess. Das Leben in Camberley – wie wohl auch das jedes britischen Regiments – ist kaum denkbar ohne Messe und Bar. Das soll nun nicht etwa heißen, dort würde im Übermaß gezecht. Keineswegs, aber die Messe wirkt integrierend. Selbst diejenigen, die dem Alkohol abschwören, schauen vor dem Lunch, vom Dinner ganz zu schweigen, an der Bar vorbei. Hier trifft man sich zu einem Plausch, auch mit den »Lehrern«.

Nicht wenige Probleme werden dort gelöst, manches Mißverständnis wird geklärt. Auch kommt man mit dem einen oder anderen ins Gespräch, der einem sonst aus dem Wege geht. Ziehen die meisten auch einen Whisky vor, niemand läßt ihn sich aufdrängen, sondern beharrt auf seinem spezifischen Drink. Ich favorisierte den Brandy Dry – als »Horses Neck« der bevorzugte Drink der Royal Navy – und bin ihm bis heute treu geblieben.

Das Zusammenleben wird durch die vertrauliche Anrede mit dem Vornamen erleichtert. Aber auch diese vollzieht sich nach einer ungeschriebenen, jedoch streng befolgten Ordnung. Da macht sich nicht etwa eine Kumpanei breit; nur nach unten und unter Gleichgestellten wird der Vorname gebraucht. Dennoch bleibt es auch unter diesen Bedingungen bei größerer Zurückhaltung als bei unserem, leider viel zu unbedachtem Gebrauch des »Du«. Nach oben galt ohnehin strikt die Anrede mit »Sir«. »Seniority« gilt als eines der wichtigsten Prinzipien, und zwar im weitesten Sinne des Wortes, sowohl in bezug auf Individuen, als auch zwischen den Teilstreitkräften. »Senior Service« ist die Royal Navy. Aber auch innerhalb der Army mußte man selbst bei Befehlsausgaben danach verfahren. Das setzte Kenntnisse über die Rangfolge der Truppengattungen voraus, innerhalb der Kavallerie und Infanterie auch die der Regimenter. Doch wie schnell ging einem das alles in Fleisch und Blut über.

Stil und Form

1964 verspürte man noch auf Schritt und Tritt den Hauch des vergehenden Empires. Da herrschte noch das Shilling-System in der Währung, es gab Tea Breaks und Tea Shops – und glanzvolle Dinner Parties! Am meisten hat mir das sogenannte Three Staff College Dinner imponiert. Das war ein gemeinsames Dinner der Akademien der drei Teilstreitkräfte (da die Royal Air Force damals über zwei Staff Colleges verfügte, waren es in Wirklichkeit insgesamt vier) aus Anlaß der Schaffung eines gemeinsamen Verteidigungsministeriums (und das erst 1964!) in der Painted Hall of Greenwich, also im Naval Staff College.

Etwa vierhundert Offiziere nahmen daran teil. Die Organisation war mustergültig. Niemand brauchte zu warten. Jeder bekam seinen vorgewärmten Teller — und die Speisen wurden gleichzeitig an allen Tischen aufgetragen, für den Ehrengast wie für den jüngsten Lehrgangsteilnehmer. Der Ehrengast, das war der nun erste Chief of Defence Staff (CDS), dem deutschen Generalinspekteur vergleichbar, Admiral of the Fleet Lord Mountbatten. Er hielt eine glanzvolle After Dinner Speech. Danach versammelte man sich an den verschiedenen Bars. Mein Commandant, der des Army Staff College, Generalmajor J.F. Worsley, nahm mich mit zu den V.I.Ps. und stellte mich dem CDS vor. Lord Mountbatten begrüßte mich freundlich, sprach spontan deutsch und erkundigte sich nach meinen Kriegserlebnissen.

Ich wußte es bereits, aber hier bekam ich es auf Schritt und Tritt zu spüren, daß die Briten Meister der Form sind. Mögen sie es hier und da ein wenig übertreiben, sie machen sich deshalb nicht zum Sklaven der Form. Wir Deutsche dagegen haben uns von der Form nicht nur entfernt, wir machen sie zuweilen sogar verächtlich. Mit der Form haben wir aber auch weitgehend dem geselligen Leben abgeschworen. Was uns davon blieb, wirkt recht krampfhaft und wenig einladend; denn ohne Stil und Form kann es glanzvolles Gesellschaftsleben nicht geben.

Nie zuvor und nie danach habe ich so viele Feste mitgefeiert wie in Camberley — und nie habe ich so viel Freude am Feiern empfunden. Ausgerechnet von den als »steif« verschrienen Briten kann man lernen, wie man einerseits die Form wahrt, ohne die ja gesellschaftliches Leben nicht denkbar ist, andererseits eine entkrampfte Atmosphäre schafft, in der sich alle Beteiligten wohlfühlen. Insbesondere die vielen Bälle boten ein Musterbeispiel für dieses Bemühen. Zumeist waren sie für den Samstagabend anberaumt. Dann trafen sich vormittags die teilnehmenden Offiziere mit ihren Frauen, um gemeinsam den Festsaal für den Abend zu schmücken. Das war dann schon eine heitere Gesellschaft. Die vorbereitenden Arbeiten, wie das Ausschmücken der Räume, gingen uns leicht von der Hand; man scherzte, lachte und nahm zwischendurch einen Drink an der Bar. So waren alle schon auf den festlichen Abend eingestimmt. Dazu versammelten sich vor dem Ball kleine Gruppen, die eine Tischgemeinschaft bilden wollten, im

Hause eines der Offiziere. Der Gastgeber servierte einen Imbiß und auch Drinks. So gegen Zehn zog dann die Runde in froher Stimmung zum Festsaal. Vor dem College bot sich ein prachtvolles Bild: die Damen in ihren Roben, die Offiziere in ihrem farbigen Mess Kit, Fackelträger säumten das Portal, und Dudelsackpfeifer spielten auf. Drinnen traf man sich, begrüßte Freunde und Kameraden, tanzte oder schwirrte durch den Saal, um mit diesem oder jenen ein paar Worte zu wechseln, ging an die Bar oder zum Buffet. Da war nichts von dem Krampf zu spüren, der leider die Atmosphäre vieler Veranstaltungen bei uns Deutschen beherrscht, bei denen Tischordnungen und Pflichttänze bestimmend sind. Natürlich gab es auch in Camberley eine Sitzordnung, aber die Tische waren fast immer leer: man hockt nicht auf seinem Platz, sondern flaniert herum. Nach Geld fragt an solchem Abend niemand. Man ißt und trinkt, was beliebt, man lädt ein und bewirtet andere. Alles ist frei – und wird durch eine pauschale Umlage abgedeckt. Niemand käme auf die Idee, um seinen Anteil an dieser Umlage zu feilschen, weil etwa die eigene Frau sich mit Orangensaft begnügt; auch er zahlt für den Champagner der anderen mit, mag er selbst auch nur Mineralwasser trinken. Gegen Mitternacht spielte dann eine der zahlreichen Regimentskapellen in ihren prachtvollen Uniformen auf, umrahmt vom Fackelschein. Beating the Retreat, nannte man das. Das Fest endet erst mit dem Frühstück. Unentwegte setzten die Feier im kleinen Kreis zu Hause fort.

Ihrem Charakter als Fortbildungsstätte für Stabsoffiziere entsprechend, war das Staff College nun nicht gerade eine Hochburg militärischen Zeremoniells, um so mehr das benachbarte, im gleichen Parkgelände gelegene Sandhurst. In meiner freien Zeit spazierte ich oft dorthin und beobachtete den Drill der Kadetten. Zwar ertönten die Schreie der Drill-Sergeants schriller als auf einem preußischen Kasernenhof, aber der gravierende Unterschied bestand darin, daß jeder der angeschrienen Kadetten dennoch mit »Sir« tituliert wurde. Schnell kam ich hinter diesen vermeintlichen Widerspruch, den mir ein Sandhurst-Instructor so erklärte: Den neu eintreffenden Kadetten erläutert der Sergeant-Major gleich am ersten Tag unmißverständlich die Grundregel: »You call me Sir, and I call you Sir – but you mean it!« So einfach ist das! Wer je über Sinn und Zweck militärischer Formen philosophieren will, der sollte nach Sandhurst gehen – und die Augen aufmachen. Dann dürfte er bald erkennen, wie sehr der anfangs als lästig empfundene Drill eine Gemeinschaft formt und schließlich Ausdruck eines Gefühls fester Zusammengehörigkeit wird.

Ihren sichtbaren Höhepunkt erfährt diese Formalausbildung bei der Abschlußparade, der Passing-out-Parade. Das erste Mal habe ich dieses glanzvolle Ereignis 1964 an einem strahlenden Sommertag miterlebt, als sie von Prinzessin Alexandra von Kent abgenommen wurde. Das Vorbeidefilieren im »slow march« unter den Klängen des Scipio von Händel, dem Parademarsch der Grenadier Guards, ist mir in bleibender Erinnerung.

Merry Old England? Sicher habe ich Anfang der 60er Jahre noch einen Hauch davon verspürt. Aber schon damals wußte jeder, daß diese Zeit ihrem Ende entgegenging. Als ich dann 1975 für ein weiteres Jahr auf die Insel zurückkehrte, sah es ganz anders aus. Der britische Alltag war in dieser Zeit eher karg und nüchtern. Dabei hat mir imponiert, mit welcher Gelassenheit die Briten Rückschläge ertragen können. Offensichtlich verfügen sie über mehr Halt als wir Deutschen, die wir immer nur siegen und aufsteigen können, jedoch bei der geringsten Belastung sogleich in Panik geraten.

Das berühmte social life bestand nicht nur aus den Bällen, es erfaßte auch den Alltag. Zur großen Überraschung des Neulings war die erste Frage im Hörsaal auf die social activities gerichtet. Woran wollte der einzelne teilnehmen? Da ich weder etwas von Cricket noch von Polo verstand, wählte ich in meiner Verzweiflung Scottish Country Dancing – unter dem verhaltenen Gelächter meiner englischen Hörsaal-Kameraden. Aber die auf jener Aktivität tonangebenden Schotten nahmen mich Außenseiter mit großer Herzlichkeit auf und führten mich in die Geheimnisse ihres Kults ein. Im OWL PIE 1964 – wie sich die Jahresschrift des Camberley-Lehrgangs nennt – steht zu lesen, daß ich mit anderen »Sassenachs – have turned up loyally each fortnight, and are now fully entitled to wear tartan ties, Yoch and Hooch«.[109]

Natürlich konnte dieses Scottish Dancing nicht mit dem vornehmen

Cricket konkurrieren. Das war schon ein prächtiger Anblick, die britische Gesellschaft um ein cricket field herum versammelt zu sehen. Vielleicht übertreiben sie das social life ein wenig; dennoch erscheint mir das besser als der totale Verzicht darauf, den wir Deutsche uns eingehandelt haben, weil wir vor lauter Komplexen und Kleinkariertheit auf diesem Gebiet nichts mehr zustande bringen.

Die Uhren gingen anders

Nicht nur im social life, auch in der Ausbildung ist der britische Stil von Grund auf anders. Während wir Deutschen nicht davon ablassen können, uns ständig durch geradezu unerfüllbare Aufträge zu übernehmen, wird bei den Briten erst einmal nüchtern errechnet, was man braucht, um eine bestimmte Aufgabe zu bewältigen. So auch bei der Organisation des Staff College. Schließlich darf man bei der wichtigsten Ausbildungsstufe für höhere Militärs nicht am falschen Ende sparen oder gar pfuschen. Anders als wir mit unseren zumeist aus 20 und mehr Lehrgangsteilnehmern bestehenden Hörsälen praktizieren die Briten das »Syndicate System«. Jeweils zehn Lehrgangsteilnehmer waren zu einem »Syndicate« zusammengefaßt; sieben davon waren Briten, die anderen drei »Overseas students«, wie man uns gemeinhin nannte. Unterschieden wurde nur noch zwischen »Commonwealth students« und »Europeans«, wobei letzteres zu dieser Zeit immer nur für den Kontinent galt.

Da hatte der jeweilige Syndicate Leader, immer ein Oberstleutnant, leichtes Spiel. Es gab keine Stunde, in der nicht jeder zumindest einmal rankam. Ausgenommen, wenn einer der overseas students nicht mitspielte; sei es, daß er nicht konnte oder nicht wollte. Den ließ man dann links liegen, er zählte gar nicht mehr. Eine solche Methodik verlangt von dem Leitenden gründliche Vorbereitung, zumal er alle Fachgebiete unterrichten mußte. Ich habe erfahren, daß man die vielfältigen Spezialkenntnisse viel besser von einem Nicht-Fachmann erlernt. Wenn es sein mußte, so war immer noch ein Fachmann erreichbar, den man heranziehen konnte. Nach sechs Wochen, so lange dauerte jeder der sechs terms, trat eine zweite Crew von Oberstleutnanten ins Rennen, um die insgesamt 18 Syndicates zu übernehmen, während die des vorigen terms zwar nicht zur Ruhe übergingen, sondern sich auf den übernächsten term vorbereiteten. Zugleich aber wurden die Syndicates völlig neu gemischt. Jeder Lehrgangsteilnehmer fand sich in einer völlig neuen Umgebung. Auf diese Weise meinte man dem Ausbildungsziel am besten gerecht zu werden. Definiert hatte es keiner so klar wie einer der berühmtesten Kommandanten des Staff College, Feldmarschall Sir William Robertson: »The Staff College does not aspire to make wise men out of fools. It can, however, and does, make good men better, broaden their views, strengthen their powers of reasoning, improve their judgement, and in general lay the foundations of a useful military career.«[110]

Ein für mich völlig neues Ausbildungsgebiet war das der »Staff Duties«, kurz als SD bezeichnet. Da ging es um Schriftsätze, Befehlsmuster, Abkürzungen und Verteiler. Erschien es auf den ersten Blick als unzumutbare Kleinkariertheit, so entdeckte ich darin zunehmend eine unverzichtbare Disziplinierung. Ganz nach dem Grundsatz: Disziplin ist ein unverzichtbarer Grundpfeiler der Streitkräfte, ihre Aufrechterhaltung eine Wohltat für alle. In den vielen schriftlichen Arbeiten, die wir abzuliefern hatten, kam es dann auch auf Punkt und Komma an. Wer dagegen verstieß, erhielt sein »paper« mit bedrückend vielen roten Korrekturen des »DS« (Directing Staff, so die Bezeichnung für Syndicate Leaders) zurück.

Jeder Lehrgangsteilnehmer hatte also im Laufe des Jahres sechs verschiedene »DS« und erhält folglich sechs voneinander unabhängige Beurteilungen. Auf einen solch hohen Aussagewert kann man schon Personalentscheidungen hinsichtlich der Auswahl für Spitzenstellen gründen. In bezug auf den einzelnen Lehrgangsteilnehmer kam dem ersten »DS« eine Schlüsselstellung zu. Für mich war das der Lieutenant Colonel John Stanier, ein Kavallerieoffizier der Queens Dragoon Guards. Er überragte, was Können und Auftreten betraf, alle anderen DS. Beliebt war er nicht, um so mehr respektiert. Zwei Jahre später traf ich ihn wieder, als er die berühmten Scots Greys kommandierte: ein beachtenswerter Fall, daß ein diesem Regiment gar nicht entstammender Offizier schließlich dessen Kommandeur wird. In der folgenden Zeit bin ich John Stanier wiederholt begegnet, zuletzt im Mai 1982 in Mons, als er zur Übung SHAPEX kam. Bis dahin war er mir immer eine Nase voraus gewesen. Nun saßen wir beide als Viersterne-Generale nebeneinander. Aber er wurde dann noch Feldmarschall. Im Januar 1984, als sich die meisten Generale der Bundeswehr bedeckt hielten, um ja nicht mit mir in Verbindung gebracht zu werden, schrieb mir John Stanier, damals Chef des britischen Heeres (CGS) unter offiziellem Briefkopf und bekundete mir seine Verbundenheit. Das werde ich ihm nie vergessen! Natürlich habe ich keinen Zweifel, daß er sich zuvor gründlich erkundigt hatte. Auf die Informationen der britischen Nachrichtendienste konnte er sich verlassen.

Als einziger Deutscher, noch dazu als kriegsgedienter, war ich ohnehin immer gefragt, sobald es um praktische Erfahrungen aus dem Gefecht ging, insbesondere was den Rußlandfeldzug betraf. Da kannten sich die Briten nicht recht aus, waren aber höllisch interessiert. Niemals bin ich auf eine Ablehnung als Deutscher gestoßen; keiner wäre auch nur auf die Idee gekommen, mich als »Nazi-Offizier« zu deklarieren, wie dies in meinem Vaterland leider gar nicht selten ist. Im Gegenteil; meine britischen Kameraden nahmen mich vehement in Schutz, als einer der beiden jugoslawischen Lehrgangsteilnehmer sich einmal an der Bar − erkennbar unter dem Einfluß des Alkohols − so äußerte. Kein Gespräch über Deutschland verging, ohne daß die Frage nach der Wiedervereinigung gestellt wurde. Ob ich daran glaubte? Meine Antwort war klar: Ja − und ich werde es noch erleben! Auf Vorbehalte stieß ich bei den Briten mitunter, wenn ich bekannte, ich sei »Preuße«. Wenn ich sie dann in eine Diskussion über Preußen verwickelte, so mußte ich feststellen, wie wenig sie darüber wußten und wie sehr ihr verschrobenes Bild von Preußen das Ergebnis falscher Information war, wohl noch auf die Hetzkampagne der Kriegszeit zurückzuführen. Verübelt habe ich ihnen das nicht. Was weiß denn bei uns die jüngere Generation über Preußen? Das zeigte sich sowohl bei dem peinlichen Streit um Berlin als Hauptstadt des wiedervereinigten Deutschlands als auch bei der würdelosen Diskussion um die Rückkehr der toten Könige nach Potsdam im August 1991.

Was Preußen betrifft, so habe ich nicht einmal im Ausland eine so negative Einstellung angetroffen wie bei einer Begegnung in einem Kölner Herrenclub im Frühjahr 1989. Damals war gerade mein Buch mit einem leidenschaftlichen Plädoyer für die Wiedervereinigung erschienen. Ein jüngerer Herr stellte mich barsch zur Rede: Lieber Herr Kießling, wollen Sie etwa unsere Freundschaft mit Frankreich aufs Spiel setzen? Ich antwortete: Das ist nicht meine Absicht. Mir geht es nur um die deutsche Einheit. Dafür müssen auch Sie sein, wenn sie es ernst meinen mit Recht und Freiheit. Er entrüstete sich: Nicht für diese Preußen da drüben! Die haben uns zweimal ins Unglück geführt, mit denen wollen wir nichts mehr zu tun haben. Etwa sechs andere Mitglieder des Clubs standen herum, keiner von ihnen griff ein. Später beim Essen versuchten sie eine Entschuldigung, ihr Clubfreund sei wohl etwas zu weit gegangen. Der Ansicht war ich allerdings auch. Ich schrieb dem Präsidenten des Clubs einen Brief und schickte ihm mein Buch. Eine Antwort erhielt ich nicht.

Höhepunkt des Ausbildungsjahres in Camberley bildete eine sogenannte Battlefield Tour. Für eine knappe Woche setzten wir über den Kanal, um auf den Schlachtfeldern der Normandie ausgewählte Gefechtssituationen der Invasion von 1944 zu studieren. Stets wurden beide Seiten vorgeführt, die britische und die deutsche. Man war bestrebt, damalige Truppenführer aller Führungsebenen – vom Zugführer bis zum Divisionskommandeur – an Ort und Stelle vortragen zu lassen. Von den Deutschen hinterließ Oberst a.D. Hans von Luck bei den Zuhörern den nachhaltigsten Eindruck. Als junger Major hatte er zu Beginn der Invasion vertretungsweise das Panzergrenadier-Regiment 125 übernommen. Durch sein entschlossenes Zupacken brach er der britischen »Operation Goodwood« vor Cagny die Spitze ab. In seinen Lebenserinnerungen hat er auch über sein Auftreten bei dieser Battlefield Tour berichtet.[111] Am meisten hatte uns wohl berührt, wie er bei dieser Gelegenheit mit seinem damaligen Kontrahenten zusammentraf, dem britischen Generalmajor Roberts.

Wenn sich auch die Ausbildung (und unausgesprochen damit auch die Erziehung) überwiegend im Hörsaal, also »indoor« abspielte, auf Geländebesprechungen konnte und wollte man nicht verzichten. In allen Armeen der Welt rangieren sie als Höhepunkte der Führerausbildung. Da gilt es zu zeigen, was man gelernt hat. Geländebesprechungen sind eine Art Übergang von der Theorie zur Praxis, wenn auch noch weit entfernt von den Friktionen, die einer Übung mit Volltruppe anhaften, ganz zu schweigen von den Unwägbarkeiten eines Krieges. In Camberley glich das Ausrücken zur Geländebesprechung eher einem Picknick-Ausflug. Kann in dieser, auf ihre »regimentalen« Eigentümlichkeiten so stolzen Armee von einem einheitlichen Bild der Uniform ohnehin keine Rede sein, hier wurde die Differenzierung noch durch weitere Extravaganzen gesteigert. Der eine kam mit einem Picknick-Körbchen, der andere mit einem Spazierstock, wieder andere führten spezifische Drinks mit sich. Wenn der DS ein Herz für Hunde hatte, durften auch die treuen Vierbeiner mitgeführt werden. Die da mitkamen, waren zumeist an militärische Disziplin gewöhnt und störten den Ablauf in keiner Weise. Niemand sollte aus dieser Schilderung schließen, es handelte sich um einen lustigen Ausflug. Draußen im Gelände waren die DS unerbittlich. Da hagelte es nur so von Aufträgen und prüfenden Fragen − von einer Geländebeschreibung bis zur Lagebeurteilung, von der Entschlußfassung bis zur Befehlsgebung. Für manche spätere Karriere wurde da der Grundstein gelegt, anderen wurde der Höhenflug gebremst oder gar abgebrochen. Zu hohen Formen liefen alle auf, wenn man sich in der Mittagspause in einem der mitunter idyllisch gelegenen ländlichen Pubs traf, um sich der mitgeführten lunch packets zu erleichtern − und sich mit einem Drink zu stärken.

Alltag am Staff College

Die etwa zwanzig Junggesellen des Lehrgangs wohnten in dem Staff College Building, und das für britische Verhältnisse recht komfortabel. Für drei bis vier Offiziere fungierte jeweils ein »Batman«. Die meisten dieser dienstbaren Geister waren ehemalige Sergeanten. Diese schon recht betagten Herren − der mich betreuende Mr. Robinson zählte achtzig Jahre! − waren die Seele des Hauses. Frühmorgens erschienen sie mit der berühmten cup of tea, um uns behutsam zu wecken. Aber damit war es nicht getan. Die alten Herren kannten den Dienstplan und den Dienstbetrieb bis in jedes Detail − manche schon seit Jahrzehnten. Und sie hielten mit ihrem Wissen nicht hinter dem Berg, sondern erteilten gute Ratschläge. Ich erinnere mich noch, wie eine Geländebesprechung zum Thema Ortskampf heranstand. Mr. Robinson belehrte mich: »Sir, you are well advised to attack from the South. Lord . . ., whom to serve I had the honour twentyfive years ago, chose the wrong side.« Mitunter kannten diese dienstbaren Geister sogar »the pink«, ein rosafarbenes Blatt in den Unterlagen der Lehrer, das die Schul-Lösung enthielt!

Dann das Breakfast. Denk ich an Britannien, dann an das Frühstück! Man wählte zwischen fried eggs, boiled oder poached eggs. Ganz Hartgesottene begannen mit Kippers, jenen gesalzenen Heringen, die einen nachfolgend geradezu nach der vorzüglichen Orangen-Marmelade verlangen lassen.

In der Vormittagspause gab es leider nur den meist wenig schmackhaften englischen Kaffee. Fand unsere Ausbildung gelegentlich bei dem benachbarten RAF Staff College Bracknell statt, dann genoß ich es, daß dort auch vormittags ein vorzüglicher Tee serviert wurde. Das Lunch war bescheiden, aber abwechslungsreich. Mehr zählte die halbe Stunde zuvor an der Bar, wo mancher sich mit einem »fluid lunch« begnügte.

Nachmittags versammelte man sich nochmals für zwei Stunden in den Hörsälen der Syndicates. Dann endlich kam die Tea Time, und die war dann wirklich Spitze. Erst spät abends trafen sich die living-in-officers zum Supper. Das gestaltete sich fast immer zu einer gemütliche Runde. Man mußte schon höllisch aufpassen, um nicht an der Bar hängenzubleiben.

Ich bekam den »psc« − und den »Tie«

Für die ausländischen Teilnehmer endete der Lehrgang bereits Ende Oktober; die letzten Wochen wollten die Briten unter sich bleiben. Man bekam eine Urkunde, in der das Recht zum Führen der Bezeichnung »psc« (passed Staff College) hinter dem Namen erteilt wurde. Innerhalb Großbritanniens und dem Commonwealth hat das schon sein Gewicht! Ohne rechtliche, wohl aber von gesellschaftlicher

Bedeutung ist die dunkelrot-weiß-grüne Krawatte, der Staff College »Tie«, mit dem man sich jedem Kenner gegenüber als Old Boy dieser angesehenen Institution ausweisen kann. Nicht erkennbar ist, ob sein Träger in Camberley war; auch die Tochter-Akademien in den Commonwealth-Staaten haben sich die Tradition zu eigen gemacht und gelten als ebenbürtig.

Fast ein Jahr lang war ich voll und ganz in das britische Leben integriert. Disziplinar unterstand ich zwar dem deutschen Verteidigungsattaché in London, der sich fürsorglich um mich kümmerte. Das war Brigadegeneral Albert Kraus. Auch im Januar 1984 erinnerte er sich meiner und trat für mich ein.

Am 25. Oktober, es war ein trüber Oktobersonntag, setzte ich wieder auf den Kontinent über. Wehmütig blickte ich zurück auf die Kreidefelsen von Dover. Dieses Jahr hatte mich geprägt. Es hatte meinen Hang zu dieser Insel und zu allem Britischen eher noch verstärkt. Nicht zuletzt deshalb hat es mich tief enttäuscht, als sich im Herbst 1989 gerade die Briten als Gegner – zumindest als Bremser – der deutschen Einheit entpuppten. Von allen anderen hätte ich das eher erwartet, nicht von ihnen. Doch sollte man diese unselige Politik der britischen Regierung vom Herbst 1989 nicht den Menschen anlasten. Die Kanzleien sind es, nicht das Volk, hat Rudolf Augstein in einem seiner Leitartikel so zutreffend gesagt.

Erst im November 1991 bin ich aus Anlaß eines Treffens des Deutsch-Britischen Offizier-Verbandes nach Camberley zurückgekehrt. Ich empfand die gleiche Geborgenheit wie vor Jahrzehnten. Dem früheren britischen Verteidigungsattaché in Bonn, Brigadier N.M. Pughe, gebührt Dank, daß er all die Offiziere beider Nationen zusammengeführt hat, die im Verlauf ihrer Dienstzeit in Ausbildung oder Verwendung die befreundete Streitmacht besonders nah erleben durften. Diese Vereinigung stellt sicher einen nicht unbedeutenden Schritt zur Vertiefung der deutsch-britischen Verständigung dar.

6. Jahre im goldenen Käfig: Hauptquartier NORTHAG

In den Hardter-Wald bei Mönchengladbach

Welchen Soldaten beschäftigt nicht der Gedanke, was die nächste Station seiner Laufbahn sein mag? Dieser Wechsel gehört zum Wesen seines Berufes. Früher ließ man solche Veränderungen noch auf sich zukommen, heute kann kaum noch ein Soldat gegen seinen Willen versetzt werden; es sei denn, ihm werden Beförderung und Zulagen geboten. Dieser Zustand wurde in erschreckender Form offenkundig, als es darum ging, die Bundeswehr in den Garnisonen der neuen Bundesländer aufzubauen.

Die Entscheidung, welche Verwendung ich nach dem Lehrgang in Camberley erhalten würde, war für mich von Bedeutung. Konnte man daraus doch ablesen, ob ich nach meinem wenig rühmlichen Abgang von der Führungsakademie nun wieder mit meinem Generalstabslehrgang gleichgestellt wurde. Und so kam es. Die Versetzung als G3-Stabsoffizier (Operations) in den Stab der NORTHAG brachte mich auf eine Stelle, die eigentlich einem schon wieder zur nächsten Beförderung heranstehenden Major gebührte; sie galt als ein »Sprungbrett«.

NORTHAG – Northern Army Group –, zu deutsch Armeegruppe Nord, stand für die NATO-Landstreitkräfte im nördlichen Teil der Bundesrepublik Deutschland. Räumlich der früheren britischen Besatzungszone gleich, umfaßte sie je ein deutsches, britisches, niederländisches und belgisches Korps. Die Führung lag damals noch ganz in britischer Hand. Nicht nur stand ein britischer General an der Spitze dieses Kommandos, der in Personalunion zugleich Befehlshaber der britischen Rheinarmee (BAOR) war; auch sein Chef des Stabes war bis 1966 stets ein britischer Generalmajor. Erst dann gelangte mit Generalmajor von Plato erstmalig ein Deutscher auf diesen Posten – und so ist es dann geblieben. Zu meiner Zeit war der Dienstälteste Deutsche Offizier (DDO) noch auf der Ebene der Abteilungsleiter angesiedelt. Brigadegeneral Rudolf Rutz, den ich schon von meiner Zeit in Hannover her kannte, war Logistiker und von seiner Laufbahn her zwar dem

Truppendienst ein wenig entfremdet, aber er hatte sich ein Herz für die Soldaten bewahrt.

Am Abend des 25. Oktober 1964 traf ich von Camberley kommend in dem britischen Camp in Rheindahlen eintraf. Dieses Areal westlich von Mönchengladbach war 1952 für das Hauptquartier der britischen Rheinarmee und der RAF (GERMANY) angelegt worden, hatte aber später auch die NATO-Stäbe NORTHAG und TWOATAF aufgenommen. An seinem britischen Charakter hatte das jedoch nichts geändert. In der E-Officers Mess wurde ich freundlich aufgenommen. An deren Bar regierte ein britischer Colonel, John Boyle, der die meiste Zeit seines Soldatenlebens in Übersee zugebrachte hatte. Über ihn unkte man, daß er gelegentlich Blut im Alkohol habe. Aber er war ein gestandener Soldat und von vornehmer Gesinnung; ich kam gut mit ihm aus. Durch ihn habe ich auch meine immer noch dürftigen Kenntnisse über das einstige Leben der britischen Armee in Übersee bereichern können.

Der deutsche Anteil im NORTHAG-Stab

Ich bezog ein Zwei-Zimmer-Appartment, das für die folgenden zweieinhalb Jahre mein Zuhause werden sollte. Am nächsten Morgen trat ich meinen Dienst an. Der schon erwähnte Brigadegeneral Rutz begrüßte mich herzlich. In seinem Vorzimmer herrschte Christa Krähe. Sie war die Seele des deutschen Anteils, und sie wurde es zunehmend für das ganze Hauptquartier. Ihr ist diese Aufgabe zum Lebensinhalt geworden. Umgekehrt wäre das HQ NORTHAG ohne Christa Krähe kaum noch denkbar gewesen. Sie teilt das Los der meisten Chefsekretärinnen, die über Jahrzehnte hinweg den ruhenden Pol in einem hohen Stab bilden, dessen einzig Beständiges der Wechsel ist. Auf grundlegend verschiedene Chefs mußte sie sich einstellen. Manchen jungen Offizier, der früher einmal devot an ihre Tür geklopft hatte, sah sie in höchste Verwendungen aufsteigen. Viele Einzelschicksale hat sie miterlebt, manche davon auch miterlitten oder gar beeinflußt. Die offizielle Geschichtsschreibung der Bundeswehr geriete ins

Wanken, würden solche Frauen je ihr Schweigen brechen. Mein fachlicher Vorgesetzter war der Abteilungsleiter (ACOS) G3, Brigadegeneral Eberhard Boehm. Geboren 1913 und Artillerist, eckig und kantig, aber von bestechender äußerer Erscheinung. Später hörte ich einmal von Älteren, daß er – mit der beim Militär ausgeprägten Neigung zur Charakterisierung von Persönlichkeiten –, der »schöne Boehm« genannt wurde, um ihn von Namensgleichen zu unterscheiden. Das Charakteristische an ihm war jedoch, daß er den so seltenen Fall einer gesunden Mischung von Truppen- und Generalstabsoffizier darstellte, mit der unverkennbaren Tendenz zum Truppendienst. Alle intellektuellen Spinnereien waren ihm zuwider. Ohne sich dessen bewußt zu sein, war er ein Mann der Inneren Führung. Mir vertraute er einmal an, daß er am liebsten Kommandeur einer Heeresoffizierschule geworden wäre. Diese Verwendung wäre ihm auch auf den Leib zugeschnitten gewesen. Aber schon der berühmte Feldmarschall von der Goltz-Pascha hat so zutreffend formuliert: meist füge das Schicksal es so, daß uns die Verwendungen, in denen wir meinen das Beste leisten zu können, versperrt bleiben.

Von der ersten Begegnung an fühlte ich mich Eberhard Boehm verbunden. Unter seinem Kommando zu arbeiten, war die reinste Freude. Auch nach dieser gemeinsamen Dienstzeit riß die Verbindung zwischen uns niemals ab. Häufig besuchte ich ihn in Garmisch, wo er als Stellvertretender Kommandeur der Gebirgsdivision seine letzte Verwendung im aktiven Dienst fand. In dieser Zeit starb seine erste Frau Karin, Norwegerin, eine außergewöhnliche Schönheit und von wohltuender Warmherzigkeit.

Boehm war – mehr noch als ich – ein Anglophiler. Schon in den fünfziger Jahren residierte er als deutscher Militärattaché in London. Als die Queen 1965 ihren ersten Staatsbesuch in Bonn absolvierte, wurde ihr Boehm als militärischer Begleiter zugeteilt. Man hätte keine bessere Wahl treffen können. So muß es wohl auch die britische Seite empfunden haben; denn die Queen ließ Boehm die aussergewöhnliche Ehre zuteil werden, ihn mit dem KCVO (Knight Commander of the Victorian Order) auszuzeichnen. Daß dies kein Frühstücksorden war, zeigte sich auch daran, welch noch größere Wertschätzung Boehm danach unter den Briten in unserem Hauptquartier genoß. Ich kam dabei am Rande mit ins Spiel, weil Boehm mich beauftragte, ihm ein Kurzreferat vorzubereiten, das er der Queen und ihrem Gefolge in Kaub über den dort 1814 erfolgten Rheinübergang Blüchers zu halten hatte.

Später ist aus meinem früheren Vorgesetzten immer mehr ein guter Freund geworden. Die große Bewährungsprobe dieser Freundschaft stand uns noch bevor. Als ich 1984 in den Skandal geriet, war Eberhard Boehm einer der wenigen Felsen, auf die ich bauen konnte. Der bekannte Journalist Graf Nayhauß hat ihm dafür in seinem Buch «Bonn - Vertraulich» ein Denkmal gesetzt.[112]

Leben im britischen Ghetto

Im britischen Ghetto bei Rheindahlen fühlte ich mich »wie Gott in Frankreich«. Ich genoß alle Vorteile des Daseins in einer britischen Offizier-Messe wie schon in Camberley, nur, daß der Streß des zum Erfolg verdammten Lehrgangsteilnehmers von mir genommen war. Um so mehr kam mir nun das in Camberley Gelernte zugute; vor allem beherrschte ich die so komplizierten britischen »Staff Duties«, die jedem Aussenseiter ein Buch mit sieben Siegeln bleiben werden. Als »psc« standen mir ohnehin fast alle britischen Türen offen. Trug ich Zivil, wie das in einer britischen Messe üblich ist, den Staff College Tie, so wurde ich fast immer auf Camberley angesprochen. Mein Branch Chief, Lieutenant Colonel Laurie Gingell, stets darauf bedacht, vor den anderen Nationen zu demonstrieren, daß die Operationsführung nicht etwa allein in britischer Hand lag, teilte mich gern zu Briefings ein. Auch sein Nachfolger »Tim« Morony, später General Sir Thomas, war mir zugetan. Mit einem Vortrag über die Organisation der Rear Combat Zone (Rückwärtige Kampfzone) erregte ich die Aufmerksamkeit des Befehlshabers, General Sir William Stirling, der mich seinem Nachfolger empfahl. Das wurde Sir John Hackett. Den durfte ich mehrmals begleiten, wenn er deutsche Truppen besuchte. Hackett sprach fließend deutsch. Wenn er deutsche Soldaten in deren Muttersprache anredete, reagierten die fast immer erschrocken, waren dann aber um so mehr angetan. John Hackett gehört zu den schillernden Figuren der britischen Armeegeschichte. Als junger Brigadekommandeur sprang er 1944 im Rahmen des berühmt gewordenen Unternehmens »Market Garden« bei Arnheim ab. Verwundet und als »Stranger«[113] tauchte er bei niederländischen Widerstandkämpfern unter und wurde von ihnen über die deutschen Linien zurückgebracht. Als COMNORHTAG kritisierte er in einem der berüchtigten »Letter to the Times« am 6. Februar 1968 die Kürzungen des britischen Verteidigungsetats. Da fackelte die Regierung Ihrer Majestät nicht lange, sondern schickte ihn auf dem Fuße in den Ruhestand. Wie jenseits des Kanals der Primat der Politik praktiziert wurde, darauf habe ich wiederholt verwiesen, als sich unsere Regierung 1989 monatelang von einem aus dem Ruder gelaufenen Junior-Admiral an der Nase herumführen ließ. Unter dem Titel »Autorität in der NATO« schrieb ich eine Würdigung dieses brillanten britischen Generals, der noch von sich hören lassen sollte. John Hackett fand als Kanzler des berühmten Kings College in London zudem noch die Zeit, ein auch in Deutschland Aufsehen erregendes Buch über den Dritten Weltkrieg zu schreiben.[114] Im Herbst 1983 erschien sein damals neuestes Buches »The Profession of Arms«, das man aus unserer Sicht hätte »Innere Führung auf britisch« betiteln können.

Genutzte Mußestunden

Waren die Dienststunden im HQ NORTHAG ohnehin recht gering bemessen, so entfiel für mich noch die Zeit der An- und Abfahrt; denn von der nahegelegenen Messe benötigte ich nur knapp zehn Minuten zu Fuß, um das Hauptquartier zu erreichen. So verfügte ich über reichlich freie Zeit, die ich vorwiegend zum Lesen und zum Sport nutzte. Was letzteren betraf, so fand ich überdies noch die volle Unterstützung meines Vorgesetzten Eberhard Boehm, der bis zum heutigen Tag ein großer Sportler geblieben ist. Auf seine Initiative hin trainierte ich eine international zusammengesetzte Marschgruppe der NORTHAG, mit der ich im Sommer 1965 am Nymwegen-Marsch teilnahm. Das wurde für mich zu einem eindrucksvollen und unvergeßlichen Erlebnis. Für geistige Beschäftigung fand ich um so mehr Zeit, als meine Funktion bedingte, jeden vierten Tag rund um die Uhr »on call« zu sein, also rufbereit auf meinem Zimmer. Das schränkte besonders die Freizügigkeit an Wochenenden ein. Darauf waren meine drei alliierten Branch-Kameraden, alle Familienväter, naturgemäß stärker bedacht. So übernahm ich häufig deren Dienst; denn ich fühlte mich in meinem Zuhause recht wohl. Dafür war ich an manchem Abend bei meinen verheirateten Kameraden eingeladen. Besonders der Belgier, Dalf Matton, später Generalleutnant, führte ein gastliches Haus. Bei meinem niederländischen Kameraden Jan den Hartog lernte ich dessen Landsleute, den Oberstleutnant Wim Jongebreur und seine Frau Ineke kennen, mit denen ich bis heute freundschaftlich verbunden bin. Sie war eine auffallend schöne Frau, nach der sich fast jeder Mann umdrehte. Jedoch wurde ihre Schönheit noch von ihrem Charme übertroffen. Manch rauschendes Fest feierten wir miteinander. Unvergeßlich ist mir der glanzvolle Empfang, den die Niederländer im März 1966 aus Anlaß der königlichen Hochzeit − der Prinzessin Beatrix mit Claus von Amsberg − gaben. Als im Januar 1984 Journalisten aller Couleur mein Privatleben durchforsteten, stießen einige auf diese Verbindung. Die Jongebreurs hielten zu mir; ihre positive Stellungnahme in einem Interview erregte einiges Aufsehen in ihrem Lande.

Bewußt habe ich dieses Kapitel mit »Jahre in einem goldenen Käfig« überschrieben. Jedoch habe ich Gitter kaum empfunden, vielmehr die Abgeschiedenheit zur Arbeit genutzt und das sorglose Leben genossen. Der Alltag begann − wie es in einer solchen Messe gar nicht anders sein kann − mit dem ausgiebigen englischen Frühstück. Da waren wir wenige living-in-Members noch unter uns. Außer mir war das nur noch ein weiterer Deutscher, der Major i.G. »Mike« Müller-Hellwig. Wir kannten uns schon aus Göttingen und bildeten nun ein weithin anerkanntes Team, wenn es um die Wahrung deutscher Interessen ging.
Zum Lunch versammelte sich dann eine mehrfache Zahl von Offizieren, die zwar Mitglieder der Messe waren, aber mit ihren Familien außerhalb wohnten. Zum Tee nach Dienstschluß, gegen 16.00 Uhr, waren wir Mess-Bewohner dann wieder unter uns, auch zum Abendessen. An die Bar kehrten jedoch auch viele der nahe wohnenden Mess-

Mitglieder ein und brachten Gäste mit. Das rege Treiben endete immer erst um Mitternacht. Schnell hatte ich den goldenen Mittelweg gefunden, an diesem geselligen Leben teilzuhaben ohne darin aufzugehen.

NATO-Übungen

Auch der Dienst bot manche Abwechslung. Durch die zahlreichen Stabsrahmenübungen, bei denen unsere für die Operationsführung zuständige Branch zwangsläufig die Kernzelle bildete, aus der heraus der Befehlshaber oder sein Chef des Stabes führten, gewann ich einen tiefen Einblick in die Probleme einer integrierten Führung. Besonders eine der unter dem Decknamen LION laufenden Stabsübungen ist mir in Erinnerung. Sie wurde im Herbst 1965 in Luxemburg abgehalten. Dabei startete man einen Versuch, den 24-Stunden-Tag auf jeweils zwölf Übungsstunden zu komprimieren. Auf diese Weise konnte man auf das für einen Schichtbetrieb zusätzliche Personal verzichten. Von 6.00 Uhr frühmorgens bis um 18.00 Uhr waren wir im Einsatz. Nach Dienstschluß genossen die meisten Übungsteilnehmer die gastliche Atmosphäre Luxemburgs, zumal es aufgrund der Teilnahme des gesamten AFCENT (Alliierte Streitkräfte Mitteleuropa) manches Wiedersehen zu feiern gab. Unser Befehlshaber, der COMNOR-THAG, damals noch Sir William Stirling, war in seinem Sonderzug angereist und hielt Hof. Britischer Gepflogenheit entsprechend erschien er dann irgendwann im Laufe des Vormittags einmal auf unserem Gefechtsstand, um sich über den Gang der Dinge zu informieren. Sein Vorgesetzter, der Leitende der Übung, schien da eine andere Auffassung zu haben. Das war der französische General Crépin, zu dieser Zeit CINCENT, gehörten doch die Franzosen noch der militärischen Organisation der NATO an. Eines Morgens, wenige Minuten nach Übungsbeginn, erschien der Franzose auf unserem Gefechtsstand. »Wo ist Ihr Commander?« fragte er recht barsch. Wir antworteten, etwas verlegen, der sei noch nicht da. Mit einem sehr verbindlichen: »Dann sagen Sie ihm, daß ich hier war« verabschiedete er sich. Wir gaben das nach »oben« weiter. Wie es bei unserem Befehlshaber angekommen ist, entzieht sich meiner Kenntnis. Doch konnte keiner von uns ein Schmunzeln unterdrücken, als Sir William Stirling am nächsten Morgen bereits um 6.00 Uhr auf unserem Gefechtsstand erschien und sich »briefen« ließ. Crépin kam diesmal nicht.

Bei dieser Übung begegnete ich zum ersten Male dem deutschen Luftwaffen-General Johannes Steinhoff, damals noch als Generalleutnant Chef des Stabes der NATO-Luftstreitkräfte Europa-Mitte. Mit dem Eichenlaub und den Schwertern ausgezeichnet, gehört er zu den Assen der deutschen Jagdflieger des letzten Krieges. Kaum einer ist mit truppenfremden Generalstabsoffizieren so hart ins Gericht gegangen wie Johannes Steinhoff. In seinem Buch »Die Straße von Messina« schreibt er: »War ich gegen die Führung und die Generalstabsoffiziere allergisch? Das war sicher ungerecht, und schließlich mußte die Stabsarbeit gemacht werden, während wir den Hintern in die Luft hängten. Aber schon diese − natürlich ordinäre − Ausdrucksweise war hier nicht mehr üblich, obwohl sie beinahe alle einmal von der Front gekommen waren. Soldaten wägen ihre Worte nicht nach ästhetischen Maßstäben. Ich konnte es nicht ertragen, wenn sie sich geziert wie Gecken und blasiert wie Snobs gaben.«[115] Ich kannte dieses Buch. So war ich schon ein wenig befangen, als Steinhoff völlig überraschend auf unserem Gefechtsstand erschien und sich von mir, der ich gerade Dienst hatte, über die Lage orientieren ließ. Zu seiner Art gehörte es, immer auch ein, wenn auch nur kurzes, persönliches Gespräch anzuschließen. Er fragte nach meinem Werdegang und kam von daher sofort auf die Innere Führung zu sprechen. Mir wurde sofort klar: Der versteht etwas von dem Problem der Menschenführung. Ich traf ihn erst wieder, als ich 1972 gelegentlich eines Besuches außerhalb Brüssels spazieren ging und einem Reiter begegnete. Es war Steinhoff, zu dieser Zeit Vorsitzender des NATO-Militärauschusses.

Blick nach draußen: Die Generalskrise

Die Jahre im »NATO-Ghetto« verstellten mir dennoch nicht den Blick für das Geschehen draußen. Nichts hat mich stärker aufgewühlt als die Generalskrise von 1966. Zuerst stürzte der Inspekteur der Luftwaffe,

Werner Panitzki, im Zusammenhang mit der Starfighter-Krise. Wenige Tage später folgte ihm der Generalinspekteur Heinz Trettner. Bei letzterem war seine Nicht-Beteiligung an dem »Gewerkschafts-Erlaß«, mit der Bundesverteidigungsminister von Hassel der ÖTV Einlaß in die Kasernen gewährte, nur der äußere Anlaß. Dahinter steckte der seit langem schwelende Machtkampf zwischen der zivilen und der militärischen Seite im Verteidigungsministerium. Es überraschte nicht, daß die Medien einen »Aufstand der Generale«[116] kreierten. Tatsächlich hat kein Soldat den Primat der Politik in Frage gestellt, um so mehr aber einen Primat des Zivilen kritisiert, den sich die Beamten im Ministerium unter falscher Interpretation des Begriffes »civil control« zu eigen machten. Der fand seinen sichtbaren Ausdruck in der Stellvertretung des politisch verantwortlichen Verteidigungsministers durch den beamteten Staatssekretär (einen einzigen gab es damals nur!) – Gumbel – auch in der Befehls- und Kommandogewalt. Nicht nur wir jüngeren Offiziere fanden das unerträglich. In Wirklichkeit war mit dieser Krise wieder einmal das aus der Militärgeschichte altbekannte Problem der Spitzengliederung auf die Tagesordnung gesetzt worden. Breite Kreise der Öffentlichkeit hätten der von den Soldaten erwarteten Gleichstellung des Generalinspekteurs mit dem Staatssekretär zugestimmt. Aber der als Nachfolger Trettners ausgeguckte Inspekteur des Heeres de Maiziére akzeptierte wohl etwas zu schnell dieses Amt und begnügte sich mit einer Stellung »sui generis« unter den Abteilungsleitern der Hardthöhe. Daß dies keine Lösung war, nicht sein konnte, wurde spätestens im Dezember 1978 offenkundig, als der Generalinspekteur Wust das Handtuch warf, weil sein Amt wieder einmal auf das eines Abteilungsleiters zurückgestutzt werden sollte. Durch die Inflation der Staatssekretäre (heute vier statt damals einer) ist der Generalinspekteur nun von dem einst 3. Platz auf den 6. heruntergerutscht. Der Minister – von Hassel – hatte bei den meisten Offizieren verspielt. Zu Recht überschrieb der SPIEGEL seinen diesem Minister gewidmeten Titel mit »Sturz auf Raten«[117]; nur noch ein Jahr blieb er im Amt, dann wurde er – nomen est omen – Vertriebenenminister.

Die Verabschiedung der Generale Trettner und Panitzki mit dem

Großen Zapfenstreich wurde von vielen als ein makabres Schauspiel empfunden. Das sollte sich 18 Jahre später wiederholen, als einem 1966 noch unbekannten Major unter ähnlich tristen Umständen der Marsch geblasen wurde: Kießling. Im Jahre 1966 war ich wie viele meiner Kameraden über diese schmähliche Behandlung der Spitzenmilitärs aufgebracht. Zwar hatte der Generalleutnant Werner Hoffmann mit seinem Ausspruch: »Dieser Marzipan-Armee ist nicht mehr zu helfen«[118] unserer Empörung Ausdruck verliehen, aber wir waren fest entschlossen, es nicht dabei zu lassen, sondern diese Armee auf Schwung zu bringen. Doch zunächst einmal überwog die Resignation. Im Heer kam erst dann wieder Hoffnung auf, als im Herbst 1968 Albert Schnez Inspekteur wurde. Er scheiterte dann an der als »Schnez-Studie« bekannt gewordenen Indiskretion. Seitdem ist nie wieder versucht worden, das Übel an der Wurzel anzupacken.

Bei Übungen arbeitete ich eng mit Karl-Heinz Böttger zusammen, damals Oberstleutnant i.G. und Branch Chief. Er war aus Kingston (Kanada) zurückgekehrt, wo er einen zweijährigen Lehrgang am dortigen Staff College absolviert hatte. Wie alle Tochter-Akademien von Camberley führte auch Kingston eine Eule (die »OWL«) als ihr Symbol. Sechs Jahre älter als ich, hatte Böttger den Zweiten Weltkrieg von Anbeginn mitgemacht und war 1942 in Afrika in britische Gefangenschaft geraten und wurde dann nach Kanada transportiert. Er kannte also die Kanadier schon aus einer anderen Perspektive, bevor er 1963 an deren Generalstabsausbildung teilnahm. Aus unserem ersten Zusammentreffen im August 1965 erwuchs schnell eine enge Freundschaft, die auch seine Familie einschloß. In der Zeit des Skandals haben sich Karl Heinz Böttger und seine Familie vehement für mich engagiert. Besondere Aufmerksamkeit erregte sein offener Brief an den Parlamentarischen Staatssekretär Würzbach.[119] Darüber berichtet auch Hans Apel in seinem Buch »Der Abstieg«.[120] In den 70er Jahren fungierte Böttger als Heeresattaché in London, wo ich ihn und seine Familie wiederholt besuchte. In dieser Zeit entwickelte er sich zu einem fundierten Kenner der britischen Army, wie man ihn in Deutschland suchen muß. Vor allem aber hat er sich unschätzbare Verdienste beim geistigen Brückenschlag zu unseren einstigen britischen und kanadischen Gegnern erworben.

IV. Auf dem Weg nach oben
Truppenkommandeur und Generalstabsdienst

1. Kommandeur des Marburger Jägerbataillons

Muß der Kommandeur verheiratet sein?

Im Herbst 1966 stand ich zum Bataillonskommandeur heran; alle meine Beurteilungen deuteten auf diese Verwendung hin. Dennoch gab es da seitens der Personalführung noch einen schwerwiegenden Vorbehalt: Ich war nicht verheiratet. In dieser Argumentation spiegelt sich die damals noch vorherrschende Auffassung wider, ein Kommandeur müsse verheiratet sein. Dabei wurde irrigerweise unterstellt, jede Ehe sei auch eine gute und der Truppe förderliche. Daß dies nicht so ist, wußten auch damals schon alle, aber man verdrängte es. Seitdem mußte man schrittweise anerkennen, daß auch Ehefrauen der Offiziere berufstätig sind und vor allem nicht immer bereit, dem Mann an einen neuen Standort zu folgen. Ganz abgesehen von der Entwicklung im Schul- und Bildungswesen, das mitunter geradezu zum Verweilen an einem Ort zwingt.

Ich hatte starke Fürsprecher – voran meinen damaligen Vorgesetzten, Brigadegeneral Eberhard Boehm –, die alle Vorbehalte gegen mich ausräumten. Mir war, wie jedem, der sich in der Personalführung auskennt, nur zu bewußt, daß die Verwendung als Bataillonskommandeur das unverzichtbare Kernstück in der Laufbahn eines Offiziers bildet, auch und gerade eines Generalstabsoffiziers. Wer hier durchfällt, der hat kaum noch eine Chance, in Spitzenstellungen zu gelangen. Diese richtige Einschätzung hat andererseits bewirkt, daß manche Generalstabsoffiziere als Truppenkommandeure wenig oder gar ungeeignet, diese Verwendung geradezu um jeden Preis anstrebten und dann nur darauf bedacht waren, über die Runden zu kommen, so schnell wie möglich wieder in einen hohen Stab zu gelangen. So etwas bekommt die Truppe ganz schnell mit und entwickelt daraus eine gefährliche, ablehnende Einstellung gegenüber solchen Kommandeuren: die kommen doch nur her, um auf unserem Rücken Karriere zu machen! Ich sah in dieser Verwendung als Bataillonskommandeur die Erfüllung meiner Vorstellung vom Offizierberuf.

Wenn man schon Bataillonskommandeur wird, so in der Regel in der eigenen Truppengattung, also in dem Metier, das man zu Beginn seines Soldatenlebens erlernt hat. Das war bei mir, wie bei den meisten Kriegsgedienten, die Infanterie. Aber die Infanterie der Bundeswehr ist eine andere als die des Zweiten Weltkrieges. Hier war sie von Anbeginn zumindest motorisiert, zumeist schon gepanzert, also Panzergrenadiere. Das hatte ich nicht gelernt. Also kam es für mich vor allem darauf an, die Hauptwaffe, den Schützenpanzer, in den Griff zu bekommen. Fahren, Funken, Feuern – das sind die wesentlichen Aufgaben eines Panzergrenadieroffiziers, auch als die drei »F« bezeichnet. Ich war immer bemüht, diese Gleichheit der FFF durch eine Rangfolge zu ersetzen: Funken, Feuern, Fahren. Natürlich sollte ein Bataillonskommandeur alle drei Funktionen beherrschen, aber für seine Führungaufgabe kommt es auf das Funken an. Im Gefecht fährt er nicht selbst – und was das Schießen betrifft, so leitet er das Feuer; aber funken, das muß er selbst, obwohl er da noch einen Funker in seinem Panzer hat. Doch die unterstellten Kompaniechefs wollen seine Stimme hören und nicht einen Funker. Bei einer Brigadeübung im Dezember 1967, an der ich mit meinem Bataillon teilnahm, führte der Stellvertretende Brigadekommandeur. Zu unser aller Überraschung war er, der als großer Taktiker galt, nicht in der Lage, selbst über Funk zu führen; er ließ einen Funker sprechen. Damit hatte er seine Autorität vollends eingebüßt; und diese Übung bedeutete für ihn das Ende seiner bis dahin recht hoffnungsvollen Laufbahn.

Für meinen Einstieg in die Praxis als Kommandeur eines gepanzerten Grenadierbataillons kam mir meine Freundschaft mit Hans-Joachim Jung zugute. Ihn hatte ich 1959 kennengelernt. Bei einem Auswahllehrgang an der Heeres-Offizierschule in Hannover fand ich mich – nach alphabetischer Anordnung – mit dem damaligen Hauptmann Jung auf einer Stube. Vier Jahre älter als ich, war er ein Panzeroffizier mit handfester Fronterfahrung. Mehr als das: Jung war ein Panzer-

mann par excellence! Von ihm lernte ich, immer noch mit meiner fuß-
infanteristischen Vergangenheit behaftet, die »Panzerei« von grund-
auf; erst in der Theorie, dann in der Praxis, als ich ihn auf dem
Truppenübungsplatz in Bergen besuchte. Wir wurden Freunde; das
dauerte seine Zeit, aber diese Freundschaft hat gehalten. Bei meiner
Zuneigung für ihn fiel ins Gewicht, daß er als leidenschaftlicher
Streiter für seine oberschlesische Heimat focht. Durch ihn gewann ich
auch engeren Kontakt zu seinem Schulfreund Erich Mende, dem
einstigen FDP-Vorsitzenden. Persönlich traf ich Mende zum ersten
Male bei einer Tagung an der Evangelischen Akademie in Tutzing im
Sommer 1963. Nach meiner Pensionierung begegnete ich ihm wiederholt auf deutschlandpolitischen Tagungen; als einer der wenigen Politiker stritt er für die deutsche Einheit – wie fast alle es einst versprochen
hatten.

Hajo Jung, vom dem ich hier berichten will, war trotz seiner schweren
Kriegsverletzung ein vorzüglicher Schwimmer; auch im fortgeschrittenen Alter errang er manche Trophäe. Daß dieser hervorragende
Truppenoffizier es nur bis zum Oberstleutnant brachte, ist ein Armuts-
zeugnis für die Personalführung. Er war eben ein Mann mit Ecken und
Kanten. Das bekam ich zu spüren, als ich in meiner P-Zeit wiederholt
versuchte, ihn ins Gespräch zu bringen. Man mochte ihn nicht. Er
selbst hat dies mit Würde getragen und unbeirrt seiner Pflicht genügt.

Was die drei F für den Kommandeur einer gepanzerten Truppe sind,
das ist das Springen für den Fallschirmjäger. Irgendwie hatte selbst die
Personalführung das mitbekommen. Kaum war ich zum Bataillonskommandeur ausgewählt, rief mich mein Personalbearbeiter – der
Major i.G., später Brigadegeneral, Horst Scheuermann – an und
fragte, ob ich bereit wäre, ein Fallschirmjäger-Bataillon zu übernehmen. Warum denn das, fragte ich? Man hatte festgestellt, daß es in der
Luftlande-Division keinen einzigen Bataillonskommandeur mit Generalstabsausbildung gab. Dem sollte abgeholfen werden, und mich hielt
man für den rechten Mann. Zwar fügte Scheuermann hinzu, zu springen brauchte ich nicht. Aber er kannte mich gut genug – und hat mich
wohl auch nur deshalb in Betracht gezogen –, daß ich nicht vor ein
Bataillon hintreten würde, ohne zuvor dessen Handwerk gelernt zu

haben. Ich sagte zu und machte gleich zur Bedingung, daß man mich sofort zum Springerlehrgang kommandiere. Ende November 1966 traf ich in Schongau-Altenstadt zu dem dreiwöchigen Lehrgang ein, der im allgemeinen aus den gerade ausgebildeten Rekruten bestand, die hier ihre Spezialgrundausbildung – wie man das damals nannte – absolvierten. Natürlich wurde ich mit Argwohn empfangen. Das war er also, dieser feine, akademisch gebildete Generalstabsoffizier, den man der Luftlande-Divison ins Nest setzen wollte, der damit zumindest einem bewährten Fallschirmjäger die Chance nahm, Bataillonskommandeur zu werden. Es half nichts, ich mußte da durch! Zusammen mit dem noch jüngeren Major i.G. Jahnel lag ich auf einer Stube. Wir waren uns schnell einig, daß wir jede Sonderbehandlung von uns weisen und in Reih und Glied mit den jungen Soldaten eintreten würden. Insbesondere die erste Woche wurde für mich zu einem Schlauch. Ich verspürte schnell, daß ich zwanzig Jahre älter war als die Jungen. Stundenlang den Landefall zu üben, oder gar von dem gefürchteten Turm zu springen, das zehrte an den Kräften. Aber ich wollte es mir nicht anmerken lassen. Wie die anderen standen auch wir Generalstabsoffiziere stramm und schrien: »Jawohl, Herr Feldwebel« und rannten wieder auf den Turm, um es beim nächsten Sprung besser zu machen.

Während die Jungen abends noch ausgingen, sanken wir erschöpft in unsere Betten, spielten aber zuvor immer noch eine Partie Schach. In der dritten Woche war es endlich so weit: An drei Tagen wurden die geforderten fünf Sprünge absolviert. Als wir früh antraten, um mit den Bussen zum Flugplatz Kaufbeuren zu fahren, verkündete der Inspektionschef: »Jetzt kommt die gefährlichste Phase des ganzen Lehrgangs: Die Busfahrt. Da kann – nach der Statistik – schon einiges passieren. Wenn Sie erst Kaufbeuren erreicht haben und im Flugzeug sitzen, dann haben Sie es geschafft. Wir schmeißen Sie schon raus!«

Eng zusammengepfercht saßen wir in den Transportflugzeugen. Bald ertönte der Ruf: Straße – Straße – Eisenbahn – Eisenbahn! Wir traten nach vorn – zählten, stampften mit den Füßen auf und sprangen. Es war schon ein erhebender Augenblick, als ich zum ersten Male zur Erde niederschwebte. Und ich kam mit einem blauen Fleck davon. Beim zweiten Sprung fühlte ich mich schon sicherer und beim fünften als ein alter Hase. Dann standen wir angetreten, um das Springerabzeichen in Empfang zu nehmen. Ich habe es bis zum letzten Tag meines Dienstes mit Stolz getragen – und es hat mir den Respekt mancher jüngerer Soldaten verschafft, die Kriegsauszeichnungen nicht mehr so recht einzuschätzen wußten.

In eines der vielen Neustadts

Kaum hatte ich die Springerausbildung absolviert, ertönte von der Personalabteilung das Kommando: Kehrt – marsch! Das für mich eingeplante Fallschirmjägerbataillon 291 war nicht frei, also mußte ich doch ein Panzergrenadierbataillon übernehmen: 62 in Neustadt bei Marburg! Dieses Bataillon war 1956 aus der Grenzschutzabteilung in Fulda hervorgegangen und danach mehrere Jahre als Grenadierbataillon in Marburg stationiert gewesen. In dieser Zeit hatte es die Tradition der Marburger Jäger übernommen und sie bis heute bewahrt. Mit seiner Umgliederung in ein Panzergrenadierbataillon erfolgte 1960 die Verlegung in das benachbarte Neustadt. Zwar wußte ich, wo dieses Neustadt liegt, ich war auch schon mal durchgefahren, aber eine rechte Vorstellung von dieser Garnison hatte ich noch nicht. Ein Freund verwies mich auf einen Artikel, der vor Jahren im STERN erschienen war und das hessische Neustadt als die typische Kleinstadt in Deutschland vorstellte. Ein ganzseitiges Photo zeigt einen Schützenpanzer neben einem Ochsenkarren, wie er zu dieser Zeit in Neustadt noch gebräuchlich war. Aber auch militärgeschichtlich hatte Neustadt sich einen Namen gemacht: In diesem Raum bis hin nach Stadtallendorf unterhielten die Amerikaner bald nach dem Kriege ein großes Lager, in dem sie die meisten der von ihnen gefangenen deutschen Generale und Generalstabsoffiziere konzentrierten und auch die sogenannte Historical Division (German Section) der US-Armee errichteten, in der führende deutsche Militärs ihre Kriegserfahrungen einbrachten.

Am Dienstag nach Ostern 1967 traf ich dort ein. Mein Vorgänger wies mich ein; die feierliche Übergabe erfolgte am 31. März. Ich führte das Bataillon an dem Brigadekommandeur vorbei. In der Reihe der Bataillonskommandeure war ich nun schon der sechste. Alle meine Vorgänger waren lebensälter und damit auch kriegserfahrener. Stellvertretend für sie möchte ich Horst Zank erwähnen, dessen persönliches Schicksal mir als besonders bewegend erscheint. Als erst 23jähriger Hauptmann war er am Ende der Schlacht von Stalingrad in sowjetische Gefangenschaft geraten. Als einer der wenigen Überlebenden kehrte er Ende 1949 in die Heimat zurück. Standhaft hat er durch all die Jahre dem sowjetischen Terror getrotzt. Seine 1993 veröffentlichten Erinnerungen[121] sind ein eindrucksvolles Dokument des Kampfes und des Leidens der deutschen Infanterie im Zweiten Weltkrieg. Ich wünschte mir, daß alle die es lesen, die für Erziehung und Ausbildung des Führernachwuchses der Bundeswehr verantwortlich sind.

Mein Brigadekommandeur war Oberst Josef Rettemeier, ein hochausgezeichneter Panzerführer des Zweiten Weltkrieges, ein richtiger Haudegen. Grenadiere mochte er nicht so recht, Generalstabsoffiziere noch viel weniger. Und er hatte gute Gründe dafür, die man nicht so ohne weiteres ausräumen konnte. Das war also kein leichter Start für mich. Aber das Eis zwischen uns war schnell gebrochen, als er merkte, daß ich mich sehr wohl um den Kleinkram in der Ausbildung kümmerte und nicht etwa darüber schwebte. Als ich schließlich in der ersten größeren Übung auf dem Platz in Baumholder das Bataillon mit Erfolg führte, vertrugen wir uns fortan vorzüglich. Ein Jahr darauf übergab Rettemeier die Brigade an seinen Nachfolger, Oberst Anton Burnhauser. Inzwischen der dienstälteste Bataillonskommandeur, hielt ich die Abschiedsrede auf den scheidenden Brigadekommandeur. Dabei sagte ich aus tiefer Überzeugung: Käme es je dazu, daß wir in den Krieg ziehen müßten, dann möchte ich unter seiner (Rettemeiers) Führung stehen.

Sein Nachfolger Burnhauser war in vielem das Gegenteil; nicht etwa im negativen Sinne. Er war der Typ des hochgebildeten bayerischen Offiziers, Infanterist, klein und drahtig, überaus sensibel. Ich kam mit ihm gut aus. Schnell bekam er die Brigade in den Griff. Er vereinigte in sich die Gabe der Menschenführung mit dem Intellekt des Generalstabsoffiziers. Dieser Kontrast in der Brigadespitze tat der Truppe gut. Eine törichte Personalführung trieb − sicher unbedacht, aber gerade Personalführung sollte bedacht handeln − diesen hochsensiblen Mann von einer Enttäuschung in die andere. Er starb buchstäblich vor Kummer an der ihm zugefügten Demütigung, in der zu Recht erhofften Beförderung immer wieder von Jüngeren übergangen zu werden. Seine Beerdigung in München 1972, bei der dieses Schicksal in den Reden anklang, war geradezu makaber. Erst vier Jahre später traf ich wieder mit seiner Witwe zusammen, als sie mich in Sigmaringen besuchte, wo ich inzwischen Divisionskommandeur war. Sie hat an der Enttäuschung über die mangelnde Fürsorge schwer getragen. Auf dem Flur vor meinem Dienstzimmer hing das Bild Burnhausers, der dort mitten im Dienst starb. Oft habe ich seiner gedacht.

Alltag eines Bataillonskommandeurs

Entgegen weit verbreiteten Vorstellungen – nicht nur militärferner Zivilisten, sondern auch truppenfremder Generale im Verteidigungsministerium – verbringt ein Bataillonskommandeur eben den größten Teil seiner Zeit nicht bei der Ausbildung im Gelände, sondern wird gerade durch die von der Hardthöhe ausgehenden bürokratischen Auflagen an den Schreibtisch gefesselt. Ob wir es wahrhaben wollen oder nicht: Die Bundeswehr wird eben nicht geführt, sondern verwaltet; und auch dies mit preußisch-deutscher Gründlichkeit! Das ist nicht zuletzt eine Folge – übertriebener – Rechtsstaatlichkeit, des unheilvollen Trends zum Rechtsmittelstaat.

Wie sah mein Alltag in Neustadt aus? Von meiner Wohnung in der Feldstraße 6, die ich morgens um 6.30 Uhr verließ, hatte ich einen Fußweg von 15 Minuten bis zur Kaserne. Die Wache wußte schon, daß ich sie inspizieren würde. Das war also keine Überraschung mehr, aber diese allmorgendliche Kontrolle hatte dennoch ihr Gutes. Was habe ich nicht alles später erlebt, wenn ich als höherer Vorgesetzter überraschend in eine Kaserne fuhr: Die Posten unaufmerksam, unordentlich; schon der Kaserneneingang unsauber, Papier und Zigarettenreste herumliegend! Das ist das Ergebnis, wenn die zuständigen Wachvorgesetzten einfach »durchfahren« und nicht einmal aussteigen, von sachgerechten Kontrollen ganz zu schweigen. Anschließend suchte ich den Offizier vom Dienst auf. Wichtigste Frage: Gab es ein Besonderes Vorkommnis, gar Unfälle?

Dann erst ging ich zum Frühstück in den Offizierspeiseraum. Dort saß ich fast immer allein. Denn es gab nur einen oder zwei jüngere Offiziere, die in der Kaserne wohnten. Oft frühstückten die gar nicht – oder sie waren bereits beim Dienst in ihrer Kompanie. Das Frühstück war stets gut und reichhaltig. Und doch meckerten immer wieder manche Soldaten. Ich wußte das einzuordnen. Die meisten konnten sich eine so gute Verpflegung zu Hause gar nicht leisten. Mein Küchenfeldwebel Heise war ein As. Und er wußte, daß ich mich darum kümmerte. Besonders dann, wenn das Bataillon zu einer Übung ausrückte, zauberte er das denkbar Beste herbei. Oft kam er schon zu mir, wenn ich frühstückte und trug mir seine Sorgen vor. Wenn ich später als General das Bataillon besuchte, habe ich stets an der Gepflogenheit festgehalten, morgens mit Heise Kaffee zu trinken.

Der Dienst in den Kompanien begann um sieben Uhr. Fast immer war ich dann bei einer Kompanie zugegen. Das wirkte Wunder. Natürlich waren die Offiziere und Unteroffiziere von meinem frühzeitigen Erscheinen nicht begeistert. Davon habe ich mich nie beirren lassen. Später hat mir der eine oder andere bestätigt, daß ihnen mein oft unbequemer Führungsstil viel lieber war als die in der Bundeswehr verbreitete Unsitte, daß sich Kommandeure wochenlang überhaupt nicht sehen lassen. Schon am Vortag studierte ich die Dienstpläne, um zu entscheiden, wo ich am folgenden Tag zugegen sein wollte. Wenn die Kompanien in der Kaserne blieben und nicht ausrückten, dann bevorzugte ich, früh zu einem Unterricht zu gehen, möglichst zur Politischen Bildung, weil da die gesamte Kompanie versammelt war. Entgegen wiederholten Unterstellungen habe ich diese nicht etwa als den Schwerpunkt der Ausbildung betrachtet, der natürlich bei der Gefechtsausbildung lag. Aber diese Unterrichte boten mir eine willkommene Gelegenheit, mich der gesamten Kompanie mitzuteilen, zu einer persönlichen Begegnung mit den Soldaten. Mitunter übernahm ich den Unterricht auch selbst. Nicht nur als Bataillonskommandeur, sondern auch in folgenden Kommandeurverwendungen kämpfte ich energisch gegen die Unsitte an, daß die Unteroffiziere an der Seite saßen und sich damit von der Kompanie und von diesem Thema distanzierten; manchmal schliefen sie auch. Dabei hatten sie mitunter mehr Grund als mancher Wehrpflichtige, ihren politischen Bildungsstand zu verbessern. Ich empfahl den Kompaniechefs, die Unteroffiziere in dieser Zeit zweckmäßiger zu einer gesonderten Unteroffizierweiterbildung zusammenzufassen. So lief der Unterricht für beide Teile − Unteroffiziere und Mannschaften − mit größerem Erfolg. Wenn ich in meiner Soldatenzeit, wo immer ich Einfluß auf die Dienstgestaltung hatte − bis hin zu meiner Verwendung als Divisionskommandeur −, gerade dem militärischen Unterricht große Aufmerksamkeit widmete, so wollte ich damit keineswegs die Gefechtsausbildung hintan setzen. Sie wird und muß der Schwerpunkt bleiben. Dennoch war ich überzeugt, daß der Unterricht die persönliche Begegnung und das Gespräch zwischen dem Vorgesetzten und den ihm anvertrauten Soldaten ermöglicht.

Ich war und bin immer noch ein überzeugter Anhänger der politischen Bildungsarbeit in der Bundeswehr, aber zugleich ein scharfer Kritiker der geübten Praxis. Die Bundeswehr kann und darf sich nicht zur Aufgabe machen, das nachzuholen, was Schule und Öffentlichkeit versäumt haben. Dazu ist sie nicht geschaffen; dafür fehlen ihr die Mittel. Sinn und Zweck des Grundwehrdienstes ist, den Soldaten kriegstüchtig auszubilden. Die Kompanien sind nach den dafür notwendigen Funktionen organisiert, nicht etwa nach Bildungsvoraussetzungen. Deshalb sind sie ganz und gar nicht als Lerngruppen für politische Weiterbildung geeignet. Unvermeidbar tut sich deshalb in den Kompanien ein Bildungsgefälle auf, das vom angehenden Professor bis zum Beinahe-Analphabeten reicht. Als Divisionskommandeur hatte ich mich später mit diesem Problem erneut auseinanderzusetzen; da verfügte ich auch über mehr Möglichkeiten, auf eine bessere Dienstgestaltung hinzuwirken.
Die wenigen Ausbildungsstunden, die für diesen Unterricht verfügbar sind, zumeist sind es zwei Stunden pro Woche, die aber nicht immer erfüllt werden, müssen deshalb vorwiegend dafür genutzt werden, daß sich der Kompaniechef den Soldaten mitteilen kann, möglichst am Beispiel der aktuellen politischen Ereignisse. Das wirkt! Nicht etwa der krampfhafte Versuch, den Soldaten durch einen eingeteilten Abiturienten beibringen zu wollen, wie ein Bundesgesetz entsteht (eine beliebte Methode, um diese Stunde über die Runden zu brin-

gen!). Aber auch der – leider allzu selten – anwesende höhere Vorgesetzte darf diese Chance nicht ungenutzt lassen, die Soldaten unmittelbar anzusprechen. Überzeugen soll er, nicht einen Lehrstoff vermitteln! Wenn er das noch zusätzlich erreicht, um so besser. Das trifft jedoch nicht nur für die politische Bildung zu, sondern für jeden Ausbildungsdienst. Nichts ist dem Soldaten mehr zuwider, als höhere Vorgesetzte, die wie ein Komet auftauchen, stumm und unbeteiligt dastehen, und dann ebenso schnell wieder verschwinden. Mit dem Image des großen Schweigers kokettierte insbesondere ein Bundeswehr-General, der ganz nach oben kam. Nicht nur der Bundeswehr, auch seinem Ansehen wäre mehr gedient gewesen, hätte er sich zu den anliegenden Fragen auch öffentlich geäußert. Für ihn und seinesgleichen traf jene sarkastische Beschreibung Hans Habes zu: »Gewisse Leute gelten nur deshalb als besonders intelligent, weil sie tiefsinnig zu schweigen verstehen«.[122]

Der Soldat will seinen Kommandeur erleben, will ihm begegnen, will etwas von ihm hören, auch Lob und Tadel. Zumindest der Bataillonskommandeur noch muß seinen Soldaten gelegentlich auch zeigen, daß er ihre Waffen beherrscht; daß er den Panzer fahren, mit der Kanone schießen kann. Vom Brigadekommandeur aufwärts, also von den Kommandeuren verbundener Waffen, darf man dies nicht fordern. Das ist nicht deren Aufgabe. Aber das Hauptwaffensystem müssen sie beherrschen: der Divisionskommandeur den Panzer. Und der Kommandeur einer Luftlande-Brigade oder -Division muß mit seinen Soldaten am Fallschirm springen. Sonst findet er bei ihnen keine Anerkennung! Selten hat die Personalführung der Bundeswehr so versagt, wie in ihrer Entscheidung, Nicht-Fallschirmjäger zu Kommandeuren in der Luftlandedivision machen. Sie standen auf hoffnungslosem Posten! Aber niemand soll daraus im Umkehrschluß folgern, daß jeder höhere Offizier zum Kommandeur solcher Verbände und Großverbände geeignet sei, wenn er nur mal eben mit dem Fallschirm gesprungen ist.

Wenn ich so gegen 8.00 Uhr morgens in mein Dienstzimmer kam, dann war der Schreibtisch zumeist leer. Fast immer hatte ich am Abend zuvor alles aufgearbeitet, morgens konnte ich mich darauf beschränken, den Sachbearbeitern Aufträge zu erteilen. Meine wichtigste Stütze dabei war mein S3 und Stellvertreter, Major Hans-Joachim Müller. Im Kameradenkreis wurde er wegen seiner sechs Kinder mitunter auch – liebevoll – »Kinder-Müller« genannt. Einige Jahre jünger als ich, hatte er seine Laufbahn im Bundesgrenzschutz begonnen. An der Zulassung zur Generalstabsausbildung ist dieser überaus tüchtige Offizier vornehmlich wegen einer familiären Angelegenheit gescheitert, weil ein stockkonservativer General Maßstäbe aus dem vorigen Jahrhundert anlegte. Aber Müller machte seinen Weg als Truppenoffizier. Hier hatte er sich hervorragende Kenntnisse und Fähigkeiten in der Praxis als Panzergrenadier angeeignet. Von ihm habe ich manches gelernt, was mir fehlte. Umgekehrt konnte ich dazu beitragen, seinen weiteren Weg zu ebnen. Schnell wurde er selbst Bataillonskommandeur, Brigadekommandeur und schließlich Brigadegeneral. Daß er mir im Januar 1984 die Treue gehalten hat, überraschte mich nicht. Ich durfte dabei sein, als er im Herbst 1991 – zuletzt Chef des Personalstammamtes – aus dem aktiven Dienst verabschiedet wurde.

War eine der Kompanien draußen auf dem Standortübungsplatz, so fuhr ich raus, wenn immer nur möglich. Aber ich drängte darauf, diese Ausbildung unter Einbeziehung der Nacht auszudehnen. Dagegen taten sich manche Widerstände auf. Deren Wurzel lag fast immer in der Bequemlichkeit der Ausbilder. Das mußte ich später als Divisionskommandeur in noch viel stärkerem Maß erfahren. Scharf habe ich stets kritisiert, wenn die vorgeschriebene Nachtausbildung etwa auf die Zeit von 20.00 bis 23.00 Uhr anberaumt wurde; so etwas habe ich als »Dämmerungsausbildung« verspottet. Mit der Zeit setzte ich mich durch. Das ist mir nur gelungen, weil ich zu fast jeder Nachtausbildung selbst ins Gelände rausfuhr. Den eigentlichen Durchbruch erzielte ich aber erst, als das Bataillon bei großen Übungen Lob erntete; das motivierte viel stärker als das ewige Drängen des Bataillonskommandeurs.

Blieb ich vormittags in der Kaserne, dann ging ich zur Kaffeepause – die überall in der Bundeswehr »NATO-Pause« genannt wird – in den sogenannten »Unteroffizier-Keller« der 1. Kompanie. Dort traf ich die meisten Unteroffiziere an, denn die gehören nun einmal zu dieser Stabs- und Versorgungskompanie. Auch von den anderen, den Kampfkompanien kamen die Kompaniefeldwebel und die Funktioner häufig zu dieser Kaffeerunde. Alle wußten: da bot sich Gelegenheit, den Kommandeur unmittelbar anzusprechen. Dabei habe ich peinlichst darauf geachtet, daß nicht etwa dienstliche Fragen erörtert wurden, die in die Zuständigkeit der Kompaniechefs gehörten. Ganz schnell kannte ich alle der rund einhundert Unteroffiziere des Bataillons persönlich; von den übrigen fünfhundert Soldaten das Bataillons kannte ich nicht jeden; aber alle kannten mich!

Eines Tages rief mich der Chef des Stabes der Division an. Er bat mich, zum Ball der Steuben-Schurz-Gesellschaft in Frankfurt zu gehen. Der Divisionskommandeur wünschte die Teilnahme eines Bataillonskommandeurs, aber keiner habe sich dazu bereitgefunden. Sicher war ich als Lediger (und als alles andere denn als Party-Löwe bekannt) dafür nicht die beste Wahl; und begeistert war ich von diesem Auftrag ohnehin nicht. Aber ich sah ein, daß der Divisionschef mich brauchte. Auch wußte ich, daß für manchen anderen Kameraden dies auch ein finanzielles Problem darstellte; für mich dagegen nicht. Also fuhr ich nach Frankfurt. Ich wurde angenehm enttäuscht. Zunächst einmal ging es gar nicht so steif zu wie bei den meisten Bundeswehr-Bällen.

Ich traf aufgeschlossene Amerikaner an, mit denen ich mich gut unterhielt. An der Bar begegnete ich dem Inspekteur des Heeres, Generalleutnant Albert Schnez. Er kannte mich, war er doch zuvor der Kommandierende General des III. Korps, zu dem mein Bataillon gehörte. In dieser Zeit hatte er mich wiederholt aufgesucht. Schnez genoß dieses Fest sichtlich. Galt er doch als Bewunderer schöner Frauen. Nicht nur er war in glänzender Stimmung – wie fast alle auf diesem Ball. Zu mir gewandt sagte er: »Kießling, ich habe gerade mit einer Dame getanzt, deren Sohn in Ihrem Bataillon ist. Wenn der am Wochenende nach Hause kommt, scheint er wohl immer nur davon zu berichten, wo sie wieder unverhofft aufgetaucht sind. Das scheint den Soldaten zu imponieren! Mir gefällt's auch, aber übertreiben Sie es nicht! Ihre Kompaniechefs sind davon weniger begeistert! Aber ich finde es gut, wenn alle Soldaten ihren Bataillonskommandeur kennen!« Letzteres war für mich eine Selbstverständlichkeit; obwohl ich wußte, daß es auch in der Bundeswehr keine Seltenheit war, wenn Soldaten ihren Bataillonskommandeur nur beim Vereidigungsappell zu

Gesicht bekommen. Ich nehme an, daß ich auch noch als Divisionskommandeur den meisten Soldaten meiner Division bekannt war.

Mittags aß ich mit den wenigen Offizieren, die nicht nach Hause gingen. Das bis dahin im Bataillon übliche gemeinsame Mittagessen der Offiziere, einmal in der Woche, hatte ich abgeschafft. Ich mochte diese erzwungene Gemeinsamkeit nicht, die nach meiner Einschätzung eine reine Formalie darstellte – ohne jeden Erfolg. Zwar kamen die Offiziere zur gemeinsamen Mittagstafel, saßen danach aber allenfalls noch beim Kaffee zusammen. Mir kam es darauf an, ein längeres Gespräch untereinander zu ermöglichen. Die bessere Chance dazu sah ich in einem gemeinsamen Abendessen , jeweils nach der wöchentlichen Offizierweiterbildung am Mittwochnachmittag. Es überraschte mich nicht, daß ich mit dieser Neuerung auf wenig Gegenliebe stieß; denn die meisten meiner Offiziere empfanden dies als ein »Opfer« ihrer Freizeit. Stets hat es mich gestört, wie wir den Begriff des »Opferns« entwerten, indem wir ihn auf die kleinste Unbequemlichkeit ausdehnen. In diesem Falle ging es mir um eine Erweiterung der Offizierweiterbildung durch die menschliche Begegnung. Dieser Aufgabe habe ich mich mit ganzer Kraft gewidmet. Zumeist stand eine taktische Aufgabe im Mittelpunkt. Doch war ich darauf bedacht, daß wir auch eine Stunde dem gemeinsamen Sport widmeten. Auf diese Weise habe ich die Offiziere auf den alljährlichen Soldatensportwettkampf vorbereitet, dessen Ergebnisse für mich ein wichtiges Beurteilungsmerkmal lieferten. Hier konnte ich mit gutem Beispiel vorangehen; denn in meiner Altersgruppe brachte ich noch recht gute Leistungen, vor allem im 5000m-Lauf. Nach dem Abendessen versammelte ich meine Offiziere zu einer mehrstündigen Diskussion über ein historisch-politisches Thema. Es war nicht leicht, die Offiziere für meine Vorstellung von der wöchentlichen Weiterbildung zu gewinnen. Um so beglückender empfand ich es, wenn mir Jahre später der eine oder andere gestand, dies habe doch seinen Blick wesentlich geweitet und so etwas müsse man eben durchsetzen.

Wichtig erschien mir die Steigerung der körperlichen Leistungsfähigkeit im Rahmen der Gefechtsausbildung. Dazu gehört beim Infanteristen – und das waren und sind die Panzergrenadiere nun einmal, wenn sie es mitunter auch gern verdrängen und sich als »leichtes Panzerbataillon« fühlen – der Marsch, der Marsch zu Fuß, versteht sich! Ohne Zweifel ist die Bundeswehr im sogenannten »Mot.Marsch« hervorragend; das muß eine mechanisierte Armee auch können. Aber ihre Grenadiere dürfen dabei nicht die Fähigkeit einbüßen, auch weite Strecken schnell zu Fuß zu bewältigen. Das durchzusetzen stößt vor allem deshalb auf Widerstand, weil ein großer Teil der Offiziere und Unteroffiziere – aus was für Gründen auch immer, die von der Verfettung bis zur Bequemlichkeit reichen – nicht mehr marschieren wollen oder können. Wenn die Rekruten noch – für sie angemessen kurze Strecken – zu Fuß marschieren, dann laufen die Ausbilder im leichten Bieranzug – ohne Stahlhelm, ohne Waffen, ohne Gepäck – nebenher. Da hilft dann nur eines: Daß der Kommandeur selbst in voller Ausrüstung mitmarschiert. Dann zieht keine Ausrede mehr! Wie sehr Offiziere die Leistungsfähigkeit ihrer Soldaten unterschätzen, das möchte ich mit einem Erlebnis schildern, das ich im Mai 1968 auf dem Truppenübungsplatz Sennelager hatte. Für den Himmelfahrtstag, an dem ein Schieß-Verbot galt, hatte ich einen Marsch-Wettbewerb angesetzt. Mit Hilfe eines ausgeklügelten Bewertungssystems wollte ich die beste Kompanie ermitteln, für die ich ein Faß Bier ausgesetzt hatte. Vier meiner fünf Kompaniechefs rannten mir die Bude – das Zelt – ein, um mich davon abzubringen. Ihre Soldaten würden mit einem solchen Marsch total überfordert, wir müßten mit schweren gesundheitlichen Schäden rechnen, gar der Wehrbeauftragte wurde beschworen. Noch heute ärgere ich mich über mein Nachgeben; ich setzte die Mindestanforderungen erheblich herunter. In diesem Fall habe ich versäumt, nach unten zu widersprechen, mit anderen Worten, mich durchzusetzen. Als dann am Himmelfahrtstag die Kompanien zum Marsch antraten, zeigte sich ganz schnell, daß die Soldaten mit einem Eifer bei der Sache waren, der alle Erwartungen übertraf. Nur ein einziger Soldat fiel aus. Alle anderen erfüllten die festgesetzte Mindestzeit, so daß ein Vergleich der Kompanien gar nicht mehr möglich war. Und ich mußte vier Fässer Bier ausgeben; es wurden dann doch fünf, denn die eine Kompanie wollte ich nicht darunter leiden lassen, daß sie einen einzigen Ausfall hatte. Die Unteroffiziere dankten es mir, indem sie mir aus Birkenholz einen »Thron« zimmerten und ihn auf dem Appellplatz aufstellten, ihn nach Ende des Übungsplatzaufenthaltes sogar in mein Dienstzimmer nach Neustadt transportierten. Am Pfingstsonnabend kehrten wir in unsere Garnisonstadt zurück − und gingen in den verdienten Urlaub. Noch heute wird an den Neustädter Stammtischen gelegentlich von diesem Marsch geschwärmt. Mit der nach der Wende notwendigen Neustrukturierung der Bundeswehr scheint die Renaissance der Infanterie angebrochen.

Zum inneren Gefüge einer Truppe gehört auch das gemeinsame Singen. Das liegt im Argen. Zur Förderung des Marschgesanges hatte ich einen Kompaniewettbewerb ausgeschrieben. An einem festgesetzten Tag sollten alle fünf Kompanien mit einem selbstgewählten Lied auf dem Kasernenhof aufmarschieren. Am Tage zuvor meldete sich bei mir ein Gefreiter der 5. Kompanie, um sich über seinen Kompaniechef zu beschweren. Der habe befohlen, das sogenannte Fallschirmjägerlied zu singen. Dieses enthalten jedoch einen für ihn, den Gefreiten, unerträglichen Text: Bomben auf Rotterdam! Damit hatte ich den schwarzen Peter! Mir wurde bewußt, daß wir − unbedacht − Texte singen, die heutzutage Anstoß erregen können. Nicht nur beim Militär! Auch Kirchenlieder fallen darunter, von Nationalhymnen ganz zu schweigen. Warum hatte der Gefreite sein Gewissen nicht früher entdeckt, als noch Zeit genug war, der Kompanie das Einüben eines anderen Liedes zu ermöglichen? Jetzt war es dafür zu spät. Ich entschied: Die Kompanie darf das eingeübte Lied bei dem Wettbewerb singen − danach nicht mehr. Der Gefreite verbleibt in dieser Zeit als Telefonposten im Kompaniegebäude. Aber wie es so ist: Weder der Kompaniechef noch der Gefreite waren mit meiner Entscheidung zufrieden. Doch ich blieb dabei.
Von dem Gefreiten habe ich nie wieder gehört, um so mehr von dem Hauptmann. Der begegnete mir zehn Jahre später wieder. Da kommandierte er ein Bataillon in meiner Division.

Neustadt lag im Windschatten der Politik, aber die Zeit ging nicht spurlos an uns vorbei: weder der Aufbruch von 1968, die APO, noch die Große Koalition. Vor allem nicht die Tschechen-Krise. Die Linksintellektuellen hatten zum Sturm auf die innere Ordnung der Bundeswehr geblasen. In unserem Truppenalltag machte uns das in zweifacher Weise zu schaffen. Das war einmal die sprunghaft ansteigende Zahl der Wehrdienstverweigerer, zum anderen der Anrede-Erlaß. Was erstere betraf, so handelte es sich nach offizieller Sprachregelung um »Kriegsdienstverweigerung«. Dagegen habe ich vergebens aufbegehrt; denn wir leisten ja keinen Kriegsdienst. Der Wehrdienst wurde hier verweigert! Nach meiner Auffassung kam es in erster Linie darauf an, dies dem Wehrpflichtigen deutlich zu machen. Ich tat, was in meinen Kräften stand. Von früh bis spät war ich auf den Beinen, um in meinem Bataillon keine Mißstimmung aufkommen zu lassen. Und ich hatte Erfolg! Es war fast ein Wunder: mein Bataillon war das einzige in der Division, in dem es keinen Verweigerer gab.

Schwappte die Welle der Wehrdienstverweigerer über die ganze Bundeswehr hinweg, weil die politische Führung es an Klarheit fehlen ließ, was Regel und was Ausnahme war, das Anrede-Problem hatten sich die Militärs selbst beschert. Sie versäumten es, offenkundige gesellschaftliche Wandlungen zur Kenntnis zu nehmen und die geltende soldatische Ordnung daraufhin zu überprüfen. Statt dessen hielten sie krampfhaft an einer überholten Gepflogenheit fest, bei der Anrede nach unten lediglich den Namen zu gebrauchen (»Meyer, machen sie das!«), nach oben dagegen den Zusatz von Herr und Dienstgrad zu fordern (»Jawohl, Herr Unteroffizier!«). Das Bundesverwaltungsgericht entschied 1968 aufgrund einer Beschwerde, auch in der Anrede gelte der Gleichheitsgrundsatz. Die Militärs waren also aufgefordert, über einen neuen Anredeerlaß nachzudenken. Was lag näher, als auf den »Herrn« zu verzichten und sich auf die Anrede mit dem Dienstgrad zu beschränken? Zumal wir uns auf diese Weise den Angelsachsen angepaßt hätten, die in der NATO nun einmal den Ton angeben. Auch der Generalinspekteur de Maizière plädierte für diese fortschrittliche

Lösung.[123] Doch wie fast immer beugte er sich dann doch den politischen Strömungen. In diesem Fall wurden sie durch den von truppenfremden Unteroffizieren dominierten Bundeswehrverband bestimmt. Und die wollten »Herr« bleiben! Also schrieb der neue Anrede-Erlaß vor, stets mit Herr und Dienstgrad anzureden. Also: »Herr Panzergrenadier Meyer, treten Sie vor!« Da konnte man nur sagen: So stellt sich Klein-Fritzchen auf der Hardthöhe die Truppenpraxis vor! Doch wen kümmerte schon in Bonn der Preis, den wir für solche Torheiten zu zahlen hatten? Der bestand (und besteht immer noch) in der Verleitung zum fortgesetzten Ungehorsam; denn dieser Erlaß wird nicht eingehalten. Schlimmer ist es, daß immer häufiger der Dienstgrad ganz weggelassen und der Panzergrenadier eben nur mit »Herr Meyer« angesprochen wird. Da könnte er dann, dem Gleichheitsgrundsatz folgend, auch seinen Vorgesetzten mit »Herr Schulze« anreden. Warum denn nicht, fragen manche; auch Soldaten, die keine Ahnung von der Truppe haben. Meine Antwort: Weil der Soldat eben nicht ein Beruf wie jeder andere ist![124] Weil wir uns auch in der soldatischen Ordnung stets an den möglichen Einsatzfall orientieren müssen. Das erfordert, den Soldaten daraufhin zu erziehen und auszubilden, daß er jederzeit auch einen ihm bis dahin unbekannten Vorgesetzten unterstellt sein kann. Deshalb führen wir Dienstgrade – und machen diese auch noch kenntlich!

Das Problem der Anrede haben wir aber nicht erst seit 1968; da brach es nur auf. Schon vorher haben wir uns damit schwer getan. Immer stärker wurde dieses »Herr« gegenüber dem Vorgesetzten als unterwürfig empfunden. Viele höhere Vorgesetzte wurden dessen gar nicht gewahr, weil sie den Truppenalltag nicht kannten. Insbesondere Wehrpflichtige taten sich schwer, einen Gleichaltrigen oder gar Jüngeren mit »Herr Unteroffizier« anzureden. Folglich zogen sie es vor, die Anrede zu vermeiden. Selbst unter Offizieren breitete sich immer mehr diese Unsitte aus, die Anrede wegzulassen; vor allem dann, wenn man den Höherrangigen als einen jüngeren einstuft. Nur die Führung wollte das Problem nicht wahrhaben, die Innere Führung drückte sich davor. Soweit ich darauf Einfluß nehmen konnte, wurde ich nicht müde darauf hinzuweisen: Glücklich und innerlich frei ist derjenige, der sich – falls ihm das schwer fallen sollte – überwindet; wer auch denjenigen mit dem Dienstgrad anspricht, den er weniger achtet, gegen den er Vorbehalte hegt. Daß der andere den Rang besitzt, ist ja ohnehin nicht zu ändern. Also die Flucht nach vorn antreten! Ich selbst habe damit nie Probleme gehabt. Umgekehrt habe ich mir jede plumpe Vertraulichkeit verbeten; insbesondere dann, wenn von früher her bekannte Kameraden sich solche herausnahmen. Wie elegant sich das Problem der Anrede lösen läßt, wenn man sich nicht von törichter Gleichmacherei leiten läßt, dafür liefert nicht nur die britische Armee ein eindrucksvolles Beispiel. Auch ein (Rück-)Blick auf die k.u.k. Armee lohnt sich.[124a]

Nur mit großer Wachsamkeit und durch ständigen persönlichen Einsatz konnte ich eine Aufweichung der inneren Ordnung verhindern, die mit dem törichten Anrede-Erlaß, auch schon mit der sogenannten »Haartracht« − lange Haare und Bärte − einsetzte. Mein Grundsatz war: Mißstände müssen an Ort und Stelle gerügt und abgestellt werden. Wer das nicht tut, der heißt sie gut − und dann sind sie nur noch schwer zu beseitigen. Als Bataillonskommandeur konnte ich mich damit noch durchsetzen, als Brigadekommandeur schon nicht mehr.

Mit großer Aufmerksamkeit hatte ich im Frühsommer 1968 die durch den Prager Frühling ausgelöste Entwicklung in der Tschechoslowakei verfolgt. Für mich bestanden wenig Zweifel, daß die Sowjets eingreifen mußten, wollten sie nicht eine Erosion im ganzen Ostblock zulassen. Dennoch hoffte ich auf einen solchen Zusammenbruch, weil ich nur so eine Chance für die deutsche Wiedervereinigung sah. Doch die Nachricht vom Einmarsch der Warschauer Pakt-Streitkräfte am 20. August setzte meinem Traum ein Ende − und mein Bataillon in hohe Alarmbereitschaft −, ohne daß eine solche formal ausgelöst wurde. In diesen Tagen wurde mir die ganze Schwäche unseres politischen Systems bewußt, das zwar mit Streitkräften protzt, aber sofort zurückschreckt, wenn es ernst wird. Es war eben weniger die Befürchtung, man könne durch die gebotenen Alarmmaßnahmen eine Eskalation auslösen, als vielmehr das Zurückschrecken vor der Sensibilität der in den vergangenen 20 Jahren herausgebildeten Freizeitgesellschaft, der es an der Bereitschaft zu einer Verteidigung eben völlig fehlt. Aber ohne diese Entschlossenheit kann man keine Strategie der Abschreckung betreiben, der man sich verschworen hat. Wie gesagt, es wurden keine Alarmmaßnahmen ausgelöst. Der damalige Generalinspekteur de Maizière hat dieses Unterlassen in seinem Buch »Führen im Frieden« begründet.[125] Da erwähnt er auch, wie schwer sich die politische Führung allein damit tat, für das folgende Wochenende eine Ausgangssperre zu verhängen; selbst der Bundeskanzler wurde dafür eingeschaltet. Aber keine Rückberufung von Urlaubern! Holte aber ein nachgeordneter Kommandeur aus Sorge um die Einsatzbereitschaft seiner Truppe dennoch Urlauber zurück, so hätte er die politische Zielsetzung gefährdet, urteilt de Maizière und belehrt seine Leser über den altbekannten militärischen Führungsgrundsatz: vorausdenken, aber nicht vorausdisponieren! So einfach soll das sein!

Natürlich kannte auch ich diesen Grundsatz und habe – soweit es mir im konkreten Fall geboten erschien – danach gehandelt. So habe ich in allen meinen Kommandeurverwendungen vorsorglich einen Gefechtsstand für den Ernstfall erkundet, über den ich niemanden sonst informierte. Dorthin wäre ich mit meinem Stab gegangen, nicht aber an den vorgeplanten Ort, der schriftlich festgelegt und deshalb viel zu vielen bekannt war, vielleicht sogar dem Feind. Aber in den letzten Augusttagen von 1968 konnte ich mich nicht damit begnügen, lediglich vorauszudenken. Ich ließ die Schützenpanzer, aber auch alle anderen Waffen und Geräte einsatzbereit machen, machte meine Offiziere nochmals eingehend mit unserem Auftrag vertraut, ordnete die Überprüfung von Munition und Vorräten an. Vor allem aber ging ich jeden Tag zu allen fünf Kompanien und suchte das Gespräch mit den Soldaten. Wegen der Semesterferien übten bei uns gerade einige, ansonsten studierende, Reserveoffiziere, so daß unsere Stellenbesetzung gesichert war.

Das im Sommer 1968 durch APO und Mißbrauch der Wehrdienstverweigerung stark tangierte innere Gefüge der Bundeswehr erwies sich jedoch als widerstandsfähig. War ich ohnehin schon gut dran, in meinem Bataillon keinen einzigen Wehrdienstverweigerer zu haben, nach dem 20. August schlug die Stimmung vollends ins Positive um. Nicht nur willig, geradezu begeistert versahen die Soldaten ihren Dienst. Auf Schritt und Tritt spürte man deutliche Zustimmung zu den

Vorbereitungen auf die Einsatzbereitschaft. Auch der Divisionskommandeur erschien überraschend und vermittelte uns den Eindruck, daß wir auf die Führung durch das Divisionskommando vertrauen durften. Aber unter den Offizieren und Unteroffizieren machten sich Zweifel breit, ob die politische und militärische Spitzen zeitgerecht die erforderlichen Entscheidungen treffen würden. Nicht zu Unrecht sprach Adelbert Weinstein von den »zornigen jungen Offizieren«.[126]

Rückkehr in den Generalstabsdienst

Mein Divisionskommandeur, Generalmajor Ernst Ferber, war auch schon vorher wiederholt nach Neustadt gekommen. Persönlich war ich ihm erst Anfang April 1967 begegnet, als ich wenige Tage nach meinen Dienstantritt als Bataillonskommandeur an der Kommandoübergabe der 2. Division in Marburg teilnahm. Ferber, gerade von der NATO-Standing Group aus Washington zurückgekehrt, folgte dem scheidenden Divisionskommandeur Generalmajor Werner Drews. Nach dem militärischen Zeremoniell in der Tannenberg-Kaserne, bei dem der hessische Staatssekretär Dr. Günter Wetzel zusammen mit dem Kommandierenden General Schnez die Front abschritt, versammelten sich die Gäste im Offizierheim am Schwanhof. Für mich bot diese Gelegenheit ein Wiedersehen mit Wetzel, der 1960 in meiner Kompanie eine Wehrübung absolviert hatte, nach der er zum Leutnant der Reserve befördert wurde.

Ferber kam auf mich zu und sprach mich an, als würden wir uns seit Jahren kennen. Wie immer, war er gut vorbereitet. Schon bei diesem ersten Gespräch gewann ich den Eindruck, daß wir »auf einer Wellenlänge« lagen. Wenig später besuchte er mich in meiner Neustädter Kaserne. Bald gewann ich den Eindruck, daß er mich schätzte. Immer häufiger suchte er das Gespräch mit mir, auch in Fragen, die weit über das Dienstliche hinausgingen. So überraschte es mich nicht, daß er mir wiederholt Sonderaufträge erteilte. Dazu gehörten Anlage und Durchführung einer Lehrvorführung, einer »Gefechts-Rahmen-Übung«. Damit wollte Ferber neue Wege für das Üben im freien Gelände aufzeigen, ohne sich mit der bekannten Form von Stabsrahmen-Übungen zu begnügen.

Hatte ich somit auch ein recht enges Verhältnis zu meinem Divisionskommandeur gewonnen, so war ich dennoch überrascht, als er mich im Januar 1969 plötzlich anrief und fragte, ob ich Chef seines Stabes werden wollte. Ich wußte, daß dies kein Zuckerlecken sein würde, aber ich sagte zu.

Der Abschied von Bataillon fiel mir nicht leicht, in den fast zwei Jahren war ich mit ihm zusammengewachsen. »Vom Geist der Infanterie beseelt« lautete die Überschrift eines Berichtes in der Zeitung über die Kommandoübergabe in Neustadt am 14. Februar 1969.

Als Chef des Stabes der übergeordneten Division in Marburg konnte ich enge Verbindung nach Neustadt halten. Das tat ich auch in den Jahren danach, in denen das Bataillon manchen vielfältigen Veränderungen unterlag – bis hin, daß es anstelle der vertrauten »62« die Nummer »142« erhielt. Bald hatten alle Offiziere aus meiner Zeit das Bataillon verlassen. Der damalige Leutnant Kappen kehrte 1987 als Oberstleutnant und Kommandeur zurück; in seiner Kommandeurzeit war ich häufiger in Neustadt zu Gast. Ein anderer Leutnant dieser Zeit, Max Schreiner, der sich während des Skandals vehement für mich engagierte, schied als Oberstleutnant vorzeitig aus. Er übernahm eine leitende Stellung im Christlichen Jugenddorfwerk. Mit großer Freude konnte ich sein erfolgreiches Wirken beobachten.

Im Zuge der Umstrukturierung der Bundeswehr wurde das Bataillon 1992 außer Dienst gestellt. Es waren nur wenige Ehemalige, die sich zum letzten Appell am 21. August in Neustadt zusammenfanden. Ausgerechnet der letzte Bataillonskommandeur hatte für diese Traditionspflege wenig Sinn, auch nicht der Brigadekommandeur. Wehmütig nahm ich Abschied.

Bis dahin wurde die Kontinuität im Bataillon durch die noch aktiven Unteroffiziere gewahrt . Ich nutzte jede sich bietende Gelegenheit, das Bataillon zu besuchen; vor allem bci den Kommandoübergaben. Vor allem der Stabsfeldwebel Manfred Oldenburg hat die Verbindung zu mir gehalten. Während mich 1984 so viele Kameraden im Stich ließen, standen die Neustädter zu mir. Meinem Dank gab ich Ausdruck, indem ich darauf bestand, mich abweichend von der protokollarischen Gepflogenheit hier in Neustadt zu verabschieden. Als dort am Abend des 26. März 1984 der Große Zapfenstreich erklang, rückte dieses kleine oberhessische Städtchen für wenige Sekunden in den Blickpunkt des deutschen Fernsehens. Da erklang das Lied der Marburger Jäger: Horrido, ich bin ein Jägersmann vom Marburger Jägerbataillon!

2. Als Chef des Stabes in Marburg

Marburg als Garnisonsstadt

Marburg war für mich der Traum einer Universitätsstadt. Aber in meiner Studentenzeit gelang es mir nicht, meine Zelte dort aufzuschlagen. Erst während meiner Dienstzeit in der Göttinger Brigade kam ich ab 1958 wiederholt in die idyllische Stadt, seit 1959 auch der Sitz des Kommandos der 2. Panzergrenadierdivision. Wiederholt habe ich bei solchen Gelegenheiten auch die Ruhestätte Hindenburgs in der Elisabethkirche aufgesucht. Im Kameradenkreis galt ich als Hindenburg-Verehrer, was nicht immer positiv gemeint war. Noch heute hängt in meinem Arbeitszimmer ein seltenes Gemälde Hindenburgs; selten, weil es ihn in Zivil zeigt. So hatte der Kunstmaler Ernst Datan 1927 den Reichspräsidenten porträtiert.

Das abwertende Urteil der meisten Zeitgenossen über Hindenburg als den »Steigbügelhalter« Hitlers vermag ich nicht zu teilen. Für mich ist er Symbol einer Epoche und Inbegriff preußischer Pflichterfüllung, mit all deren Licht- und Schattenseiten. Wird ihn auch kaum jemand als geniale Begabung feiern, noch nicht einmal auf militärischem Gebiet, deshalb ist es noch lange nicht gerechtfertigt, ihn zum Mittelmaß zu stempeln. Im Rahmen von Offizierweiterbildungen habe ich wiederholt auf Hindenburg verwiesen und dabei jene Beurteilung zitiert, die uns über den Major von Hindenburg von 1887 überliefert ist. In drei Sätzen − welch ein Kontrast zu den heute seitenlangen Beurteilungen, die mehr verschleiern als aussagen − wurde ihm damals schon die Eignung zum Chef des Generalstabes attestiert, und kein Geringerer als Moltke − der große, der ältere! − hatte das unterschrieben![127] Daß auch Hindenburg seine Grenzen hatte, daß ihm als militärischer Führer wie als Reichspräsident Verantwortung für schicksalhafte Entscheidungen anzulasten sind, darf dadurch nicht verwischt werden.

In die Militärgeschichte ist Marburg als Garnison des kurhessischen Jäger-Bataillons Nr. 11 eingegangen. Der gute Geist, der diesen

Truppenteil vor allem im Ersten Weltkrieg ausgezeichnet hat, spiegelte sich in einer festen Verbundenheit der Überlebenden wider. Noch Ende der 60er Jahre versammelten sich alljährlich im September zwei- bis dreihundert Veteranen zu den Jägertagen. Als sich in den 70er Jahren die Reihen der alten Marburger Jäger lichteten, gründete man einen gemeinsamen Traditionsverband mit der 2. Panzergrenadierdivision (die für kurze Zeit sogar die Bezeichnung »Jägerdivision« führte). Wann immer es mir zeitlich möglich war, bin ich zu diesen Jägertagen nach Marburg gefahren. Umgekehrt haben die Marburger mir die Treue gehalten. Zu ihnen gehörte auch der emeritierte Rechtsgelehrte Erich Schwinge. Hatte er sich einen Namen gemacht, wenn es darum ging, die Wehrmacht gegen pauschale Verurteilungen zu verteidigen[128], so trat er nun mutig für mich ein.

Gleich nach Ausbruch des Skandals schrieb der damals 81jährige mir: »Der Fall Fritsch hätte eine Warnung sein müssen.. ... Um der Sache willen müssen Sie diese schwere Prüfung durchstehen und dürfen sich nicht mit einem Kompromiß zufrieden geben.«

Eine Stellung sui generis: Der Chef des Stabes

Chef des Stabes − was ist das? Diese Dienststellung gehört zu den merkwürdigsten, für Außenstehende schwer verständlichen, aber mit Sicherheit auch wirkungsvollsten Institutionen in der Geschichte des deutschen Militärs. Eingeführt wurde diese Stellung von Scharnhorst, der auf diese Weise den fürstlichen Befehlshabern jüngere und auf seine Zielsetzung eingeschworene Führergehilfen an die Seite stellen wollte, auf die er als Chef des Generalstabes unmittelbar einwirken konnte. Damit hatte er einen Generalstabsdienstweg geschaffen, der umstritten blieb. Vor allem den NS-Machthabern war so etwas zuwider, verstieß es doch gegen das von ihnen propagierte Führerprinzip.

Ein wenig tiefstapelnd habe ich immer gesagt, ich sei ein besserer Bürochef. Das war ich freilich auch, wenn auch etwas mehr. Denn diese Stellung schwankt zwischen Machtvollkommenheit und der Tätigkeit eines höheren Registrators. Unter Ferber war Machtvollkommenheit für einen Chef das Stabes kaum denkbar, mit mir nicht die Herabstufung zu einem Registrator. Handelt doch der Chef des Stabes stets im Auftrage seines Befehlshabers, in meinem Falle des Divisionskommandeurs. So folgten mir auch die Brigadekommandeure, die alle ältere Obersten waren, denn sie waren ja in diesem Führungssystem großgeworden. Einer von ihnen, von Eichel-Streiber, war vorher selbst Divisionschef. Aber der Chef des Stabes soll noch mehr sein als der erste Gehilfe des Kommandeurs. Ein wenig pathetisch hat dies der Feldmarschall von der Goltz zum Ausdruck gebracht: Mit dem Chef sei dem Feldherrn eine zweite Seele beigegeben. Die Funktionen lassen sich durch kein Gesetz regeln.[129]

Häufiger spricht man von einer »Ehe« der beiden. Natürlich ist damit eine Ehe älterer Art gemeint, mit einem Senior- und einem Juniorpartner, nicht etwa moderne Gleichberechtigung. Auch die Unterschiede im Lebensalter von 10 bis 15 Jahren und im Rang − Oberstleutnant zu Generalmajor − machten das deutlich. Mit der Ende der 60er Jahre einsetzenden Inflationierung des Dienstgrades Oberstleutnant war der Chef schließlich im eigenen Stab nicht mehr herausgehoben. Zögernd hob man diese Schlüsselstellung an und machte die Divisionschefs zu Obersten. Die Folge war leider, daß nun vorwiegend Lebensältere in diese Stellung kamen und sie damit aufhörte, jenes Sprungbrett nach oben zu sein, das sie sein sollte.

Natürlich kam es für einen Chef des Stabes in erster Linie darauf an, seine äußerst diffizile Aufgabe zu meistern. Aber er mußte sich auch anderen Herausforderungen stellen. Das waren vornehmlich die Generalstabsreisen: die »kleinen« im Korps-Rahmen, die »großen« − aller Chefs der Stäbe − unter der Leitung des Stellvertretenden Inspekteurs des Heeres. Bei solchen Zusammenziehungen wurde noch die alte Form des »Kriegsspiels« gepflegt, in heutiger Terminologie ist das eine »Planübung mit zwei Parteien«. In seiner Autobiographie berichtet Gustav Hillard, einer der profunden Kritiker der wilhelminischen Gesellschaft, wie er dieses bewährte Institut des Kriegsspiels in eine Neuinszenierung des »Prinzen von Homburg«, 1932 durch Max Reinhardt, mit großem Erfolg eingebracht habe.[130]

Ich selbst habe meine nachhaltigste Erfahrung mit dem Kriegsspiel während der Generalstabsreise von 1969 gemacht. Da war ich als Führer einer sowjetischen Armee eingeteilt. Im Laufe dieser mehrere Tage dauernden Übung habe ich mich derart intensiv in diese Rolle hineingelebt, daß ich mich nach Übungsende nur schwer wieder an die Wirklichkeit gewöhnen konnte.

Im Divisionsstab war ich schon ein wenig gefürchtet. Ferber sagte mir mal: »Ihnen geht ein Ruf voraus, wie Donnerhall!« Natürlich war ich den meisten Angehörigen des Stabes schon bekannt, weil ich als bis dahin diesem Stab unterstellter Bataillonskommandeur nichts durchgehen ließ, was ich da von oben auf den Tisch bekam und was nicht hieb- und stichfest war. Kannte ich mich doch in der Stabsarbeit aus – und in der Truppe ohnehin. Und jedermann wußte, daß ich ein Verfechter des permanenten Wechsels zwischen Truppe und Stäben war, also gegen zu langes Verweilen von Offizieren im Stabsdienst eintrat.

Der Divisionskommandeur: Ernst Ferber

In dieser Verwendung begegnete ich ihm nicht nur wieder, hier wurde ich zu seinem alter ego. Keine meiner zahlreichen Verwendungen war so stark auf eine Person bezogen wie diese Chefzeit in Marburg. Der Name meines Divisionskommandeurs, Generalmajor Ernst Ferber, war mir schon zu Beginn der Bundeswehr ein Begriff. Wie de Maizière und Baudissin gehörte er zu den Militärs der ersten Stunde. Der Öffentlichkeit wurde Ferber erst bekannt, als 1964 mit ihm erstmalig ein Deutscher in die Schlüsselposition eines »Direktors der Standing Group« in die NATO-Spitze einrückte.
Ferber war der klügste Militär, dem ich je begegnet bin. Das will schon etwas heißen, wenn man bedenkt, daß ich einige Jahre in nächster Nähe von Baudissin lebte. In manchem waren sich beide, Baudissin und Ferber, recht ähnlich. Jedoch hätte Ferber sich niemals auf das spiegelglatte Parkett der Inneren Führung begeben, obwohl er dieses Metier intellektuell meisterhaft beherrschte; war er doch ein ausgesprochener Schnell- und Querdenker. Nicht nur, daß er stets das

Wesentliche in Blitzesschnelle erfaßte, er vermochte es auch sogleich glasklar zu formulieren. Überdies war Ferber ein geradezu universal gebildeter Mann, dessen Liebe der Kunstgeschichte galt. Mit ihm zu plaudern, allein das war schon ein intellektueller Genuß. Aber − und das ist die Kehrseite dieser genialen Persönlichkeit − er war auch der anspruchsvollste und schwierigste meiner Vorgesetzten. Ferber war ausgesprochen sensibel und reagierte äußerst schroff, wenn ihm etwas gegen den Strich ging. Für die Truppe hatte er nicht immer die richtige Ader, obwohl er die Begegnung mit den Soldaten suchte. Ihm fehlte wohl die gründliche Erfahrung als Kompaniechef und Bataillonskommandeur. Gehörte er doch zu der kleinen Gruppe hochqualifizierter Generalstabsoffiziere, die man im Kriege einfach nicht für den Truppendienst freigeben konnte. So fehlte ihm z. B. der rechte Sinn für den Zeitbedarf zur Durchführung seiner Befehle. Das zeigte sich, wenn es um praktische Fragen ging, insbesondere bei Übungen.

Im Herbst 1969 mußte die Division ihre große Bewährungsprobe bestehen. Wir zogen in die große Heeresübung. Jedes Jahr wurden zwei Divisionen gegenübergestellt. Man nannte sie fälschlicherweise Korpsübungen, in Wirklichkeit waren es nur Divisionsübungen, denn die Korpsstäbe fungierten lediglich als Leitung. Die Heeresübung 1969 bekam den Namen »Großer Rösselsprung«. Sie war eine der bedeutendsten Übungen in der Geschichte der Bundeswehr. Unsere Division, die zweite, mit unterstellten amerikanischen und französischen Truppenteilen, nahm ihre Ausgangslage im Raum um den Vogelsberg ein. Von dort wurden wir − wie zu erwarten − in das Warburger Becken verlegt, um die von Norden angreifende 7. Division aufzufangen. Diese erste Aufgabe erforderte einen schnelle Organisation des Marsches der Division. Als ich gegen Mitternacht (des 6. September) den Vorbefehl des Korps zur Verlegung erhielt, unterließ ich es bewußt, den Divisionskommandeur wecken zu lassen. Denn ich fürchtete, wohl nicht ganz zu Unrecht, Ferber würde mit seiner ihm eigenen Ungeduld alles durcheinanderbringen. So setzte ich die Division in Marsch, dann erst unterrichtete ihn. Natürlich wußte ich, daß ein Gewitter über mich hereinbrechen würde. Ich erhielt − zu Recht! − einen donnernden Anschiß. Das störte mich aber wenig; für mich war die Hauptsache, daß die Division marschierte. Sie erreichte ihren neuen Verfügungsraum so schnell, daß der die Übung leitende Kommandierende General mißtrauisch wurde. Er vermutete, ich hätte – unzulässigerweise – Kenntnis von dem »gedachten Verlauf«. Das war aber wirklich nicht der Fall. Um ganz sicher zu gehen, schmiß der Leitende in der nächsten Phase seinen eigenen gedachten Verlauf um und dirigierte uns überraschend in einen von ihm willkürlich ausgewählten Raum, von dem nun wiederum sein eigener Leitungsstab nichts wußte. Das brachte die Übung fast zu Erliegen. Aber wir bestanden auch diese Herausforderung. In der letzten Phase des Großen Rösselsprungs gab Ferber dann aus dem Stegreif einen druckreifen Divisionsbefehl für den Angriff, der jedem militärischen Lehrbuch zur Zierde gereichen würde.

Im Rahmen dieser Heeresübung sollte u. a. eine neue Organisation erprobt werden: das Panzer-Regiment! Der Inspekteur des Heeres, Schnez, war von der Idee beseelt, jedem Korps ein aus etwa 100 Panzern bestehendes Regiment zuzuordnen, um ihm damit eine Schwerpunktbildung zu ermöglichen. Da dieser Verband über keine eigenen Versorgungstruppen verfügte, war eine wohlüberlegte Koordinierung durch die ihn aufnehmende Division erforderlich. Zu diesem letzten entscheidenden Angriff der 2. Division wurde ihr das (hier erstmals übende!) Panzer-Regiment unterstellt. Diese Übungsaufgabe wurde zu einem Desaster. Das Regiment versagte vor allem in einer Erwartung: es war zu langsam! Dem für diese Übung als Regimentskommandeur eingeteilten Oberstleutnant brachte dieses Versagen das Ende einer hoffnungsvollen Karriere. Dabei war er ein Panzerkommandeur par excellence. Mich hat dieses Schicksal sehr berührt. Mag dieser Oberstleutnant auch nicht geglänzt haben, es war ungerecht, ihn zum Sündenbock für diese mißlungene Übungsanlage zu stempeln. Wie konnte man dieses (Lehr-)Panzerregiment ausgerechnet mit damals schon rückständigen Panzern des Typs M48 ausstatten, während die übende 2. Division bereits über den Leopard I verfügte? Noch mehr: Warum hat man nicht einen bewährten Brigadekommandeur mit der Führung des Regiments beauftragt, der sich viel leichter hätte durchsetzen können? Da ist es wieder: das alte Problem des Ranges beim Militär. Und sicher wird auch hier wieder der altbekannte Einwand hochkommen: Ein guter Mann setzt sich immer durch! In einer Lehr- und Versuchsübung sollte man nicht zusätzliche Probleme heraufbeschwören.

Das Ende der Geschichte: die Panzer-Regimenter wurden dennoch aufgestellt. Aber schon wenige Jahre später wurden sie dann doch zu Brigaden erweitert. Mit diesem Problem hatte ich mich dann auseinanderzusetzen, als ich Kommandeur der 10. Panzerdivision in Sigmaringen war. Oft wurde ich gefragt: Wie halten Sie das nur aus, Chef bei Ferber zu sein? Das wußte ich ganz genau, hütete mich aber, es hinauszuposaunen: Ich war fest entschlossen, die Vertrauensfrage zu stellen, sollte Ferber zu weit gehen! Damit riskierte ich viel; und doch viel weniger, als mich diesem Mann widerspruchslos zu unterwerfen. Letzteres hätte er schon gar nicht ertragen können. Denn er brauchte den Widerspruch, und er genoß ihn auch, ohne sich das selbst einzugestehen.

Als Nachfolger des Generalmajors Hellmut Grashey, der nach dem Amtsantritt Helmut Schmidts sofort in den einstweiligen Ruhestand versetzt wurde, berief man Ferber zum Stellvertretenden Inspekteur des Heeres. Er war offenbar der Mann, der dem neuen Verteidigungsminister Schmidt lag, in seinem intellektuellen Format, wie in seiner Reaktionsfähigkeit. Auf Ferber folgte Rolf Jürgens, bis dahin als Brigadegeneral im Ministerium zuständig für die Innere Führung, ein (im guten Sinne) mit allen Wassern gewaschener Ministerialer. Wie sein Vorgänger war auch er mehr ein Generalstabs- denn ein Truppenoffizier, jedoch ohne Erfahrungen in der NATO. Im Vergleich zu Ferber erwies er sich im persönlichen Umgang als sehr verbindlich. Vor seiner Reaktivierung war Jürgens mit Erfolg in der Wirtschaft tätig, in die er nach seinem vorzeitigen Ausscheiden aus der Bundeswehr auch wieder zurückkehrte. Zu ihm hatte ich ein gutes Verhältnis; auch nach seiner Pensionierung blieben wir in Verbindung.

Wenn sich auch nach unserer gemeinsamen Marburger Zeit unsere Wege trennten, so nahm Ferber weiterhin wesentlichen Einfluß auf meinen künftigen Werdegang. Schon bald wurde ich General für die Offizier- und Unteroffizierausbildung. Als es dann aber darauf ankam, nämlich die Neuordnung der Ausbildung im militärischen Sinne zu beeinflussen, fand ich bei ihm nur noch wenig Gehör. Wie die meisten Führerpersönlichkeiten erlag Ferber immer mehr der Versuchung, sich mit Ja-Sagern zu umgeben. Und dann fehlte ihm der Widerspruch! Verständlich war mir das insofern, als ich seine Ungeduld kannte, sie in gewissem Sinne gar teilte. Er wollte seine Vorstellungen durchsetzen und nicht ständig neue Bedenken hören. Dennoch hätte er sich nicht noch selbst unter Zeitdruck setzen dürfen. Dies hat ihn schließlich teilweise um die Früchte seiner harten Arbeit gebracht.

Ein Glanzstück seiner intellektuellen Fähigkeiten lieferte er in der Bildungskommission. Als von ihm entsandter Beobachter hatte ich ihn alarmiert, als in einer Nachtsitzung die Generalstabsausbildung zu Fall gebracht wurde. Hier hatte Ellwein nicht mit Ferber gerechnet, der ein Generalstabsoffizier mit Leib und Seele war. So erschien Ferber am folgenden Morgen in der Sitzung, ergriff das Wort und überzeugte alle Kommissionsmitglieder davon, daß sie eine Fehlentscheidung getroffen hatten. Es wurde nochmal abgestimmt: Die Generalstabsausbildung war gerettet! Das mögen Ferbers zahlreiche Kritiker ihm zugute halten. Ohne ihn gäbe es wohl schon lange keine Generalstabsausbildung mehr.

Am 1. Oktober 1973 wurde Ferber NATO-Oberbefehlshaber Europa-Mitte, also CINCENT; ich sah ihn nur noch selten und nur kurz. Erst nach seiner Pensionierung trafen wir uns im Sommer 1976 bei einem Wehrpolitischen Kongreß in München wieder. Ferber drängte mich, anschließend noch etwas zu verweilen. Er führte mich in eine heute verlassene Seitenstraße, wo die alte Kaserne des Infanterie-Regiments 19 stand. Dort hatte er 1931 seinen Dienst begonnen; und diese Stätte wollte er mir zeigen. Nie hatte ich diesen zumeist etwas unterkühlt wirkenden Intellektuellen so innerlich bewegt erlebt. Diese Emotion war Ausdruck des Zusammengehörigkeitsgefühls, das die Stärke der Wehrmacht und noch mehr die der Alten Armee ausmachte. Nun wurde mir so recht bewußt, daß es kein Zufall war, als ich in dem Sonderdruck der NATO-Zeitschrift FIFTEEN NATIONS zur Verabschiedung Ferbers im Herbst 1975 auf der letzten Seite ein Bild des damals zwanzigjährigen Fähnrichs in der Uniform des I.R. 19 erblickte. Ich war glücklich, daß sich auf diese Weise meine innere Bindung an Ferber, dessen Chef ich gerne war, erneuerte.

Er besuchte mich dann auch in Rendsburg und bei SHAPE. Im Dezember 1983, als ich das Unheil kommen sah, vertraute ich mich Ferber an. Sein Urteil lautete ganz nüchtern:« Sie haben zu spät gehandelt und zu wenig!« Er war überzeugt, ich hätte diesen ungeheuerlichen Vorwürfen früher und energischer entgegentreten müssen. Genau wie bei Fritsch, fügte er noch hinzu. Dennoch ebnete er mir noch den Weg zu de Maizière, den ich als Vermittler anrufen wollte. Dann hörte ich von Ferber zunächst nichts mehr. Mitte Januar 1984 besuchte er mich − zusammen mit Eberhard Boehm − im Münchner Krankenhaus. Er hielt, wenn auch in der ihm eigenen Distanz, zu mir − und er war auch dabei, als ich in Neustadt mit dem Großen Zapfenstreich verabschiedet wurde.

Alltag im Divisionsstab

In Marburg hatte ich eine reizende kleine Wohnung gefunden, in der Calvinstraße, auf der Höhe unterhalb des Schlosses. Von dort aus eröffnete sich mir ein wundervoller Blick über die Stadt auf die Gießener Pforte. Meinen Weg zum und vom Dienst machte ich zu Fuß. Besonders abends genoß ich es, auf den verschwiegenen Wegen und Gäßchen zum Schloßberg heraufzusteigen. Aber ich erlebte es auch, daß mir in der Innenstadt nachgebrüllt wurde: Bundeswehr das Ungeheuer − Erstens Scheiße, zweitens teuer!
Als ich nach Marburg kam, stand noch das alte Wirtshaus an der Lahn. Es wurde von einem freundlichen älteren Ehepaar bewirtschaftet. Mitunter ging ich dort zum Abendessen und genoß das Fluidum dieser historischen Stätte, die leider bald der Spitzhacke zum Opfer fiel. An ihrer Stelle verunziert seitdem ein gräßlicher Neubau das Marburger Stadtbild.
Wie überall, war ich auch in Marburg − zum Schrecken meines Stabes − der erste beim Dienstbeginn. Zumindest einmal in der Woche ging ich vorher zum Antreten der Stabskompanie. Die Soldaten sollten mich sehen und wissen, daß sie für mich mehr waren als nur kleine Rädchen im Betrieb dieses großen Stabes. Der vorzügliche Kompaniechef, Hauptmann Asam, wurde später Inspizient der Infanterie.

Wenn der Dienst im Stabe begann, saß ich zumeist schon an meinem Schreibtisch. In Major (später Oberst) i.G. Joachim Thiess als G4 hatte ich einen versierten Logistiker, der mir viel vom Leibe hielt. Ihm begegnete ich immer wieder, nach unserer Pensionierung schließlich auch in Potsdam am Grabe des großen Königs. Der G1, Major i.G. Hartmut Behrendt, stand mir menschlich am nächsten; ihn hatte ich in Neustadt als G4 der dortigen Brigade kennengelernt und zu mir nach Marburg geholt. Auf meinen Vorschlag hin wurde er später Adjutant von Ferber als Inspekteur des Heeres. An einem Septembersonntag 1973 fuhr ich nach Munster, als Behrendt dort das Kommando über das Panzer-Lehr-Bataillon 94 übernahm, um ihm die Ehre zu geben. Auch er besuchte mich wiederholt. So entstand im Laufe der Jahre eine recht enge Verbundenheit. In der Affäre setzte ich auf ihn; denn er war inzwischen als Brigadegeneral im Planungsstab. Als ich in dieser Frage am 15. November 1983 den Generalinspekteur aufsuchte, ging ich erst zu Behrendt. Ohne ihn über alle Einzelheiten zu informieren, brachte ich doch zum Ausdruck, daß gegen mich schwere Beschuldigungen erhoben würden. Ich wollte, daß er aus meinem Munde wisse: Die gegen mich erhobenen Vorwürfe sind haltlos! Als der Skandal später dem Höhepunkt zusteuerte, übernahm Behrendt, der als ein Vertrauter Wörners galt, das Ministerbüro. Über seine Rolle war im SPIEGEL zu lesen: »Behrendt schirmte den Minister ab, halb bei der Suche nach neuen Zeugen und Beweisen gegen Kießling, leitete dann aber auch die Rehabilitierung des Vier-Sterne Generals ein.« (Nr. 2/1985, S. 36).

Als Chef des Stabes war ich an den Schreibtisch gebunden: ich saß wie die Spinne im Netz und kam nur selten raus. Über das Telefon galt es Verbindung zu halten: nach oben, nach der Seite und nach unten. Oben, das war der Chef des Stabes des III. Korps in Koblenz, Brigadegeneral Eike Middeldorf. Die Verbindung mit ihm war eine recht lockere, das Alters- und Dienstgradgefälle zwischen uns wohl zu groß. Dagegen hatte ich zu meinen Nachbarn, den Divisionschefs der 3. (US) Panzerdivision in Frankfurt, Oberst Vessey und zu Oberstleutnant Wulf-Werner von Blumenthal, der als Chef der 5. Panzerdivision im Schloß Oranienstein residierte, ein enges und herzliches Verhältnis. Vessey wurde später Chief of the Joint Chiefs of Staff, also der ranghöchste Soldat der USA. Am wichtigsten war die Verbindung zu den unterstellten Brigaden. In bedeutenden Fragen sprach ich direkt mit den Brigadekommandeuren: Wagemann in Göttingen, von Eichel in Homberg und Burnhauser in Neustadt. Ansonsten mit deren G3-Stabsoffizieren, die als Chefs der Brigadestäbe wirkten: Ziesenitz, Baum und Niehus.

Zu meinen Aufgaben als Chef gehörte auch die Vorbereitung und Leitung der Heeresauswahlprüfung im Bereich der Division. Dazu wurden alle für die Prüfung heranstehenden Hauptleute im Laufe des Jahres mehrmals zusammengezogen. Wir hatten sie auf die zentrale Auswahlprüfung vorzubereiten, aber auch zu beurteilen. Hatte ich zu dieser Aufgabe ohnehin eine starke innere Neigung, hier in Marburg berührte sie mich um so mehr, als ich selbst zehn Jahre zuvor im Rahmen dieser Division auf die Heeresauswahlprüfung vorbereitet wurde. In demselben Saal, in dem ich nun als Leitender stand, saß ich vor Jahren selbst als Kandidat. Auf diese Weise wurde ich immer wieder daran erinnert, wie den Prüflingen wohl zumute war. Mir ging es vor allem darum, eine vertrauensvolle Atmosphäre zu schaffen, die ich selbst damals so sehr vermißte. Dazu begrüßte ich nicht nur alle Teilnehmer persönlich, sondern führte im Laufe der zweitägigen Seminare mit jedem einzelnen ein Gespräch. An den Anforderungen konnte und durfte es keine Abstriche geben. Jahre später haben mir einige Offiziere bestätigt, daß sie mein Bemühen wohltuend empfunden haben. Eines ist mir mit Sicherheit gelungen: jedwede Einflußnahme auf eine Bevorzugung einzelner Lehrgangsteilnehmer entschieden abzuwehren.

In dieser Zeit waren zwei gegenläufige Strömungen unverkennbar, die auf das Gefüge des Heeres einwirkten. Einerseits war es die dynamische Persönlichkeit des neuen Inspekteurs, Generalleutnant Albert Schnez, der das Heer wie eine Lokomotive aus seiner Stagnation zu ziehen versuchte. Ihm kam zugute, daß die Zeit der provisorischen Geräteausstattung zu Ende ging und die neuen Waffensysteme zuliefen. Symbolisch dafür stand der neue Kampfpanzer Leopard. Schnez sorgte dafür, daß auch der Ausbildungsstand einen bisher nicht gekannten Höhepunkt erreichte. Die bereits erwähnte Heeresübung

»Großer Rösselsprung« demonstrierte das nicht nur der Bonner Führungsspitze und der NATO, sondern auch einer breiten Öffentlichkeit.
Doch vermochte auch diese glanzvolle Leistung die negativen Auswirkungen des politischen Umfelds nicht aufzuwiegen. Auch das Heer
konnte sich den Strömungen nicht entziehen, die von der 68er Bewegung ausgingen.

Das politische Umfeld: Machtwechsel in Bonn

Die große Koalition hatte uns, wohl kaum vermeidbar, die APO
beschert; und die wirkte sich nicht zuletzt auch auf das innere Gefüge
der Bundeswehr aus. Das zeigte sich vor allem an der sprunghaft
steigenden Zahl von Wehrdienstverweigerern in der Truppe mit zum
Teil verhängnisvollen Auswirkungen für die Ausbildung und das
innere Gefüge. Der Sommer 1969 stand so ganz im Vorzeichen der für
den Herbst fälligen Bundestagswahlen. Die große Koalition näherte
sich ihrem Ende, eine Entscheidung zwischen rechts und links schien
unausweichlich.
Unglücklicherweise fiel in diese Monate die politische Entscheidung
zugunsten der Einrichtung einer neuen Laufbahngruppe, nämlich der
des militärfachlichen Dienstes. Unvermeidbar geriet sie damit in den
Verdacht eines Wahlgeschenks – nicht zu Unrecht! Ausgezahlt hat es
sich bestimmt nicht. Schon seit geraumer Zeit wurden Überlegungen
angestellt, wie man bewährten Unteroffizieren einen weiteren Aufstieg
ermöglichen könne. Dabei war der Durchbruch zur Öffnung der
Offizierlaufbahn längst erfolgt. Der Paragraph 33 der Soldatenlaufbahnverordnung ermöglichte die Übernahme geeigneter Unteroffiziere in die Laufbahn der Truppenoffiziere – und nicht wenige sind
diesen Weg mit Erfolg gegangen. Richtigerweise gab es da eine Bedingung: Die ausgewählten Unteroffiziere mußten eine den normalen
Bewerbern gleichwertige Offizierausbildung absolvieren. Dazu
gehörte auch das Nachholen der Bildungsvoraussetzungen. Nur so
konnte man gewährleisten, daß sie dann auch als vollwertige Offiziere
anerkannt wurden. Vor diesem schwierigen Weg schreckten naturgemäß viele zurück. Um so stärker wurde der politische Druck, einen

Aufstieg unter erleichterten Bedingungen zu ermöglichen. Dazu erfand man diese sogenannte »vierte Laufbahn«. Wie nicht anders zu erwarten, wurde der Zusatz MFD («im militärfachlichen Dienst«) weggelassen, und auch keine besondere Kennzeichnung dieser Ränge eingeführt. Mit anderen Worten: Es wurde der Anschein erweckt, hier handle es sich um gleichwertige Ränge zu den Offizieren des Truppendienstes. Die unvermeidbaren Rückwirkungen bedachte man nicht – oder man kehrte sie unter den Tisch. Der Generalinspekteur gar wertete diese neue Laufbahn als eine Entlastung des Truppenoffiziers von den »militärfachlichen Spezialaufgaben« und dankte der Bundesregierung, daß sie diese neue Laufbahn geschaffen habe.[131] Aber er verschwieg die Belastung der Truppe, die sie durch den unvermeidbaren Abgang vieler guter Unteroffiziere erfuhr. Die Bundeswehr litt doch nicht an einem Mangel an Fachoffizieren, sondern es fehlte an einem qualifizierten Unteroffizier-Nachwuchs.

Ich dürfte wohl kaum in den Verdacht geraten, gegen den Aufstieg guter Unteroffiziere zu sein. Aber der sollte eben – wie es der Paragraph 33 SLV vorsieht – zu einem wirklichen Offizier des Truppendienstes führen. Wenn man dagegen – wie mit dem Fach-Offizier – eine doch nicht ganz vollwertige Zwischenlaufbahn einführt, dann muß sie auch als solche gekennzeichnet sein; sonst macht sich nur neue Unzufriedenheit breit. Vor allem aber wurden damit alle Bemühungen, ein gutes Unteroffizierkorps zu schaffen, die derselbe Generalinspekteur zuvor gefordert hat[132], zum Scheitern verurteilt. Deshalb habe ich mich öffentlich gegen diese neue Laufbahn gewandt. Dabei verkenne ich nicht, daß es unter den Fachoffizieren hervorragende Soldaten gibt, die ihrer Aufgabe mehr als gerecht werden. Die hätte man eben besser zu vollwertigen Offizieren des Truppendienstes ausbilden – und die anderen als Oberstabsfeldwebel (womöglich noch mit einem zu schaffenden höheren Rang) als Spitze des Unteroffizierkorps belassen sollen. Mit einer solchen Lösung hätten wir dem Ganzen einen besseren Dienst erwiesen. Zu Recht kritisierte Adelbert Weinstein dieses Vorhaben als »ein Ausweichen vor dem wirklichen Problem«[133], das der SPIEGEL als »Armee ohne Rückgrat« treffend umschrieben hatte.[134]

Im Sommer 1969 spürte man förmlich, daß die politische Wende kam. Auch innerhalb der Bundeswehr waren die Vorzeichen nicht mehr zu übersehen, besonders unter den Berufssoldaten, die traditionell mehr zum konservativen Lager neigten, dabei jedoch überproportional FDP-Wähler waren. Das war natürlich noch die Partei von Erich Mende, die sich in Plakaten manifestierte, auf denen das Deutschland in den Grenzen von 1937 mit der Parole: »Dreigeteilt − niemals!« gezeigt wurde. Die Unzufriedenheit über den CDU-Verteidigungsminister nahm zu. Immer mehr gewann Helmut Schmidt Sympathien, bis er schließlich zum »Traumminister« der Soldaten avancierte. Das markanteste Ereignis auf diesem Wege war wohl die großangelegte Rede Schmidts, mit der er im Verlauf der Generalskrise von 1966 im Deutschen Bundestag den CDU-Verteidigungsminister attackierte. Dabei sprach Schmidt den Soldaten aus dem Herzen, als er die desolaten Zustände auf der Hardthöhe als »Grabenkämpfe« brandmarkte. Als Helmut Schmidt dann im Herbst 1969 Verteidigungsminister wurde, verheddere er sich selbst in diesem Gestrüpp. Schließlich konnte er sich nur noch durch den Absprung in das Amt des »Superministers« vor einem Abstieg retten, den zwanzig Jahre später sein Parteifreund Hans Apel antreten mußte.

So freudig die meisten Soldaten Helmut Schmidt in diesem Amt begrüßten, schon bald sollten sie ihn zum Teufel wünschen; wenigstens als Verteidigungsminister! Doch zunächst einmal krempelte er die Bundeswehr um. Zu seinen verhängnisvollen Entscheidungen gehörten seine »Bildungskommission«, vor allem die Berufung Thomas Ellweins zum Vorsitzenden, aber auch der »Haar-Erlaß«. Wie ohnmächtig ihm die Generalität zu Füßen saß, das habe ich bei der Generalstagung in Bad Nenndorf im Herbst 1971 erfahren, als ich, gerade zum Brigadegeneral befördert, erstmals daran teilnahm. In der sich an seine Rede anschließende Diskussion gab sich der Minister so richtig als »Schmidt-Schnauze«, wie man − sogar ein wenig liebevoll − von ihm sprach. Auch hier verfiel er in einen Ton, der in diesem Kreis einfach nicht üblich war. Einen Admiral, der im Hinblick auf den bevorstehenden Einsatz der Bundeswehr bei den Olympischen Spielen einen reglementierenden Haar-Erlaß forderte, kanzelte er ab wie einen dummen Jungen. Schließlich verstieg er sich zu der Äußerung: »Da ist die Kacke am Dampfen!« Der Generalinspekteur brachte offensichtlich nicht den Mut auf, den Minister darauf hinzuweisen – auch ich nicht, der jüngste General! Jahre später berichtete Nina Grunenberg, wie Helmut Schmidt bei einem Manöver einen General anrempelte: »Erklär mal, was hier läuft« und der genossenhaft Geduzte das zähneknirschend hinnimmt. Zutreffend folgert die Journalistin: »Politiker sind imstande, Generale bis zur Ängstlichkeit zu verunsichern«.[135]

Abschied von Hessen

Die von Schmidt betriebene Verjüngung der militärischen Führungsspitze schlug bis zu mir durch. Als Nachfolger des zum Kommandeur der 11. Division aufrückenden Brigadegenerals Hans Heinrich Klein übernahm ich am 1. Oktober 1970 die in Koblenz-Ehrenbreitstein stationierte Panzerbrigade 15. Dies bedeutete damals praktisch das Überspringen einer ansonsten üblichen Zwischenverwendung und erregte einige Aufmerksamkeit. Zum ersten Male mußte ich es über mich ergehen lassen, daß andere mehr oder weniger offen spekulierten: Ist der auch in die Partei eingetreten?
Das setzte sich dann bei allen meinen künftigen Verwendungen und Beförderungen fort. Bis schließlich bei dem Skandal im Januar 1984 für jedermann offenkundig wurde, daß ich nie und nimmer einer politischen Partei angehört habe. Die Folge war allerdings, daß ich auch einer parteipolitischen Rückendeckung entbehrte. Um so mehr ehrt es diejenigen Politiker, die – ungeachtet dessen – für mich eingetreten sind. An dieser Stelle möchte ich nur den SPD-Bundestagsabgeordneten Gerhard Jahn nennen; er kannte mich aus meiner Marburger Zeit und wußte, daß ich seiner Partei nicht angehörte, ihr noch nicht einmal nahestand. Das hat Jahn nicht daran gehindert, sich mit ganzer Kraft für mich zu schlagen, genauer für den Rechtsstaat.
In den letzten Septembertagen 1970, da ich von Marburg Abschied nahm, wurde mir erst so recht bewußt, wie sehr ich in den vergangenen Jahren hier Wurzeln geschlagen hatte. Die Übergabe an meinen Nachfolger Hermann Vogt, später Befehlshaber im Wehrbereich IV, voll-

zog der Divisionskommandeur vor der auf dem Kasernenhof der Jägerkaserne angetretenen Stabskompanie. Auf meinen Wunsch hin spielte das Musikkorps das »Lied der Marburger Jäger«.

3. Brigadekommandeur in Koblenz

Brigadekommandeur: Führer verbundener Waffen

Das deutsche Heer ist in Brigaden gegliedert. Doch wurden diese Großverbände erst mit der Heeresstrukturreform von 1959 geschaffen. Ihr Wesen besteht in dem Verbund von Bataillonen und Kompanien verschiedener Truppengattungen; dabei bilden Panzer und Panzergrenadiere den Kern. Die Fähigkeiten zur Führung verbundener Waffen werden im allgemeinen erst in der Generalstabsausbildung vermittelt. Deshalb sind die meisten der Brigadekommandeure ausgebildete Generalstabsoffiziere, was − zu Unrecht − immer wieder kritisiert wird. Das Mißverständnis liegt wohl darin begründet, daß man aus der Bezeichnung »Generalstabsausbildung« ableitet, da ginge es um eine Vorbereitung für den Stabsdienst, während sie in Wirklichkeit die Auswahl und Ausbildung für Spitzenstellen zum Ziel hat; was keineswegs bedeutet, daß alle ausgebildeten Generalstabsoffiziere in Spitzenstellen gelangen. Dieser unbestrittene Vorzug der Generalstabsausbildung schließt aber nicht aus, daß auch andere qualifizierte Offiziere zum Brigadekommandeur aufsteigen. Doch muß und wird das die Ausnahme bleiben, zumal ein Brigadekommandeur, eben auch für eine Anschlußverwendung als Brigadegeneral qualifiziert sein muß. Die hier betonte Voraussetzung der Generalstabsausbildung darf aber keineswegs so interpretiert werden, daß damit schon die Eignung zur Führung einer Brigade gegeben sei. Dafür genügen eben nicht nur taktische Fähigkeiten sondern gerade auch die Eignung zur Menschenführung ist unverzichtbar. Und gerade die wird in der Generalstabsausbildung nicht vermittelt. Das kann auch nicht deren Aufgabe sein. Es fragt sich also, wie man diese Eignung erlangt. Das geschieht vornehmlich durch vorausgehende Erfahrungen als Gruppen-, Zug- und Kompanieführer; als Bataillonskommandeur muß man sie schon besitzen. Sicher kann man vieles erlernen, man muß es auch lernen. Und doch gilt dabei immer auch der Erfahrungsgrundsatz: Entweder »man hat es« − oder »man hat es nicht«. Manche Militärs sind über alle

Führungsebenen aufgestiegen, und haben sich dennoch in der Menschenführung nicht nur schwer getan, sondern mehr Schaden angerichtet als Gutes bewirkt.

Selbst in den Zeiten der Hochrüstung hat das Heer über nicht mehr als 36 bis 42 Brigaden verfügt. Für diese begrenzte Zahl an Kommandeurstellen gab es natürlich ein weitaus größeres Angebot an geeigneten Offizieren, konkret an Obristen, die nach Alter und Verwendungsplanung zum Brigadekommandeur heranstanden. Die Besten herauszufinden, das war von jeher eine der schwierigsten Aufgaben der Personalführung.[136] Bei der Auswahl der Brigadekommandeure geht es eben nicht nur darum, deren Eignung dafür festzustellen, sondern vorausschauend zu erkennen, für welche Generalsverwendungen diese Offiziere im Anschluß daran in Betracht kommen. Denn die Verwendung als Brigadekommandeur muß nun einmal zeitlich begrenzt und zugleich das Sprungbrett in die Generalität sein. Dieses Postulat bringt unvermeidbar die Gefahr mit sich, daß Karrieristen den Brigadekommandeur weniger um der Aufgabe willen anstreben, als vielmehr in dieser Verwendung eine Durchgangsstation nach oben erblicken. So etwas merkt aber die Truppe auf Anhieb! Ortet sie einen Brigadekommandeur als ehrgeizigen »Karrieremacher«, dann hat er verspielt. Leider hat es auch Kommandeure gegeben, die das wenig scherte; aber sie waren zum Glück seltene Ausnahmen. Es muß also immer darum gehen, für diese Verwendung gut geeignete Offiziere auszuwählen, die sich unbeschadet möglicher Zukunftsperspektiven ihrer Aufgabe als Brigadekommandeur mit Leib und Seele verschreiben.

Ein weiteres Problem bereitet die unabweisbare Forderung, möglichst junge und spannkräftige Brigadekommandeure zu haben. Am besten sollten sie um die vierzig Jahre alt sein, doch zumeist waren sie kaum jünger als fünfzig. Aber was nutzt es auch, einen Vierzigjährigen mit dieser Aufgabe zu betrauen, wenn er nicht zumindest die Eignung für eine spätere Verwendung als Dreisterne-General erkennen läßt? Dann bliebe er auf der Brigade sitzen, wird dort nach Jahren schließlich zum Brigadegeneral befördert und blockiert diese Stelle, zum Nachteil jüngerer Offiziere, denen damit der Aufstieg verwehrt wird. Nicht

selten wird dann aus einem vielversprechenden Obristen gar ein miß-
vergnügter General. Das wäre schon schlimm genug, schlimmer sind
die unvermeidbaren negativen Auswirkungen auf die Truppe.

Am 2. Oktober 1970 übergab mir mein künftiger Divisionskommandeur, Generalmajor Lemm, das Kommando über die Panzerbrigade
15. Im Innenhof der Koblenzer Fritsch-Kaserne, unweit des Ehrenbreitstein, waren die Abordnungen dieser vornehmlich im Westerwald
stationierten Bataillone angetreten. Koblenz, diese zweitausend Jahre
alte Stadt am Rhein, wurde nun meine Garnison. Auch als Festung und
Garnisonstadt hatte sie eine große Tradition aufzuweisen. Schnell
gewann ich Kontakt, auch zu dem den Soldaten gegenüber aufgeschlossenen Oberbürgermeister Macke.

Die Westerwald-Brigade

Heinz Lemm war ein für die Bundeswehr ungewöhnlicher Offizier. Die
heute nicht mehr übliche und auch nicht mehr geschätzte Bezeichnung
als »Kriegsheld« könnte ihn am zutreffendsten charakterisieren. Schon
mit 25 Jahren wurde er als Kommandeur eines Infanterie-Regiments
zum Oberst befördert; das war selbst für damalige Zeiten außerge-
wöhnlich. Schließlich war er mit dem Eichenlaub mit Schwertern zum
Ritterkreuz ausgezeichnet! Als er, etwas verspätet, 1958 in die Bundeswehr eintrat, galt er als immer noch viel zu junger Oberst. Erst 1963
wurde er zum Brigadegeneral befördert. Lemm war nicht nur von
stattlicher Erscheinung, sondern auch angenehm im Umgang. Unbestritten galt er für jüngere Offiziere als eine Art Leitbild. Es wäre
unredlich darüber hinwegzugehen, daß dieser außergewöhnliche Soldat auch seine Schwächen hatte. Wie so viele »Kriegshelden« glänzte
er im Garnisondienst nicht immer. Mitunter tat er sich schwer in der
Entschlußfassung und im Durchsetzen. Dennoch schätzte ich ihn, vor
allem wegen seiner kameradschaftlichen Ausstrahlung. Lemm hatte
eine ausgesprochene Neigung für das Personalwesen; Ende der fünfziger Jahre war er der für die Infanterie zuständige Referatsleiter.
Manche sahen in ihm den erhofften Soldaten als Leiter der Personalab-

teilung. Statt dessen wurde er später Amtschef des Heeresamtes und in dieser Stellung nochmals mein unmittelbarer Vorgesetzter. Der Kontakt zwischen uns hielt bis zu meiner Pensionierung.

Meine Brigade 15 galt als »Westerwald-Brigade«, war sie doch zum größten Teil in Rennerod und Westerburg stationiert. Offiziell wurde ihr diese Bezeichnung erst 1988 verliehen. Zwanzig Jahre zuvor sah die Planung eine Verlegung der gesamten Brigade nach Hofgeismar vor. Das machte ihr zu schaffen; denn die meisten Unteroffiziere, so sie sich weiterverpflichteten, verbanden dies mit einem Versetzungsgesuch; denn sie waren verständlicherweise darauf bedacht, im Raum Koblenz zu verbleiben. Jahre später wurde der Plan für die Verlegung aufgeben, die Brigade blieb in diesem Raum bis zu ihrer Auflösung im Zuge der neuen Struktur nach der Wende. Auch dieses unsinnige Hin und Her in der Stationierungs-Planung dieser Brigade verdient in die Reihe der Schildbürgerstreiche einer unseligen Militärbürokratie aufgenommen zu werden.

Als Rennerod das Stadtrecht erhielt, war ich als der zuständige Bundeswehrkommandeur eingeladen. Zum ersten Mal begegnete ich dem damals noch wenig bekannten rheinland-pfälzischen Ministerpräsidenten Helmut Kohl. Wir saßen zusammen an einem Tisch, wechselten aber nur ein paar belanglose Worte. Das sollte sich auch später nicht ändern.

Mein Stellvertreter war ein Oberst, den ich bereits aus den Anfängen der Inneren Führung kannte. Einige Jahre älter als ich, Generalstabsoffizier und studierter Historiker, hatte seine Laufbahn einen ganz anderen Weg genommen. Obwohl Oberst und Referatsleiter im Ministerium, drängte es ihn in die Truppe; doch die war ihm recht fremd geworden. Daß ich, der jüngere, ihm vorgesetzt wurde, kam ihn hart an; und mit meinem Führungsstil war er auch nicht immer einverstanden. An seiner soldatischen Grundeinstellung gab es niemals Zweifel. Eine ungeschickte Personalführung brachte es fertig, daß ihm mit meinem Weggang wiederum ein Oberstleutnant als Brigadekommandeur vorgesetzt wurde.

Wir begegneten uns auch in den folgenden Jahren wiederholt. Trotz jahrzehntelanger Verbundenheit ist der darüber liegende Schatten aus der Koblenzer Zeit niemals ganz gewichen.

Bildete ich so auch mit meinem Stellvertreter kein ideales Gespann, um so besser paßte der G3 zu mir. Das war Oberstleutnant i.G. Broicher, ein tüchtiger Generalstabsoffizier, der den Brigadestab im Griff hatte. Seine Laufbahn beschloß er als Brigadegeneral auf dem Dienstposten »General für die Ausbildung im Heer« – jenes Amt, das ich 1971 im Anschluß an meine Koblenzer Zeit übernahm. Während des Skandals gehörte er, seinerzeit Brigadekommandeur in Homberg, zu den ersten, die auf meiner Seite standen. Ebenso sein Stellvertreter, Oberst von Thadden, den ich schon seit meiner Göttinger Zeit kannte und der mir später als Bataillonskommandeur folgte.

Was die mir unterstellten Bataillonskommandeure betraf, so konnte ich nicht mit allen. Bei der offiziellen Kommandoübergabe entdeckte ich, daß der Kommandeur des Versorgungsbataillons an seiner Uniform nicht die blauen Spiegel seiner Truppengattung trug, sondern die gelben seiner Stammwaffe. Zur Rede gestellt, versuchte er sich damit zu entschuldigen, daß er eigentlich Panzeraufklärer sei. Es gäbe einen Erlaß, der den in die Nachschubtruppe versetzten Offizieren gestatte, an ihrer Ausgehuniform weiterhin die Spiegel ihrer Stamm-Waffe zu tragen. Da war er bei mir nun wirklich an den falschen geraten. Unabhängig von diesem törichten Erlaß war es für mich keine Frage, daß der Bataillonskommandeur tunlichst die Spiegel des von ihm kommandierten Bataillons zu tragen habe, wurde bei einem Übergabe-appell nicht die Ausgehuniform getragen, sondern der Dienstanzug. Wie wollte ein Kommandeur seine aus verschiedenen Truppengattungen stammenden Soldaten zu einer Gemeinschaft formen, wenn er selbst bekundete, daß ihm dieses Bataillon weniger wert erschien als seine Stammtruppe. Schlimm genug, wenn er so dachte; für die Dauer seiner Kommmandeurzeit in der Nachschubtruppe durfte er es nicht demonstrieren.

Um so erfreulicher war meine Zusammenarbeit mit dem Kommandeur des Panzerbataillons 154, Sobotta. Diesen gestandenen Soldaten kannte ich schon seit meiner Neustädter Zeit. Als Oberst bekam er später das Verteidigungsbezirkskommando in Kassel. Ich blieb ihm verbunden. 1991 sahen wir uns wieder, als die Deutsche Burschenschaft nach Eisenach zurückkehrte.

Zeit unter einem schlechten Stern

Leider gestaltete sich gerade diese Zeit als Brigadekommandeur zu einer für mich persönlich nicht sehr glücklichen. Bei einer Alarmübung stürzte ich in Westerburg so unglücklich, daß ich für ein paar Wochen dienstlich recht beeinträchtigt war. Jedoch brachte mich Oberstarzt Dr. Wolfgang Völpel, der Koblenzer Star-Internist, schnell wieder auf die Beine. Und bei dem für mich zuständigen Truppenarzt Dr. Schmied war ich gut aufgehoben

Mein Alltag in dieser Zeit litt darunter, daß ich anfangs keine passende Wohnung fand. Als sich dann nach kurzer Zeit abzeichnete, daß meine Verwendung auf ein Jahr begrenzt sein würde, kam ein Umzug nach Koblenz nicht mehr in Betracht. So wohnte ich – mehr schlecht als recht – im Offizierheim der benachbarten Gneisenau-Kaserne. Meine beiden Kon-Kommandeure der Brigaden 13 und 14, Horst Scheibert und Hans Ferdinand Plitt waren, älter als ich, zu Brigadegeneralen befördert worden. Mir bereitete das keine Probleme, zumal ich zu beiden ein über die normale kameradschaftliche Verbundenheit hinaus gutes Verhältnis hatte. Aber meine Brigade litt schon ein wenig darunter. Wie das nun einmal beim Kommiß so ist, wurde ich durch den übergeordneten Divisionsstab mit Aufträgen überschüttet, denn fast alles lud man auf den jüngsten Brigadekommandeur ab. Ich fühlte mich durch diese Erfahrung erneut in meiner Auffassung bestätigt, daß man einem Kommandeur immer auch den entsprechenden Rang verleihen sollte. Andernfalls wird eine ungleiche Behandlung der Truppe provoziert.[137] Der altbekannte Einwand, dazu fehle es an Haushaltsmitteln, könnte unschwer ausgeräumt werden, indem man einen zeitlich befristeten Rang, möglicherweise ohne Besoldung, einführt, ähnlich den aus der deutschen Militärgeschichte bekannten »Charakterisierungen«.[138]

Der Truppenalltag stand ganz im Zeichen der Reformen, die Helmut Schmidt der Bundeswehr verordnet hatte. Alles und jedes wurde nun in Frage gestellt. Sichtbaren Ausdruck fand dieser Umbruch in den langen Haaren und Bärten der Soldaten. Die Freiheit der Haar- und Barttracht nannte man das, und der Verteidigungsminister wurde nicht müde zu verkünden: Es käme allein darauf an, was im Kopf drin ist, nicht, was darauf ist! Als hätten wir erfahrene Kommandeure dieser Belehrung bedurft. Schließlich konnte sich selbst die oberste Führung nicht mehr der Einsicht verschließen, daß die langen Haare die praktische Ausbildung behinderten, gar eine Unfallgefahr bewirkten. Sie entschied, die Truppe mit Haarnetzen auszustatten. Wieder hatte man die Rechnung ohne den Wirt gemacht. Soldaten, denen die dienstlich verpaßten 08/15-Haarnetze mißfielen, rissen sie einfach kaputt. Dann mußte erst einmal Ersatz angefordert werden; bis dahin liefen sie mit wallenden Haaren herum. Das war nur die äußere Seite der Medaille; viel mehr machte uns zu schaffen, daß mit den langen Haaren die bis dahin noch mühsam aufrechterhaltene Ordnung zusammenbrach; die Spieße resignierten. Selbst unseren Verbündeten, die zuvor den preußischen Kommiß verdammt hatten, ging das zu weit; sie verspotteten die Bundeswehr als »German Hair Force«. Erst der dem General de Maizière als Generalinspekteur folgende Admiral Zimmermann setzte diesem Narrenstreich ein Ende — mit Hilfe eines Gutachtens der Inspektion für das Sanitäts- und Gesundheitswesens. Unter der Überschrift »Die Truppe ist schlampig und verdreckt« berichtete der SPIEGEL über die Klagen selbst des Wehrbeauftragten. Wendete sich auch das äußere Erscheinungsbild der Soldaten wieder zum besseren, der dem inneren Gefüge entstandene Schaden war nicht mehr zu beheben. Die negativen Auswirkungen nachlassender Disziplin bekam ich in meiner Brigade Anfang März 1971 drastisch zu spüren . Das auf dem Truppenübungsplatz in Grafenwöhr befindliche Artilleriebataillon geriet in eine Krise. Die (überwiegend vorgetäuschten) Krankmeldungen nahmen so rapide zu, daß der Ausbildungsbetrieb lahmgelegt wurde. Die für das Schießen notwendigen Funktionen konnten nicht besetzt werden; der Schießbetrieb mußte eingestellt werden. Ich sprach mit dem Divisionsarzt und bat ihn, die ärztliche Dienstaufsicht wahrzunehmen. Noch abends fuhr ich nach Grafenwöhr, wo ich am nächsten Morgen eintraf. Es war bitterkalt. Ich ließ das Bataillon ausrücken. Zwar konnte es nicht schießen, aber es sollte wenigstens üben. Draußen sprach ich mit den Soldaten. Man spürte förmlich, wie sich die Truppe wieder fing. Der Divisionsarzt tat das seine. Ich blieb bis zum Ende der improvisierten Übung draußen; erst am nächsten Morgen kehrten wir ins Lager zurück. Im Gelände traf ich den Kommandeur des Artillerie-Lehrregiments, Oberst Dr. Josef Wilhelm, späterem Befehlshaber im Wehrbereich V. Er gab uns die notwendige fachliche Unterstützung. Am nächsten Tag konnten wir wieder schießen.

Die breite Öffentlichkeit bekam die innere Unruhe der Bundeswehr zu spüren, als eine Gruppe von Teilnehmern eines Offizierlehrgangs an der HOS in Hamburg Thesen zum Thema »Leutnante 70« veröffentlichte. Es überraschte nicht, daß sie unter »Anleitung« sogenannter wissenschaftlicher Lehrkräfte dieser Schule formuliert worden waren. Allein schon von der Sprache her wirkten diese Thesen abschreckend auf jeden, der Soldatsein als »treues Dienen« verstand − und das fordert ja die Grundpflicht des Soldatengesetzes dieses Staates. Am unerträglichsten empfand ich die These 8: »Ich will ein Soldat sein, der eine scharfe Trennung zwischen Dienst und Freizeit beansprucht, und zwar deshalb, weil ich meinen Beruf als verantwortungsvollen und strapaziösen Job verstehe.[139] Daß Baudissin mit diesen Leutnanten diskutiert hatte, fand ich in Ordnung; doch hätte er sie nicht zu einer derartigen Veröffentlichung ermuntern sollen. Dabei gingen diese Leutnante selbst ihm in manchem zu weit. Ich kann verstehen, daß er, der immer befürchtete und es mitunter auch erleben mußte, die folgende Generation würde eher zu konservativen Gedanken umkehren, in diesen »Avantgardisten« eine Art Hoffnungsträger erblickte. Dennoch war ich enttäuscht, daß er dabei offensichtlich seine fundierten Erfahrungen als Truppenkommandeur verdrängte.

Eine Art Gegenbewegung zu diesen weit übers Ziel schießenden Leutnanten ging von Unna aus. Dort hatten gestandene Hauptleute der 7. Panzergrenadierdivision eine Denkschrift verfaßt. Erst durch ihren Divisionskommandeur angeregt, zumindest geduldet, wurden sie dann fallen gelassen. Der Divisionskommandeur mußte gehen! Was die Hauptleute da zu Papier brachten, das mußte man schon ernster nehmen; die Oberen auf der Hardthöhe brachte es aus der Fassung. Der SPIEGEL widmete diesem Unternehmen eine Titelgeschichte »Aufstand der Kompaniechefs«.[140] Niemand konnte bestreiten, was die Hauptleute da in ihren Thesen 9 und 10 aller Welt kundtaten, nämlich »Die Politisierung der Armee hat bedenkliche Ausmaße angenommen« und »Die militärische Führung duldet wider besseres Wissen die permanente Überforderung der Truppe«. Auch der nach Unna geeilte Generalinspekteur de Maizière vermochte diese jungen Offiziere nicht eines besseren zu belehren. In seinen Erinnerungen hat er bekannt, daß dies die schwierigste Besprechung in seiner Amtszeit war.[141]

Im Mai 1971 verlegte die ganze Brigade auf den Truppenübungsplatz nach Baumholder. Von unserer französischen Patenbrigade in Wittlich wurde uns ein Panzerbataillon zugeteilt. Mit diesem übten wir Tag und Nacht. Ich war stolz, daß unsere Panzerfahrer, zumeist Wehrpflichtige, durchaus mit den Franzosen, die ihre Panzer durch erfahrene Unteroffiziere steuern ließen, mithalten konnten. Am letzten Tag kam der Divisionskommandeur zu uns. In einer Feldparade führte ich die Brigade, die in diesen Wochen an Selbstbewußtsein gewonnen hatte, an ihm vorbei. Zuvor fuhr ich die Aufstellung ab und sprach zu jeder der rund 25 Kompanien. Mir kam es darauf an, daß die Soldaten ihren Brigadekommandeur persönlich sahen und hörten, daß sie aus seinem Munde Dank und Anerkennung erfuhren, aber auch die Ermahnung zur Wachsamkeit auf dem vor uns liegenden schwierigen Rückmarsch, der einen gefechtsmäßigen Übergang über die Mosel einschloß. Wie fühlte ich mich erleichtert, als mir am nächsten Tag der G3 meldete, daß alle Truppenteile ohne Unfälle ihre Heimatstandorte erreicht hatten.

Am Rande der Bildungskommission

Die Hardthöhe interessierte sich in diesen Monaten für etwas ganz anderes, nämlich für die Bildungsreform. Die Ausbildung der Offiziere und Unteroffiziere sollte von Grund auf neu geordnet werden. Es fehlte nicht an abwertenden Bemerkungen über das bis dahin geltende System für Bildung und Ausbildung. Damit wurden zunächst einmal alle diejenigen an den Pranger gestellt, die bisher für die Ausbildung verantwortlich waren. Und das war ungerecht. Sicher hatten wir allen Grund, darüber nachzudenken, wie die Bewerberlage verbessert werden konnte. Seit Aufstellung der Bundeswehr war es nie gelungen, die Stellen für Offiziere und Unteroffiziere zu besetzen, wohl in den Stäben, nicht in der Truppe. Da nahm man dann mit einem »Notsoll« vorlieb, oft blieb es darunter. Häufig erreichte die tägliche »Dienststärke« noch nicht einmal 50%. Dieses Dilemma war auf zwei Gründe zurückzuführen. Zum einen hatte sich die Bundeswehr, vor allem das Heer, mit der aus politischen Gründen forcierten Aufstellung übernommen. Zum anderen fehlte es an qualifizierten Bewerbern. So wurden die Anforderungen heruntergesetzt und die Ausbildungszeiten verkürzt. Damit gerieten wir in einen Teufelskreis mit unvermeidbaren Rückwirkungen auf die Erziehung und Ausbildung. Von dem auf diese Weise entstandenen Schaden haben wir uns niemals ganz erholt. Andererseits darf auch nicht übersehen werden, daß die Bundeswehr Anfang der 70er Jahre über die wohl besten Kompaniechefs verfügte, die sie je hatte − und dies war unleugbar das Ergebnis einer erfolgreichen Offizierausbildung.

Das Übel war also längst erkannt, dazu bedurfte es nicht erst der durch Helmut Schmidt eingesetzten Bildungskommission, schon gar nicht des von ihm mit dem Vorsitz betrauten Thomas Ellwein. Wohl war Abhilfe geboten. Eine Initiative der Militärs war erst kurz zuvor kläglich gescheitert: die sogenannte »Schnez-Studie«. Die von ein paar jüngeren Generalen im Führungsstab des Heeres erarbeitete und mit der Unterschrift des Heeresinspekteurs Schnez versehene Studie wollte vor allem einer heiligen Kuh ans Fell: der übertriebenen Anpassung des Militärs an die zivile Gesellschaft. Durch eine Indiskretion geriet dieses Papier vorzeitig in die Medien und wurde als ein Versuch verteufelt, den Primat der Politik zu unterlaufen. Später hörte ich einmal von einer Bemerkung, die Conrad Ahlers, damals Sprecher der Bundesregierung, dazu gemacht habe: Schnez-Studie − daraus wäre etwas zu machen gewesen, hätte ich sie nur bekommen. Aber nun ist zu viel Porzellan zerschlagen!

Die Mängel der Bundeswehr, mehr noch die unserer Sicherheitspolitik, die spätestens mit dem Golf-Krieg offenkundig wurden, haben manches bestätigt, was die Verfasser der Schnez-Studie damals kritisierten. Doch hat es nach dem Scheitern dieses Vorstoßes aus der Bundeswehr heraus keinen originellen Gedanken mehr zu einer Reform gegeben. Schnez selbst konnte sich von diesem mit seinem Namen verbundenen politischen Fehlschlag nie mehr erholen. Erst unter seinem Nachfolger Ferber gewann der Inspekteur des Heeres wieder Handlungsfreiheit. Ob er sie richtig genutzt hat, darüber gehen die Meinungen weit auseinander.

Helmut Schmidt meinte, die Bundeswehr mit Hilfe von drei Kommissionen reparieren zu können, die er für die Bereiche Bildung, Wehrstruktur und Rüstung einsetzte. Die in jeweils grünem, gelbem und blauem Einband veröffentlichten Abschlußberichte sind als »Schmidts bunte Bücher« in die Geschichte der Bundeswehr eingegangen. Bewirkten sie auch wenig zum Besseren, auf den Kopf gestellt haben sie die Bundeswehr schon. Das betraf insbesondere die Ausbildung zum Offizier durch das von nun an obligatorische Hochschulstudium der Offizieranwärter. In der Bildungskommission ging es gar nicht mehr um das Ob, selbst das Wie war vorgegeben: in bundeswehreigenen Hochschulen und am Anfang der Dienstzeit. Diese (Vor-) Entscheidungen basierten auf zwei hintergründigen Zielsetzungen. Zum einen war es das Bestreben der durch Ellwein repräsentierten Kräfte, den Militärs die Zuständigkeit für die Erziehung der Offizieranwärter streitig zu machen, indem sie die militärische Ausbildung auf einen »Vorlauf« von 15 Monaten reduzierten. Zum anderen nutzten sie den Akademiker-Komplex der damals führenden Soldaten aus, die nach dem Kriege sehr unter ihrem Jahrgangsschicksal litten, kein akademisches Studium vorweisen zu können. Beide Bestrebungen vereinten sich in dem fragwürdigen Ziel, die Offiziere künftig erst einmal einen »richtigen« Beruf lernen zu lassen, und sei es den eines Diplom-Pädagogen.

Generalleutnant Ferber, der zu den ernannten Mitgliedern der Bildungskommission gehörte, delegierte mich als Beobachter in dieses

Gremium. Als solcher kam ich zwar nicht zu Wort, erlebte aber hautnah, wie Ellwein den meisten Soldaten über den Mund fuhr. Wenigstens Ferber, Eberhard Wagemann, Karl Hermann Friedrich und Uwe Vogel vertraten militärische Forderungen. Meine Kritik, die ich zwar nicht im Plenum anbringen konnte, um so mehr aber in Einzelgesprächen vorbrachte, richtete sich vornehmlich gegen den Zeitpunkt des Studiums. Der widersprach allen militärischen Interessen, die darauf gerichtet sein müssen, den Offizier in der Zeit seiner höchsten körperlichen Leistungsfähigkeit im Truppendienst zu verwenden; also bis zum 30. Lebensjahr. Lassen wir ihn danach studieren, so böte das überdies den Vorteil, daß die Mehrheit der ausscheidenden Zeitoffiziere ihren Studiengang entsprechend den zivilberuflichen Absichten wählen könnte. Auch die im Dienst verbleibenden Berufsoffiziere könnten dann eine der sich für sie erst zu diesem Zeitpunkt abzeichnenden Verwendungsreihen entsprechende akademische Ausbildung erhalten. Dagegen wurde argumentiert: Die für die Bundeswehrhochschulen erforderlichen Haushaltsmittel könnten nur durchgesetzt werden, wenn das Studium künftig als unverzichtbar für die Ausbildung zum Offizier gelte. Das aber war, ausgenommen für wenige Spezialisten, nicht zu begründen.

Also wurde gelogen. Zu Lasten des Steuerzahlers, aber auch zum Schaden der Bundeswehr selbst. Die führenden Militärs meinten, nur mit dem Angebot des Studiums, und zwar eines frühzeitigen, würden wir eine ausreichende Zahl von Bewerbern erlangen. Daß darunter auch solche sein würden, die nur auf Staatskosten studieren wollten, und wir umgekehrt solche verloren, die eine andere Vorstellung vom Offizierberuf hatten, und das waren nicht die schlechtesten, das wollte man nicht hören. Wir bekamen das bald zu spüren. Die veranschlagte kurze Studienzeit von drei Jahren reichte nicht und mußte verlängert werden. Da forderte gar ein CDU-Bundestagsabgeordneter, nämlich Francke-Hamburg, die studierten Offiziere müßten anschließend in der Nähe ihrer Universitätsstädte Hamburg und München Verwendung finden, um auf diese Weise Gelegenheit zur Promotion zu erhalten. Von allem und jedem war da die Rede, nur nicht vom Truppendienst.

Eine neue Bindung fürs Leben: Rotary

Auf Anregung und Fürsprache des mir persönlich eng verbundenen damaligen Kommandeurs der Schule für Innere Führung, Brigadegeneral Günther Schönnenbeck — wir kannten uns aus den Anfängen der Inneren Führung und waren überdies auch beide Burschenschafter — , wurde ich Mitglied des neu gegründeten Rotary Clubs Koblenz-Ehrenbreitstein. Schnell fand ich dort engen Kontakt, auch zu den Rotariern des alten Koblenzer Clubs, unter ihnen Generalleutnant a.D. Ludwig Heinrich Gaedcke, früher Kommandierender General in Koblenz. Meine plötzliche Versetzung ins Kölner Heeresamt setzte dem ein jähes Ende. Da ich, bedingt durch meine Aufgabe als Inspizient, in den folgenden Jahren hauptsächlich unterwegs war, erschien es wenig sinnvoll, die Mitgliedschaft in einem der Kölner Clubs anzustreben. Deshalb behielt mich mein Club Ehrenbreitstein in seinen Reihen, und ich fuhr zu den Meetings nach Koblenz so oft es eben ging. Auf meinen Reisen habe ich viele andere Clubs kennengelernt und auf diese Weise nicht nur vielfältige Eindrücke rotarischen Lebens gewonnen, sondern auch manchen persönlichen Kontakt geknüpft, der noch heute anhält. Lediglich in meiner Sigmaringer Zeit als Divisionskommandeur wurde ich auch Mitglied des Rotary Clubs Ebingen; ansonsten gehörte ich zu Koblenz-Ehrenbreitstein, bis ich 1979 nach Rendsburg versetzt wurde, dessen Club mich zum Ehrenmitglied ernannte. Hier habe ich dann meine endgültige rotarische Heimat gefunden. Als ich 1984 in Bedrängnis geriet, haben mir beide Clubs die Treue gehalten. Dafür habe ich insbesondere ihren militärischen Mitgliedern zu danken: in Koblenz war das der Generalleutnant a.D. Hans Hinrichs, einer der herausragenden Soldaten der Bundeswehr; in Rendsburg wirkte mein Freund Eberhard Boehm.

Diese für mich positiven Erfahrungen mit Rotary haben mich aber nicht daran gehindert, wiederholt kritisch auf die Diskrepanz von Anspruch und Wirklichkeit bei Rotary hinzuweisen. Solche Diskrepanz entspricht zwar unserer menschlichen Schwäche. Wohl nirgendwo wird sie so offenkundig wie zwischen den Geboten der Bergpredigt und dem Unvermögen noch so williger Christen, diesen gerecht zu werden.

Wir brauchen eben hochgesteckte Ziele zu unserer Motivation. Aber sie dürfen auch nicht zu weit gesteckt sein, wie oftmals bei Rotary.

Bei Rotary findet dieser Anspruch seinen Ausdruck in dem Ziel der »Dienstbereitschaft im täglichen Leben« und dazu »weltumspannender Freundschaft« seiner Mitglieder. Gewissermaßen im Vorgriff auf dieses hohe Ziel wird jedes Mitglied zum »Freund« deklariert und auch so angesprochen. Das widerspricht zwar meiner Vorstellung von Freundschaft, die man nur mit wenigen Menschen begründen kann, zumeist nur in früher Jugend. Doch räume ich ein, daß es zur Tendenz unserer Zeit zur Gleichmacherei und zu großen Worten paßt. Denken wir nur daran, wie leicht unsere heutigen Politiker Freundschaften schließen und sich mit dem Vornamen anreden. Dabei haben sie schon alle einstigen Maßstäbe über Bord geworfen. Da haben sie sich unversehens schon so weit vorgewagt, daß ein Unterlassen der Duzfreundschaft geradezu ein Affront wäre. Welch ein Glück, daß wenigstens die gekrönten Häupter noch Würde bewahren!

Was man mit »rotarischer Freundschaft« anstreben will, könnte viel zutreffender als »Kameradschaft« umschrieben werde; schon das wäre ein hohes Ziel, ein sehr hohes! Sicher haben wir diesen rotarischen Freundschaftsbegriff — wie so manches andere — zu unbedacht aus dem Amerikanischen übernommen. Aber das ändert ja nichts an unserer Verantwortung. Diese kritischen Bemerkungen dürfen nicht etwa verschleiern, daß der einst im Deutschen so herausgehobene Begriff der Freundschaft ganz generell entwertet wurde; nicht etwa nur durch den rotarischen Sprachgebrauch. Um das hohe Lied der Freundschaft zum Ausdruck zu bringen, muß man heutzutage schon vom »wahren Freund« sprechen.[142]

Natürlich streben die meisten Rotarier ihre Mitgliedschaft nicht allein deshalb an, um im alltäglichen Leben dienstbereit zu sein. Dessen brauchen sie sich nicht zu schämen. Daß auch Soldaten ihren Beruf nicht nur ergreifen, »um Recht und Freiheit des deutschen Volkes tapfer zu verteidigen«, ist spätestens während des Golf-Krieges offenkundig geworden. Aber jeder, der freiwillig einer Gemeinschaft beitritt, aus was für Gründen auch immer, muß sich bewußt sein, welchen Zielsetzungen er sich da verpflichtet. Eine Rotary-Mitgliedschaft ist sicher auch deshalb begehrt, weil sie Prestige verleiht, vielfältige

Beziehungen eröffnet und Teilhabe am gesellschaftlichen Leben bietet. Um so mehr kommt es darauf an, die Mitglieder dann doch zu den Zielen »jenseits von Angebot und Nachfrage« hinzuführen. Aber das ist eben eine Aufgabe von Führung. Wenn nur einige Clubs oder einige Präsidenten diese Aufgabe erkennen und sie anpacken, dann ist schon viel gewonnen. Auf diesem Hintergrund meiner bewußt kritischen Bemerkungen möchte ich um so mehr anerkennen, was Rotary an persönlicher Begegnung, an staatsbürgerlicher Bildungsarbeit und vor allem an sozialer Arbeit leistet. Ich bin überzeugt, daß die Mitgliedschaft von Offizieren der Bundeswehr nicht unwesentlich dazu beigetragen hat, das Verständnis für die Streitkräfte in einflußreichen Kreisen unserer Gesellschaft zu fördern, gar die Verteidigungsbereitschaft in unserem Volk zu stärken. Für mich buche ich es als größten Gewinn, daß ich auf meinen Reisen zahlreiche Rotary Clubs im In- und Ausland besuchen konnte und dabei mit vielen Menschen zusammengetroffen bin. Dazu gehörte auch einer der bekanntesten deutschen Rotarier, Friedrich von Wilpert. In seinen Lebenserinnerungen hat er in eindrucksvoller Weise das Schicksal der deutschen Rotary Clubs im Dritten Reich beschrieben:[143]

Bei einem rotarischen Meeting in Nürnberg traf ich 1987 den Verleger Dietmar Straube. Aus Chemnitz stammend, war er ein überzeugter Verfechter der deutschen Wiedervereinigung. So auch sein Verlagsdirektor Günther Deschner, der sich durch zeitgeschichtliche Veröffentlichungen einen Namen gemacht hat. Beide ermutigten mich, meine sicherheitpolitischen Vorstellungen für eine Lösung der deutschen Frage niederzuschreiben.

Erst Mitte der 80er Jahre traf ich bei einem Meeting in Hannover auf Hans Ziehm. Obwohl ein durch den wirtschaftlichen Alltag geforderter Unternehmer, brachte er die Zeit auf, sich für die deutsche Einheit zu engagieren. Gleich nach der Wiedervereinigung bauten er und sein Sohn unter großem persönlichen Einsatz einen Zweigbetrieb in Magdeburg auf. Aus der uns vorgegebenen »rotarischen« Freundschaft ist eine »wirkliche« erwachsen.

Im April 1971 eröffnete mir Generalleutnant Ferber, daß ich als Nachfolger des durch einen Unfall ausgefallenen Brigadegenerals Dr. Herbert Fritz schon im Juli das Amt des »Generals für die Offizier- und Unteroffizierausbildung im Heer« übernehmen sollte. Das war für mich geradezu eine Traumverwendung, wenn auch nicht in dieser Zeit der Neuordnung der Ausbildung, deren Weichen bereits in eine Richtung gestellt waren, die mir ganz und gar nicht paßte. Ferber überzeugte mich, daß es um so mehr darauf ankäme, das alles im Sinne der militärischen Zielsetzung zu steuern. Dazu brächte ich als erfahrener Truppen- und Generalstabsoffizier die besten Voraussetzungen mit. Da mein Vorgänger sich noch kaum hatte auswirken können, würde ich in Wirklichkeit Nachfolger des im vorigen Jahr aus politischen Gründen in den vorzeitigen Ruhestand verdrängten Brigadegenerals Heinz Karst.

Karst, den ich schon seit den Anfängen der Inneren Führung kannte und schätzte, hatte das ihm auf den Leib geschriebene Amt eines »Generals des Erziehungs- und Bildungswesens im Heer« entscheidend geprägt. Er galt als ein Konservativer. Gegen ihn richtete sich das Aufbegehren linksliberaler Kreise Ende der 60er Jahre. Da man diesem untadeligen Offizier nichts anhaben konnte, wurde er von den Medien zum »reaktionären Militaristen« gestempelt und verteufelt. Schließlich konnte er sich nicht länger halten. Er ging freiwillig, ausgezeichnet mit dem Großen Verdienstkreuz. Sein Abgang erschien mir schon deshalb tragisch, weil er vom Typ her eigentlich der richtige Mann für den agilen Verteidigungsminister Helmut Schmidt war.

Ich trat also als ein schweres Erbe an. Erleichtert wurde mir dieser Schritt, weil ich aufgrund meiner Laufbahn gut darauf vorbereitet war und überdies in der Bildungskommission einen umfassenden Einblick in die vor mir liegenden Aufgaben gewonnen hatte.

Nachdem meine Nominierung die Ausschüsse und Instanzen passiert hatte, wurde ich zum Parlamentarischen Staatssekretär Berkhan bestellt. Der eröffnete mir im Auftrage des Ministers, daß die Zustimmung zu meiner Beförderung von meiner Bereitschaft abhängig gemacht werde, als »Kommandeur« einer der zu gründenden Bundes-

Kranzniederlegung beim Treffen der Marburger Jäger.

In seiner Koblenzer Zeit wird Kießling Gründungsmitglied des Rotary Clubs Koblenz-Ehrenbreitstein.

Am 1. Oktober 1971 Beförderung zum Brigadegeneral.

10-km-Lauf beim Sportfest des Heeresamtes im September 1974.

Überreichung der Patenschaftsurkunde an einen amerikanischen Brigadekommandeur.

Besuch von Bundesverteidigungsminister Georg Leber in Dornstadt. Von links: Kießling, Generalleutnant von Ilsemann, Oberst Baer, Minister Leber und der Inspekteur des Heeres Generalleutnant Hildebrandt.

Besuch des US-Senators Nunn in Stetten, 1976.

Als Divisionskommandeur bei einem staatsbürgerlichen Seminar in Fahl/Schwarzwald.

wehrhochschulen zur Verfügung zu stehen. Dazu brauche man einen General mit dem Doktortitel. Rückwirkend erscheint es geradezu abenteuerlich, welche Vorstellungen man damals noch von den Bundeswehrhochschulen hatte, denen man einen »Kommandeur« überstülpen wollte. Die Mächtigen auf der Hardthöhe hatten offensichtlich nur recht vage Vorstellungen von Ellwein und dessen Zielsetzungen. Dem ging es doch vornehmlich darum , dem Soldaten den Rang eines Berufes streitig zu machen,[144] so, als hätten die Soldaten doch nichts Richtiges gelernt. Da fand er breite Zustimmung, selbst unter den Militärs und da vor allem bei denen, die nach 1945 auf ihrer Suche nach einer Arbeit so schreckliche Demütigungen erfahren hatten. Viele waren von der fixen Idee beseelt, auch der Soldat müsse daneben auch noch einen »richtigen Beruf« erlernen. Was ist das eigentlich in unserer sich wandelnden Industriegesellschaft?

Am 9. Juli 1971, es war der wohl heißeste Tag des Jahres, war für mich die Stunde des Abschieds von Koblenz gekommen. Auf dem Ehrenbreitstein übergab mein Divisionskommandeur die Brigade an meinen Nachfolger, Oberstleutnant Eckart Afheldt. Es war das einzige Mal, daß meine Mutter bei einer der vielen Abschiedsveranstaltungen, die durch meine häufigen Versetzungen bedingt waren, anwesend sein konnte. Bis zu ihrem Tode hat sie immer wieder von diesem Erlebnis geschwärmt. Am Abend dieses einzigartigen Sommertages saßen wir auf der Sophienhöhe zusammen, auch meine Cousine Gisela Vespermann war nach Koblenz gekommen. Wir genossen den herrlichen Ausblick in das Rheintal. Mir wurde in dieser Stunde bewußt, daß die Zeit meiner Jugend nun endgültig vorbei war. Schon war der Herbst meines Lebens angebrochen; ich hatte es nur verdrängt. Vor allem aber hatte ich die Chance verpaßt, zu heiraten und eine Familie zu begründen. Schon ahnte ich, welch hohen Preis ich da für den beruflichen Erfolg entrichtet hatte. Doch ich fühlte mich noch fit und voller Tatendrang; noch war ich glücklich in diesem Soldatenberuf. Wenn ich nur eine Chance bekäme, die Zukunft dieser Armee entscheidend zu beeinflussen! An diesem Abend war ich überzeugt: Jetzt ist es so weit!

4. An der Schaltstelle des Erziehungs- und Bildungswesens

Viel geschmähtes Heeresamt

Am 12. Juli 1971 trat ich meinen Dienst im Heeresamt in Köln an. Dieses, dem im Ministerium angesiedelten Führungsstab des Heeres nachgeordnete Amt, für rein militärische Aufgaben zuständig, wird mitunter etwas belächelt. Mit dem ihnen eigenen Humor haben die Soldaten es gelegentlich als »Heeresheim« verspottet. Der eigentliche Grund für das unselige Gefälle zwischen Ministerium und nachgeordneten »Ämtern« liegt nicht zuletzt in der geringeren Dotierung der Dienstposten, aber auch in der den Ämtern vorenthaltenen Ministerialzulage. So konnte es nicht ausbleiben, daß sich der Führungsstab mit qualifizierterem Personal vollsaugte, die ins Heeresamt Versetzten sich dagegen häufig als »abgeschoben« fühlten und − zu Unrecht − ihre Aufgabe als minderwertiger eingestuft sahen.

Mir schwebte immer vor, die Inspekteure sollten − unbeschadet ihrer Zugehörigkeit zum Ministerium − aus den Ämtern führen[145]; also der Inspekteur des Heeres aus dem Heeresamt. Um ihren Einfluß im Ministerium zu wahren und auszuüben, würde dann ein kleiner Verbindungsstab genügen neben dem eher noch zu vergrößernden Führungssstab der Gesamt-Streitkräfte. Im Zuge der Umstrukturierung der Bundeswehr wird nun Mitte der 90er Jahre ein solches Heeres-Führungskommando geschaffen werden.

Außer meiner − einst von Scharnhorst begründeten − Inspektion des Erziehungs- und Bildungswesens, die übergreifend für das gesamte Heer zuständig war, bestand das Heeresamt im wesentlichen aus den Inspektionen der Truppengattungen, von den Kampftruppen bis zu den Heeresfliegern. Die Euphorie der Umorganisation machte auch davor nicht halt. So wurde auch das Heeresamt neu organisiert. Unsinnigerweise wurden Pioniere, Artillerie und Heeresflugabwehr zu »Kampfunterstützungstruppen« zusammengefaßt. Damit verloren diese Truppengattungen nicht nur die eigene Spitze; auch ihre Identität litt darunter. Als ob sich ein Pionier als »Kampfunterstützer« fühle! Erst Ende der 80er Jahre setzte man diesem Possenspiel ein Ende.

Die Generale des Heeresamtes pflegten untereinander eine gute Zusammenarbeit. Motor dieses aufgeblähten Amtes war der Chef des Stabes, damals Brigadegeneral Fritz Birnstiel; später wurde er Generalmajor und General der Kampftruppen. Soweit mit ihm Reibungen auftraten, waren sie nicht zuletzt auf die ungenügende Dotierung seines Dienstpostens zurückzuführen. Auch hier wieder die gewohnte Torheit unserer Organisatoren: Man gibt einem Offizier ein Amt und die damit verbundene Aufgabe, aber man verweigert ihm den entsprechenden Rang! Als Stellvertreter P hatte ich die Chance darauf hinzuwirken, diese Stelle künftig mit einem Generalmajor zu besetzen. Allerdings ist mir dies nur gelungen, weil man für den als Divisionskommandeur abgelösten Generalmajor Bastian eine Zweisterne-Verwendung brauchte; ihn zum Chef des Stabes im Heeresamt zu machen, erschien allen Beteiligten als die optimale Lösung. Er wurde es dann doch nicht, weil er vorzeitig aus der Bundeswehr ausschied und in die Politik ging. Bastian und Birnstiel − so sehr sie sich unterschieden − gehörten zu den wenigen Generalen, die sich während des Skandals öffentlich zu mir bekannten.

Eine verwaiste Inspektion

Zum Glück kam ich bei meiner Versetzung ins Heeresamt nicht aus dem Ministerium, sondern galt aufgrund meines Werdeganges eher als ein Mann der Truppe. Dennoch stieß ich fast überall auf kühle Distanz; denn ich war nun einmal Generalstabsoffizier − und in der verwaisten Inspektion war eine gewisse Anti-Generalstabshaltung unverkennbar. Dieser Stab hatte sich zu einem Refugium für bewährte Truppenoffiziere ohne Generalstabsausbildung entwickelt. Daß ich mit solch unseliger Frontenstellung Schluß machen würde, war den meisten klar. Aber viel schwerer wirkte gegen mich, daß ich nun zwangsläufig als Vollstrecker törichter Beschlüsse der Bildungsreform walten mußte.

Das bedeutete ganz konkret: Reduzierung der Offizierschulen von drei auf eine, Auflösung der beiden Unteroffizierschulen und Überführung des Stabsoffizier- und Auswahllehrgangs in die Führungsakademie. Noch Oberst, hatte ich es bei diesem Anfang doppelt schwer; denn die mir unterstellten drei Schulkommandeure der Offizierschulen waren gestandene Brigadegenerale. Allerdings standen alle drei vor dem Abgang: Dr. Hermann Wulff und Hans-Joachim Kerschkamp gingen in den Ruhestand, Hans Teusen wurde Divisionskommander der 12. und danach Stellvertreter P.

Für mich kam es darauf an, erst einmal die Inspektion hinter mich zu bringen. Dazu brauchte ich einen auf meine Person zugeschnittenen Chef des Stabes. Die Umwandlung in eine Generalstabs-Stelle setzte ich schnell durch, ebenso die Zuversetzung von Oberstleutnant i.G. Friedrich Gundlach, der bis dahin als Leiter des Schulstabes an der Kampftruppenschule in Munster wirkte. Ihn kannte ich aus der Zeit gemeinsamer Generalstabsausbildung. Daß ich ihn erwählte, erregte bei vielen Kopfschütteln; galt er doch gar nicht als der Typ des Chefs. Doch mir kam es darauf an, in meinem Chef die richtige Ergänzung für mich zu finden; und die war Gundlach mit Sicherheit. Seine Stärke lag weniger im Schöpferischen, als vielmehr im Organisatorischen, und in der Menschenführung. Da wirkte er sich dann auch voll aus. Fietje – wie ihn die halbe Bundeswehr nannte – war der Typ eines lebensfrohen Barockmenschen. Souverän führte er diesen Stab und schuf eine gute Atmosphäre. Er wurde später Stellvertretender Wehrbereichsbefehlshaber in Hannover. Nach der Pensionierung vereinsamte er zusehends. Nur eine kleine Schar war versammelt, als wir ihn im April 1992 in Faßberg zu Grabe trugen. Ich werde ihm ein ehrendes Gedenken bewahren.

Dann ging ich daran, für die meinem Amt als Zweitfunktion zugeordnete Aufgabe als »Inspizient für die Offizier-Ausbildung« einen eigenen Dienstposten durchzusetzen; eine zusätzliche Obersten-Stelle wurde genehmigt. Es gelang mir, für diese Aufgabe Oberst Dr. Wilhelm Wörmann zu gewinnen. Er war der Typ des intellektuellen Offiziers, den ich brauchte. Vorher Privatdozent an der Universität Münster, hatte man ihn in der Bundeswehr auf die Wehrgeschichte verpflichtet. Er wurde aber auch Bataillonskommandeur in Göttingen, schließlich Wehrgeschichtslehrer an der Führungsakademie. Die Zusammenarbeit mit Wörmann gestaltete sich äusserst harmonisch und fruchtbar. Als wir uns nach drei Jahren trennen mußten, übernahm er die Offizierschule des Heeres und wurde Brigadegeneral. Das alles dauerte einige Monate, aber die Zeit stand nicht still. Ich mußte an allen Fronten kämpfen. Die politische Leitung, mehr deren Helfershelfer, fürchteten wohl nicht zu Unrecht, daß ich ihr Konzept der Gleichmacherei unterlaufen würde. Der Führungsstab des Heeres war von hektischer Umorganisation erfüllt, die unterstellten Schulen fühlten sich verraten und verkauft. Dabei hatten sie in ihren eigenen Reihen eine Art fünfte Kolonne aufgebaut, nämlich die sogenannten wissenschaftlichen Lehrstäbe. Die witterten nun Morgenluft, nachdem sie sich jahrelang zurückgesetzt fühlten, um tonangebend in der künftig wissenschaftlich orientierten Offizierausbildung zu sein.

Die Wurzel auch dieses Übels lag wieder einmal in ungenauer Sprache und ungenauen Begriffen. Was die Bundeswehr an den Offizierschulen benötigte, waren nicht forschende Wissenschaftler, sondern wissenschaftlich vorgebildete Lehrkräfte, vor allem aber solche, die auch eine innere Beziehung zum Soldatenberuf hatten. Die Offizierschulen wollten und sollten keine eigenständige wissenschaftliche Ausbildung betreiben, sondern für den Offizierberuf ausbilden und erziehen. Dazu waren sich dann viele dieser Wissenschaftler zu fein. Die Stunde der Wahrheit kam für sie mit der Neuordnung der Ausbildung, also mit Begründung der Bundeswehrhochschulen. Diejenigen Lehrkräfte, die in der Tat wissenschaftliche Qualifikationen aufwiesen, fanden dort entsprechende Verwendungen. Aber das waren nur wenige. Die meisten der Enttäuschten fanden Zuflucht an der Führungsakademie der Bundeswehr. Dort wurde dann der alte Konflikt weiter gepflegt und geschürt. Niemand brachte die Kraft auf, diesem Treiben ein Ende zu bereiten.

Obwohl Beamte im Geschäftsbereich des Bundesministers der Verteidigung, kritisierten einige dieser Lehrkräfte weiterhin frisch-fröhlich ihren Dienstherrn. Und der ließ sich das auch bieten. Am bedauerlichsten ist, daß durch die unseligen Aktivitäten einiger weniger das Zusammenwirken zwischen militärischen und zivilen Lehrkräften beeinträchtigt wurde. Daß ein solches harmonisches Miteinander sehr wohl möglich ist, das habe ich immer wieder an Ausbildungsinstitutionen der britischen Streitkräfte erfahren.

Entwertung eines Ranges: Welle der Beförderungen zum Oberstleutnant

In meinem neuen Verantwortungsbereich, dem Heeresamt wie der nachgeordneten Schulen bekam ich die negativen Folgen einer törichten Beförderungspolitik zu spüren, der Entwertung des Dienstgrads Oberstleutnant. Zwar hat mich dieses Problem auch in meiner späteren Verwendung als Stellvertreter P beschäftigt, aber die Auswirkungen haben meine Aufgaben in der Offizier- und Unteroffizierausbildung unmittelbar beeinträchtigt. Im ersten Jahrzehnt ihres Bestehens folgte die Bundeswehr der traditionellen Dienstgradstruktur, derzufolge das Verhältnis der Majors- zu den Oberstleutnantstellen etwa 2:1 war. Der Oberstleutnant galt also wirklich als ein herausragender Rang, und stolz waren diejenigen, die ihn erreicht hatten, auch dann, wenn sie die viel höhere Stufe zum Oberst nicht erklommen hatten. Richtig war, daß man abweichend von früheren Gepflogenheiten alle Bataillonskommandeure als Oberstleutnante dotierte, allein schon wegen der internationalen Gleichstellung. Die Unzufriedenheit nicht oder erst spät beförderter Majore schlug im politischen Bereich voll durch, so daß eine beachtliche Vermehrung der Oberstleutnant-Stellen erfolgte. Wer hätte den älteren Majoren nicht eine höhere Besoldung gegönnt? Nur durften sie deshalb nicht auch gleich Oberstleutnante werden. Diesen sinnvollen Weg einer Trennung von Besoldung und Dienstgrad, den verbauten sich die Soldaten selbst. Wieder einmal waren sie dabei durch truppenfremde Personal-Spezialisten vertreten, die sich als unfähig erwiesen, die Folgen dieser Dienstgrad-Inflation auf das innere Gefüge zu erkennen oder die sich nicht darum scherten. So kam es zu 1967 zu einer ersten Beförderungswelle, die den Rang des Oberstleutnants stark entwertete. Die bisherigen Oberstleutnante sahen sich um die Früchte ihrer Arbeit gebracht, die frisch Beförderten merkten schnell, daß sie nicht das erreicht hatten, was ihnen so lange vorschwebte. Auch nach außen richteten wir damit Schaden an. Konnte in

284

der Truppe bisher jeder den Bataillonskommandeur schon an dessen Oberstleutnantsrang erkennen, so schmückte nun auch die Stellvertreter der zweite Stern, ja gar manchen Kompaniechef, von der Inflation in den Stäben ganz zu schweigen.

Diese negativen Auswirkungen auf die Truppe konnten der Führung nicht verborgen bleiben. Statt nach Abhilfe zu sinnen, machte man fleißig in der falschen Richtung weiter. Ein neuer Ausstoß von Oberstleutnants-Stellen wurde den Haushalts-Politikern mit der unerfüllbaren Zusicherung abgerungen, auf diese Weise werde man die Unzufriedenheit unter den Offizieren abbauen. Die Unzufriedenheit wuchs vielmehr an. Dazu kam noch eine weitere Fehlentscheidung. Zu Recht öffnete man für die Soldaten die ihnen bisher (mit Ausnahme der Oberfeldärzte) versperrte Besoldungsgruppe A 15, weil das Militär mit keinem dem Regierungsdirektor adäquaten Rang aufwarten konnte. Folgerichtig konnten von nun an Oberstleutnante »auf herausgehobenen Dienstposten« auch zu A 15 aufsteigen. Damit strafte man sich selbst Lügen, weil man zuvor eine Einweisung von Majoren in A 14 – ohne die für das Gesamtgefüge schädliche Beförderung zu Oberstleutnanten – als nicht durchsetzbar abgelehnt hatte. Nun stellte sich das Problem, »herausgehobene Verwendungen« für Oberstleutnante festzulegen. Was lag da näher als die Bataillonskommandeure zu benennen? Aber damit wurde das Dilemma noch größer. Alle – zum Glück noch recht jungen – Oberstleutnante, die sich just zu diesem Zeitpunkt in den Kommandeurverwendungen befanden, ereilte gewissermaßen über Nacht die Einweisung in die Besoldungsgruppe A 15. Hatte wirklich niemand an deren viel ältere Vorgänger gedacht, die ihre Verwendung als Bataillonskommandeur seit Jahren hinter sich hatten und sich nun in Stäben befanden? Die sahen sich betrogen, ihren erreichten Rang entwertet – und hatten dabei kaum eine Chance, noch in die neu eingeführte Besoldungsgruppe A 15 aufzusteigen.

Solche Oberstleutnante befanden sich in großer Zahl in meinem Verantwortungsbereich. Deren berechtigte Enttäuschung wurde für mich eine zusätzliche Belastung in dieser schwierigen Zeit der Neuordnung der Ausbildung. Ich lief Sturm! Wo immer ich zu Worte kam, ob beim Beauftragten für Erziehung und Bildung, im Führungsstab des Heeres oder in der Personalabteilung – überall schlug mir die gleiche Antwort entgegen: Wir hatten keine Zeit zu langwierigen Überlegungen. Der Haushalt hatte uns die begehrten Stellen angeboten – und wir mußten sofort zugreifen.

Ich konnte für diese Hektik überhaupt kein Verständnis aufbringen. So viel Vertrauen hatte ich in die Politiker, daß sie uns gewiß Zeit gewährt hätten. Wir hätten ihnen nur sagen müssen: Aus eurem finanziellen Angebot machen wir mehr, wenn wir eine möglichst gerechte Lösung finden, um diesen Packen von Planstellen zu verteilen. So erwiesen sie sich schließlich als ein Teufelsgeschenk; denn sie haben viel mehr Unheil gebracht als Gutes bewirkt.

Im Kern ging es bei dieser Frage wieder einmal darum: kann man den Soldaten dem Beamten gleichstellen? Ich habe dies stets verneint und berufe mich auf das Soldatengesetz, das ja Ausdruck einer besonderen Stellung des Soldaten ist, der man folglich auch in einer eigenen Besoldungsordnung hätte Rechnung tragen müssen. Oft genug hatte ich erfahren, daß ich hier auf eine geradezu unüberwindliche Barriere stieß. Diese war in der leidvollen Erfahrung derjenigen Offiziere begründet, die das Kriegsende zumeist als bewährte Oberstleutnante und Majore erlebten und danach vor einem beruflichen Nichts standen. Soweit unterschieden sie sich von kaum einem anderen Deutschen. Als dann aber in den frühen Jahren des Wiederaufbaus die Beamten bald in den Genuß der sogenannten 131er Versorgung kamen[146], wurden die Berufssoldaten dabei in ihren ebenfalls wohlerworbenen Rechten zunächst deutlich zurückgesetzt. Erst mit der Wiederaufrüstung wurden ihnen zögernd die gleichen Rechte wie den Beamten gewährt. Auch im Amt Blank bekamen sie die Zurücksetzung noch jahrelang zu spüren. Gerd Kobe, später Generalmajor, hat das miterlebt und in einem Schlüsselroman eindrucksvoll geschildert.[147] Aus diesem Erleben hatte sich bei den führenden Soldaten, die den Aufbau der Bundeswehr bestimmten, eine Art Grundsatzforderung festgesetzt: Gleichstellung mit den Beamten!

Mag das menschlich noch so verständlich sein, hier geht es nicht um Versorgungsfragen, sondern allein darum: Was ist die sachgerechte Lösung, um effiziente Streitkräfte zu schaffen? Erstaunlich, daß die verantwortlichen Politiker diese Priorität der Fragestellung nicht

286

erkennen. Aber die wollen ja wohl gar keine schlagkräftige Truppe, sondern sind bestrebt, Wahlen zu gewinnen!

»Hauptfeldwebel«

Eine zur Inflation des Oberstleutnants-Ranges parallele Entwicklung vollzog sich bei den Unteroffizieren mit dem Rang des »Hauptfeldwebels«. In der Wehrmacht war dies kein Rang; so wurde die Dienststellung des Kompaniefeldwebels bezeichnet. Die Bundeswehr hat dann anfangs den Dienstgrad »Hauptfeldwebel« als herausgehobenen Rang eingeführt, der im wesentlichen den Kompaniefeldwebeln vorbehalten sein sollte. Anfang der 60er Jahre gab man diese Zurückhaltung auf; es gab immer mehr Hauptfeldwebel. Der Kompaniefeldwebel war nur noch ein Hauptfeldwebel unter vielen. Als dann in den 80er Jahren der Stabs- und Oberstabsfeldwebel als Spitzendienstgrade wieder eingeführt wurden, konnten zwar auch die Kompaniefeldwebel den Rang eines Stabsfeldwebels erhalten, aber die meisten dieser Stellen, insbesondere die der Oberstabsfeldwebel, wanderten wiederum in die hohen Stäbe. Hätten wir doch nur bei dieser Gelegenheit auch auf der Bataillons-, Regiments- und Brigadeebene Dienststellungen für Repräsentanten der Unteroffiziere eingeführt, wie es die Angelsachsen mit Erfolg praktizieren! Aber dafür fehlt uns der Sinn. Und damit haben wir wiederum eine Chance verpaßt, Unteroffizierkorps in überschaubaren Gemeinschaften zu formieren.

Beförderung zum Brigadegeneral

Am 1. Oktober 1971 wurde ich zum Brigadegeneral befördert; damit gehörte ich als der zu dieser Zeit an Jahren Jüngste zur Generalität der Bundeswehr. Viele Außenstehende vermuten, diese Generalität sei eine verschworene Gemeinschaft, nicht wenige betrachten sie als die creme de la creme. Sie ist keines von beiden. Aber was sonst? Sicher sind es nicht die schlechtesten Offiziere, die in den zahlenmäßig so knapp gehaltenen Kreis der Generale und Admirale aufsteigen, doch

287

gehören nicht alle auch zu den besten. Einen General kann man nur aus einem Obersten machen; aber nicht immer sind es die besten Obersten, aus denen sich die Generale rekrutieren. Von Zeit zu Zeit wird die Frage nach den Auswahlkriterien öffentlich diskutiert, aber eine auch nur einigermaßen zufriedenstellende Antwort steht immer noch aus. »Der kann sich seine (drei Obersten-) Sterne sticken lassen« lautet das harte Urteil in der sarkastischen Soldatensprache, wenn man zu erkennen glaubt, daß ein Oberst die Generals-Barriere nicht überwinden wird. Im Zusammenhang der mit meinem Namen verbundenen Generalskrise von 1984 ertönten, wie nicht anders zu erwarten war, sehr schnell Stimmen: Dieser Mann hätte niemals General werden dürfen! Natürlich mag man darüber streiten, ob ich hinreichend qualifiziert war, um mich 1971 über die Köpfe vieler älterer Brigadekommandeure hinweg zu befördern. Aber da ging es um die spezifische Aufgabe als General für die Offizier- und Unteroffizierausbildung, für die es sicher keine allzu große Auswahl gab. Immerhin bin ich dann in den folgenden neun Jahren Stufe für Stufe vom Ein- zum Viersterne-General aufgerückt.

Zurück zur generellen Frage: Wie wird einer zum General? So hat Nina Grunenberg 1978 eine in der ZEIT veröffentlichte Serie über die Generale der Bundeswehr betitelt.[148] Das stellte in der Militärgeschichte seit jeher ein Problem dar – und es dürfte auch eines bleiben. Selbst in den weit zurückliegenden Zeiten, da man Offiziere nach der Anciennität beförderte, an der Generalsschwelle hörte der Spaß dann auf! Einmal waren stets nur eine recht begrenzte Zahl von Generalsstellen verfügbar; aber mehr noch fiel ins Gewicht, daß man aus gutem Grunde junge Generale haben wollte; alt wurden sie schon von allein. Die Bundeswehr hat sich von Anbeginn gegen die Anciennität gestellt. Statt dessen ist im Paragraphen 3 des Soldatengesetzes festgelegt, daß nach Eignung, Befähigung und Leistung befördert werden soll. Jedoch hat sie dieses proklamierte Leistungsprinzip niemals in den Griff bekommen, bei den Generalen schon gar nicht. Dabei will ich keineswegs bestreiten, daß die Politiker qualifizierte Generale wollten; aber sie sollten möglichst auch willfährige Generale sein! In der Tat ziehen sie »sich wie eine Schnecke in ihr Haus zurück, sobald Politik ins Spiel kommt.«[149] Vor allem wollte man keine Generalität. Im Gegenteil, man hielt es mit divide et impera. Die Tendenz der Zeit hat die Schreibtischgenerale vermehrt. Das feu sacré, das Napoleon von seinen Generalen forderte, brennt in der Bundeswehr immer schwächer, bemerkte Günther Gillessen zutreffend schon vor einem Vierteljahrhundert.[150]

Diese bewußt kritischen Bemerkungen zu der Auswahl für Spitzenstellungen bedürfen jedoch der Ergänzung durch konstruktive Vorschläge. Solche habe ich bereits in meiner aktiven Dienstzeit veröffentlicht. Deren Kernsätze lauten: »Es ist ein Konzept für Spitzenstellungen zu schaffen. Grundlage dafür muß ein »Bild vom General« sein. In ihm soll das Generale Vorrang haben vor der Spezialisierung; das schließt auch die charakterliche Eignung ein. Darauf sind Auswahl, Ausbildung und Verwendung auszurichten. Eine langfristige Verwendungsplanung ist unverzichtbar.«[151]

Niemand kann leugnen, daß es bei der Auswahl von Generalen immer auch Fehlentscheidungen gegeben hat; sie wird es auch künftig geben. Um so mehr muß man darauf bedacht sein, die Fehlerquote auf ein Mindestmaß zu begrenzen. Den Weg dazu haben wir uns aber leider weitgehend verbaut, indem wir einem starren Personalsystem anhängen. Dessen Starrheit besteht darin, daß es kein Zurückstufen zuläßt; also: einmal General, immer General! Dahinter steckt eine Art Lebensphilosophie unserer Wohlstandsgesellschaft, es gehe stets weiter nach oben, ein Abstieg müsse ausgeschlossen bleiben. Dann darf man sich nicht wundern, wenn die negativen Auswirkungen von Fehlentscheidungen voll durchschlagen. Aber das muß ja nicht so sein. So brauchen wir uns nur auf die in der deutschen Militärgeschichte bekannte Institution der »Charakterisierung« zu besinnen.[152] Damit wurden lediglich die Äußerlichkeiten des höheren Ranges verliehen, also Abzeichen und Anrede, nicht dagegen eine Planstelle und das Gehalt gewährt. Das war auch Ausdruck der Sparsamkeit in vergangenen Zeiten. Über eine ähnliche Einrichtung verfügen wir heutzutage in der Form des »temporary Rank«, der aber auf wenige Stellen in der NATO begrenzt ist. Damit ist zwar die adäquate Besoldung verbunden, aber der Rang entfällt mit Ablauf der spezifischen Verwendung, wenn nicht inzwischen eine regelrechte Beförderung erfolgt ist. Vorzugsweise aber nur als Ehrung beim Ausscheiden aus dem aktiven Dienst, z. B. der »Charaktermajor!« Wir wären gut beraten, aus der herkömmlichen Charakterisierung eine generelle Regelung zu entwickeln, die jede Generalsbeförderung zunächst einmal zu einer solchen »auf Zeit« begrenzt. Eine Bewährungszeit einzuschieben ist um so mehr geboten, als es eine zunehmende Zahl von spezialisierten Generalsverwendungen gibt, was ein Widerspruch zum Begriff des Generalisten sein mag, aber dem Trend unserer Zeit entspricht. Die Schwierigkeiten, für solche Verwendungen wirklich gut geeignete Obristen auszuwählen, nehmen zu. Ganz abgesehen davon, daß in der Personalführung immer auch das Bestreben sein wird, auch einmal einem neuen, auf eine Verwendung nicht spezialisierten Mann eine Chance zu geben. Damit ist man nicht schlecht gefahren. Jedoch ist solches Wagnis mit einem Risiko verbunden, das man absichern sollte, indem eine Rückstufung nicht ausgeschlossen bleibt. Wenn wir darüber hinaus ganz allgemein »Generale mit vorläufigem Rang« – unter Beibehaltung der vorherigen Besoldung – akzeptieren, bietet sich die Chance, endlich einmal gravierende Mängel in der Repräsentation der Streitkräfte zu beheben; insbesondere gegenüber dem Ausland, denn da kommt es auf den Rang an. Mancher Chancen haben wir uns allein deshalb begeben, weil die Offiziere der Bundeswehr ein oder gar zwei Ränge unter denen ihrer ausländischen Gesprächspartner eingestuft waren.

Gegen eine solche Lösung werden vor allem zwei Argumente ins Feld geführt: zum einen die »soziale Unsicherheit«, zum anderen die Schlechterstellung im Vergleich zu den Beamten. Was letztere betrifft, so kann sie ohnehin nur ausgeräumt werden, wenn man von dem törichten Postulat der Gleichstellung von Soldaten und Beamten abrückt und statt dessen die schon im Soldatengesetz angelegte Eigenständigkeit des Soldaten interpretiert. Nur so kann den Besonderheiten des Soldatenberufes entsprochen werden. Wenn auch mit dem möglichen Zurückstufen im Einzelfall eine (vorübergehende) Unsicherheit verbunden ist, mit der Begrenzung auf eine Besoldungsstufe wäre sie deshalb noch lange keine soziale Belastung. Dem Risiko

stünde die Chance gerechterer und deshalb besserer Auswahl gegenüber.

Neuordnung der Offizier- und Unteroffizierausbildung

Unter dem Eindruck der als ungeschickt, wenn nicht gar als verhee-
rend empfundenen Verteidigungspolitik hofften damals nicht wenige
Soldaten auf die nächste Wahl, die sich plötzlich für den Herbst 1972
abzeichnete. Auch ich wünschte eine Wende. Doch das Gegenteil trat
ein. Die sozialliberale Koalition hatte ihren größten Triumph und saß
nun fest im Sattel. Am Tag nach der Wahl saß ich dem Staatssekretär
Fingerhuth gegenüber; denn ich begleitete den Chef des Generalstabes
des britischen Heeres, General Lord Carver (er wurde später Chief of
Defence und damit auch Feldmarschall), der zu einem Besuch in die
Bundesrepublik gekommen war. Zu Beginn seiner Reise durch das
Heer machte er einen Antrittsbesuch auf der Hardthöhe. Fingerhuth
ahnte wohl meine Enttäuschung über dieses Wahlergebnis. Noch in
Siegeslaune triumphierte er: Ja, Herr Dr. Kießling, so sieht man sich
wieder an diesem schönen Morgen!
Nachdem ich mich im dienstlichen Bereich bewußt jeder parteipolitischen Stellungnahme enthalten hatte, hielt ich nach dieser Wahlent-
scheidung den Zeitpunkt für gekommen, in einer Dezernentenbespre-
chung meiner Inspektion zu bekennen, daß ich eine Wende in der
Verteidigungs- und Bildungspolitik erhofft hatte. Ich würde unbeirrt
daran festhalten, daß es im Heer darum ginge, Offiziere zu Kämpfern
zu erziehen und auszubilden.

Die unmittelbaren Konsequenzen der Neuordnung der Offizier- und
Unteroffizierausbildung waren die Auflösung der beiden Unteroffizierschulen und die Reduzierung der drei Heeresoffizierschulen (Hannover, Hamburg und München) auf eine. Da man als Standort für die zu
begründenden Bundeswehr-Hochschulen (erst Mitte der 80er Jahre
wurden sie Universitäten) Hamburg und München bestimmt hatte, war
es naheliegend, dafür die Infrastruktur der bisher dort stationierten
Offizierschulen zu nutzen. Von daher ergab sich zwangsläufig, daß

Hannover als einzige Offizierschule des Heeres erhalten blieb. Die Auflösungen der beiden anderen Schulen ließen mich nicht unberührt. Das war nicht mit einem Organisationsbefehl getan. Da ging es um gewachsene Strukturen, die zerschlagen wurden, um Menschen, die das schwinden sahen, was sie mit viel Mühe und Liebe über viele Jahre hindurch aufgebaut hatten. Auch das Traditionsverständnis wurde tangiert. So hatte sich die Offizierschule in Hamburg vor Jahren entschieden, die Tradition des Kaiser-Alexander-Garde-Grenadier-Regiments Nr. 1 zu pflegen. Die Überlebenden dieses stolzen Truppenteils fanden in der Schule ein Zuhause. Ihr einstiger Regimentsmarsch, der Alexander-Marsch, wurde zum Marsch der Heeresoffizierschule II gewählt, und erklang bei offiziellen Veranstaltungen der Hamburger Schule. Im Traditionsraum war eine kostbare Bowlen-Schale aufgestellt, die 1904 der Zar anläßlich seines Besuches in Berlin dem Regiment geschenkt hatte. All diesen Bindungen drohte nun ein jähes Ende. Tief enttäuscht beschlossen die alten Alexander-Grenadiere sich zurückzuziehen. Aber es gelang mir, sie von dem Zwang zu überzeugen, unter dem wir standen. Die Tradition der Heeresoffizierschulen wurde auf die gemeinsame Offizierschule in Hannover übertragen. Dort fanden auch die überlieferten Traditionsgegenstände einen würdigen Platz. Brigadegeneral Dr. Wilhelm Wörmann, der neue Kommandeur in Hannover, der einen ausgeprägten Sinn für die Traditionsfragen hatte, sorgte dafür, daß dieses Erbe sowohl im Wappen der Schule als auch in ihrem neuen Marsch aufgenommen wurde.

Am schwersten fiel mir die Auflösung der beiden Unteroffizierschulen, die ja letztlich meine militärische Heimat darstellten. Erst 1964 wiederbegründet, erlebten sie nur eine kurze Blütezeit. Nicht zuletzt ihre geographische Randlage, ungünstiger für Sonthofen als für Aachen, wirkte auf den dringend gesuchten Nachwuchs für die Unteroffizierlaufbahn eher hemmend. So waren diese Schulen gar bald von der ihnen zugedachten Aufgabe, eine Elite der Unteroffiziere heranzubilden, auf Heimstätten für eine als Unteroffizier-Lehrgang B bezeichnete Feldwebelprüfung umfunktioniert worden. Kommandeure und Stammpersonal wollten das aber nicht wahrhaben und versteiften sich in ihrer Rolle als Verteidiger der Unteroffizierschulen.

Mochte es also für die Auflösung der Unteroffizierschulen gute

Gründe geben – ich hielt unbeirrt daran fest, daß es bessere Gründe für ihr Fortbestehen gab –, die Spitze des Ministeriums schreckte davor zurück, das Kind beim Namen zu nennen. Da gab es eine mündliche Weisung, nicht von »Auflösung« der Schulen zu sprechen, sondern von ihrer »Umgliederung«. Als der zuständige Dezernent im Heeresamt, der Oberst Bolle, in einem schriftlichen Befehl klipp und klar formulierte: »Die Unteroffizierschulen werden aufgelöst«, war der große Hund los. Das ist mit Sicherheit nicht das einzige Beispiel für die Verlogenheit von Führung. Umgekehrt darf man aber nicht so tun, als sei es all denjenigen, die an den Unteroffizierschulen festhalten wollten, nur um die Sache gegangen. Auch da spielten das Festhalten an liebgewordene Gewohnheiten und die Angst vor der Versetzung mit. Im großen erleben wir das in den 90er Jahren bei der Neustrukturierung der Bundeswehr.

Wenn ich mich bei den damals aufzulösenden Unteroffizierschulen auch um alle Personalfragen des Stammpersonals bis ins Detail persönlich kümmerte, an dem Stimmungstief, das über diesen Schulen lag, vermochte ich nichts zu ändern. Die Kommandeure waren nicht in der Lage, die verfügte Auflösung nach unten zu vertreten und zeigten sich auch nicht gewillt. Und die organisationswütigen Offiziere im Führungsstab des Heeres kümmerte das alles recht wenig. Nur der Oberstleutnant Hartmann aus dem Personalreferat der Infanterie war mir eine Stütze. Er hat sich auch im Januar 1984 auf meine Seite gestellt.

Die Unteroffizierschulen waren schon deshalb nicht zu halten, weil sie bei ihrer Wiederbegründung 1964 falsch konzipiert waren. Das lag sicher nicht zuletzt daran, daß unter den verantwortlichen Offizieren kaum jemand mit der Geschichte der Unteroffizierschulen vertraut war. Die war nun einmal dadurch bestimmt, daß die deutsche Armee bis in den Zweiten Weltkrieg hinein im wesentlichen ein Infanterie-Heer war. Folglich waren ihre wenigen Unteroffizierschulen darauf ausgerichtet, Unteroffiziere für die Infanterie auszubilden. Vielen Betrachtern hat sich das »USP« (Unteroffizierschule Potsdam) auf den Schulterklappen des diszipliniertesten Marschblocks bei den großen Paraden in Berlin bis Kriegsbeginn eingeprägt. Aber dies waren weiß Gott nicht Paradesoldaten; sie bildeten vielmehr die Elite des Unteroffizierkorps, aus dem dann viele in die Offizierlaufbahn übernommen wurden. Schon im Zweiten Weltkrieg wurden Unteroffizierschulen auch für die anderen Truppengattungen begründet, insbesondere für die an Bedeutung gewinnende Panzertruppe. Trotz dieser Erfahrungen hat man die 1964 wiederbegründeten Unteroffizierschulen auf eine allgemeine Heeres-Ausbildung beschränkt. Mochten also ihre Absolventen noch so gut ausgebildet sein, in der Truppe waren sie erst nach erneuter spezieller Ausbildung zu verwenden. Allein das schon schreckte viele Bewerber ab. Vergeblich plädierte ich dafür, die Unteroffizier-Lehr-Inspektionen der Truppenschulen zu Unteroffizierschulen der Truppengattungen zu erheben. Da fehlte es dann an den Haushaltsmitteln, die wir mit vollen Händen in die Bundeswehrhochschulen geworfen hatten.

Anfang der 90er Jahre kam es dann zur Wiedererrichtung der Heeres-Unteroffizierschulen. Leider konzipierte man sie als Institutionen der Fortbildung von Unteroffizieren zum Feldwebel. Als solche − fürchte ich − werden sie nicht zur prägenden Heimstatt einer Elite des Unteroffizierkorps werden, sondern nur eine Durchgangsstation. Dennoch war es für mich eine große Freude, daß ich im Frühjahr 1992 die neubegründete Heeresunteroffizierschule IV im sächsischen Delitzsch besuchen und zu den Lehroffizieren sprechen durfte.

Auch die militärische Ausbildung der Offizieranwärter wollte ich aus der Truppe an die Truppenschulen verlagern. Nicht nur waren dort die qualifiziertesten Ausbilder verfügbar; vielmehr hoffte ich auf diese Weise die Truppenschulen zur Heimat der Berufs- und Zeitsoldaten zu machen, die sie wegen häufiger Versetzungen in einer ständig organisatorischem Wandel unterliegenden Truppe kaum noch finden konnten. Aber nichts ging. Man wollte an dem »bewährten« Grundsatz festhalten, der Offizieranwärter müsse durch die Mannschaftsstube gehen. Doch bewährte sich das schon lange nicht mehr.

Gelegentlich einer Tagung der Divisionskommandeure des Heeres in Augustdorf im Februar 1974 trug ich mein Konzept vor. Nach dem Muster unserer großen Verbündeten (USA, Großbritannien und Frankreich) sollten unsere Offizieranwärter zu Beginn ihrer Ausbildung an einer Offizierschule zusammenfaßt werden. Ich erinnerte daran, daß man Saint-Cyr nicht von ungefähr als »Frankreichs erstes Bataillon«[153] bezeichnet. Nur so könne man eine optimale »Erziehung zum Offizier« garantieren, aber auch eine fundierte Beratung für die von jedem einzelnen zu treffende Entscheidung hinsichtlich der Wahl seiner Truppengattung und der damit verbundenen Fachrichtung im Studium. Wissen wir doch, wieviel Zeit und Kraft im Studium vergeudet wird, wenn Studenten über Inhalt, Ziel und Chancen einer mehr zufällig gewählten Fachrichtung im Unklaren sind. Das trifft auch für die Truppengattungen des Heeres zu. Viele Offizieranwärter haben heutzutage eben nur eine recht oberflächliche Vorstellung von dem, was Infanterie oder Panzertruppe bedeuten. Wiederholt mußte ich feststellen, daß die fälschlicherweise als Technische Truppe bezeichnete Nachschubtruppe nur ihres Namens wegen großen Zulauf hatte. Umgekehrt wurden die Kampftruppen als »nicht-technische« gemieden. Der Technischen Truppe war es überdies gelungen, sich – lange bevor das Studium für Offizieranwärter eingeführt wurde – eine eigene Fachhochschule zu schaffen. Zu Lasten der Kampftruppen! Wie konnte ein Führungsstab des Heeres das nur zulassen? Niemand hätte uns daran gehindert, die Fachhochschulen des Heeres, die übrigens hohe Anerkennung verdienen, auf das ganze Heer auszudehnen. Viel Leid wäre uns erspart geblieben, das dann mit dem – zumindest anfangs – gegen die militärische Ausbildung gerichteten Konzept der Bundeswehrhochschulen das Heer in den 70er Jahren aus dem Tritt brachte.

Aber in Augustdorf mochte ich 1974 noch so viele Argumente ins Feld führen, die Mehrheit der Divisionskommandeure wollte keinen Abschied von der Mannschaftsstube. Wie sie einst ihre Soldatenzeit begonnen hatten, so sollten auch künftige Generationen dort ihre Prägung erfahren. Dieses Konzept war goldrichtig, solange sich der Offiziernachwuchs aus den oberen Schichten einer (immer noch) Klassengesellschaft rekrutierte. Das ist aber schon lange nicht mehr der Fall. Auch den Wehrpflichtigen kennt der heutige Offizieranwärter aus seiner bisherigen Umgebung, dazu muß er nicht mit ihm zusammen in eine gemeinsame Grundausbildung gesteckt werden. Und die Mannschaftsstube wirkt ohnehin nicht mehr integrierend, denn sie ist nach Dienstschluß leer.

Daß nicht nur die Mannschaftsstube eine andere ist als die vor dem Zweiten Weltkrieg, sondern auch die Generale sich gewandelt haben, das erfuhr ich am Abend desselben Tages. Auf Weisung des Ministers mußte ich an einer Diskussionsrunde des WDR in Köln zum Thema »Unternehmen Bundeswehr« teilnehmen. Dort hatte ich keinen leichten Stand.[154] Zwar war der Sprecher des Verteidigungsministeriums anwesend, Armin Halle; aber die Fragen der anrufenden Zuschauer richteten sich fast ausschließlich an den General. Ich war überzeugt, mich einigermaßen geschlagen zu haben und fuhr nachts recht zufrieden nach Augustdorf zurück. Was würden meine Generals-Kameraden sagen, die mit Sicherheit die Sendung kritisch verfolgt hatten? Dachte ich! Als ich am nächsten Morgen beim Frühstück mit ihnen zusammentraf, mußte ich feststellen, daß fast keiner von meiner Fernsehdiskussion Notiz genommen hatte; die meisten hatten es vorgezogen, die zu gleicher Zeit ausgestrahlte Karnevalssendung »Mainz bleibt Mainz« einzuschalten. Nur der General von Senger und Etterlin, dem nun wirklich niemand karnevalistische Begeisterung zugetraut hätte, sprach mich an: Das haben Sie gut gemacht! Damit war für mich das Eis zu einem Mann gebrochen, von dem man sagte, er strahle die Herzenswärme eines mittleren Gletschers aus. Aber er hatte das Herz auf dem rechten Fleck!

Form und Inhalt

Zu den Problemen, mit denen die Bundeswehr bis heute nicht fertiggeworden ist, gehört nicht nur die Tradition, sondern auch das Formale. Über die Traditionsfrage wird unentwegt diskutiert, mehr noch in der kritischen Öffentlichkeit als unter den Militärs. Dagegen spricht kaum jemand über das Formale, das erscheint den meisten als unter ihrem Niveau.

Daß verantwortliche Politiker verkennen, welch große Bedeutung dem Formalen im Urteil breiter Kreise der Öffentlichkeit über die Bundeswehr zukam, ist schon verwunderlich; denn sie sollen und wollen doch

296

die Stimme des Volkes sein. Schier unverständlich dagegen ist, daß es gerade hohe Militärs waren und sind, die Forderungen nach einer Verbesserung des äußeren Erscheinungsbildes der Bundeswehr zurückweisen, gar ins Lächerliche ziehen. Man könnte versucht sein, solche Einstellung mit den spezifischen Erfahrungen einer Frontgeneration zu erklären, die im Kriege oft genug erleben mußte, daß stramme Paradesoldaten nicht immer auch die besten Kämpfer waren – wohl mehr umgekehrt. Aber diese Deutung trifft nicht zu. Die Erfahrungen beim Aufbau der Bundeswehr, als die Kompanien und Bataillone im wesentlichen von fronterfahrenen Offiziere geführt wurden, haben vielmehr gezeigt, daß gerade diese nicht nur Sinn für das äußere Erscheinungsbild des Soldaten hatten, sondern auch ein Minimum an Formalausbildung für unverzichtbar hielten. Daß der Gefechtsausbildung Vorrang gebührte, darüber bestand allerdings niemals auch nur der geringste Zweifel.

Doch zum »Bild des Soldaten« gehört nun einmal auch die Form. Viele verstehen darunter nur das »Strammstehen«, Grüßen und Marschieren. Und das, meinen sie, sei nicht mehr zeitgemäß. In der Abkehr vom Paradesoldaten waren sich beim Aufbau der Bundeswehr so ziemlich alle einig: eingefleischte Anti-Militaristen, Vorkämpfer für die Innere Führung und auch die bewährten Frontsoldaten des Zweiten Weltkrieges. Letztere hatten zur Genüge erfahren, daß die gut gedrillten Kasernenhofsoldaten noch lange keine guten Kämpfer waren. Diese Einsicht verfestigte sich mit der Dauer des Krieges immer stärker. Die Bataillons- und Kompanieführer von 1945, die dann beim Aufbau der Bundeswehr wieder in diese Positionen einrückten, verfügten selbst – wenn überhaupt – nur über eine recht oberflächliche Friedensausbildung. War da also keine ausgeprägte Neigung für Formen und Formalausbildung vorhanden, so zeigte sich doch recht bald, daß man in einer Friedensarmee darauf nicht ganz verzichten kann. Der Soldat ist nun einmal »uniformiert« – nicht zuletzt aus Gründen des Kriegsvölkerrechts. Aber er soll auch im Frieden als Angehöriger der Streitkräfte kenntlich sein – noch mehr erwartet die Öffentlichkeit, daß er diese repräsentiert. Zum Wesen des Soldaten gehört das Leben in enger Gemeinschaft – ob in der Kaserne oder im Gefecht. Schon das erfordert Ordnung und Form. Wer aber äußerlich gekennzeichnet ist, auf den richten sich die Blicke – verbunden mit bestimmten Erwartungen. In der deutschen Öffentlichkeit waren die Erwartungen stets durch das ihr immer noch vertraute Bild des Wehrmachtsoldaten bestimmt; mitunter auch von dem militärischen Zeremoniell der Besatzungstruppen, das der Wehrmacht nicht nachstand.

So versuchte die Bundeswehr auch recht krampfhaft ein Minimum an Form zu wahren. Abgesehen vom Bonner Wachbataillon und wenigen Ausnahmen ging das fast immer daneben. Einer der Aufsehen erregenden Fälle ereignete sich 1979 bei der Verabschiedung des NATO-Oberbefehlshabers Alexander Haig. Kein Geringerer als Adelbert Weinstein berichtete darüber: »Die verschüchterte Gruppe junger Soldaten, die in Casteau die Bundeswehr repräsentierte, wirkte wie eine Karikatur des Militärischen. Mühsam hielten sie Schritt. Schlecht verpaßt und unkleidsam die Uniform. Dem zuschauenden Generalinspekteur muß sich der Magen umgedreht haben.«[155] Dieser Bericht bewirkte eine heftige Leserbrief-Diskussion, die Weinstein mit einem sehr ausgewogenen Urteil abschloß: »Unsere Truppe kennt das Exerzieren alter Art nicht. Das ist gut so. Aber man hat den rechten Mittelweg nicht gefunden. Es wurden keine neuen Formen erdacht, mit denen die äußerliche Ordnung in dieser Männergesellschaft aufrechterhalten wird. Es wird vernachlässigt, was man das militärische Image nennen könnte, das spezifisch Soldatische, das straffe und korrekte Auftreten.«[156] Weinstein war ja nicht irgendwer, sondern der unbestritten profilierteste unter den deutschen Militärjournalisten, einst Generalstabsoffizier und Oberst der Reserve der Bundeswehr!

Da dämmerte es dann auch den modernen Militärs, daß zur Vertretung deutscher Interessen im Bündnis auch die Wahrung der Form gehört. Daß die Vorbereitung auf derartige Veranstaltungen keine Vergeudung von Zeit und Kräften zu sein braucht, sondern davon sehr wohl ein Impuls für die Zusammengehörigkeit der Truppe ausgehen kann, das verstehen allerdings nur noch wenige. Die der Truppe so fremden Begründer der Bundeswehr wollten davon nichts wissen. Und die es noch wußten, die hatten sich nicht durchgesetzt. Sichtbares Ergebnis dieser Auffasung ist die völlig ungenügende Formalausbildung in der

Truppe mit unzureichendem Zeitansatz und mit dafür ungeeigneten Ausbildern.

Wo immer ich konnte, habe ich versucht, diesem Mißstand zu begegnen. Aber auch da war ich stets darauf bedacht, ja keine Zweifel aufkommen zu lassen, was die Prioritäten betraf: Unsere vornehmliche Aufgabe ist die Vorbereitung auf das Gefecht, also die »Kriegstüchtigkeit«. Dennoch können und dürfen wir auf die Form nicht verzichten. Sie zu wahren, setzt Erziehung und Ausbildung voraus. Wer als Vorgesetzter die Form mißachtet, sie gar verächtlich macht, der verstößt nicht nur gegen seine Dienstpflichten, er schadet dem inneren Gefüge der Truppe.

Das Einüben (Exerzieren) der Form bedarf wie jede Ausbildung überzeugender Lehrer. Als Kommandeur habe ich immer darauf geachtet, daß die Formalausbildung »hoch aufgehängt« wurde, d. h. durch die Kompaniechefs selbst geleitet und nicht nach unten delegiert wurde. Denn das für die Bundeswehr typische Bild einer Formalausbildung sah leider so aus: Von einer rund einhundert Mann starken Kompanie fand man allenfalls ein Drittel zu diesem Dienst auf dem Kasernenhof, häufig unter Leitung eines Stabsunteroffiziers. Und die waren dann mehr darauf bedacht, die Zeit totzuschlagen. Höhere Vorgesetzte fanden sich selten ein. Besonderen Wert habe ich darauf gelegt, daß man sich nicht mit der ermüdenden »Einzelausbildung« begnügt, sondern immer auch zu einer »Gemeinschaftsausbildung« fand, d.h, mit einem Kompanieexerzieren abschloß, bei dem alle Offiziere und Unteroffiziere eingetreten waren.

Im Zusammenhang mit der Formalausbildung sollte auch das Singen erwähnt werden, das in der Bundeswehr aus der Mode gekommen ist. Weil wir kaum noch marschieren, können wir auch nicht mehr singen. Doch dient das Singen nicht allein dem Marschgesang, sondern vielmehr dazu, das Gefühl der Zusammengehörigkeit zu stärken. Und das nicht nur in der Bundeswehr. Die Liturgie in unseren Kirchen und Kundgebungen aller Art liefern dafür überzeugende Beispiele. Wenn wir überhaupt noch singen, werden wir ganz schnell mit einem anderen Problem konfrontiert: Was für Liedertexte sind das? Wie sehr uns diese Frage beschäftigen kann, weiß ich aus zwei miterlebten »Lieder-Skandalen«.

Die Vergangenheit läßt uns nicht los: Die Beerdigungen von Manstein, Schörner und Dönitz.

Pfingsten 1973 starb der Generalfeldmarschall von Manstein. Weniger bekannt als etwa Rommel, gilt er gleichwohl als die herausragendste Begabung unter den deutschen Heerführern des Zweiten Weltkrieges. Ihm war es vergönnt, getragen selbst von Sympathie auf Seiten der westlichen Kriegsgegner, eine volle Rehabilitierung zu erfahren. So wirkte er auch als Gutachter bei der westdeutschen Wiederaufrüstung mit und hat auch der Dienststelle Blank seinen Rat nicht versagt. In der Bundeswehr war er ein gern gesehener und hochgeachteter Gast. An seiner Beerdigung, die am 15. Juni, in Dorfmark am Rande des Truppenübungsplatzes Bergen erfolgte, nahm ich als Vertreter des Amtschefs des Heeresamtes teil. In der vollbesetzten Kirche hielt der Generalinspekteur, Admiral Zimmermann, eine eindrucksvolle Gedenkrede. Anschließend formierte sich der Trauerzug zum Friedhof. Die Bundeswehr zeigte sich an diesem Frühsommertag von ihrer besten Seite. Vor dem Friedhof präsentierte die Ehrenformation das Gewehr und das Deutschlandlied erklang.

Meine Gefühle gegenüber Manstein waren zwiespältig. So sehr ich ihn als Strategen anerkannte und diese militärische Ehrung als angemessen empfand, auch bei ihm war nicht alles Gold, was glänzte. In seiner Stauffenberg-Biographie hat Wolfgang Venohr auf die Schattenseiten dieser Persönlichkeit verwiesen.[157] Und die erst spät veröffentlichten Erinnerungen des einstigen Manstein-Adjutanten Alexander Stahlberg[158]haben meine Vorbehalte eher noch verstärkt.

Als ich hinter Mansteins Sarg schritt, dachte ich auch daran, daß zur gleichen Stunde in Mittenwald Schörner zu Grabe getragen wurde – ohne militärische Ehren. Sicher wurden ihm die militärischen Ehren zurecht verweigert, weil er rechtskräftig verurteilt war. Daß darüberhinaus den Soldaten der Bundeswehr die Teilnahme an seiner Beerdigung verboten wurde, hielt ich für eine typisch deutsche Überreaktion. Dabei will ich keineswegs die Schuld leugnen, die Schörner auf sich geladen hatte. Aber hatte er dafür nicht büßen müssen? Wie auch immer, angesichts der Majestät des Todes, sollten wir Menschen niemandem die letzte Ehre verweigern, vor allem aber nicht andere

300

daran hindern dies zu tun, wenn es sie danach verlangt. Dem unerbittlichen Urteil der Geschichte können und wollen wir niemanden entziehen; auf das Gericht eines uns allen gnädigen Gottes haben wir zum Glück keinen Einfluß, um so mehr sollten wir um seine Gnade bitten. Als wenige Jahre später der Großadmiral Dönitz starb, wiederholte sich diese schäbige Verurteilung eines Toten.[159]

Als Ferber am 1. 10. 1973 CINCENT wurde, folgte ihm Horst Hildebrandt als Inspekteur des Heeres. Ihm schlug im Heer eine Welle der Sympathie entgegen. Hatte er doch den Ruf eines brillanten, aber persönlich äußerst verbindlichen militärischen Führers. Ich hatte Hildebrandt zuerst als Korpschef in Koblenz erlebt und danach zunehmend Kontakt zu ihm gewonnen. Es war ein Genuß, sich mit ihm zu unterhalten. Er war voller Ideen und ließ die Tatkraft erkennen, diese auch zu verwirklichen. Als COMLANDJUT in Rendsburg – er war es weniger als ein Jahr – bereitete er sich 1972/73 auf seine künftige Aufgabe als Inspekteur vor. In dieser Zeit bat er mich wiederholt zu Gesprächen. Alles sah so rosig aus, daß man sich den Tag seines Amtsantritts nur herbeiwünschen konnte. Kaum im Amt, änderte sich Hildebrandt radikal. Von seiner sprichwörtlichen Freundlichkeit blieb fast nichts mehr übrig. Man wagte ihn kaum noch anzusprechen, denn er reagierte ungehalten und schroff. Bei Kommandeurbesprechungen schrie er um sich. Vor allem verbiß er sich in sein Lieblingsprojekt, die Heeresstruktur IV, die er zu einem Glaubensbekenntnis hochstilisierte und jeden niedermachte, der auch nur Bedenken anmeldete. Darüber brach er sogar mit seinem eigenen, von ihm ausgewählten Chef des Stabes, Generalmajor Alexander Frevert-Niedermein. Was hatte diesen Wandel Hildebrandts bewirkt? War er etwa dieser neuen Aufgabe nicht gewachsen? Das würde keine Abwertung dieses hochbegabten Soldaten bedeuten, vielmehr die Frage aufwerfen: Was ist das für ein mörderischer Posten, der des Inspekteurs des Heeres, wenn gar ein so brillanter General wie Hildebrandt daran zerbricht? Aber ich glaube nicht, daß es so war. Mit Sicherheit hat Hildbrandt sein Amt gut vorbereitet und voll guten Willens angetreten. Er konnte nicht vorhersehen, daß sich so viele Eck-Daten zu seinen Ungunsten ändern würden: von den Haushaltskürzungen bis zum Ministerwechsel. Offensichtlich schwammen ihm die Felle davon. Er beendete seine Dienstzeit als ein General ohne Fortune – wie so viele.

Zu meinem Vorgänger Karst hielt ich engen Kontakt. Wiederholt besuchte ich ihn an seinem Ruhesitz am Bodensee. Die mit ihm geführten Gespräche ließen mich in Karst den recht seltenen Typ des gleichermaßen hochgebildeten und dabei emotional tief in seinem Beruf verwurzelten Soldaten entdecken. Dominieren doch bei den mehr intellektuell bestimmten Offizieren häufig Vorbehalte gegen den selbstgewählten Soldatenberuf, während die »Soldaten mit Leib und Seele« mitunter intellektuell nicht mithalten können, vor allem dann nicht, wenn es darum geht, das Militär gegen allzu kritische Geister zu verteidigen. Als ich dann 1976 das Kommando über die 10. Division in Sigmaringen übernahm, rückte ich auch räumlich in die Nähe von Karst. Dies gab uns weitere Gelegenheit zu manchem fruchtbaren Gedankenaustausch.

Im Sommer 1983 folgte ich einer Einladung Karsts zu einem Vortrag auf einer großangelegten militärpolitischen Veranstaltung in Konstanz. Als er mich im Herbst für einen weiteren Vortrag gewinnen wollte, kam ich nicht umhin, ihn vorsorglich darauf hinzuweisen, ich könnte zu einer Belastung werden. Denn inzwischen war die Intrige gegen mich in vollem Gange. Wie mir erst viel später bekannt wurde, hatte Karst den ihm gut bekannten Verteidigungsminister Wörner schon am 25.10. in einem Brief gewarnt: »Ich kenne ihn (Kießling) seit nunmehr 25 Jahren, schon als Hauptmann fiel er mir gut auf. Der Vorwurf, er sei ein Homo, stimmt garantiert nicht! In dieser Hinsicht lege ich meine Hand für ihn ins Feuer.« Weiß der Teufel, warum Wörner diesen Rat mißachtet hat. Karst hat im Januar 1984 zu mir gehalten. Entsprechend seiner politischen Überzeugung hat er sich aber für ein Verbleiben Wörners im Amt erklärt.

5. Das Paradies auf Erden: Ein Jahr am RCDS in London

RCDS — was ist das?

Zum 2. Januar 1975 wurde ich als Lehrgangsteilnehmer für ein Jahr zum Royal College of Defence Studies (RCDS) nach London kommandiert. Damit ging ein von mir langgehegter Wunsch in Erfüllung. Das RCDS ist eine Ausbildungsstätte, wie wir sie in Deutschland bisher nicht kannten. Sie dient der Weiterbildung von jüngeren Generalen und entsprechenden Beamten des Außen- und Verteidigungsressorts, die für Spitzenpositionen vorgesehen sind. Im Alter zwischen 45 und 50 Jahren erhalten sie hier ihren letzten Schliff, bevor sie dann in höchste Verwendungen einrücken. Aber diese Zeit der Vorbereitung darauf soll ihnen zugleich auch noch einmal eine Ruhepause gewähren, eine Zeit zum Atemschöpfen; und sie soll darüber hinaus ein persönliches Kennenlernen all derer ermöglichen, die möglicherweise in den folgenden Jahren miteinander zu tun haben, also das »old boy net« knüpfen. So ein Jahreslehrgang führt etwa 50 Briten und 20 ausländische Teilnehmer zusammen. Die Deutschen entsandten damals je einen Soldaten und einen Beamten des Auswärtigen Dienstes. Mit mir war das der Botschafter Dr. Walther Freiherr von Marschall; ein sehr gebildeter, feinsinniger, besonders in Asien erfahrener Diplomat. Wir wurden Freunde und sind es geblieben. Über die geistigen Gemeinsamkeiten hinaus fanden wir auch zusammen, weil er sich als ein vorzüglicher Weinkenner profilierte — und ich seinem Rat nur zu gern folgte. Wie ich, war auch er nicht verheiratet. Daß beide deutschen Teilnehmer der Ehe entsagten, hat damals manchen Briten irritiert. Um so mehr hat es mich von Herzen gefreut, als Marschall mir Mitte 1987 seine Vermählung mitteilte.

In einem alten Palais am Belgrave Square, also in der besten Gegend Londons gelegen, ist das RCDS kein College im Sinne einer Wohngemeinschaft. Für seine Unterkunft muß jeder selbst sorgen. Die meisten der britischen Teilnehmer verfügten über Häuser im Großraum London. Das bedingte allerdings tägliche An- und Abfahrtzeiten von ein bis zwei Stunden Dauer. Allein schon dadurch bedingt, begannen die täglichen Lehrveranstaltungen erst um 10.30 Uhr. Sie bestanden stets aus einem Vortrag – mit anschließender Diskussion. Ab 13.0 Uhr war man dann wieder frei. Das mag, ja muß den Eindruck erwecken, hier würde ein faules Leben geführt. Ganz so war das nicht. Zu Recht wurde erwartet, daß man auf das zumeist lange im voraus angekündigte Thema gründlich vorbereitet war. Und das erforderte schon Zeit, zumal für die nicht-britischen Lehrgangsteilnehmer. Fiel in irgendeiner Diskussion nur das Stichwort »Germany«, dann richteten sich alle Blicke auf uns beide Deutschen in der Erwartung, daß wir dazu aus deutscher Sicht Stellung nehmen. Mit einem so ungewöhnlich gebildeten und überaus erfahrenen Mann wie Walther von Marschall an meiner Seite geriet ich niemals in Bedrängnis.

Die Organisation dieser Institution war denkbar einfach. Dem Commandant, einem Viersterne-General (oder im Wechsel ein Admiral), unterstanden vier Senior- (Zweisterne-Generale) und für die organisatorische Arbeit vier Junior-Staff Members (Oberstleutnante). Über die Themen, die von der NATO-Strategie über die Zukunft des Commonwealth bis zu aktuellen Fragen britischer Innenpolitik reichten, referierten angesehene Experten. Der bewährten britischen Fortbildungspraxis entsprechend wurde der sich jeweils anschließenden Diskussion viel Zeit eingeräumt.

Leben an der Themse

Bezogen auf das College wohnte ich gewissermaßen um die Ecke, Cadogan Gardens 61. Dort hatte ich eine möblierte Zwei-Zimmer-Wohnung gemietet. Sie war nicht billig, aber sehr komfortabel und überdies das, was man als Top Address bezeichnete; auch darauf wurde in diesem Lehrgang geachtet. Die räumliche Nachbarschaft zum College ersparte mir viel Zeit. So konnte ich London kennenlernen und genießen, vor allem in kultureller Hinsicht. Besonders gern ging ich sonntags zu den Konzerten in der Royal Albert Hall. Eine glanzvolle Aufführung von Tschaikowsky's Ouvertüre 1812 ist mir unvergeßlich. Am meisten war ich jedoch von den Ballett-Aufführungen angetan. Der Juni brachte eine vierwöchige Ballett-Saison im Battersea Park, meisterhaft organisiert. Die dafür aufgebaute Zeltstadt nahm den Aufführungen nichts von ihrem Reiz: Coppelia, Schwanensee und Giselle bereiteten mir einen seltenen Kunstgenuß.

Vorträge, Diskussionen und Reisen

Das Verhältnis zu den Briten gestaltete sich − wie ich es schon in Camberley erfahren hatte − ziemlich unkompliziert. Als deutscher Soldat war man war immer noch mehr der geachtete Weltkriegs-II-Gegner als der jetzige Verbündete. Die Achtung wurde nicht umsonst gewährt. Gelegentlich mußte ich mich auch bemerkbar machen.

Mich störte, daß ich als »Brigadier« eingestuft und auch so genannt wurde; mehr noch als von der »FRG« (Federal Republic of Germany) kommend. Die Bezeichnung »FRG« widerstrebte meinem gesamtdeutschen Verständnis. Doch war ich formaljuristisch hier in einer schwachen Position. Denn aufgrund der Ostpolitik und dem Grundlagenvertrag mit der DDR war das nicht mehr zu beanstanden. Selbst das bis dahin auf »Deutsche Botschaft« lautende Schild am Belgrave Square war geändert worden. Dennoch, es paßte mir nicht und ich wollte dagegenhalten. In der NATO galten wir immer noch als »Germany«. Übrigens hat dann im Zuge der Wiedervereinigung auch der Bundespräsident die Auffassung vertreten, daß die Bezeichnung «Deutschland« der als »Bundesrepublik« vorzuziehen sei! Damit taten sich dann doch manche schwer. Der Historiker Wolfgang Venohr hat sie an den Pranger gestellt.[160]
Ganz anders verhielt es sich mit dem »Brigadier«. Da rüttelte ich an den Grundlagen der britischen Armee-Hierarchie. Für sie beginnt − wie früher auch in der Wehrmacht − die Generalität erst mit dem Generalmajor (eine Lösung, die durchaus ihre Vorteile in sich birgt), während der Brigadier zur nächstniederen Ranggruppe gehört, die den Oberst und Oberstleutnant einschließt. Beim Aufbau der Bundeswehr

haben wir uns blindlings den Amerikanern angepaßt und unseren bisherigen Generalmajor in Brigadegeneral umbenannt. Folglich wurden Generale der Wehrmacht bei Wiederverwendung in der Bundeswehr in der Bezeichnung um einen Rang herabgestuft; so z. B. der von mir erwähnte Inspekteur des Bundesgrenzschutzes Matzky, der als ehemaliger General der Infanterie in der Bundeswehr als Generalleutnant diente; ebenso fand der von mir hochverehrte frühere Vizeadmiral Rogge als Konteradmiral seine Wiederverwendung.

Die Strafe für diese west-deutsche Anpassung folgte auf dem Fuße. Als kurz nach Einführung der neuen Ränge das Besoldungsgesetz für die Soldaten verhandelt wurde, stuften die Haushaltpolitiker den Brigadegeneral entsprechend tiefer ein, nämlich in die Besoldungsgruppe B5. Der damalige Verteidigungsminister Theodor Blank hatte daraufhin enttäuscht geäußert: Hätte er diese besoldungsmäßigen Konsequenzen vorhergesehen, so wäre es bei der alten Rangordnung geblieben – mit dem Generalmajor als unterstem Generalsrang! Die Korrektur dieser fehlerhaften Einstufung erfolgte erst nach über einem Jahrzehnt.

Nach dem Motto, die Grausamkeiten besser gleich am Anfang zu begehen, beanstandete ich am RCDS beides, den »Brigadier« und die »FRG«. Ich hatte Erfolg und wurde fortan korrekt als »General« bezeichnet; und in meiner Gegenwart sprachen alle – die Kenner des Problems mitunter augenzwinkernd – nur von »Germany«.

Ernster wurde es, als wir einmal das RAF College in Cranwell besuchten. Dort wurde ich – ob Zufall oder nicht – beim Lunch in der mit Bildern und sonstigen Erinnerungsstücken überhäuften Mess Hall so placiert, daß mein Blick auf ein Gemälde fiel, welches einen britischen Bombenangriff auf Berlin zeigte. Höflich, aber bestimmt sagte ich: Daran möchte ich lieber nicht erinnert werden. Überdies seien diese Luftangriffe kein Ruhmesblatt in der Geschichte der RAF. Die Briten entschuldigten sich und boten mir einen anderen Platz an.

Im Laufe der Zeit kam ich mit dem wenig zugänglichen britischen Lehrgangsältesten, Brigadier Frank Kitson, in Kontakt. Er entstammte dem berühmten Regiment der Green Jackets. Aufgrund seines harten, aber umsichtigen Durchgreifens in Nordirland war er zu einer im Vereinigten Königreich bekannten Persönlichkeit geworden. Als das

Eis zwischen uns gebrochen war, lud er mich für ein Wochenende zu sich nach Hause ein. Er verfügte über ein reizvolles Anwesen in der Nähe von Farnham. Seine Frau, eine begabte Malerin, hatte sich darauf spezialisiert, die Green Jackets und ihre Regimentsgeschichte im Bilde festzuhalten. Einige Räume dieses Hauses glichen einem Regimentsmuseum. Bei uns würden nicht wenige darüber spotten. Ich wäre froh, würden die Ehefrauen unserer Offiziere eine etwas stärkere Bindung an die Truppe ihrer Männer empfinden. Doch räume ich ein, daß dies in der uns verordneten und weitgehend praktizierten Traditionsfeindlichkeit auch schwer möglich ist. In der Zurückgezogenheit des damaligen Wochenendes fanden Frank und ich zu einem fruchtbaren Gespräch. Wiederholt sind wir uns in den folgenden Jahren begegnet. Zuletzt besuchte er mich 1981 in Rendsburg, als ich dort COMLANDJUT war − er hatte es inzwischen zum General Sir Frank gebracht!

Der ohnehin recht abwechslungsreiche Alltag meines Londoner Jahres wurde unterbrochen, man sollte sagen gewürzt − durch mehrere Reisen. Da gab es solche in die Umgebung, wie zur Flotte oder zur Royal Air Force, aber auch Inland-Reisen in die verschiedenen Regionen Britanniens, wobei man sich für eine entscheiden mußte. Ich wählte Schottland. Die Woche in Glasgow gewährte mir doch einen nachhaltigen Einblick in die wirtschaftlichen und sozialen Probleme der nördlichen Hälfte des Vereinigten Königreiches. Ein Diskussionsabend mit schottischen Gewerkschaftsbossen ließ mich gewahr werden, wie mangelhaft deren Deutschland-Bild war. Schwärmten die doch von einer Einladung, die sie zum FDGB nach Ost-Berlin geführt hatte. Längst habe ich den Schotten diesen Fauxpas verziehen, nachdem der westdeutsche DGB zunehmend mit diesen Funktionären kokettierte und noch wenige Tage vor der Wende im Herbst 1989 den FDGB-Vorsitzenden nach Düsseldorf einlud, wo er bei seiner Ankunft im Beisein seines Gastgebers Ernst Breit die DDR-Flüchtlinge beschimpfen durfte. Als unser Lehrgang im November nach Berlin reiste, durfte ich − auf Weisung von Bonn − nicht mit: ein Bundeswehrgeneral könnte von den Sowjets als Verstoß gegen den Viermächtestatus interpretiert werden. Ich habe das sehr bedauert, hatte ich doch meinen Lehrgangskameraden gerade dort den ungebrochenen Willen der Deutschen zur Wiedervereinigung demonstrieren wollen. Daß ich unbeirrt an der deutschen Einheit festhielt, das wußte in diesem Lehrgang inzwischen jeder. Leider haben die meisten deutschen Guest Speaker es an dieser Klarheit fehlen lassen.

Zu einem eindrucksvollen Erlebnis wurde für mich der zweitägige Besuch bei dem Naval Home Command in Portsmouth. Am Abend gab der C-in-C, Admiral Sir Derek Epson, für eine kleine Gruppe, zu der ich gehörte, auf Nelsons altem Schlachtschiff »Victory«, das als Symbol britischer Seemachtgeltung dort ankert, ein Dinner. Ich genoß das erhebende Gefühl, in der Admiralskajüte Nelsons zu dinieren; dann standen wir an der Stelle, wo dieser große Seeheld am 21. Oktober 1805 tödlich verwundet wurde.

Einer meiner britischen Lehrgangskameraden, Brigadier Richard Vikkers, lud mich zum Lunch bei der Household Cavalry ein. Bei diesem Besuch erfuhr ich erneut, wie meisterhaft die Briten es verstanden, einen supermodernen Kasernenbau am Rande des Hyde Parks dennoch mit der Atmosphäre ihrer Tradition zu erfüllen. Am Eingang der Offiziermesse prangt das lebensgroße Gemälde des letzten deutschen Kaisers, Wilhelm II., der einst Chef eines der britischen Garde-Kavallerie-Regimenter, der Blues and Royals, war.

Das RCDS war auf Zusammenarbeit mit der adäquaten französischen Institution, dem CHEM (Centre des Hautes Etudes de Defense National), bedacht. Dazu wurde eine gemeinsame Arbeitsgruppe gebildet, der je acht Offiziere beider Seiten angehörten. Ihre Aufgabe war es, eine Studie über künftige europäische Verteidigung zu erarbeiten. Obwohl das ein rein britisch-französisches Unternehmen war, die Franzosen ließen in ihrem Lehrgang auch gar keine Ausländer zu, wurde ich in diese Arbeitsgruppe kommandiert. Dies war natürlich ein Politikum, die Briten wollten damit etwas bezwecken. Für sie gab es nicht den geringsten Zweifel, daß ich über alles und jedes nach Bonn berichten und umgekehrt von dort entsprechende Weisungen empfangen würde. Natürlich rief ich erst einmal das zuständige Referat auf der

Hardthöhe an und bat um entsprechende Weisungen. Da landete ich schließlich bei einem Hilfsreferenten, der mir kaum verschlüsselt bedeutete, ich sei doch Lehrgangsteilnehmer und müsse meine Hausaufgaben allein machen. Das Referat habe dafür keine Zeit. Als ich Monate später mit dem dafür zuständigen Vizeadmiral Herbert Trebesch zusammentraf und meinem Unmut Luft machte, wußte der natürlich von nichts. Der Vorfall war typisch dafür, wie Bonn einerseits in kostspielige Auslandsaufenthalte deutscher Offiziere investiert, aber auf die Auswertung verzichtet, von einer Einflußnahme ganz zu schweigen.

Das Reizvolle an dieser Arbeitsgruppe waren die gegenseitigen Besuche in Paris und London. Die Franzosen waren bestens darauf vorbereitet. Alles, vom Empfang über die Plenumsdiskussion bis zum Gala-Diner, war hervorragend organisiert. Im Plenum führte der Direktor des CHEM das Wort; das war General Jean-Paul Etscheverry. Der verstand sein Fach. Offensichtlich hatte er es darauf angelegt, den Deutschen zu isolieren. Bei fast jeder Frage, die diskutiert wurde, hakte er nach: Mon Général, sind Sie auch dieser Meinung? Oder: Kann das im deutschen Interesse liegen? Immer mehr steuerte er auf sein Ziel zu: Ich sollte mich von der amerikanisch bestimmten Strategie der Flexiblen Reaktion lossagen. Aber da war er bei mir an den falschen geraten. Als er mich schließlich provozierte: »Mon Général, glauben Sie wirklich, der amerikanische Präsident würde für Deutschland einen Krieg riskieren?«, antwortete ich ihm barsch: »Da wir keine Atommacht sind, können wir uns nicht allein verteidigen. Also sind wir auf andere angewiesen. Und da sind wir sicher bei den USA besser aufgehoben als bei anderen.« Der Schlagabtausch war beendet. Wir gingen zum Lunch. Das Ganze fand in der berühmten Ecole de Guerre Militaire statt. An der Bar traf ich auf Andreas Broicher, meinen früheren G3, der mit seinem Hörsaal zu einem Austausch aus Hamburg angereist war. Ich fühlte mich erleichtert, mich nach diesem, mich innerlich aufwühlendem Erlebnis mit einem richtigen deutschen Generalstabsoffizier austauschen zu können.

Den Höhepunkt des Lehrgangs bildete eine Reise in die Welt, d. h. in einen Teil der Welt. In Gruppen von jeweils zehn Offizieren reisten wir in alle Himmelsrichtungen. Ich war, wie auch meine deutschen Vorgänger, darauf bedacht, nach Südostasien zu kommen. Fünf Wochen standen uns zur Verfügung, um Singapur, Neuseeland, Australien und Indonesien zu besuchen. Was waren die bleibenden Eindrücke? Singapur: ein Land von Law und Order! Seither habe ich die einzigartige Entwicklung dieses Stadtstaates mit großer Aufmerksamkeit und Bewunderung verfolgt. Neuseeland: more british than the British. Das Militär geprägt durch seinen Weltkrieg-Zwei-Einsatz in Nordafrika. Wo immer ich hinkam, wurde ich auf Rommel angesprochen. Australien: Eine Wiederholung der von Pioniergeist bestimmten Entwicklung Nordamerikas, gedrosselt durch die negativen Auswirkungen einer übermächtigen Gewerkschaftsbewegung. Und Indonesien: Licht- und Schattenseiten eines autoritären Regimes in der Dritten Welt!

Die Gespräche mit den Militärs in Australien und Neuseeland drehten sich um die ihnen fehlende Bedrohung. Sie ließen anklingen: Ihr habt es gut, ihr könnte euren Politikern einen handfesten Feind vorweisen und darauf eure Forderungen an den Verteidigungshaushalt begründen. Meine Antwort lautete: Wer sich in einer so glücklichen Lage wie Australien und Neuseeland befindet, darf dennoch nicht übersehen, daß eine Bedrohung sich schnell entwickeln könne, am schnellsten aus der Luft. Folglich sollte man den Schwerpunkt der Rüstung auf die Flugabwehr legen. Das eröffnet durchaus die Möglichkeit, eine Flugabwehrtruppe so auszurüsten und zu organisieren, daß sie auch im Erdkampf eingesetzt werden kann. Dafür liefert die deutsche 8,8 Flak im Rußlandfeldzug, aber auch in Nordafrika ein überzeugendes Beispiel. Damals konnte ich nicht ahnen, daß Anfang der 90er Jahre die gesamtdeutschen Streitkräfte vor einer ähnlichen Herausforderung gestellt sein würden.

Wochenlang hatte ich keine deutsche Zeitung zu Gesicht bekommen. Auf der Rückreise erreichten wir am 10. Oktober Jakarta. Dort empfing mich der deutsche Verteidigungsattaché Oberstleutnant Oppermann und berichtete mir von einem Medien-Skandal, ausgelöst durch eine Südafrika-Reise des Generalleutnants Günther Rall, Deutscher Militärischer Vertreter bei der NATO. Die durch dessen Versetzung in den einstweiligen Ruhestand bedingten Personalveränderungen erforderten eine Neubesetzung der 10. Panzerdivision. Da ahnte ich es schon, und kurz darauf kam die Bestätigung: Ich wurde neuer Kommandeur der 10., sollte aber meinen Dienst erst zum 1. Januar antreten. Ruhig und gelassen konnte ich den harmonischen Ausklang dieses Lehrgangs miterleben. So sehr es mich nun nach Sigmaringen drängte, war ich dennoch dankbar für diese Wartezeit. London in der Vorweihnachtszeit ist mir in bleibender Erinnerung.

Dienstlich unterstand ich während meines Aufenthaltes in London dem deutschen Verteidigungsattaché. Das war Flottillenadmiral Dr. Werner Schünemann, auch für meine Betreuung zuständig. Diese Aufgabe delegierte er an Claudia Schwarz, seit Jahren bewährte Sekretärin in diesem Stab. Ich kannte sie bereits von mehrfachen Besuchen bei meinem Freund Karl Heinz Böttger, der bis 1974 als Heeresattaché in London wirkte. Claudia Schwarz war nicht nur von aparter Erscheinung, mehr noch zeichnete sie eine bestechende Liebenswürdigkeit aus. Sie hat mir viel geholfen, insbesondere die administrativen Lasten von mir genommen. So hinterließ sie eine Lücke in meinem Londoner Alltag, als sie im Herbst 1975 den Dienst bei der Botschaft quittierte, um jung verheiratet mit ihrem Mann, einem erfolgreichen Ingenieur, in den Nahen Osten zu übersiedeln. Ab und zu erhielt ich noch einen Gruß von ihr aus Beirut, dann riß die Verbindung ab. Doch als sie im Januar 1984 aus der Presse von meinem Geschick erfuhr, rief sie mich sogleich an, um mir ihre Verbundenheit zu bekunden. Zusammen mit ihrem Mann kam sie am 31. März zu meiner Verabschiedung nach Rendsburg.
Während meiner Londoner Zeit hatte ich engen Kontakt zu dem deutschen Verbindungsoffizier am Staff College Camberley. Das war Oberstleutnant Graf von Stauffenberg. Diese Verbindung hielt auch danach an. Das bekam ich vor allem im Frühjahr 1984 wohltuend zu spüren, als er und seine Frau für mich eintraten. Auch bei meiner Verabschiedung in Neustadt waren die Stauffenbergs zugegen.

Britisches Zeremoniell

Ein Soldat mit Leib und Seele – wie ich es bin – kann wohl kaum ein ganzes Jahr in London zubringen ohne die alljährliche Queen's Birthday Parade zu erleben. Schon mehrmals zuvor hatte ich dieses militärische Spektakel verfolgt, das man als das non plus ultra formalen Drills bezeichnen darf. Die Schönheit der Form kommt vor allem dann zum Ausdruck, wenn die Garden in breiter Front an Ihrer Majestät vorbeidefilieren – mal im Quick March und dann im Slow March. Ganz offensichtlich empfinden das auch viele Bundesbürger ähnlich. Denn wiederholt hat das deutsche Fernsehen diese Parade in einer einstündigen Sendung ausgestrahlt. Dennoch stellt sich die Frage: Macht solches Paradieren militärisch noch einen Sinn? Wenn ich auch mit der mir eigenen wirtschaftswissenschaftlichen Betrachtungsweise Zweifel habe, ob der sicher beträchtliche Aufwand zu rechtfertigen ist, möchte ich die Frage dennoch bejahen. Auch der Drill und das gemeinsame Erleben der Form stärken den Zusammenhalt einer Truppe – wie das gemeinsame Singen eine Gemeinde. Die britischen Garderegimenter sind nicht etwa allein für Paradezwecke bestimmte Truppen. Sie sind gleichermaßen für den Kampf ausgerüstet und ausgebildet. Auch im Golf-Krieg kamen Teile von ihnen zum Einsatz. Aber auch einen kritischen Kommentar dieser militärischen Show möchte ich nicht aussparen. Mich störte die seitens der Offiziere geübte Distanz zur Truppe. Wenn die Truppe auf den Paradeplatz rückt, stehen die Offiziere dort aufgereiht, als gehörten sie nicht dazu. Erst auf ein Kommando »Officers fall in line« ziehen sie ihre Degen und begeben sich gemessenen Schrittes zu ihren Kompanien und nehmen davor Aufstellung. Meine Gedanken gehen zurück in das erste Jahr meiner Dienstzeit. Ich habe berichtet, wie sehr es mich damals beeindruckt hat, daß unsere Offiziere in Reih und Glied standen, nicht nur bei der Besichtigung. Dieser Eindruck hat mich geprägt und bis heute nicht verlassen: Der Offizier muß auch in der Form demonstrieren, daß er Teil der Truppe ist, nicht etwa ihr Aufseher. Gerade in der Bundeswehr wird unentwegt dagegen verstoßen, weil eine ganze Generation von Offizieren das nicht mehr gelernt hat und weil wir es nicht weitergegeben haben.

In die letzten Wochen meiner Londoner Zeit fiel der Remembrance Day. Seit Ende des Ersten Weltkrieges gedenkt die Nation am zweiten Sonntag im November ihrer Gefallenen. In der Woche zuvor werden Poppies – aus Papier hergestellte rote Mohnblumen – verkauft, jene Blume, die an das flandrische Schlachtfeld erinnern soll, auf dem so viel Blut geflossen ist. Jeder Brite , der etwas auf sich hält, trägt in den Novembertagen diese Blume als Zeichen seiner Achtung und Dankbarkeit für diejenigen, die ihr Leben für das (Vater-)Land gelassen haben. Die Zeremonie vor dem Cenotaph im Herzen Londons ist denkbar schlicht und dennoch eindrucksvoll. Sie erfährt ihre Würde durch die stets anwesende Queen. Man bedarf dort keiner großen Reden wie bei uns. Am 9. November 1975 stand ich unweit von White Hall. Anschließend war ich beim Kommandanten des RCDS, Air Chief Marshal Sir John Barraclough zu Drinks geladen. In seiner Dienstwohnung, die in den Mews hinter dem College am Belgrave Square lag, hatte er eine illustre Gesellschaft von hochrangigen RAF-Offizieren versammelt, die im Zweiten Weltkrieg gegen Deutschland gekämpft hatten. Wie immer, wenn sich Kriegsveteranen wiedersehen, wird die Erinnerung an die gemeinsam verbrachten schweren Zeiten wach. Ich kannte das und hatte Verständnis dafür. Und doch war ich zwiespältig berührt. Da standen sie vor mir, die vor 30 Jahren deutsche Städte bombardiert, sie in Schutt und Asche gelegt hatten. Ich dachte an Berlin, Dresden und Hamburg – Städte, für die mein Herz schlägt. Haßte ich etwa diese RAF-Bomberpiloten, die nun leibhaftig vor mir standen? Nein! Sicher regte sich früher Haß in mir, wenn ich im zerstörten Dresden stand. Um wieviel leichter läßt es sich auch hassen, wenn man den anderen nicht persönlich kennt! Jetzt, 1975, mit dem Abstand der Zeit und der inzwischen gewonnenen Erfahrung mußte ich mir eingestehen: Auch die waren damals von dem Willen beseelt, den Krieg zu gewinnen. Dazu mußten sie den deutschen Widerstand brechen. Dafür setzten sie ihr Leben ein. Aber dafür brachten sie Tod und Verderben über uns – wie es ihnen ihre Führung befahl. Ich stand und kämpfte auf der anderen Seite. Jetzt sprachen wir freimütig darüber. Ich spürte, daß – wohl bedingt durch meine Anwesenheit – auch meine einstigen Gegner Zweifel plagten; den einen mehr, den anderen weniger. Dennoch brach es immer wieder aus ihnen hervor:

Kämen sie wieder in eine solche Lage, sie würden genau so handeln. Natürlich kam die Sprache auch auf »Bomber Harris«, den damaligen Befehlshaber des Bomber Commands. Sicher hatte er wesentlichen Einfluß auf die Entscheidungen, die zur Vernichtung deutscher Städte führten. Dennoch war und ist es für mich keine Frage, daß die Verantwortung bei Winston Churchill liegt. Er war es, der in seiner Person den Primat der Politik verkörperte. Daran hat man wohl nicht gedacht, als ihm 1955 der Aachener Karls-Preis verliehen wurde. Mir liegt es fern, die persönliche Schuld und Verantwortung des Luftmarschalls Harris zu schmälern. Aber ich bin nicht bereit, den Hauptverantwortlichen davon zu entlasten; und das bleibt Churchill. Diese Auffassung habe ich auch vertreten, als im Jahre 1991 im Zusammenhang mit der Errichtung eines Denkmals für »Bomber-Harris« bei uns in Deutschland die Wellen der Diskussion hochschlugen.

In der angeregten Diskussion am Londoner Gedenktag fielen interessanterweise nicht ein einziges Mal Worte wie »Nazi« oder »Kriegsverbrechen«. Ausgerechnet der anwesende Air Vice Marshal John Harding, der über Deutschland abgeschossen in Gefangenschaft geriet, entpuppte sich als am meisten »German minded«. Ich beneidete und bedauerte diese Briten zugleich. Beneiden mußte man sie, weil ihnen eine so furchtbare Niederlage wie uns erspart geblieben war. Sie hatten nicht erfahren, was es heißt, von Teilen der eigenen Nation verdammt, vor Kriegsgerichte und Militärtribunale gezerrt zu werden, vom Studium an den Universitäten ausgeschlossen zu sein. Dennoch war ich nicht versucht zu sagen: Ihr Glücklichen! Fehlte ihnen mit unserer leidvollen Erfahrung doch auch etwas, wirkten sie dadurch manchmal oberflächlicher, mitunter auch ein wenig arrogant. Aber gemeinsam müßten wir − die Briten und die Deutschen − ein gutes Gespann abgeben, sollten wir uns eines Tages in einem vereinten Europa zusammenfinden. Das liegt zwar noch in weiter Ferne, aber wir sind aufgerufen, die Weichen dafür jetzt zu stellen.

Kurz vor Weihnachten 1975 kehrte ich nach Deutschland zurück. Ein zweites Jahr meines Lebens, nun schon im fortgeschrittenen Alter von fünfzig Jahren, hatte ich nun in Großbritannien verbracht. Als Junggeselle mehr auf mich selbst gestellt, bin ich in diesen beiden

Jahren sicher stärker durch den britischen Lebensstil geprägt worden als dies mit einer mich begleitenden Familie möglich gewesen wäre. Keineswegs erlag ich kritiklos dem britischen Way of Life. Auch mit Haßliebe wäre meine Einstellung zu den Briten nicht zutreffend umschrieben. Wenn schon auf diese Weise, dann besser mit »viel Zuneigung und wenig Ablehnung«. Mit innerer Anteilnahme habe ich nachgelesen, wie Fontane, der in der Mitte des vorigen Jahrhunderts mehrere Jahre in London verbrachte, von seiner schwärmerischen Begeisterung für das Britische ernüchtert wurde.

Meiner Neigung entsprechend, den Begriff der Freundschaft restriktiv zu gebrauchen, möchte ich meine persönlichen Kontakte zu Briten so beschreiben: Wirkliche Freunde habe ich nicht gewonnen, aber viele gute Bekannte und Kameraden, auf die ich mich verlassen konnte. Das sollte sich 1984 zeigen.

6. Divisionskommandeur bei den Preußen des Südens

Sigmaringen: ein historischer Ort

Meine Versetzung nach Sigmaringen stellte mich vor zwei Probleme: die neue Aufgabe und die neue Umgebung. Die Aufgabe bereitete mir weniger Kopfzerbrechen; dafür fühlte ich mich bestens vorbereitet. Neu dagegen war für mich die Umgebung, der deutsche Südwesten. Sicher kamen mir da meine Geschichtskenntnisse und ein ausgeprägtes Geschichtsbewußtsein zugute; aber die Schwaben und Alemannen kannte ich bisher nur vom Hörensagen. Überdies mußte ich mich auf die Besonderheiten Sigmaringens einstellen. Erst 1850 hatte Hohenzollern-Sigmaringen auf seine Eigenstaatlichkeit verzichtet und wurde zu Preußen geschlagen; eine Art »Staat im Staate« war es dennoch geblieben. Schließlich lag hier die Burg Hohenzollern, der Stammsitz des Hauses. Wenige Tage nach meinem Amtsantritt, am Geburtstag Friedrichs des Großen, besuchte ich diese historische Stätte, die dem berühmten Preußenkönig und seinem Vater vorübergehend Ruhe bot bis zu ihrer Überführung nach Potsdam im August 1991. Bei der kleinen Feierstunde, die in jedem Jahr durch die 10. Division ausgerichtet wird, traf ich auch mit dem Prinzen Louis Ferdinand von Preußen, dem Chef des Hauses Hohenzollern, zusammen. Im Anschluß an das bescheidene militärische Zeremoniell hatte er in die Burggaststätten gebeten. Dort fanden sich in froher Runde die geladenen Gäste und die Soldaten der Ehrenformation zusammen. Am Tisch des Gastgebers, ich saß neben ihm, herrschte zunächst eine gewisse Befangenheit vor. Die jungen Soldaten wagten nichts zu sagen, und der Prinz fühlte sich in dieser für ihn ungewohnten Umgebung wohl auch etwas unsicher. Ich versuchte, das Eis zu brechen, indem ich die Soldaten nach ihren Kenntnissen über die preußischen Könige fragte. Zum Glück saß da ein pfiffiger Abiturient, der mühelos die Reihenfolge der Herrscher aufzählte und damit endete, auf den Prinzen zu verweisen: Und dann kommt der! Die kaiserliche Hoheit lachte befreit auf, und alle stimmten ein. Ich beglückwünschte den Prinzen zu seinem

Bekanntheitsgrad, indem ich an eine Begebenheit erinnerte, die seinen Großvater, Wilhelm II., schmerzlich getroffen hatte. Als dieser nach der deutschen Besetzung Hollands in seinem Exil zum ersten Male Soldaten der Wehrmacht begegnete, sprach er einen Obergefreiten »in altgewohnter Weise« an – also wohl mit »Er«. Dieser zeigte völliges Unwissen in bezug auf die Person des früheren deutschen Kaisers, dem auf diese Weise stärker denn je zuvor bewußt wurde, daß er der deutschen Jugend nichts mehr bedeutete, also eine Rückkehr auf den Thron nun wohl ganz illusorisch sei.[161]

Meine Haltung zu dem abgedankten Kaiserhaus war stets von Kritik am mangelhaften persönlichen Engagement seiner Prinzen in den Kämpfen des Ersten Weltkrieges bestimmt. Rolf Hochhuth hat dieses mit unerbittlicher Härte formuliert: Daß weder der Kaiser noch seine sechs Söhne, »die doch alle aktive Offiziere geworden, also freiwillig das Risiko des Soldatentods eingegangen waren, jemals einen Streifschuß erhielt, daß aber der »rote Hund« Friedrich Ebert zwei Söhne auf dem Schlachtfeld ließ«.[162] Dieses Urteil klingt recht hart, ist aber in der Substanz wohl nicht zu bestreiten. Um so mehr möchte ich darauf verweisen, daß im Zweiten Weltkrieg einer dieser Kaisersöhne, der Prinz Oskar, sich als Oberst und Kommandeur des Füsilier-Regiments 230 sehr wohl solchen Gefahren ausgesetzt hat. In der »Geschichte der 76. Infanterie-Division« hat Jochen Löser diesen vorbildlichen Offizier gewürdigt.[163] Würdigende Erwähnung verdient ebenso, daß im Frankreichfeldzug Prinz Friedrich Wilhelm, der älteste Sohn des Kronprinzen, als Oberleutnant gefallen ist.

Die Sigmaringer Hohenzollern, mit denen ich es zu tun hatte, lebten sehr zurückgezogen. Nur bei dem jährlichen Neujahrsempfang trat der Fürst an die Öffentlichkeit. Bei meinem Antrittsbesuch erzählte er mir von seiner zwangsweisen Entlassung aus der Wehrmacht. Da ich über die Hintergründe Bescheid wußte, nämlich über den sogenannten Prinzen-Erlaß vom 19. 5. 1943,[164] entwickelte sich ein lange währendes Gespräch. Viel zu wenig bekannt ist, daß die Angehörigen der fürstlichen Häuser trotz ihrer Distanz zu den NS-Machthabern es als Pflicht ansahen, mit der Waffe in der Hand für das Vaterland zu kämpfen.[165]

Ich traf den Fürsten wiederholt. Am gesellschaftlichen Leben Sigmaringens nahm er nicht teil; bei allen Veranstaltungen ließ er sich durch seinen jüngeren Bruder Franz vertreten.

Besonders interessierte ich mich für eine Phase der Geschichte Sigmaringens, die fast mit einem Tabu behaftet ist: hier residierte in den letzten Monaten des Zweiten Weltkrieges der französische Staatschef Marschall Petain – bis er sich über die Schweiz seinem zum Todfeind gewordenen einstigen Schüler de Gaulle stellte. Wenn ich zuvor über die Begeisterung berichtete, die de Gaulle 1962 bei seinem Besuch in der Hamburger Führungsakademie entgegenschlug und der auch ich mich nicht ganz entziehen konnte, so war sie bei mir doch durch einen unüberwindbaren Vorbehalt gedämpft. Ich kann es de Gaulle nicht verzeihen, daß er sich seinem früheren Lehrer Pétain gegenüber so unbarmherzig verhielt und ihm selbst den letzten Wunsch verweigerte, auf dem Schlachtfeld von Verdun beerdigt zu werden. In der Biographie Petains entdeckte ich mit Interesse, daß er als Befehlshaber stets unangemeldet bei der Truppe erschien. Das muß wohl bei den Militärs aller Nationen als etwas so Außergewöhnliches gelten, daß der Autor es hervorhebt.[166]

In der idyllisch gelegenen Residenzstadt fühlte ich mich bald zu Hause. Als die Stadt 1977 ihre 900-Jahr-Feier beging, genehmigte das Bundesverteidigungsministerium, Sigmaringen durch einen Großen Zapfenstreich der 10. Panzerdivision zu ehren. Dazu lud ich alle ehemaligen Divisionskommandeure ein und (fast) alle kamen: Leo Hepp, Graf von Kielmansegg, Josef Moll, Siegfried Schulz, Kurt Gerber, Rudolf Reichenberger.
In dem etwa 10 Kilometer entfernt gelegenen Stetten am Kalten Markt, der Garnison von zwei Panzerbataillonen, übergab mir der Kommandierende General des II. Korps, Generalleutnant Dr. Helmut Schönefeld, das Kommando über die Division. Mein Vorgänger Jürgen Brandt, der schon seit Wochen als Stabsabteilungsleiter Fü S III in Bonn Dienst tat, war natürlich zu diesem Zweck nach Stetten gekommen. Wir kannten uns seit der gemeinsamen Generalstabsausbildung und hatten, ohne etwa befreundet zu sein, stets ein gutes Verhältnis.

Das dauerte bis zu seinem Ausscheiden aus dem Amt des Generalinspekteurs an. Um so mehr schmerzte es mich, in dem Skandal 1984 seine Unterstützung zu vermissen. Dazu können ihn nur Einflüsterungen bestimmt haben. Wie ich hörte, ist er der irrigen Auffassung erlegen, ich hätte ihm nach dem Regierungswechsel im Herbst 1982 sein Amt als Generalinspekteur streitig machen wollen. Daran ist nichts Wahres. Wenige Wochen nach meinem Dienstantritt ging der Kommandierende General Dr. Schönefeld in Pension. Seine Abschiedsbesuche strapazierten die unterstellte Truppe über Gebühr. Auch daraus habe ich gelernt.

Sein Nachfolger wurde Carl Gero von Ilsemann. Ihn kannte ich aus den Anfängen der Inneren Führung. Davon verstand er etwas; noch mehr von der Öffentlichkeitsarbeit, war er doch Pressesprecher Helmut Schmidts, als dieser Verteidigungsminister wurde. Recht unkonventionell im persönlichen Umgang, aber in seiner flapsigen Art mitunter verletzend, praktizierte er einen Führungsstil, an den man sich nur schwer gewöhnen konnte. Und doch war ein konservativer Grundzug bei ihm unverkennbar. Ilsemann »hält sich über die Ehen seiner Offiziere mit persönlicher Anteilnahme auf dem laufenden« berichtet Nina Grunenberg und fährt fort: »Ausgerechnet zum Bereich seines Korps gehört der einzige Junggeselle der deutschen Generalität, Dr. Günter Kießling«[167] Mich hat Ilsemann irgendwelche Aversionen nie spüren lassen. Erst als er sich im Januar 1984 im Verlaufe des Skandals über mich negativ äußerte, kamen mir Zweifel.

Der Divisionsstab und die Truppe

Die Division bestand als die einzige des Heeres aus drei Panzerbrigaden, und war auch als einzige mit dem damals modernsten Panzer Leopard 1A4 ausgerüstet. So bildete sie gewissermaßen den »großen Hammer« des ansonsten recht panzerschwachen II. Korps. Folgerichtig war die 10. Division als Korpsreserve vorgesehen und in der Tiefe disloziert.

Ihr Stationierungsraum reichte von Heidenheim am Hahnenkamm im

Nordosten bis zum Feldberg, an dessen Fuß in Fahl die südwestlichste Garnison der Division eine idyllische Unterkunft gefunden hatte. Die traditionellen Garnisonstädte in diesem Raum waren durch Amerikaner und Franzosen frequentiert. Deshalb entstanden Anfang der 60er Jahre Kasernenneubauten in Immendingen, Münsingen, Stetten am Kalten Markt, Pfullendorf und in Dornstadt vor den Toren Ulms; aber auch Sigmaringen entwickelte sich zu einem bedeutenden Standort der Bundeswehr. Nach dem jetzigen Stand der Planungen wird es eher noch an Bedeutung gewinnen.

Galt die »Löwen-Division«, wie sie nach ihrem Wappen genannt wurde, auch als eine baden-württembergische, so reichte sie doch weit in das bayerische Land hinein. Nicht nur im bereits erwähnten Heidenheim waren ihre Truppen stationiert, sondern auch in Günzburg, Neuburg a.d.D., vor allem aber in dem traditionellen Pionierstandort Ingolstadt. Überall herrschte ein harmonisches Verhältnis zur Bevölkerung.

Die aus der Region stammenden Soldaten waren an Zuverlässigkeit und Pflichttreue kaum zu übertreffen; doch war es sehr schwer, sie für eine freiwillige Weiterverpflichtung zu gewinnen. So fehlte es überall an Unteroffizieren.

Was meinen Stab betraf, so war mir mit Brigadegeneral Johann Condné ein hervorragender Stellvertreter beigegeben. Er war ein Herr vom Scheitel bis zur Sohle, im Kriege schwer verwundet und mit dem Ritterkreuz ausgezeichnet, hochgebildet und international erfahren. Bis zu meinem Dienstantritt hatte er die Division vertretungsweise über ein Vierteljahr geführt. Nun trat er wieder ins Glied zurück − ohne das geringste Anzeichen einer Verstimmung. Was das Selbstverständnis des Soldaten betraf, so lagen wir auf einer Wellenlänge. Kein Wunder, daß er gradlinig zu mir hielt, auch dann, als sich andere von mir abwandten. Aber es wäre unredlich zu verschweigen, daß es gelegentlich auch Meinungsverschiedenheiten zwischen uns gab. Vor allem dann, wenn es um das Förmliche (nicht um die Form) ging. So wurde Condné bei mir vorstellig und bat mich inständigst (in Wirklichkeit wies er als der Ältere mich zurecht; aber er tat es in seiner vornehmen Art so, daß die Autorität des Divisionskommandeurs nicht verletzt wurde), meinen Führungsstil zu ändern. Ich sollte mich doch bei meinen Truppenbesuchen zuvor anmelden, dann könnte die Truppe mir auch die mir zustehenden Ehrenbezeugungen erweisen. Er fügte hinzu, daß es meinem und dem Ansehen der Division schädlich sei, wenn ich – statt mit meinem Dienst-Mercedes – auf der abendlichen Fahrt zur Wohnung den VW-Kombi der Fahrbereitschaft benütze. Und schließlich meinte er, ich sollte auch meinen Aktenkoffer nicht selbst tragen, das sei Sache eines Adjutanten oder des Fahrers. Mir war klar, daß ich ihn von seiner Meinung nicht abbringen würde. So versprach ich ihm, mich zu bessern; er müsse mir nur etwas Zeit lassen.

Der Chef des Stabes, mit dem ich nach militärischen Vorstellungen »eine Ehe führen« sollte, Oberst i.G. Loebisch, war sicher nicht die ideale Ergänzung zu mir. Äußerst gewissenhaft, gar pedantisch, war er für mein Temperament etwas zu langsam, mitunter gar etwas schwerfällig. Der KG beurteilte diese Schwächen ernster und forderte mich noch vor Übernahme der Division auf, den Chef auszuwechseln. Dazu sah ich jedoch keine Veranlassung. Ich war überzeugt, wir würden uns schon zusammenraufen und hielt an ihm fest. Er war ein tüchtiger Generalstabsoffizier und wurde später auch Brigadegeneral.

Auf meine Verwendung als Divisionskommandeur fühlte ich mich gut vorbereitet. Ich hatte eine Kompanie, ein Bataillon und – leider nur kurz – eine Brigade geführt. In den Fragen der Ausbildung war ich zu Hause. Vor allem aber verfügte ich über gründliche Erfahrungen als Chef des Stabes einer Division. Wird aber ein ehemaliger Chef des Stabes Divisionskommandeur, dann wittern manche Gefahr, er könnte sein eigener Chef werden, d. h. die Stabsarbeit an sich ziehen und am Schreibtisch hocken. Ich wußte um diese Versuchung und widerstand ihr. So war ich denn auch mehr unterwegs als manchem lieb war. Doch bedeutete das für mich nicht etwa, von einem Empfang zum anderen zu eilen, sondern in der Truppe zu sein, unangemeldet und gelegentlich auch zur Nachtausbildung. Das mochten viele gar nicht.

Der Schwerpunkt meines Interesses lag zwangsläufig bei der in Dornstadt stationierten Panzerbrigade 28, die als Modellbrigade für die in der Erprobungsphase befindliche Heeresstruktur IV galt. Dahinter rangierte in meiner Prioritätenliste die Schwarzwald-Kaserne in Fahl. Dort lag zwar nur eine Ausbildungskompanie, aber der Standort war für die Division von großem Wert. Wir nutzten die idyllisch gelegene Unterkunft für Tagungen und Lehrgänge. Dabei ging es vornehmlich um Lehrgänge für politische Bildung, die durch die Hardthöhe für alle Abiturienten angeordnet waren. Damit sah ich mich wiederum einem Problem konfrontiert, das mich bereits in der Zeit meiner Zugehörigkeit zur Unterabteilung Innere Führung Mitte der fünfziger Jahre beschäftigt hatte.

Der Politischen Bildung wurde ein so hoher Stellenwert beigemessen, daß sie sogar in vielen Definitionsversuchen der Inneren Führung ausdrücklich genannt wird, nämlich: zeitgemäße soldatische Menschenführung und geistige Rüstung. Als einziges Ausbildungsgebiet ist der staatsbürgerliche Unterricht gar im Soldatengesetz (Paragraph 33) vorgeschrieben. War das Ob auch nie umstritten, das Wie um so mehr. Daran schieden sich die Geister, genauer die in der Truppenpraxis erfahrenen Offiziere und die Ausbildungs-Theoretiker. Letztere wollten nicht begreifen, daß die Einheiten nach militärischen Funktionen zusammengesetzt sind, nicht nach politischem Bildungsstand. So mag ein angehender Professor neben einem Kameraden eingesetzt sein, der sich mit der Rechtschreibung mehr als schwer tut – wenn sie nur in der Erfüllung ihres militärischen Auftrages zusammenwirken. Sitzen die beiden dann im staatsbürgerlichen Unterricht nebeneinander, so kann der Vortragende ihren unterschiedlichen Ansprüchen wohl kaum gerecht werden. Damit stellt sich die Frage, ob es überhaupt Aufgabe der Bundeswehr sein kann, politische Bildung zu vermitteln. Dafür fehlt ihr überdies die Zeit. Kaum gelingt es, die vorgesehenen zwei Wochenstunden einzuhalten. Ich plädiere aber keineswegs dafür, auf den staatsbürgerlichen Unterricht zu verzichten, im Gegenteil. Mir geht es auch hier um einen »erfüllbaren Auftrag«. Der könnte lauten: Erweiterung, genauer: Begrenzung, der politischen Bildung in bezug auf den Auftrag der Bundeswehr. Damit wäre auch deutlich gemacht, daß der Soldat vor seinem Dienstantritt politische Bildung erfahren soll, vor allem in der Schule. Hatte doch der damalige Bundeskanzler Brandt unter breiter Zustimmung erklärt: die Schule der Nation ist die

Schule. Der Bundeswehr kann nicht die Wissensvermittlung obliegen, so wünschenswert das auch sein mag. Sie soll und muß von ihrem Auftrag überzeugen. Das wurde mit »Geistige Rüstung«, wie es anfangs offiziell hieß, viel präziser umschrieben.

Die Abiturienten-Tagungen waren letztlich Ausdruck des Kapitulierens vor dem unerfüllbaren Auftrag, politische Bildung in den Einheiten zu vermitteln. Bei den Tagungen hatten wir dagegen einigermaßen homogene Lerngruppen. Da lohnte es sich, hochqualifizierte Lehrkräfte nach Fahl zu holen. Darunter befand sich auch der bekannte Journalist Peter Staisch, der sich später als Chefredakteur von ntv einen Namen machte. Ich kümmerte mich persönlich um diese Lehrgänge. Meine Gespräche mit den Abiturienten konzentrierten sich zumeist mehr auf den Sinn (oder aus deren Sicht mitunter: Unsinn) des Wehrdienstes als auf hochpolitische Fragen. Zumindest konnte ich auf diese Weise manchen Mißstand ausräumen. Dennoch blieben meine Zweifel, ob sich dieser Aufwand lohnte.
Größere Bedeutung maß ich den mehrtägigen Zusammenziehungen der Offizieranwärter bei. Da ging es weniger um politische Themen, als um die persönliche Begegnung mit dem Divisionskommandeur. Auch ein Gewaltmarsch stand auf dem Programm, den zu meiner Freude alle durchhielten – ich auch. Um den künftigen Offizieren einen Eindruck von den vielschichtigen Problemen militärischer Führung im Kriege zu vermitteln, hatte ich den in Freiburg lebenden emeritierten Chirurgen Prof. Dr. Hans Killian zu einem Vortrag gebeten. Früher Ordinarius in Breslau, war er im Rußlandfeldzug zu Anfang Beratender Chirurg eines Armeearztes. In einem fesselnden Buch hat er das Leiden der Verwundeten und die aufopferungsvolle Arbeit des Sanitätsdienstes festgehalten.[168] Ihn darüber persönlich berichten zu hören, wurde für uns alle zu einem unvergeßlichen Erlebnis.

Die mir unterstellten drei Brigadekommandeure waren nach Werdegang, Neigung und Temperament recht unterschiedlich, Günter Baer und Claus Claussen noch kriegsgedient, Karl-Eberhard Grumer stammte aus dem BGS. War der erstere ein Truppenpraktiker, wie man ihn sich nicht besser wünschen konnte, so waren die beiden anderen Generalstabsoffiziere. Baer führte die bereits erwähnte Modellbrigade 28. Deshalb lag dort der Schwerpunkt meiner Dienstaufsicht. So gewann ich zu ihm ein besonders enges Verhältnis. Übrigens war auch Baer zuvor Offizier im BGS gewesen.

Im August 1977 brach über meine Division ein Liederskandal herein. Ich habe bereits darauf hingewiesen, welche Bedeutung ich dem gemeinsamen Singen beimesse. Wo immer ich konnte, habe ich mich für eine Förderung des Marschgesanges eingesetzt. Einer meiner Bataillonskommandeure erinnerte sich wohl seiner Kompaniechefzeit vor zehn Jahren – unter meinem Kommando. Auch er setzte einen Singewettstreit für seine Kompanien an. Anders als ich schrieb er ihnen gleich das Lied vor, und zwar schriftlich in einem Bataillonsbefehl. Es handelte sich um ein »Lied der Panzergrenadiere« mit dem Refrain: »wie einst in Polen und in Flandern – und im heißen Wüstensand.« Ein Wehrpflichtiger schickte den kopierten Bataillonsbefehl an eine Zeitung – und da erschien er dann wenige Tage später. Der Skandal war da! Ich stand – wie so oft – zwischen den Fronten. Die einen forderten stramm: Wir dürften uns doch nicht jede Zeile eines Liedes vorschreiben lassen! Die anderen empörten sich: Durch derart törichtes Verhalten würde unsere ohnehin schwierige Lage nur erschwert.
Ich wollte den Bataillonskommandeur, dessen Neigung zu starrem Verhalten ich nur zu gut kannte, für die Dauer der Untersuchungen aus der Schußlinie nehmen. So kommandierte ich ihn zum Divisionsstab. Ich selbst begab mich in die Kaserne nach Dornstadt, die zum Anlaufpunkt vieler Journalisten geworden war. Meine Untersuchung ergab, daß dieses Lied seit Aufstellung der Bundeswehr von den Panzergrenadieren gelernt und gesungen wurde, auch an den Offizierschulen, es gab sogar eine Schallplatte davon. Warum kannte ich es gar nicht? Da zeigte sich der Schnitt zwischen der Kriegs- und der Nachkriegsgeneration, erst bei letzterer hatte sich dieses Lied durchgesetzt. Zwanzig Jahre lang hatte niemand an diesen Text Anstoß genommen. Flandern und im Wüstensand waren ja ohnehin nicht zu beanstanden – um so mehr Polen, mit dem der unselige Zweite Weltkrieg begann. Nun war die Stunde der Pharisäer gekommen. Wie so oft, wurde dann

nachgebohrt und man fand, daß da in den Dornstädter Bierkellern noch die »Capri-Fischer« mit einem anderen Text erklangen, der die Panzergrenadiere bereits auf dem Roten Platz in Moskau feierte.

Es gelang tatsächlich, nach wenigen Tagen Ruhe einkehren zu lassen. Besonders die regionale Presse erwies sich als hilfreich. Ich sprach mit allen Chefredakteuren und bat um Unterstützung. Dabei legte ich die Karten offen auf den Tisch. Ein versierter Journalist sagte mir: Was meinen sie, was da so in Kolpinghäusern gesungen wird. Da würden dem Papst die letzten Haare zu Berge stehen! Der Liederskandal war erledigt, nicht aber der Fall des »zuständigen« Brigadekommandeurs. Denn zu allem Unglück wurde nun noch bekannt, daß Oberst Baer im Kriege als ganz junger Offizier in der Waffen-SS war. Zwar hatte er nichts, aber auch gar nichts mit dem »Liedskandal« zu tun, aber er wurde zur willkommenen Zielscheibe. Obwohl ich mich mit ganzer Kraft für Baer einsetzte, der Kommandierende General ließ ihn fallen. Ein paar Monate später — ich war nicht mehr Divisionskommandeur — wurde Baer auf eine untergeordnete Stelle versetzt, was einer Strafversetzung gleichkam. Aber ich konnte Einfluß nehmen, daß er dennoch — und verdient — zum Brigadegeneral befördert wurde.

Wenige Wochen später beschäftigte sich die deutsche Öffentlichkeit mit einem Liederskandal ungleich größerer Bedeutung. Ausgerechnet an einer Bundeswehrhochschule hatten Offizier-Studenten NS-Lieder gesungen und mit antisemitischen Äußerungen untermalt. Mir ist nicht bekannt, daß da ein höherer Vorgesetzter zur Verantwortung gezogen wurde. Meine Auffassung zu diesen Liederskandalen war klar: wir konnten und durften es nicht dulden, daß die Bundeswehr durch unbedachtes Handeln in Mißkredit geriet. Aber wir sollten uns schon gar nicht der Illusion hingeben, eine heile Welt schaffen zu können. In Männergemeinschaften, vor allem in solchen junger Männer, wird es, vor allem unter dem Einfluß von Alkohol, immer wieder Auswüchse geben. So sehr solche Mißstände zu verurteilen sind, wir dürfen sie nicht als Ausdruck einer Gesinnung werten. Und schon gar nicht dürfen wir sie zum Anlaß nehmen, um zur Hexenjagd zu blasen.

Im Bereich der Panzerbrigade 28 lag auch der kleine Ort Herrlingen, auf dessen Friedhof der Generalfeldmarschall Rommel seine letzte

Ruhe gefunden hat. Unweit davon hatte die Brigade einen Gedenkstein an jener Stätte errichtet, wo Rommel am 14. Oktober 1944 auf Druck der Abgesandten Hitlers seinem Leben ein Ende machte. Ich unterstützte alle Bemühungen Baers, den Soldaten seiner Brigade diesen großen deutschen Soldaten in Erinnerung zu bringen.

In den räumlich abseits gelegenen Standort Heidenheim am Hahnenkamm gelangte ich nur selten, aber nicht ungern. Dieser kleine Landstrich hatte es mir angetan. Das alles überragende Münster, eine dreischiffige Pfeilerbasilika, grüßte schon aus weiter Ferne. Hier lag das Panzerbataillon 303. In freudiger Erinnerung ist mir der Appell dieser Garnison zum Tag der deutschen Einheit 1976. Das feierliche Gelöbnis der Rekruten war bewußt auf diesen Tag gelegt worden. Zusammen mit Richard Stücklen, dem Bundestagsabgeordneten dieses Wahlkreises, schritt ich die Front ab. Beide wiesen wir in unseren Ansprachen auf das erklärte Ziel deutscher Politik hin, das geteilte Vaterland wieder zu vereinen.
Doch es gab auch Ärger mit dieser Garnison. Er drehte sich um den Standortübungsplatz. Jeder stand gegen jeden: die Gemeinde, das Wehrbereichskommando, die Wehrbereichsverwaltung und das Bataillon. Ich war fest entschlossen, diesen Konflikt aus der Welt zu schaffen. Dazu wollte ich kurz vor Weihnachten alle an einen Tisch bringen und sie erst wieder entlassen, wenn eine Einigung erzielt war. So beraumte ich die Konferenz für den 22. Dezember abends an. Schon in vorweihnachtlicher Stimmung fuhr ich über das festlich geschmückte Dinkelsbühl nach Heidenheim. Am Nachmittag hatte ich in Ellwangen zu den Offizieren der Panzerbrigade 30 gesprochen. Das war die letzte Station meiner Reise durch die Division zum Jahresabschluß. Mir kam es darauf an, alle Offiziere zu sehen und zu sprechen, ihnen persönlich meinen Dank für den geleisteten Dienst zu sagen und sie für die Aufgaben des kommenden Jahres zu ermutigen. Dabei erinnerte ich auch daran, unter welch heute fast unvorstellbar harten Bedingungen deutsche Soldaten vor 35 Jahren das Weihnachtsfest erleben mußten.

In Heidenheim waren die Konferenzteilnehmer schon am Vorabend versammelt. Es gelang mir, sie in froher Runde alle auf den nächsten

Tag einzustimmen. Insbesondere mein Freund Hajo Jung, Oberstleutnant im Korpsstab, war mir dabei eine unschätzbare Hilfe. Am folgenden Mittag hatten wir es geschafft, das Problem war vom Tisch. Ich raste nach Sigmaringen zurück, um noch zu der Vorweihnachtsfeier meiner Stabskompanie dabei zu sein. Am späten Abend noch fuhr ich nach Fahl, wo ich über Nacht blieb. Mit dem dortigen Kompaniechef, Major Würth, und seinem Kompaniefeldwebel Kühn (der wie ich 1940 Unteroffiziervorschüler in Dresden war) verbrachte ich einen gemütlichen Abend. Am nächsten Vormittag erwartete mich in Freiburg der Kommandeur der 3. (französischen) Division.

Generalmajor Fuhr war sehr darauf bedacht, den seit Jahren zwischen beiden Divisionen bestehenden Kontakt noch zu verbessern. Dem diente auch diese Begegnung am Heiligen Abend. So richtig zusammengefunden hatten wir bei einem gemeinsamen Ausflug unserer Stäbe, der uns wenige Wochen zuvor auf den Hartmannsweiler Kopf führte. Dort hatte im Ersten Weltkrieg die Generation unserer Väter hart miteinander gerungen. Unter den Gästen befand sich auch der schon erwähnte Professor Killian, der bei diesen Kämpfen als junger Kriegsfreiwilliger hoch ausgezeichnet wurde.

Die Franzosen entwickelten vielfache Aktivitäten zur Pflege unseres Kontaktes. Dazu zählte auch ein Fünf-Hügel-Marsch, zu dem der französische Oberbefehlshaber in Baden-Baden einlud. Ich fuhr hin. Frühmorgens versammelte man sich am Start. Galant überließ der Gastgeber den Teilnehmern die Wahl zwischen einer weiten (25km), mittleren (18km) oder kurzen Distanz (10km). Ich hatte damit keine Qual; zusammen mit meinem Fahrer machte ich mich auf den weiten Weg. Aber er kam mir härter an als ich erwartet hatte. Das Auf und Ab der fünf Hügel hatte es in sich; dazu kam ein scheußliches Aprilwetter mit Sturm und Hagel. So war ich ziemlich am Ende meiner Kräfte, als ich nachmittags das Ziel erreichte. Aber der Lohn folgte bei der Siegerehrung, wo ich mit einem kunstvoll geschnitzten Wanderstab ausgezeichnet wurde, während sich der grimmig dreinschauende sowjetische General, Vertreter bei den französischen Streitkräften in Deutschland, mit einem Trostpreis begnügen mußte. Mehr hatte er für seine 10 km auch nicht verdient. Die Rote Armee war offensichtlich schon damals nicht mehr in der Hochform, wie ich sie von der Ostfront her in Erinnerung hatte.

Der liebste Standort war mir Ingolstadt, nicht nur wegen der anheimelnden Stadt und der Aufgeschlossenheit seiner Repräsentanten. Die beiden dort stationierten Bataillone, Aufklärer und Pioniere, waren die besten der Division. So auch deren Kommandeure. Dort herrschte nicht nur Ordnung, sondern auch ein guter Geist. Gerade den Pionieren kam nicht nur dieser so günstig gelegene Standort entgegen, sondern auch die Eigenart ihrer Truppengattung, die eine sinnvolle Dienstgestaltung erleichterte. Ihr Kommandeur, Oberstleutnant Wernhard, war ein überragender Truppenoffizier. Obwohl ohne Generalstabsausbildung, gelang es mir, ihn in eine Generalstabsverwendung zu bringen, so daß er schnell zum Oberst aufsteigen konnte. Ich hoffte, er würde eines Tages General der Pioniertruppen werden. Doch das Schicksal fügte es anders. Im Mai 1983 trugen wir ihn, den während des Ausbildungsdienstes in den Bergen ein plötzlicher Tod ereilte, in Feilnbach mit allen militärischen Ehren zu Grabe. Auf der Rückfahrt nahm ich den Umweg über die Pionierkaserne in Ingolstadt. Deren Flagge wehte auf Halbmast. Still gedachte ich dieses vorbildlichen Soldaten.

Der Kommandeur des Panzer-Aufklärungs-Bataillons, Oberstleutnant Neumann-Giesen, erwies sich nicht nur als exzellenter Truppenoffizier, auch dem Image seiner Waffenfarbe tat er alle Ehre: er war ein Meister in Fragen von Stil und Form; doch nicht nur darin. Ihn zog ich vor allem heran, wenn es um die Ausbildung der Offizieranwärter ging. Beispielhaft verstand er, den angehenden Offizieren die Bedeutung sicheren Auftretens in der Gesellschaft nahezubringen. Das ändert leider nichts daran, daß wir einen erschreckenden Niedergang in Fragen des Benehmens erleben. Auch viele Menschen in herausgehobenen Positionen wissen nicht mehr, was sich gehört. Niemand hat es ihnen beigebracht. Aus dieser Unsicherheit entsteht manche Reaktion mit negativen Auswirkungen. Mancher Könner hat sich um die Früchte seiner Arbeit gebracht, weil er im entscheidenden Moment unsicher aufgetreten ist. Neumann-Giesen ging später als deutscher Verbindungsoffizier an die berühmte amerikanische Militärakademie Westpoint und wurde schließlich als Oberst der für die Kampftruppen zuständige Personalreferent.

Mit der Artillerie hatte ich die wenigsten Probleme. Der Divisionsartillerie-Führer, Oberst Steim, war ein gebildeter und fürsorglicher Vorgesetzter, artilleristisch ein Könner. Wann immer ich ihn in seiner Garnison in Pfullendorf aufsuchte, war er für meine Anregungen aufgeschlossen. In zahlreichen Gesprächen fanden wir schnell zusammen. Ging Steim mit dem Regiment zum Schießen, so folgte ich ihm gern auf den Übungsplatz. Von ihm habe ich viel gelernt; erst durch ihn habe ich das rechte Verständnis für die Artillerie gefunden. Schwer erkrankt, ist er leider gleich nach seiner Pensionierung verstorben. Sein Andenken werde ich in Ehren halten.

Alltag als Divisionskommandeur

In einem am Stadtrand gelegenen modernen Terrassenhaus hatte ich eine Bleibe gefunden. Ausgerechnet in London war ich durch eine Zeitungsanzeige auf dieses Objekt gestoßen. Aber ich habe leider nur wenige Zeit dort zubringen dürfen. Morgens um 07.00 Uhr holte mich mein Fahrer ab. Ich frühstückte im Offizierheim und war dann bei Dienstbeginn in meinem Büro. Die meiste Zeit galt dem im Nebenzimmer residierenden Chef des Stabes. Ich war für schnelle Entscheidungen bekannt, haßte langes Palavern. Kommandeurbesprechungen reduzierte ich auf das unumgängliche Minimum. Wozu verfügen wir denn über vorzügliche Fernmeldeverbindungen? Und den persönlichen Kontakt zu den mir unterstellten Kommandeuren suchte und fand ich bei meinen »Blitzreisen« durch das Divisionsgebiet. Die waren natürlich weniger beliebt, schon gar nicht, wenn sie unangemeldet erfolgten. Ich berichtete schon, daß selbst mein Stellvertreter daran Kritik übte. In einer großen Kommandeurbesprechung der Division nahm ich dazu Stellung: Ich handele so, wie ich mir als Bataillonskommandeur das Verhalten meiner Vorgesetzten gewünscht habe. Großangekündigte Besuche habe ich stets als Belastung empfunden. Zwangen sie mich doch, den Dienst des Bataillons zu Lasten der Ausbildung darauf einzustellen. Da wurde dann gefegt und geputzt – und schließlich rauschte der Besucher in die Kaserne rein und raus, ohne die dort getroffenen Vorbereitungen voll würdigen zu können. Vielleicht wollte er auch gar nicht mehr, als nur ein Gespräch mit dem Kommandeur führen. Unangemeldete Besucher waren mir da willkommener.

Im Januar 1977 verunglückten drei Soldaten meiner Stabskompanie. Bei einer privaten Fahrt am Abend stießen sie auf einen Tank-Lastwagen und erlitten so schwere Brandverletzungen, daß sie kurz darauf starben: Ich kannte die drei persönlich und ging deshalb zu den Beerdigungen in ihren Heimatorten. In einem Fall war das ein Ort in der Nähe von Lörrach. Nach der ergreifenden Trauerfeier in der kleinen Kapelle formierte sich der Trauerzug zum Friedhof, der jenseits der Bundesstraße 317 lag. Feldjäger hielten den Verkehr an. Ich war tief beeindruckt, wie bereitwillig die Autofahrer nicht nur hielten, sondern zum Teil sogar ausstiegen, um dem Toten die Reverenz zu erweisen. Wer durfte das schon von gehetzten Bundesbürgern erwarten? Aber dann erblickte ich den Kontrast zu diesem anerkennenswerten Verhalten. Auf einem Parkplatz an der Bundesstraße stand der Bundeswehr-Bus, der den Ehrenzug von der nächstgelegenen Garnison aus dem Raum Freiburg herantransportiert hatte. Im Bus befanden sich noch ein Feldwebel und drei Mann. Die dachten gar nicht daran, dem ermutigenden Beispiel der zivilen Verkehrsteilnehmer zu folgen. Sie hatten es sich bequem gemacht, die Uniformröcke ausgezogen und sahen sich das Schauspiel an. Unmittelbar nach der Beerdigung nahm ich sie mir vor. Ihre Reaktion: Erstaunen! Sie hätten sich nichts dabei gedacht! Aber auch die alte Lehre: die zuständigen Vorgesetzten haben die Vorbereitung dieser Beerdigung als einen mehr lästigen Routineauftrag abgewickelt. Keiner war auch nur auf den Gedanken gekommen, die Soldaten mit ein paar Worten auf dieses tragische Ereignis einzustimmen. Und überdies: Es fehlt an Stil und Form. Die hat sich die zivile Gesellschaft wenigstens noch in bezug auf den Tod weitgehend bewahrt. Ich habe mir für den Fall meines Todes jedwede militärische Ehrungen verboten. Zu dieser Entscheidung haben mich aber noch andere Gründe bestimmt als nur dieses bedrückende Erlebnis.

Als Divisionskommandeur wurde ich erneut mit dem mir sattsam bekannten Problem mangelhafter Dienstgestaltung in der Truppe konfrontiert. Bei Empfängen, Einladungen und Diskussionen waren es vor allem Eltern wehrpflichtiger Soldaten, die sich über den »Gammeldienst« beklagten. Gerade diejenigen ihrer Söhne, die sich gegen die von Mitschülern propagierte Wehrdienstverweigerung behauptet hätten, gar aufgeschlossen ihren Dienst in der Bundeswehr angetreten hätten, seien zumindest nach der Grundausbildung tief enttäuscht. Herumsitzen, Reinigungsdienste, Wacheschieben und Warten auf das Wochenende, das altbekannte Lied.

Ich stand zwischen den Fronten und mußte nach zwei Seiten kämpfen. Zunächst einmal galt es den Kritikern entgegenzuhalten, daß es den Wehrpflichtigen zumeist an hinreichendem Urteilsvermögen fehle, Sinn oder Unsinn militärischen Dienstes zu erkennen; aber auch dies sei zugegeben ein Versäumnis der Ausbildung. Wachausbildung wie technischer Dienst gehörten nun einmal zum Wesen von Streitkräften. Dennoch räumte ich ein, daß manche Kritik berechtigt sei. Solche Mißstände hätten ihre Ursache häufig in dem Mangel an qualifizierten Ausbildern; den habe die Bundeswehr bis heute nicht zu beheben vermocht.

Auf der anderen Seite war ich bestrebt, die mir unterstellten Kommandeure davon zu überzeugen, wie ungemein wichtig sinnvolle Dienstgestaltung gerade am Freitagnachmittag sei. Auf diesen letzten Eindruck, mit dem die Soldaten in das Wochenende reisten, käme es mehr an als auf die ganze Woche. Und was bieten wir da? Vornehmlich Stuben- und Spindappelle! Aus eigener — und ich darf sagen leidvoller — Erfahrung wußte ich nur zu gut um die daher rührenden Gefahren für die Stimmung einer Truppe. Wie oft treiben da wenig geeignete — selten böswillige — Unteroffiziere ihr Unwesen und zerstören ungewollt all das, was wir die Woche über mühevoll aufgebaut haben. Aber das gelingt ihnen eben nur dann, wenn die Offiziere sich nicht bis zur letzten Stunde um die Truppe kümmern. Ich forderte einen auch für den Wehrpflichtigen sinnvoll erscheinenden Dienstschluß am Freitagnachmittag. Ganz im Sinne des Grundsatzes, durch Aufträge zu führen, überließ ich es den Einheitsführern, selbst zu entscheiden, was sie für das beste hielten. Aus meiner Sicht könne das sowohl ein staatsbürgerlicher Unterricht sein als auch ein Geländelauf, selbst ein Kompanieexerzieren. Aber letzteres setze voraus, daß man dieses Metier beherrsche, und daran hatte ich bei den meisten meiner Offiziere Zweifel. Nur eines verbot ich rigoros: Stuben- und Spindappelle am Freitagnachmittag!

Fast hatte ich es schon geahnt: Ein Sturm der Entrüstung braute sich zusammen. Zwei der Brigadekommandeure riefen sofort an und versuchten mich zu überzeugen, wie unverzichtbar doch der Stuben-und Spindappell sei. Ich reiste durch die Division und sprach an Ort und Stelle mit den Kommandeuren, Chefs und Kompaniefeldwebeln. Überall dasselbe: Zwar Einsicht in die Bedeutung des Freitagnachmittagdienstes, aber starke Bedenken gegen meine Anregungen, vor allem Beharren auf dem Stuben- und Spindappell. Ein Unterricht sei sinnlos, weil die Soldaten nicht mehr hinhörten. Ich hielt dagegen: Würden sie etwa am Montagmorgen aufgeschlossener sein? Überdies käme das eben auf die Unterrichtsgestaltung an. Auch der Geländelauf, hieß es, scheide aus; denn dann wären die Soldaten zu sehr ermüdet, wenn sie sich nach Dienstschluß in den Straßenverkehr begeben. Auf ein Kompanieexerzieren kam ohnehin niemand zu sprechen; wußten sie doch genau, daß ich darunter eine vollständige Kompanie vom Chef bis zum jüngsten Soldaten verstand. Nur das nicht! Schließlich bestürmten mich die Kompaniefeldwebel, die genau wußten, daß ich ein offenes Ohr für ihre Sorgen hatte. Es müsse doch Sauberkeit und Ordnung herrschen, bevor die Soldaten in das Wochenende fahren! Ja, dem stimmte ich zu; nur könne man das genau so gut am Donnerstagabend erreichen. Aber dazu müßten dann eben auch die Ausbilder abends länger im Dienst bleiben.
Nur in Ingolstadt gab es überhaupt keine Schwierigkeiten. Dafür bürgten schon die beiden Bataillonskommandeure. Wenige Wochen darauf saß ich mit den Kompaniefeldwebeln des Pionierbataillons in ihrer selbstgezimmerten Hütte vor den Toren der Stadt zusammen, um den 30. Jahrestag der Überführung des BGS zu feiern, aus dem sie alle stammten. Da gestanden sie mir, daß auch ihnen die Umstellung des Freitagsdienstes schwer gefallen sei; aber nun liefe alles viel besser.

Das Problem des Freitagsdienstes und der Unzufriedenheit der jungen Soldaten verfolgt mich bis auf den heutigen Tag. Die Bundeswehr hat es immer noch nicht in den Griff bekommen.

Aber es geht natürlich um mehr als um den Dienst am Freitag; es geht um die Dienstgestaltung schlechthin. Und da begeht die Bundeswehr den größten Fehler, den man in der Menschenführung machen kann: sie will den Wehrpflichtigen gefallen. Und gerade das gefällt nicht!

Wenn ich das Wochenende in Sigmaringen verbrachte, ging ich vormittags zum Gottesdienst in die evangelische Garnisonkirche. Der Divisionspfarrer Militärdekan Seng verstand es nicht nur, das Wort Gottes fesselnd zu verkünden, er stand mir zunehmend auch menschlich nahe. Im Anschluß an den Gottesdienst versammelte sich die evangelische Militärgemeinde im nahegelegenen Standortoffizierheim. Zu den tragenden Säulen dieser Gemeinde zählte Oberstleutnant Manfred Gerber, der Kommandeur des Fernmeldebataillons. Gerber wurde später Adjutant des Generalinspekteurs Brandt und 1990 Kommandeur der 10. Panzerdivision.

Begegnungen

Als Kommandeur dieser Division lebte man keineswegs isoliert. Da war zunächst einmal der Kontakt zu dem vorgesetzten Korpsstab. Chef dieses Stabes wurde mein Lehrgangskamerad Walter Hoffmann, ein harter Knochen, wie man das beim Militär nennt, aber er hatte das Herz auf dem rechten Fleck. Selbst den Kommandierenden General lehrte er das Fürchten. Hoffmann war ein Infanterist wie er im Buche steht, Generalstabsoffizier dazu. Später wurde er Kommandeur der Luftlandedivision. Als solcher hat er sicher entscheidend dazu beigetragen, die Fallschirmjäger zu dem zu machen, was unter den veränderten strategischen Bedingungen den Kern des künftigen deutschen Heeres ausmachen wird: luftbewegliche Infanterie! Hoffmann und ich kannten uns bereits aus dem BGS, waren dann auf der Führungsakademie in einem Hörsaal, aber doch zu verschieden, um etwa Freunde zu sein. Vielleicht standen wir uns gerade deshalb nahe. Auf Hoffmann konnte man sich verlassen. Immer dann, wenn ich in Schwierigkeiten geriet, stand er auf der Matte, um mir zu helfen. So schaute ich jedesmal bei ihm herein, wenn ich durch Ulm fuhr. Natürlich besuchte ich dann auch meinen Freund Hajo Jung, der als Stabsoffizier für Organisation im Korpsstab Dienst tat. Im Trakt des KG wirkte dessen Sekretärin Hella Kern wie ein Sonnenschein. Sie und der Adjutant, Hauptmann Pöhler, verstanden es meisterhaft, den etwas sprunghaften Ilsemann zu bremsen und die berechtigten Wünsche der Divisionskommandeure einzubringen. Mit diesen hatte ich ein gutes Verhältnis. Dr. Spiegel, der die Luftlandedivision kommandierte, war zwar schwer zugänglich, aber immer hilfsbereit. Ihm folgte dann mein Freund von zur Gathen. Die 4. Division in Regensburg führte Dr. Gert Kohlmann. Mit Michael Greipl, der als Kommandeur der Gebirgsdivision in Garmisch residierte, konnte man Pferde stehlen. Aber alle vier bildeten wir zusammen mit dem Stellvertretenden Kommandierenden General, Hans-Otto Goericke, doch eine feste Gemeinschaft, wenn es drauf ankam.

Die für mich bedeutendste Begegnung in dieser Zeit war ohne Zweifel die mit Manfred Wörner. Zwar war ich einige Jahre zuvor schon einmal mit ihm zusammengetroffen, als er im April 1972 im Gefolge des damaligen Kanzlerkandidaten Rainer Barzel die Heeresoffizierschule in Hannover besuchte. Auf Weisung der Hardthöhe war ich bei diesem Besuch zugegen. Dabei kam es zu einem kleinen Eklat. In einer Rede vor den versammelten Offizieren zog Wörner gegen die Verteidigungspolitik der Regierung vom Leder und löste Begeisterungsstürme aus. Zwar stimmte auch ich seinen Ausführungen weitgehend zu, doch hatte ich als Repräsentant des Dienstherrn die gebotene Zurückhaltung zu wahren. Ich witterte die Gefahr, daß ich in der anschließenden Diskussion gezwungen sein könnte, entgegen meiner eigenen Auffassung die Position der Regierungspolitik vertreten zu müssen. Das wollte ich vermeiden. So brach ich die Diskussion ab und lud zum anschließenden Gespräch im kleinen Kreise ein. Die anwesenden Journalisten fühlten sich um eine Sensation betrogen und kritisierten mich entsprechend. Für mich war dies das kleinere Übel.

Nun traf ich Wörner häufiger, war er doch in seinem Wahlkreis Göppingen zu Hause, überdies als Vorsitzender des Verteidigungsausschusses auch offizieller Besucher bei den Truppenteilen. Konnte ich es einrichten, war ich dann zugegen. In den zahlreichen Gesprächen, die wir bei solchen Gelegenheiten führten, entdeckte ich eine weitgehende Übereinstimmung in unseren Ansichten zur Verteidigungspolitik. Kein Zweifel bestand, daß er im Falle eines Regierungswechsels Verteidigungsminister werden würde. Aus meiner Sicht fehlte ihm dafür nur eines, nämlich der rechte Einblick in den Truppenalltag des Heeres; er war ganz auf seine Erfahrungen als Flugzeugführer fixiert. Aber die Bundeswehr ist nun einmal vornehmlich eine Landstreitmacht. Doch es gelang mir nicht, ihn zu einer Wehrübung beim Heer zu bewegen; er wollte eben fliegen!

Der Kontakt zu Wörner verstärkte sich noch, als ich von Sigmaringen nach Bonn versetzt wurde. Häufig suchte er meinen Rat. Am Heiligen Abend 1978 rief er mich an und bat um meinen Besuch. Er sei mit seiner Frau allein und wolle sich gern mit mir unterhalten. Ich entgegnete, daß ich mich zwar über seine Einladung sehr freue, aber meine sehr kranke Mutter bei mir hätte. Er gab nicht nach, so daß wir uns auf meinen Besuch am ersten Feiertag nachmittags einigten. Ungern ließ ich meine Mutter allein. Als ich abends zurückkam und ihr berichtete, sagte sie nur: Hoffentlich vergißt er das nicht, wenn er mal Minister ist. Fünf Jahre später saß ich am Heiligen Abend allein da: Wörner hatte mich aus dem Amt gejagt — und er fand keine Zeit, mit mir persönlich zu sprechen. Vor mir lagen Tage schrecklicher Ungewißheit. Ich dachte, vielleicht würde er einmal anrufen. Diese Hoffnung erfüllte sich nicht.

Bei einem Empfang der Landesregierung in Stuttgart traf ich zum ersten Male Ernst Jünger. Seit früher Jugendzeit hatte mich dieser große Geist fasziniert. Nun stand ich ihm endlich gegenüber und konnte mit ihm sprechen. Als junger Soldat hatte ich im Krieg in meinem Sturmgepäck eine seiner frühen Schriften, »Feuer und Blut«, mitgeführt. Wie oft hatte ich darin gelesen! Wenige Wochen nach diesem Stuttgarter Zusammentreffen traf ich Jünger bei einer Einladung in Wilflingen. An diesem Abend schrieb er mir in das Büchlein

die Widmung: »Habent sua fata libelli et balli − für General Kießling, der dieses Buch im Kriege mitführte. Ernst Jünger.« (Das soll heißen: Bücher haben ihr Schicksal und auch die Geschosse. Übrigens verwies er mich bei diesem Zusammentreffen darauf, daß er 1923 als Leutnant in der Reichswehr eine Abhandlung über die Ausbildungsvorschrift für die Infanterie verfaßt hatte.[169] Ich beschaffte sie mir und las sie mit großem Interesse. Die nachhaltigste Erinnerung an die Begegnung mit Jünger bereitete mir aus seinem Munde zu hören, was mir als Anekdote schon bekannt war: Als Jünger 1918, damals 23jähriger Leutnant, den so seltenen Orden Pour le Mérite erhielt, wurde er vom Generalfeldmarschall von Hindenburg empfangen. Nach seinem Glückwunsch bemerkte der alte Herr: »Wissen Sie, es ist gar nicht gut, daß Seine Majestät Ihnen in Ihren jungen Jahren schon einen so hohen Orden verliehen hat. Aus allen meinen Kameraden, die 1866 und ~~70/71~~ *1871* hoch ausgezeichnet wurden, ist nachher nichts geworden.«
Bei dem Gespräch mit Ernst Jünger ging es auch um das Problem der bedingungslosen Kapitulation. Mit großer Überzeugung vertrat er den Standpunkt, daß sie das Gegenstück zum totalen Krieg sei. Der äußersten Anstrengung im Kriege folge ein totales Nichthandeln.

Es kam ganz anders: Nach Bonn!

Schon als ich nach Sigmaringen versetzt wurde, hatte die Personalabteilung mir klargemacht, daß meine Zeit als Divisionskommandeur nicht allzu lange währen würde; zwei, allenfalls drei Jahre. Nicht nur, weil diese wichtige Position für den weiteren Aufbau jüngerer Offiziere gebraucht würde, sondern auch wegen meiner spezifischen Ausbildung und inzwischen gewonnenen internationalen Erfahrungen. Davon gab es in meiner Alters- und Dienstgradgruppe recht wenige Offiziere − und die benötigte man, um entsprechende Posten besetzen zu können. Ich rechnete damit, Chef des Stabes einer der beiden NATO-Armeegruppen − CENTAG oder NORTHAG − zu werden. Es gab wohl auch Überlegungen, mich zum Kommandeur der Führungsakademie zu machen. Dafür erschien ich nach meinem Werdegang prädestiniert. Früher wäre das auch eine Traumverwendung gewesen. Doch aufgrund der mit der Bildungseuphorie eingetretenen Entwicklung sah ich kaum Möglichkeiten, mich dort auszuwirken. So sahen es wohl auch die dafür Zuständigen und gaben diesen Gedanken auf. Der für die Personalführung des Heeres zuständige Unterabteilungsleiter, Brigadegeneral Dr. Werner Schäfer, war mir seit langem gut bekannt. Von unserem gemeinsamen Generalstabslehrgang her fühlten wir uns verbunden. Zu meiner völligen Überraschung initiierte er gegen meinen Willen meine Verwendung als Stellvertreter des Abteilungsleiters Personal. Aber er überzeugte mich schließlich, so daß ich nicht widersprach. Das erwies sich als ein Fehler. Diese Versetzung wurde zum 1. Oktober 1977 wirksam. Zwei Tage zuvor übergab der Kommandierende General die Division an meinen Nachfolger, Brigadegeneral Eberhard Hackensellner. Auf meinen Wunsch − und gegen manche Widerstände − fand das militärische Zeremoniell in Dornstadt bei Ulm statt. Ich begründete das mit dem Schwerpunkt meines Wirkens als Divisionskommandeur, der eindeutig bei der Panzerbrigade 28 lag. Auch hielt ich es für zweckmäßiger und auch kostensparender, die Anreise der Abordnungen aus dem weit verstreuten Divisionsbereich in das Zentrum bei Ulm zu verlegen.

Mit meiner Versetzung mußte ich auch das Divisions-Abzeichen ablegen. Als ich jedoch zwei Jahre später COMLANDJUT und anschließend Deputy SACEUR wurde, durfte ich es wieder tragen, weil nach den Bestimmungen während einer NATO-Verwendung das Abzeichen der letzten Heeres-Dienststelle anzulegen ist. So bin ich, als mein Bild einer breiten Öffentlichkeit bekannt wurde, mit dem Staufer-Löwen gekennzeichnet gewesen − bis zum letzten Tag meiner aktiven Dienstzeit.

7. Zwischen den Mühlensteinen der Politik: Zwei Jahre Stellvertretender Leiter in der Personalabteilung im Verteidigungsministerium

Anciennität oder Leistungsprinzip?

Letztlich geht es in der Personalführung darum, den richtigen Mann an den richtigen Platz zu bringen. Das ist unabdingbare Voraussetzung für die Effizienz von Streitkräften. Dazu müssen Chancengleichheit und Chancengerechtigkeit überzeugend praktiziert werden. Im Paragraph 3 des Soldatengesetzes ist die Personalführung der Bundeswehr auf das Leistungsprinzip verpflichtet worden. Dieses findet allgemeine Anerkennung. Nur Toren forderten die Rückkehr zu Anciennität, also zur Beförderung nach dem Dienstalter. Selbst dann, wenn dieses früher einmal funktioniert haben sollte, für unsere heutige Personalstruktur, die sich auf Berufsoffiziere mit Dienstzeiten bis (nahe) zum 60. Lebensjahr stützt, wäre ein solches Verfahren schier unmöglich. Beförderungen allein nach dem Dienstalter müßten zu einer hoffnungslosen Überalterung in den Führungspositionen führen. Zumindest für die untere Führung – also bis zum Bataillon – käme das einer Katastrophe gleich; denn die unverzichtbare physische Leistungsfähigkeit der militärischen Führer wäre nicht mehr gewährleistet.

Kaum ein anderer hat das Dilemma der Anciennität so überzeugend gebrandmarkt wie Solschenizyn in seinem »August Vierzehn«: Das Unglück des russischen Heeres, schreibt er, war das Dienstalter, dieses höchst anfechtbare Kriterium einer Karriere. Gilt das Prinzip der Anciennität als ungeeignet für die Personalführung der Bundeswehr, um so mehr gilt es, andere, d.h bessere Kriterien für die Auswahl zu ermitteln. Keines der bisher praktizierten Beurteilungssysteme vermochte zu überzeugen. Denn sie veranlaßten die Beurteilenden dazu, sich vorwiegend von der Fürsorge für ihre Untergebenen leiten zu lassen; mitunter standen sie auch in einer Abhängigkeit von diesen und stuften sie wider besseres Wissen viel zu hoch ein. Dabei erwies sich die Versuchung zu ungerechtfertigt guten Beurteilungen um so größer, als die Beurteilenden den Wechsel nicht einzulösen brauchten. Stand ein überbewerteter Offizier dann zur einer entsprechend höheren Verwendung heran, so waren der Beurteilende oder der Beurteilte zumeist längst wegversetzt. Hin und wieder kam es schon mal vor, daß einem Kommandeur oder Dienststellenleiter, der eine besonders geeignete Persönlichkeit für eine bestimmte Verwendung anforderte, gerade der Mann angeboten wurde, den er zuvor selbst als herausragend beurteilt hatte. Dann erlebte man nicht selten ein Fiasko. Nein, so gut sei der nun doch wieder nicht, zumindest sei er nicht für die spezifische Aufgabe geeignet, um die es hier ginge, hieß es dann plötzlich.

Die Personalführung, und die Verantwortung dafür ist keineswegs nur der Personalabteilung anzulasten, verlor zunehmend an Glaubwürdigkeit, weil sie einerseits zutreffende Beurteilungen forderte, andererseits die Beurteilenden im Stich ließ, wenn sie entsprechend handelten. Ein solcher Fall drang auch an die Öffentlichkeit. Generalleutnant Hans Heinrich Klein, damals Kommandierender General des I. Korps, hatte seine unterstellten Kommandeure angehalten, einen strengeren Beurteilungsmaßstab anzulegen. Da stürzte sich alles auf ihn – vom SPIEGEL bis zum Wehrbeauftragten – und er verlor diese Schlacht. Spätestens seit diesem Vorfall wußte jeder für Beurteilungen zuständige Vorgesetze, daß es zwecklos war, der fortschreitenden Inflationierung im Beurteilungswesen entgegenwirken zu wollen. Also ließ man ihm freien Lauf. Kein Geringerer als der beamtete Staatssekretär im Verteidigungsministerium Fingerhuth hatte das Problem klar erkannt und gegeißelt. In einer Personalversammlung des Ministeriums in Duisdorf sagte er einmal: Was ist das für ein unsinniges System, das gestandene Führungskräfte dazu verurteilt, sich an freien Wochenenden mit den Beurteilungen ihrer Mitarbeiter herumzuquälen; und das alles mit der doppelten Zielsetzung, den Untergebenen nicht weh zu tun und der eigenen Karriere nicht zu schaden.
Auch im Beurteilungswesen stand die Wurzel des Übels am Anfang. Da fehlte es an der klaren Erkenntnis , daß es um zweierlei geht: Die Besten und Geeignetsten auszuwählen – und das so überzeugend zu

vertreten, daß die Enttäuschung der dabei Übergangenen nicht zu einer Belastung für das innere Gefüge wird. Das kann nicht gelingen, wenn man im Offizierkorps eine Grundeinstellung zuläßt oder sie gar noch fördert, die vornehmlich oder gar ausschließlich auf die eigene Karriere abzielt. Das wird nicht nur ein Offizierkorps zerstören, sondern auch den einzelnen nicht glücklich machen. Umgekehrt lehrt die Erfahrung, daß unvermeidbare Enttäuschungen dann am ehesten zu ertragen sind, wenn die Offiziere ihre Zugehörigkeit zu dieser Armee als das wichtigste ansehen. Dafür gibt es genügend Beispiele aus der deutschen Militärgeschichte.

In Bonn stieß ich auf eine Gruppe angestammter Personalbearbeiter, die sich seit Jahrzehnten dort eingenistet hatten. Draußen in der Truppe werden sie häufig als ein Klüngel bezeichnet. Diese »P-Fritzen« − wie ich sie gern nannte − vermochten mit der Beurteilungs-Inflation ganz gut zu leben. Hatten sie doch klar erkannt: Wenn fast alle mit »gut« oder gar mit »sehr gut« beurteilt werden, dann sind die erst einmal zufrieden. Und die Entscheidung über die Auswahl unter diesen somit Gleichwertigen liegt dann allein bei den Personalbearbeitern. Und damit auch die Macht!

Die Ohnmacht des Stellvertreters

Bevor ich meinen Dienst als Stellvertreter P antrat, hatte ich mit meinem künftigen Abteilungsleiter nur ein kurzes Gespräch geführt. Er erschien mir recht sympathisch, und ich hoffte, wir würden schon miteinander auskommen. Worunter ich natürlich verstand, daß er mir den für einen Stellvertreter notwendigen Freiraum und vor allem das unverzichtbare Vertrauen gewähren würde. Keine Illusionen hatte ich, was es mit diesem Dienstposten auf sich hatte.

Schon vor der Aufstellung der Bundeswehr gab es ein heftiges politisches Tauziehen um die Organisation des Personalwesens. Aus der Sicht des Soldaten mußte die Einheit der Führung gewahrt , deshalb auch die Personalführung dem Militär zugeordnet sein. Die Politiker dagegen waren bestrebt, dem einen Riegel vorzuschieben. Deshalb hatte Adenauer schon frühzeitig einen seiner Vertrauten, den späteren Staatssekretär Karl Gumbel, in das neu zu bildende Verteidigungsministerium entsandt. Auf diese Weise wollte er die Personalführung der Streitkräfte in den Griff bekommen. Mag es an Gumbels persönlicher Integrität auch keine Zweifel geben, ein vorzüglicher Verwaltungsbeamter ist er mit Sicherheit gewesen, aber das Vertrauen der Soldaten hat er nicht gewonnen. Darum hat er sich wohl auch wenig bemüht. Vielmehr wurde er zum Symbol der zivilen Vorherrschaft über die Soldaten. Er galt als die graue Eminenz. Ausgerechnet ein Generalinspekteur, de Maizière, hat diese unselige Lösung auch noch als zweckmäßig verteidigt.[170] Weder die politische Leitung noch die militärische Führung konnten die negativen Auswirkungen dieser Regelung, vor allem auf die Stimmung der Offiziere, leugnen. Um dem entgegenzuwirken, schuf man 1958 die Stellung eines (militärischen) »Stellvertreters P«. Doch war damit die Diskussion um die Personalführung in der Bundeswehr keineswegs beendet. Mitte der 60er Jahre wurde, in der Öffentlichkeit heftig umstritten, diese Stellenbesetzung umgekehrt. Mit Generalleutnant Werner Haag rückte 1965 erstmals ein Soldat an die Spitze der Personalabteilung. Damit wollte man demonstrieren, daß die Soldaten »auch ganz anständige Leute sind«[171] Als dessen Nachfolger, Generalleutnant Dr. Konrad Stangl, 1969 in Pension ging, nutzten die Sozialdemokraten (sicher unterstützt von anti-soldatischen Kräften in der ansonsten noch recht konservativen Beamtenschaft) diese Chance, einen der ihren zum Abteilungsleiter P zu machen, nämlich den zivilen Stellvertretenden Abteilungsleiter, dessen Stellvertreter ich nun werden sollte.

Meine Versetzung zu P erregte einiges Aufsehen, denn ich galt im Personalwesen als ein absoluter Aussenseiter. Also schwirrten sogleich Gerüchte herum, ich sei in die SPD eingetreten. Spitzfindigere machten mich sogar zum FDP-Mitglied, weil ein solcher Proporz ja so gut in diese Zeit paßte. An dieser Stelle möchte ich klarstellen, daß ich niemals einer Partei angehört habe. Wie ich später einmal erfuhr, war für die mich betreffende Entscheidung des Verteidigungsministers Leber ausschlaggebend, daß er auf diese Weise gegen Bestrebungen seiner Partei operieren wollte, einen ihrer Parteigänger zum Stellvertreter P zu machen. Ein auf diese Weise qualifizierter General stand schon bereit. Leber witterte wohl die Gefahr, die seinem hohen Ansehen in weiten Kreisen der Bundeswehr drohte, hätte er mit einer solchen Ernennung die Personalführung noch mehr parteipolitischen Einflüssen ausgesetzt, als sie es ohnehin schon war.

Als ich mich dann im Oktober 1977 aus Anlaß meines Dienstantritts bei Leber meldete, sagte er mir, für ihn käme es darauf an, einen truppenerfahrenen General in die Spitze der Personalführung zu bekommen. Deshalb lege er Wert darauf, daß ich jederzeit unmittelbaren Zugang zu ihm hätte. Mir war sofort klar, daß sich hier ein Konflikt zu meinem mir vorgesetzten Abteilungsleiter auftun könnte. Ich war deshalb entschlossen, von dieser Freiheit nur im Notfall Gebrauch zu machen. Gleichwohl gab sie mir einen Rückhalt, den ich dringend benötigte. Das Problem löste sich dann von selbst, als Leber wenige Wochen darauf im Zusammenhang mit einer Abhör-Affäre des MAD stürzte. Sein Nachfolger Apel pflegte einen ganz anderen Führungsstil. Er hielt sich von den Alltagsgeschäften der Personalführung völlig zurück und überließ fast alles seinem Staatssekretär Dr. Joachim Hiehle, den er aus dem Finanzministerium mitgebracht hatte. An Apel kam kaum der Abteilungsleiter P heran, sein Stellvertreter schon gar nicht.

Im Konflikt mit dem Abteilungsleiter Personal

Natürlich war ich darauf bedacht, mit dem mir vorgesetzten Abteilungsleiter gut auszukommen. Das schien mir auch möglich, da er ein recht umgänglicher Mann war. Als katholischer Rheinländer aus gutbürgerlichem Hause paßte er eigentlich nicht so recht in die Rolle des SPD-Genossen. Der qualifizierte Jurist und inzwischen recht erfahrene Personalchef wußte sehr wohl, worum es in der Bundeswehr ging. Daß ihm das Wesen des Soldaten fremd blieb, sollte man ihm nicht vorwerfen, denn da standen ihm viele Offiziere in der Personalabteilung gar nicht nach. Unter diesen überwog der Typ, den ich einfach nicht mochte: Offiziere, die – wie es im Militärjargon heißt – »nie eine Gruppe über den Rinnstein geführt« hatten. So sehr ich mir auch vorgenommen hatte, da einen Wandel zu schaffen, es ist mir nicht gelungen. Verbissen wehrten sich diese alteingesessenen Personal-Offiziere gegen eine Versetzung – und draußen wollte man sie auch gar nicht haben. Was hätten sie da auch tun sollen? Clever wie sie nun einmal waren, hatten sie sich manche nach dem Regierungswechsel von 1969 schnell mit der »politischen Leitung« des Hauses arrangiert, mitunter waren sie auch gleich in die Partei eingetreten. Der SPIEGEL berichtete gar von einem Brigadegeneral, der vor der Beförderung seinen Eintritt in die Partei avisierte, dem dann aber nicht nachkam. Verzweifelt versuchte ich, in den Führungsstäben der Teilstreitkräfte Verbündete für meine Vorstellungen von der Personalführung zu gewinnen. Aber die hatten andere Sorgen, hatten sich ganz auf die Organisation verlegt, bastelten übereifrig an neuen Strukturen – vor allem an dem Heeres-Strukturmodell IV. Diese zu realisieren, buhlten sie um das Wohlwollen der politischen Leitung.

Zu den verheerendsten Fehlentscheidungen beim Aufbau der Bundeswehr gehört es, die Personalführung von der Inneren Führung (also von der gesamtmilitärischen Zuständigkeit) getrennt zu haben. Dieses Problem hat mich zunehmend beschäftigt.

Der Führungsstil meines Abteilungsleiters war vornehmlich von seinem Bestreben bestimmt, es der politischen Leitung des Hauses recht zu machen und sich dabei mit den führenden Soldaten möglichst wenig anzulegen. Dazu galt es, die Vorstellungen und Wünsche des Ministers möglichst im Voraus zu erkennen, um entsprechende Vorschläge zu unterbreiten. Aber es waren zu viele, die an ihm zerrten; und darunter litt er zunehmend. Er war eben ein »mehr verwaltender als planender Personalchef«, wie der SPIEGEL ihn einmal zutreffend charakterisierte. Schon bei Übernahme seines Amtes hatte Adelbert Weinstein vorausgesagt: »Er wird kein Königsmacher werden, aber ein ehrlicher Makler«. Leider verfiel auch er in den weitverbreiteten Fehler, sich mit willfährigen Mitarbeitern zu umgeben. Mich empfand er wohl mehr als einen ihm durch Leber aufgedrängten Störenfried. Nach dem Ministerwechsel fühlte er sich mir gegenüber weniger verpflichtet und unterließ es immer mehr, mich auch nur über das Notwendigste zu informieren.

Im April 1978 kam es zum Krach. Anlaß dafür war die Suche nach einem Nachfolger für den im Zusammenhang mit der Lutze/Wiegel-Affäre geschaßten Leiter der Sozialabteilung, Herbert Laabs. Der Abteilungsleiter traf diese Entscheidung im Gespräch mit von ihm ausgewählten Ratgebern − ohne mich auch nur anzuhören. Da stellte ich ihm die Vertrauensfrage und machte auch gleich deutlich, daß für mich dann nur die Versetzung in den einstweiligen Ruhestand in Betracht kam. Das aber hätte politischen Ärger gebracht. Also lenkte er ein. Unser Verhältnis gestaltete sich danach freundlicher. Lange dauerte es ohnehin nicht mehr. Im Spätsommer wurde bereits über die Besetzung der Spitzenstellen für den Herbst 1979 entschieden, die mit einem größeren Revirement verbunden waren. Da waren auf einen Schlag fünf 3-Sterne-Stellen neu zu besetzen. Ich zählte inzwischen zu den dienstältesten Generalmajoren des Heeres und stand somit zur Disposition. Die meisten, die dabei mitzureden hatten, wollten mich ohnehin lieber von Bonn weghaben. Und ich wollte auch weg. Da bot sich die Verwendung als Befehlshaber der NATO-Landstreitkräfte in Schleswig-Holstein und Jütland (COMLANDJUT) mit dem Sitz in Rendsburg an. Das war eine Aufgabe, für die ich die Voraussetzungen mitbrachte − und die mir auch lag. Zu meinem Nachfolger schlug ich Generalmajor Hans Kubis, den Kommandeur der Luftlandedivision vor. Er war ein gelernter Personal-Mann. Wir kannten uns seit der gemeinsamen Generalstabsausbildung, flüchtig schon aus dem BGS. Menschlich lag er mir zwar gar nicht, aber ich empfand ihn keineswegs als einen »Feind«, als der er 1984 in der Presse dargestellt wurde. Verhalten hat er sich dann aber leider so, daß in der Öffentlichkeit der Verdacht einer persönlichen Feindschaft aufkam.

Schwierige Fälle

Mein Arrangement mit dem Abteilungsleiter änderte nichts daran, daß ich nach wie vor kaum Einfluß auf die Personalführung hatte. Aber ich erlebte hautnah die menschlichen Schwächen der Soldaten, auch solcher in führenden Stellungen − bis hin zu Charakterlosigkeiten. Was gab es da nicht alles für Vorstöße unter Umgehung des Dienstweges, insbesondere seitens der politischen Parteien! Und niemand schob dem einen Riegel vor. Das zugkräftigste Argument, um eine Beförderung oder Versetzung durchzusetzen, war: Der Minister wünscht es! Oder es gab da andere Mächtige, für die man angeblich etwas tun müsse. Was wurden da nicht alles für Namen von Offizieren ins Spiel gebracht, auf die kein Mensch gekommen wäre, hätte man sich an das Leistungsprinzip gehalten. Mitunter stellte ich dann die Frage: Kann der das denn überhaupt? Dann konterten der Abteilungsleiter und seine Getreuen: Ach, das wird schon gehen! Manchmal gar: Was hat der denn da schon zu tun? Vor allem eines wollten sie nicht hören: Und was danach? Was soll mit diesem Hochbeförderten anschließend geschehen? Diese Frage stellte sich insbesondere dann, wenn ein verhältnismäßig junger Oberst zum Brigadegeneral befördert wurde.

Die unvermeidbare Folge war, daß solche (Vorzugs-)Generale (auch Admirale gab es in dieser Gruppe!) dann auf lange Zeit ihre Stellen blockierten, weil sie nicht anders zu verwenden waren – und schließlich unzufrieden wurden.

Selbst Ehefrauen hoher Offiziere schrieben direkt an den Abteilungsleiter (wenn nicht gar an den Minister), um etwas für ihre Männer zu erreichen. In einem Fall ging es darum, daß die Ehefrau eines Obristen eine unzumutbare Einbuße an Lebensqualität beklagte, die mit einer Versetzung von Genf nach Mons in Belgien verbunden war! Als hätte dieser Mann einst den Soldatenberuf in der Erwartung gewählt, in Genf stationiert zu werden! Solche Problemfälle schob der Abteilungsleiter mir gern zu; auf diese Weise wurde ich am besten beschäftigt. Natürlich hatten solche Fälle, wenn sie auf unserer Ebene entschieden werden mußten, schon eine gewisse Brisanz erreicht. Einige sind mir in Erinnerung und erscheinen hier erwähnenswert, weil sie einen Eindruck vermitteln, wie weit es schon damals mit diesem Offizierkorps gekommen war. Aber ich möchte gerade an dieser Stelle keinen Zweifel aufkommen lassen, daß die große Mehrheit der Offiziere (hier geht es nur um Offiziere – und nicht um Unteroffiziere, für die die Personalabteilung nicht zuständig war) ihre Pflicht getan haben. Doch konnten und können derartige Auswüchse nicht ohne Rückwirkungen auf die Dienstauffassung schlechthin bleiben.

Dabei gab (und gibt es sicher) durchaus berechtigte Gründe zur Unzufriedenheit. Wurde doch durch eine Reihe von Grundsatzentscheidungen das Vertrauen in die Personalführung beeinträchtigt, wenn nicht erschüttert. Am meisten Unheil hat sicher die Welle der Oberstleutnants-Beförderungen angerichtet, die Ende der 60er und Anfang der 70er Jahre über die Bundeswehr hinwegschwappte. Dr. Konrad Stangl, der frühere Abteilungsleiter P, den ich sehr geschätzt habe und mit dem ich noch heute in Verbindung stehe, hatte in bester Absicht diese zusätzlichen Stellen erkämpft. Auf diese Weise wollte er Unzufriedenheit abbauen; leider wurde das Gegenteil erreicht. Darin liegt eine gewisse Tragik. Stangl war ein wirklich erfahrener Personalchef. In einem Gespräch sagte er mir einmal: »Jeder Oberstleutnant hat seine Geschichte, warum er nicht Oberst geworden ist – und ebenso jeder Oberst, warum er es nicht zum General gebracht hat.« Das mag makaber klingen, aber dahinter steckt eine tiefe Wahrheit. Nur war ich nie gewillt, mich damit abzufinden. Und ich bin sicher, daß die meisten Soldaten mir zustimmen werden. Ist eine solche Haltung doch nicht nur Ausdruck eines mangelhaften inneren Gefüges. Vielmehr wird auf diese Weise doch offenkundig, daß es einer Armee nicht gelungen ist, ihre Offiziere auf höhere Ziele des Dienens einzuschwören als nur die auf die nächste Beförderung. Niemand braucht zu befürchten, ich würde hier mit Standardphrasen von der »Verteidigung der westlichen Wertegemeinschaft« aufwarten. Mir liegt es fern, diese Werte herabzustufen. Das tun eben gerade jene, die unentwegt solche Lippenbekenntnisse im Munde führen und sich nicht darum kümmern, wie das auf die meisten Soldaten wirkt. Mir geht es hier darum, auf das Kernproblem der Menschenführung im allgemeinen und auf das der Inneren Führung – die ja letztlich nichts anderes als vortreffliche soldatische Menschenführung sein sollte – im besonderen zu verweisen. Das besteht eben darin, hohe Zielsetzungen in die Sprache und in das Fühlen der Geführten umzusetzen. Was die Sprache betrifft, so sind die verantwortlichen Führer in gleicher Weise gefordert wie Dolmetscher, nämlich das ihnen Vorgegebene so zu übersetzen, daß die ihnen anvertrauten Soldaten es verstehen und aufnehmen. Nicht immer genügt allein das Wort, wir müssen auch die Herzen gewinnen. Dazu brauchen wir den Bezug zur überschaubaren menschlichen

Gemeinschaft. Für die Soldaten ist das ihr Truppenteil, in der Regel das Bataillon. Nur dieses kann für sie militärische Heimat, und es sollte zugleich Bezugspunkt für ihr Dienen sein. Wieder drängt sich der Vergleich zur Wehrmacht auf. Damals bot den meisten Soldaten ihr Truppenteil Gewähr dafür, daß sie zu Recht kämpften. Um so größer ist die Tragik zu werten, daß die oberste militärische Führung sich in Kriegsziele verstricken ließ, deren Unrecht zumindest sie erkennen konnte und mußte. Damit hat sie das Vertrauen von Millionen deutscher Soldaten mißbraucht. Diese bis in unsere Zeit nachwirkende Enttäuschung darf uns aber nicht entmutigen. Mit der Wiederbewaffnung haben wir uns 1955 für einen Neuanfang entschieden. Also müssen wir unseren Soldaten Ziele »jenseits von Angebot und Nachfrage« deutlich machen − von der Verteidigung des Vaterlandes bis zur kameradschaftlichen Verbundenheit. Wie unvollkommen uns dies gelungen ist, das wurde im Zusammenhang mit der Golf-Krise einer breiten Öffentlichkeit bewußt, als sich für einige Verbände die Möglichkeit eines Kampfeinsatzes abzeichnete.

Trotz dieser eingestandenen Mängel ist es etwa nicht so, daß die meisten Soldaten der Bundeswehr etwa nur die nächste Beförderung im Sinn hätten. Oft genug habe ich erlebt, wie Offiziere und Unteroffiziere ihre berechtigte Enttäuschung einfach weggesteckt und unbeirrt bis zum Schluß ihre Pflicht getan haben − oft mehr als das. Einen solchen Fall möchte ich hier erwähnen. Es war im Dezember 1971. Da befand mich gerade zur Inspizierung der Heeresoffizierschule in Hamburg. Deren Kommandeur, mein einstiger Lehrgangskamerad Horst Scheuermann, kam gerade von seiner Beförderung zum Brigadegeneral aus Bonn zurück. So war eine kleine Feier fällig. Zufällig war auch der für Generale und Generalstabsoffiziere des Heeres zuständige Referatsleiter, Oberst i.G. Ay, anwesend. Mit ihm und Oberst i.G. (später Brigadegeneral) Johannes Magerstaedt saßen wir beisammen. Scheuermann war in den 60er Jahren lange Zeit als Hilfsreferent unter Ay eingesetzt. Nun hatte sich alles umgekehrt: Der viel ältere Ay war Oberst geblieben und fand sich zu der Beförderungsfeier seines einstigen Mitarbeiters ein; und der noch viel jüngere Kießling war in dieser Runde der Ranghöchste, von dem man ein paar Worte erwartete. Das war keine leichte Aufgabe für mich. Sinngemäß sagte ich: »Eine Generalsbeförderung, das ist nichts Alltägliches, das ist schon ein Grund zum Feiern. Wir freuen uns mit Ihnen, lieber Scheuermann. Unsere kleine Runde ist dadurch gekennzeichnet, daß unter uns Oberst Ay ist, einst Ihr Vorgesetzter. Jeder von uns hätte gerade ihm diese Beförderung längst gewünscht. Für Sie, Herr Oberst Ay, dürfte diese Stunde auch mit einem bitteren Gefühl verbunden sein. Wenn Sie dies auch mit keinem Wort und mit keiner Miene bestätigen werden, wir können es nachfühlen. Daß Sie dennoch heute mit uns zusammengekommen sind, das ist sichtbarer Ausdruck einer soldatischen Haltung, die gar zu oft beschworen, aber selten praktiziert wird. Dafür danken wir Ihnen. Keiner von uns, ob er nun als Soldat mehr oder weniger erfolgreich war, weiß, ob er damit glücklich werden wird. Aber wir alle wissen nur zu gut, daß es in unserem Soldatenleben um mehr geht als um Ränge und Sterne. Ob wir diesem Mehr gerecht geworden sind, das wird man allenfalls am Ende unserer Dienstzeit beurteilen können. Es werden andere sein, die dieses Urteil über uns fällen. So möchte ich in dieser Stunde der Freude und des Nachdenkens nicht nur Ihnen, lieber Scheuermann, sondern uns allen mit auf den Weg geben: Handeln wir so, daß wir am letzten Tage unseres Dienstes in den Spiegel schauen können. Viel mehr noch: daß wir am Ende unseres Lebens mit gutem Gewissen vor unseren Herrgott treten können.«

In einem anderen Fall hat ein Soldat seiner Unzufriedenheit freien Lauf gelassen. Es war der Luftwaffen-Major Z. Im Sommer 1978 rief mich Wörner an, damals Vorsitzender des Verteidigungsausschusses, und bat um meine Unterstützung. Ich kannte den Fall bereits, denn Z. hatte auch die SPD wie die FDP eingeschaltet, um Oberstleutnant zu werden. Abgesehen davon, daß hier offenkundig wird, wie politische Parteien von einzelnen Offizieren mißbraucht werden (und sich mißbrauchen lassen!), erscheint mir dieser Fall exemplarisch für objektiv unberechtigte Unzufriedenheit unter Offizieren wegen einer ausgebliebenen Beförderung. Z. war im Krieg Unteroffizier und wurde folglich als Stabsunteroffizier in die Bundeswehr eingestellt. Bald darauf zum Feldwebel befördert, stieg er schnell bis zum Oberstabsfeldwebel auf.

Mit Einführung des Fachoffiziers wurde er dann als Oberleutnant in diese Laufbahn übernommen und wenig später zum Hauptmann befördert. Er gehörte zu den wenigen Fachoffizieren, die 1974 als erste auch zum neu geschaffenen Grundlehrgang (für den Aufstieg zum Stabsoffizier) zugelassen wurden. Danach wurde er zum Major befördert. Nun stand er wegen Erreichen der Altersgrenze zur Pensionierung heran. Für eine weitere Beförderung zum Oberstleutnant fehlten ihm die erforderlichen Offizierdienstzeiten, denn er war ja erst verhältnismäßig spät in die Offizierlaufbahn übernommen worden.

Also stellte Z. den Antrag auf Verlängerung seiner Dienstzeit, damit er die für eine weitere Beförderung erforderlichen Dienstjahre erreichen konnte. Dieser Antrag wurde abgelehnt, denn die Personalführung war ja gerade darauf bedacht, Aufstiegsmöglichkeiten für jüngere Offiziere zu schaffen und nicht die ohnehin ungünstige Altersstruktur noch durch Verlängerung der Dienstzeiten Älterer zu verschlechtern. Z. empfand diese Ablehnung als für ihn unzumutbar und pochte auf eine moralische Verpflichtung des Dienstherrn, ihn noch zum Oberstleutnant zu befördern. Und die Politiker verschiedener Parteien ließen sich vor seinen Karren spannen! Dieser Fall offenbart in erschreckender Weise, wie sich ein Soldat, der sich eigentlich einer glanzvollen Laufbahn erfreuen durfte, in Unzufriedenheit hineinsteigert. Ich bin sicher, daß Z. nicht ein Spiegelbild der Offiziere war, aber ein Symptom für gefährliche Tendenzen im inneren Gefüge ist er schon; auch eine Quittung für all jene, für die der Soldat »ein Beruf wie jeder andere« ist und Streitkräfte »Sicherheit produzieren« sollen. Wer solche Sprache – möglicherweise unbedacht – pflegt, darf sich über das Ergebnis nicht wundern!

Unzufriedenheit traf man nicht nur bei den Aktiven an, auch die Reservisten sind davon nicht ausgenommen. Zu Recht war die Bundeswehr um eine ausreichende Anzahl von Reserve-Offizieren bemüht. Ein wirklicher Bedarf dafür bestand aber nur für Verwendungen bis zum Hauptmann, allenfalls noch bei einigen Majors-Verwendungen. Aber es gab auch recht ehrgeizige Reserve-Offiziere, die mehr erstrebten; und daraus ist ihnen kein Vorwurf zu machen. Doch die Grenze für den Aufstieg von Reservisten zog man im allgemeinen beim

Oberstleutnant. Die Beförderung zum Oberst der Reserve war strikt begrenzt; nur wenige schafften den Sprung dorthin. Darunter befanden sich allerdings nicht wenige Politiker. Zu rechtfertigen waren deren Ernennungen im allgemeinen nur unter dem Gesichtspunkt der Öffentlichkeitsarbeit in Verteidigungsfragen. Denn der zusätzliche Bedarf an Obersten im Verteidigungsfall war ein so begrenzter, daß er mühelos durch dafür geeignete aktive Oberstleutnante gedeckt werden könnte. Vergeblich versuchte ich, den kostspieligen und für die Bundeswehr nutzlosen Wehrübungen einiger hochrangiger Reserveoffiziere einen Riegel vorzuschieben. Als solche sah ich z. B. mehrwöchige Übungen beim Attaché-Stab in Washington an. Ging man solchen Vorhaben auf den Grund, kam stets dasselbe heraus: Es ging immer nur darum, irgendjemanden einen Gefallen zu tun; natürlich auf Kosten des Steuerzahlers und zu Lasten des inneren Gefüges!

So weit so gut. Der bekannte Soldaten-Spruch » die nächste Beförderung ist die schönste« galt auch für die Reservisten. Einige von ihnen trachteten nach dem Generalsstern − und sie bemühten sich darum. Bisher war der Rang eines Brigadegenerals der Reserve nur ein paarmal vergeben worden, so an den bekannten Professor Freiherr von der Heydte, an den im Zusammenhang mit der Spiegel-Affäre an der Generalsbarriere gescheiterten Obersten i.G. Adolf Wicht und weitere hochrangige BND-Beamte, ehemals meist Obersten i.G. Ein Bedarf für den V-Fall bestand überhaupt nicht. Wir hatten mehr als genug aktive Obristen, die solche Aufgaben viel besser ausfüllen konnten als ein Reservist und die jederzeit verfügbar waren. Aber das vermochte nicht alle Obersten der Reserve zufriedenzustellen. Einer von ihnen, der den Verteidigungsminister Leber aus der Kriegszeit her kannte, rechnete sich gute Chancen aus. Anfangs zögerte Leber noch. Doch als er im Februar 1978 aus dem Amt schied, wollte er diese Generalsbeförderung noch durchsetzen. Wie so oft, wurde ich gar nicht gefragt, man vermutete wohl ohnehin meine Bedenken. Ich trat in diesen Tagen einen Urlaub an. Dort erfuhr ich von dem inzwischen eingetretenen Dilemma. Eilfertig hatte sich die Personalabteilung erwiesen, dem scheidenden Minister zu Diensten zu sein, damit dieser seinen Kriegskameraden noch zum Brigadegeneral befördern konnte. Aber man hatte die Rechnung ohne den Wirt gemacht. Der Wirt hieß Helmut

Schmidt, seines Zeichens Bundeskanzler. Der mußte zustimmen, genauer: das Bundeskabinett. Diesem wurde der Beförderungsvorschlag aber erst in letzter Minute vorgelegt, als der Kandidat sich bereits auf der Fahrt zur Hardthöhe befand, in freudiger Erwartung seiner Beförderung. Aber der Bundeskanzler Schmidt spielte nicht mit: Keine weiteren Reserve-Generale! So mußte der Kandidat ohne die erwartete Generalswürde in seinen Heimatort zurückfahren. Dort hatte man sich schon auf ein großes Fest eingestellt; aber das mußte nun abgesagt werden. Da war keine Schadenfreude am Platz, sondern Mitgefühl für den zutiefst getroffenen Oberst und Kritik an einer konzeptionsarmen Personalführung!

Ein Wesensmerkmal der Personalstruktur der Bundeswehr sind die viel zu knapp bemessenen Generalsstellen. Bei einem Personalumfang, der sich bis Ende der 80er Jahre stets an die 500.000 Mann näherte, waren durch den Haushalt nur rund 200 Stellen für Generale und Admirale bewilligt. Im August 1982 sprach ich mit Manfred Wörner (zu dieser Zeit noch nicht Verteidigungsminister) über dieses Problem, um ihn für eine Vermehrung der Generalsstellen zu gewinnen. Spontan antwortete er mir: »Ich habe ja gar nicht gewußt, daß die Bundeswehr schon so viele Generale hat!« Gerade an diesem Tag war in der FAZ ein Artikel erschienen, in dem Adelbert Weinstein über ein Gespräch berichtete, das er kurz zuvor mit mir über diese Frage und deren Auswirkungen auf eine angemessene Vertretung der Bundeswehr in den NATO-Stäben geführt hatte.[172] Dieses Erstaunen von Wörner erwähne ich nur, um damit deutlich zu machen, daß nicht einmal der Vorsitzende des Verteidigungsausschusses, dem man wahrhaftig nicht mangelnde Sachkenntnis vorwerfen konnte, dieses spezifische Problem erkannt hatte. Und es war ein Problem! Denn die Bundeswehr und damit die Bundesrepublik erschwerten sich mit diesem törichten Geizen um Generalsstellen ihre eigene Arbeit und brachten sich in der internationalen Zusammenarbeit um manche Früchte. Mag man sich im nationalen Bereich damit herausreden, ein guter Mann werde sich schon durchsetzen, auch ohne Generalssterne; international kommt es nun einmal zuerst auf das Sichtbare an, auf Ränge und Sterne und Ärmelstreifen in Gold.

Beiderseits der Grenze zwischen nationalen und internationalen Aufgaben ist die Stellung des Generalinspekteurs anzusiedeln. Daß auch national seiner Einstufung Bedeutung zukommt, das wurde in der Generalskrise von 1966 offenkundig. Zur Erfüllung seiner Aufgabe bedarf der Generalinspekteur der deutlichen Heraushebung durch den höchsten militärischen Rang; national wie international. Er muß Viersterne-General sein. Das wurde zum Problem, als im Frühsommer Admiral Armin Zimmermann schwer erkrankte und das Amt für viele Monate durch seinen Stellvertreter Generalleutnant Harald Wust geführt wurde. Es war offenkundig, daß der Admiral nicht wieder dienstfähig werden würde; er verstarb am 30. November 1977. Die Personalführung der Bundeswehr erwies sich als unfähig, eine praktikable Lösung für die äußerst schwierige Übergangszeit zu finden. Das erforderte, die zuständigen Haushaltspolitiker davon zu überzeugen, für diese befristete Zeit eine zusätzliche Viersterne-Stelle zu bewilligen, um sowohl dem sterbenden als auch dem amtierenden Generalinspekteur gerecht zu werden. Es war geradezu unverantwortlich, für eine so lange Zeit beide Aufgaben einem einzigen Manne zuzumuten. Dabei wird auch deutlich, wie nachteilig sich die unzutreffende Bezeichnung »Stellvertreter des Generalinspekteurs« auswirkt. Läßt sie doch vermuten, dieser General stünde nur zur Vertretung bereit. Daß er in Wirklichkeit eines der schwierigsten Ämter in der Bundeswehr wahrnehmen muß, nämlich die Leitung der Abteilung Streitkräfte im Verteidigungsministerium, ist weitgehend unbekannt. Diese Verantwortung obliegt ihm auch in Zeiten, wenn er den Generalinspekteur vertreten muß. Es verdient Erwähnung, daß ausgerechnet in eine solche Zeit der Doppelbelastung eines Stellvertretenden Generalinspekteurs der Spionagefall Lutze/Wiegel fiel. In den Medien wurde dann auch diese Affäre als Ursache für den späteren Rücktritt des Generals Wust gewertet.

Günstlingswirtschaft

Am bedrückendsten waren mein Erfahrungen in Einzelfällen, wo es allein darum ging, einen Günstling nach oben zu befördern. Nicht

352

selten gingen solche Initiativen von der Spitze des Ministeriums aus. Um möglichen Widerständen vorzubeugen, handelte man gern nach dem Motto: Schlägst Du meinen Oberst – schlag ich Deinen Oberst. Da kannte ein Staatssekretär aus seiner früheren Tätigkeit einen Bataillonskommandeur, den er mit aller Gewalt zum Oberst befördert wissen wollte. Obwohl die Personalakte dieses Offiziers ihn belastende Hinweise enthielt, stimmten die anderen Mitglieder des Kollegiums, die ansonsten Zeter und Mordio geschrien hätten, eiligst zu. Im Gegenzug nutzten sie die Chance, dem Inspekteur des Heeres einen Referatsleiter ihrer Couleur aufzudrängen, gegen den sich dieser bis dahin vehement und mit Erfolg gewehrt hatte.

Wollte die politische Leitung den Militärs einen der ihren aufdrängen, dann konnte sie auf den latenten Opportunismus bauen. Im Heer hatten Offiziere, die sich weder für die Generalstabsausbildung qualifizierten noch zum Bataillonskommandeur ausgewählt wurden, im allgemeinen nur dann eine Chance für den weiteren Aufstieg, wenn sie zuvor Stellvertretender Brigadekommandeur (und damit Oberst) wurden. Dieser Posten galt als eine herausgehobene Verwendung, die aus gutem Grunde den als Bataillonskommandeuren bewährten Truppenoffizieren vorbehalten blieb. Nur in Ausnahmefällen wurde sie auch für solche Generalstabsoffiziere genützt, die – nicht etwa wegen fehlender Eignung, sondern wegen gelegentlicher Unabkömmlichkeit in speziellen Verwendungen – kein Bataillon geführt hatten und nun auf diese Weise den Einstieg in die Ebene der Brigadeführung erhalten sollten.

Umgekehrt erlebte ich einen besonders krassen Mißbrauch dieser Verwendung. Als ich noch Divisionskommandeur war, wurde mir die Zuversetzung eines Oberstleutnants aus der Leitung des Ministeriums als Stellvertretender Brigadekommandeur angekündigt. Wie kaum anders zu erwarten, war dieser Offizier weder Generalstabsoffizier noch Bataillonskommandeur gewesen. Aber es kam noch schlimmer. Mir wurde bedeutet, daß der Auserwählte zwar auf dem Papier zuversetzt werde (damit er zum Oberst befördert werden konnte), seinen Dienst aber erst ein halbes Jahr später antreten könne, da er zuvor als Lehrgangsteilnehmer an das NATO Defense College kommandiert würde. Ich lehnte das strikt ab. War es schon schlimm genug, daß wir für Kommandierungen zu diesem Lehrgang über keine Schüleretat-Stellen verfügten, die Truppe also unter einer solchen Kommandierung in vielfacher Weise zu leiden hat, so sei dies nur zumutbar, wenn der betreffende Offizier sich zuvor in dieser Truppe bewährt habe, die für seine Abwesenheit die Last tragen müßte − und nicht irgendwo im Ministerium. Mein Argument stach; die Personalabteilung zog zurück, gab aber keineswegs auf. Denn schnell fand man eine andere Division, die den Mann aus dem Ministerium aufnahm. Als ich wenig später Stellvertreter P war, sah ich mich wiederum diesem Fall konfrontiert. Diesmal ging es um die Beurteilung dieses inzwischen zum Obersten beförderten Offiziers. Obwohl er die Stelle als Stellvertretender Brigadekommandeur kaum mehr als drei Monate ausfüllte, wurde er von seinem Brigadekommandeur mit »sehr gut« beurteilt. Kurz darauf traf ich bei einer Bundeswehr-Planübung auf diesen Brigadekommandeur und stellte ihn zur Rede. Es gab keinen Zweifel: eine derart überdurchschnittliche Bewertung war nicht zu rechtfertigen! Nach nur ein paar Wochen konnte sich ein bis dahin im Truppendienst unerfahrener Offizier nicht als »sehr gut« qualifizieren. Überdies war bekannt, daß auch die auf diesen Stellen im allgemeinen eingesetzten Truppenoffiziere, erfahren als Bataillonskommandeure, selten eine bessere Note als »gut« erreichten. Der verlegen wirkende Brigadekommandeur nahm Zuflucht zu einer jämmerlichen Ausrede: Er habe einen »Beurteilungsbeitrag« des betreffenden Staatssekretärs angefordert und der lautete auf »sehr gut«. Ich verwahrte mich dagegen energisch; denn dieser Beitrag könne nichts, aber auch gar nichts über die Leistung als Stellvertretender Brigadekommandeur aussagen, sondern nur allgemeine Eignungsmerkmale ausdrücken, die in einer anderen Rubrik des Beurteilungsbogens zu berücksichtigen waren. In letzter Verzweiflung offenbarte sich mir der bloßgestellte Brigadekommandeur: Der Inspekteur des Heeres habe ihn aufgefordert, diesen zuversetzten Obristen zu »streicheln«. Denn das Heer benötige die Unterstützung des Staatssekretärs für die bevorstehende Strukturreform. Ich erkannte meine hoffnungslose Position und nahm es hin. Das ändert nichts an meiner Verantwortung, die ich damit auf mich geladen habe. Heute bin ich überzeugt: Ich hätte mich widersetzen müssen; auch dann, wenn ich − wie zu erwarten − von keiner Seite Unterstützung

erfahren hätte. Übrigens wurden später beide Generale: Der Brigadekommandeur und sein Stellvertreter.

In der de-Maizière-Kommission

Das noch verbleibende Jahr bis zu meiner Wegversetzung im Herbst
1979 war für mich durch meine Mitarbeit in der nach ihrem Vorsitzenden General a. D. de Maizière benannten Kommission geprägt. Was
hatte es damit auf sich? Hans Apel, der neue Verteidigungsminister,
stand zwar dem Militär fremd gegenüber, keineswegs aber den
menschlichen Problemen. Schnell erkannte er, wo der Wurm steckte:
in der wachsenden Diskrepanz zwischen Auftrag und Mitteln. Um
dieses Problem in den Griff zu bekommen, setzte er im Herbst 1978
eine Kommission ein, deren Aufgabe in ihrer offiziellen Bezeichnung
als »Zur Stärkung der Führungsfähigkeit und Entscheidungsverantwortung« gar zu bescheiden umschrieben war. An die Spitze der 20
Mitglieder berief Apel den früheren Generalinspekteur de Maizière.
Er hätte kaum eine bessere Wahl treffen können. Nicht nur verfügte
Maizière über wohl einmalige Kenntnisse und Erfahrungen in bezug
auf das Werden der Bundeswehr. Er war auch ein Meister in der
Verhandlungsführung wie in der Fähigkeit, sich auf das Wesentliche zu
konzentrieren und das Ergebnis in eine griffige Formel zu bringen. Vor
allem aber − und da ist er wohl unübertroffen − wußte er das den
Politikern Zumutbare auszumachen und sich in diesem Rahmen zu
halten. Aber die Truppe blieb ihm fremd − und das als dem damaligen
Generalinspekteur! Ein Bundeswehrarzt, der ihn aus der Kriegszeit
kannte, hat mir gegenüber de Maizière einmal so charakterisiert: Der
könnte den blutigsten Krieg perfekt planen, aber er würde selbst
niemals einen Schuß abgeben.
Die Zeit in der Kommissionsarbeit brachte mich diesem Mann näher,
der wohl mehr als jeder andere die Entwicklung der Bundeswehr
bestimmt hat. Da mag es geboten sein, etwas näher auf mein Verhältnis zu ihm einzugehen.

Sein Name machte schon in den Jahren der Vorbereitung deutscher Streitkräfte Aufsehen, da er als junger Oberstleutnant a. D. im Amt Blank zu den führenden Köpfen zählte. Er selbst hat darüber in seinen 1989 veröffentlichten Memoiren[173] berichtet. Ich begegnete ihm zuerst 1957, als er – damals mit 43 Jahren der jüngste Brigadegeneral – der militärpolitischen Unterabteilung vorstand. Baudissin schickte mich, der ich gerade Hauptmann geworden war, zu ihm, um über meine Erfahrungen im BGS vorzutragen. Bei diesem ersten Zusammentreffen wie auch später beeindruckte er mich durch seine verbindliche Art, vor allem aber durch sein bestechendes Urteilsvermögen wie durch seine glasklaren Formulierungen. Näheren Kontakt gewann ich dann 1961, als ich ihn im Rahmen meiner Generalstabsausbildung an der Schule Innere Führung erlebte, deren Kommandeur er war. Da erkannte ich aber auch, was in seiner anschließenden Verwendung als Kommandeur der Führungsakademie offenkundig wurde, die Kehrseite dieser brillanten Begabung: Er scheute Auseinandersetzungen, steckte zurück, suchte Kompromisse auch dann, wenn Beharren und Widerstand geboten waren. In seinem 1974 veröffentlichten Buch[174] sind lesenswerte Beispiele für seine Kompromißbereitschaft enthalten. Ich wiederhole, was ich an anderer Stelle schon sagte: Er war der ideale Generalinspekteur für die westdeutsche Republik.

An anderer Stelle habe ich berichtet, wie ich Ende 1962 die Generalstabsausbildung verlassen mußte. Der für mich zuständige Kommandeur der Führungsakademie de Maizière wußte mir zwar Worte des Bedauerns und gute Wünsche mit auf den Weg zu geben, aber er hat keinen Finger gerührt, um mich zu halten. Zu Recht kritisierten deshalb viele mir nahestehende Kameraden meinen Entschluß, ausgerechnet Maizière um Vermittlung zu bitten, als sich an der Jahreswende 1983/1984 der mit meinem Namen verbundene Skandal abzeichnete.
Ich wußte meine Entscheidung zu begründen. Einmal hatte sich mein Verhältnis zu de Maizière inzwischen zu einem recht freundlichen gestaltet. Zum anderen war und bin ich von seiner persönlichen Integrität überzeugt. Verdrängt hatte ich die ihm eigene Zaghaftigkeit und mangelnde Initiative. Bevor ich ihm am Tag vor Weihnachten 1983

meine Sorgen vortrug, hatte ihn der mir nahestehenden General a.D. Ferber schon darauf vorbereitet. Erst zögernd, aber dann doch bestimmt, übernahm de Maizière die Rolle des Vermittlers. Danach hörte ich nichts mehr von ihm. Mehrmals rief ich ihn an, um ihn zu drängen. Immer mahnte er zur Geduld. Auf die Idee, daß ich auch seines menschlichen Beistandes bedurfte, ist er wohl gar nicht gekommen. Der mir von früher her gewogene Generalleutnant a.D. Meyer-Detring, mit dem ich aus dem Krankenhaus in München wiederholt telefonierte, kannte Maizière aus der Kriegszeit im OKH recht gut. Er schaltete sich ein, sprach mit Maizière und rief mich dann zurück: ich sollte nichts mehr erwarten. Kurz darauf klingelte mein Telefon erneut; de Maizière war selbst am Apparat. Er bat um Verständnis, wenn er die Rolle des Vermittlers zurückgeben müsse, weil der ganze Fall nun zu einer politischen Frage aufgebauscht worden sei. Ich sagte nur: Danke – und legte auf. Später schrieb er mir einen ziemlich kläglichen Brief, um seinen Rückzug zu rechtfertigen.

Der Bericht der de-Maizière-Kommission[175] wurde zu einem eindrucksvollen Dokument in der Geschichte der Bundeswehr. Ich bezweifle aber, daß er viel bewirkt hat. Der Apparat des Ministeriums machte sich sofort daran, jede Schuld von sich zu weisen. Der Gegen-Bericht, wenn man die Stellungnahme des Ministeriums vom 31. Juli 1981 so bezeichnen darf, fand wenig Beachtung. Aber die entscheidenden Aussagen stehen für die Verteidigungspolitik in bezug auf die Kernfrage Auftrag und Mittel. Mir oblag es, im Kommissionsbericht unsere wesentliche Forderung als »Empfehlung Nr. 1« zu formulieren. Vorausschauend, wie man sich da herauszuwinden versuchen würde, meinte ich dieses Schlupfloch durch zwei Zusätze zu verstopfen: »(1) Wenn Aufgaben und Aufträge nicht reduziert werden können, dann sind die Mittel zu verbessern oder zu verstärken und (2) Können die Mittel nicht verbessert oder verstärkt werden, müssen die Aufgaben und Aufträge verringert werden.«[176] Dennoch scheute sich das Ministerium nicht, mit folgenden Worten Stellung zu nehmen: »Die Grenzen für Lösungsansätze und Verbesserungsmöglichkeiten werden dabei jedoch durch den Auftrag der Bundeswehr und die daraus abgeleiteten Aufgaben der Streitkräfte, ihren Umfang und ihre Struktur sowie die im Verteidigungshaushalt festgelegten Finanzmittel bestimmt.«[177] Das heißt im Klartext doch nichts anderes als: Die Aufträge bleiben so wie sie sind, und die dafür erforderlichen Mittel werden nicht bereitgestellt. Mit anderen Worten: Man erteilt ganz bewußt unerfüllbare Aufträge! Und das hat auch noch der Verteidigungsminister Apel persönlich unterschrieben. Auffällig ist, daß Apel in seinem Buch»Der Abstieg« auf diese Kommission überhaupt nicht eingeht. Dennoch sage ich:

Apel war nicht der schlechteste

Daß er wenig Sinn für das Formale hatte, ist hinreichend bekannt. In seinem Buch berichtet Apel über seine Amtsübernahme:»Georg Leber ist mit dem üblichen Zapfenstreich verabschiedet worden. Die Zeitungen berichten, daß ich mich höchst unkonventionell − schlendernd und mit meiner Frau Händchen haltend − zum Paradeplatz begeben hätte.« Und er fährt fort:»Das Brimborimum ist vorbei.«[178] Für meine Betrachtung hier fällt viel stärker ins Gewicht, daß die Generale seine Verstöße gegen die Form so widerspruchslos hingenommen haben. Ein Beispiel dafür bot Apels erstes Auftreten vor der versammelten Generalität anläßlich der Großen Kommandeur-Tagung der Bundeswehr in Saarbrücken im April 1978. Da erschien er in Begleitung seiner Ehefrau. Das vom Fernsehen verbreitete Bild, mit welchem Kotau ihn ein hoher General bei seinem Eintreffen auf dem Hubschrauberlandeplatz begrüßte, ist ein Dokument peinlicher Unterwürfigkeit deutscher Militärs. Anstatt ihn darauf hinzuweisen, daß er seine Frau besser nicht in den Tagungsraum mitnehmen sollte, gab der Generalinspekteur in seinen Begrüßungsworten der Freude Ausdruck, auch Frau Apel in unserem Kreise begrüßen zu dürfen. Und die Mehrheit der Generale applaudierte. Als ich in der anschließenden Pause meinem Unmut darüber im Kameradenkreis Luft machte, stieß ich überwiegend auf Unverständnis. Die meisten fanden das ganz in Ordnung. Ein paar Jahre später kritisierte dann die Parlamentarische Staatssekretärin Frau Agnes Hürland-Büning im Fernsehen, daß zu einer solchen Kommandeur-Tagung nur 300 Männer versammelt seien.

Sie würde darauf dringen, daß künftig auch die Ehefrauen daran teilnehmen. Damit offenbarte sie ihre erschreckende Unkenntnis über Sinn und Zweck einer Kommandeur-Tagung, die zudem einen erheblichen Aufwand an Steuermitteln verursacht. Wollte sie solche Konferenz etwa zu einer gesellschaftlichen Veranstaltung umfunktioniert wissen? Man hörte nichts mehr davon, bis im März 1991 berichtet wurde, zur Großen Kommandeurtagung der Bundeswehr seien auch die Ehefrauen hoher Generale geladen worden.

Als wir, die Kommission, den Bericht am 30. Oktober 1979 in Bonn dem Verteidigungsminister übergaben, bot sich für mich erstmalig Gelegenheit zu einem längeren Gespräch mit Apel. Wie wohl die meisten meiner Kameraden war ich nach seiner Amtsübernahme schnell zu dem (Vor-)Urteil gelangt, Apel würde als der schlechteste Verteidigungsminister in die Geschichte der Bundeswehr eingehen. Diese Auffassung hatte ich aber bereits korrigiert, als es um die Beförderung von Oberst Günter Baer zum Brigadegeneral ging. Ich habe ja über den »Lieder-Skandal« berichtet, der zur Ablösung Baers als Brigadekommandeur führte. Als Stellvertreter P bot sich mir die Chance, darauf Einfluß zu nehmen, dieses Unrecht wieder gutzumachen. Ich suchte nach Lösungen und fand die Möglichkeit, Baer zum Stellvertretenden Kommandeur der 1. Panzergrenadierdivison in Hannover und damit zur Beförderung zum Brigadegeneral in Vorschlag zu bringen. Der Abteilungsleiter stimmte zu und sagte: Dann entwerfen Sie mal eine hieb- und stichfeste Begründung! In der Vorlage für den Minister wies ich pflichtgemäß darauf hin, daß Baer Offizier in der Waffen-SS war und wir uns darauf einstellen müßten, daß seine Beförderung in der Öffentlichkeit kritisch vermerkt werden könnte. Deshalb sei es geboten, ihn in eine wenig exponierte Verwendung – wie die vorgeschlagene – zu bringen und seine Eignung dafür unangreifbar zu begründen. Ich hatte bestenfalls erhofft, daß Apel sich dazu vortragen lassen würde. Statt dessen kam die Vorlage mit seinem Einverständnis zurück. Dabei hatte er mit seinem grünen Stift an den Rand geschrieben: »Was interessiert es mich, was B. mit 20 Jahren gewesen ist.« Das war eine mutige Entscheidung! Übrigens, es hat in der Geschichte der Bundeswehr vier Generale gegeben, die im Kriege

Offiziere in der Waffen-SS waren.[179] Dennoch hat uns das Problem ehemaliger Angehöriger der Waffen-SS in der Bundeswehr immer wieder beschäftigt.

Längst ist der letzte noch aus der Waffen-SS stammende Soldat aus dem aktiven Dienst der Bundeswehr geschieden. Es ehrt Apel, daß er damals eine so mutige Entscheidung getroffen hatte. Aber auch in anderen Fragen gewann er meine Sympathie. Mitunter konnte ich seine Vorbehalte gegen uns Militärs sogar nachempfinden. Überwiegend rührten sie aus Begegnungen mit dem zum Glück seltenen Typ von Offizieren, die mit arrogantem Gehabe und mit ihrem tollpatschigen Opportunismus nicht nur Apel auf die Nerven gingen. Aber sein Schicksal wurde dadurch bestimmt, daß auch er den Apparat des Ministeriums nicht in den Griff bekam. Das ist ja nicht einmal Helmut Schmidt gelungen! Anders als Schmidt gab sich Apel damit aber auch wenig Mühe. Er hatte wohl verkannt, daß das Verteidigungsministerium etwas ganz anderes als sein bisheriges Finanzministerium war.
Da genügte es nicht, mal einen ihm vertrauten Staatssekretär mit auf die Hardthöhe zu bringen. Apels wesentliche Schwäche lag – wie auch die der meisten Verteidigungsminister – darin, daß er es nicht vermochte, sich mit qualifizierten Mitarbeitern zu umgeben, weder auf der politischen, noch auf der Beamten-Ebene, auf der militärischen schon gar nicht. So wurde er immer mehr zu einer tragischen Figur. Es ehrt ihn, mit welchem Freimut er seinen Abstieg offen eingestanden hat. In seinem Buch berichtet er auch, wie er 1984 von dem mich betreffenden Skandal tangiert wurde. Ich habe es als wohltuend empfunden, wie ausgerechnet Apel, der nur zu gut wußte, daß ich seiner Partei nicht nahestand, mich von dem Vorwurf zu befreien versuchte, ich hätte niemals General werden dürfen.

Der von Apel mitgebrachte Staatssekretär Joachim Hiehle wurde zur beherrschenden Figur im Verteidigungsministerium. Zu Hiehle fand ich schnell Kontakt. Dazu trug sicher bei, daß wir gleichaltrig und auch beide Berliner waren. Wiederholt bestellte er mich zum Vortrag, an den sich fast immer ein kleiner Plausch anschloß. Mir erschien Hiehle als der preußische Beamte par excellence: pflichtgetreu, scharfsinnig und auch wenig verbindlich. Großen Wert legte er auf seinen Status als Marineoffizier der Reserve. Eines Tages bat Hiehle mich, seine Frau und seine Tochter auf den Ball des Heeres zu begleiten, da er selbst in die USA reisen mußte. Er ging zur Recht davon aus, daß ich ohnehin auf den Ball gehen würde – und allein. So entsprach ich seinem Wunsch und mußte – wie nicht anders zu erwarten – manche spöttische Bemerkung von Kameraden einstecken. Ich erwähne diese Begebenheit nur, weil sie so ganz im Widerspruch zu der Haltung steht, die Hiehle später mir gegenüber an den Tag legte. Die unwürdige Art und Weise, wie er mir am 23. Dezember 1983 die Entlassungsurkunde überreichte, hat in der Öffentlichkeit so viel Kritik hervorgerufen, daß sich der parlamentarische Untersuchungsausschuß damit befaßte. Dort traf Hiehle bei seiner Anhörung auf einen Mann, der ihm eindeutig überlegen war: Gerhard Jahn, der ehemalige Bundesjustizminister. »Die längste Stunde im Leben des Joachim Hiehle war eine Sternstunde des Abgeordneten Jahn« überschrieb die FAZ ihren Bericht und folgerte: »Da ist . . .eine Position zusammengebrochen, nämlich die des untadeligen, absolut korrekten Verhaltens der Leitung des Verteidigungsministeriums im Falle Kießling.« Daß Hiehle darunter furchtbar gelitten hat, steht für mich außer Zweifel. Aber sicher ist, daß das nicht ganz unverschuldet war. Zu denken gibt auch, wie er sich gegenüber seinem einstigen Gönner Hans Apel verhalten hat, als dieser mit dem Regierungswechsel im Herbst 1982 stürzte. Apel schreibt dazu: »Die Absetzbewegungen sind gewaltig, wenn auch unkoordiniert. Mit Interesse verfolge ich das Verhalten meines alten Weggefährten bereits aus den Zeiten des Finanzministeriums, des Staatssekretärs Hiehle. Sein Verhalten mir gegenüber ändert sich täglich. Wenn er überzeugt ist, er müsse gehen, läßt er sich bei mir sehen. Wenn seine Hoffnung steigt, er könne bleiben, dann ist er unsichtbar. Als der Kanzler offiziell auf der Hardthöhe Abschied nimmt, steht er demonstrativ abseits.«[180]

Wust tritt zurück

Zu den aufregendsten Ereignissen während meiner Zeit in der Personalabteilung zählt der Rücktritt des Generalinspekteurs Wust im Dezember 1978. Wie eine Bombe platzte diese Meldung in die Öffentlichkeit. Uns Eingeweihte hat sie weniger überrascht. Seit dem Frühsommer schon zeichnete sich ab, daß Wust mit der politischen Leitung nicht mehr konnte. Nicht mehr mit Apel, der ihn noch im April überschwenglich als einen Freund gepriesen hatte, schon gar nicht mit den drei Staatssekretären, wobei letztere für jeden Generalinspekteur ohnehin nur zu ertragen sind, wenn er den Minister hinter sich weiß. Hier zeigt sich das Übel, daß man den höchsten Soldaten bewußt unter dem Staatssekretär eingestuft hat. Diese Zurücksetzung wäre allenfalls im Hinblick auf den parlamentarischen Staatssekretär zu rechtfertigen, nicht aber gegenüber den beiden beamteten Staatssekretären, die doch nichts anderes als Verwaltungschefs sind. Anti-soldatische Intellektuelle und Beamte haben sich an dieser Frage stets gerieben — und leider immer gewonnen.

Wust war im Dezember 1978 erst zwei Jahre in diesem Amt, in das er dem verstorbenen Admiral Zimmermann folgte. Übrigens war das bisher das einzige Mal, daß ein Stellvertreter zum Generalinspekteur aufstieg. Auch daraus kann man ablesen, daß ein Generalinspekteur wohl anders aufgebaut werden sollte. Niemand bezweifelte Wusts intellektuelle Begabung, seine administrativen Fähigkeiten und seine ministeriellen Erfahrungen. Dennoch kam seine Auswahl durch den damaligen Minister Leber einer Bankrott-Erklärung der Personalführung gleich. Erstens, weil nach der Amtszeit eines Admirals nun wirklich wieder ein Heeresgeneral an die Spitze treten sollte; ist doch die Bundeswehr im wesentlichen eine Landstreitmacht. Deren Führungsgrundsätze sollte ein Generalinspekteur beherrschen, ihr Vertrauen muß er besitzen. Aus gutem Grund haben wir Deutsche keine gleichstarken Teilstreitkräfte wie die Amerikaner und die Briten, die folglich eine gleichberechtigte Rotation im Amt des obersten Soldaten pflegen. Darüber hinaus war Wust auch kein typischer Luftwaffengeneral; Inspekteur seiner Teilstreitkraft wäre er wohl niemals geworden. Denn da ist immer ein Pilot gefragt, nicht ein Luftnachrichtenmann, dem überdies hinreichende Erfahrungen als Truppen-Kommandeur fehlten. Diese Einwände richten sich nicht gegen Wust, an dessen persönlicher Integrität es für mich keinen Zweifel gibt, sondern gegen die Personalführung. Vielmehr ehrt es Wust, daß er der politischen Leitung die Stirn bot, als sie ihn immer mehr aus einer Stellung sui generis in die eines Abteilungsleiters herabstufen wollte.

Die Personalführung muß um so schärfer kritisiert werden, weil sie inzwischen − Wust war bereits der sechste Generalinspekteur − über hinreichende Erfahrungen mit diesem Amt und mit den an einen Nachfolger zu stellenden Anforderungen verfügte, was bei der Besetzung dieses so bedeutenden Amtes vonnöten ist, nämlich des gezielten Aufbaues mehrerer Kandidaten, um aus ihnen auswählen zu können. Aber P hatte nichts zu bieten. Auch auf einen überraschenden Ausfall des Generalinspekteurs sollte man immer gefaßt sein.

Gelernt hat die Personalführung aus diesem Fall offenbar nichts. Was sie sich im Herbst 1991 leistete, das stellt ihr Versagen von 1978 noch weit in den Schatten. Über die Köpfe aller dienstälteren Generalmajore und Generalleutnante hinweg wurde der erst 52 Jahre alte Generalmajor Klaus Naumann zum Generalinspekteur ernannt. Dafür gab es eine − wenn auch recht fragwürdige − Begründung: Aufgrund seiner Funktion, die er ohne Zweifel gut erfüllte, war Naumann dem Bundeskanzler gut bekannt. Sollte das der richtige Weg sein, den Ersten Soldaten dieses Staates zu küren?

Hatte man bei dieser Entscheidung nicht bedacht, daß damit allen Übergangenen demonstrativ die Eignung zum Generalinspekteur abgesprochen wurde? Sicher waren von den Übergangenen auch nur wenige geeignet; und wenn es nur einer war, das genügt schon, um diese ungewöhnliche Personalentscheidung zu kritisieren. Sollte sich Naumann, was ich vermute, als derart außergewöhnliche Führerpersönlichkeit erwiesen haben, dann hatte man Zeit genug gehabt, ihn entsprechend aufzubauen, ihn mit der Führung einer Division und eines Korps (aber bitte mehr als ein halbes Jahr!) zu betrauen. Immerhin war er sieben Jahre lang Oberstleutnant und fünf Jahre Oberst! Franz Uhle-Wettler hat in einem Leserbrief zum Ausdruck gebracht, was die meisten Insider darüber denken: »Dienst in der Truppe gilt wenig, man muß bei Hofe geachtet sein!«

Doch kaum war solche Kritik öffentlich kundgetan, da wurde schon ein neuer »militärpolitischer« Stern in die hohe Umlaufbahn des Personalwesens geschossen: Der Verteidigungsminister machte den ihm aus früheren Jahren gut bekannten, gerade erst zum Flottillenadmiral beförderten Ulrich Weisser unter Überspringen des nächsten Dienstgrades zum Leiter des Planungstabes! Wenig später wurden dann dem frischgebackenen Vizeadmiral gar Ambitionen auf das Amt des Generalinspekteurs nachgesagt.

Nachdem die Personalabteilung Kenntnis vom Rücktritt Wusts erhielt, begann innerhalb weniger Stunden eine hektische Betriebsamkeit: Diskussionen, schriftliche Vorlagen, Personalketten. Natürlich hatte es auch vorher schon das eine oder andere Gespräch über die mögliche Wust-Nachfolge gegeben. Sie endete fast immer damit, daß die Spitzenmilitärs in einer Art Sextaner-Quintaner-Mentalität verkündeten, nach ihnen könne nichts Gutes mehr kommen. Da müßte man schon gleich auf die Nachkriegsoffiziere zurückgreifen – und folglich die jetzigen Amtsinhaber verlängern.
Den Minister scherte das alles wenig. Er zog einen Joker aus der Tasche, an den kaum jemand gedacht hatte: Jürgen Brandt. Diese Entscheidung war richtig, was die Aufgabe eines militärpolitischen Beraters betraf. Und nur daran dachte Apel. Und niemand widersprach ihm. Über mein persönliches Verhältnis zu Brandt habe ich im Zusammenhang mit meiner Sigmaringer Zeit berichtet. Inzwischen war Brandt als Generalleutnant der Deutsche Militärische Vertreter (DMV) bei der NATO in Brüssel – das war eine Aufgabe, für die er geboren war. Darin fühlte er sich wohl; er hat sich zu keiner Zeit danach gedrängt, Generalinspekteur zu werden. Nun wurde er es zu seiner eigenen Überraschung. Auch für seine Nachfolge in Brüssel bedurfte der Minister keines Rates der Personalführung. Apel entschied selbstherrlich: Altenburg! Der war Stabsabteilungsleiter FüS III. Erst vor ein paar Monaten zum Generalmajor befördert, stand er also auch zu einer weiteren Beförderung noch nicht heran, es sei denn, daß es keinen geeigneten Kandidaten für den DMV gab. Dann hätte man aber den Leiter der Personalabteilung feuern sollen! In beiden Fällen, beim Generalinspekteur wie beim DMV, bedeutete die Ent-

scheidung des Ministers eine Bevorzugung der Auserwählten gegenüber dienstälteren Generalen, unter denen sich sehr wohl geeignete Kandidaten für diese Ämter befanden. Um keinen Zweifel aufkommen zu lassen: Die Personalführung der Bundeswehr ist nicht auf Anciennität angelegt, sondern auf das Leistungsprinzip. Dennoch gilt es zu beachten, daß jedes Vorbeiziehen an etwa gleich Qualifizierten zumindest Verstimmung verursacht, die wiederum nicht ohne Rückwirkung auf das Gesamtgefüge der Streitkräfte bleiben kann. Ganz zu schweigen, daß immer auch auf einen gesunden Altersaufbau geachtet werden muß.

Beide – Brandt wie Altenburg – galten als Asse in der Militärpolitik. Und davon muß ein Generalinspekteur (Altenburg folgte dann 1983 Brandt auch in diesem Amt) etwas verstehen; ist er doch der militärpolitische Berater der Bundesregierung. Aber der Generalinspekteur soll eben noch mehr sein als Militärpolitiker; wichtiger noch ist seine Aufgabe als Erster Soldat. Dazu bedarf er der Autorität des erfahrenen Truppenführers und einer anerkannt guten Hand für die Menschenführung. Anläßlich der Amtsübernahme durch Trettner konnte man im SPIEGEL lesen:»Der Bundeswehr fehlt bis heute ein oberster Bürger in Uniform, der den Maßstab setzt, an dem sich die uniformierter Mitbürger orientieren können.«
Unter den bisherigen Generalinspekteuren der Bundeswehr gab es wohl nur zwei, die den Vorstellungen der Soldaten entsprachen: Foertsch und Trettner. In diesem Zusammenhang verdient auch Erwähnung, daß der Personalgutachterausschuß, als er 1955 über die Wiederverwendung des Generals Heusinger zu befinden hatte, diese zwar akzeptierte, aber mit der Einschränkung: Nicht als Erster Soldat! Die damaligen Politiker hatten ganz offensichtlich noch realistischere Vorstellungen von der Rolle eines Generalinspekteurs. Da dem Verteidigungsminister Franz Josef Strauß eine andere personelle Konstellation nicht glückte, wurde Heusinger schließlich doch Generalinspekteur.

Der gute Geist der Personalabteilung war Ursula Growitz. Sie bearbeitete die Generalspersonalien des Heeres. Mit ausgeprägtem Charme und von einer äußeren Erscheinung, daß man sich gern nach ihr umschaute, besaß sie die seltene Gabe, ihren Einfluß, über den sie ohne Zweifel verfügte, nicht zur Schau zu tragen, schon gar nicht diese Macht auszuspielen. Stets freundlich und verbindlich, hat sie manchem höheren Offizier auch unliebsame Entscheidungen übermittelt; die Ankündigungen von Beförderungen übernahmen andere. Als der Minister in den letzten Märztagen 1984 rätselte, wie er das für ausscheidende Generale übliche festliche Essen gestalten könnte, ohne mich dabei zu haben, verfiel man auf den Ausweg, mich durch den Generalinspekteur abspeisen zu lassen. Der rief mich an und fragte, wen ich zu dem Abschiedsessen geladen wissen wollte. Eigentlich wollte ich niemanden, aber mit Altenburg allein wollte ich auf keinen Fall dasitzen. So sagte ich: Frau Growitz. Ich spürte förmlich, wie ihm der Schreck in die Glieder fuhr. Er traute wohl seinen Ohren nicht. Sicher wußte er, wer Ursula Growitz war. Aber sie zu einem solchen Essen einzuladen, das übertraf wohl sein Vorstellungsvermögen. So war es dann ein seltsames Trio, das sich da am 27. März mittags in den Repräsentationsräumen auf der Hardthöhe einfand. Ursula Growitz sah blendend aus. Ich genoß es, mit ihr ein wenig zu flirten. Dem Generalinspekteur merkte man an, daß er sich in seiner Haut nicht ganz wohlfühlte.

In den Bonner Jahren entwickelte sich meine Freundschaft zu Horst Hennig, damals Oberstarzt in der Inspektion des Sanitätswesens. Kennengelernt hatte ich ihn schon ein paar Jahre zuvor, als er sich als ehemaliger Unteroffiziervorschüler bei mir vorstellte. Nur ein paar Monate jünger als ich, hatte er seine Laufbahn am 1. November 1940 an der wiederbegründeten Vorschule Marienberg in Sachsen begonnen. Auf seine Initiative hin haben wir uns mit den Überlebenden dieser Gründerzeit zur Feier des fünfzigsten Jahrestages am 1. November 1990 in Marienberg getroffen. Hennig mußte nach der Unteroffiziervorschule einen ganz anderen Weg gehen als ich. Nachdem er aus englischer Gefangenschaft in seine Mansfelder Heimat zurückgekehrt war, begann er in Halle das Medizinstudium. Dort trotzte er mit anderen Studenten der sowjetisch-kommunistischen Gewaltherrschaft in der Universität. Vom NKWD verhaftet und von einem sowjetischen Militärtribunal zu 25 Jahren Zwangsarbeit verurteilt, wurde er nach Workuta deportiert. Erst 1955 kehrte er mit den letzten Kriegsgefangenen in die Heimat zurück. Er führte sein Medizinstudium zu Ende und trat dann als Sanitätsoffizier in die Luftwaffe ein; dort stieg er bis zum Generalarzt auf. Nach der Wende hat er sich darum verdient gemacht, das verbrecherische Wirken sowjetischer Machthaber und ihrer deutschen Helfershelfer an der Universität Halle offenzulegen.

Mein persönliches Leben erfuhr in der Bonner Zeit einen tiefen Einschnitt durch den Tod meiner Mutter. Trotz jahrelangen Leidens hatte ihre zähe Natur immer wieder obsiegt. Doch seit dem Jahreswechsel 1978/79 zeichnete sich das Ende ab. So oft ich konnte, besuchte ich sie an ihrem Krankenlager in Braunschweig. Am 30. März fuhr ich zum Kommandeurwechsel meines Bataillons nach Neustadt. Dort saß ich am Abend mit den mir vertrauten alten Unteroffizieren zusammen, aber in meinen Gedanken weilte ich bei meiner Mutter. Als ich am folgenden Mittag an ihrem Sterbebett eintraf, sagte mir die Schwester, meine Mutter hätte wohl nur noch durchgehalten, um mich noch einmal zu sehen. So konnte ich noch mit ihr sprechen und verbrachte dann die folgenden zwölf Stunden an ihrer Seite, bis sie kurz nach Mitternacht verschied. Ich war überzeugt, in ihrem Sinne zu handeln, als ich meine Mutter nach Berlin überführen und an der Seite meines zwanzig Jahre zuvor verstorbenen Vaters auf dem alten Zwölf-Apostel-Kirchhof beisetzen ließ.

Der Tag, den ich zur Vorbereitung der Beerdigung an Ort und Stelle verbrachte, blieb nicht ohne Einfluß auf mein Berlin-Bild. Plötzlich sah ich diese Stadt anders, wurde gewahr, wie sehr sie sich seit meinem Weggang 1952 verändert hatte. Waren auch der Kurfürstendamm, die Ost-West-Achse und das Brandenburger Tor noch dieselben, die Berliner waren andere geworden. Von dem viel gepriesenen »Herz mit Schnauze« schien häufig nur noch die Schnauze geblieben. War ich bis dahin fest entschlossen, nach meiner Pensionierung in das mir von früher so vertraute Berlin zurückzukehren, so stellten sich nun Zweifel ein. Die wuchsen in den folgenden Jahren so stark, daß ich schließlich Rendsburg zu meinem Alterssitz wählte. Ich fuhr noch häufiger nach Berlin als zuvor. Jetzt natürlich auch, um die Gräber meiner Eltern aufzusuchen. Von den alten Freunden lebte in Berlin nur noch einer: Dr. Max Mechow. In meiner Studienzeit hatte er mich unterstützt, später blieb er mir ein geistiger Mentor − bis er 1990 im hohen Alter starb. Meiner Liebe zu Berlin hat das keinen Abbruch getan. Seit meiner Pensionierung verbringe ich jährlich mehrere Wochen in dieser Stadt, die mir die liebste war und ist.

In meinem vor der Wende veröffentlichten Buch zur deutschen Einheit habe ich ein leidenschaftliches Bekenntnis zu der deutschen Hauptstadt abgelegt.[181] Als dann der Weg zur deutschen Einheit frei wurde, habe ich mich − wo immer ich konnte − für Berlin engagiert. Damit verbinde ich auch die Zuversicht, daß sich in der Hauptstadt Berlin wieder ein gefälligerer Typ des Berliners entwickeln möge als der in der Isolierung nach dem Mauerbau, da Berlin leider auch zum Hort von Drückebergern vor der Allgemeinen Wehrpflicht wurde.

V. Gipfelsturm und Absturz

1. NATO-Befehlshaber in Schleswig-Holstein

Rendsburg – Garnisonstadt im Norden

Ausgeprägtes historisches Interesse hatte mich dazu angeregt, mich schon in früher Jugend mit dem deutsch-dänischen Krieg von 1864 zu beschäftigen. So wußte ich nicht nur, wo Rendsburg liegt, sondern kannte auch seine einstige strategische Bedeutung. Als ich dann im Herbst 1978 Gewißheit bekam, daß die Stadt an der Eider meine Garnison werden sollte, las ich nochmals Fontanes Aufzeichnungen über den Krieg von 1864. Ich mußte mich künftig darauf einstellen, in umgekehrter Front zu kämpfen, als damals die Preußen und Österreicher. Galt es doch nun, einen möglichen Angriff der Sowjets von Süden her abzuwehren.

In Rendsburg wohnte ich in unmittelbarer Nähe der Stelle, an der ein Gedenkstein daran erinnert: Hier fiel der erste Schuß am 1.2.1864. Von hier aus traten die Österreicher, links von den Preußen eingesetzt, unter dem gemeinsamen Oberbefehl des Feldmarschalls Wrangel zum Angriff an. Auf dem alten Garnisonfriedhof in Rendsburg erinnern noch heute Gräber österreichischer Soldaten an die Opfer, die dieser Angriff forderte. Nachdem Schleswig-Holstein preußische Provinz wurde, wuchs die Stadt zu einer der größten Garnisonen im Deutschen Reich auf. Davon zeugen noch heute die auffallend vielen Kasernenbauten. Bis zum Ende des Ersten Weltkrieges war in Rendsburg das berühmte Infanterie-Regiment »Herzog von Holstein« Nr. 85 stationiert.[182] Dessen III. Bataillon in Kiel wurde für die deutsche Marine zum Inbegriff der Heeressoldaten, die man mit leichtem Spott noch heutzutage als die »85er« bezeichnet. Zu Beginn des Ersten Weltkrieges war dieses stolze Regiment in der Schlacht bei Mons eingesetzt; also jener Stadt, die zur letzten Etappe meines Soldatenlebens werden sollte. Als ich nach Übernahme meines Kommandos mit der militärge-schichtlichen Bedeutung Rendsburgs stärker vertraut wurde, wuchs in mir der Wunsch, die Erinnerung an das traditionsreiche 85er Regiment wachzuhalten. Dazu schien mir am besten der Volkstrauertag geeignet. So sehr ich befürworte, daß wir an diesem Tag aller Opfer des Krieges gedenken, auch der damaligen Gegner, so dürfen wir nicht übersehen, daß der nachfolgenden Generation der Bezug zu dieser Zeit und ihren Opfern verloren geht. Diesen können wir durch gezielte Erinnerung an eine bestimmte, uns nahestehende Gruppe der Gefallenen überzeu-gend herstellen. Sie steht nach meiner Auffassung der Idee des Volks-trauertages nicht entgegen, sondern stärkt vielmehr den Sinn für das Gedenken an alle Opfer. Deshalb versammelte ich die Soldaten meiner Stabskompanie tags zuvor an dem den 85ern gewidmeten Gedenkstein vor der Garnisonkirche − und lud dazu die Veteranen ein.

Wo immer ich Kommandeur war, stets war ich darauf bedacht, den mir unterstellten Soldaten den Sinn des Volkstrauertages nahe zu bringen − und auf diese Weise insbesondere das Gedenken der gefallenen Soldaten zu pflegen. Noch in meiner letzten Verwendung als Deputy SACEUR hatte ich die deutschen Soldaten von SHAPE am Volkstrau-ertag auf dem Soldatenfriedhof von St. Symphorien versammelt. Dort waren vornehmlich die im Herbst 1914 in diesem Raum Gefallenen des Hanseatischen Infanterieregiments Nr. 76 beigesetzt. Das Denkmal, das ihnen die Hamburger Bürgerschaft am Dammtor-Bahnhof gesetzt hat, wurde seit den 70er Jahren durch Schmierereien geschändet. So ist es geradezu zum Symbol für das gestörte Verhältnis unseres Volkes zu seinen im Kriege gefallenen Soldaten geworden. Um so mehr verdient der »Verein zur Erhaltung des 76er Denkmals«, eine wirkliche Bürger-initiative, Erwähnung und Anerkennung, der diesem schändlichen Treiben Einhalt geboten hat.

Rendsburg zählt zu den wenigen deutschen Städten, die im Zweiten Weltkrieg von Kampfhandlungen und Zerstörungen weitgehend ver-schont blieben. Erst nach dem Waffenstillstand rückten britische Trup-pen ein. Wie das ganze Schleswig-Holstein, so wurde auch diese Stadt von Flüchtlingen überschwemmt. Ein Mitte der 80er Jahre von der

Stadt erteilter »Forschungsauftrag« führte zu einer Buch-Veröffentlichung unter dem Titel »Rendsburg unter dem Hakenkreuz«[183], die Rendsburg nicht gerade zur Ehre gereichte. Denn sie stellte sich als eine insgesamt oberflächliche, mitunter polemische, die Historie verfälschende Darstellung heraus. Die wirklichen, historisch interessanten Besonderheiten Rendsburgs in bezug auf diese Zeit, wie die unversehrte Übergabe der Stadt an die Besatzungsmacht oder die Konzentration der Ausbildung des weiblichen Wehrmachtgefolges in dieser Garnisonstadt), sind überhaupt nicht erkannt, zumindest nicht herausgearbeitet worden. Die Geschichte dieser auch in der Wehrmachtzeit so bedeutenden Garnison wird vielmehr in drei Seiten unter der Überschrift »Militärische Präsenz« abgetan − als sei Rendsburg durch die Wehrmacht »besetzt« gewesen. Zusammen mit meinem Freund Wolfgang Gerhardt lief ich Sturm gegen dieses Schmähwerk − und mit Erfolg. Das Buch verschwand aus dem Angebot und wurde nicht wieder aufgelegt, der Auftrag an den dieser Aufgabe offensichtlich nicht gewachsenen »Historiker« nicht verlängert.

LANDJUT − ein NATO-Kommando sui generis

Mit der Aufstellung der Bundeswehr wurde Rendsburg zum Zentrum der Heeresflugabwehrtruppe, später auch Standort des Lufttransport-Geschwaders 63. Frühzeitig stellte sich das Problem der Verteidigung Schleswig-Holsteins im Rahmen der NATO.[184] Man entschied sich für eine Trennungslinie zwischen den NATO-Kommandos Nord und Mitte entlang der Elbe. Wie vorhersehbar, stellte sich damit das den Militärs bekannte Problem der Naht. Der verstorbene Generalleutnant Joachim Schwatlo-Gesterding, er war 1956 der erste »General des Erziehungs- und Bildungswesens im Heer«, hat darüber eine noch heute lesenswerte Abhandlung verfaßt.[185] Mit der Trennung vom Operationsgebiet der Bundesrepublik Deutschland fiel Schleswig-Holstein in den Verantwortungsbereich des NATO-Befehlshabers COMBALTAP (Commander Baltic Approaches) in Karup/Jütland. Die Landstreitkräfte dieses Kommandos, die 6. deutsche Divison und die dänische Jutland-Division, wurden zu einem Korps LANDJUT zusammengefaßt, dessen Stab seither in Rendsburg disloziert ist. Abweichend von der bisherigen NATO-Regel, die Korps als noch rein nationale Großverbände zu belassen und sie erst auf der nächsthöheren Führungsebene zu integrieren, entstand mit LANDJUT das bisher einzige NATO-Korps. Als solches hatte es einen gewissen Modellcharakter für die nach der Wende zu konstruierende neue NATO-Struktur. Aber dies eben nur unter der wenig wahrscheinlichen Voraussetzung, daß wir uns auf eine Bedrohung einstellen müßten, gegen die eine Verteidigung auf breiter Front geboten wäre. Mehr spricht dafür, daß wir künftig Streitkräfte außerhalb des bisherigen NATO-Gebietes einsetzen müssen, und dann in Größenordnungen von Brigaden; Korpsstäbe scheinen da weniger vonnöten. Ob sie das richtige Mittel sind, um auf diese Weise das von der Bundesregierung gewünschte Fortbestehen der Präsenz ausländischer Truppenkontingente auf deutschem Boden zu gewährleisten, erscheint mir höchst zweifelhaft. Zumindest steht der dafür notwendige Aufwand in keinem Verhältnis zum Erfolg.

Der einstige Stab LANDJUT blieb wohltuend klein, weil in Friedenszeiten die Zuständigkeit eines NATO-Befehlshabers auf die Verteidigungsplanung und die operative Führung bei Großmanövern beschränkt bleibt. Das Kommando über diesen Großverband wechselt alle drei Jahre zwischen einem deutschen und einem dänischen Generalleutnant; die jeweils andere Nation stellt dann einen Brigadegeneral als Chef des Stabes. Wie wenig bekannt diese Rendsburger Institution selbst unter Kennern der NATO-Strategie war, konnte man an dem Erstaunen Helmut Schmidts ablesen, daß es in Deutschland »sogar einen dänischen General« gibt.[186]

Bis in die 60er Jahre hatte ich kaum Beziehungen zu Schleswig-Holstein, schon gar nicht zu Rendsburg. Erst während meiner Generalstabsausbildung in Hamburg kam ich mit diesem schönen, in der deutschen Geschichte eine so besondere Rolle spielenden Land in Berührung. Die meisten Planübungen und Geländebesprechungen führten uns in diesen Raum. Als wir im Juni 1961 zu einem kurzen Besuch bei der Marine nach Flensburg fuhren, mußten wir noch die alte Drehbrücke über den Kanal bei Rendsburg überqueren. Schon damals erforderte das Wartezeiten von mindestens einer Stunde. Heutzutage wäre der Nord-Süd-Verkehr ohne den Tunnel, der im Sommer 1961 eingeweiht wurde, nicht mehr denkbar.

Im Herbst 1962 wurde ich für drei Wochen zum Stab LANDJUT kommandiert, um dort an der NATO-Übung FALLEX teilzunehmen. So gewann ich Einblick in die Aufgaben dieses eigenartigen NATO-Kommandos, nicht ahnend, daß ich im Herbst 1979 dessen Befehlshaber werden sollte.

Mit meinem Dienstantritt am 1. Oktober 1979 wurde ich zum Generalleutnant befördert. Damit hatte ich den höchsten Dienstgrad erreicht; denn der vierte Stern, also der Rang eines Generals, lag außerhalb der realen Möglichkeiten. Inspekteur des Heeres, gar Generalinspekteur zu werden, hatte ich ohnehin niemals angestrebt – entgegen manchen Gerüchten, die dann 1984 in Umlauf gesetzt wurden. Da zurückzustekken, war keine falsche Bescheidenheit. Vielmehr war ich, spätestens in meiner Verwendung in der Personalabteilung 1977/1979, zu der Überzeugung gelangt, daß ich in das Gestrüpp der Hardthöhe nicht hineinpaßte. Ich rechnete damit und hoffte darauf, im Anschluß an diese drei Jahre während Verwendung als COMLANDJUT in Pension zu gehen. Schon seit ein paar Jahren hatte sich in mir der Wunsch verfestigt, an meinem Lebensabend noch eine neue Aufgabe zu beginnen, nämlich im akademischen Bereich. Mir schwebte vor, einen Lehrauftrag auf dem Gebiet der Sicherheitspolitik zu erhalten, um diesem, an den deutschen Universitäten total vernachlässigten Aspekt zum Durchbruch zu verhelfen. Das bedeutete aber nicht, ich wäre nach Rendsburg schon in Pensionsstimmung gegangen. Vielmehr war ich voller Tatkraft. Es reizte mich ungemein, ein derart einmaliges Kommando zu übernehmen und die damit verbundene Freiheit zu nutzen. Doch schon wenige Wochen nach meinem Dienstantritt wurde mir von der Personalabteilung bedeutet, daß man mich als deutschen Kandidaten für den Kommandanten des NATO Defense College in Rom nominieren wolle. Diesen Posten hatten die Deutschen bis dahin nur einmal besetzt, und zwar Mitte der 60er Jahre mit dem Grafen Baudissin. Meine Nominierung wurde dann zurückgezogen, weil eine veränderte Planung darauf abzielte, den als militärpolitisch wichtiger erscheinenden Posten eines Direktors des Internationalen Militärstabes in Brüssel zu besetzen. Ich war froh, als sich diese Planung zerschlug und ich in Rendsburg bleiben konnte.

Die feierliche Kommandoübergabe durch meinen neuen Vorgesetzten, den dänischen COMBALTAP Generalleutnant A.C.B. Vegger, erfolgte am 27. September 1979 in der Rendsburger Eider-Kaserne. Für meinen Geschmack war sie etwas zu groß aufgezogen; aber es ging ja in erster Linie um die Verabschiedung meines dänischen Vorgängers. Am folgenden Montag nahm ich den Dienst auf. Der neue dänische Chef des Stabes, Oberst Holger Dencker (damals kannten die Dänen noch nicht den Rang eines Brigadegenerals – zu ihrem Nachteil!) traf erst einen Monat später ein, so daß der G3, Oberst i.G. Wolfgang Gerhardt, vorübergehend dessen Dienstgeschäfte führte. Das erleichterte meine Einweisung, denn ich kannte Gerhardt schon seit mehr als zwanzig Jahren. Er war ein Lehrgangskamerad aus der gemeinsamen Generalstabsausbildung. Seine Stärke lag darin, daß er sowohl die französische Generalstabsausbildung absolviert hatte, als auch mehrere Jahre deutscher Verbindungsoffizier am Command and General Staff College der US Army in Fort Leavenworth war, also über fundierte Kenntnisse dieser beiden großen Armeen und über entsprechende Kontakte verfügte. Den Rendsburger Stab kannte er von Grund auf, hatte er doch dort schon drei verschiedene Verwendungen absolviert. So war Gerhardt nicht nur eine wertvolle Hilfe, sondern auch menschliche Stütze. Ich konnte Einfluß darauf nehmen, daß er Chef des Stabes von LANDJUT und damit Brigadegeneral wurde, als mit meiner Wegversetzung im Frühjahr 1982 dieser Posten wieder zur deutschen Verfügung stand. Im Januar 1984, als das Unheil über mich hereinbrach, erwies Gerhardt sich als einer der wenigen, auf die ich sogleich bauen konnte. Daraus entwickelte sich eine Freundschaft, die überdies durch unsere gemeinsame Herkunft aus dem deutschen Osten und unserer Verwurzelung in Berlin verstärkt wurde. Nach unserer Pensionierung entschlossen wir uns im Februar 1986, erstmals wieder in den Berliner Ostsektor zu fahren. Dorthin durften wir mit unserem westdeutschen Paß jederzeit einreisen. Für uns beide

Empfang bei seinem französischen Nachbarn, Generalmajor Fuhr, dem Kommandeur der 3. französischen Division.

Erstes Zusammentreffen mit seinem Vorgesetzten und späteren Widersacher General Rogers (SACEUR) bei einem Manöver 1979 in Bergen. Kießling ist damals Kommandeur des NATO-Korps LANDJUT in Rendsburg.

Als COMLANDJUT in Rendsburg nimmt Kießling an der Top-Konferenz für Sicherheitsfragen im Raum Schleswig-Holstein/Hamburg teil. Bildmitte: Ministerpräsident Uwe Barschel.

Bundesverteidigungsminister Hans Apel überreicht die Ernennungsurkunde zum Viersternegeneral.

Generalleutnant Kießling als Kommandeur des NATO-Korps (COMLANDJUT) in Rendsburg, 1980.

Empfang beim bayerischen Ministerpräsidenten Franz-Josef Strauß.

An seinem Schreibtisch bei SHAPE . . .

. . . und vor seiner Dienstvilla in Mons.

war es schon ein erhebendes Gefühl, nach mehr als dreißig Jahren wieder diese vertrauten Stätten zu betreten. Höchst wachsam, schauten wir immer wieder nach allen Seiten, um sicher zu sein, daß wir nicht beschattet wurden. Nach einem bescheidenen Mittagessen in einer HO Gaststätte landeten wir in einem Café am Alexanderplatz. Da stand Gerhardt mir plötzlich bleich gegenüber: Sein Paß war verschwunden. Was war in diesem System ein Mensch ohne Paß? Wir konnten nicht umhin, uns bei der Volkspolizei zu melden. In einer Polizei-Dienststelle nahe dem Alexanderplatz nahm ein Oberleutnant unsere Meldung zu Protokoll. Zu diesem Zeitpunkt konnte er nach unserer Ansicht auf keinen Fall wissen, daß wir pensionierte Bundeswehr-Generale waren. Trotz betonter Zurückhaltung kommentierte er den Paß-Verlust mit den Worten: »Das wird Sie einige Zeit kosten!« Wir saßen da und warteten − nicht ohne ein gewisses Bangen; denn wir wußten dieses System richtig einzuschätzen und rechneten mit nichts Gutem. Daß die bei uns auf Granit beißen würden, dazu bedurften wir keiner Absprache. Unsere Vermutung war, daß man uns nun abholen und zumindest in lange Gespräche verwickeln würde. Ich schaute nach der Uhr. Genau fünfundzwanzig Minuten später kam der Oberleutnant wieder in den Raum und knallte uns den verlorenen Paß auf den Tisch. »Da haben Sie ja nochmal Glück gehabt«, war sein Kommentar. Als wir uns verabschiedeten, sagte Gerhardt: »Nun wissen Sie doch sicher, wer wir sind?« Er grinste wortlos; meine ihm entgegengestreckte Hand schlug er aus. Bis heute konnten wir nicht aufklären, wie das alles zusammenhing. Ehemals hochrangige NVA-Offiziere, die ich seitdem darauf angesprochen habe, wußten nur eine Erklärung: »Auch bei uns gab es mitunter Pannen!«

Wiederholt haben Gerhardt und ich dann vor der Wende gemeinsam Mitteldeutschland (zu dieser Zeit wäre niemand auf die Idee gekommen, dieses Gebiet als »Ost-Deutschland« zu bezeichnen) und Ost-Berlin besucht und dort manches Gespräch geführt. Immer ging cs uns um die deutsche Einheit. Auch in Westdeutschland hat mir Gerhardt oft den Rücken freigehalten, wenn ich zu diesem Thema gesprochen habe − oft verspottet, gar angefeindet. Am 3. Oktober 1990, dem Tag der deutschen Einheit, fuhren wir beide demonstrativ nach Strausberg, und bummelten an diesem strahlenden Herbsttag durch die Zentrale der ehemaligen NVA. Dort herrschte Friedhofsstille. Die sowjetische Besatzungsmacht hatte aufgegeben und ihre deutschen Helfershelfer waren abgetreten. Deutschland war wieder eins. Wir fuhren zurück in das Zentrum Berlins und genossen das fröhliche Treiben Unter den Linden. »Welch eine Wendung durch Gottes Führung!« Nun hatten diese Worte, die 1870 nach der Schlacht bei Sedan auf einem Spruchband über dem Brandenburger Tor prangten, einen viel tieferen Sinn erhalten.

Alltag im Rendsburger NATO-Stab

Was macht denn eigentlich so ein NATO-Stab? werden sich viele Leser fragen. Eine berechtigte Frage; denn Truppen unterstehen ihm keine – abgesehen von der zahlenmäßig unbedeutenden Stabskompanie. Übrigens werden allen NATO-Befehlshabern die für sie vorgesehenen Truppen erst von einer bestimmten Alarmstufe ab assigniert. Auch das ist nicht etwa eine »Unterstellung«, wie wir sie in der deutschen Militärsprache kennen, sondern eine als »operational command«, wenn nicht gar als »operational control« auf den bestimmten Zweck eingeschränkte. In Friedenszeiten ist ein NATO-Befehlshaber also nur für die Vorbereitungen zuständig, d. h. für die Verteidigungsplanung. In seine Funktion tritt ein integrierter Stab nur bei den wenigen NATO-Manövern.

Mit zunehmender Erfahrung hatte ich beachtliche Vorbehalte gegenüber großen Manövern entwickelt und diese auch öffentlich kundgetan. Dabei ging es mir stets darum, daß der Aufwand im Hinblick auf den zu erwartenden Erfolg vertretbar war. Nach meiner Bewertung durfte der Erfolg nicht nur in der militärpolitischen Demonstration zu suchen sein, sondern mußte auch die Truppenausbildung berücksichtigen. In dieser Frage schieden sich dann auch die Geister. Leider hatten überwiegend Bürogenerale das Sagen, denen jeder Sinn für die Truppenausbildung fehlte. Unvermeidbar sind Großübungen im freien Gelände mit immer mehr einschränkenden Auflagen verbunden (wie Verkehrssicherheit auf den Straßen, Aussparung von besiedelten Räumen und Verbot der Verdunkelung in der Nacht). Mitunter wurde sogar gefechtsmäßiges Verhalten verboten. Das hatte unvermeidbar zur Folge, daß die auszubildenden Soldaten völlig unrealistische Vorstellungen von den Erfordernissen des modernen Gefechts erhielten. Ist es bei Übungen mit zwei Parteien ohnehin nicht möglich, die Wirkung des Feuers darzustellen, so laufen wir Gefahr, die hohen Forderungen und die Leiden des Gefechts als eine Art «Geländespiel» zu verharmlosen. So plädierte ich dafür, uns auf Stabsrahmenübungen zu konzentrieren. Da ich mich mit dieser Forderung nicht durchsetzen konnte, focht ich um so mehr für die Begrenzung der alle vier Jahre geplanten Großübung »Bold Guard« auf eine solche mit nur einer Partei, nämlich der übenden Truppe. Die »Feinddarstellung« sollte auf eine nach Umfang und Ausrüstung sehr klein gehaltene Leitungstruppe beschränkt werden. Als ich nach meiner Pensionierung frei war, mich zu dieser Frage öffentlich zu äußern, habe ich anläßlich der Übung »Bold Guard 86« die Frage nach dem Sinn der großen NATO-Manöver aufgeworfen. Über eines habe ich niemals einen Zweifel gelassen: alle Übungen, so auch die großen Manöver, sind Mittel zum Zweck. Der Zweck konnte (und kann immer noch) nur der eine sein: Unsere Fähigkeit und unseren Willen zur Verteidigung zu demonstrieren, um auf diese Weise durch Abschreckung einen möglichen Krieg zu verhindern.

War auch der Stab LANDJUT mit seinen rund 100 Offizieren und Unteroffizieren geradezu ein Musterbeispiel für einen kleinen NATO-Stab, so war er immer noch zu groß und deshalb nicht voll ausgelastet. »Weil es eben schon immer so war« − wie das stärkste Argument aller Bürokratien lautet −, begann der Dienst erst um 08.oo Uhr und endete um 16.00 Uhr; Pausen eingeschlossen. Überdies kamen die meisten später und gingen früher. Solchem Verhalten versuchte ich entgegenzuwirken, indem ich selbst jeden Morgen bei Dienstbeginn an meinem Schreibtisch saß und mir den einen oder anderen Offizier zum Vortrag kommen ließ. Das wirkte Wunder! Zur Beliebtheit hat es mir nicht verholfen. Wieder einmal − wie schon in früheren Verwendungen − mußte ich einem Stab die Binsenwahrheit einhämmern: Stäbe sind für die Truppe da − nicht etwa umgekehrt. Nur in meiner letzten

Verwendung bei SHAPE ist mir das nicht gelungen, aber da hatte ich auch so gut wie nichts zu sagen.

Der Friedens-Stellenplan von LANDJUT wies keinen Adjutanten für den Befehlshaber aus. Nun mag man über den Wert und Unwert von Adjutanten streiten. Ich selbst hatte im Laufe meiner Dienstzeit eine ausgesprochene Aversion gegen »Aktentaschenträger« entwickelt, die sich wie Pfauen aufplusterten und andere ihre – abgeleitete oder okkupierte – Macht spüren ließen. Dennoch muß ich einräumen, daß für militärische Befehlshaber – selbst für einen nicht sonderlich bedeutenden Posten wie dem des COMLANDJUT – ein Fülle von Aufgaben anfallen, die eine persönliche Unterstützung zumindest wünschenswert, wenn nicht erforderlich machen. Ich ließ sie in Zweitfunktion durch den Major (später Oberstleutnant) Peter Krause erledigen, der sich fachlich und menschlich bewährt hat.

Jeden Morgen, gleich nach Dienstbeginn, suchte ich meinen (dänischen) Chef des Stabes auf, also meinen engsten Mitarbeiter. Bei einer Tasse Tee besprachen wir die anliegenden Fragen. Fast immer dehnte sich unser Gespräch auf andere Probleme aus; und häufig ging es um das deutsch-dänische Verhältnis. Zu Dencker gewann ich ein rechtes Vertrauensverhältnis. Natürlich wurde mein Führungsstil, auf die unterstellten Offiziere zuzugehen und sie nicht nur – wie üblich – zu mir zu bestellen, kritisiert. Doch habe ich mich davon nicht abbringen lassen. Sicher verband ich damit auch eine Art Dienstaufsicht; aber das war nur ein Nebeneffekt. Mir ging es vielmehr darum, auf diese Weise meine Offiziere besser kennenzulernen. So erfuhr ich, wie sie ihre Büros organisiert hatten, was für Statistiken und Bilder an der Wand hingen – und wie sie selbst mit ihren Untergebenen umgingen. Ich hätte mir gewünscht, mein letzter Vorgesetzter, General Rogers, wäre auch nur ein einziges Mal in mein Dienstzimmer gekommen. Von meinem Wandschmuck hat er sicher durch seine Zuträger erfahren. Darunter befand sich der eingerahmte letzte Wehrmachtbericht vom 9. Mai 1945! Mein britischer Kamerad, Sir Peter Terry, der mich wiederholt aufsuchte, wäre gar nicht auf den Gedanken gekommen, daran Anstoß zu nehmen. Im Gegenteil, dies bot Anlaß zu zahlreichen Gespräche über die leidvolle deutsch-britische Vergangenheit. Über das künftige Zusammengehen unserer Nationen waren wir uns einig.

Zu den Unarten der Bundeswehr gehört die sogenannte NATO-Pause, die mitunter eine derart zeitliche Ausdehnung erfährt, daß der Vormittagsdienst stark beeinträchtigt wird. Bei LANDJUT hatte diese Pause eine Besonderheit, indem schon am Vormittag dem Alkohol zugesprochen wurde. Gammeldansk hieß der dänische Zaubertrank! Das war zu ertragen, solange es in diesen vier Wänden blieb. Zum Problem wurde der Alkoholgenuß bei Übungen, insbesondere bei solchen mit Volltruppe; aber auch bei den Stabsrahmenübungen waren viele Soldaten beteiligt, insbesondere Fernmelder und Kraftfahrer. Alkohol wurde somit zu einer Frage von Sicherheit und Disziplin. Für die Dauer solcher Übungen Alkoholverbot für alle mitwirkenden Soldaten der verschiedenen Nationen durchzusetzen, erwies sich als ein schier unlösbares Problem. Für die unterstellten deutschen Truppen war das keine Frage, die Amerikaner (soweit beteiligt) fanden das gut. Nur die Dänen sperrten sich – und verwahrten sich gegen meine Einmischung. Nicht wenige der dänischen Reservisten wurden wohl gerade durch diese Chance, zollfreien Alkohol genießen zu dürfen, zur Teilnahme an den Übungen motiviert – nicht zur Verteidigung Schleswig-Holsteins. Auch die Teilnahme dänischer Soldatinnen bescherte uns einen ersten Eindruck von Problemen, die möglicherweise auf uns zukommen, wenn wir der törichten Forderung nach völliger Gleichberechtigung auch beim Militär nachkommen.

Die meiste Zeit als COMLANDJUT war ich mit Besuchern beschäftigt, mit den offiziellen, versteht sich. Die kamen aus allen Ecken und Enden der NATO. Besuchsprogramme, Empfang, Ehrengarde, Briefing, Drinks, Lunch – womöglich noch ein Damenprogramm. Mir ist nie klar geworden, warum die ihre Frauen mitbringen müssen – und das auf Staatskosten! Sicher ließ ich meine ablehnende Haltung mitunter auch fühlen und habe mir damit keine Freunde gemacht. Einige hochrangige deutsche Offiziere folgten dieser Unart des Mitbringens ihrer Ehefrauen nur zu gern. Der sich gegenüber solchen Gepflogenheiten zunächst ablehnend verhaltenden politischen Leitung des Verteidigungsministeriums wurde von den Militärs entgegengehalten: Dieses social life sei unverzichtbar, um unsere Interessen im Bündnis zu vertreten. Dabei gingen manche so weit, das elegante Auftreten auf dem Parkett, bei Cocktail-Parties und Dinners höher zu bewerten als das militärfachliche Können. Demgegenüber vertrat ich den Standpunkt: Dann sollten wir besser gleich Entertainer in die NATO-Stäbe delegieren und uns nicht durch in diesem Metier weniger profilierte Soldaten vertreten lassen. Besonders Hans Apel war als Verteidigungsminister bestrebt, diesem Treiben Einhalt zu gebieten. Das haben ihm diejenigen Generale nicht verziehen, die mit ihren Frauen so gern von einer Tagung zur anderen reisten.

Am sinnvollsten erschienen mir noch die Besuche von Lehrgangsteilnehmern der Generalstabslehrgänge, von deutscher wie von dänischer Seite; gelegentlich kamen auch andere Nationen nach Rendsburg. Am Beispiel eines integrierten Stabes auf so niederer Führungsebene konnten sie wertvolle Einblicke in die Problematik der Führung von Bündnisstreitkräften gewinnen.

Zu meinen Besuchern gehörte auch Generalmajor a.D. Dr. Johannes Gerber, der als Dozent an der Hochschule der Bundeswehr in Hamburg wirkte. Er nutzte die Chance, seinen Studenten einen Einblick in die NATO-Struktur zu vermitteln. Ich ließ es mir nicht nehmen, das militärpolitische Grundwissen dieser jungen Offiziere zu überprüfen. Die waren erst schockiert; aber dann entwickelte sich doch ein fruchtbares Gespräch. Übrigens gehörte Gerber zu der kleinen Gruppe pensionierter Generale, die im Zusammenhang mit dem Skandal 1984 für mich eintraten.

Nach Kopenhagen fuhr ich lediglich zu Antritts- und Abschiedsbesuchen. Als ich mich im März 1982 − natürlich seit längerem angemeldet − vom dänischen Verteidigungsminister verabschieden wollte, traf ich ihn nicht an. Sein persönlicher Referent teilte mir bedauernd mit, der Minister sei zu einer Sitzung ins Parlament gerufen worden. So etwas kann schon passieren. Um so mehr wäre es geboten gewesen, einen anderen Termin anzuberaumen oder aber sich in angemessener Form zu entschuldigen. Nichts dergleichen geschah. Ich kehrte nach Rendsburg zurück und ließ es meinem dänischen Vorgesetzten wissen, den COMBALTAP. Dabei erinnerte ich ihn auch daran, welche Ehrungen die deutsche Seite dänischen Militärs zukommen läßt. Meine Vorgänger wurden in Bonn mit einer Ehrenkompanie empfangen und bei ihrem Scheiden sogar mit dem Großen Zapfenstreich verabschiedet (auch bei meinen Nachfolgern wurde das so praktiziert!). Man mag darüber streiten, ob letzteres nicht etwas zu hoch aufgehängt ist. Jedenfalls hörte ich nie mehr etwas zu dieser Frage. Jedoch möchte ich erwähnen, daß der deutsche Botschafter in Kopenhagen, Dr. Rudolf Jaestedt, zu dem ich immer guten Kontakt hatte, für mich ein Abschieds-Essen gab. Daran schloß sich ein wirklich fruchtbares Gespräch über philosophische Fragen an. Jaestedt galt als ein profilierter Kenner Kierkegaards.

Was den mir vorgesetzten Befehlshaber COMBALTAP in Karup betraf, der immer eine Däne war, handelte ich nach dem Motto: Gehe nie zu Deinem Fürst, wenn Du nicht gerufen wirst! Mein erster Fürst war Generalleutnant A.C.B. Vegger, ein hervorragender Soldat, gefolgt von Otto Lind, der später zum dänischen Generalinspekteur aufstieg. Mit letzterem hatte ich einen kleinen Disput, als es um die Vorbereitung der alle vier Jahre stattfindenden Großübung »Bold Guard« ging. Ich vertrat die Auffassung, daß der Leitende, und das war der COMBALTAP, die Übung auch anzulegen hätte. Dagegen führte Lind das stärkste Argument jeder Bürokratie ins Feld: Schon immer habe LANDJUT das gemacht! Überdies verfüge sein BAL-TAP-Stab nicht über dafür geeignete Offiziere. Gerade das vermochte ich nicht zu akzeptieren: Wie könne BALTAP die ihm unterstellten Landstreitkräfte − nämlich das Korps LANDJUT − im Kriege führen wollen, wenn dieser Stab nicht einmal in der Lage sei, in Friedenszeiten eine Übung anzulegen? Ich rief den Inspekteur des Heeres an. Früher selbst einmal Kommandeur der 6. Division in Neumünster, war er mit dem Problem wohl vertraut. Natürlich teilte er meinen Standpunkt. Aber er hatte andere Sorgen. Machen wir es wie bisher, entschied er. Und dabei blieb es.

Angeregt durch meinen Freund Horst Hennig, inzwischen Generalarzt, gewann ich besonderes Interesse am sanitätsdienstlichen Zusammenwirken verbündeter Streitkräfte. Wenn auch der Sanitätsdienst aus gutem Grunde eine »national responsibility« ist, so ändert das nichts an der Herausforderung, die gegenseitige Unterstützung so weit wie nur möglich zu praktizieren und folglich auch zu üben. Enger Kontakt zu dem Inspekteur des Sanitätswesens, Generaloberstabsarzt Dr. Hubertus Grunhofer wie auch zu seinem Nachfolger Dr. Hansjoachim Linde sicherten mir die maximale Unterstützung der Bundeswehr bei den Medical Exercises, die ich zu leiten hatte. Sie liefen unter der Bezeichnung Bandage Barter und brachten uns wertvolle Erfahrungen.

Festlichkeiten und Begegnungen

Meine kritischen, ja mitunter bissigen Bemerkungen über das gesellschaftliche Leben könnten den (falschen) Eindruck erwecken, ich sei da gegen alles und jedes, habe keinen Sinn für Formen der Geselligkeit. Das Gegenteil ist der Fall: Ich habe nicht nur Sinn dafür, sondern auch Freude daran. Die aber wird mir durch das Krampfhafte und Unaufrichtige verdorben, das leider allzu oft vorherrscht. In dem Bestreben, es besser zu machen, war ich vor allem durch meine positiven Erfahrungen bestimmt, die ich in Großbritannien gewonnen hatte. Einiges davon versuchte ich auf meinen NATO-Stab zu übertragen. Das ist mir nach meiner Ansicht ein wenig bei den jährlichen Frühlingsbällen gelungen, die von vielen Seiten Zuspruch fanden. Aber auch kleinere Feste wurden veranstaltet, denen ich meinen Stempel aufzudrücken versuchte. So lud ich alle meine Vorgänger als COMLANDJUT und deren Chefs (der Stäbe) für ein Wochenende ein. Bedauerlicherweise konnte der dienstälteste von ihnen, der damals noch als COMLAND-SCHLESWIG-HOLSTEIN bezeichnete Vizeadmiral a.D. Bernhard Rogge, hochausgezeichneter Seefahrer des Zweiten Weltkrieges, wegen seines bereits angeschlagenen Gesundheitszustandes nicht mehr dabei sein. Zu seinem 80. Geburtstag im November 1979 durfte ich ihm noch persönlich die Glückwünsche seines alten Kommandos überbringen. Bei dem Empfang , der aus diesem Anlaß in Aumühle gegeben wurde, begegnete ich auch dem hochbetagten Großadmiral Karl Dönitz, der wenig später starb.

Im Mai 1981 bat ich alle meine früheren direkten Vorgesetzten nach Rendsburg. Das war schon eine illustre Gesellschaft, die sich da zusammenfand: Wilhelm Meyer-Detring, Graf Baudissin, Heinz-

Georg Lemm, Jürgen Schröder, Dr. Günther Will, Eberhard Boehm, Josef Rettemeier und Dr. Walther Flachsenberg. Auch meine einstigen Stellvertreter Johann Condné, Dr. Wilhelm Wörmann und Hans-Joachim Müller waren dabei.

Meine alten Kameraden aus der Unteroffiziervorschule und die Unteroffiziere meines Neustädter Bataillons hatte ich an einem Wochenende in Rendsburg versammelt. Sie alle haben mich dann auch noch in SHAPE besucht. Während des Skandals erwiesen sie sich als die Treuesten der Treuen.

Ansonsten hatte ich viel Zeit, eigentlich zum ersten und einzigen Male in meiner langen Dienstzeit. Und die wußte ich zu nutzen. Ich wandte mich meinem Steckenpferd, der Militärgeschichte zu. An Ort und Stelle konnte ich nun den Verlauf des Feldzuges von 1864 studieren, den Fontane so eindrucksvoll beschrieben hat.

Mein außerdienstliches Leben in Rendsburg war vornehmlich durch meine Mitgliedschaft im Rotary Club bestimmt. Engeren Kontakt gewann ich zu dem leider früh verstorbenen Senator Walter Krambeck und durch ihn zu dem Kreispräsidenten Werner Hahn. Zusammen mit Otto Bernhard bildeten sie ein Trio, auf das ich mich im Januar 1984 verlassen konnte. Obwohl alt-gestandene und treue CDU-Mitglieder, gaben sie durch ihr Verhalten ein Beispiel dafür, daß der uns sattsam bekannte Spruch, »die Partei habe immer recht« eben nicht stimmt. Wie es im menschlichen Leben fast immer ist, kannten mich plötzlich viele nicht mehr, wollten mich nicht mehr kennen. Am meisten enttäuschte mich der frühere Ministerpräsident Stoltenberg, dem ich bei vielen Veranstaltungen begegnet war, mit dem ich manch tiefschürfendes Gespräch geführt und − das möchte ich nicht verschweigen − den ich schätzen gelernt hatte. Als er durch Journalisten zu einer Stellungnahme gedrängt wurde, versuchte er sich aus der Affäre zu ziehen: Wörner sei sein Kollege! Das hätte ihn nicht hindern dürfen, Stellung zu beziehen. Ein Beispiel dafür hat der damalige Bundesminister Jakob Kaiser gegeben, als sich der Deutsche Bundestag am 16. September 1954 mit dem Skandal befaßte, der durch das Verschwinden des Verfassungsschutzpräsidenten Otto John ausgelöst wurde. Den galt es nun öffentlich zu verdammen. Aber Jakob Kaiser trat, obwohl

Mitglied der Bundesregierung, ans Rednerpult und bekannte sich unter den Augen des gestrengen Bundeskanzlers Adenauer zu John, seinem Gefährten aus der Widerstandbewegung: »Ich würde mich vor allen, denen Kameradschaft ein Begriff ist, schämen, wenn ich das heute irgendwie nicht wahrhaben wollte.« Anders als Stoltenberg verhielt sich dessen Nachfolger Uwe Barschel. Der schickte mir am 17. Januar, als ich noch unter vollem Beschuß stand und von Rehabilitierung keine Rede war, einen langen, handgeschriebenen Brief und bekundete mir seine Verbundenheit. Als er dann einige Jahre später selbst in Bedrängnis geriet, habe ich es genau so gehalten.

Dabei glaubte ich seinem Ehrenwort. Sein tragisches Ende ändert nichts daran, daß ich ihm ein ehrendes Gedenken bewahre. Die von der »Schubladen«-Aktion des ehemaligen Sozialministers Janssen im Frühjahr 1993 ausgelöste erneute Erörterung des damaligen Skandals beweist zumindest, wie voreilig seinerzeit geurteilt und verurteilt wurde. Wenn Barschel Schuld auf sich geladen hat, so steht er längst vor dem höchsten Richter. Was auch immer noch herauskommen wird, eines wird Barschel nicht zu verzeihen sein, daß er sich mit derart zwielichtigen Typen umgeben hat. Aber das zeigt, daß wohl auch Politiker nicht immer eine glückliche Hand in der Auswahl ihrer Mitarbeiter haben.

Am meisten freute im mich im Januar 1984, daß mir der Bürgermeister Dr. Speck in einem offiziellen Brief die Grüße des Senats der Stadt entbot. Auch mein Rotary Club eilte mir zu Hilfe. Dafür habe ich vor allem dem Past-Governor Hans Heinemann zu danken. Wie nicht anders zu erwarten, standen auch die alten Burschenschafter zu mir; aber auch viele andere, die ich nicht alle namentlich aufführen kann.

Um die Tradition der Bundeswehr

Die seit Aufstellung der Bundeswehr ungelöste Frage nach ihrem Verhältnis zur einstigen Wehrmacht ist unvermeidbar Teil des übergeordneten Problems unserer nationalen Geschichte, genauer unserer »unbewältigten Vergangenheit«. Dieses umfassende Problem kann hier nicht mein Thema sein. Aber so viel muß ich dazu sagen: Die meisten Deutschen jener Generation, verleitet durch opportunistische Politiker und Publizisten, wollten sich aus ihrer Vergangenheit und aus ihrer Verantwortung davonstehlen. Das versuchten die meisten mit einer geistigen Wende um 180 Grad. Damals sei alles schlecht und falsch – heute ist (fast) alles gut und richtig! Nicht wenige stellen sich als zumindest passive Gegner des NS-Regimes dar, wenn nicht gar als verkappte Widerstandskämpfer. Das nimmt ihnen natürlich niemand ab: nicht die nachfolgende Generation und schon gar nicht das Ausland. Aber der (klägliche) Versuch hat uns in die falsche Richtung geführt. Auch für die Bundeswehr. Die – wenigstens ihre offiziellen Sprecher – möchten mit der Wehrmacht am liebsten gar nichts mehr zu tun haben. Das war nicht immer so. Bei ihrem Aufbau kam die Bundeswehr an den Soldaten der Wehrmacht nicht vorbei. Alle Offiziere und Unteroffiziere der ersten Stunde stammten aus der Wehrmacht, ausgenommen einige wenige Leutnante, die der Bundesgrenzschutz einbrachte. Letztere wollten bestimmt nicht zur Wehrmacht auf Distanz gehen. Insgesamt waren also die mit dem Aufbau der Bundeswehr betrauten Soldaten viel zu tief in der Wehrmacht verwurzelt, um diese Herkunft und Bindung zu verleugnen. Ein ganz anderes Problem ist es, was an geistigen Grundlagen dieser Wehrmacht in die Bundeswehr übernommen werden sollte. Damit stellte sich die Frage nach dem Traditionsverständnis der neuen deutschen Streitmacht.

Als diese Debatte im Herbst 1980 erneut entfacht wurde, veröffentlichte ich einen Aufsatz, der einiges Aufsehen erregte.[187] Bin ich darin doch bis an den Rand des Zulässigen gegangen, indem ich die verlautete Absicht des Verteidigungsministers kritisierte, das bisherige – an die Wehrmacht anknüpfende – Traditionsverständnis der Bundeswehr durch einen neuen Erlaß zu kappen. Ich wies darauf hin, daß Tradition niemals bedingungsloses Fortschreiben bedeute, sondern immer »Auswahl«. Aus der Wehrmacht sollten und müßten wir Traditionswürdiges übernehmen. Sicher gab es genügend Verfechter für eine solche Linie, aber sie kamen kaum zu Wort. Frühzeitig schon hatte sich Kurt Hesse zu dieser Frage geäußert.[188] Was zu dieser Zeit die meisten Deutschen darüber dachten, das brachte kein Geringerer als Carlo Schmid am 18. April 1956 im Deutschen Bundestag zum Ausdruck: »Jeder Staat braucht eine Tradition. Man kann einen Staat nicht nur auf Prinzipien aufbauen. Auch eine Wehrmacht braucht Tradition und Vorbilder«. Das leidenschaftliche Plädoyer des Marburger Juristen Erich Schwinge erschien leider erst 1991.«[189] Statt sich mit der Vergangenheit auseinanderzusetzen, nicht sie pauschal abzutun, wurde der – aus meiner Sicht törichte – Ruf nach einer »eigenen« Tradition der Bundeswehr immer lauter. Da wurde sogar das nun wirklich nicht ruhmbefleckte Bildungskonzept als »traditionswürdig« propagiert. Schließlich berief Hans Apel ein Forum »Bundeswehr und Gesellschaft«, um dem von ihm beabsichtigten neuen Traditionserlaß zum Durchbruch zu verhelfen. Daran sollten seitens der Bundeswehr die Inspekteure und ein weiterer Repräsentant ihrer Teilstreitkraft mitwirken. Der Inspekteur des Heeres benannte mich. Obwohl mir das Thema lag, gab ich zu bedenken, ob ich als in die NATO abkommandierter General autorisiert sei, für das Heer zu sprechen. Aber ich wollte es auch wissen: Warum kein anderer der immerhin fünf Dreisterne-Generale des Heeres? Als ich den Inspekteur mit dieser Frage konfrontierte, bekannte er, in dieser spezifischen Frage käme keiner der anderen in Betracht. Das mochte für mich recht schmeichelhaft klingen; doch ließ es Zweifel an der Eignung der hohen Generale des Heeres aufkommen.

In Vorbereitung des von Hans Apel für den 23./24. April 1981 nach Bonn einberufenen Forums empfing mich zuvor der Generalinspekteur. Zu meiner Freude ergab unser Gespräch weitgehende Übereinstimmung in der Traditionsfrage. Um so mehr habe ich bedauert, daß Brandt sich dann in der Veranstaltung das Heft völig aus der Hand nehmen ließ. Zur Überraschung der Teilnehmer wurde die Leitung dem Politikwissenschafter Klaus von Schubert übertragen. Dieser hatte schon als Hauptmann in der Bildungskommission eine recht zwielichtige Rolle gespielt. Er war der Prototyp des an der Zulassung zur Generalstabsausbildung gescheiterten Hauptmanns, der auf dieser Tagung seinen ganzen Frust gegen die militärische Hierarchie losließ. Inzwischen aus dem aktiven Dienst ausgeschieden und zum Professor an der Bundeswehrhochschule München avanciert, sah er mit dieser Traditionsdebatte seine große Stunde gekommen. Unvorstellbar, daß irgendeine andere Armee in dieser Welt ihre führenden Repräsentanten unter Leitung eines ihr innerlich entfremdeten Politologen (um nicht zu sagen, eines mißvergnügten ehemaligen Hauptmanns) über ihr Traditionsverständnis diskutieren ließe. Dabei wurde eine wirkliche Diskussion nicht einmal zugelassen. Vielmehr rief Herr von Schubert ganz nach Gutdünken den einen oder anderen Teilnehmer auf, zu einem bestimmten Punkt Stellung zu nehmen. Zu anderen Punkten kam man gar nicht zu Wort. Minister und Generalinspekteur saßen wie Zuhörer dabei. Der – inzwischen verstorbene – CDU-Bundestagsabgeordnete Harm Dallmeyer nutzte seine Freiheit als Politiker und verließ unter Protest den Raum. Übrigens hat der Heeresinspekteur Poeppel in dieser Debatte einen recht konstruktiven Beitrag geleistet, mit dem er die Diskussion aus ihren Höhenflügen wieder in die Realität des Soldatenalltags zurückführte. Dagegen wirkte die voreilige Beteuerung des Repräsentanten der Marine, künftig keine Schiffe mehr nach Personen zu benennen, ein wenig anbiedernd.[190] Man fragt sich, warum Apel seinen neuen Traditionserlaß noch wenige Tage vor seinem Abgang im Herbst 1982 durchpaukte;[191] Noch unverständlicher ist mir, warum sein Nachfolger Wörner diesen Erlaß nicht sofort nach Dienstantritt suspendierte.

Schuld und Verantwortung der Wehrmacht

Nicht nur für die Bundeswehr stellt die Frage nach der Wehrmacht eine immer neue Herausforderung zur geistigen Auseinandersetzung dar, sie bildet auch ein Kernstück im Problem der deutschen Vergangenheit, das man so gern »bewältigen« möchte. Gar nicht wegzudenken ist diese Frage aus dem Lebensbericht eines Soldaten, der durch die Wehrmacht geprägt wurde und schließlich die Bundeswehr mitgestaltet hat. So ziehen sich Erinnerung an die Wehrmacht und der Vergleich mit ihr wie ein roter Faden durch dieses Buch. Dabei habe ich Mängel und Schwächen der Wehrmacht nicht verschwiegen und mit Kritik nicht gespart.

Zusammenfassend möchte ich sagen: In ihrem inneren Gefüge spiegelten sich die Nachwirkungen einer vergehenden Klassengesellschaft und die Entwicklung eines autoritären Regimes zur Diktatur wider. Hat die oberste militärische Führung anfangs widerspruchslos zugelassen, wenn nicht gar unterstützt, daß die Wehrmacht zum Machtinstrument solcher Politik wurde, später brachte sie nicht mehr die Kraft auf, sich davon loszusagen. Wider besseres Wissen hat sie den Krieg auch dann fortgesetzt und den von ihr geführten Soldaten Rechtfertigung des Kampfes und Siegeszuversicht vorgetäuscht, als die vernichtende Niederlage immer offenkundiger wurde. Doch wäre es historisch falsch und menschlich unfair, Schuld und Verantwortung nur der obersten Führung anzulasten. Weder waren alle Generale schuldig, noch kann die breite Heerschar der Soldaten freigesprochen werden. Zu einem auch nur einigermaßen ausgewogenen Urteil über die Wehrmacht kann nur gelangen, wer nicht nur vertikal differenziert, also im Sinne der Hierarchie, sondern auch horizontal, innerhalb der ganzen Breite.

Je höher Rang und Dienststellung, um so tiefer war der Einblick, um so ausgeprägter die Urteilsfähigkeit, um so gewichtiger die Verantwortung, um so gebotener der Widerspruch, um so größer die Chance zum Handeln. Hohe Militärs durften und mußten widersprechen; sie konnten auch den Dienst quittieren. Diese Möglichkeiten hatten die Millionen der Offiziere und Unteroffiziere und Mannschaften nicht. Sie mußten gehorchen, jeder Widerspruch wäre dem Ungehorsam gleichgekommen. Dennoch gab es auch für den einzelnen Soldaten Grenzsituationen, in denen er den Gehorsam hätte versagen müssen; dann nämlich, wenn er die Rechtswidrigkeit von Befehlen erkannte oder hätte erkennen müssen. In der Regel durften die Soldaten darauf vertrauen, daß die ihnen erteilten Aufträge rechtens waren. Ob der Krieg notwendig, gar uns aufgezwungen – wie verlautete – oder aber eine Verbrechen war, das zu beurteilen, war der Soldat weder befähigt noch aufgerufen.

So haben die deutschen Soldaten gekämpft, gesiegt, gelitten – bis sie am Ende einer erdrückenden Übermacht unterlagen und vernichtend geschlagen wurden. Unbestritten ist die militärische Leistung dieser deutschen Wehrmacht, die noch einer Würdigung durch die Geschichte harrt. Sie wird überschattet von dem schier unermeßlichen Leid, das dieser Krieg für Millionen von Menschen brachte.

Meine ausgeprägte Neigung und mein Interesse an historischen Fragen, an solchen der Militärgeschichte insbesondere, bestimmten mich, in meiner Dienstzeit engen Kontakt zum Militärgeschichtlichen Forschungsamt (MGFA) in Freiburg zu suchen und zu pflegen. Meine spezifischen Dienststellungen ermöglichten mir die Teilnahme an den alljährlichen Tagungen des MGFA, zu denen sich neben den in Lehre und Forschung stehenden Militärhistorikern stets auch einige hohe ehemalige Offiziere einfanden. Dabei lernte ich den Historiker Dr. Georg Meyer kennen, der mir durch seine fundierten Kenntnisse über die Entstehungsgeschichte der Bundeswehr und durch sein ausgewogenes Urteil auffiel. Er hat sich durch zahlreiche Veröffentlichungen über spezifische Fragen der frühen Bundeswehr einen Namen gemacht. Ihm verdanke ich wertvolle Hinweise auch für dieses Buch.

Meine Verbindung zu dem Leiter des Freiburger Militärarchivs, Oberst der Reserve Dr. Manfred Kehrig, der durch sein grundlegendes Werk über Stalingrad[192] bekannt wurde, hat mir den Zugang zu seinem Amt erleichtert, das eine militärgeschichtliche Fundgrube darstellt. Nach der Wiedervereinigung konnte ich auch das einstige Militärarchiv der NVA in Potsdam aufsuchen, dessen kommissarischer Leiter Dr. Albrecht Kästner mir über seinen Fachbereich hinaus Zugang zu Quellen hinsichtlich Aktivitäten der DDR im Zusammenhang mit dem Skandal von 1984 eröffnete.

Zweifel an der NATO-Strategie

Als NATO-Befehlshaber, wenn auch eines recht kleinen Bereiches, mußte ich mich erstmals verantwortlich mit der gültigen Strategie auseinandersetzen. Schon seit meiner Generalstabs-Ausbildung plagten mich Zweifel daran, genauer: an dem beabsichtigen Einsatz von Atomwaffen. Dabei war ich nicht etwa der Illusion einer atomwaffenfreien Welt oder auch nur der einer atomwaffenfreien Zone erlegen. Die Existenz von atomaren Waffen war nicht rückgängig zu machen; es gab keine Chance, in den Zustand nuklearer Unschuld zurückzuschlüpfen. Andrerseits durften wir aber auch nicht so tun, als handle es sich bei diesen Waffen nur um eine Weiterentwicklung der Artillerie (wie Adenauer noch 1957 hinsichtlich taktischer Atomwaffen beschwichtigend bemerkte). Mit dem Einsatz auch nur eines einzigen Atomsprengkörpers – noch so geringen KT-Wertes – würde der Rubikon überschritten und das undenkbare Spektrum eines nuklearen Krieges eröffnet werden. Weil ich die Gefahr sah, daß im Falle eines Krieges die oberste NATO-Führung versucht sein könnte, nukleare »Gefechtsfeldwaffen« (Theatre Weapons lautet die geradezu teuflische Bezeichnung im Englischen) einzusetzen, und natürlich auf deutschem Boden, wurde ich zu zu einem erklärten Gegner dieser Kurzstrecken-waffen. Auf die müßten wir verzichten, meinte ich, uns nur auf die »großen Bomben« als ultima ratio abstützen. Das jedoch war nur möglich, würde man die konventionelle Verteidigungsfähigkeit erheb-lich stärken. Und dazu fehlte es am politischen Willen. Nicht etwa, weil man das Risiko einer niedrigen Schwelle (also des Einsatzes, womög-lich eines frühzeitigen, von nuklearen Kurzstreckenwaffen) in Kauf nehmen wollte. Nein, man verdrängte den Gedanken an Krieg schlechthin und redete sich ein, irgendwie würde Abschreckung schon funktionieren.

Die Weigerung der verantwortlichen Politiker, sich aus der übermäch-tigen Abhängigkeit von den Atomwaffen zu befreien, war nicht zuletzt durch die sprunghaft gestiegenen Kosten der konventionellen Rüstung bedingt, nicht nur der Waffen, mehr noch des Personals. Auch hier zeigten sich die Folgen der unseligen Parole, Soldatsein sei ein Beruf wie jeder andere. Von daher war es nur noch ein kleiner, aber unvermeidbarer Schritt zur Anpassung der Personalkosten an den öffentlichen Dienst schlechthin – und der orientiert sich nun einmal an Löhnen und Gehältern der Industriegesellschaft. Herrschte in der Bundesrepublik auch die Meinung vor, solche Entwicklung sei gar nicht zu verhindern, ein Blick in die Schweiz zeigt, daß es auch anders geht. Offensichtlich ist es auch unter den Bedingungen einer demokra-tischen und hochindustriellen Gesellschaft sehr wohl möglich, die Personalkosten für die Verteidigung anderen Gesetzen als denen von Angebot und Nachfrage zu unterwerfen, vorausgesetzt, man erhebt die Verteidigung zu einem Ehrendienst für alle Staatsbürger. Gerade das wollte man bei uns nicht. Aber man hatte dem Steuerzahler (als solcher versteht sich bei uns der Staatsbürger in erster Linie) verschwiegen, welchen »Preis« er für diese ihn persönlich kaum tangierende Verteidigungspolitik zahlen mußte: Es war schlicht das Risiko eines nuklearen Krieges.

Dabei bin ich überzeugt, daß es sehr wohl die Chance gegeben hat, eine politische Mehrheit für eine alternative Verteidigungspolitik zu gewinnen. Nur die Politiker schreckten davor zurück. Denn die hatten und haben immer nur die nächste Wahl im Sinn, genauer ihre persönliche Wiederwahl − und wollen keine mühsame Aufklärung der Wähler auf sich nehmen, zumal sie selbst dieses Problem zumeist gar nicht verstanden. Nicht wenige der führenden Militärs, die darauf hätten drängen müssen, waren Apparatschiks, atomare Erbsenzähler.

Zusammen mit Generalmajor a.D. Hubert Walitschek, bis 1978 Befehlshaber im Wehrbereich V, ging ich nach meiner Pensionierung daran, ein Buch über die Mängel unserer Verteidigungsbereitschaft zu schreiben. Mit dem Titel »Das Kartenhaus« wollten wir auf die Gefahr hinweisen, daß im Falle eines unmittelbar drohenden Krieges bei uns alles wie ein Kartenhaus zusammenbrechen könnte, vor allem, weil wir geistig nicht darauf vorbereitet waren. Dann kam die Wende. Die Ereignisse hatten unser Vorhaben überholt.

Der liebe Gott war uns gnädig. Er hat den Gegner kapitulieren lassen. Dafür sollten wir zutiefst dankbar sein. Grund zur Selbstgerechtigkeit haben wir keineswegs. Hat auch die NATO bestanden, so dürfen wir nicht übersehen, daß ihr die Nagelprobe erspart blieb. Jetzt, wo es für uns Deutsche unter einer völlig veränderten sicherheitspolitischen Lage darum geht, Struktur und Umfang künftiger deutscher Streitkräfte zu bestimmen, da klammern sich dieselben Politiker einfallslos an die überholte Wehrpflicht. Dabei ist deren Zeit vorbei. Der einzig wirkliche Grund ihrer Rechtfertigung, nämlich der Bedarf, ist entfallen. Es sei denn, man wollte zur »Schule der Nation« zurückkehren. Aber dafür gibt es politisch nicht einmal eine nennenswerte Minderheit.

Jedermann ist klar, daß die Bundeswehr drastisch reduziert werden wird. Auch die uns im Zwei-plus-Vier-Vertrag zugestandene Obergrenze von 370.000 Mann, nicht selten fälschlicherweise als ein Soll interpretiert, dürften wir kaum ausschöpfen. Wir benötigen nicht so viele Soldaten, schon gar nicht wird ein dafür ausreichender Verteidigungshaushalt verfügbar sein. Statt, wie es in einer demokratischen Gesellschaft geboten wäre, darüber offen zu diskutieren, wird die Wehrpflicht mit einem Tabu belegt: Daran dürfe nicht gerüttelt werden! Warum eigentlich nicht? Die Zeit der Massenheere ist vorbei! Kleine, präsente, hochbewegliche Verbände sind vonnöten. Es entbehrt nicht einer gewissen Komik, daß auf Seiten der Militärs sich gerade solche als glühende Verfechter der Wehrpflicht produzieren, von denen man weiß, daß sie in ihrer Dienstzeit kaum oder gar nicht mit Wehrpflichtigen zu tun hatten.

Das Gebot der Stunde lautet: Übergang von der Quantität zu Qualität! Aber damit tun sich die Militärs schwer, insbesondere die von Infanterie-Denken geprägten Heeres-Generale. Bei ihnen ist eine verhängnisvolle Affinität zu Kopfstärken unverkennbar. Hätten sie doch von sich aus eine Reduzierung des Personalumfangs angeboten - und als Kompensation dafür längst überfällige qualitative Verbesserungen angemahnt. Dazu gehört die schon vor einem Vierteljahrhundert geforderte Anhebung der Kompaniechefs zu Majors-Stellen. Man kann sich des Eindrucks nicht erwehren, daß diese Forderung in Vergessenheit geraten ist.

Abschied von Rendsburg − und Rückkehr

Im Frühjahr 1981 stellte sich die Frage nach meiner Anschlußverwendung. Für den zum 31. März 1982 in Pension gehenden Admiral Günther Luther mußte ein Nachfolger als Deputy SACEUR namhaft gemacht werden. Als ich dafür ins Gespräch kam, war mir sofort klar, daß ich dies nicht etwa als eine besondere Auszeichnung werten durfte. Vielmehr gab es so gut wie keinen anderen Generalleutnant, der nach Alter und Werdegang dafür in Betracht kam. Gezögert habe ich sehr wohl; war ich mir doch bewußt, daß es sich bei diesem Dienstposten nur um einen »Titularbischof« handelte. Auch war mir längst zu Ohren gekommen, daß der SACEUR General Rogers als äußerst schwieriger Vorgesetzter galt. Luther hat mir gegenüber kein Blatt vor den Mund genommen. Wenn ich seine Warnungen nicht beherzigt habe, so hat der lockende »vierte Stern« dabei die geringste Rolle gespielt. Zugegeben: Welcher Soldat freut sich nicht über eine Beförderung, gar noch, wenn sie ihm den höchsterreichbaren Rang bringt? Doch wurde solcher, wohl nicht ungewöhnliche Ehrgeiz von meinen Plänen überdeckt, die auf eine akademische Laufbahn abzielten. Dem stand entgegen, daß Apel prinzipiell kein vorzeitiges Ausscheiden von Generalen zuließ. Auf diese starre Haltung hatte er sich im Fall Bastian festgelegt. Mein schwerstwiegender Fehler war jedoch, daß ich meinen künftigen Vorgesetzten Rogers falsch eingeschätzt hatte. Aus meiner bisherigen Erfahrung, und die war ja keineswegs gering, meinte ich: Mit dem komme ich schon hin! Schließlich bin ich bisher mit jedem ausgekommen. Hier hatte ich mich geirrt − und dafür sollte ich bitter büßen. Daß ich den vierten Stern nicht abgelehnt hatte, sondern nach Mons gegangen bin, habe ich schon wenig später als die tiefgreifendste Fehlentscheidung meines Lebens erkennen müssen.

Der Abschied von Rendsburg fiel mir schwer; und doch wurde er mir erleichtert, weil ich ziemlich sicher war, wieder zurückzukehren. Noch ahnte ich nicht, daß dies schon bald der Fall sein würde, nämlich am 31. März 1984. Zwar war ich wenige Tage zuvor offiziell aus dem Dienst verabschiedet worden, protokollgerecht mit dem Großen Zapfenstreich und − auf meinen ausdrücklichen Wunsch hin − nicht in Bonn, sondern bei meinem alten Bataillon in Neustadt bei Marburg. Doch hier in Rendsburg wollte ich meine engsten Freunde um mich versammeln und ihnen für die mir in den zurückliegenden Wochen bekundete Treue danken. Mancher war jetzt nicht mehr dabei, auf den ich noch vor wenigen Monaten vertraut hatte; andererseits gab es auch neue Gesichter in diesem Kreis, darunter mein Münchner Arzt, Prof. Dr. Wolfgang Lesoine, den wenig später eine tückische Krankheit dahinraffte. Aus Rendsburg hatte ich meine rotarischen Freunde und die Verbandsbrüder der Deutschen Burschenschaft geladen. Zu dem kleinen Empfang erschienen überraschend auch der Ministerpräsident Uwe Barschel und der frühere Landtagspräsident Helmut Lemke. Barschel ergriff das Wort und sagte unter anderem: »Ich bin, als andere Sie in eine quälende Affäre hineinzogen, nie von meiner Meinung abgerückt, daß General Kießling ein Soldat von untadeliger

Gesinnung ist.« Dann spielte das Heeresmusikkorps 6 auf meinen Wunsch den wenig bekannten »Kleinen Zapfenstreich« und das Schleswig-Holstein-Lied.

Für mich begann der Ruhestand an der Eider. Was NATO-Stab und Bundeswehr betraf, so hielt ich mich bewußt zurück. Protokollgerecht wurde ich zu Empfängen und Veranstaltungen zumeist eingeladen. Als im Februar 1991 der Verteidigungsminister nach Rendsburg kam, um auf dem Höhepunkt der Golf-Krise zu den Soldaten – und damit auch an die Öffentlichkeit gerichtet – zu sprechen, wurde ich nicht eingeladen. Die Presse bekam Wind davon und befragte mich. Schlechter Stil, lautete meine Antwort, aber ich könne damit leben. Der ebenfalls befragte zuständige Bataillonskommandeur konterte öffentlich: Er könne auch damit leben! Ich hätte ja kommen können, wenn ich wollte; jedermann hätte kommen können! Und seine Vorgesetzten störte das gar nicht. Aber stets gab es unter den Offizieren und Unteroffizieren in Rendsburg auch solche, die sehr bemüht waren, mich am Leben der Garnison teilhaben zu lassen. Stellvertretend für sie möchte ich die Oberstleutnante Gerd Feier und Hansjoachim Pieth nennen.

2. Auf verlorenem Posten: SHAPE

SHAPE – ein Wasserkopf vor den Toren Brüssels

1. April 1982, ein strahlender Frühlingstag. Ich fuhr vor dem Hauptportal des SUPREME HEADQUARTERS ALLIED POWERS in Casteau vor. An diesem Tag begann mein Dienst als Deputy SACEUR, als Stellvertreter des Obersten Alliierten Befehlshabers in Europa. Zum ersten Male trug ich vier goldene Sterne auf meinen Schulterklappen. Als 19. General der Bundeswehr war ich zu diesem höchsten militärischen Rang befördert worden. Als Bundesverteidigungsminister Apel mir vor zwei Tagen die Ernennungsurkunde überreicht hatte, sagte er: »Sie gehen einen schweren Gang! Viel Glück!« Das sollte mir nicht beschieden sein.

Vor dem Portal stand die Ehrengarde mit den Fahnen der NATO-Mitgliedstaaten. Mein künftiger Vorgesetzter, General Rogers, begrüßte mich. Die Musik intonierte den Salut, dann schritt ich die Front ab. Anschließend stellte Rogers mich der versammelten Generalität des Hauptquartiers vor; es waren an die zwanzig. Dann ging ich in mein Dienstzimmer.

Da saß ich nun im neuen Amt und mit neuen Würden – viel Würden und wenig Amt. Kein Zweifel: Dies würde die Endstation meiner militärischen Laufbahn sein – höher ging es nicht mehr. Aber noch lagen vier Dienstjahre vor mir, bis ich die Altersgrenze erreichen würde. Nach diesem Posten hatte ich mich nun wirklich nicht gesehnt. Aber ich war entschlossen, das beste daraus zu machen. Über Grenzen und Möglichkeiten dieser Verwendung hatte ich keine Illusionen.

SHAPE – was ist das? Die militärische Kommandospitze der NATO in Europa, nicht etwa die Spitze der NATO schlechthin. In der breiten Öffentlichkeit wird SHAPE häufig mit dem NATO-Rat in Brüssel verwechselt. Damit einher geht eine Verkennung des Primats der Politik, der – zum Glück – auch in der NATO gilt. Die politische Spitze, die sitzt in Brüssel, das ihr nachgeordnete Militär in der

Provinz, genauer in Casteau nahe der französischen Grenze. In diesem strukturschwachen belgischen Industriegebiet hatte SHAPE 1966 Zuflucht gefunden, als de Gaulle die NATO aus Frankreich vertrieb. Dieser den NATO-Militärs aufgezwungene Umzug von der französischen Metropole in das provinzielle belgische Casteau hat sicher zu der etwas introvertierten Atmosphäre beigetragen, die SHAPE von da an kennzeichnete und die sicher nicht ohne Einfluß auf mein persönliches Schicksal blieb.

Mehrere tausend Soldaten und zivile Mitarbeiter, dazu eine etwa gleichgroße Anzahl von Familienangehörigen, lebten hier vor den Toren Brüssels. Schon nationalen Mammutbehörden bereitet es große Schwierigkeiten, alle Mitarbeiter sinnvoll zu beschäftigen. Bei einer internationalen Zusammensetzung ist das schier unmöglich. Einige wenige sind bis an die Grenze ihrer Belastbarkeit gefordert, während es für die meisten kaum etwas zu tun gibt. Manche beschäftigen sich selbst, die anderen sitzen herum und warten auf den Feierabend. Das ist der rechte Sumpf, in dem Gerüchte gedeihen können. Und sie gediehen. Wenn später manche so taten, als sei dies etwas ganz Neues gewesen, so brauchte man sie nur auf die deutsche Militärgeschichte verweisen.[193]

Was die NATO betrifft, so bietet sich gerade jetzt die Chance, im Zuge der neuen Kommando-Struktur eine heilsame Schrumpfung solcher Stäbe durchzusetzen. Da ist die Rede von einer zehnprozentigen Reduzierung. Die Insider wissen, daß man mit etwa einem Drittel gut auskommen würde, wenn . . ., ja wenn man die wirklichen Aufgaben zugrunde legen würde und sich nicht von vermeintlichen nationalen Interessen der Mitgliedstaaten leiten ließe.

Die Konzeption der bisherigen NATO-Kommandostruktur sah integrierte Stäbe oberhalb der nationalen Korps vor. Nur das zuvor erwähnte Korps LANDJUT bildete da eine Ausnahme. So erlebte ich bei SHAPE geradezu ein Kontrastprogramm zu meinem Rendsburger Kommando. In Casteau waren alle NATO-Staaten vertreten und auf Einfluß bedacht. Irrigerweise meinten sie, diesen über einen möglichst großen personellen Anteil in diesem Stab zu erlangen. Sie verkannten nämlich, daß wirklicher Einfluß nur über Schlüsselstellungen zu gewinnen ist. Diese waren jedoch zielbewußt von den Angelsachsen besetzt, die sich einen lückenlosen Strang innerhalb des vermeintlich integrierten Stabes aufgebaut hatten. Die anderen Nationen stellten nur das Beiwerk. Zumindest die Franzosen haben das schnell erkannt und die Konsequenzen gezogen. Sie hielten es für unter ihrer Würde, sich mit einem dritten Platz zu begnügen und verließen die militärische Integration, ohne ihre Mitgliedschaft in der NATO aufzugeben. Solche Wahl freilich blieb den Deutschen nicht.

Am Beispiel von SHAPE läßt sich eindrucksvoll demonstrieren, daß jede Organisation zwei Strukturen aufweist: eine formelle und eine informelle. An Bemühungen, den immer weiter sich aufblähenden SHAPE-Stab zu stutzen, hat es nicht gefehlt. Kleiner, arbeitsfähiger und kostenwirksamer sollte er gestaltet werden. Erst kurz vor meinem Dienstantritt bei SHAPE war wieder einmal eine als SHAPE REVIEW bezeichnete Initiative zur Reduzierung dieses Stabes gescheitert, letztlich an der Engstirnigkeit der Mitgliedstaaten. In den vergeblichen Verhandlungen hatte General Rogers u. a. zu Protokoll gegeben, daß er − wenn überhaupt − nur einen Stellvertreter (und damit meinte er natürlich den Briten) benötige. Die Deutschen hatten diese Warnung nicht verstanden und beharrten auf dem ihnen früher zugestanden zweiten Stellvertreter. Ich mußte es ausbaden.

Der Stellvertreter

Schon der anfangs nur eine (britische) Stellvertreter des SACEUR, mit dem man sich bis 1978 begnügte, war umstritten. Zu Recht! Was sollte auch ein nicht-amerikanischer Stellvertreter in einem Kommando, dessen Wesen geradezu in der amerikanischen Führung besteht? Konnte man es den Amerikanern, die schon in Friedenszeit die Hauptlast dieses Bündnisses auf sich nehmen, wirklich zumuten, bei Ausfall des amerikanischen SACEUR den Oberbefehl einer anderen Nation zu überlassen? Schon gar nicht im Falle eines Krieges, wo es auf den direkten Draht des SACEUR zum US-Präsidenten ankäme, dem die alleinige Entscheidung über den Einsatz nuklearer Waffen vorbehalten ist. Wenn aber gar nicht zur Vertretung bestimmt, so war der Posten eines Deputy SACEUR nur noch ein repräsentativer, mochte ihm noch so viel Ehre anhaften. Solche kam seinem ersten Amtsinhaber in der Tat zu. Denn dies war kein Geringerer als der britische Feldmarschall Montgomery. Eigens für ihn wurde dieser umstrittene Posten geschaffen, nachdem die bis dahin von ihm befehligte europäische WESTUNION 1950 in die NATO aufging. Auch dieser Brite war als Deputy SACEUR nicht glücklich, schon gar nicht, als ihm nach dem Abgang des ersten SACEUR Eisenhower 1952 der US General Ridgeway vorgesetzt wurde. Denn der war in dem erst sieben Jahre zurückliegenden Zweiten Weltkrieg als Divisionskommandeur dem Heeresgruppen-Befehlshaber Montgomery unterstellt gewesen.

In den 70er Jahren mahnten die Deutschen wiederholt eine ihrem militärischen Beitrag angemessenere Repräsentation im SHAPE-Stab an. Falsch beraten, versteiften sie sich auf einen zweiten Deputy SACEUR − statt den Chef des Stabes oder zusätzliche untergeordnete Generalsstellen zu fordern. Als ihnen schließlich der zweite Deputy zugestanden wurde, fand sich in Gerd Schmückle eine geradezu ideale Besetzung. Nicht nur brachte er eine ausgeprägte militär-diplomatische Begabung ein; vielmehr war es glücklicher Zufall, daß Schmückle mit dem damaligen SACEUR Alexander Haig in seltener Weise harmonisierte. Jedoch darf Organisation nicht darauf abgestellt sein, daß die für bestimmte Verwendungen ausgewählten Menschen miteinander können. Die dafür richtige Auswahl ist Sache der Personalführung. Die Organisation muß vielmehr so angelegt sein, daß sie selbst dann funktioniert, wenn die personelle Besetzung nicht optimal sein sollte. Das Kontrastprogramm zum Traumpaar Haig-Schmückle bildeten Rogers-Kießling. Doch schon bevor ich auf den Plan trat, mußte General Rogers mit dem deutschen Admiral Luther vorlieb nehmen. Wenn es da auch nicht zum Bruch kam, so blieb es dennoch kein Geheimnis, daß auch deren Verhältnis nicht das beste war. Rogers konnte uns beide »nicht riechen« wie der Bonner Generalanzeiger schrieb.[194] Auch mein Nachfolger Hans Joachim Mack hat sich über die Einengung seiner Handlungsfähigkeit öffentlich beklagt.[195]

Weit verbreitet war und ist immer noch die – irrige – Auffassung, der deutsche Viersterne-General in der Spitze von SHAPE sei dazu da, die deutschen Interessen zu vertreten. Kein Geringerer als Helmut Schmidt vertrat diesen falschen Standpunkt, als ich mit ihm gelegentlich eines Besuches, den er nach seinem Rücktritt als Bundeskanzler SHAPE abstattete, über dieses Problem sprach.[196] Gerade die Vertretung nationaler Interessen durch seine Stellvertreter verbat Rogers sich. Formal war er da sogar im Recht. Denn der Grundgedanke der NATO-Stäbe besteht eben darin, daß die integriert verwendeten Offiziere sich nicht als Sachwalter ihrer Nation fühlen, schon gar nicht als solche auftreten sollen. Obliegt doch die Vertretung nationaler Interessen eigens dafür eingerichteten Verbindungsstäben, den sogenannten NMRs (National Military Representatives).[197] Deutscher NMR war immer ein Brigadegeneral; und der stand wie alle NMRs völlig im Abseits. Da mag man fragen: Hat denn Rogers selbst keine amerikanischen Interessen vertreten? Natürlich tat er das. Ich bin sogar geneigt zu sagen: Er vertrat nichts anderes als amerikanische Interessen! Aber er tat dies wohlweislich nicht in seiner Rolle als SACEUR. Das hatte er auch gar nicht nötig, denn er besaß – wie man das nennt – einen »zweiten Hut«, unter dem er völlig legal als US-General handeln durfte. In Personalunion ist der SACEUR zugleich immer auch EUCOM, d. h. der Oberkommandierende der US-Streitkräfte in Europa. Zutreffender müßte man sagen: In Wirklichkeit ist der SACEUR seine Zweitfunktion; denn auf den EUCOM kommt es an! Bald fand ich heraus, wie unvollkommen unsere verantwortlichen Politiker über diese Ämterkombination und deren politische Bedeutung im Bilde sind. Deshalb werden sie zumeist übers Ohr gehauen. Nominieren die USA einen neuen SACEUR, so konsultieren sie pflichtgemäß die NATO-Mitgliedstaaten. Aber was können die schon zu einem Mann sagen, den sie zumeist überhaupt nicht kennen, es sei denn, er war zuvor Stabschef des Weißen Hauses, wie im Falle Alexander Haigs. Haben die Nationen aber einmal zugestimmt, so werden sie nicht mehr gefragt, wenn jeweils nach zwei Jahren amerikanischerseits die Verlängerung desselben Generals als EUCOM heransteht. SACEUR bleibt der verlängerte EUCOM dann automatisch.

Eine wirkliche Vertretung des SACEUR durch einen seiner beiden Deputies stand also niemals zur Debatte, nicht einmal jetzt, in tiefsten Friedenszeiten. Wenn Rogers abwesend war, und er reiste viel; sei es – wie zumeist – in die USA oder in die ferne Türkei, so vertrat ihn wie selbstverständlich sein amerikanischer Chef des Stabes. Nur aus der täglichen Anwesenheitsliste konnten wir ersehen, ob der SACEUR im Dienst war oder nicht. Rogers kam es überhaupt nicht in den Sinn, seine Stellvertreter persönlich zu informieren.

Wiederholt habe ich dafür plädiert, diese törichte Organisation durch eine effizientere Regelung zu ersetzen; auch öffentlich habe ich mich dazu geäußert.[198] Eine sinnvolle Lösung erforderte nach meiner Auffassung: Auch der Stellvertreter muß ein Amerikaner sein, der dann wirklich zur Vertretung berufen wäre und auch darauf vorbereitet wird. Dagegen sträubte sich Rogers, aber nicht nur er, sondern alle Amerikaner. Denn das hätte bedeutet, als Chef des Stabes einen Briten oder einen Deutschen (am besten im Wechsel) akzeptieren zu müssen. Diese Schlüsselposition aber wollten die Amerikaner nicht aus der Hand geben. Denn an einem Chef des Stabes geht nichts vorbei; der ist immer und über alles im Bilde. Erst im Zuge der Neustrukturierung nach der Wende gelang es 1993, den fruchtlosen Posten eines Deputy SACEUR gegen einen deutschen Chef des Stabes einzutauschen.

1982 hatte Rogers seinen beiden Stellvertretern, dem Briten wie dem Deutschen, je die Hälfte seines gesamten Aufgabenspektrums zur Beobachtung zugewiesen – «to monitor«, hieß es in der Dienstanweisung. Was sollte das? Dies war ein gleichermaßen unsinniger wie auch unerfüllbarer Auftrag. Die Aufgabe der Stellvertretung erfordert logischerweise, so gut wie nur möglich über das Ganze im Bilde zu sein. Für Spezialisierung ist auch das Halbe zu viel! Sie dürfte allenfalls ein eng umgrenztes Gebiet umfassen. Das setzte ich dann auch durch. Auf Weisung von Rogers konzentrierte ich mich auf die Probleme der elektronischen Kampfführung (EW).

Leben mit Rogers

Wohl kein anderer Mensch in meinem ganzen Leben, nicht nur in meiner militärischen Laufbahn, wurde mir so zum Widerpart wie Bernard W. Rogers. Von 1978 bis 1986 war er der Oberste Alliierte Befehlshaber in Europa (SACEUR). Haig folgend, der danach in die Politik ging und es in kurzer Zeit zum US-Außenminister brachte, war Rogers vor allem auf Profilierung gegenüber seinem brillanten Vorgänger bedacht. Schnell sprach es sich herum, daß er kommißig und unfreundlich war, kontaktarm, allergisch gegen andere Meinungen. Aber ich wußte noch nicht, was Nina Grunenberg Anfang Januar 1984 über ihn berichtete: »Wer Rogers jemals in seinem Büro am Schreibtisch sitzen sah und mit seiner schönen Stimme selbstvergessen singen hörte: That's my way . . ., der weiß, daß er es mit einem Vizekönig zu tun hat, gegen den er nicht gewinnen kann.«[199]

Als im Verlauf meines Skandals der Blick der Öffentlichkeit schnell auch auf Rogers gelenkt wurde, habe ich mich mit meinem Urteil über ihn bewußt zurückgehalten; denn ich hielt es für meine Pflicht, diesen Skandal nicht zu einer Frage des Bündnisses abgleiten zu lassen. Die Presse hielt sich natürlich nicht daran. Schon im Kommentar zur ersten Meldung des Süddeutschen Zeitung vom 5. Januar 1984 wurde darüber spekuliert. Einen Tag darauf war diese Frage in aller Munde.

Wenn ich nun meine damalige Zurückhaltung über Rogers aufgebe, so meine ich dies zum einen damit begründen zu können, daß inzwischen keiner von uns beiden mehr im Amt ist, zum anderen halte ich es für geboten, den Blick der Öffentlichkeit darauf zu richten, wie sehr wir im Zuge fortschreitender politischer Integration — also weit über die NATO hinaus — darauf bedacht sein müssen, bei der Besetzung von Spitzenpositionen auch die persönlichen Eigenschaften zu berücksichtigen — und nicht nur fachliche Eignung oder gar allein den nationalen Proporz.

Bevor ich mich auf den Weg nach Casteau machte, erhielt ich viele gutgemeinte Ratschläge und Warnungen, selbst Mitleidsbekundungen. Sie reichten von »Zeigen Sie dem mal die Zähne« bis zum » In Ihrer Haut möchte ich nicht stecken«. Hatte Rogers sich bei meinem Eintreffen noch völlig korrekt verhalten, sogar ein wenig Freundlichkeit ausgestrahlt, gar zu bald sollte ich ihn von einer anderen Seite kennenlernen. Wenige Tage später fand eine Besprechung im kleinen Kreise von nur etwa zehn Offizieren zu einer besonders sensiblen Operationsfrage statt. Der Zufall wollte es, daß ich gerade mit diesem spezifischen Problem vertraut war; es ging um die Planung für den Fall einer sowjetischen Blockade Berlins. Nur Amerikaner, Briten und Deutsche waren daran beteiligt. Ein britischer Oberst trug vor; sehr klar und in einem wohlklingenden Englisch. Aber er beging einen tödlichen Fehler. Zwei- oder dreimal schon hatte er einfließen lassen: . . . »Wie schon General Haig (der Vorgänger von Rogers) entschieden hat«, . . . »wie schon General Haig sagte«. Ich bemerkte, wie sich Rogers' Gesicht verfinsterte. Da sagte der Brite wieder etwas von General Haig. Nun war für Rogers der Rubikon überschritten, und er schrie auf: »If you once again mention that name you had it! General Haig is no longer SACEUR, it's Bernie Rogers now!« So redete er von sich selbst!

Unter den Anwesenden herrschte peinliche Stille. Wohl niemand konnte es fassen, daß Rogers sich so gehen ließ! So etwas hatte ich meine ganze Dienstzeit hindurch noch nicht erlebt, die anderen sicher auch nicht. Es dauerte einige Zeit, bis der Brite − in dumpfem Ton − seinen Vortrag fortsetzte. Keiner hörte mehr hin, Rogers selbst wohl auch nicht. Das Briefing war beendet. Welche Folgerungen die Briten gezogen haben, ist mir nicht bekannt. Ich berichtete dem deutschen NATO-Botschafter Wieck, der aber zuckte nur die Schultern; er kannte Rogers.[200]

Ein paar Wochen später wurde ich selbst ein Opfer der cholerischen Ausfälle von Rogers. In seinem Dienstzimmer waren die acht Viersterne-Generale seines Befehlsbereichs zu einer Commanders' Conference versammelt: drei Amerikaner, drei Briten und zwei Deutsche. Es ging um das Infrastruktur-Programm, genauer um dessen Finanzierung. Die hing entscheidend von der deutschen Bereitschaft ab, die ihnen zugeordneten 26 Prozent zu zahlen, während die Briten ohnehin nur rund 10 Prozent beitrugen. Die deutsche Seite zögerte seit längerem mit ihrer Zusage. Darüber war Rogers erbost. Als ich eine

Bemerkung machte, brauste er plötzlich auf und schrie mich an: Ich sollte lieber auf meine Regierung einwirken, die erforderlichen Gelder zu bewilligen. Dann hätte ich wenigstens etwas geleistet! – Alle Anwesenden wirkten wie erstarrt, jeder schaute geradeaus. Ich überlegte einen Augenblick, ob ich den Raum verlassen sollte. Wäre ich gegangen, so hätte es keine Umkehr mehr gegeben. Ich wußte nur zu gut, daß ich in Bonn keinen Rückhalt hatte. Also blieb ich sitzen. Gar bald wurde mir klar, daß dies ein Fehler war: Versäumter Widerspruch! Ich hätte gehen müssen; egal, was dann passiert wäre. Keiner der Anwesenden sagte auch nur ein Wort. Nach einer kurzen Stille fuhr Rogers fort, als sei nichts geschehen.

Beim folgenden Lunch fand ich mich zu meiner und der anderen Überraschung neben Rogers sitzen. Dieser Platz gebührte eigentlich einem der Gäste, nicht mir. Alle Anwesenden registrierten diese Geste. Ich verhielt mich reserviert. Am Abend kam sein Chef des Stabes in mein Büro und versuchte zu beschwichtigen: Es sei doch alles nicht böse gemeint gewesen, ich möge doch die schwierige Position von Rogers verstehen. Aber das sei nur seine persönliche Meinung, er hätte keinen Auftrag mit mir zu sprechen. Ich gab zu verstehen, daß ich eine solche Behandlung nicht gewohnt sei und sie nicht hinnehmen werde. Noch abends rief ich Hans-Georg Wieck an, den deutschen NATO-Botschafter. Am nächsten Tag fuhr ich zu ihm, um mich mit ihm zu beraten. Für Wieck war das wichtigste: Nur keinen Skandal! Aber er stimmte mir zu, daß ich eine solche Brüskierung nicht hinnehmen könne. Von einem Gespräch mit Rogers hielten wir beide nichts; mit ihm mußte man schriftlich verkehren. Ich entwarf einen kurzen Brief an Rogers, in dem ich mich gegen seinen Ton verwahrte, zugleich jedoch meiner Hoffnung Ausdruck verlieh, daß wir nun zu einer fruchtbaren Zusammenarbeit gelangen würden. Der Brief wurde ihm, der inzwischen einen Urlaub angetreten hatte, nachgeschickt. Ich war überzeugt, er würde sogleich nach seiner Rückkehr ein klärendes Gespräch mit mir suchen. Weit gefehlt! Durch seinen Adjutanten schickte er mir – offen! – seine kurze schriftliche Antwort: Ich solle mich gründlicher über das Infrastruktur-Problem informieren und dann zu einem Gespräch bei ihm melden.

Gerade in diesen Tagen erfuhr ich, daß die Frage der Infrastruktur-Mittel auf der Tagesordnung des Bundessicherheitsrates stand. Ich hielt es für geboten, den Verteidigungsminister darüber zu informieren, welch große Bedeutung der SACEUR dem Beitrag der Bundesrepublik beimaß. So rief ich Apels persönlichen Referenten an und bat − es war das einzige Mal in meiner ganzen Dienstzeit, daß ich eine solche Bitte äußerte! −, den Minister sprechen zu dürfen. Nach einer Stunde erhielt ich den Rückruf: Der Minister habe keine Zeit; ich solle diese Fragen dem Staatssekretär Dr. Hiehle vortragen. Ich war nicht gewillt, es bei einem mündlichen Vortrag zu belassen, sondern brachte die Sache − auch die ungewöhnliche Brüskierung durch Rogers − zu Papier und übergab dieses in Bonn dem Staatssekretär. Eine Reaktion des Ministers, an den dieses Schreiben gerichtet war, blieb aus.

Fünf Wochen später stieß ich ganz zufällig auf die höchst eigenartige Behandlung dieses sensiblen Vorgangs durch die Hardthöhe. Es war am 4. Oktober 1982, als ich zur feierlichen Übergabe der Befehls- und Kommandogewalt an den neuen Verteidigungsminister Wörner nach Bonn fuhr. Mit dem Regierungswechsel war der Leiter der Personalabteilung, Ministerialdirektor Dr. Schaefgen, durch seinen bisherigen Stellvertreter Generalleutnant Hans Kubis abgelöst worden. Schaefgen übernahm statt dessen die Abteilung Unterkunft und Liegenschaften. Vor der offiziellen Veranstaltung suchte ich Kubis auf. Er sagte mir, daß Schaefgen über seine Wegversetzung sehr bedrückt sei und riet mir, ihm doch einen Besuch zu machen. Ich traf Schaefgen beim Packen an. Seine ganze Verbitterung kam zum Ausbruch, als er mir die zahlreichen Veränderungen auf der Abteilungsleiterebene vorhielt, die nach seiner Auffasung schwerlich mit dem Verständnis von einer »Übergangsregierung« (als solche verstand sich die Regierung Kohl bis zu der für den 6. März anberaumten Neuwahl des Bundestages!) vereinbart waren. Aber ich hätte ja auch meine Sorgen, fuhr Schaefgen fort. Als ich zurückfragte, was er damit meine, kam es heraus: Der von mir dem Staatssekretär überreichte Vorgang war von diesem als »Beschwerdefall« an die Personalabteilung weitergeleitet worden. Ich war entsetzt über eine solche Behandlung einer − unzweifelhaft − politischen Angelegenheit von hoher Brisanz. Deshalb eilte ich zu

Hiehle und stellte ihn zur Rede. Der entgegnete mir kühl: Irgendwo müßten solche Akten ja abgelegt werden – und er habe nun einmal so entschieden. Natürlich hatte Hiehle in diesen Tagen andere Sorgen. Als ich kurze Zeit darauf den neuen Verteidigungsminister von diesem Vorfall in Kenntnis setzte, meinte Wörner, er benötige Zeit, um »Ordnung in diesen Laden zu bringen«. Offensichtlich hatte er das nicht geschafft, bis der Fall Kießling ihn an den Rand des politischen Abgrundes fegte.

Zurück in den Sommer 1982. Schon ein paar Wochen nach meinem Dienstantritt wußte der SPIEGEL zu melden, daß ich von wesentlichen Informationen ausgeschlossen sei. Anfang November platzte die erste Bombe. Da berichtete die amerikanische Soldatenzeitung »Stars and Stripes« über das Knistern in der SHAPE-Spitze und zitierte einen hohen NATO-Offizier über Rogers: »Er pfeift seine Leute an, läßt nicht einmal Viersternegenerale ausreden, nimmt keinen Rat an und behandelt seine Stabsoffiziere wie Schuljungen.«[201] Bei uns griffen lediglich die Kieler Nachrichten diese Meldung auf und überschrieben ihren Kommentar: »Rogers' Übermut«.[202]

Meine Kontakte zu Rogers beschränkten sich inzwischen ohnehin auf ein Minimum. Wörner wußte davon; auch von meinem Wunsch, sobald wie möglich von dieser Aufgabe entbunden zu werden. Wir waren übereingekommen, daß es das beste wäre, wenn ich nach Ablauf von zwei Jahren zum 31. März 1984 in Pension ginge. Dann wäre dies ohne Aufsehen möglich. Solch geräuschloser Abgang wurde dann – bewußt oder unbewußt – durch die Hardthöhe verhindert, die einen Skandal auslöste. In dessen Verlauf konnte es nicht ausbleiben, daß auch über eine mögliche Rolle von Rogers spekuliert wurde. Dieser ließ am 12. Januar 1984 erklären, er habe mit dem Skandal nichts zu tun.[203]
Ich selbst enthielt mich jeder Äußerung dazu. Als ich nach meiner Rehabilitierung auch von SHAPE mit dem üblichen militärischen Zeremoniell verabschiedet wurde, kam es am 30. März 1984 zu einem letzten Gespräch mit Rogers. Er sagte: »Ich kann mir vorstellen, durch was für eine schwere Zeit Sie gegangen sind. So hoffe ich nur, daß ich

nicht noch dazu beigetragen habe.« Das hoffe ich auch »So do I«,
entgegnete ich kühl. Mehr hatten wir uns nicht zu sagen.

Der Alltag: Mehr social life als Dienst.

«Bei SHAPE sind 50 Prozent Social Life« überschrieb Adelbert Weinstein einen vielbeachteten Artikel, in dem er das Innenleben dieses
NATO-Hauptquartiers offenlegte.[204] Daran seien mein Vorgänger
Luther und ich gescheitert, meinte Weinstein. Ohne die Bedeutung
auch des gesellschaftlichen Lebens für internationale Gremien zu
verkennen, habe ich mich stets gegen dessen Überbewertung verwahrt.
Was kann es denn rechtfertigen, in einer militärischen Kommandobe-
hörde die dienstlichen Aufgaben dahinter zurückzustellen? Anders
gefragt: Was wären das für Offiziere, die nach ihren Fertigkeiten auf
dem Parkett ausgesucht würden und weniger nach ihrer fachlichen
Kompetenz? Interessanterweise hat selbst der auch wegen seiner an
mir geübten Kritik bekannt gewordene General von Sandrart damals
darauf beharrt: »Die Arbeit findet im Dienst statt und nicht auf
Parties.«[205]
Nicht wenige Kommentare zielten im Januar 1984 auf meinen Familienstand und stellten von daher meine Eignung für diesen Posten
infrage. Darüber läßt sich streiten. Daß ich ledig war, ist bei der
Entscheidung, mich für diesen Posten zu nominieren, mit Sicherheit ins
Kalkül gezogen worden. Im Verlauf meiner Dienstzeit sind die Vor-
und Nachteile des Fehlens einer Ehefrau ja nicht nur mir selbst stärker
bewußt, sondern auch von meinen Vorgesetzten gewürdigt worden.
Mit der Zeit war ich auch ein wenig darin geübt, den mir obliegenden
gesellschaftlichen Verpflichtungen auch ohne Ehefrau nachzukom-
men. So ganz ungewöhnlich war das ja auch wieder nicht, daß Spitzenstellungen von alleinstehenden Männern wahrgenommen wurden. Galt
ich auch in der Bundeswehr als die große Ausnahme, in anderen
Bereichen kam das schon des öfteren vor, selbst im Auswärtigen
Dienst. Der Zufall wollte es, daß gleichzeitig mit mir der höchste
deutsche Repräsentant in der NATO, der Botschafter Hans-Georg
Wieck, sich als Witwer in einer ähnlichen Situation befand wie ich.

Als noch eitel Sonnenschein herrschte: Kießling wird mit dem Großen Bundesverdienst-kreuz ausgezeichnet. Von Links: Generalinspekteur Brandt, Verteidigungsminister Wörner, Kießling und Staatssekretär Hiehle.

Besuch bei der MAD-Gruppe S in Bonn. Diese Aufnahme erlangte später Bedeutung, weil sie für ein retouschiertes Foto benutzt wurde, mit dem vom MAD in der »Homo-Szene« von Köln nach Kießling gefahndet wurde.

Als Gastgeber bei
SHAPE. Rechts neben
Kießling der Chef des
US-Hospitals bei
SHAPE, Colonel Sey-
mour Levine.

Bei einem Fest für die
Senior NCOs der bei
SHAPE vertretenen
Nationen, hier mit einem
»Pipe-Major«.

Überdies hatte wohl auch die Personalführung der Bundeswehr in den letzten Jahren erfahren müssen, daß ihre herkömmliche These »verheiratet gleich gut verheiratet« nicht länger zu behaupten war. Immer häufiger hatte sie es mit Fällen zu tun, daß auch hochrangige Offiziere getrennt von ihren Ehefrauen residierten oder aber diese gar nicht gewillt waren, die ihnen zugedachten Aufgaben zu übernehmen.

Wie ich es als Soldat gelernt und mein Leben lang praktiziert hatte, versuchte ich also auch aus meinem unvollkommenen Familienstand das beste zu machen. Als Deputy SACEUR standen mir nur zwei Hilfen Verfügung: Eine beachtliche Dienstaufwandsentschädigung und eine Dienstvilla. Was das Geld betrifft, so sind mir dahingehend selbst in der Zeit schärfster Angriffe keine Vorwürfe gemacht worden. Es war wohl nicht zu bestreiten, daß ich mich als Gastgeber recht großzügig verhielt. Kummer bereitete mir dagegen das zugewiesene Domizil. In einem parkähnlichen Garten zwar sehr schön gelegen, war das Haus jedoch baulich recht verschandelt: Es fehlte an Bädern, die Küche war winzig, für Beherbergung von Gästen war lediglich ein Appartment verfügbar, ansonsten bot diese Villa nur drei bewohnbare Zimmer. Indem ich mich dann auf mein Arbeitszimmer zurückzog, konnte ich bei größeren Veranstaltungen wenigstens neben dem Ehrengast noch ein weiteres Ehepaar aufnehmen. Zumeist wohnte dann der Generalleutnant von zur Gathen mit seiner Frau bei mir. Diese Lösung bot sich nicht nur aus protokollarischen Gründen an, sondern auch deshalb, weil er mein bester Freund war. Später hat der SPIEGEL mein Dasein in diesem Haus recht zutreffend beschrieben: »In seiner großen Dienstvilla lebte der Deutsche eigentlich nur in einem einzigen Zimmer: der mit Büchern vollgestopften Bibliothek.«[206]
Um ein meiner Dienststellung entsprechendes glanzvolles Haus zu führen, fehlte es mir an dem dafür notwendigen Personal. Das war das Problem aller deutschen Amtsträger im Ausland. Wimmelte es bei meinem britischen Kameraden nur so von dienstbaren Geistern, so mußte ich für jede Veranstaltung das erforderliche Personal anheuern. Aber eben nur dann; ansonsten kamen nur eine Putzfrau und ein Gärtner stundenweise in die Villa.
Für meinen Vorgänger Luther war eine Gruppe von deutschen Matro-

sen zu Sicherung seiner Villa nach Belgien kommandiert worden. Das verursachte natürlich Kosten, die Bonn auf die Dauer nicht hinnehmen wollte. So eröffnete mir der Staatssekretär Hiehle schon vor meinem Dienstantritt, daß die bisherige Regelung mir nicht gewährt werden könne. Ich legte auch gar keinen Wert darauf. Aber ich ließ keinen Zweifel: Es ist Sache des Dienstherrn, Forderungen hinsichtlich der Sicherheit aufzustellen, dann müssen aber auch die notwendigen Mittel bereitgestellt werden.

Wenige Tage nach meinem Eintreffen bei SHAPE teilte mir mein Kabinettschef Jancke mit, die Sicherheitsbehörden würden darauf bestehen, daß sich mindestens ein Soldat zu meinem Schutz in der Villa aufhalten müsse. Dafür kam eigentlich nur mein Fahrer, der Oberfeldwebel Letat in Betracht. Da kam mir in den Sinn, daß ich schon mal Bemerkungen vernommen hatte, die auf eine mögliche homosexuelle Veranlagung meiner Person abzielten. Um allem vorzubeugen, rief ich den Generalinspekteur Brandt an. Der sagte nur: »So ein Unsinn! Schließlich kenne ich Sie seit über zwanzig Jahren!« Als dann der Skandal hochkam, hoffte ich, Brandt würde zur Klarstellung beitragen. Aber er schwieg. Sein damaliger Adjutant, Oberst Manfred Gerber, konnte sich jedoch an das Gespräch erinnern und bestätigte es.

Dennoch akzeptierte ich die Unterbringung Letats in meiner Dienstvilla nur als Übergangslösung; für die Bewachung sollte ein Holzhaus im Garten errichtet werden. Ziemlich bald traf eine Kommission der Wehrbereichsverwaltung ein. Mein Antrag wurde aus Kostengründen abgelehnt. Letat zog in eine eigene Wohnung, fortan lebte ich in meiner Residenz ganz allein.

Übertriebener Sicherheitsaufwand war mir ohnehin zuwider; zumal es dabei häufig weniger um den eigentlichen Personenschutz geht als um das damit verbundene Prestige. Wie hebt es doch das Selbstbewußtsein kleiner Geister, wenn da ein zweiter Pkw mit Sicherheitsbeamten hinterherbraust! Ich hielt es für viel zweckmäßiger, für meine morgendlichen Fahrten zum Dienst einen als Zweitwagen verfügbaren alten Opel zu benutzen. Darin vermutete kaum jemand den Deputy SACEUR. Natürlich mokierten sich einige darüber. Sicher habe ich unnötigerweise provoziert, als ich auch mal mit dem Fahrrad zum Dienst fuhr.

Hatte ich ein Dinner zu geben, so engagierte ich dafür einen renommierten Traitteur, der mit allem anrückte, was vonnöten war: vom Menue bis zum Personal. Die Einladungen dafür waren wegen der begrenzten Kapazität meiner Räumlichkeiten auf zwanzig Personen beschränkt. Nichts überließ ich dem Zufall, sondern kümmerte mich um alles und jedes selbst. Wußte ich doch, daß meine Kritiker auf der Lauer lagen. Besondere Mühe verwandte ich auf die jeweilige Tischordnung, die so wichtig für eine harmonische Atmosphäre ist. Noch größeren Wert legte ich auf das Zusammensein »after dinner«. Hier folgte ich der bewährten britischen Sitte, Damen und Herren getrennt den Kaffee zu servieren, um sich erst danach wieder zusammenzufinden. So eröffnete sich die Möglichkeit, manches Dienstliche zu besprechen, für das diese gelockerte Atmosphäre eine Chance bot. Dafür erntete ich herbe Kritik einiger Damen der deutschen Gesellschaft. »Wir wollen bei unseren Männern sein« forderte die Frau eines deutschen Generals barsch von mir. Ich versuchte der Dame klarzumachen, daß ein solches Dinner auf Staatskosten sehr wohl auch die Berücksichtigung dienstlicher Belange einschließe. Doch ich vermochte sie nicht zu überzeugen. Um so glücklicher bin ich, daß ihre Ehe durch diese von mir verordnete zeitweise Trennung offenbar keinen allzu großen Schaden genommen hat.

Viel mehr Kritik erregte eine andere Besonderheit meiner Einladungen. Wenn ich zu einem Dinner beim SACEUR auf dessen Chateau vorfuhr, dann störte mich, daß die Kraftfahrer draußen warten mußten. Drei Stunden dauerte das zumeist. Ein solches Bild wollte ich vor meinem Haus nicht dulden; es widersprach meinem Verständnis von Fürsorge. Deshalb richtete ich einen der leider ohnehin zu wenigen Räume meines Hauses als Warteraum ein. Dort versammelten sich die Fahrer und die wachfreien Polizisten. Ich sorgte für ihre Bewirtung. Wenn ich die Tafel aufgehoben hatte, schaute ich jedesmal für wenige Minuten dort hinein und sprach ein paar Worte mit diesen Männern. Auch das wurde von meinen Kritikern übel vermerkt.

Meine Einladungen beschränkte ich nicht auf den Senior Staff, also auf die Generale. Immer schloß ich auch den einen oder anderen der jüngeren deutschen Offizier ein, denen ich auf diese Weise Einblick in die hochrangige SHAPE-Gesellschaft ermöglichen wollte. Zumeist war auch mein Kabinettschef, der Kapitän Jancke dabei. Mal hatte ich die Ärzte des SHAPE Hospitals eingeladen, dann die im Raum Brüssel zahlreich stationierten Briten, die ich aus früheren Verwendungen kannte. Auch die Repräsentanten der Unteroffiziere aller Nationen versammelte ich zu einem großen Gartenfest. Als dann im Januar 1984 fast der ganze SHAPE-Stab in volle Deckung ging, um nur nicht mit dem deutschen Viersternegeneral in Verbindung gebracht zu werden, sandte mir das SHAPE NCO Committee (die internationale Vereinigung der Unteroffiziere) am 10. Januar eine Grußbotschaft. Auffällig war auch, daß sich aus den Reihen der Amerikaner nur eine ganz kleine Gruppe vorwagte, allen voran der Chefarzt Oberst Dr. Seymour Levin und sein aus Kroatien stammender Radiologe Dr. Maras. Beide haben mir bis zum heutigen Tag die Treue gehalten. Mein persönlicher Stab dagegen polarisierte sich. Wenigstens der Major Michael Noll und meine beide Sekretärinnen Christel Koch und Brigitte Körner haben sich loyal verhalten; die Unteroffiziere ohnehin.

Meine engste Umgebung: Zwischen Treue und Verrat

Spielte sich selbst bei SHAPE mein Leben mehr im Dienst als auf Parties ab, um so größere Bedeutung kam meinem persönlichen Stab zu. Als die Deutschen den von ihnen begehrten zweiten Deputy SACEUR zugesprochen bekamen, waren sie peinlichst darauf bedacht, die gleiche Anzahl von Dienstposten für dessen persönlichen Stab zu erhalten, wie sie auch dem britischen Deputy zustanden, nämlich je fünf Offiziere und Unteroffiziere, zwei Sekretärinnen. Das wurde mit einem feinen kleinen Unterschied gewährt: in dem deutschen Team befand sich jeweils ein deutsch-sprechender amerikanischer Oberstleutnant. Ich spöttelte: Wir sollten ihm immer genug Spiel-Material zukommen lassen, damit er etwas zu berichten hatte. Aber das Wichtigste bekam er ohnehin mit: mein gestörtes Verhältnis zur Hardthöhe.

Waren die Briten und die Deutschen auch organisatorisch völlig gleichgestellt, sie praktizierten eine völlig verschiedene Personalpolitik.

410

Wechselte der britische Deputy, so auch sein ganzer Stab. Bei den Deutschen mußte ein neuer Stellvertreter mit dem auskommen, was er vorfand, allenfalls den einen oder anderen Wechsel einleiten. Als ein Jahr vor meinem Dienstantritt bei SHAPE die Stelle des Kabinettschefs neu zu besetzen war, kam man nicht einmal auf den Gedanken, mich zu konsultieren. Mein Vorgänger Luther hatte sich einen Marineoffizier, den Kapitän zur See Jancke, ausgewählt. Erst 42 Jahre alt, war dieser bereits militärpolitisch recht erfahren und kannte sich in der NATO aus. Auf der Hardthöhe hatte er unmittelbar unter den Generalen Brandt und Altenburg gearbeitet, als diese Stabsabteilungsleiter für Militärpolitik waren. Zu ihnen hielt er Kontakt und genoß, wie er mir wiederholt versicherte, deren Wertschätzung.

So sehr mir die Auswahl eines Kabinettschefs ohne meine Mitwirkung mißfiel, ich konnte und wollte daran nichts ändern. Überdies kam mir ein Marineoffizier sehr zustatten, fehlte es mir doch verständlicherweise mehr an Kenntnissen in der Seekriegführung; in Fragen der Landstreitkräfte kannte ich mich hinreichend aus. Ich begegnete Jancke unvoreingenommen. Nach einiger Zeit gewann ich sogar den Eindruck, daß wir recht gut miteinander konnten. Natürlich ahnte ich nicht, daß er bereits über Gerüchte meiner angeblichen Homosexualität informiert war. Schlimmer noch, daß diese Gerüchte, wie er später zu Protokoll gab, aus der unmittelbaren Umgebung des SACEUR gestammt haben sollen. So hat die SPD-Fraktion bei ihrer Würdigung der Ergebnisse des Untersuchungsausschusses festgehalten: »Deutsche Offiziere bei der NATO, insbesondere Kapitän zur See Jancke und Oberstleutnant von Boguslawski, haben mit beachtlichem Eifer das Gerücht verbreitet, daß General Dr. Kießling zu einem seiner Fahrer homosexuelle Beziehungen unterhalte.«[207] In der Bundestagssitzung vom 28. Juni hat der Abgeordnete Horn, als ihm die Namen in einem Zwischenruf entgegenschollen, ausgeführt: »Ich möchte sie deshalb nicht benennen, weil die abstoßende Art und Weise, in der hier über einen Kameraden gesprochen wurde, geradezu widerlich ist. Sie haben an der Verbreitung der Gerüchte über General Kießling mitgewirkt. Diese Soldaten haben ihre Pflicht zur Kameradschaft verletzt.«[208]

Dabei ging es um noch mehr als allein um Kameradschaft, nämlich um das deutsche Ansehen in der NATO.

Den genannten Oberstleutnant hatte ich wenige Wochen nach meinem Dienstantritt auf einen anderen Posten versetzen lassen, weil er meinen Anforderungen nicht entsprach. Der begabte, aber überaus ehrgeizige Jancke blieb. Nicht zu Unrecht betrachtete er diese Stelle als ein wirkungsvolles Sprungbrett in seiner Karriere. Doch nach dem Regierungswechsel im Herbst 1982 spürte er schnell, daß auch unter Wörner mein Stern nicht weiter aufgehen würde – wie er sich das vorgestellt hatte. Da wandte er sich zusehends von mir ab. In der Zeit meiner »inneren Emigration« im Herbst 1983 ging Jancke erst auf Distanz und schließlich in volle Deckung. Nur einmal rief er mich an; zu meinem Geburtstag am 20. Oktober. Wie sich später herausstellte, führte er am selben Tag hinter meinem Rücken Gespräche mit dem Adjutanten des Ministers über meine Ablösung.

Danach sah und hörte ich nichts mehr von ihm – bis Ende Januar 1984, als meine Rehabilitierung bevorstand. Da kam er eilends zu mir ins Krankenhaus nach München, um sich zu offenbaren: Der Generalinspekteur und dessen Adjutant hätten ihn betrogen, indem sie versicherten, die Beweise gegen mich seien erdrückend. Wenig später schrieb er mir: »Ihre Auffassung von Pflicht und Gehorsam, Ihre Hingabe an den Beruf des Soldaten und ihre asketische Lebensweise sind in dieser Armee völlig einmalig und laufen allen Trends zuwider«. Rückblickend empfinde ich es als tragisch, wie ein so gebildeter und tüchtiger Offizier der Versuchung zur Illoyalität gegenüber seinem unmittelbaren Vorgesetzten erliegen konnte, an den er nun einmal kraft seiner Dienststellung gebunden war. Im Herbst 1991 wurde Jancke dann doch zum Flottillenadmiral befördert.

Besonderer Erwähnung bedarf mein Fahrer, der Oberfeldwebel Ulrich Letat; geriet er doch während des Skandals zeitweise in den Blickpunkt der Öffentlichkeit. Ich kannte ihn aus meiner Sigmaringer Zeit. Damals war Letat als Stabsdienstfeldwebel in der G1-Abteilung eingesetzt. Da er privat einen Mercedes fuhr und so mit diesem Fahrzeugtyp vertraut war, wurde er wiederholt zur Vertretung der Zivilkraftfahrer des Divisionskommandeurs und seines Stellvertreters eingesetzt. Mir gefielen seine frische Art und noch mehr seine sichere Fahrweise. Als die Stelle meines Zivil-Fahrers frei wurde, wählte ich Letat als Nachfolger. Im Verlauf unserer Fahrten lernte ich auch seine in Ludwigsburg lebenden Eltern kennen. Mit seinem mir gleichaltrigen Vater verstand ich mich auf Anhieb. Spaßend meinte er, ich solle bei seinem Sohn die Vaterstelle übernehmen und ihm ruhig auch mal ein paar hinter die Ohren geben. Ein Glück, daß diese Äußerung meinen Widersachern nicht zu Ohren kam. Wahrscheinlich hätten sie auch daraus noch weitere Verdachtsmomente konstruiert.

Als ich 1979 COMLANDJUT wurde, holte ich Letat nach Rendsburg; von hier ging er mit mir zu SHAPE. Ich war überzeugt, daß diese Lösung nicht nur meinen persönlichen Wünschen entsprach, sondern vor allem den dienstlichen Erfordernissen. Denn Letat kostete den Staat lediglich das Gehalt eines Oberfeldwebels und nicht eine einzige Überstunde. Allerdings fielen bei SHAPE dann so viele Fahrten an, daß ich zur Entlastung Letats einen zweiten Unteroffizier als Fahrer heranzog. Es war Manfred Lüdtke, der sich als genau so treu und zuverlässig erwies. Im Verlauf des Skandals sind beide Fahrer schweren Belastungen ausgesetzt gewesen. »Einer der beiden Fahrer ist an mehreren Tagen über viele Stunden hinweg vernommen worden. Beide Fahrer sind in massiver Weise zu ihrem Intimleben, insbesondere ihrem Sexualleben befragt worden. Eine solche Befragung ist mit dem Gebot der Achtung ihrer Menschenwürde nicht in Einklang zu bringen.«[209]

War auch mein Verhältnis zu Rogers von Anbeginn ein gestörtes, das sich zudem weiterhin verschlechterte, im SHAPE-Stab war ich keineswegs isoliert. Zu den meisten Generalen unterhielt ich gute Kontakte, zu einigen hatte ich sogar ein herzliches Verhältnis; vor allem zu meinem britischen Kameraden, dem Air Chief Marshal Sir Peter Terry. Im Januar 1984, als der Sturm gegen mich anhob, vernahm ich von den deutschen Generalen bei SHAPE kein Wort − ausgenommen der Generalarzt Dr. Schönfeld. Aber gleich am ersten Tag schrieb mir Lady Terry und versicherte, daß weder sie noch ihr Mann diesen Verdächtigungen Glauben schenken würden. Als ich dann am 29. März noch einmal nach Casteau zurückkehrte, zur Verabschiedung am folgenden Tag, wohnte ich bei den Terrys. Die deutschen Generale kümmerten sich nicht um mich; wahrscheinlich hatte das schlechte Gewissen sie gelähmt.

3. Als aller Glanz erlosch: Der Skandal

Der Skandal von 1984 ist aus meinem Leben nicht wegzudenken. So kann er auch in diesen »Erinnerungen« nicht unerwähnt bleiben. Dennoch stellt er für mich keineswegs das wesentliche Ereignis in meinem Soldatenleben dar. Kritische Distanz zum Soldatsein hatte ich schon lange vorher gewonnen. Dies wird dem Leser nicht entgangen sein. Ohne Zweifel ist durch die im Zusammenhang mit dem Skandal gewonnenen Erfahrungen mein Blick für die dem Militär eigentümlichen Mängel geschärft worden. Daß es solche Diskrepanzen auch in anderen Lebensbereichen gibt, darauf habe ich z. B. bei meinen Bemerkungen über Rotary wie über die Ordinarien-Universität hingewiesen. Den Skandal in ganzer Breite darzustellen, würde den vorgegebenen Rahmen dieser militärischen Erinnerungen sprengen. Ich beschränke mich deshalb darauf, die wesentlichen Punkte zu skizzieren und auf mir wichtig erscheinende Zusammenhänge zu meinem zuvor geschilderten Soldatenleben hinzuweisen. Dabei kommt es mir vornehmlich darauf an, das Verhalten einiger Persönlichkeiten herauszustellen, mit denen ich mich früher eng verbunden fühlte oder die erst jetzt in mein Leben traten.

Zu meinen Aufgaben als Deputy SACEUR gehörte die Betreuung von Generals-Lehrgängen und -Tagungen, die vornehmlich an der NATO-Schule in Oberammergau stattfanden. Dort erreichte mich am 14. September 1983 ein ungewöhnlicher Anruf des Generalinspekteurs. Ich möge am folgenden Tag eilends zu ihm nach Bonn kommen, er werde mich mit seinem Flugzeug von Fürstenfeldbruck abholen lassen. Mehr war von ihm, der sich recht unfreundlich gab, nicht zu erfahren. Am folgenden Nachmittag saß ich ihm in seinem Amtszimmer gegenüber. Altenburg hielt mir entgegen: »Gegen Sie besteht der Vorwurf homosexueller Verfehlungen!« Ich war wie vom Schlag getroffen und erwiderte: «Das ist ein Verleumdung! Ich verlange, den Minister zu sprechen. Der ist mein Vorgesetzter, nicht Sie!« Daraufhin ging Altenburg zum Minister. Wenige Minuten darauf stand ich vor Wörner

– nicht allein, sondern zusammen mit Altenburg. Wörner begegnete mir frostig. Ich hatte ein Gespräch mit ihm unter vier Augen erwartet. In seiner berechtigten Kritik an dem Verhalten des damaligen Verteidigungsministers Georg Leber in der Generalsaffäre Krupinski/Franke im Herbst 1976 hatte Wörner noch groß hervorgehoben: »Ich hätte das selbstverständlich in einem Gespräch unter vier Augen gemacht.«[210]. Gerade das wollte er jetzt offensichtlich vermeiden; denn er forderte Altenburg zum Bleiben auf, ohne mich auch nur nach meinem Einverständnis zu fragen. Für mich war das ein Indiz, daß er sich von der früheren Vertrautheit zwischen uns abgekehrt hatte.

Wörner las die Beschuldigung von einem kleinen Zettel ab: Seit zwölf Jahren würde ich in Kölner Homosexuellen-Lokalen verkehren. Ich hielt dagegen:« Herr Minister, ich gebe Ihnen mein Ehrenwort, daß daran nichts Wahres ist.« Dieses Ehrenwort hat dann in der öffentlichen Diskussion eine beachtliche Rolle gespielt. Auffällig war, daß die meisten Menschen dem Ehrenwort eine viel größere Bedeutung zumaßen als der zuständige Minister. Erst mit der Kieler Affäre im Herbst 1987 scheint bei uns in Deutschland das Ehrenwort abgedankt zu haben. Fünf Jahre zuvor antwortete Wörner, er persönlich glaube mir, aber als Minister könne er es nicht verantworten, daß ich angesichts dieses Verdachts im Amt verbleibe. Warum hatte er dann keine eidestattliche Erklärung gefordert? Die hätte er haben können. Ich gebe zu, daß ich in diesem Augenblick selbst gar nicht auf den Gedanken gekommen bin, ihm eine solche anzubieten; denn ich glaubte immer noch an das bisherige Vertrauensverhältnis. Wörner fuhr fort: Ich wolle ja ohnehin vorzeitig ausscheiden; man könne doch diesen Termin ein wenig vorziehen. Jede Gegenüberstellung würde nur öffentliches Aufsehen erregen und damit großen Schaden für die Bundeswehr bringen. Ich bat mir Bedenkzeit aus. Dabei ging ich von der Erwartung aus, daß sich nach meinem entschiedenen Widerspruch ohnehin in wenigen Tagen alles zu meinen Gunsten klären würde.
Wir vereinbarten ein weiteres Gespräch für den folgenden Montagmorgen, am 19. September. Ich war überzeugt, daß mein vehementer und – wie ich meinte – auch überzeugender Widerspruch Wörner und Altenburg zu einer intensiven Überprüfung der ihnen vorliegenden

Meldungen veranlassen würde. Dann müßte das ganze Kartenhaus der Verleumdung zusammenbrechen. So fuhr ich recht frohen Mutes zu diesem Termin auf die Hardthöhe. Doch ich hatte mich getäuscht. Wiederum vermied Wörner ein Gespräch mit mir unter vier Augen. Ich spürte sofort: Die wollten nur noch mein Einverständnis zu einem geräuschlosen Abgang. Vorsorglich hatte ich eine Erklärung vorbereitet, in der ich alle Vorwürfe entschieden zurückwies. Jedoch sei ich bereit, mit Ablauf des 31.3.1984 in den einstweiligen Ruhestand versetzt zu werden. Bis dahin werde ich mich zu einer längst fälligen ärztlichen Behandlung zurückziehen. Aber ich erwarte, daß die Verleumdung aufgeklärt wird. Letzteres hat Wörner später vor dem Parlamentarischen Untersuchungsausschuß bestätigt: Jedoch mit dem Zusatz: er habe nicht gewußt, wie er hätte aufklären können. Dies war eine recht merkwürdige Einlassung eines Mannes in einer so exponierten Stellung, der noch dazu Volljurist war − und dies auch immer betonte! Ein einziger Oberst hätte genügt − nur nicht einer vom MAD!- , um die Kette der dem Minister vorliegenden Meldungen zurückzuverfolgen. Dann wäre man innerhalb von 24 Stunden auf das unselige Klatschgespräch der Herren Karrasch und Waldmann gestoßen. Statt dessen ließ man das Gerücht wuchern. Uwe Ronneburger folgerte vor dem Deutschen Bundestag:»Ist es nicht so, daß sich jeder von uns eigentlich nur vor dem Augenblick fürchten kann, da er selbst Gegenstand eines Gerüchts werden könnte?«[211] Wie aus einem Bürokratengeschwätz erst ein Verdacht und dann ein aktenkundiger Irrtum wurde, hat Rolf Zundel in der ZEIT eingehend beschrieben.[212]

Nichts geschah also in den folgenden Wochen, da ich krank geschrieben von Tag zu Tag auf meine Entlastung hoffte. Statt dessen erschien am 13. Dezember der Staatssekretär Hiehle im Bundeswehrkrankenhaus München, um mir meine Entlassung zum 31. Dezember anzukündigen. Und das sollte ganz formlos vor sich gehen. Mir verschlug es die Sprache. Darauf fragte Hiehle, ob ich eine Begründung wünschte. Ich bat darum. Hiehle: Aufgrund des abschließenden Berichtes des MAD und des Landeskriminalamtes Düsseldorf (!) − da fiel zum ersten Mal der Begriff des »LKA« (Landes-Kriminalamt), der später mir und anderen noch zu schaffen machen sollte − seien meine homosexuellen Beziehungen erwiesen. Es bestünde Gefahr, daß diese öffentlich bekannt würden. Erschwerend käme hinzu, daß ich dies beharrlich bestreiten würde. Ich sei somit ein Sicherheitsrisiko und dürfe nicht länger im aktiven Dienst verbleiben. Bis zur Aushändigung der Urkunde sei mir jegliches Auftreten in der Öffentlichkeit untersagt. Später gestand Hiehle vor dem Untersuchungsausschuß ein: »Ich war erschüttert und noch mehr enttäuscht, als ich im Januar von der Differenz erfuhr, zwischen dem, was ein Amtschef unterschrieben und was in der Werkzeugkiste des MAD tatsächlich vorhanden war.«[213] Damit gestand Hiehle aber auch ein, daß weder vor seinem Auftritt bei mir in München am 13. Dezember nachgeprüft worden war, noch mein vehementer Widerspruch ihn dazu veranlaßt hatte, dies wenigstens nach seiner Rückkehr in Bonn zu tun.

Zurück zu diesem am 13. Dezember in München. Da stand ich ganz allein. Aber ich begehrte auf: Das ist ein eklatanter Bruch meiner Vereinbarungen mit dem Minister! Ich hätte mich völlig zurückgehalten und darauf vertraut, daß die Verleumdung aufgeklärt würde. Hiehle entgegnete ungehalten: »Herr General, nun fangen wir doch nicht wieder von vorne an! Das ist doch alles durch den abschließenden Bericht erwiesen. Ausserdem ersuche ich Sie, nicht von einer Verleumdung zu sprechen.« Später hat sich der Untersuchungsausschuß eingehend mit der Frage befaßt, warum mir das für ein solches Verfahren vorgeschriebene »rechtliches Gehör« nicht gewährt worden sei. Das hätte man ja nachholen können, versuchte Hiehle sich herrauszureden. Zugleich bemängelte er, daß ich mich darauf beschränkt hätte, den Vorwurf insgesamt zu bestreiten. Das habe ihm nicht genügt, um nochmals nachzuforschen.
Da bleibt zunächst die Frage, was ich denn anderes hätte tun sollen? Geradezu flehentlich hatte ich mich an den ihn begleitenden Leiter der Personalabteilung, Generalleutnant Kubis, gewandt: »Kubis, Sie glauben das doch selbst nicht. Sie kennen mich seit dreißig Jahren und wissen, das kann nicht stimmen!« Kubis verzog keine Miene und sagte kein Wort. Es herrschte Stille. Die beiden müssen mir doch zumindest etwas über das Prozedere sagen, erwartete ich. Welche Sprachregelung sollte gegenüber der Öffentlichkeit gelten? Wie sollte ich mich gegenüber der NATO verhalten? Schließlich bewohnte ich immer noch

meine Dienstvilla bei SHAPE. Nichts! Ohne ein Wort zogen die beiden von dannen, sie hatten es plötzlich eilig. In der Personalbearbeitung erfahren, wußte ich nur zu gut, was die in Bonn jetzt alles zu tun hatten, um mich rechtswirksam rauszusetzen: Unterrichtung des Bundeskabinetts, womöglich der Obleute in den Fraktionen, Vorlage der Urkunde beim Bundespräsidenten. Der kannte mich, der würde nicht so ohne weiteres unterschreiben. Hoffte ich! Natürlich war ich mir über die Grenzen und Möglichkeiten des Bundessprädidenten in Personalangelegenheiten im klaren. Willy Brandt hat in seiner Rede vor dem Deutschen Bundestag die Frage gestellt, was man in dieser Angelegenheit dem Staatsoberhaupt zugemutet habe![214]

Wörner behauptete später, ihm sei nicht bekannt geworden, daß ich am 13. Dezember die Vorwürfe wiederum als Verleumdung zurückgewiesen hätte. Und er fügte hinzu, Hiehle habe mir übermitteln sollen, daß er mir für ein Gespräch zur Verfügung stünde, sollte ich das wünschen. Davon hatten weder Hiehle noch Kubis etwas verlauten lassen.

Aus dem Amt gejagt

Erst am 19. Dezember rief Kubis mich an. Ihm läge nun die Urkunde über meine Zurruhesetzung vor, aber niemand wisse so recht, was damit zu tun sei. Welche Vorstellungen ich denn über die Aushändigung hätte. Die Frage ließ mich erkennen, daß man mich wirklich nicht in der üblichen Form verabschieden, sondern einfach davonjagen wollte. Darüber mit Kubis zu diskutieren, erschien mir sinnlos. So sagte ich nur, ich würde großen Wert darauf legen, daß der Minister mir die Urkunde persönlich aushändige. Da zog Kubis sofort zurück: Der Minister ginge bereits übermorgen in Urlaub. Aber er wolle das nochmals zur Sprache bringen und mich dann unterrichten. Tags darauf kam die Antwort: Ich solle am 23. Dezember um 11.00 Uhr auf der Hardthöhe erscheinen. Die Urkunde werde durch den Staatssekretär ausgehändigt. Auf meine ausdrückliche Frage nach dem Anzug antwortete er: Kommen Sie in Zivil! Da wußte ich, was die Stunde geschlagen hatte. Nichts hatte ich mehr zu erwarten. Ich mußte kämpfen. Und ich rüstete mich zum Streite mit dem Establishment der Hardthöhe.

Bonn, am 23. Dezember 1983. Vorweihnachtliche Stimmung hatte selbst auf der Hardthöhe Einzug gehalten. Weihnachtsschmuck auf Schritt und Tritt − und fröhliche Gesichter, meines ausgenommen. Es war zwanzig Minuten vor der angegebenen Zeit. Ich saß im Empfangsraum des Ministerflügels, in Zivil, und wartete. In meiner Hand hielt ich einen von mir an den Minister gerichteten Brief, in dem ich die Einleitung eines Disziplinarverfahrens gegen mich selbst beantragte. Den würde ich nachher überreichen. Die Tür zum Nebenraum, der als Teeküche diente, war leicht geöffnet. Dort hantierten zwei Frauen, offenbar damit beschäftigt, den bei derartigen Anlässen zu kredenzenden Sekt bereitzustellen. Ich kannte mich aus. Als Stellvertreter P hatte ich oft genug an solchen Veranstaltungen teilgenommen. So wußte ich auch genau: Eine derart unwürdige Verabschiedung eines Generals, wie sie mir in wenigen Minuten bevorstand, hatte es in der Geschichte der Bundeswehr gewiß noch nicht gegeben. Darauf noch mit Sekt anzustoßen, das wäre für mich der Gipfel des Hohns wie der Geschmacklosigkeit gewesen. Ich würde das zu vermeiden wissen. Immer wieder grübelte ich: Was mag wohl dahinterstecken? Würden sie heute die Katze aus dem Sack lassen? Zumindest ein Indiz müßte es heute geben. Ganz konkret bangte ich: Würde die Urkunde die übliche Dankesformel enthalten, die da lautet: »Für die dem deutschen Volk geleisteten treuen Dienste spreche ich ihm Dank und Anerkennung aus«? Sie kann, ja sie muß weggelassen werden, wenn schwerwiegende Verstöße gegen die Dienstpflichten vorliegen. In wenigen Minuten sollte ich Gewißheit haben.

Es war so weit. Ich vernahm Schritte. Sie kamen: Der Staatssekretär Hiehle, gefolgt von dem Generalinspekteur Altenburg und dem Personalchef Kubis. Dahinter der Oberregierungsrat Stowasser, Hiehles Referent. Der trug die Unterlagen. Hiehle sah mich stehen, stutzte, gab mir kurz die Hand; die anderen Herren schlossen sich dem an. Hiehle fordert mich in bestimmendem Ton auf, an der anderen Seite des Raumes »Aufstellung zu nehmen«. Er selbst stellte sich zwei

Schritte vor mir hin und ließ sich von Stowasser die Urkunde reichen. Die beiden Generale hatten sich seitlich plaziert. Ich war völlig gelassen und blickte sie an, um vielleicht aus ihren Gesichtern etwas ablesen zu können. Altenburg wirkte betroffen, Kubis hatte jene undurchdringliche P-Miene aufgesetzt, die ich bei ihm seit Jahrzehnten kannte. Ich dachte bei mir: In was habt ihr euch da nur eingelassen? In der deutschen Militärgeschichte werdet ihr nicht gut wegkommen!

Doch die scharfe Stimme Hiehles riß mich in die Wirklichkeit zurück. Durch seine starken Brillengläser blickte er mich an und begann: »Ich verlese..« Doch ich kam ihm zuvor: »Bevor Sie mir die Urkunde aushändigen, möchte ich Ihnen diesen an den Bundesminister der Verteidigung gerichteten Brief aushändigen!« Hiehle schien etwas verunsichert. Ich hatte ihn aus dem Konzept gebracht. Zögernd nahm er den Brief entgegen und sagte, er würde ihn weiterleiten. Ich spürte, wie er und die Generale rätselten, was der Brief wohl enthalten würde. Es war mein Antrag auf Einleitung eines disziplinargerichtlichen Verfahrens. Wenn ich in diesem Augenblick einen kleinen Triumph empfand, den Gewaltigen der Hardthöhe zuvorgekommen zu sein, so sollte ich das bald bitter bereuen. Denn sie nutzten meinen Antrag als einen Freibrief für die größte Schnüffelaktion, die je gegen einen deutschen General gestartet wurde.

Hiehle begann die Urkunde zu verlesen. Ich achtete nur auf die eine Stelle. Da kam es:«..spreche ich ihm Dank und Anerkennung aus!« Erleichtert atmete ich auf.[215] Ein von mir befürchteter schwerwiegender Vorwurf, wie etwa Landesverrat, konnte also nicht vorliegen. Aber was war es dann, das eine so unwürdige Form der Verabschiedung rechtfertigte? Hiehle endete und forderte mich auf, die Empfangsbestätigung zu unterschreiben. Mit keinem Wort wurde, wie das sonst üblich ist, meine lange Dienstzeit gewürdigt. Ich war noch konzentriert genug, um darauf hinzuweisen, daß ich nicht alle Unterlagen, für die ich unterschreiben sollte, erhalten habe; so fehlten die »Hinweise für Soldaten im Ruhestand«. Die Herren quittierten meine Kritik ziemlich hilflos und mit steinernen Mienen. Sie kannten meine Genauigkeit in diesen Dingen. Sie kannten mich ja überhaupt ganz gut. Aber wohl doch wieder nicht gut genug; denn sonst hätten sie nicht der Illusion erliegen dürfen, ich würde eine solche Behandlung widerspruchslos hinnehmen.

420

Ich trat wieder auf die Runde der drei Männer zu und sagte:« Herr Staatssekretär! Ich darf Sie bitten, mich dem Herrn Minister zu empfehlen und ihn zu versichern, daß ich wie bisher treu zur Bundeswehr stehen werde.« Hiehle schien überrascht, sammelte sich einen Augenblick und quälte sich dann ein »Danke, ich werde es dem Herrn Bundesminister ausrichten!« ab. Ich hörte schon die Sektgläser in der Teeküche klappern. Nur weg von diesem Ort! So sagte ich kurz: »Ich darf mich verabschieden!«, machte kehrt und verließ schnellen Schrittes den Raum. Kaum war ich draußen, folgte mir Altenburg. Er stammelte einige Wort der Entschuldigung: Das habe er nicht gewollt! Ich entgegnete, er habe lange genug Zeit zur Klärung gehabt. Nun würde ich kämpfen!

Vehementer Widerspruch

Noch am selben Tage hatte ich die Weichen für meinen Widerspruch gegen diese rechtlich unhaltbare und tief verletzende Form meiner Entlassung aus dem aktiven Dienst gestellt. Schon am Morgen traf ich mit dem früheren Generalinspekteur de Maizière zusammen. Der mir nahestehende General a.D. Ferber hatte ihn darauf vorbereitet, sich auf meine Bitte als »Vermittler« zur Verfügung zu stellen. Ich hatte zu Maizière ein mehr distanziertes denn herzliches Verhältnis. Um so mehr erblickte ich in ihm einen geeigneten Vermittler, der auch seitens des Ministers akzeptiert würde. Überdies verfügte er über die denkbar besten Kontakte zur Hardthöhe. Die Problematik des Falles hatte ich auf wenigen Schreibmaschinenseiten fixiert. Maizière las sie bedächtig. Er forderte nochmals meine Versicherung, daß ich keine der mir vorgeworfenen Verfehlungen begangen habe. Sodann übernahm er die Rolle des Vermittlers.

Am Nachmittag hatte ich einen ersten Termin bei meinem künftigen Anwalt, Professor Dr. Konrad Redeker. Dem Namen nach war er mir kein Unbekannter, dieser Staranwalt im Verwaltungsrecht. Oft genug hatte ich von ihm gehört. Nun saß ich ihm gegenüber. Sofort spürte ich die seltene Mischung nüchternen Denkens und menschlicher Wärme, die von diesem Manne ausging. »Konrad Redeker dürfte es für sein Mandat neben dem rechtlichen auch an militärischem Verständnis nicht fehlen. Er hat den Zweiten Weltkrieg als Infanterie-Offizier in all seinen Schrecken erlebt« stellte ihn Hans Schueler in der ZEIT vor.[216] Es dauerte nicht mehr als eine halbe Stunde, dann war ich mit Redeker einig. Er übernahm den Fall. Beiläufig fragte mich Redeker, wieviele Leute wohl inzwischen davon wissen könnten. Etwa fünfzig, schätzte ich. Dann bleibt das in Bonn keine drei Tage geheim, meinte er. Erstaunlicherweise platzte die Bombe erst am 5. Januar. In den Weihnachtstagen war man in der provisorischen Bundeshauptstadt wohl mit anderen Dingen beschäftigt.

Anders bei mir. Noch am selben Nachmittag fuhr ich nach Hamburg, wo ich für den folgenden Tag ein Gespräch mit Karl Wilhelm Berkhan vereinbart hatte, dem Wehrbeauftragten des Deutschen Bundestages. Freundlich empfing mich Berkhan in seinem Hamburger Haus. Wir kannten uns seit seiner Zeit als Staatssekretär auf der Hardthöhe. Auch danach waren wir uns auf zahlreichen Veranstaltungen begegnet. Nun schüttete ich ihm mein Herz aus. Er war sichtlich entsetzt. Mir ging es zunächst nur darum, ihn vorsorglich zu informieren. Erst im Januar rief ich ihn offiziell an. Jedoch endete seine Zuständigkeit, als sich der parlamentarische Untersuchungsausschuß konstituierte. In seinem Jahresbericht für 1984 hat er dies herausgestellt. Doch hätte ihn das nach meiner Einschätzung nicht daran hindern dürfen, die Auswirkungen des Skandals auf das innere Gefüge der Streitkräfte zu beurteilen.

Der Heilige Abend brach schon an, als ich in Rendsburg ankam. Wie nicht anders zu erwarten, wurde es ein trauriges Weihnachtsfest. Ich nutzte die Zeit, meine engsten Freunde zu unterrichten. Dazu gehörte mein hier an der Eider ansässiger früherer Vorgesetzter Eberhard Boehm. Sofort wandte er sich »eingeschrieben und per Eilboten« an den Bundeskanzler. In seinem Brief hat er den Skandal vorausgesagt. Deshalb gebe ich nachfolgend den vollen Wortlaut wieder:

»Als ehemaliger General der Bundeswehr, als jahrzehntelanger Anhänger Ihrer Partei und, wie ich glaube, als verantwortungsbewußter Staatsbürger fühle ich mich veranlaßt, Sie auf die Vorgänge zwischen dem Verteidigungsminister und dem General a.D. Dr. G. Kießling hinzuweisen. Hier ist, zwei Tage vor Weihnachten ein schwerwiegendes Unrecht geschehen, man könnte sagen: ein »Fall Generaloberst von Fritsch im Rechtsstaat«. Aus Gründen, die keiner ernsthaften Nachprüfung standhalten werden, wurde ein Offizier des höchsten Ranges in den einstweiligen Ruhestand versetzt, ohne daß ihm Gelegenheit gegeben wurde, sich zu verteidigen oder sich zu rechtfertigen. Die Form der Entlassung war würdelos.

Als Folgen werden Sie und Ihre Regierung in einen Skandal gezogen werden, der in den Medien und damit in unserem Volk einen katastrophalen Schaden anrichten wird. Leider bin ich im Zweifel, ob das Unglück noch abzuwenden oder auch nur zu mildern ist, bitte Sie aber, falls nicht längst geschehen, sich unverzüglich informieren zu lassen. – es ist praktisch kein Tag zu verlieren.

Außer Frage steht, daß der Verteidigungsminister, aus was für Gründen auch immer, ebenso gegen unsere rechtsstaatliche Ordnung wie gegen die einfachsten Normen dienstherrlich-menschlicher Beziehungen verstoßen hat. Deshalb darf Ihre Informierung nicht einseitig aus diesem Bereich erfolgen.

Als ehemaliger Vorgesetzter und Vertrauter von General Kießling stehe ich Ihnen jederzeit zur Verfügung.«

Tage- und wochenlang wartete Boehm vergebens auf eine Anwort. Erst nachdem er diese im Januar mit zwei weiteren Briefe angemahnt hatte, raffte sich das Kanzleramt auf, nicht etwa der Herr Bundeskanzler selbst, ihn am 9. Februar (!) in einem nichtssagenden, von einem untergeordneten Referenten unterzeichneten Schreiben auf die inzwischen erfolgte »einvernehmliche Regelung dieser Angelegenheit« zu verweisen. Der Bearbeiter war ein Kapitän zur See Weisser.

Es bleibt die Frage, was diesem Staat, der Bundeswehr und mir selbst erspart geblieben wäre, hätten die Verantwortlichen dem ersten Brief Boehms die gebotene Aufmerksamkeit geschenkt. Aus lauter Jux und Tollerei schreibt ja wohl kein ehemaliger General, dessen Identität man überdies innerhalb weniger Minuten hätte überprüfen können, einen solchen Alarmbrief an den Bundeskanzler, und noch dazu zu Weihnachten! Für die historische Forschung dürfte es nicht ohne Reiz sein, die Umstände des Eingangs und der Behandlung dieses Briefes im Kanzleramt aufzudecken. Im Zusammenhang mit einer anderen Affäre brachen 1991 erneut berechtigte Zweifel an einer geordneten Verwaltungsarbeit im Kanzleramt auf.[217]

In der Zeit zwischen den Jahren mußte ich meine Dienstvilla in Belgien räumen. Da stand ich allein in dem nun kalten und unfreundlichen Haus. Nur wenige Minuten sprach ich mit dem nach mir dienstältesten deutschen Offizier bei SHAPE, Generalleutnant von Sandrart, den ich zu mir gebeten hatte. Offensichtlich war er aus Bonn voll informiert. Ich spürte sofort, daß er sich von mir distanzierte. Entschuldigend brachte er vor, an diesem Abend hätte er Gäste und könne sich leider nicht um mich kümmern. Einen anderen damit zu beauftragen, war ihm wohl gar nicht in den Sinn gekommen. Was zählte denn schon ein von der Hardthöhe geschaßter General? Daß meine Unteroffiziere mehr Gespür für diese Situation hatten und für mich sorgten, konnte er nicht wissen. Sandrart begnügte sich mit den Abschiedsworten: »Wenn Sie das sind (er meinte: homosexuell), dann hätten Sie diesen Posten nicht annehmen dürfen!« Ich konnte ihn nur daran erinnern, daß ich ihm bereits im September mein Wort verpfändete hatte, an den Vorwürfen sei nichts Wahres dran. »Wenn das so ist, dann ist das die größte Schweinerei, die je passiert ist!« konterte er und fügte noch hinzu: »Dann kämpfen Sie, Herr General!« Daß es die größte Schweinerei war, mußte ihm spätestens Mitte Januar klar geworden sein. Welche Konsequenzen er für sich daraus gezogen hat, ist mir nicht bekannt. Ich räume ein, daß er mir in den folgenden Jahren stets freundlich begegnet ist.

Natürlich hatte es sich bei SHAPE schnell herumgesprochen, daß bei mir der Möbelwagen vor dem Haus stand. Doch meine vielen deutschen Kameraden hielten sich zurück. Nur wenige wagten es, zu mir zu kommen und ihre Hilfe anzubieten. Das war einmal der Kapitän zur See Theo Oltmanns, der Vertrauensmann der Offiziere. Aber auch der Generalarzt Dr. Schönfeld suchte mich auf. Aus meinem persönlichen

424

Stab kamen nur Hauptmann i.G. Boenhardt und die Unteroffiziere. Sie sorgten dafür, daß ich etwas zu essen bekam und halfen beim Packen. Am Abend vor dem Verladen scharten sie sich alle noch einmal um mich: mein Fahrer Ulrich Letat, Stabsfeldwebel Dieter Sohns und Stabsunteroffizier Manfred Lüdtke. Auch meine Sekretärin Christel Koch kam dazu, wie der Oberinspektor Sagner und der Hauptfeldwebel Paul Schulze. Das war schon eine makabre Abschiedsfeier; jedoch von einer Herzlichkeit, die mir in diesen Stunden gut tat. Nur wenige hatten mir die Treue gehalten. Aber auf die konnte ich mich verlassen. Von den Hintergründen meiner Entlassung wurde nicht gesprochen. Ich sagte nur, daß sie, wenn Vorwürfe öffentlich kund würden, sich darauf verlassen dürften, daß diese jeder Grundlage entbehrten.

Die Tage bis zum neuen Jahr erschienen mir endlos. Immer noch hoffte ich auf einen Anruf von Wörner. Vielleicht würde sich auch der Generalinspekteur einmal nach meinem Befinden erkundigen. Aber nicht einmal der von mir gewählte Vermittler de Maizière kam auf solche Gedanken.

Der Sturm bricht los

Am Morgen des 5. Januar explodierte die Bombe. Eine Meldung der Süddeutschen Zeitung »Wörner entläßt General Kießling« brachte den Stein ins Rollen. Alexander Szandar, den ich erst später kennenlernte, hatte sie verfaßt. Von ihm erfuhr ich, daß er bereits vor Weihnachten in meinem Fall recherchiert hatte. Seine bohrenden Fragen hatte jedoch die Hardthöhe nicht aus ihrer Ruhe gebracht. In einem Kommentar spekulierte die Süddeutsche Zeitung über mein gespanntes Verhältnis zu Rogers als möglichen Hintergrund für meinen Sturz. Von einem »Sicherheitsrisiko« war hier noch keine Rede. Das brachte erst der Parlamentarische Staatssekretär Würzbach ins Gespräch, als er sich abends dazu in den Nachrichtensendungen des Fernsehens äußerte. Dessen Rolle in diesem Skandal ist nie ganz geklärt worden. Nicht nur Der SPIEGEL hat darüber spekuliert. Von Würzbachs

Andeutungen bis zu dem Stichwort »Homosexualität« war jedenfalls nur noch ein kleiner Schritt.

Dahin tendierten dann auch die Schlagzeilen der Presse am nächsten Morgen: »So stürzte unser höchster General – Geheimdienst Tag und Nacht auf seiner Spur«, lautete die Schlagzeile des »Kölner Express«. Wäre dem so gewesen, dann hätte der »Geheimdienst« zu anderen Ergebnissen gelangen müssen. BILD verkündete kurz und bündig: »Homosexualität? – Hoher deutscher General gestürzt«. Der Skandal war da! Doch war das nur die Spitze des Eisbergs. Es sollte noch viel schlimmer kommmen!

Claus Jacobi, damals Chefredakteur der Welt am Sonntag, hatte mich in einem Telefongespräch, das ich an diesem Abend mit ihm führte, schon darauf eingestimmt. Ihn hatte ich tags zuvor, als ich ihn in Hamburg aufsuchte, ins Vertrauen gezogen. Bis dahin kannte ich Jacobi nur flüchtig; aber ich hatte von Anbeginn eine geistige Gemeinsamkeit zwischen uns verspürt. Unbeirrt hat er zu mir gehalten und durch seine faire Berichterstattung wesentlich zu meiner Entlastung beigetragen. Schon nach dem Artikel der Welt am Sonntag vom 8. Januar war man sich auf der Hardthöhe seiner Sache nicht mehr sicher.[218] In einem 1991 veröffentlichten Buch hat Jacobi unsere Begegnung am 4. Januar beschrieben.[219] Er hat mich entscheidend dazu bestimmt, mich nicht in totales Schweigen zurückzuziehen, sondern die Flucht nach vorn anzutreten. Mit seiner Hilfe kam meine erste Presse-Erklärung zustande, die in den Abendnachrichten des 6. Januar Verbreitung fand: »Im Zusammenhang mit meiner Zurruhesetzung sind mir Vorwürfe hinsichtlich meiner privaten Lebensführung gemacht worden. Soweit diese Vorwürfe überhaupt konkretisiert wurden, habe ich sie als völlig unhaltbar zurückgewiesen. Irgendeine Gelegenheit zur Widerlegung ist mir nicht gegeben worden. Ich habe deshalb am 23. Dezember 1983 ein disziplinargerichtliches Verfahren gegen mich beantragt.« Bild am Sonntag wußte das durch einen »eingeweihten Offizier« der Hardthöhe abzutun: »Das Kießling-Dementi ist der Amoklauf eines Mannes, der nichts mehr zu verlieren hat«.

Der Pressesprecher der Hardthöhe, Oberst Jürgen Reichardt, tat sein bestes, um die Stimmung gegen mich anzuheizen. »Durch sein süffisant beredtes Schweigen in der Bonner Pressekonferenz öffnete er erst alle Schleusen der Gemeinheit und stachelte den Berufsehrgeiz der Journalisten noch richtig an«, kommentierte Nina Grunenberg.[220]

Bis zum heutigen Tage wird mir, vor allem aus Kreisen hoher Militärs, entgegengehalten, ich hätte den Fall in die Öffentlichkeit getragen. Auch Wörner selbst hatte sich in dieser Weise geäußert.[221] Tatsächlich besteht kein Zweifel, daß der Minister durch die ungewöhnliche und diskriminierende Form meiner Verabschiedung das öffentliche Interesse geradezu provoziert hat. Ich war auf die Hilfe der Presse angewiesen – und sie hat mir geholfen. Dabei entstanden die meisten Kontakte rein zufällig. Ausgerechnet ein führender Offizier des MAD, der Oberst Schofeldt, brachte mich sogleich mit Paul Limbach zusammen; so entstand das erste Interview in der Quick.[222]

Treibjagd nach Beweisen

Erst am folgenden Montag nahm Wörner, der sich noch im Ski-Urlaub befand, seine Dienstgeschäfte wieder auf. Ich hoffte immer noch, nach dessen Rückkehr würde sich alles schnell einrenken. Denn er hatte ja keine Beweise, konnte sie gar nicht haben. Aber es kam ganz anders: Am Abend des 9. Januar erklärte Wörner in der Heute-Sendung des ZDF: «Jeder Irrtum ist ausgeschlossen!« Wie erst später offenkundig wurde, hatte er nichts, aber auch gar nichts an Beweisen in der Hand. Zu diesem Zeitpunkt glaubte er wohl noch, sich diese beschaffen zu können. Zumindest: irgendetwas müsse sich doch finden lassen! Dazu setzte er den ganzen Apparat seines Ministeriums und des ihm nachgeordneten Bereichs in Bewegung: den MAD, den Wehrdisziplinaranwalt, das Referat ES (Ermittlung in Sonderfällen) und die für disziplinarische Ermittlungen zuständige Personalabteilung. Der Untersuchungsausschuß hat in seinem Abschlußbericht die Aktivitäten dieses Apparates in voller Breite dargelegt.[223]

Wie der Untersuchungsausschuß aufdeckte, sind die mit den Ermittlungen beauftragten Offiziere und Beamten überraschend schnell zu dem Ergebnis gelangt, daß die Vorwürfe nicht haltbar waren und haben das dem Minister vorgetragen. Der aber wollte Beweise haben. Diese zu beschaffen, blieb er auch persönlich nicht untätig.

Sogleich am 9. Januar berief der Minister eine Konferenz ein, auf der er zum »Sturm auf Kießling« blies. Alles und jedes sollte untersucht werden.[224] Da fanden sich schnell willfährige Helfer. Auch der Generalinspekteur, dessen vornehmste Aufgabe es hätte sein müssen, das Ansehen der Streitkräfte zu wahren, trug sein Scherflein bei. Erinnerte er sich doch an ein Bargespräch, das er vor geraumer Zeit in Koblenz mit dem Admiralarzt Dr. Albert Richarz geführt hatte. Dabei soll der Arzt eine schlüpfrige Geschichte über mich zum besten gegeben haben. Diese erschien dem Minister bedeutsam genug, um eilends den Amtschef des MAD persönlich nach Koblenz in Marsch zu setzen, in der Hoffnung, das so dringend benötigte Beweismaterial zu finden. Die Geschichte endete so geschmacklos, daß selbst die Boulevard-Presse daran keinen Gefallen fand. Ich war um so mehr davon betroffen, weil ich zu Richarz aus meiner Sicht stets Vertrauen hatte. Aber das war ja wohl mein Schicksal in jenen Tagen, daß sich viele von mir abwandten, von denen ich manchen schon als Freund betrachtet hatte, und einige von ihnen sich gar auf die Gegenseite schlugen. Aber ich will nicht verkennen, daß nicht wenige Soldaten sich standhaft widersetzten, sich an dieser Treibjagd des Ministers zu beteiligen.

Vor allem die Schnüffler hatten ihre große Zeit! Da wurden meine Reiseabrechnungen der vergangenen acht Jahre durchforstet − vergebens, sie erwiesen sich aber alle als korrekt.[225] Auffällig war nur, wie niedrig sie ausgefallen waren; denn ich hatte kostspielige Hotelübernachtungen vermieden und statt dessen − wo immer möglich − amtliche Unterkunft in Kasernenanlagen in Anspruch genommen. Dies tat ich allein schon, um aufwendige Sicherungsmaßnahmen zu ersparen. Aber nicht nur deshalb. Ich habe stets darauf geachtet, mit den mir anvertrauten Mitteln sparsam umzugehen. Da kannten mich wohl die Journalisten besser als die Hardthöhen-Größen. Unter der Überschrift »Der Spartaner in der Truppe« schrieb Günter Stiller: »Der General Kießling lebte spartanisch wie ein Preuße, trank Tee wie ein Brite, joggte wie ein Waldläufer und verbrachte seine Wochenenden am liebsten in der Truppe.«[226]. Die von Wörner angesetzten Schnüffler scheuten sich nicht nachzuforschen, ob ich als Divisionskommandeur in Sigmarigen das Duschen der Soldaten beaufsichtigt hätte. Was hatten die nur für eine Vorstellung von den Aufgaben eines Divisionskommandeurs!

Die nächsten Tage brachte eine Flut von Anschuldigungen ganz verschiedener Art. Sie reichten von der Verdächtigung, daß ich etwas mit meinem Fahrer gehabt hätte, bis zu der törichten Behauptung, ich sei 200 Tage des Jahres nicht an meinem Dienstort in SHAPE gewesen. Solche Meldung verbreitete sogar Die Welt! Sie stammte von einem Grafen Brockdorff, der es hätte besser wissen müssen. Aus meiner Zeit in Belgien kannten wir uns nämlich recht gut. Man hatte geflissentlich übersehen, wie streng diese An- und Abwesenheitsübersicht bei SHAPE gehandhabt wurde. Selbst Abwesenheiten von mehr als zwei Stunden mußten eingetragen werden. Abwesend in diesem Sinne war ich schon dann, wenn ich auch nur von Mons zum NATO-Hauptquartier nach Brüssel fuhr; und das war mehrmals wöchentlich der Fall. Nicht einer meiner hochrangigen Kameraden, die das nur zu genau wußten, hat sich aufgerafft, um diesen Punkt richtigzustellen. Von ihrer gesetzlichen Verpflichtung zur Kameradschaft ganz zu schweigen!

Am zutreffendsten hat wohl Adelbert Weinstein diese Hetzjagd kommentiert, indem er einen Leitartikel überschrieb: »Muß einer mit vier Sternen alles erdulden?«.[227] Ja, meinten einige, so auch Karl Friedrich Fromme in der FAZ. Nach einem Vergleich mit der Fritsch-Affäre kam er zu dem erstaunlichen Schluß: »Heute wie damals, 1938/39, trotz des nationalsozialistischen Machtanspruchs, hat der Soldat Pflichten um so mehr, je höher er steht, und wenn es sich so fügt, muß er Ungerechtes auf sich nehmen.«[228] Eberhardt Franßen − damals Richter am Bundesverwaltungsgericht, seit 1991 dessen Präsident, hat die Berichterstattung der FAZ in diesem Fall generell kritisiert: »Was Kießling auch macht − in den Augen der FAZ ist es auf jeden Fall falsch. Kann sie mir erklären, was der arme Kerl tun sollte, damit die FAZ weder an seiner Integrität noch an seinem Pflichtbewußtsein zweifelt?«[229] Auch nach meiner Rehabilitierung mußte ich erfahren, daß es eine nicht kleine Anzahl höherer Offiziere der Bundeswehr gibt, die mein damaliges Auftreten nach wie vor kritisieren und fordern, ich hätte schweigen müssen. Hätten sie das in einer vergleichbaren Situation getan? Abgesehen von der sicher unterschiedlichen Leidensfähigkeit und -bereitschaft des einzelnen muß man doch auch fragen, ob dem Ganzen damit gedient gewesen wäre. Allein die Ergebnisse des Parlamentarischen Untersuchungsausschusses sprechen dagegen.

In einem an meinen Anwalt gerichteten Schreiben vom 12. Januar hatte der Minister die von ihm erhobenen Vorwürfe präzisiert: Seit zwölf Jahren würde ich in Kölner Homosexuellen-Lokalen verkehren, »dabei nahm er Kontakte zu sogenannten Strichern auf«. Nun hatten wir es endlich schwarz auf weiß.

Schließlich bot die Hardthöhe vier Zeugen aus dieser Szene auf. Mein Anwalt forderte deren Namen. Als dieses verweigert wurde, lehnte er die Gegenüberstellung ab. Der parlamentarische Staatssekretär Würzbach warf mir vor zu kneifen. Das bewirkte in der Öffentlichkeit einen gewissen Stimmungsumschwung gegen mich. So lautete die Schlagzeile von Bild am 17. Januar »Schwarzer Tag für Kießling«. Udo Röbel vom Kölner Express, der schon wenige Tage zuvor einen Doppelgänger aus der Szene präsentiert hatte, trug nun wesentlich zur Identifizierung jener fragwürdigen Zeugen bei, die sich selbst auf Kölner Platt als »Die vier vum Jeneral« bezeichneten.[230] Die Glaubwürdigkeit der Vier wurde vollends erschüttert. Für diesen journalistischen Erfolg wurde Röbel im Jahr darauf mit dem »Wächter-Preis der deutschen Presse 1984« ausgezeichnet.

Allen diesen Aktionen gegenüber stand ich ganz allein, d. h. ich lag im Münchner Bundeswehrkrankenhaus, wo ich mich zur Behandlung eines akuten Ohrenleidens aufhielt. Dort befand ich mich in guter Obhut. Nicht nur mein behandelnder Art, Professor Dr. Wolfgang Lesoine, war mir ein menschlicher Halt, aus dem in diesen Tagen eine feste Freundschaft erwuchs. Auch seine Frau Birte, seine Sekretärin Ina Remy und die Schwestern bis hin zum Stammpersonal unterstützten mich nach Kräften. Eine Welle von Anrufen der Medien überschwemmte diese kleine, für einen solchen Ansturm nicht ausgerüstete Klinik. »Der beharrliche Kampf vom Krankenbett aus« hat Karl-Heinz Kumm mein Dasein in jenen Tagen zutreffend beschrieben.[231]

Der Strom ermutigender Zuschriften aus allen Kreisen der Bevölkerung nahm mit jedem Tag zu. Nach Ende des Skandals ging ich daran, jedem persönlich zu antworten. Mancher meldete sich, von dem ich seit Jahrzehnten nichts mehr gehört hatte. Einige waren bemüht, die Öffentlichkeit zu mobilisieren. So Heinz Matthias[232], der Vorsitzende des Arbeitskreises Christlicher Publizisten (ACP) und Dr. Adolph Guggenbühl, Präsident der Internationalen Vereinigung Christlicher Geschäftsleute (IVCG). Der Leiter des Siemens Bildungszentrums in Feldafing, Dr. Götz Scherff, half mir mit Rat und Tat. Er sorgte dafür, daß ein Amtsanschluß in mein Krankenzimmer gelegt wurde, so daß ich unabhängig von der Bundeswehr-Vermittlung telefonieren konnte. Daß meine Burschenschaft und der Verband ehemaliger Unteroffiziervorschüler an meiner Seite standen, hatte ich niemals in Zweifel gezogen. Aber damit bin ich schon bei der Frage nach »Freunden in der Not«.

Freunde in der Not

Schon in den Wochen des Bangens vor der Jahreswende, als ich das Unheil auf mich zukommen sah, dachte ich darüber nach, wie sich wohl dieser oder jener verhalten werde, wenn die Bombe platzt. An meinen Freunden hatte ich kaum Zweifel; denn ich war in meinem Leben immer äußerst zurückhaltend gewesen, wenn es darum ging, Freundschaften zu begründen. Bis auf eine – aber für mich um so schmerzlichere – Ausnahme hat mich keiner enttäuscht. Dafür habe ich aber neue Freunde gewonnen, die ich nicht missen möchte.
Anders verhielt es sich mit den Kameraden. Stets habe ich streng zwischen Freundschaft und Kameradschaft unterschieden. Früher wurde das beim Militär schon jedem Rekruten eingebläut: Freunde sucht man sich aus, Kameraden werden einem an die Seite gestellt! Kamerad ist auch derjenige, den man gar nicht mag. »Kampfgemeinschaft erfordert Kameradschaft. Sie bewährt sich besonders in Not und Gefahr«, lautete es in den »Pflichten des deutschen Soldaten«, die sich auf ganze acht Punkte beschränkten. Die mußten wir früher auswendig lernen; und das war gut so. Ich beherrsche sie noch heute. Die

Bundeswehr hat die Pflicht zur Kameradschaft gar rechtlich verankert, nämlich im Paragraphen 12 des Soldatengesetzes: »Der Zusammenhalt der Bundeswehr beruht wesentlich auf Kameradschaft. Sie verpflichtet alle Soldaten, die Würde, die Ehre und die Rechte des Kameraden zu achten und ihm in Not und Gefahr beizustehen. Das schließt gegenseitige Anerkennung, Rücksicht und Achtung fremder Anschauungen ein.«

Als mich Günter Jauch am Abend des 18. Januar im ZDF interviewte, konnte ich die Kameradschafts-Pflicht selbstverständlich aus dem Stegreif zitieren. Das brachte mir nicht nur den Beifall der zuschauenden etwa hundert Mitarbeiter des Münchner Studios ein, sondern eine Fülle von Zuschriften. Die breite Öffentlichkeit wußte bis dahin kaum von der rechtlichen Verpflichtung zur Kameradschaft; die meisten der führenden Militärs hatten sie verdrängt. Immer lauter erscholl die Frage: Wo bleiben denn Kießlings Kameraden? Wörner hatte am 20. Januar im Deutschen Bundestag stolz verkündet: »Seine Kameraden haben mich beraten, und sie stehen hinter mir!« Da hatte er den Mund wohl doch etwas zu voll genommen. Beraten hatte ihn ohnehin nur eine kleine exklusive Gruppe, und die meisten meiner Kameraden standen zwar zögernd abseits, aber deshalb noch lange nicht hinter dem Minister. Wenn ich später mit dem einen oder anderen ins Gespräch kam und ihn zur Rede stellte, dann platzte stets die gleiche Entschuldigung hervor: »Wir wußten nicht, was nun stimmt. Sie sagten so, der Minister sagte das Gegenteil«. Meine Entgegnung lautete stets: Wer da Recht hatte, das war von sekundärer Bedeutung. Hier ging es in erster Linie darum, wie ein Soldat durch seinen obersten Dienstherrn behandelt wird. Wenn aber schon die widersprüchlichen Behauptungen verglichen wurden, dann mußte wohl meiner Aussage das größere Gewicht zukommen; zumindest bei denen, die mich kannten, und das waren nicht wenige.

Die meisten Soldaten dachten und urteilten wohl so, wie es der mir seit zwanzig Jahren gut bekannte Generalmajor Hans Hoster in seiner Rede beim Neujahrsempfang der 11. Panzergrenadierdivision in Oldenburg am 25. Januar zum Ausdruck brachte: »Ich kenne General

Kießling und schätze ihn. Aus dieser Kenntnis heraus halte ich den gegen ihn erhobenen persönlichen Vorwurf für absurd und bin erst bereit daran zu glauben, wenn ich sichere Informationen über sein Doppelleben erhalte. Andererseits war ich mehrere Jahre in verschiedenen Positionen im Verteidigungsministerium tätig und weiß, wie sorgfältig und umfassend Entscheidungen vorbereitet werden. In dieser Kenntnis muß ich davon ausgehen, daß der Minister eine fundierte Entscheidung getroffen hat.« Anders als dieser Divisionskommandeur glaubte die breite Öffentlichkeit an jenem 25. Januar nicht mehr an eine fundierte Entscheidung des Ministers. Ich zweifle nicht an der guten Absicht, die Hoster mit seiner Erklärung verband. Er hat sich damit viel weiter vorgewagt als die meisten meiner Kameraden, die beharrlich schwiegen. Und der Generalinspekteur hat dieses Schweigen zu rechtfertigen versucht, indem er erklärte, das Offizierkorps habe den Minister nicht zu kritisieren. Damit hat er einer gefährlichen Interpretation vom Primat der Politik Vorschub geleistet. Ganz anders urteilte das Gros der Kommentatoren.[233] Großes Aufsehen erregte der Hamburger Theologe Helmut Thielicke, als er sich gegen solches Schweigen wandte: »Ich wäre den Generalen dankbar, wenn sie mir und anderen erschütterten Zeitgenossen hülfen, diese sich aufdrängende Parallele (Zum Schweigen der Generalität im Fall Fritsch) zu widerlegen. Vorerst ist sie mir eine schwere Last.«[234] Thielicke schrieb mir einen in herrlichen Worten gehaltenen Brief. Mit ihm stand ich noch weiter in Verbindung. Leider mußte ich ihn bald darauf auf seinem letzten Weg begleiten.

Ist Kameradschaft somit von anderer Qualität als das hohe Lied der Freundschaft, sie darf nicht etwa auf den Status der »Kollegialität« reduziert werden. Wie schwer sich die Bundeswehr mit der Kameradschaft tut, mag man auch daran ablesen, daß sich mitunter selbst höhere Offiziere als Kollegen betiteln oder aber solche Einstufung unwidersprochen hinnehmen. Als ich darauf in einem »Sonntagsgespräch« des ZDF[235] verwies, das Dieter Zimmer mit mir führte, erreichten mich ein Fülle von zustimmenden Zuschriften. Auch diese begriffliche Verwirrung ist Ausdruck für das mangelnde Selbstverständnis unserer Soldaten, die sich wider besseres Wissen aufdrängen lassen, Soldat sein sei ein »Beruf wie jeder andere«.[236]

Während des Skandals beriefen sich Soldaten immer wieder auf ihre Pflicht zum Gehorsam. Auf die Grenzen des Gehorsams hat in aller Öffentlichkeit keine Geringerer als Gerd Schmückle hingewiesen, wie auch auf die Pflicht zur Kameradschaft: »Kameradschaft ist im Kasino billig zu haben. Wichtig wird sie erst denjenigen gegenüber, die in Not geraten sind. Kießling war in Not.«[237] Durch sein beharrliches Eintreten für mich wurde Schmückle zu einer der bekanntesten Persönlichkeiten in diesem Skandal. Dabei war dieser wohl eigenwilligste General der Bundeswehr schon vorher keineswegs ein Unbekannter, als begabter Journalist gar ein Insider. Bereits Ende der 50er Jahre erregte er als Pressesprecher des damaligen Verteidigungsministers Strauß Aufmerksamkeit; als Autor, vor allem von »Kommiß; a.D.« und »Ohne Pauken und Trompeten« hat er sich einen Namen gemacht. Auch diese gewählten Buch-Titel stehen für seine unkonventionelle Rede- und Betrachtungsweise, die ich nicht immer zu teilen vermag. So zählte ich zu der wohl überwiegenden Mehrheit der Soldaten, die von Schmückles Auftritten mehr schockiert denn angetan waren. Daß er mutig wider den Stachel löckte, hatte mir dennoch stets imponiert. Dabei agierte er politisch stets so flexibel, daß er gleichermaßen links wie rechts abgesichert war. Entscheidend für meine positive Einschätzung Schmückles war stets, daß er auch vor Königsthronen nicht wankt, er ist ein streitbarer Geist. Typisch für ihn ist seine Antwort auf die Frage einer Zeitung: Wie möchten sie sterben? »Vor einem Erschießungskommando für eine dauerhaft gute Sache!«[238]

Wir kannten uns aus den Anfängen der Inneren Führung, als der Major Schmückle der dafür zuständige Referatsleiter im Führungsstab des Heeres war. Seitdem begegneten wir uns wiederholt, pflegten aber keinen ständigen Kontakt. Dafür waren wir nach militärischem Werdegang, Temperament und Lebenseinstellung wohl wirklich zu verschieden. Hielt er mich für einen sturen Preußen, so meinte ich, ihm habe der Kommiß wohl doch nicht immer die richtige Disziplin beigebracht. Er, der süddeutsche Liberale, war eben mehr ein Diplomat in Uniform als ich, der Soldat. Aber wir verstanden uns stets auf Anhieb. Nachdem ich den Posten bei SHAPE angetreten hatte, den er als erster Deutscher innehatte, suchte ich wiederholt seinen Rat. Gleich in den ersten Tagen des Skandals rief er mich an. Ihm genügte meine Bestätigung, daß die Vorwürfe unbegründet waren; dann zog er gegen den verantwortlichen Minister ins Feld. In zahlreichen Interviews hat er sich exponiert. Seinen glanzvollsten Auftritt hatte er in der Fernsehdiskussion mit Wörner am 18. Januar. »Das ist einmalig in der deutschen Militärgeschichte«, schleuderte Schmückle ihm entgegen und forderte ihn zum Rücktritt auf.

Die schärfste Kritik an seinem Egagement für mich erntete Schmückle von einem anderen Viersterne-General. Das war Graf Kielmansegg, der sich als einer der wenigen Verteidiger Wörners gefiel. In seinen Angriffen auf Schmückle verstieg er sich zu dem Vorwurf, dieser habe vergessen,« wie ein Soldat sich zu verhalten hat, nämlich anständig«.[239] Da stellt sich schon die Frage, ob anständiges Verhalten nicht auch erfordert hätte, daß Kielmansegg mich einmal gefragt hätte, bevor er sich öffentlich äußert. Schließlich war ich ihm kein Unbekannter; Monate zuvor noch war er als mein persönlicher Gast in Casteau. Als ich ihn im Spätsommer 1984 bei einer Tagung der Clausewitz-Gesellschaft wiedersah, fand er kein persönliches Wort. Dafür versuchte er, mir nach Gutsherrenart auf die Schulter zu klopfen; ich verbat mir solche Vertraulichkeit.

Aber es war beileibe nicht nur Schmückle, der für mich eintrat. Auch andere Kameraden bekannten sich zu mir, einige verwahrten sich öffentlich gegen dieses Kesseltreiben der Hardthöhe. Am meisten Aufsehen erregte Martin Holzfuss, Befehlshaber im Wehrbereich IV (Mainz).[240] Die größte Wirkung erzielte eine Erklärung ehemaliger Generale, die mein Freund Eberhard Boehm zusammen mit Wolfgang Gerhardt in die Wege leitete.[241]

Erwähnenswert erscheint mir, daß ich gerade aus den Reihen der Unteroffiziere große Unterstützung erfuhr, besonders aus meinem alten Neustädter Bataillon; aber auch manche ehemalige Soldaten, die irgendwann einmal unter meinem Kommando gedient hatten, meldeten sich zu Wort. Stellvertretend für alle möchte ich aus dem Brief eines Hauptgefreiten a.D. Adick zitieren, dessen Kompaniechef ich 1959 in Göttingen war: »Ich schreibe Ihnen, obwohl gerade Sie, Herr

General, für mich der bekannte bittere Tropfen im Weinbecher meiner Dienstzeit waren. Und ich gebe zu, als ich die ersten Berichte über Ihre Entlassung las, stellte sich Schadenfreude ein. Als dann die Vorwürfe bekannt wurden, wich dieses Gefühl, denn ich traute Ihnen viel zu, dieses aber nicht. Im übrigen verurteile ich die Art und Weise, in der man hier einen Menschen fertig macht.« Der Hauptgefreite hatte begriffen, was Kameradschaft ist, der Generalinspekteur wohl nicht.

An dieser Stelle erscheint es geboten, ein paar Worte über mein Verhältnis zu Wolfgang Altenburg zu sagen, über das viel spekuliert wurde. Flüchtig kannten wir uns seit 1962, als er zur Ausbildung an die Führungsakademie kam (5. Generalstabslehrgang); ich gehörte dem vorhergehenden Generalstabslehrgang an. Erst Anfang der 70er Jahre kamen wir in näheren dienstlichen Kontakt. Doch uns trennte mehr als nur der Altersunterschied von drei Jahren. Vor allem hatten wir offenbar ein recht unterschiedliches Verständnis vom Soldatsein. Meines kann der Leser unschwer aus dem Bekenntnis zum Soldaten gewinnen, das sich durch dieses Buch zieht. Altenburg hat sich im Herbst 1981 auf einer Tagung der Vereinigung Deutscher Wissenschaftler offenbart: »Ich glaube, daß ich keinen schönen Beruf habe. Ich liebe ihn auch gar nicht. Ich fühle mich auch gar nicht wohl dabei. Ich kenne die Auswirkungen, die Nuklearwaffen haben könnten, so, wie vielleicht nur fünf Leute in der Bundesrepublik. Wenn Sie glauben, daß ich ein Mensch sei, der gut schläft, dann irren Sie sich.«[242]

Kaum jemand wird bestreiten, daß ein hoher Militär angesichts der drohenden Gefahr eines Einsatzes von Massenvernichtungswaffen an einer schweren Gewissenslast trägt. Dennoch darf sich ein führender Soldat deshalb nicht dazu hinreißen lassen, sich öffentlich derart von seinem selbstgewählten Beruf zu distanzieren.

Das zwischen uns bestehende Spannungsverhältnis brach vor allem bei seiner Nominierung zum Generalinspekteur auf, die noch durch Apel erfolgte. Altenburg meinte, ich stünde zu ihm in Konkurrenz. Da irrte er; ich habe dieses Amt niemals angestrebt, schon gar nicht habe ich mich darum beworben. In den Tagen der Bonner Wende vom Herbst 1982 wurde zwar darüber spekuliert, weil viele meinten, Wörner würde sich einen Generalinspekteur seines Vertrauens auswählen, und das sei ich. Wo immer ich darauf angesprochen wurde, habe ich darauf verwiesen, daß ich für dieses Amt nicht zur Verfügung stünde. Abgesehen von meinen persönlichen Beweggründen würde mit einer solchen Änderung der bereits veröffentlichten Personalplanung Altenburg zu einem »SPD-General« und ich zu einem »CDU-General« gestempelt werden; beides stimme nicht. Wenige Tage nach seiner Amtsübernahme hat dann auch Wörner die Nominierung Altenburgs bestätigt. Dieser rief mich – offenbar erleichtert – sofort an. Demonstrativ besuchte ich ihn am folgenden Tag in Koblenz. Mir lag daran, mit ihm als dem künftigen Generalinspekteur eine vertrauensvolle Zusammenarbeit zu finden. Nur so konnte ich meine nicht leichte Aufgabe bei SHAPE meistern. Um meine Übereinstimmung mit Altenburg auch nach außen kundzutun, fuhr ich am 29. März 1983, dem Tag seiner Ernennung, nach Bonn. Ich hatte diesen Schritt vorher mit Wörner besprochen. Nachdem der Minister Altenburg die Ernennungsurkunde überreicht hatte, ging ich spontan auf den neuen Generalinspekteur zu, um ihm zu gratulieren und ihn meiner Unterstützung zu versichern.

Frühzeitig hat Altenburg sich auf dem Gebiet der Militärpolitik spezialisiert und profiliert. Das war und ist das Sprungbrett zum Generalinspekteur, richtigerweise, weil er der militärpolitische Berater der Bundesregierung sein soll. Aber ein Generalinspekteur soll und muß mehr sein als das, nämlich der erste Soldat dieser Bundeswehr. In dieser Eigenschaft war Altenburg im Verlauf des Skandals gefordert. Ob er dieser Rolle gerecht wurde, ist zumindest umstritten. Clemens Range hat wohl den Eindruck breiter Kreise richtig wiedergegeben, wenn er feststellt, daß Altenburg eine »undurchsichtige Rolle spielte. Der Generalinspekteur ließ es zu, daß sein Generals-Kamerad in so unwürdiger Form seinen Dienst quittieren mußte.«[243] Auf einer Tagung der Kommandierenden Generale am 24. Januar, an der zeitweise auch der Minister teilnahm (am gleichen Tage empfing er den umstrittenen Schweizer Homosexuellen Ziegler!) nahmen – soweit mir bekannt geworden ist – lediglich die Generalleutnante von zur Gathen und Dr. Wachter für mich Stellung. Doch forderte auch die gesamte Runde meine Rehabilitierung. Die Schweizer Weltwoche kommentierte diese Forderung, sie töne »heute aber wie blanker Hohn, zumal ausgerechnet jener Mann« (Altenburg) sie erhebe[244].

Mit jedem Tag wurde der Skandal zu einer immer mehr politischen Frage. Schon frühzeitig schaltete sich Franz-Josef Strauß ein. Um sich persönlich zu informieren, rief er mich einfach an. Das haben all die anderen CDU-Politiker nicht fertiggebracht. Strauß, der mich seit Jahren von verschiedenen Begebenheiten her kannte, hörte mir aufmerksam zu. Dann sagte er nur: »Sie müssen volle Rehabilitierung fordern!« In seinen »Erinnerungen« schrieb der große Bayer später: »Ein Verteidigungsminister, der sämtliche Ehrengebote verletzt, das Offizierkorps beleidigt, Generale demütigt, sich dazu noch widerlichster Kronzeugen bedient, wäre in jedem anderen demokratischen Lande keinen Tag länger im Amt geblieben.«[245]

Viele derjenigen, auf die ich gehofft hatte, hüllten sich dagegen in Schweigen. Das waren vor allem Stoltenberg und Hasselmann. Letzterer gestand mir später, daß er von seinem Ministerpräsidenten Albrecht zurückgepfiffen worden sei. Auch der Generalinspekteur hätte ihn vor mir gewarnt. Hasselmann, Oberst der Reserve, fügte sich.
Um so mehr meldeten sich Politiker der Opposition zu Wort. Zuerst der frühere Verteidigungsminister Hans Apel. Aber auch Walter Kolbow, Erwin Horn und Horst Jungmann fochten für meine Rehabilitierung.
Auch aus den Titelseiten des SPIEGEL läßt sich diese Eskalation ins Politische unschwer ablesen. Am 16. Januar steht dort noch »Der Fall Kießling«, am 23. Januar wurde das zum »Fall Kießling/Wörner« und am 30. Januar zeigt die Vorderseite Wörner mit Helmut Kohl im Hintergrund: »Der Skandal«. Helmut Schmidt kommentierte, »daß der Fall Wörner contra Kießling im Kern ein Fall Kohl geworden ist.«[246]

Unvermeidbar geriet ich zunehmend zwischen die Mühlsteine der Parteipolitik. Daß die Opposition in die offenkundigen Schwachstellen der Regierung hineinstieß, war nicht nur ihr gutes Recht. Sie nutzte diese Chance. Einige Abgeordnete taten mehr. Allen voran Gerhard

Nach erfolgter Rehabilitierung, wieder auf dem Weg zum Dienst.

Diese Aufnahme wurde später als »makabres Photo« veröffentlicht. Es zeigt die Wiederernennung zum General am 1. Februar 1984.

Auf dem Weg zum Großen Zapfenstreich mit Verteidigungsminister Wörner, am
26. März 1984 in Neustadt/Marburg.

Jahn, der frühere Bundesjustizminister. Mir kam zugute, daß ich Jahn aus meiner Marburger Zeit kannte. Er selbst vertrat diesen Wahlkreis im Deutschen Bundestag, sein Sohn war Offizier in meinem Bataillon. Aber auch Generalmajor a.D. Gert Bastian äußerte sich. Wir kannten uns recht gut, hatten aber wenig gemeinsam und gingen uns aus dem Wege. Er wußte, daß ich seine politischen Aktivitäten mißbilligte. Deshalb zögerte er, nach Ausbruch des Skandals Kontakt zu mir zu suchen. Dazu schrieb er mir:»Ich habe es dann doch nicht getan, weil ich fürchtete, Sie würden es als eine Solidarität von der falschen Seite empfinden, nachdem wir in unseren sicherheitspolitischen Anschauungen weit auseinanderliegen.« Sein tragisches Ende hat mich sehr bewegt.

Aus den Regierungsparteien rührte sich für mich keine Hand, ausgenommen der CDU-Abgeordnete Petersen. Die parteipolitische Frontenstellung wurde für jedermann offenkundig, als der Deutsche Bundestag sich am 20. Januar in einer Fragestunde mit den Skandal befaßte. Die von der CDU/CSU aufgebotenen Redner (Frau Krone-Appuhn und die Herren Wimmer, Otto Hauser, Klaus Francke), beschränkten sich nicht auf die Verteidigung ihres schwer angeschlagenen Ministers. Einige überboten sich mit neuen Anschuldigungen. Keiner von ihnen hatte es für notwendig befunden, auch nur den Versuch zu machen, zuvor mit mir zu sprechen, um sich aus erster Hand zu informieren. Die meisten Journalisten haben diese Chance genutzt. Und die es nicht taten, sondern einfach drauflos schrieben, die haben sich gehörig blamiert.

Als dann unvermeidbar die Frage nach Wörners Eignung hinsichtlich der Ausübung der Befehls- und Kommandogewalt über die Streitkräfte aufkam, konterte Alfred Dregger (immerhin Hauptmann a.D.) in einer Art, die einem Eigentor gleichkam: im Verteidigungsfall gehe gemäß Grundgesetz der Oberbefehl ohnehin auf den Bundeskanzler über. Mit anderen Worten hieß das doch: Für die Friedenszeit reicht's; im Falle eines Krieges hat er sowieso nichts zu sagen! Noch weitere zwei Male stand der Skandal auf der Tagesordnung des Deutschen Bundestages: am 8. Februar und am 28. Juni 1984.

Rehabilitierung

Immer stärker geriet der Verteidigungsminister in Beweisnot. Da ließ er sich erst einmal hinreißen, am 19. Januar zwei höchst fragwürdige Zeugen aus der Kölner Homo-Szene persönlich anzuhören. Kurioserweise war dabei auch der ehemalige Generalinspekteur de Maizière zugegen, obwohl er von seiner Rolle als Vermittler schon drei Tage zuvor zurückgetreten war.[247] Gebracht hat diese Aktion wohl nichts. Um so größere Hoffnung verband Wörner offenbar mit der Anhörung des berüchtigten Schweizer Homosexuellen Alexander Ziegler, der sich ihm angedient hatte. Ziegler wurde am 20. Januar nach Bonn eingeflogen und von Wörners Adjutanten, Oberst Dr. Reinhardt (der inzwischen zum Generalleutnant avanciert ist) auf die Hardthöhe geleitet. Da konferierte er dann nicht nur mit Wörner persönlich, sondern auch mit dem Staatssekretär Professor Dr. Schreckenberger aus dem Kanzleramt.

Ziegler hatte in Aussicht gestellt, die so dringend benötigten Beweise für meine Homosexualität zu liefern. Tatsächlich bot er nur die Abschrift der Aufzeichnung eines Telefongespräches mit einem gewissen Achim Müller an. Dieser Müller schilderte in geschmacklosester Art Kontakte, die er mit mir im Frankfurter Sheraton Hotel gehabt haben will. Weder kannte ich einen Achim Müller, noch hatte ich je zuvor dieses Hotel betreten.

Auf ausdrücklichen Wunsch Zieglers sicherte Wörner ihm schriftlich Anonymität zu. Doch lüftete der Schweizer, auf Publicity bedacht, von sich aus das Geheimnis. Im Schweizer Blick von 24. Januar veröffentlichte er das genannte Tonband-Interview. Dieses hatte teilweise pornographische Inhalte. Damit wurde ein Sturm der Entrüstung in der Öffentlichkeit entfacht.

Dieser Skandal im Skandal bewirkte, daß mein Anwalt ein beabsichtigtes Gespräch mit Wörner ablehnte. In einer Presse-Erklärung ließ Prof. Redeker verlauten, ich hätte jedes Vertrauen in eine objektive Aufklärung durch den derzeitigen Verteidigungsminister verloren. Deshalb würde ich den von mir am 23. Dezember gestellten Antrag auf Einleitung eines disziplinargerichtlichen Verfahrens zurückziehen. Die

440

Hardthöhe beeilte sich zu kontern, dies würde nicht automatisch zur Einstellung der Vorermittlungen führen. Denn man wollte weiter schnüffeln, wohl in der Hoffnung, doch noch etwas Vorzeigbares zu finden. So erschien noch am 30. Januar, als die Rehabilitierung im vollen Gange und die Urkunde für meine Wiederernennung schon im Druck war, ein Beauftragter des Verteidigungsministeriums in Rendsburg und forschte nach, ob ich vor zwei Jahren, am 9./10. Januar 1982, im Standort anwesend war und ob ich mein Frühstück bezahlt hätte. Wie scheinheilig klingt der spätere Rechtfertigungsversuch, solche Ermittlungen hätten zu meiner völligen Rehabilitierung geführt.

Nach der Ziegler-Affäre schien es für jedermann klar, daß Wörner die Partie verloren hatte. Zielstrebig hatte mein Anwalt auf die Rehabilitierung hingearbeitet.[248] Von der Öffentlichkeit unbemerkt, verhandelte er in den letzten Januartagen mit Professor Paul Mikat, dem Justitiar der CDU/CSU-Fraktion. Verzögert wurde der Abschluß nur noch durch die Israel-Reise des Bundeskanzlers. Später stellte Kohl es immer so dar, als hätte es die Wochen zuvor gar nicht gegeben. Vielmehr hätte er unverzüglich gehandelt.[249]

Am 31. Januar reiste ich nach Bonn. In der Wohnung Professor Redekers traf ich mit Paul Mikat zusammen. Vom ersten Augenblick an empfand ich Vertrauen zu diesem noblen Juristen, obwohl er doch die Gegenseite vertrat. Ein Briefwechsel zwischen Wörner und mir sollte die Beilegung des Konfliktes besiegeln. Dieser ist später von Teilen der Presse als Kuhhandel kritisiert worden. Das war er nicht! Der Minister erklärte öffentlich, daß die ihm für seine damalige Entscheidung zugrundeliegenden Berichte nicht der Wahrheit entsprachen. Ich bescheinigte dem Minister, daß er sich bei seiner Entscheidung von den Sicherheitsinteressen der Bundesrepublik habe leiten lassen. Persönlich fügte ich in diesen Entwurf ein, er habe sich »ausschließlich« davon leiten lassen. Damit wollte ich das Versagen des Ministers festschreiben, der sich eben nicht allein von Sicherheitsinteressen leiten lassen durfte, sondern gleichermaßen das Ansehen der Bundeswehr wie auch die Fürsorgepflicht mir gegenüber hätte bedenken müssen.

Ursprünglich hatte mein Anwalt gefordert, der Bundespräsident solle mir die Urkunde der Wiederernennung aushändigen. Professor Mikat überzeugte uns, davon abzulassen. Denn der Bundespräsident müsse sich darauf beschränken, Urkunden nur an die Mitglieder der Bundesregierung und der Verfassungsorgane auszuhändigen. Ich erwähne dies, weil ich später wiederholt kritisiert worden bin, daß ich mich von Wörner habe wiederernennen lassen und ihm noch dazu die Hand gegeben habe. Dagegen halte ich: Nicht Wörner hat mich wiederernannt, sondern der Bundespräsident. Der Minister hat mir lediglich die Urkunde überreicht. Ich fühlte mich verpflichtet, jedem Verteidigungsminister, wer immer es sei und welcher Partei er auch angehöre, unabhängig von persönlicher Einschätzung den gebotenen Respekt entgegenzubringen. Daß Wörner im Amt verblieb, war allein Sache des Bundeskanzlers. Der ist dafür hinreichend kritisiert worden; nicht zuletzt im Deutschen Bundestag am 8. Februar und 28. Juni 1984. Was das Handgeben betrifft, so war das für mich Gebot der Höflichkeit. Wer das kritisiert, sollte einmal bedenken, wie oft hohe Würdenträger unseres Staates Herrn Honecker die Hand geschüttelt haben.

Am frühen Nachmittag des 1. Februar fuhr ich auf die Hardthöhe. Die Aushändigung der Urkunde sollte in Gegenwart des Staatssekretärs Dr. Rühl und der beiden (Viersterne-) Generale Altenburg und Chalupa erfolgen. Zu meinem Mißfallen hatte sich auch Generalleutnant Glanz, der Inspekteur des Heeres, dort eingereiht. Wieder einmal habe ich zu widersprechen versäumt. Denn Glanz hatte dort gar nichts zu suchen. Falls er sich aufgrund meiner Zugehörigkeit zum Heer in irgendeiner Weise für mich zuständig fühlte, so hatte er vier Wochen lang Zeit gehabt, dies öffentlich kund zu tun. Aber er hatte nicht nur geschwiegen, sondern überdies noch den Generalmajor Holzfuss gemaßregelt, als dieser sich öffentlich zu mir bekannte. Als dann alles vorbei war, verweigerte Glanz mir gar die übliche Verabschiedung aus dem Führungskreis des Heeres, zu dem alle Vier- und Dreisterne-Generale gerechnet wurden. Das übliche Abschiedsgeschenk wollte man mir zukommen lassen, nicht aber das Abschiedsessen. Sich mit mir an einen Tisch zu setzen, das ging einigen wohl doch zu weit. Ich habe das Geschenk nicht angenommen. Mir besonders gut bekannte Mitglieder dieses Kreises habe ich angeschrieben und um deren Stel-

442

lungnahme gebeten. Die Antworten lauteten einhellig: Es handle sich um einen vertraulichen Beschluß – und überdies möge ich doch Ruhe geben!

Zurück zu dem etwas krampfhaften Zeremoniell der Wiederernennung. Da stand ich wiederum in jener Empfangshalle des Ministerflügels auf der Hardthöhe, wo ich sechs Wochen zuvor in unwürdiger Form aus dem Amt gejagt wurde. Jetzt trug ich wieder Uniform. Frostig war die Atmosphäre auch diesmal. Der Minister betrat den Raum, begleitet von Brigadegeneral Hartmut Behrendt und Oberst von der Schulenburg. Seit jenem für mich unvergeßlichen Gespräch am 19. September hatte ich Wörner nicht mehr gesehen. Er sah mitgenommen aus. Da war nichts mehr von dem überlegenen Lächeln, mit dem er bis in die zweite Januarhälfte hinein gar zu oft im Fernsehen erschienen war, und das er – für jedermann sichtbar – als NATO-Generalsekretär wiedergewonnen hat! So sehr mich sein öffentliches Auftreten während des Skandals geschmerzt hatte, seine Niedergeschlagenheit bei jenem Wiedersehen vermochte mich nicht zu beglücken. Kein Journalist war zugegen, der die makabre Atmosphäre dieser Stunde hätte einfangen können. Dennoch berichteten die Zeitungen, als wären sie dabei gewesen. Da wurde gar ein Bild gebracht, das Wörner und Kießling mit strahlendem Lächeln und Sektgläsern zeigte. Was für eine unseriöse Berichterstattung: Die Bilder stammten aus früheren Zeiten! Doch gab es auch ein authentisches Foto vom 1. Februar 1984, von einem Soldaten des Ministeriums aufgenommen. Veröffentlicht wurde es aber erst am 16. Februar in der Bunten Illustrierten. Im Text dazu heißt es: »Es zeigt eine Szene von unendlicher Traurigkeit. Den vier Personen ist sie ins Gesicht geschrieben.«[250]

Der Minister verlas die Urkunde meiner Wiederernennung und überreichte sie mir. Und dann das Klingen der Sektgläser. Ich dachte an den 23. Dezember! Diesmal konnte ich mich dem Anstoßen nur entziehen, indem ich den Sekt verweigerte und statt dessen zu einem Glas Wasser griff. Dann bat Wörner zu einem Gespräch unter vier Augen. Es brachte wenig. Denn ich bohrte nach dem Warum; und er konnte oder wollte keine klärenden Antworten geben. Dann versammelte sich der zuvor beschriebene Kreis abermals. Nun überreichte der Minister mir die Urkunde, mit der ich — auf meinen Wunsch — zum 31. März in den Ruhestand versetzt wurde. Nach dem Geschehenen konnte und wollte ich in dieser Bundeswehr nicht mehr dienen. Aber ich habe mich damit nicht etwa von der Bundeswehr losgesagt, sondern lediglich von ihrer damaligen Spitze.

Fast zur gleichen Zeit tagte unten am Rhein die Bundespressekonferenz. Die Kernsätze der Erklärung des Kanzlers lauteten: »Der General hat bittere Wochen durchmachen müssen« und »Auch für Manfred Wörner war dies eine Zeit, an die er sicher noch lange zurückdenken wird«. Lange anhaltendes und schallendes Gelächter schlug dem Regierungschef entgegen.[251] Dennoch endete der Kanzler trotzig mit den Worten: »Wir lieben die Lebensfreude, und wir lassen sie uns nicht vergällen!«[252] Am nächsten Tag konnte man in der Zeit lesen: »Erst kommt das Regieren, dann die Moral!« Auch Johannes Rau hat diese Kommentierung des Bundeskanzlers scharf kritisiert.

Das Echo in der Presse war auch für mich kein günstiges. Die meisten witterten ein faules Geschäft. Gerade das war es nicht! Den Minister zu stürzen, wie viele es sich wünschten, konnte und durfte nicht die Sache eines Generals sein. Kein Geringerer als Helmut Schmidt hat vermerkt: »Der General Kießling hat zur Beilegung der Affäre einen erstaunlichen Akt der Loyalität vollzogen.«[253] Das bleibende Problem hat ein Journalist zutreffend formuliert: »Mag sein, daß General Kießling als loyaler Soldat akzeptiert, was ihm da geboten wird: Volle Wiederherstellung seiner Ehre. Aber kann man einem Mann, den man in aller Öffentlichkeit nackt ausgezogen hat, den man gedemütigt und durch die Gosse gezogen hat, durch ein Wort alles wiedergeben, was man ihm genommen hat? Das ist ein Problem. Damit muß sich der himmelschreiend schlecht behandelte General selbst auseinandersetzen.«[254] Auch der Parlamentarische Untersuchungsausschuß setzte sich damit auseinander.

Vom Morast in den abgrundtiefen Sumpf

Diejenigen, die das Verlangen nach Einsetzung eines parlamentarischen Untersuchungsausschusses als einen lediglich politischen Schachzug abtaten, wurden bald eines Besseren belehrt. Im Frühschoppen der ARD am 1. April 1984 mußte selbst Alois Rummel einräumen, daß hier Mißstände aufgedeckt wurden, die sonst verschüttet geblieben wären. Und Klaus Jürgen Haller gar pries ihn als den besten Untersuchungsausschuß in der Geschichte der Bundesrepublik.

Fast jeder Tag der Ausschuß-Arbeit brachte neue Erkenntnisse von der Unfähigkeit des Verteidigungsministeriums und seines Apparates, bis schließlich der Vorsitzende verkündete: Wir haben den Übergang vom Morast in den abgrundtiefen Sumpf erlebt! Was muß es den Abgeordneten Biehle gekostet haben, sich zu diesem Eingeständnis durchzuringen! War er doch zu Beginn des Skandals eifrig bemüht, dem Verteidigungsminister korrektes Verhalten zu bescheinigen.[255]

Schnell deckte der Ausschuß auf, daß es ausgerechnet der Stellvertretende Vorsitzende des Hauptpersonalrates des Ministeriums war, Werner Karrasch, der das verhängnisvolle Gerücht in Umlauf setzte. Ein übereifriger Beamter des MAD, Artur Waldmann, griff es auf und mißbrauchte meinen Namen in unverantwortlicher Weise für Schulungszwecke seines Personals. So geriet dieser Bericht in die Sicherheitsakte »Kießling«.[256]

Die Arbeit des Ausschusses litt ganz offensichtlich unter der Auflage, daß NATO-Interessen nicht berührt werden dürften. Die seitens der Hardthöhe erteilten Aussagegenehmigungen enthielten solche Beschränkungen. Hinter diesen NATO-Schild zogen sich wiederholt Zeugen zurück, wenn es brenzlich wurde. Dagegen lief der Abgeordnete Horst Jungmann Sturm, als er dem Oberst Dr. Reinhardt entgegenhielt: »Hier geht es nicht um eine NATO-Frage, sondern darum, was deutsche Offiziere über die angebliche Schluderei und Gerüchteküche bei der NATO an das Ministerium weitergegeben haben.«[257]

Daß selbst im Untersuchungsausschuß keine klaren Vorstellungen über die Stellung der deutschen Offiziere in der NATO herrschten, wurde offenkundig. Unwidersprochen blieb der Hinweis eines Abgeordneten, der Kapitän Jancke würde im Augenblick nicht der Disziplinarhoheit der Bundeswehr unterstehen.[258] Ich selbst wurde am 27. Februar als Zeuge von dem Ausschuß gehört. Da saß ich manchem Abgeordneten gegenüber, der noch vor wenigen Wochen über mich hergezogen war. Von der Koalition begegnete mir nur Peter Petersen freundlich. In einem Kommentar des WDR/NDR an diesem Abend hieß es: »Wo bleiben die frechen Verdächtigungen jener Politiker, die im Parlament auch und gerade über den General hergefallen waren und sich jetzt nicht einmal nach seinem Befinden erkundigen?«[259] Das Ergebnis seiner Arbeit hat der Ausschuß in einem Bericht zusammengefaßt, der als Drucksache aller Öffentlichkeit zugänglich wurde. Am 27. Juni wurde er abschließend im Deutschen Bundestag diskutiert.

Wie überzeugend auch immer diese Rehabilitierung in der Öffentlichkeit gewirkt haben mag, sie änderte nichts an dem glanzlosen Ende meines Soldatenlebens »von der Pike auf«.

Am 27. März 1984 empfängt Bundespräsident Carl Carstens General Kießling zu dessen Abschiedsbesuch.

Abschied von SHAPE am 30. März 1984.

Der Autor bei seiner schriftstellerischen Arbeit.

Der General im Ruhestand. 1986 bei einer Talkshow des NDR mit Dagobert Lindlau.

VI. Nachklang

Meine aktive Dienstzeit endete mit dem Skandal. Erst durch ihn bin ich – gegen meinen Willen – einer breiteren Öffentlichkeit bekannt geworden. So mag nun mancher meine militärischen Erinnerungen beachten, den ansonsten das Leben eines Generals Kießling kaum interessiert hätte.

Mit dem 1. April 1984 begann für mich ein neuer Lebensabschnitt: der Ruhestand. Ich war rehabilitiert und aus dem aktiven Dienst ausgeschieden. Der Parlamentarische Untersuchungsausschuß hatte ermittelt und abschließend berichtet. Ermittlungen der Staatsanwaltschaft gegen Angehörige aus dem MAD-Bereich benötigten noch etwas Zeit. Sie wurden im Frühjahr 1985 eingestellt, weil bei den Beschuldigten zwar äußerste Leichtfertigkeit, aber kein Handeln wider besseres Wissen erkannt wurde. War nun wieder alles im Lot? An die von der Hardthöhe aufgetischte Homosexuellen-Story glaubt wohl kaum noch jemand, abgesehen von einigen Böswilligen, die hinter vorgehaltener Hand wispern: Man hat ihm nur nichts nachweisen können! Ernster ist es schon zu nehmen, wenn selbst im Oktober 1990 noch in der FAZ spekuliert wird: «Immer wieder hatte es in jenen Jahren in der Bundeswehr Verwunderung über manche Verhaltensweisen Kießlings gegeben».[260] Warum werden da Roß und Reiter nicht genannt?

Geblieben ist die Frage: Was steckte wirklich dahinter? In bezug auf den verantwortlichen Verteidigungsminister Manfred Wörner habe ich seit eh und je die Meinung vertreten: so dumm konnte er nicht sein – und so gemein auch nicht. Also muß er unter irgendeinem Druck gehandelt haben. Im Herbst 1990 berichteten die Medien, der inzwischen verstorbene Oberst a.D. Joachim Krase, seinerzeit Stellvertretender Amtschef des MAD, sei als Stasi-Agent enttarnt worden. Gar zu eilig wurde daraus gefolgert, Krase sei der Urheber des Skandals gewesen. Beweise dafür wurden nicht erbracht. Zu Recht hegte die Süddeutsche Zeitung »Zweifel an der Wühlarbeit des Maulwurfs«.[261]

Wo immer ich dazu gefragt wurde, habe ich darauf hingewiesen, daß es doch von sekundärer Bedeutung sei, wer diese Verleumdung veranlaßt habe. Entscheidend sei vielmehr, wie in einem Rechtsstaat die Verantwortlichen darauf reagiert und wie andere sich verhalten haben und welche Konsequenzen daraus gezogen wurden.

Alle, die damals in der Verantwortung standen, sind inzwischen aufgestiegen oder befördert worden. Wörner trat als Generalsekretär an die Spitze der NATO, Altenburg wurde Vorsitzender des Militärausschusses. »Kießlings Belastungszeugen werden befördert«, schrieb der SPIEGEL.[262]

Im Sommer 1987 ließ Wörner mich durch seinen Adjutanten um ein Gespräch bitten. Obwohl ich danach kein Verlangen hatte, noch irgendwelche Illusionen hegte, willigte ich ein. Jedoch bestand ich darauf, unser Zusammentreffen müsse fern der Öffentlichkeit erfolgen. So trafen wir uns am 10. Juli 1987 auf dem Fliegerhorst in Jagel, der an diesem späten Freitagnachmittag verlassen dalag. Der Treffpunkt war erst am Morgen dieses Tages vereinbart worden. Wie ich nicht anders erwartet hatte, blieb das Gespräch an der Oberfläche. Irgendeine Klärung brachte es nicht. So weit Wörner dazu in der Lage ist, wird das auch nicht möglich sein, solange er im Blickpunkt der Politik steht. Wir sprachen über meine deutschlandpolitischen Vorstellungen, über die ich gerade ein Buch schrieb. Zur Jahreswende 1987 berichtete die Welt von diesem Zusammentreffen und interpretierte sie als Versöhnung, die Wörner vor seiner Ernennung zum NATO-Generalsekretär herbeiführen wollte. Vergebens widersprach ich dem verantwortlichen Redakteur.

Im November 1991 traf ich in Berlin mit dem Mann zusammen, der einst im Ministerium für Staatssicherheit für mich zuständig war: Dr. Brehmer. Das freimütige Gespräch mit ihm bestärkte mich in meiner Vermutung, daß die Geheimdienste der damaligen DDR diesen Skandal nicht initiiert hatten; sie sind aber auf den fahrenden Zug gesprungen, als die Affäre einmal lief. Ähnlich hat sich Brehmer auch in einem SPIEGEL-Interview geäußert. Im Mai 1992 habe ich mit ihm vor der Fernseh-Kamera diskutiert.

Ich habe Zweifel, ob ich die volle Wahrheit dessen, was hinter dem Skandal steckte, noch erfahren werde. Aber ich bin gewiß, daß sie eines Tages offenkundig wird. Bin ich durch diesen Skandal ein anderer geworden? Sicher ist das alles nicht spurlos an mir vorbeigegangen. Und doch behaupten gerade die wenigen Menschen, die mich gut genug kennen, um das beurteilen zu können: Ich sei der gleiche geblieben. Vor allem hat sich an meinen Grundüberzeugungen nichts geändert. Anderes hat sich schon geändert. So will ich nicht verschweigen, daß mancher sich von mir abgewandt hat; von anderen wiederum habe ich mich zurückgezogen.

Meine ursprüngliche Absicht, eine akademische Laufbahn einzuschlagen, konnte ich nicht verwirklichen. Um so dankbarer bin ich, daß mein Kamerad Oberst d.R. Professor Dr. Oswald Hahn, mir die Chance eröffnet hat, an seinem Lehrstuhl der Nürnberger Universität einen Lehrauftrag für Betriebswirtschaftslehre der Streitkräfte zu übernehmen. Angeregt durch diese Aufgabe habe ich mich auf die Frage der »strategischen Planung« konzentriert und darüber zahlreiche Vorträge auf Tagungen und Seminaren gehalten. Als Mitglied des Aufsichtsrates der Moritz Hunzinger Industriewerte GmbH bin ich nicht nur mit Fragen des aktuellen Wirtschaftslebens konfrontiert, sondern habe auch Kontakt zu aufgeschlossenen und mir sympathischen Kollegen gewonnen.

Ansonsten hatte ich meine Zeit und Kraft der Deutschland-Politik zugewandt, genauer: dem sicherheitspolitischen Aspekt der Wiedervereinigung Deutschlands. Wesentliche Impulse für dieses Engagement erhielt ich durch die Deutsche Burschenschaft, der ich seit meiner Studienzeit angehöre. Sie zählt zu den wenigen Organisationen, die unbeirrt am Ziel der deutschen Einheit festhielten. Das geben heute allzu viele vor, die noch vor wenigen Jahren ganz anders dahergeredet hatten. Standhaft geblieben zu sein, das darf für sich nur in Anspruch nehmen, wer die erklärte Zielsetzung der deutschen Einheit nicht mit anderen Bedingungen überfrachtet hat, die zur Zementierung der Teilung beitrugen: »Westbindung« und »NATO-Mitgliedschaft«. Daran ändert nichts, daß wir durch den Zusammenbruch der sowjetischen Weltmachtposition schließlich die deutsche Einheit erlangt haben und zugleich NATO-Mitglied geblieben sind. Mein Ziel war die deutsche Einheit, nicht das Verbleiben in der NATO. Für mich war und ist das NATO-Bündnis Mittel zum Zweck, ein wichtiges, bis zur Wende gar ein unverzichtbares Mittel, aber eben nur ein Mittel. Sie konnte und durfte nicht dem Staatsfundamentalziel »Wiedervereinigung in Frieden und Freiheit« gleichgesetzt, schon gar nicht ihm übergeordnet werden. Indem wir auf eine aktive Deutschland-Politik verzichteten, haben wir nicht nur die deutsche Teilung auf unbestimmte Zeit hingenommen, sondern damit auch die militärische Konfrontation von Ost und West mitten in unserem Vaterland, verbunden mit der Gefahr eines dritten Weltkrieges.

Deshalb hielt ich es für geboten, sicherheitspolitische Lösungen zur Überwindung der Ost-West-Konfrontation aufzuzeigen, in der Überzeugung, daß auf diese Weise der Weg zur deutschen Einheit frei würde. Mein Ziel war nicht Neutralität, wie mir wiederholt unterstellt wurde. Mein Ziel war allein die deutsche Einheit in Freiheit. Dafür war ich bereit jeden Preis zu zahlen – bis auf den der Freiheit. In meinem im Frühjahr 1989 erschienenen Buch »Neutralität ist kein Verrat« habe ich Möglichkeiten für die Gestaltung einer europäischen Friedensordnung aufgezeigt. Das hat mir gleichermaßen Kritik und Zustimmung eingebracht.

Wiederholt bin ich gefragt worden: haben Sie diese Meinung auch schon während Ihrer Dienstzeit vertreten? Vermuteten manche doch da den Grund für meinen Sturz. Meine Antwort war stets: Ja, diese Meinung habe ich schon immer vertreten; wenn auch mit der gebotenen Zurückhaltung, denn dazu war ich nach dem Soldatengesetz verpflichtet. Danach hatte ich die Politik der jeweiligen Bundesregierung zu vertreten, vor allem dann, als ich in hohe Stellungen aufrückte. Ich war in der glücklichen Lage, daß die Bundesregierung sich stets zur deutschen Einheit bekannte, noch mehr, daß sie durch das Bundesverfassungsgericht dazu verpflichtet wurde. Habe ich somit auch darauf verzichten müssen, die praktische Deutschlandpolitik der Bundesregierung öffentlich zu kritisieren, so habe ich dennoch niemals einen Zweifel daran gelassen, daß ich in erster Linie Deutscher bin, ein Deutscher in der NATO. Da fand ich mich in seltener Übereinstimmung mit den Vertretern aller anderen Mitgliedstaaten.

Nach meiner Pensionierung habe ich auf zahlreichen Tagungen und Seminaren für eine aktive Deutschland-Politik in diesem Sinne geworben. Dabei bin ich vielen Persönlichkeiten begegnet, die, wenn auch nicht mit allen meinen Vorstellungen übereinstimmend, in gleicher Weise für die deutsche Einheit stritten: dem Kieler Professor Wolfgang Seiffert, dem Präsidenten des Gesamtdeutschen Institutes Detlev Kühn, dem Vorsitzenden des Neuen Deutschen Nationalvereins Dr. Harald Rüddenklau, dem Bundestagsabgeordneten Bernhard Friedmann. Aber auch auf alte Kameraden aus meiner Soldatenzeit traf ich wieder, die Generale Jochen Löser und Dr. Franz Uhle-Wettler.

Zu den Höhepunkten zählten die alljährlichen Tagungen des Kuratoriums Unteilbares Deutschland im Berliner Reichstagsgebäude. Ich empfand ein erhebendes Gefühl, gerade an dieser historischen Stätte für die deutsche Einheit streiten zu dürfen. Das Establishment jedoch wollte an seiner Bequemlichkeit festhalten. Das wurde besonders bei der Tagung am 3. Juni 1988 offenbar. Da geriet ich mit dem damaligen Landtagspräsidenten von Rheinland-Pfalz Dr. Volkert aneinander. Der behauptete frei weg, die Jugend wolle nichts mehr von der deutschen Nation wissen, für sie gehe es nur noch um Europa. Ich hielt ihm entgegen, daß es eben vornehmste Aufgabe der Politiker sei, diese Jugend auf das Staatsfundamentalziel einzuschwören.

Das war durchaus kein Einzelfall. Noch schlimmer kam es bei einer Tagung im November 1988 im Bonner Bundeshaus. Da kannte der CDU-Bundestagsabgeordnete Lammers keine Scheu, sich vom Ziel der deutschen Einheit loszusagen. Der inzwischen verfestigte Widerstand gegen eine Wiedervereinigung zeigte sich am stärksten im Frühjahr 1989. Im Zusammenhang mit der 40-Jahrfeier des Grundgesetzes trat der Schmerz über die Teilung fast völlig hinter dem Jubel um den westdeutschen Teilstaat zurück. Das Ziel der Wiedervereinigung war zu einem Lippenbekenntnis herabgesunken. So waren wir völlig unvorbereitet, als uns im Herbst 1989 die Stunde der Einheit schlug. Statt die Wiedervereinigung zu fordern, wollte man sich mit dem Wiedersehen begnügen, gar noch die DDR stabilisieren. Erst der Fall der Mauer ließ solche Kleinkariertheit zerstäuben, wenn auch noch nicht bei allen Politikern. Noch nach dem Mauerdurchbruch mußte ich auf manchen

Veranstaltungen gegen kleine Geister ankämpfen, die partout an der Teilung festhalten wollten. Zumindest wollten sie die Wiedervereinigung – allein der Begriff schon war nicht wenigen zuwider – auf die lange Bank schieben. Verzweifelt wollten manche diese Entscheidung der »Geschichte« zuschieben.

Es half ihnen alles nichts. Gott war uns gnädig und führte die Deutschen beiderseits der Mauer wieder zusammen. Aber die Glocken der Kirchen blieben stumm. Zumindest heute müßte sich die Erkenntnis durchgesetzt haben, wie furchtbar eine weitere Teilung gewirkt hätte: nicht nur die Häuser wären dann verfallen, auch die Seelen! Daß wir gar auf einem Pulverfaß lebten, von dem jederzeit der dritte Weltkrieg hätte gezündet werden können, das wollten ohnehin die meisten nicht wahrhaben. Und die verantwortlichen Politiker vermieden es mit Bedacht, die west-deutsche Gesellschaft zu beunruhigen.

Nach der Wiedervereinigung am 3. Oktober 1990 trat bald Unzufriedenheit an die Stelle der Freude. Man beklagt die materiellen Mängel, statt die wiedergewonnene Freiheit zu würdigen. So wird eine unverkennbare Schwäche der neu-deutschen Gesellschaft deutlich, die sich ja geradezu ziert, ein Volk sein zu wollen. Es fehlt an geistiger Führung! Letztlich sind all die Probleme, die uns zu erdrücken drohen, auf diesen einen Mangel zurückzuführen. Sollten mir noch Zeit und Kraft beschieden sein, so will ich mich auf diese Frage und da auf die künftige deutsche Sicherheitspolitik konzentrieren. Hier muß ich mich darauf beschränken, meine Vorstellungen von der Lösung dieses Problems mit wenigen Worten zu skizzieren.

Spürbarer Ausdruck der unser politisches Leben bestimmenden geistigen Verwirrung ist das Ausweichen in unklare Sprache und Begriffe; es ermöglicht die Flucht aus der so dringend notwendigen geistigen Auseinandersetzung. Soweit überhaupt die Grundfragen der Nation erörtert werden, sind Geschichtslosigkeit und eine Tendenz zur Geschichtsverfälschung unverkennbar, mindestens zu einer einseitigen Betrachtungsweise komplexer Verläufe. Im Bereich des Militärischen, der in meinem Leben und diesem Buch Vorrang hatte, zeigen sich diese Mängel am deutlichsten, wenn es um das Traditionsverständnis der Bundeswehr geht.

Mit der herausfordernden Aufgabe, die deutsche Sicherheitspolitik neu zu bestimmen, stellt sich unvermeidbar auch die Frage nach dem Traditionsverständnis künftiger deutscher Streitkräfte. Wenn wir doch nur endlich begreifen wollten, daß wir unserer Vergangenheit nicht entfliehen können, weder in eine neue, größere Bundesrepublik, auch nicht in ein Maastricht-Europa. Mehr noch: Daß wir diese Vergangenheit weder verherrlichen dürfen, aber sie auch nicht verfluchen sollten. Ohne ein gesundes Traditionsverständnis können deutsche Streitkräfte ihrer Aufgabe nicht gerecht werden. Ihre künftige Aufgabe neu zu definieren, setzt klare Gedankenführung voraus: Welche der ungewissen Gefahren können sich am schnellsten zu konkreter Bedrohung entwickeln? Was bedeutet dies für Art und Umfang der künftigen Bundeswehr? Eines darf man mit Sicherheit voraussagen: Die Zeit der Massenheere ist vorbei – und damit auch die unabdingbare Rechtfertigung für eine allgemeine Wehrpflicht! Das bedeutet keineswegs, die Bürger dieses Staates aus ihrer Verantwortung für die Verteidigung zu entlassen. Aber Verteidigung erfordert andere Mittel und Wege als in der Zeit Scharnhorsts, auf den sich diejenigen so gern berufen, die krampfhaft an der Institution der Wehrpflicht festhalten wollen. Die Militärs sollten das Gebot der Stunde erkennen, das einen Übergang der Streitkräfte von der Quantität zur Qualität fordert. Wie auch immer die Struktur der künftigen Bundeswehr aussehen mag, eines wird unverrückbar bleiben: die Bereitschaft der Soldaten zum Einsatz des Lebens. In der zurückliegenden Zeit haben wir diese Binsenwahrheit nur verdrängt. Wenn sich jetzt die öffentliche Diskussion darauf konzentriert, rechtliche Voraussetzungen und Versorgungsregelungen für einen möglichen Einsatz deutscher Soldaten zu schaffen, so sollte niemand die Illusion hegen, damit allein sei es schon getan. Der Soldat wird sein Leben nur dann einsetzen, wenn er von dem Wofür überzeugt ist. Das ist die vornehmste Aufgabe politischer und militärischer Führung!

Anmerkungen

1 Vgl. Ludwig Renn, Adel im Untergang, Aufbau Verlag Berlin, 1956.

2 Vgl. Walter Flegel, Der Regimentskommandeur, Deutscher Militärverlag, Berlin 1971.

3 Karl von Seeger, Marschallstab und Kesselpauke, Franckh'sche Verlagshandlung, Stuttgart 1939.

4 Vgl. Franz Werner Kersting, »Schulnot-Volksnot!« Eine Denkschrift Hans Frießners vom Oktober 1939, in: Militärgeschichtliche Mitteilungen Nr. 2/84, herausgegeben vom MGFA, Freiburg, S. 77 ff.

5 Horst Hennig (Herausgeber), Vor 50 Jahren: Gründung der Heeresunteroffiziervorschule Marienberg/Sachsen, Bonn 1990.

6 Vgl. Befehl des Ministers für Nationale Verteidigung Nr. 21/1960. Die ausführliche Begründung dafür ist in einer »Vorlage für das Politbüro des ZK« enthalten (in: Befehle des Ministers für Nationale Verteidigung April − Juni 1960; Seite 069). Militär-Archiv Potsdam.

7 Die Militärischen Vier Jahreszeiten, Verlag Braun & Schneider, München 1980.

8 Hans Frießner, Verratene Schlachten, Holsten Verlag Hamburg 1956.

9 Günter Kießling, Wie sinnvoll sind heute die großen NATO-Manöver?, in: Welt am Sonntag, 29. 9.1986.

10 Clemens Range, Die Generale und Admirale, Mittler & Sohn, Herford 1990, S. 183.

11 Vgl. Tätigkeitsbericht des Chefs des Heerespersonalamtes, herausgegeben von Dermot Bradley, Biblio Verlag, Osnabrück 1984, Eintragung 9.10.1942.

12 Vgl. Konstantin Hierl, Im Dienst für Deutschland 19818-1945, Kurt Vowinckel Verlag, Heidelberg 1954.

13 Vgl. Carlo Schmid, Erinnerungen, Goldmann-Taschenbuch 1981, S. 148 f.

14 Derselbe, a.a.O., Beilage 9.

15 Ludwig Curtius, Deutsche und antike Welt, DVA Stuttgart 1950, S. 322.

16 Vgl. Knut Teske, Wider die leeren Schlagworte, in: Die Welt vom 14. Januar 1982.

17 Wilhelm Schramm, Clausewitz, Bechtle Verlag, Esslingen 1976, S. 37.

18 Vgl. Butzbacher Zeitung vom 16.1.1984, S. 5.

19 Friedrich Grupe, Jahrgang 1916, Universitas Verlag, München 1989.

20 Reinhard Stumpf, Die Luftwaffe als drittes Heer. Die Luftwaffen-Erdkampfverbände und das Problem der Sonderheere 1933–1945, in: Soziale Bewegung und politische Verfassung. Beiträge zur Geschichte der modernen Welt, hrsg. von Ulrich Engelhardt, Volker Sellin und Horst Stuke, Festschrift für Werner Conze, Stuttgart 1976.

21 Friedrich Meinecke, die deutsche Katastrophe, Brockhaus Verlag, Wiesbaden 1946, S. 147.

22 Hans Friedrich Reck; Gehetzt – Gefangen – Geflohen, Vowinckel Verlag, Berg am See, 1986.

23 Vgl. Günter Kießling, Verzögerung, in: Neutralität ist kein Verrat, Straube Erlangen, 1989, S. 136 f.

24 Vgl. Christian Streit, Keine Kameraden, DVA Stuttgart 1978.

25 Günter Kießling, Der Verzicht auf Feindbilder, in: Klaus Hornung (Herausg), Kenntnisnahme, Straube Verlag Erlangen, 1990, S. 238 ff.

26 Jochen Löser/Daniel Proektor, Revolution der Sicherheit, Universitas, München 1991.

27 Genauer: Friedrich Jobst Volckamer von Kirchensittenbach, geriet bei Kriegsende als General der Gebirgstruppe in sowjetische Gefangenschaft, aus der er erst 1955 zurückkehrte. Er verstarb am 3.4.1989 im Alter von fast 95 Jahren, hochgeehrt von seinen »Jägern«.

28 Konstantin Simonow, Die Lebenden und die Toten, Verlag Kultur und Fortschritt, Berlin 1963.

29 Konstantin Simonow, Aus der Sicht meiner Generation, Verlag Volk und Welt Berlin 1990.

30 Vgl. Max Klüver, Präventivschlag 1941, Leoni am Starnberger See 1986; Gabriel Gorodetsky, Was Stalin planning to attack Hitler in

June 1941, in: RUSI, Juni 1986; Hartmut Schustereit, Vabanque, Herford und Bonn 1988.

31 Vgl. dazu Günther Gillessen, Krieg zwischen Angreifern, in FAZ vom 4.3.1993.

32 Vgl. Maximilian Fretter-Pico, Die Jahre danach, Biblio, Osnabrück 1985, S. 37.

33 Günter Kießling − Wachsamkeit ist der Preis der Freiheit, in: Geschäftsmann und Christ, Festtagsnummer 1983/84 − Frieden − aber nicht um den Preis der Freiheit. (Referat gehalten am 17. September 1983 in Zürich), in: Geschäftsmann und Christ Nr. 4/ 1984.

34 Franz Alt, Liebe ist möglich, Serie Piper, München und Zürich 1985, S. 138.

35 Decker ist kurz darauf in der Schlacht um Berlin gefallen. Vgl. Konstantin Hierl, a.a.O., S. 112.

36 Hans Habe, Erfahrungen, Walter Verlag, Olten und Freiburg, 1973, S. 85 f.

37 Vgl. Hans Dieter Schäfer; Berlin im Zweiten Weltkrieg, Piper München 1985.

38 Luise Jodl, Jenseits des Endes, Molden Verlag 1976. S. 256.

39 Vgl. Die Vertreibung der deutschen Bevölkerung aus der Tschechoslowakai, herausgegeben vom Bundesminister für Vertriebene, dtv München 1984.

40 Marianne Weber, Max Weber − ein Lebensbild, J.C.B. Mohr, Tübingen 1926, S. 638.

41 Wolfgang Nauck, Großvater berichtet. Unzeitgemäße Betrachtungen eines Zeitzeugen, Selbstverlag.

42 Friedrich Meinecke, Über die deutsche Katastrophe, Brockhaus Verlag, Wiesbaden 1946, S. 157.

43 Ernst Reuter − Schriften . Reden, herausgegeben von Hans E. Hirschfeld, Propyläen Verlag Berlin, 3. Band., S. 479 f.

44 Günter Kießling, Neutralität ist kein Verrat, Straube Verlag, Erlangen 1989, S. 57 ff.

45 Vgl. Markus Klein, Ernst von Salomons »Fragebogen« 1951, in Zeitenwende Nr. 3/1991, S. 13 ff.

46 Friedrich Bülow, Hegel, Kröner Verlag Stuttgart 1955.

47 Festgabe für Friedrich Bülow, herausgegeben von Otto Stammer und Karl C. Thalheim, Duncker & Humblot, Berlin 1960.

48 Friedrich Bülow, Volkswirtschaftslehre, Alfred Kröner Verlag, Leipzig 1931.

49 Vgl. Klaus Scholder, Die Mittwochs-Gesellschaft, Siedler, Berlin 1982, S. 181.

50 In: Rheinischer Merkur vom 9. März 1973, S. 15.

51 Wolfgang Venohr, Die deutsche Einheit kommt bestimmt, Verlag Gustav Lübbe, Bergisch-Galdbach 1982.

52 Günter Kießling, Friedrich und Wir, in: Welt am Sonntag, 17. 8. 1986.

53 Günter Kießling, Der Wille zur Verteidigung des Vaterlandes- ein Vermächtnis der Urburschenschaft, in: Handbuch der Deutschen Burschenschaft, Bad Nauheim 1982.

54 Straube Verlag Erlangen, 1989.

55 Günter Kießling; NATO, Oder, Elbe, Straube Verlag, Erlangen 1990.

56 Vgl. Georg Meyer, In dubio contra (Der Personalgutacherauschuß von 1955 bis 1957), in Information für die Truppe Nr. 11/1991, S. 56 ff.

57 Günter Kießling, Vor fünfundzwanzig Jahren: Die Überführung des Bundesgrenzschutzes (Ein Beitrag zur Geschichte der Bundeswehr) in: Europäische Wehrkunde, Nr. 6/1981, S. 241 ff.

58 Ludwig Dierske, Sollte der Bundesgrenzschutz ein Vorläufer der Bundeswehr sein?, in: BGS, Zeitschrift des Bundesgrenzschutz Nr. 7/1981.

59 Vortragsnotiz des Grafen Kielmansegg für Theodor Blank vom 16. Juni 1951 (im Bundesarchiv − Militärarchiv, Freiburg).

60 Der Bundesminister des Innern; vom 11. Mai 1955, Gesch Z 62540 B -216/56
Das Antwortschreiben des Bundesminsters für Verteidigung ist mit dem 7. Juni 1956 datiert, ohne Aktenzeichen.

61 Diese Auffassung hat der Staatsekretär im BMI, Ritter von Lex, in einer Veröffentlichung »Der Bundesgrenzschutz und die künftigen deutschen Streitkräfte« verkündet, erschienen in: Die Parole Nr. 10/1950.

62 Adelbert Weinstein, Statisten oder Kader, in: FAZ vom 24. Oktober 1955.

63 Titelgeschichte »Der smarte General«, in: Der SPIEGEL vom 4. Juli 1956.

64 Rolf Steininger, Eine vertane Chance – die Stalin-Note vom März 1952 und die Wiedervereinigung, Berlin und Bonn 1985.

65 Helmut Preuß, Bundeswehr und Innere Führung – vom Glanz und Elend einer Ideologie, Siegburg 1986.

66 Vgl. Bernhard R. Kroener, Auf dem Weg zu einer »nationalsozialistischen Volksarmee«, in: Von Stalingrad zur Währungsreform, Quellen und Darstellungen zur Zeitgeschichte, Bd. 26, Oldenbourg, München 1988.

67 Vgl. Rolf Bigler, Der einsame Soldat, Huber & Co, Frauenfeld 1963, S. 62.

68 Hans Georg von Studnitz, Abschied vom Bürger in Uniform, in: Der SPIEGEL Nr. 38/1967.

69 Friedrich Doepner, Baudissin – ein deutsches Wunderkind, in: Das Ostpreußenblatt, 1. Dez. 1979, Folge 48, S. 24.

70 So hat es der Finanzwissenschafter Günter Schmölders in bezug auf den Steuerzahler formuliert.

71 Rede des Bundesminister der Verteidigung vor der Heeresoffizierschule III in München am 5. Mai 1969.

72 Vgl. Ludwig Curtius, Deutsche und antike Welt, DVA Stuttgart 1950, S. 391.

73 Vgl. Edgar Schumacher, Vom Beruf des Offiziers, Verlag die Arche, Zürich 1957, S. 72.

74 Vgl. HDv 100/100 Führung im Gefecht, 1973, Nr. 703.

75 Vgl. Franz Josef Strauß, Die Erinnerungen, Siedler, Berlin 1989, S. 295.

76 Carlo Schmid , a.a.O. , S. 496.

77 Günter Kießling, Personalführung und Innere Führung, in: Europäische Wehrkunde, Nr. 2/1981, S. 64 ff.

78 So Wilfried von Bredow, Baudissin und die Bundeswehr, in: Liberal Nr. 5/1970.

79 Vgl. Heinz Stübing, Armee und Nation, Verlag Peter Lang, Frankfurt am Main, 1971, S. 14.

80 Kurt Hesse, Der Geist von Potsdam, Hase & Koehler, Mainz 1967.

81 Vgl. Georg Meyer, Soldat im Ghetto?, in: Militär-Geschichte 4/ 1991.

82 Ulrich de Maizière, Bekenntnis zum Soldaten, Hamburg 1971, S. 183 ff.

83 Heinz Karst, Das Bild des Soldaten, Harald Boldt Verlag, Boppard 1964.

84 Claus Freiherr von Rosen, Günter Will – Schöpfer der »Information für die Truppe«, IFDT 8/1991, S. 67 ff.

85 Karl Feldmeyer, En canaille – oder wie die Bundeswehr auf den Hund kam, in: FAZ vom 4. 4. 1991.

86 Vgl. FAZ vom 8. Mai 1991.

87 Leserbrief zu »Innere Führung und Wiedervereinigung« in FAZ vom 8. 6. 1991.

88 S. Handbuch Innere Führung, herausgegeben vom Bundesministerium für Verteidigung, Fü B , September 1957, S. 89 ff.

89 Ulrich de Maizière, Wert militärischer Tugenden, in: Die Welt vom 12. Oktober 1990.

90 Friedrich Karl von Plehwe, Reiter, Streiter und Rebell, Schäuble Verlag, ohne Ortsangabe, 1976, S. 99.

91 Gerd Kobe, Pflicht und Gehorsam, v. Hase & Koehler, Mainz 1988.

92 Ludwig Curtius, Deutsche und antike Welt, DVA Stuttgart 1950, S. 395.

93 Günter Kießling, Die neue Generation an der Spitze der Bundeswehr, in: Die Welt vom 9. April 1983.

94 Vgl. Stuttgarter Zeitung vom 21. November 1958.

95 Vgl. Junge Welt vom 22. November 1958.

95a Rainer Zitelmann, Westbindung, Propyläen Verlag, Frankfurt/ M. 1993.

96 Friedrich Meinecke, Die deutsche Katastrophe, Brockhaus Verlag, Wiesbaden 1946, S. 66.

97 Vgl. dazu Hansgeorg Model, Generalstab im Wandel, Bernard & Graefe, München 1982.

98 Als einer der schärfsten Kritiker der Generalstabsausbildung profilierte sich der Oberst Karl von den Driesch. In den Frankfurter Heften, März 1974, S. 170 ff. veröffentlichte er einen Aufsatz

unter dem Titel: »Der Generalstabsoffizier der Bundeswehr – ein gesellschaftspolitischer Anachronismus«.

99 Vgl. Fü S IV 1 – Az 10-20-12 vom 15. 01. 1974.

100 R. Ernst, Erinnerungen und Gedanken eines durchschnittlichen Menschen, unveröffentliches Manuskript (Hinweis von Dr. Georg Meyer, MGFA Freiburg).

101 Vgl. Theodor Fontane, Romane und Erzählungen, Bd 1, Carl Hanser Verlag, München 1985, S. 22.

102 Vgl. Martin Kutz, Realitätsflucht und Aggression im deutschen Militär, Nomos Verlagsgesellschaft, Baden-Baden 1992.

103 Vgl. Die Welt vom 23. September 1987.

104 Karl Jaspers, Max Weber, Piper München 1958, S. 16.

105 Klaus-Peter Schötensack, Kommunikation, in: Europäische Wehrkunde Nr. 5/1979, S. 249.

106 R. F. Collins, Lord Wavell (1889 – 1941), 1947, S. 47.

107 Brig. C. N. Barclay, On their Shoulders (British Generalship in the Lean Years 1939–1942) Faber, London, 1964, S. 37.

108 John Masters, The Road to Mandalay, Bengal Rockland, 1964.

109 Owl Pie, Staff College 1964, S. 42.

110 Sir William Robertson, From Private to Field Marshal, Constable and Company Ltd, London 1921, S. 88.

111 Hans von Luck. Gefangener meiner Zeit, Mittler & Sohn, Herford 1991, S. 338 f.

112 Mainhardt Graf von Nayhauß, Bonn Vertraulich, Lübbe Verlag, Bergisch Gladbach 1986, S. 133 ff.

113 John Hackett, I was a Stranger, Chatto & Windus, London 1978.

114 General Sir John Hackett, Der dritte Weltkrieg. Hauptschauplatz Deutschland, München 1978.

115 Vgl. Johannes Steinhoff, Tagebuch eines Kommodore, S. 52.

116 So der Titel des SPIEGEL Nr. 36/1966.

117 SPIEGEL Nr. 38/1966.

118 Der SPIEGEL Nr. 37/1966, S. 17.

119 Vgl. Frankfurter Rundschau vom 20.01 1984.

120 Hans Apel, Der Abstieg, DVA Stuttgart 1990, S. 306.

121 Horst Zank, Stalingrad – Kessel und Gefangenschaft, Mittler & Sohn, Herford 1993.

122 Hans Habe, Erfahrungen, Freiburg 1973, S. 90.

123 Ulrich de Maizière, Führen im Frieden, Bernard & Graefe, München 1974, S. 125 f.

124 Günter Kießling, Soldatsein – ein Beruf wie jeder andere?, in: MUT Nr. 10/1987, S. 125 ff.

124a Vgl. Peter Boucek, Ein General im Zwielicht (Glaise von Horstenau), Bd. I, Bohlau, Wien 1980, S. 145 f.

125 Ulrich de Maizière, Führen im Frieden, Bernard & Graefe, Münschen 1974, S. 289 ff.

126 Adelbert Weinstein, Die Bundeswehr – und die zornigen jungen Offiziere, in: FAZ vom 22. März 1969.

127 Vgl. Walther Hubatsch, Hindenburg und der Staat, Musterschmidt Verlag Göttingen, 1966, S. 151.

128 Erich Schwinge, Bilanz der Kriegsgeneration, N.G. Elwert Verlag, Marburg 1979.

129 Oskar Regele, Generalstabschefs aus vier Jahrhunderten, Herold Verlag, Wien und München 1966, S. 107.

130 Gustav Hillard, Herren und Narren der Welt, Paul List Verlag München 1955, S. 194 ff. und 263 ff.

131 Ulrich de Maizière, Der Offizier im militärfachlichen Dienst, in: Bekenntnis zm Soldaten, Hamburg 1971, S. 95 ff.

132 Ulrich de Maizière, Das Bild des Unteroffiziers, in: Bekenntnis zum Soldaten, Hamburg 1971; S. 27 ff.

133 Adelbert Weinstein, Die Bundeswehr und ihre Unteroffiziere, in FAZ vom 2. April 1969.

134 Vgl. Der Spiegel Nr. 50/1968.

135 Nina Grunenberg, Keine Führer, sondern Geführte, in: Die Zeit, 20. Mai 1977.

136 Günter Kießling, Die Auswahl für Spitzenstellungen in den Streitkräften, in: Europäische Wehrkunde, Nr.9/1981, S. 398 ff.

137 Vgl. Dokumente zur Beförderung, in: Untersuchungen zur Geschiche des Offizierkorps, herausgegeben vom Militärgeschichtlichen Forschungsamt, DVA Stuttgart 1962, S. 207 ff.

138 Vgl. Reinhard Stumpf, Die Wehrmacht-Elite, Harald Boldt Verlag, Boppard 1982, S. 116 ff.

139 Wolf Graf Baudissin, Nie wieder Sieg, Piper München 1982, S. 126.

140 Der SPIEGEL Nr. 15/1971.
141 Ulrich de Maizière, In der Pflicht, 1989, S. 327.
142 Reinhard Löw, Freund und wahrer Freund, in: Die WELT v. 5. Dezember 1992.
143 Friedrich von Wilpert, Einer in fünf Zeitaltern, Selbstverlag Bonn 1977.
144 Thomas Ellwein, Die Zukunft des Soldaten und seine Ausbildung, in Neues Hochland Nr. 1/1972; S. 81.
145 Diese Auffassung hat u. a. auch Helmut Schmidt vertreten; vgl. dazu seinen Beitrag »Politik und Bundeswehr« in: Die Zeit, 10. 2. 1984.
146 Gem. Art. 131 GG.
147 Gerd Kobe, Der Wind kam von Westen, Holzner Verlag Würzburg, 1974.
148 Nina Grunenberg, Wie wird einer zum General?, in: Die ZEIT Nr. 20/1977.
149 Nina Grunenberg, Keine Führer, sondern Geführte, in: Die ZEIT vom 20. Mai 1977.
150 Günter Gillessen, Die Generale der Bundeswehr, in: FAZ vom 16. Juni 1967.
151 Günter Kießling, Die Auswahl für Spitzenstellungen in den Streitkräften, in: Europäische Wehrkunde Nr. 9/81, S. 403.
152 Vgl. Reinhard Stumpf, Die Wehrmacht-Elite, Harald Boldt Verlag, Boppard 1882, S. 116 ff.
153 Adelbert Weinstein, Frankreichs erstes Bataillon, in: FAZ vom 15. August 1970.
154 Vgl. Erhard Klöss/Heinz Grossmann (Herausgeber), Unternehmen Bundeswehr, Fischer Taschenbuch Verlag, 1974.
155 Adelbert Weinstein, Der Leutnant stolperte unbeholfen . . ., in: FAZ vom 2. 7. 79.
156 Adelbert Weinstein, Für eine Armee ohne Pathos, in: FAZ vom 7.8.1979.
157 Wolfgang Venohr, Stauffenberg, Ullstein, Frankfurt/Main und Berlin 1986, S. 170 ff.
158 Alexander Stahlberg, Die verdammte Pflicht, Ullstein, Berlin 1987.

159 Vgl. Hans Apel. Der Abstieg, a.a.O., S. 174 ff.

160 Wolfgang Venohr, Der westdeutsche Separatismus lebt, in: Junge Freiheit, Dezember 1991.

161 Sigurd von Ilsemann, Der Kaiser in Holland,2. Bd. Biederstein Verlag, München 1968, S. 346.

162 Rolf Hochhuth, Sommer 14, Rowohlt 1989, S. 273.

163 Jochen Löser, Bittere Pflicht, Biblio Verlag, Osnabrück 1988, S. 10 ff.

164 Vgl. Tätigkeitsbericht des Chefs des Heerespersonalamtes, a.a.O, Eintragung 19. 5. 1943.

165 Vgl. Gustav Hillard, Herren und Narren der Welt, Paul List Verlag, München 1955, S. 103.

166 Pierre Bourget, Der Marschall, Ullstein Berlin 1968, S. 57 u. 88.

167 Nina Grunenberg, Die Männer mit den goldenen Sternen, in: Die Zeit, vom 29. 4. 1977.

168 Hans Killian, Chirurg am Ilmensee, Ehrenwirth Verlag, München 1964.

169 Ernst Jünger, Die Ausbildungsvorschrift für die Infanterie, in: Militärwochenblatt Nr. 3/1923.

170 Ulrich de Maizière, Führen im Frieden, Bernard & Graefe, München 1977, S. 128 ff.

171 Auch ganz anständig, in: Der SPIEGEL Nr. 29/1964.

172 Adelbert Weinstein, Ist die Bundesrepublik in den hohen NATO-Stäben angemessen vertreten? in: FAZ vom 13. August 1982.

173 Ulrich de Maizière, In der Pflicht, Mittler & Sohn, Herford und Bonn, 1989.

174 Ulrich de Maizière, Führen im Frieden, Bernard & Graefe, München, 1974.

175 Der Bundesminister der Verteidigung, Führungsfähigkeit und Entscheidungsverantwortung in den Streitkräften, vom 31. Oktober 1979.

176 Vgl. Günter Kießling, Die Diskrepanz zwischen Auftrag und Mitteln als Kernproblem der Bundeswehr, in: Wehrwissenschaftliche Rundschau Nr. 2/1981, S. 33 ff.

177 Der Bundesminister der Verteidigung, Führungsfähigkeit und Entscheidungsverantwortung, Bericht zu den Empfehlungen der Kommission vom 31. Oktober 1979, 1981, S. 7.

178 Hans Apel, Der Abstieg, DVA Stuttgart 1990, S. 31.

179 Vgl. Georg Meyer, Soldaten wie andere auch? in: Festgabe für Heinz Hürten (herausgegeben von Harald Dickerhof), Verlag Peter Lang, Frankfurt am Main, 1988, S. 545 ff.; die dort angegebene Zahl von drei ehemaligen Waffen-SS-Führern, die Generalsgrade in der Bundeswehr erreichten, muß auf vier korrigiert werden.

180 Hans Apel, Der Abstieg, a.a.O., S. 223 f.

181 Günter Kießling, Neutralität ist kein Verrat, Straube Verlag, Erlangen 1989; S. 251 f.

182 Vgl. Oskar Beltz: Das Infanterie-Regiment Herzog von Holstein Nr. 85, Heide/Holstein 1925.

183 Erwin Schotten, Rendsburg unter dem Hakenkreuz, Verlag Heinrich Möller Söhne, Rendsburg 1987.

184 Vgl. Günter Kießling, Die Verteidigung Schleswig-Holsteins, in: Heere − international, Mittler & Sohn, Bd. 2 Herford 1983, S. 127 ff.

185 Joachim Schwatlo-Gesterding, Probleme der Naht, Beiheft 10 der Wehrwissenschaftlichen Rundschau, Verlag Mittler & Sohn, Berlin 1959.

186 Helmut Schmidt, Eine Strategie für den Westen, Siedler Verlag, Berlin 1986, S. 32.

187 Günter Kießling, Traditionsverständnis und Traditionspflege aus der Sicht eines Truppenführers, in: Europäische Wehrkunde Nr. 1/81, S. 7 ff.

188 Kurt Hesse, Der alte Soldat und die Bundeswehr, in: Wehrwissenschaftliche Rundschau Nr. 11/1968.

189 Erich Schwinge, Bundeswehr und Wehrmacht, Schriftenreihe des Ringes Deutscher Soldatenverbände Band 1, Verlag Soldat im Volk, Scheinfeld 1991.

190 Vgl. Soldat und Gesellschaft, Protokoll der Diskussion, in: Schriftenreihe der Bundeszentrale für politische Bildung. Bd. 172, Bonn 1981.

191 Vgl. Hans Apel, Der Abstieg, a.a.O., S. 222 f.

192 Manfred Kehrig, Stalingrad, DVA Stuttgart 1974.

193 So sah sich am 5. Mai 1924 Seeckt als Chef der Heeresleitung zu einem Erlaß »Betr. Klatsch im Offizierkorps« veranlaßt.

194 Vgl. Hermann Eich, Apels Verdacht, in: Bonner Generalanzeiger, 11. 1. 1984.

195 Cay Graf Brockdorff, Wechsel an der Spitze der Allianz, in: Die Welt vom 25. 9. 1987.

196 Überdies hat Helmut Schmidt später selbst bekannt: »Die europäischen Stellvertreter hatten nie einen fühlbaren Einfluß«; vgl. die ZEIT vom 29. 5. 1987.

197 Von entscheidender Bedeutung ist die Vertretung nationaler Interessen auf der obersten NATO-Ebene, nämlich im NATO-Rat durch den deutschen Botschafter und im Militärausschuß durch den DMV (Deutscher Militärischer Vertreter).

198 Vgl. dazu Günter Kießling, Die deutsche Repräsentation in der NATO, in: Europäische Wehrkunde, Nr. 11/1982, S. 481 ff.

199 Nina Grunenberg, in: Die Zeit vom 13. Januar 1984.

200 Über das gestörte Verhältnis zwischen Rogers und Wieck berichtete die Welt vom 5. 11. 1982.

201 Stars and Stripes vom 6. 11. 1982.

202 Kieler Nachrichten vom 6. 11. 1982.

203 Die Erklärung lautete: »General Rogers was informed . . . that General Kießling was being removed from his position as Deputy SACEUR by FRG authorities for reasons known to them.«

204 Vgl. Welt am Sonntag, 15. Januar 1984.

205 Vgl. Der SPIEGEL Nr. 8/1984.

206 Der SPIEGEL Nr. 3/1984.

207 Diskussionen und Feststellungen des Deutschen Bundestages in Sachen Kießling, in: Zur Sache Nr. 2/84 (nachfolgend als »Ausschuß-Bericht« zitiert), S. 172 f.

208 Ausschuß-Bericht, S. 276 f.

209 Ausschuß-Bericht, S. 173 f.

210 Vgl. Interview »Unsere Sicherheit ist in Gefahr«, in Quick vom 11. November 1976, S. 20.

211 Ausschuß-Bericht, S. 57.

212 Rolf Zundel, Der Weg eines Gerüchts, in: Die Zeit vom 24. Februar 1984.

213 Ausschuß-Bericht, S. 152.

214 Vgl. Ausschuß-Bericht, S. 31.

215 Im Untersuchungsausschuß kam es dann doch heraus, daß die in meiner Akte enthaltene Kopie der Urkunde hinter der Dankesformel ein Fragezeichen enthielt. Der dazu befragte Leiter der Personalabteilung zeigte sich überrascht. (Stenographisches Protokoll der 9. Sitzung des Untersuchungsausschusses am 21. Februar 1984, S. 221)

216 Hans Schueler, Der Anwalt des geschaßten Generals, in: Die Zeit, vom 27. Januar 1984.

217 Wolfgang Stock, Der Aktenfriedhof im Panzerschrank . . ., in: FAZ vom 6. Dezember 1991.

218 So der Ministerialrat Trebesch vor dem Untersuchungsausschuß; vgl. Protokoll vom 8. März 1984, S. 75.

219 Claus Jacobi, Fremde, Freunde, Feinde, Ullstein, Berlin 1991.

220 In: Die Zeit vom 13. Januar 1984.

221 So erklärte der Sprecher des Verteidigungsministeriums, Oberst i.G. Jürgen Reichardt, am 9. Januar 1984 in der Bundespressekonferenz: » Der Bundesminister der Verteidigung hat bis zur Stunde zum Schutz des Betroffenen zu den Gründen geschwiegen, die für die Versetzung von General a.D. Kießling in den einstweiligen Ruhestand zum, 31. Dezember 1983 ausschlaggebend waren. Nachdem General a.D. Kießling selbst in die Öffentlichkeit gegangen ist, entfällt dieser Grund weitgehend.«

222 Quick Nr. 3/84.

223 Ausschuß-Bericht S. 111 ff.

224 Ausschuß-Bericht, S. 171.

225 Ausschuß-Bericht, S. 115.

226 Günter Stiller, Der Spartaner in der Truppe, in: Hamburger Abendblatt vom 21. Januar 1984.

227 Vgl. Welt am Sonntag vom 22. 1. 1984.

228 Vgl. FAZ vom 9. 1. 1984.

229 Leserbrief in FAZ vom 28. 1. 1984.

230 Der SPIEGEL, Nr. 4/84, S. 24 f.

231 Frankfurter Rundschau, 31. Januar 1984, S. 3.

232 Vgl. Hans Apel, Der Abstieg a.a.O. S. 306.

233 So Stephan Casdorff im Kölner Stadtanzeiger vom 4. 4. 1984.

234 In: Deutsches Allgemeines Sonntagsblatt, 19. 1. 1984.

235 Am 26. 2. 1989.

236 Vgl. Günter Kießling, Soldat – ein Beruf wie jeder andere?, in: MUT, Oktober 1987, S. 10 ff.

237 Gerd Schmückle, Der Minister und sein General, in: Der SPIEGEL vom 23. Januar 1984, S. 21.

238 Vgl. Fragebogen in: FAZ-Beilage vom 15. 3. 1991.

239 Vgl. FAZ vom 26. Januar 1984: »Scharfe Kritik an Schmückle«.

240 Vgl. Ulrich Mackensen. Der Fall Wörner, in: Frankfurter Rundschau vom 17. 1. 1984.

241 Vgl. WELT am SONNTAG vom 29. 1. 1984.

242 Günter Geschke, Der General und das Friedens-Gefühl, in: Deutsches Allgemeines Sonntagsblatt Nr. 44, 1. November 1981.

243 Clemens Range, Die Generale . . . a.a.O., S. 193.

244 Peter Hartmeier, Der Bonner Bruchpilot und sein General, in: Die Weltwoche vom 26. Januar 1984.

245 Franz Josef Strauß, Die Erinnerungen, Siedler, Berlin 1989, S. 513.

246 Helmut Schmidt, Politik und Bundeswehr, in: Die ZEIT vom 10. 2. 1984.

247 Ausschuß-Bericht S. 116 f.

248 Ausschuß-Bericht S. 145.

249 So in seiner Rede vor dem Deutschen Bundestag am 8.2.1984 (Ausschuß-Bericht, S. 24).

250 Bunte Nr. 8/84, S. 27 f.

251 Darauf verwies Willy Brandt in seiner Rede vor dem Deutschen Bundestag am 8. 2. 1984 (Ausschuß-Bericht S. 30).

252 Ausschuß-Bericht, S. 23.

253 Helmut Schmidt, Politik und Bundeswehr, in: Die Zeit vom 10. 2. 1984.

254 So Erwin Duncker im Hamburger Abendblatt vom 2. 2. 1984.

255 Vgl. Deutsche Tagespost vom 10. Januar 1984.

256 Ausschuß-Bericht, S. 139 ff.

257 Protokoll der Sitzung des Untersuchungsausschusses am 8. März 1984, S. 182.

258 Vgl. Protokoll der Ausschußsitzung vom 8. März 1984, S. 185.

259 Auf ein Wort, NDR/WDR 27. 2. 1984.

260 Günter Bannas: Es konnte ihnen nichts gelingen, in: FAZ vom 22. Oktober 1990.

261 Stephan-Andreas Casdorff, Zweifel . . ., in: Süddeutsche Zeitung vom 24. 10. 1990.

262 Der SPIEGEL, Nr. 11/84, S. 27 f.

Personen-Register

473

LEBENSDATEN

20. Oktober 1925	geboren in Frankfurt an der Oder aufgewachsen in Berlin
5. Mai 1940	Eintritt in die Wehrmacht Heeres-Unteroffizier-Vorschule Dresden; ab 1941 Frankenstein/Schlesien
1943/44	Unteroffizierschule (OB) Hohensalza Beförderung zum Unteroffizier
1944	Beim Jäger-Regiment 28 an der Ostfront
1945	Leutnant
9. Mai 1945	(US) Gefangenschaft in Eger
1945	Bauhilfsarbeiter in Berlin Besuch einer Abendschule Abitur als Externer
1948	Studium der Wirtschaftswissenschaften (Freie Universität Berlin)
1953	Diplom-Volkswirt (Universität Hamburg)
1957	Promotion (Universität Bonn)
1954	Offizier im Bundesgrenzschutz
1956	Überführung in die Bundeswehr
1959/61	Kompaniechef
1961/1964	Generalstabsausbildung (deutsche und britische)
1967	Kdr Panzergrenadierbataillon 62
1969	Chef des Stabes/2. PzGrenDiv

1970	Kdr Panzerbrigade 15
1971	General für Offz/Uffz-Ausbildung
1975	Royal College of Defence Studies
1976/77	Kdr 10. Panzerdivision
1978/79	Stellvertreter Abteilung Personal im Verteidigungsministerium
1979/82	Befehlshaber LANDJUT
1982/83	D/SACEUR (Stellvertreter des Obersten Alliierten Befehlshabers in Europa)